D1693067

italiArchitettura
4

Opere selezionate
da Luigi Prestinenza Puglisi

UTET
SCIENZE TECNICHE

© 2011 Wolters Kluwer Italia S.r.l.
Strada I, Palazzo F6 - 20090 Milanofiori Assago (MI)

Redazione UTET Scienze Tecniche:
Corso Vittorio Emanuele II, 44 - 10123 Torino
Sito Internet: www.utetgiuridica.it; www.tecniconet.it
e-mail: info@wkigiuridica.it

UTET SCIENZE TECNICHE® è un marchio registrato e concesso in licenza da UTET S.p.A. a Wolters Kluwer Italia S.r.l.

I diritti di traduzione, di memorizzazione elettronica, di riproduzione e di adattamento totale o parziale, con qualsiasi mezzo (compresi i microfilm e le copie fotostatiche), sono riservati per tutti i Paesi.
Le fotocopie per uso personale del lettore possono essere effettuate nei limiti del 15% di ciascun volume/fascicolo di periodico dietro pagamento alla SIAE del compenso previsto dall'art. 68, commi 4 e 5, della legge 22 aprile 1941 n. 633.
Le riproduzioni diverse da quelle sopra indicate (per uso non personale – cioè, a titolo esemplificativo, commerciale, economico o professionale – e/o oltre il limite del 15%) potranno avvenire solo a seguito di specifica autorizzazione rilasciata da AIDRO, Corso di Porta Romana, 108 - 20122 Milano - e-mail: segreteria@aidro.org e sito web www.aidro.org

L'elaborazione dei testi, anche se curata con scrupolosa attenzione, non può comportare specifiche responsabilità per eventuali errori o inesattezze.

Editor: Carlo Olivero – Lydia Kessel
Redazione UTET Scienze Tecniche: Lydia Kessel
Coordinamento tecnico: Domenico Bellino
Editing e adattamento disegni: Eliana Bellino
Impaginazione: Bosio.Associati, Savigliano (CN)
Trattamento immagini: Fotolito Garbero, (TO)
Stampa: Stamperia Artistica Nazionale, Trofarello (TO)

Isbn 978-88-598-0535-9

Indice

Architettura italiana: opinioni a confronto

Progettazione, emozioni, tecnologia
Luigi Prestinenza Puglisi

Considerazioni sull'architettura italiana
Cesare Maria Casati

Architettura degli interni: intelligenza e genio italiani
Italo Lupi

2   aMDL
Restauro della Manica Lunga alla Fondazione Cini e Nuova Biblioteca di Storia dell'Arte a Venezia

12   Renato Arrigo e Nathalie Morey
Casa di Eva e Ophèlia a Messina

20   Dante O. Benini & Partners Architects
Abdi Ibrahim Research & Development Building a Istanbul (Turchia)

34   Filippo Bombace - Oficina de Arquitectura
Siberian House a Roma

42   Buratti + Battiston Architects
Vetreria Airoldi a San Giorgio su Legnano - Milano

54   COdESIGN + Giorgi
Abitazione minima AtmoSpheres a Roma

64   ELASTICOSPA - Stefano Pujatti Architetti
Hair Salon a Torino

70   Pamela Ferri - Zamuva.Lab
Nightclub "A TU x TU" a Roma

76   Frigerio Design Group
Centro Formazione Cariparma a Piacenza

86   Studio Fuksas
Armani / 5th Avenue a New York (Stati Uniti)

102   GAP Architetti Associati
Libreria Laterza a Bari

114   Giammetta & Giammetta architects
New Congress Center Hotel Rome Cavalieri, The Waldorf Astoria Collection a Roma

126   Iosa Ghini Associati
Ferrari Factory Store a Serravalle Scrivia - Alessandria

132   La Monaca Studio di Progettazione
Esperidi Park Hotel a Castelvetrano - Trapani

142   Labics
Obikà Mozzarella Bar a Roma

152   Lai Studio
Loft Danieli a Mestre - Venezia

164	Lissoni Associati	

164 Lissoni Associati
   Mamilla Hotel a Gerusalemme (Israele)

176 MDAA Architetti Associati
   Nuova Sede Centro Dati G.I.M.E.M.A a Roma

184 Simone Micheli Architectural Hero
   i-SUITE Hotel a Rimini

192 Migliore + Servetto Architetti Associati
   Exhibits area - Show Room Max Mara a Milano

198 Enrica Mosciaro - Fusina 6
   Casa ANB a Barcellona (Spagna)

206 Susanna Nobili Architettura SNA
   Ristorante della Casa del Jazz a Roma

218 Studio Fabio Novembre
   Stuart Weitzman Shop a Roma

232 Renzo Piano Building Workshop
   Morgan Library a New York (Stati Uniti)

246 Studio Marco Piva
   T Hotel a Cagliari

262 Studio Italo Rota & Partners
   Cavalli Club a Dubai (Emirati Arabi Uniti)

278 Claudio Silvestrin Architects
   P Penthouse a Montecarlo (Principato di Monaco)

284 studiometrico
   Bastard Store a Milano

298 Matteo Thun & Partners
   Missoni Hotel a Edimburgo, Scozia (Regno Unito)

306 Caterina Tiazzoldi - Nuova Ordentra
   Toolbox a Torino

316 ANDREA TREBBI ARCHITETTO
   Palazzo Pepoli Vecchio a Bologna

324 UdA
   Villa sul tetto, Complesso Ex-Ceat a Torino

Architettura italiana: opinioni a confronto

Progettazione, emozioni, tecnologia

Come abbiamo già anticipato nel terzo volume, questa quarta uscita di *italiArchitettura* è dedicata agli interni, che rappresentano un capitolo consistente, forse uno dei più importanti, della produzione architettonica nazionale. In un Paese dove si costruisce poco e si ristruttura molto è infatti inevitabile che parte delle migliori energie progettuali si riversino nel recupero di spazi già realizzati. A ciò si deve aggiungere tutta la progettazione del nuovo con standard qualitativi, per l'allestimento e l'arredamento, sempre più elevati.

Per Mirko Zardini l'architettura italiana, addirittura, ha un carattere innovativo, forse sperimentale, quasi esclusivamente negli interni. Secondo il critico, che questa tesi ha espresso in una mostra da lui curata per la nona Biennale di Architettura di Venezia (2004), dietro le apparentemente immobili facciate delle nostre città si consuma un lavoro incessante di trasformazione. Avviene nel chiuso dei focolari domestici, degli spazi destinati ad ufficio, delle industrie, delle scuole e dell'intrattenimento. Il cambiamento riflette una altrettanta profonda trasformazione delle nostre vite. Afferma Zardini: "(...) la faccia dell'Italia è oggi composta da tutti questi diversi aspetti. Che corrispondono a differenti storie e aspirazioni, ma solo raramente sono esplicitamente espresse o sono direttamente percepibili in esterno". Continua: "(...) L'Italia sembra aver trovato un'alternativa ai tradizionali processi di modernizzazione che caratterizzarono gli anni della ricostruzione e che, fino ai Settanta, la portarono ad equipaggiarsi con infrastrutture, abitazioni private e di edilizia pubblica, fabbriche, uffici e scuole (...). Il nuovo fenomeno è sorprendente in termini quantitativi. Ed è molto più significativo dei grandi progetti urbani che si mostrano inadeguati alle nuove circostanze; ancora più rilevante delle costruzioni legali o illegali che sommergono le aree periferiche, o i pochi frammenti di territorio non ancora urbanizzati" [1]. Da qui una doppia identità dello spazio nazionale: da un lato le quinte urbane che sembrano non cambiare mai, dall'altro l'immagine mutevole dei luoghi destinati alla vita al coperto.

L'ipotesi di Zardini è affascinante, anche se pecca insieme di pessimismo e di ottimismo. Di pessimismo perché, in un modo o nell'altro, e nonostante Soprintendenze e ambientalisti, anche la forma esterna della città sta cambiando. Non c'è municipalità che non abbia lanciato negli ultimi anni, sia pure con mille cautele e tra mille polemiche, progetti innovativi: dall'Auditorium di Ravello al Maxxi della Hadid, dall'Ara Pacis di Meier alla nuova Fiera di Milano, dai progetti per Salerno a quelli per le Olimpiadi Invernali a Torino, dalla metropolitana di Perugia a quella di Napoli. Di eccessivo ottimismo, perché anche negli interni le trasformazioni sono di regola prudenti, se non tradizionaliste. Sono solo moderatamente aperte al nuovo e nel migliore dei casi in linea con quella tendenza *High Touch* che, come abbiamo avuto occasione di notare nei precedenti volumi di *italiArchitettura*, rappresenta il punto di forza ma anche di debolezza della ricerca architettonica nazionale, da sempre portata più all'eleganza e al perseguimento della misura che verso coraggiose sperimentazioni di innovative, e quindi per forza di cose inconsuete, forme di habitat.

Certo, gli interni, in un Paese bloccato da mille vincoli, rappresentano spesso gli unici ambiti in cui è possibile intervenire con maggiore coraggio. Sono più difficili da vincolare, se non altro per il fatto che è impossibile pretendere di lasciarli nello stato in cui erano duecento, trecento o mille anni fa. E inoltre esiste in Italia una tradizione – penso a Franco Albini, a Carlo Scarpa, a Ignazio Gardella, a BBPR – che ha mostrato con un linguaggio convincente anche per i tradizionalisti che non sempre il restauro conservativo, mirato al ripristino del dov'era e com'era, è la forma migliore di tutela di un bene. E che vi sono modalità di inserimento del moderno che valorizzano quanto resta dell'antico, aiutandone una migliore percezione e lettura. L'obbligo che tali interventi siano leggeri e rimovibili favorisce, inoltre, l'utilizzo di tecnologie e materiali innovativi: quali acciai, cristalli, conglomerati legnosi, laminati e anche plastiche. Con il risultato paradossale che queste opere, si rivelano alla fine più moderne di altre, quali la costruzione *ex novo* di edifici, dove le problematiche legate all'innovazione tecnologica sono, invece, anche per una arretrata organizzazione dell'industria edilizia, assenti o meno presenti.

[1] Mirko Zardini, *News from the Interior. Italy 2004 and his Hidden Pollen of Vitality*, in: A10 n.1, 2004, pagg. 56 e 57

Occorre poi considerare che l'Italia ha un'ottima tradizione nel campo del design forse proprio per una voluta mancanza di specializzazione. Voglio dire che, diversamente da altri Paesi, dove la figura di chi progetta gli esterni in genere differisce da quella di chi si occupa degli interni e queste sono diverse da quella di chi disegna i mobili, in Italia tutti e tre i ruoli di regola coincidono nella figura di uno stesso professionista. Gio Ponti, Carlo Scarpa, Franco Albini hanno effettivamente disegnato dal cucchiaio alla città. E anche oggi, in un periodo in cui, salvo qualche eccezione, i ruoli tendono a specializzarsi, in Italia continuano a coincidere. Mario Bellini, Antonio Citterio, Massimiliano Fuksas, Matteo Thun – solo per citarne quattro – esercitano con successo tutte e tre le attività.

Ciò porta ad un approccio sicuramente più integrato, con una qualità di realizzazione per molti aspetti superiore a quella rilevabile nella concorrenza straniera. Il risultato è che anche chi si schermisce – come è accaduto a Renzo Piano, quando gli abbiamo chiesto un'opera per questo volume – di non essere un progettista di interni, realizza interni estremamente vitali ed accattivanti, e proprio in virtù del fatto che non rispondono a logiche estranee a quelle dell'intero progetto dell'edificio (si pensi, di contro, a come è stato mortificato il museo Getty di Richard Meier a Los Angeles affidandone l'allestimento a un arredatore di spazi espositivi).

A spiegarci il perché del successo degli architetti italiani è anche il fatto che, mentre negli esterni a colpire è spesso il valore dimostrativo dell'opera, negli interni contano maggiormente gli aspetti percettivi e le emozioni. Insomma non si ricerca solamente lo svolgimento perfetto di un teorema. È questa la sensazione che per esempio si ha negli interni di Rem Koolhaas, di Zaha Hadid o addirittura di Peter Eisenman, il quale nella sua House n.6 decise di separare i letti dei padroni di casa per insinuare tra i due un taglio nel pavimento, proiezione di una trave a soffitto. L'*High Touch* è, invece, sicuramente più inclusivo e quindi accattivante e coinvolgente. E alla lunga vincente. Se paragoniamo per esempio due lampade, la Tizio di Richard Sapper e la Tolomeo di Michele De Lucchi se ne intuirà il perché. La prima è la realizzazione di un miracolo di equilibrio che sfrutta, per eliminare il filo, le possibilità offerte dalla bassa tensione: da qui il trasformatore alla base e le doppie aste, una per trasportare il positivo e l'altro il negativo della corrente elettrica. La seconda è un ibrido: una struttura strallata *high tech* con un cappello della lampada della nonna. Dopo alcuni anni, la Tizio accusa una certa stanchezza: troppo perfetta. La Tolomeo, forse per la sua capacità di coniugare consueto e inconsueto, continua ad essere la più venduta e anche la più utilizzata dagli architetti: ne ho viste moltissime negli studi di progettazione, nelle foto delle pubblicità della moda e anche nel recente Rolex Centre a Losanna, ad umanizzare l'opera della minimalista Kazuyo Sejima.

Dopo questo quarto volume di *italiArchitettura* dedicato agli interni, nel quinto ci proponiamo di illustrare i lavori di studi italiani operanti all'estero. Il lettore attento noterà che in questo volume abbiamo dato ancora più spazio ai particolari costruttivi. Inoltre, continuando un'idea avviata dal volume secondo di *italiArchitettura* abbiamo aperto il dibattito sullo stato di salute dell'architettura italiana. In questo volume ospitiamo un contributo di Cesare Casati, direttore della rivista internazionale *l'ARCA*, e di Italo Lupi, per sedici anni direttore di *Abitare*.

Devo, come sempre, ringraziare Carlo Olivero e Lydia Kessel nonché tutto l'eccellente staff di UTET Scienze Tecniche, e in particolare Eliana Bellino, che hanno lavorato con la consueta intelligenza ed energia all'ideazione e realizzazione di questo quarto volume; come sempre devo un ringraziamento particolare all'instancabile Diego Barbarelli, profondo conoscitore dell'architettura italiana d'oggi, che mi ha aiutato ad organizzare le informazioni e ha svolto un prezioso lavoro di *trait d'union* con gli studi. Ringrazio, infine, tutti i progettisti per il materiale che ci hanno fornito.

Luigi Prestinenza Puglisi

Considerazioni sull'architettura italiana

È dagli anni Sessanta che quotidianamente mi occupo del progetto dell'architettura; venti anni prima con la rivista *Domus* e ora altri venti con l'*Arca*, e ho avuto il privilegio di essere presente e di seguire passo a passo tutte le evoluzioni (e involuzioni) dell'architettura che sono avvenute e che per fortuna continuano a realizzarsi. Un panorama, anche storico, complesso e molte volte incerto, difficile da definire in tutte le sue declinazioni e continue ibridazioni, che ha visto la cultura del progetto in tutto il mondo, soprattutto il secolo scorso, coinvolta in mutazioni di linguaggi espressivi e notevoli.

Per questa mia continua curiosità professionale ed editoriale mi è capitato di essere spesso testimone, e qualche volta coinvolto, nel far conoscere la nascita di nuove sperimentazioni progettuali innovative, di chiusure di ambiti culturali ormai esausti e, come sta avvenendo ai giorni nostri, di problematiche etiche e tecnologiche del tutto nuove che raramente erano presenti nei progetti del passato anche remoto.

Trarre dei consuntivi oggi, come mi è stato chiesto, della situazione qualitativa e identitaria dell'architettura italiana, rapportandola evidentemente al confronto mondiale, può essere abbastanza agevole, se prendiamo in esame solo quella ventina di grandi progettisti italiani che si confrontano da tempo alla pari con il resto del mondo e che continuamente e giustamente vengono celebrati dal sistema mediatico. Il giudizio diventa invece difficile, se per situazione attuale si vuole comprendere quella ampia generazione di mezzo, rappresentata da architetti dai trentacinque ai cinquanta anni, composta da centinaia di progettisti sparsi su tutto il territorio nazionale magari ancora misconosciuti, ma impegnati quotidianamente a ricercare una loro identità formale e strutturale mediante una personale e non gridata qualità professionale.

In Italia, come in diverse parti del mondo, il grande evento di rottura con il classicismo e con il sempre celebrato e mai dimenticato razionalismo avvenne con la vittoria del concorso del Centre Pompidou per opera dell'italianissimo Renzo Piano e di Richard Rogers. Progetto che seppellì definitivamente ogni concetto di composizione formale rapportata alla tradizione e inaugurò la partecipazione espressiva degli impianti e delle strutture nella definizione dell'apparenza dell'edificio. Questa rottura, concettuale e rivoluzionaria, che relegava il cemento al sottoterra e esternizzava scheletro e strutture, già annunciata dalle sperimentazioni utopistiche e di costume che allora avvenivano timidamente in architettura all'estero, ma già fortemente inserite in Italia nel design delle macchine e degli oggetti, oltre alla moda e al costume, divenne uno stimolo formidabile e certamente anche punto di vantaggio a cui si appoggiarono, in progressione positiva, molti architetti italiani. Architetti che oggi compongono ancora una pattuglia di anziani maestri riconosciuti e premiati nel mondo intero e spregiudicatamente inclusi dalla critica spicciola nel gruppo internazionale degli "archistar".

Ma come molte volte avviene nel nostro Paese, in alcuni settori culturali, appena otteniamo situazioni di vantaggio cerchiamo sempre, almeno per la critica chic, di contestare e commentare solo le situazioni negative a cui contrapporre, quando è possibile, nuovi interessi culturali di importazione che diano possibilità a tutti di esprimersi in un linguaggio codificato e riconosciuto di successo popolare, e quindi di facile consenso.

Questo avviene ed è avvenuto perché banalizzando creatività e fantasia anche i mediocri, se rispettano il corretto uso grammaticale dei canoni formali prestabiliti, riusciranno a primeggiare in ambiti dove altrimenti non sarebbe loro mai stato possibile.

Parlo del "postmodernismo" che, proprio perché nato negli Stati Uniti e poi coltivato e celebrato soprattutto in Italia, nazione universalmente riconosciuta per il valore della sua architettura del passato, riuscì a espatriare e inquinare negli anni ottanta e novanta una moltitudine di progettisti di scarso talento in tutto il mondo. Anche da noi, esclusi i veri teorici, come Aldo Rossi e pochi altri, che seppero supportare questo nuovo modo di progettare usando solo il vocabolario della storia e arricchendolo con filosofiche e letterarie contribuzioni, furono nefastamente coinvolte, purtroppo, generazioni intere di studenti, che ancora oggi lottano per cercare di uscire dalla gabbia ideologica in cui si erano recluse per recuperare la conoscenza e l'entusiasmo che solo la contemporaneità offre.

Dobbiamo anche tenere presente che il nostro Paese, anche nel mondo degli architetti, deve subire formidabili contrasti inflazionistici e contrapposizioni, perché credo sia la nazione al mondo con la maggior densità di architetti per mille abitanti. Pare che agli ordini professionali siano iscritti quasi centocinquantamila architetti. Giudicare il loro livello su un metro internazionale di giudizio, basato sulla qualità professionale, è sicuramente impossibile ma, come avviene nello sport, da un grande numero nasce sempre una grande e buona selezione che, scremata a sua volta, raggiunge il considerevole numero di alcune centinaia di giovani (e quasi giovani) architetti che, per il loro impegno e per i lavori che stanno realizzando, mi rendono molto ottimista e orgoglioso di poter contribuire al loro sviluppo professionale cercando ogni volta che mi è possibile di segnalarli e pubblicarli.

Del resto nella redazione de *l'ARCA*, come feci nel passato in *Domus*, ci vantiamo tutti di essere i primi a segnalare positivamente nominativi che sono sicuro che diventeranno, tra dieci o venti anni, dei grandi maestri; come riuscimmo nel passato con Piano, Rogers, Alsop, Perrault, Foster, Fuksas, Nouvel, Nicoletti, Benini, Botta e tanti altri.

È avvenuto che, dopo gli anni Novanta, molti studi già operativi a livello regionale, e molti altri nuovi che continuamente si aggiungono in tutto il Paese, anche grazie alle riviste di architettura, alla distribuzione territoriale delle Facoltà e alla possibilità di viaggiare nel mondo, hanno avuto la capacità di archiviare, senza dimenticare, la storia conosciuta e studiata sui libri e di affrontare le nuove problematiche sociali e etiche, nate proprio in questo millennio, di conoscere profondamente norme e le tecnologie necessarie, utilizzandole come bagaglio di base, per affrontare con coraggio e modestia la possibilità di creare, con il proprio intelletto, "il bello", il confort e l'efficienza in architettura. Tutti concetti che, prima nell'università e poi nei rapporti politico-sociali, si erano persi.

La serie *italiArchitettura* di Luigi Prestinenza Puglisi testimonia in pieno queste mie riflessioni e offre a tutti, senza arroganza critica, la possibilità di vedere e comprendere come gli architetti italiani, nonostante quanto comunemente si legge oggi, abbiano raggiunto un livello notevole di qualità professionale e la capacità di competere tranquillamente con altri Paesi e, se anche le committenze pubbliche e private ne prendessero realmente conoscenza e sistematicamente li coinvolgessero, sono sicuro che il panorama urbanistico e architettonico italiano nei prossimi anni potrebbe migliorare notevolmente.

Cesare Maria Casati

Architettura degli interni: intelligenza e genio italiani

Se camminiamo solitari lungo i canali di Amsterdam o passeggiamo nei tranquilli quartieri residenziali della borghesia londinese, non possiamo non restare colpiti dall'offerta visiva degli interni delle case: in Olanda neppure filtrati da una tendina, in Inghilterra poco schermati da trame vittoriane che ricordano pessime decorazioni di tende nella Torino di Gozzano. Ma lo spettacolo ci è dato così completo da farci ridurre il passo per guardare con più attenzione e cercare di capire da dove nasca quel tepore intimo. Da quali luci, suppellettili, quadri, camini, bagliori televisivi di livido colore, tendaggi, parquet consunti e lucidissimi, morbidi cuscini, porte anguste e silenziose, abitanti discreti. Certamente nasce da una dimensione contenuta degli spazi, da un giusto rapporto tra altezza e larghezza delle stanze e da una collocazione delle luci che forse non ubbidisce a canoni utili, ma certamente, frazionata in molti punti, contribuisce più di ogni altro dettaglio a fissare atmosfere, a solidificare ombre che determinano regole e distanze fra cose e persone.

Questo non succede nelle strade italiane dove gli interni abitati sono corazzati e difesi e le poche luci centrali e pallide delle stanze stentano a dare un minimo di calore a queste intimità. O al contrario nei ricchi palazzi veneziani, romani, napoletani, palermitani o milanesi dove sfarzo e abbaglianti lampadari accendono splendori e lussi di grande qualità, ma spesso non così affettuosamente ospitali.

Sono, questi due estremi, sottolineature di grandi differenze che parrebbero non dare ragione alla vecchia leggenda che vuole gli Inglesi perfetti nei civilissimi esterni delle case e pessimi nella pulizia e nell'ordine dei loro interni, e che vuole gli Italiani pulitissimi negli interni e pessimi negli esterni delle loro case e, naturalmente, nei luoghi pubblici.

Osservazioni, tutte queste, banali forse, ma che servono per essere contraddette nella pratica della disciplina del progetto di architettura degli interni, dove tradizione e contemporaneità italiana smentiscono questa apparente nostra incapacità a costruire un tessuto continuo di amabili interni. Per chi osserva la condizione umana, non solo con rigore accademico, ma soprattutto con attenzione antropologica, tutti e due gli aspetti rivestono uguale intensità di analisi e di osservazione.

Nei sedici anni della mia direzione di *Abitare* la tensione di tutta la redazione è stata quella di dare attenzione alla complessità dei fenomeni, e soprattutto ridare una dignità, quasi scientifica, all'architettura degli interni. Esaminando quanta altissima storia ci fosse alle spalle di questa disciplina, negletta per superficialità e quasi catalogata come inferiore, dando la parola ai progettisti contemporanei, compiendo esplorazione severa dell'oggi e testimoniando ricordo e memoria della nostra storia. Che è stata ed è ancora oggi ricchissima. Dalle case di continua intelligente e sostanziale invenzione di Gio Ponti al rigore dolcissimo di Albini, dalla complessità sofisticata degli interni di Umberto Riva, alla capacità di dettaglio e spazio di Carlo Scarpa, dalla libertà innovativa di Magistretti, alla aristocratica intelligenza creativa di un Caccia Dominioni milanesissimo, alla monastica severità di Roberto Manghi fino alla complessità modernista di Vittoriano Vigano, la cui casa resta un paradigma della possibile ricchezza della disciplina nel sapiente accostamento di Brutalismo e ricchezza cromatica del Seicento Lombardo. Non dimenticando quanto affetto per le cose e attenzione alle relazioni ci fosse proprio nell'appartamento personale di Ernesto Nathan Rogers, nella sua capacità di attenzione e recupero mentale per oggetti del passato, riscattati in una completa amorevole modernità.

Questo per la memoria e la storia. Ma l'esplorazione sull'attualità è stata altrettanto rigorosa e attenta, dando testimonianza di nuovi germogli e continua attenzione ai "maestri" contemporanei, offrendo interpretazioni fotografiche fedeli allo spirito del progettista, descrizioni puntuali e ricche di dati grafici e tecnici. E soprattutto chiedendo, a molti dei testimoni di questo nostro tempo, una loro personale interpretazione dell'architettura degli interni. Consapevoli, come dice Caroline Patey nell'introduzione a quel geniale libretto che è *Per una storia della mia casa* dell'eccentrico settecentesco architetto John Soane, che "(…) nelle forme asciutte del catalogo oppure in quella più colorita del racconto, il dipinto della casa diventa (…) una biografia al quadrato, mediata dallo spazio tridimensionale dei volumi e insieme tradotta nei modi piani e sequenziali che la scrittura impone, specchio frastagliato, visivo e testuale dell'autore, del proprietario e del luogo"[1].

Credo che tutti i testi in questi sedici anni ospitati, per ricchezza di osservazione e originale interpretazione dei propri personali interventi, restino nella letteratura di questa disciplina. C'è un panorama vasto e ricco di nuove testimonianze: dalle riflessive e storicamente coltissime interpretazioni di Marco Romanelli, alle asciutte e contraddittoriamente calde geometrie del nuovo razionalismo di Guido Canali, modernissimo archeologo memore raffinato di Carlo Scarpa senza mimetiche imitazioni, alla scientifica intelligenza e complessità di Attilio Stocchi progettista dai "circuiti mentali che producono scintille (…) e intermittenze di alta tensione"[2], alla disciplina intellettuale di chiarissima decantazione non minimalista di Pierluigi Cerri, dalla secchezza metallica di Luigi Ferrario e delle sue scale iperboliche degne di una tavola di Escher, alla lucida lama dei progetti di Maria Giuseppina Grasso Cannizzo che penetra nel tessuto barocco della Sicilia esaltando l'isolana intelligenza, dalla perfetta astrazione spaziale degli interni di Massimo Curzi, al colore/calore dei giochi interni di Aldo Cibic, dalla capacità regolatrice di Michele De Lucchi che, nella risistemazione degli spazi della Triennale a Milano, offre un paradigma di saggezza interpretativa, alle invenzioni di Lazzarini e Pickering, dalle diaframmazioni multicolori di Calvi-Merlini-Moia, fino all'estro e sregolatezza di Italo Rota.

Quasi un passaggio, quest'ultimo, per collegare l'architettura degli interni a quella degli allestimenti, altro campo dove intelligenza e genio italiani si sono applicati con una forza quasi unica, consapevoli progettisti di una interpretazione degli interni che non può essere meccanicamente qui traslata, ma che di questa si serve per una ulteriore riflessione, pur nella indipendenza del progetto.

Allestire è "(…) un percorso cerimoniale per mostrare idee, forme intenzioni o addirittura una installazione auto referenziale che si mette in mostra in forma dimostrativa (…) che è l'ideazione di uno spazio architettato per intercettare il *Monstrum*, quel particolare stacco individuato nell'organizzazione sistematica del sapere (…) nell'artificio approntato per decifrare i criteri scientifici dell'esporre dentro il viaggio labirintico, il racconto allusivo, l'invenzione (…)"[3].

Se *allestire* nella sua temporaneità è questo (dunque cosa diversa da un "interno/esterno") certo alcuni paradigmi sono di comune derivazione e il trattamento degli spazi può avere logiche meno labirintiche e pirotecniche, ma anche negli spazi dell'abitare finzioni sceniche e suggerimento di suggestioni hanno matrici comuni.

Se *allestire* è questo quali sono i migliori interpreti tra architetti o artisti italiani che hanno rappresentato con intelligenza queste definizioni: da De Pero, a Luciano Baldessari con le sue labirintiche chiocciole monumentali per l'Ansaldo, al surrealismo di Erberto Carboni per i Padiglioni RAI, dal sublime risultato sempre raggiunto dai Fratelli Castiglioni in ogni loro intervento, alla intelligenza dei luoghi di Mario Bellini che applica allo spazio le sue grandi qualità di designer, alla semplicità totale di Bruno Munari. Fino ad oggi, dove questa arte è ancora professata con maestria: in *primis* dallo Studio Migliore+Servetto con la forza comunicativa e il saper connettere persone, movimento, letture, tipografia e luce in esperienze che si addizionano al costruito, identificando lo spazio in nuove diverse dimensioni. E poi da tanti progettisti riflessivi ed intelligenti nello specifico allestitivo e comunicativo: Marco Ferreri, AG Fronzoni, Ferruccio Laviani, Luig Baroli, Mario Piazza, Fabio Novembre, Origoni Steiner, Peter Bottazzi, Denis Santachiara, Alessandro Scandurra, Karim Azzabi.

Non dimenticando che anche un grandissimo come Renzo Piano ha spesso trasferito le sue esperienze di architettura nella progettazione dei luoghi di allestimento. Basterebbe uno di questi per definirlo grande anche in questo campo: la mostra di Alexander Calder a Torino. Un universo nero dove coni di luce illuminavano le opere mobili nello spazio, in una specie di circo allegrissimo e colorato. Un emozionante capolavoro.

Italo Lupi

---

[1] Per una storia della mia casa, Caroline Patey
[2] *Inventario* n°1, agosto 2010
[3] *Abitare*, dicembre 2000

italiArchitettura
4

Restauro della Manica Lunga alla Fondazione Cini e Nuova Biblioteca di Storia dell'Arte a Venezia

indirizzo:	Isola di S. Giorgio Maggiore	periodo di realizzazione:	2005 - 2009
città:	Venezia	committente / proprietario:	Fondazione Giorgio Cini ONLUS
progettista:	Michele De Lucchi, architetto	tipologia intervento:	recupero / restauro
collaboratori:	Angelo Micheli, Giovanni Battista Mercurio, Laura Parolin, Lorenzo Fattorel	destinazione intervento:	edifici per la cultura
		dimensioni:	1.164 mq
		imprese esecutrici:	Modular (Domodinamica) e Ferretti - arredi iGuzzini - illuminazione generale iGuzzini, su disegno aMDL - illuminazione particolare Artemide - illuminazione tavoli Produzione Privata - arredi

aMDL

Michele De Lucchi, architetto

via Varese, 15
Milano

www.amdl.it
www.archive.amdl.it
amdl@amdl.it

aMDL è lo Studio di architettura in cui prendono corpo le sperimentazioni e le ricerche di Michele De Lucchi. I singoli incarichi professionali sono occasioni di verifica e applicazione alla realtà di teorie e concetti elaborati nel lavoro individuale e personale.
Negli anni, i vari incarichi hanno portato lo Studio ad occuparsi di progetti di varia natura e a raccogliere competenza nel campo dell'urbanistica, dell'architettura, del disegno di interni e di prodotti, degli allestimenti di mostre e musei e della definizione di corporate identity.
Fondato agli inizi degli anni Ottanta, lo Studio conserva la matrice multiculturale e multidisciplinare originaria e si impegna sia in attività di progettazione per istituti italiani ed esteri, organizzazioni pubbliche e private, aziende e individui, sia in approfondimenti sui temi più attuali della società contemporanea, in particolare riferiti al ruolo dell'industria e dell'artigianato, della tecnologia e della natura. Ha sede a Milano e a Roma.

La caratteristica più evidente della Manica Lunga della Fondazione Cini è la sua prospettiva. Le dimensioni sono difficilmente comprensibili a causa dell'inganno visivo prodotto dalle porticine delle celle, che giocano con le reali proporzioni dello spazio. Nel corso dei secoli questi ambienti sono stati destinati a celle conventuali, caserme, rovine, dormitori pubblici, aule: trovar loro una nuova funzione è quindi parte della loro esistenza e il destino di Biblioteca è quanto mai pertinente e adatto. Potranno essere allocate librerie per il contenimento degli oltre 100.000 pezzi di oggi e altri 50.000 nei prossimi anni e troveranno adatta sistemazione tutti i servizi necessari per rendere la Biblioteca pratica, efficiente ed economica nella gestione. La soluzione adottata prevede di non intervenire sulle strutture murarie e di risolvere i problemi impiantistici con criteri di economia e semplicità. Il grande salone si trasforma in Biblioteca della Storia dell'Arte, prendendo ispirazione dal Longhena, con le scaffalature aperte in tutta l'estensione delle pareti e con al centro tavoli per la consultazione. Un secondo livello è realizzato con una balconata alla quale si accede da scalette a rampa diretta sistemate sulle testate del lato nord e sud e del transetto centrale. La struttura portante e le scaffalature sono in metallo. L'effetto prospettico è così accentuato dal raddoppio delle linee che portano all'orizzonte senza modificare l'impatto scenografico della sala. Per mantenere infatti la presenza delle porticine delle celle, le stesse sono ripetute sul fronte degli scaffali. L'ulteriore incorniciatura del portale in legno, oltre ad avere la funzione di sostenere la balconata del secondo livello, produce un nuovo effetto prospettico con una porta piccola dentro a una porta più grande. Lo spazio centrale può così rimanere vuoto ed essenziale, con i soli lunghi tavoli necessari per la consultazione e lo studio. Le celle sono concepite tutte uguali ricostruendo l'originale effetto monastico. Le pareti di ogni cella sono rivestite di scaffalature, lasciando porte grandi come quelle di ingresso, per connettere le celle, al centro delle pareti divisorie e tutte in asse le une con le altre. Possono essere unite a gruppi per Fondi di grande dimensione o per funzioni che richiedano spazi capienti, permettendo di rispettare eventuali suddivisioni per argomenti e per condizioni di conservazione. La connessione delle singole celle aggiunge un'ulteriore emozione prospettica: le nuove porticine sono in asse l'una con l'altra, e sembrano rincorrersi all'infinito all'orizzonte. La sistemazione delle scaffalature lungo le pareti del salone centrale mantiene la percezione storica dell'unitarietà dell'ambiente e non criticizza ulteriormente la condizione statica dell'edificio, dato che il peso rimane addossato alle pareti. Il corridoio centrale ha un'illuminazione dedicata all'uso delle scaffalature direttamente integrata nell'arredo, realizzata con lampade LED, sistemate in alto per rendere comoda la consultazione e la lettura dei titoli illuminando solo la parte interessata. I sistemi antincendio sono integrati nei supporti per l'illuminazione e scompaiono completamente alla vista. Sui tavoli, la luce è sistemata su apposite strutture fisse e direzionata verso il piano. Nelle celle, considerata la dimensione, è invece adottata una soluzione a soffitto con lampade a incasso e sorgenti luminose a basso consumo energetico. Questa soluzione è favorita anche dal fatto che tutta la parte impiantistica è stata allestita nei sottotetti delle falde di copertura delle celle e nei controsoffitti. Le soluzioni illuminotecniche adottate permettono di non intervenire nelle strutture murarie, evitando tracce e attraversamenti, soprattutto nella parte alta del salone e nelle volte.

Planimetria generale
Scala 1:2000

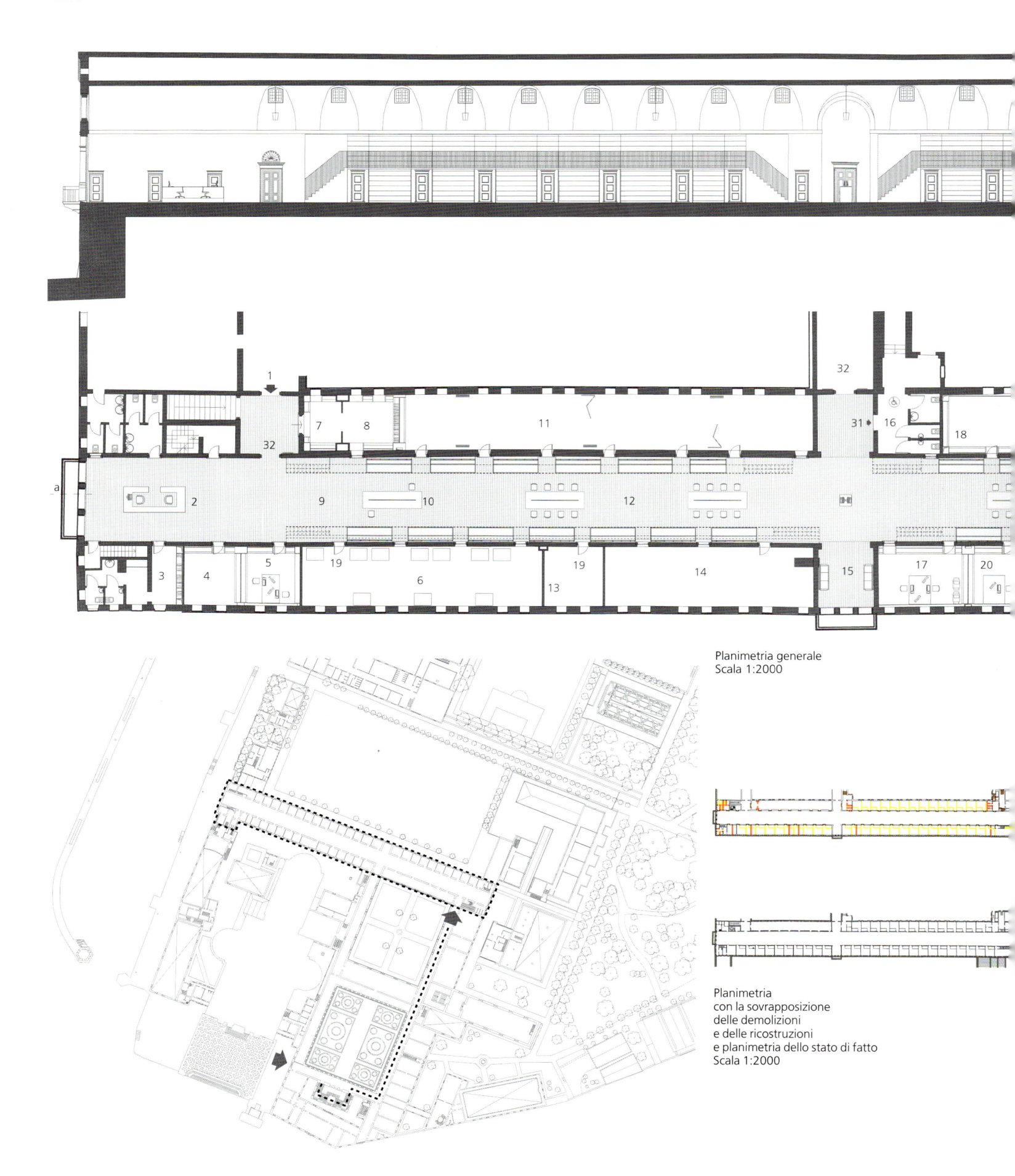

Planimetria
con la sovrapposizione
delle demolizioni
e delle ricostruzioni
e planimetria dello stato di fatto
Scala 1:2000

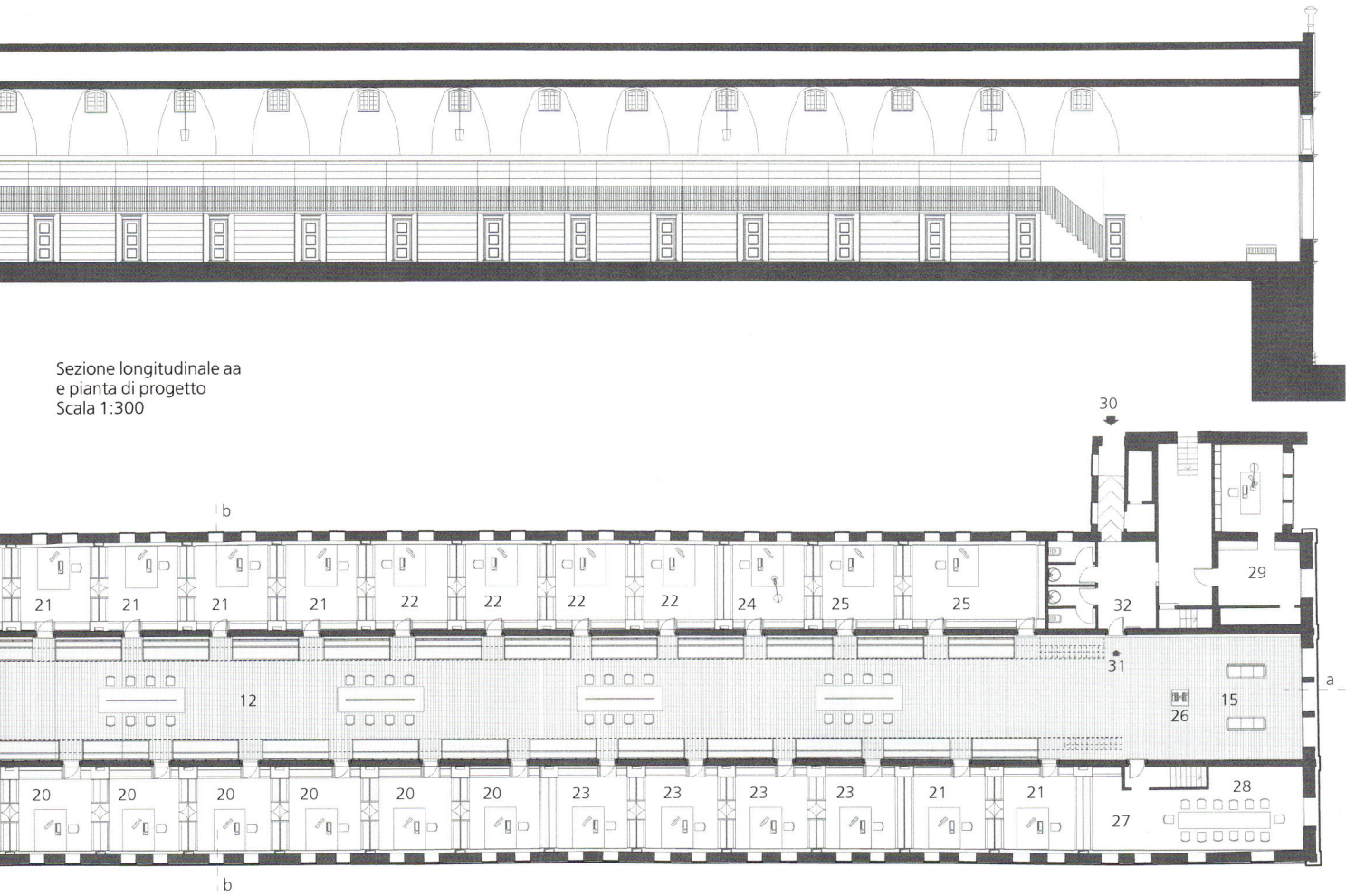

Restauro della Manica Lunga alla Fondazione Cini e Nuova Biblioteca di Storia dell'Arte a Venezia

Sezione longitudinale aa
e pianta di progetto
Scala 1:300

1. Ingresso
2. Posto controllo e deposito
3. Spazio appoggio personale biblioteca
4. Deposito, movimentazione libri
5. Stanza stage
6. Tesoro
7. Dispenser snack
8. Guardaroba
9. Consultazione libro antico
10. Tavolo consultazione libri antichi
11. Sala polifunzionale ex fototeca, superficie 70 mq
12. Biblioteca di storia dell'arte, superficie 585 mq
13. Libro antico
14. Sala mostre
15. Area riposo silenzioso
16. Servizi
17. Centro copie / fotocopie, superficie 18 mq
18. Schedari microfilm, superficie 16 mq
19. Porta blindata
20. Fondi postazioni operative storia dell'arte
21. Archivio fondi, superficie 10 mq
22. Catalogatori, superficie 10 mq
23. Laboratorio materiali audio - bryant
24. Ufficio direttore fondo Vivaldi
25. Fondo Vivaldi
26. Consultazione on - line
27. Sala riunioni / videoconferenze
28. Tavolo esistente
29. Ufficio del direttore
30. Ingresso disabili
31. Uscita di sicurezza
32. Porta rei 120

Sezione trasversale bb
di riferimento
Scala 1:200

Sala di lettura con l'indicazione
delle tipologie di arredo
Sezione trasversale e pianta
Scala 1:50

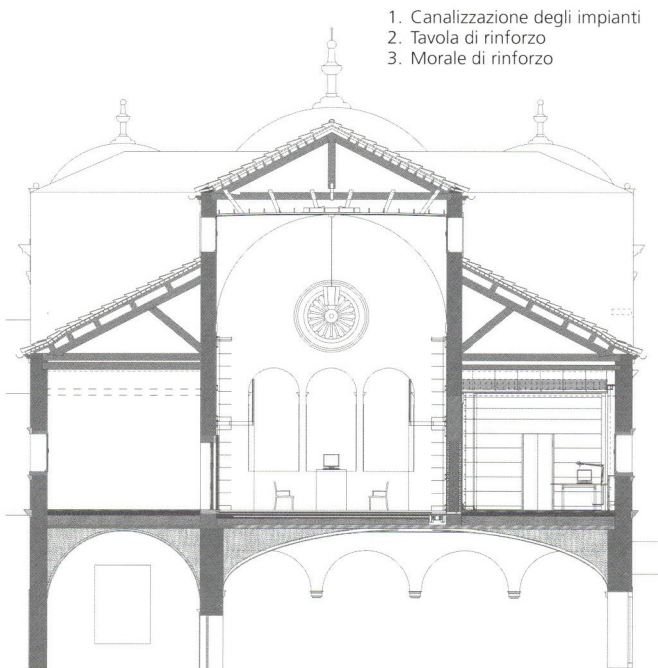

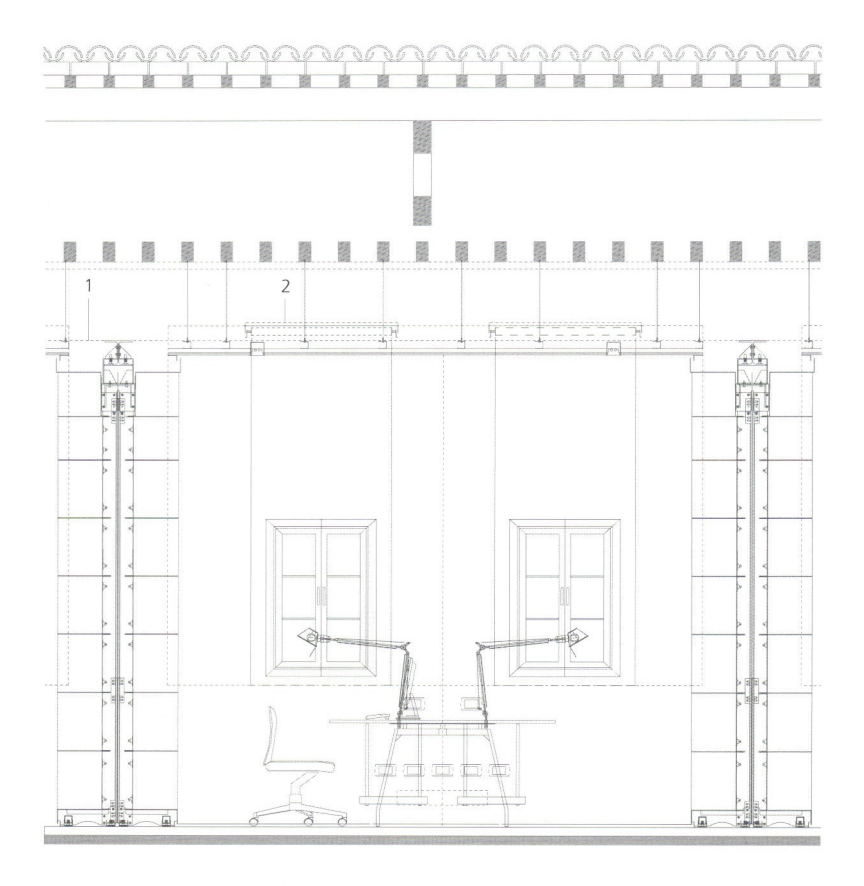

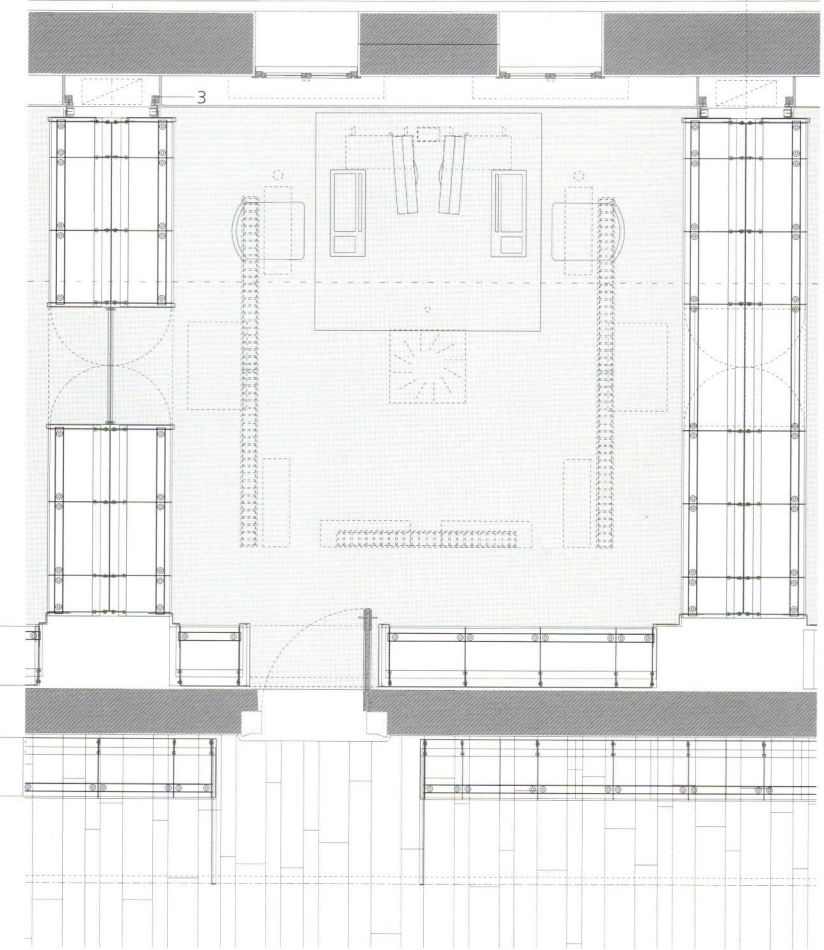

1. Canalizzazione degli impianti
2. Tavola di rinforzo
3. Morale di rinforzo

8

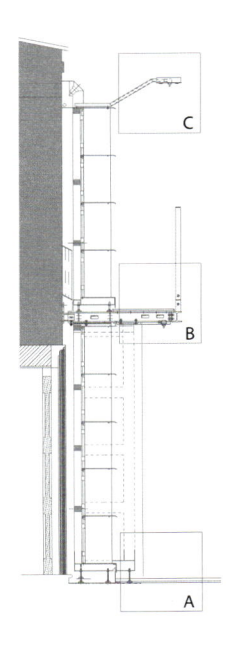

Restauro della Manica Lunga alla Fondazione Cini e Nuova Biblioteca di Storia dell'Arte a Venezia

Pareti con le scaffalature
Vista interna e sezione verticale
Scala 1:70

Dettaglio dell'elemento
del sistema di illuminazione
e di estinzione incendi
Pianta
Scala 1:10

1. Trave in acciaio, profilo HEB 100
2. Sprinkler
3. Faretto led
4. Collettore
5. Naspo antincendio

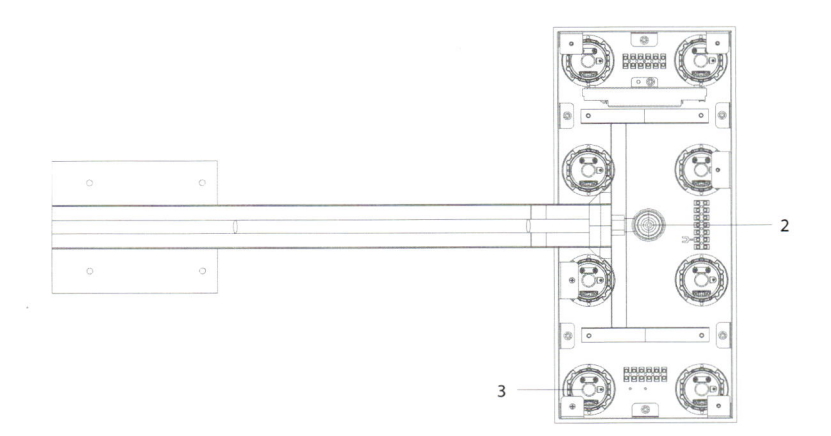

Sezione tecnologica del modulo
perimetrale con scaffalature
e soppalco e dettaglio dei sistemi
di illuminazione e spegnimento
incendi integrati
Scala 1:20

1. Fascia marcapiano
2. Lampada reglette
3. Sistema composto da lampada
   e sprinkler
4. Boccola
5. Escursione di livello dal piano
   del pavimento antico
6. Livellamento con mapegrout
   o similari per ridurre le scabrosità
   del getto, spessore 1 - 2 mm
7. Quota del piano del pavimento
   finito
8. Escursione di livello dal piano
   del pavimento finito
9. Quota del piano del pavimento
   finito, + 40 cm
10. Profilo esterno dell'imbotte
    di legno
11. Quota del piano del pavimento
    antico
12. Quota del piano del ferro

Schema
assonometrico
e sezione verticale
di riferimento
Scala 1:150

Schemi tipologici delle scaffalature:
Modulo composto
Modulo parete verso Manica Lunga
Modulo parete neutra con spallette e con piede per auto portanza
Modulo parete con porta vento comunicante con le celle

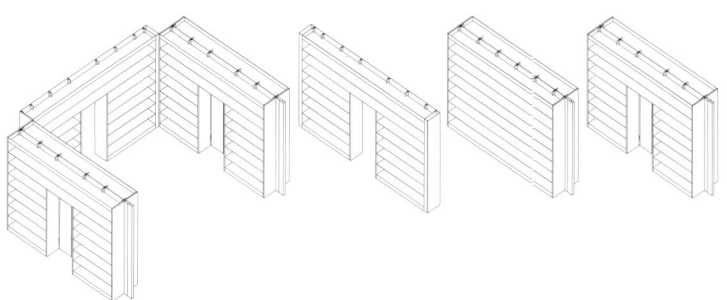

Pianta
Scala 1:15

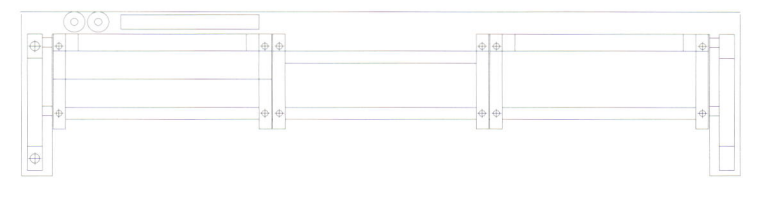

Dettagli dell'attacco a terra del portale
Sezioni verticali
Scala 1:5

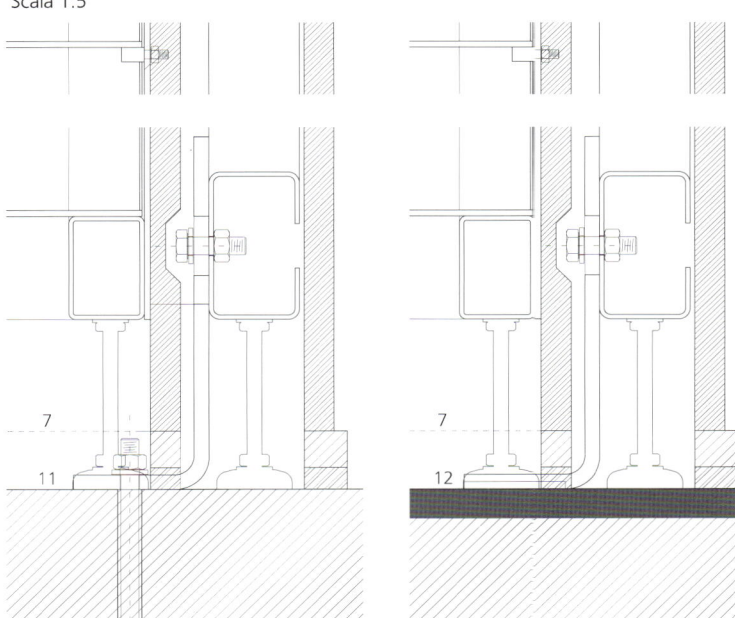

Casa di Eva e Ophèlia a Messina

indirizzo:	viale san Martino, 334		periodo di realizzazione:	2007 - 2008
città:	Messina		committente / proprietario:	Renato Arrigo, architetto
progettista:	Renato Arrigo, architetto Nathalie Morey, ingegnere		tipologia intervento:	ristrutturazione
			destinazione intervento:	residenziale
			dimensioni:	superficie coperta 210 mq superficie scoperta 160 mq
			imprese esecutrici:	Compagnia Italiana di Sviluppo s.r.l. Mendolia infissi - infissi Gecos s.a.s. - pavimento in resina Dell'Acqua - messa in opera del parquet Caig - impianti idrici Musolino - pitture Mediayachting - vela ingegnere Luciano Saccà - tensostrutture
			costi di realizzazione:	300.000 euro

Ophèlia – Messina

Renato Arrigo e Nathalie Morey

Renato Arrigo, architetto
Nathalie Morey, ingegnere

via Giuseppe La Farina, 171
Messina

www.renatoarrigo.com
info@renatoarrigo.com

Lui architetto. Lei ingegnere. Lui italiano. Lei francese. Insieme. Per un progetto. Per una vita. Lassù un attico. Là tra le nuvole, di fronte allo stretto. Quello di Messina. Là dove la luce esterna acceca e quella interna riscalda. Renato Arrigo ha progettato la ristrutturazione della Facoltà di Scienze Statistiche a Messina, recenti opere di verde urbano e ambientale nei comuni di Milazzo e Rometta, il restauro del Monastero Basiliano ad Itala (ME), il recupero di una Torre Normanna ad Adrano (CT), svariati alberghi nel centro urbano di Messina e Taormina, vari interventi di edilizia privata in Italia ed all'estero, noti locali pubblici, rifacimenti di svariati giardini pubblici, una catena di franchising. Appassionato di marketing e comunicazione pubblicitaria, consigliere regionale dell'InArch Sicilia (Istituto Nazionale di Architettura), componente della Commissione Edilizia messinese, ha arricchito il proprio bagaglio con iniziative settoriali. Il lavoro di progettazione è accompagnato da attività legate alle pubblicazioni editoriali che sfociano nel dibattito architettonico contemporaneo.

«C'era una volta, nel centro urbano di Messina, una terrazza, due bambine ed i loro genitori.
I genitori portavano spesso le bambine a scorazzare con le biciclette, libere di giocare, correre, sfrenarsi. Un giorno le bambine vollero stare più a lungo, senza stancarsi mai.
Arrivò la sera ed il giorno già volgeva al declino. Il cielo si tinteggiò di tante infinitesime lucette.
Presi una candela e rischiarai con fioca luce le loro sagome ancora in movimento.
Scese la notte ed anche la stanchezza. E vidi le bambine, catturate dai sogni di una giornata senza fine. Poi arrivò il sogno. Profondo.
Allora capii che quella doveva essere casa mia, anzi la casa di Eva e Ophèlia.
Allora cominciai a sognare anch'io e capii che la bellezza brilla di più nel cuore di chi la desidera che negli occhi di chi la vede.
Questa è la storia di un terrazzo diventato casa. Di due bambine diventate adulte. E di due genitori diventati bambini. Questa è la storia del gioco libero, del correre, dello sfrenarsi.
Alla fine, non resta altro che entrare e capire, con occhi di bambino, che un gioco è bello quando non è mai finito».
Renato Arrigo e Nathalie Morey progettano per le loro figlie Eva e Ophèlia questa casa a Messina, affacciata sullo Stretto.
L'arredo della Casa è concettuale e incontra la luce. Una luce che gioca con i chiari e scuri. L'interno e l'esterno. Il buio e il sole.
Alcuni arredi sono realizzati artigianalmente: una rete da pollaio diventa una lampada da terra; uno scudo nella camera da letto protegge dai cattivi pensieri; il rivestimento di gesso su una lampada antica imbalsama la storia; alcuni bidoni di latte sostengono uno scrittoio.
Ci sono poi gli arredi di memoria industriale: un tappeto composto esclusivamente da tanti pneumatici forati di ruote di bicicletta per lasciarlo sempre a terra; alcuni sgabelli di legno massello di cedro libanese per profumare la casa con fragranze naturali; lampade ad ispirazione naturale faunistica con bachi di seta intrecciati con fil di ferro ed altre ancora di ispirazione floristica con paralume fatto di sola matassa di paglia per ricordare la natura; tre lampade elastiche pendenti dal soffitto per giocare con i movimenti ondulatori tipici del silicone; un "prato" verde come tappeto nella camera studio vicino a delle frasi murali sul tema del lago per avviare subliminalmente la concentrazione; un puff sferico per rotolare pur stando seduti; delle sedute luminose per l'esterno e dei tavolini da interno illuminati per giocare nel buio pesto della notte.

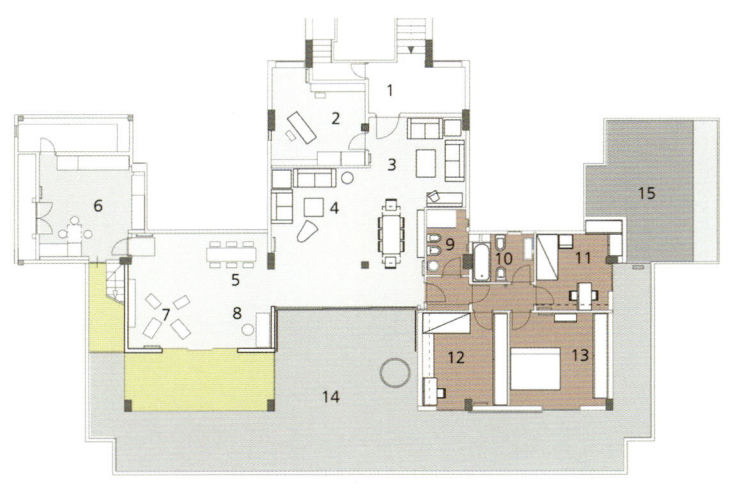

Renato Arrigo e Nathalie Morey

Pianta con gli arredi
Scala 1:250

1. Pianerottolo di ingresso
2. Studio
3. Ingresso - living
4. Salone
5. Pranzo
6. Cucina
7. Soggiorno
8. Pianoforte
9. Bagno
10. Bagno reparto notte
11. Camera Ophèlia
12. Camera Eva
13. Camera genitori
14. Terrazzo centrale
15. Terrazzo - giardino laterale

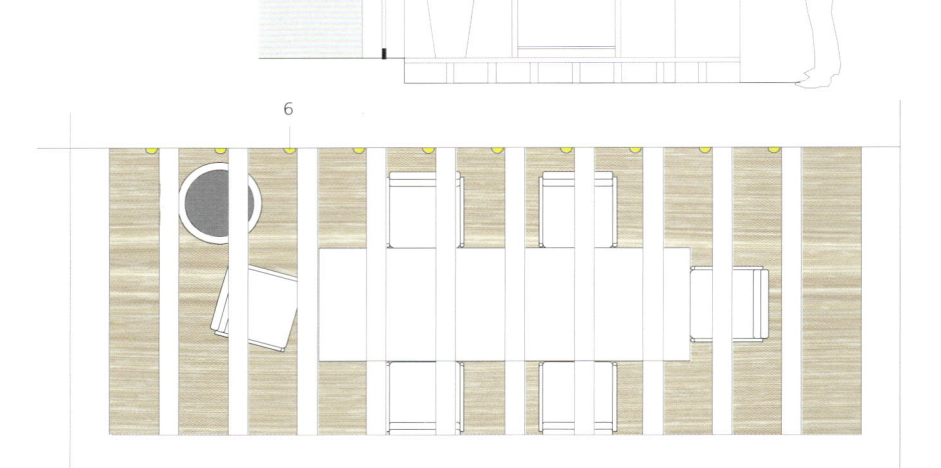

Terrazzo con il sistema di illuminazione a fibre ottiche
Pianta e sezione verticale
Scala 1:50

Schema della successione degli elementi
per la realizzazione della fibra ottica

1. Polipo con trasformatore
2. Cavo elettrico
3. Nervo ottico
4. Bulbo oculare lente concentrica
5. Fascio luminoso
6. Fibre ottiche filo parete

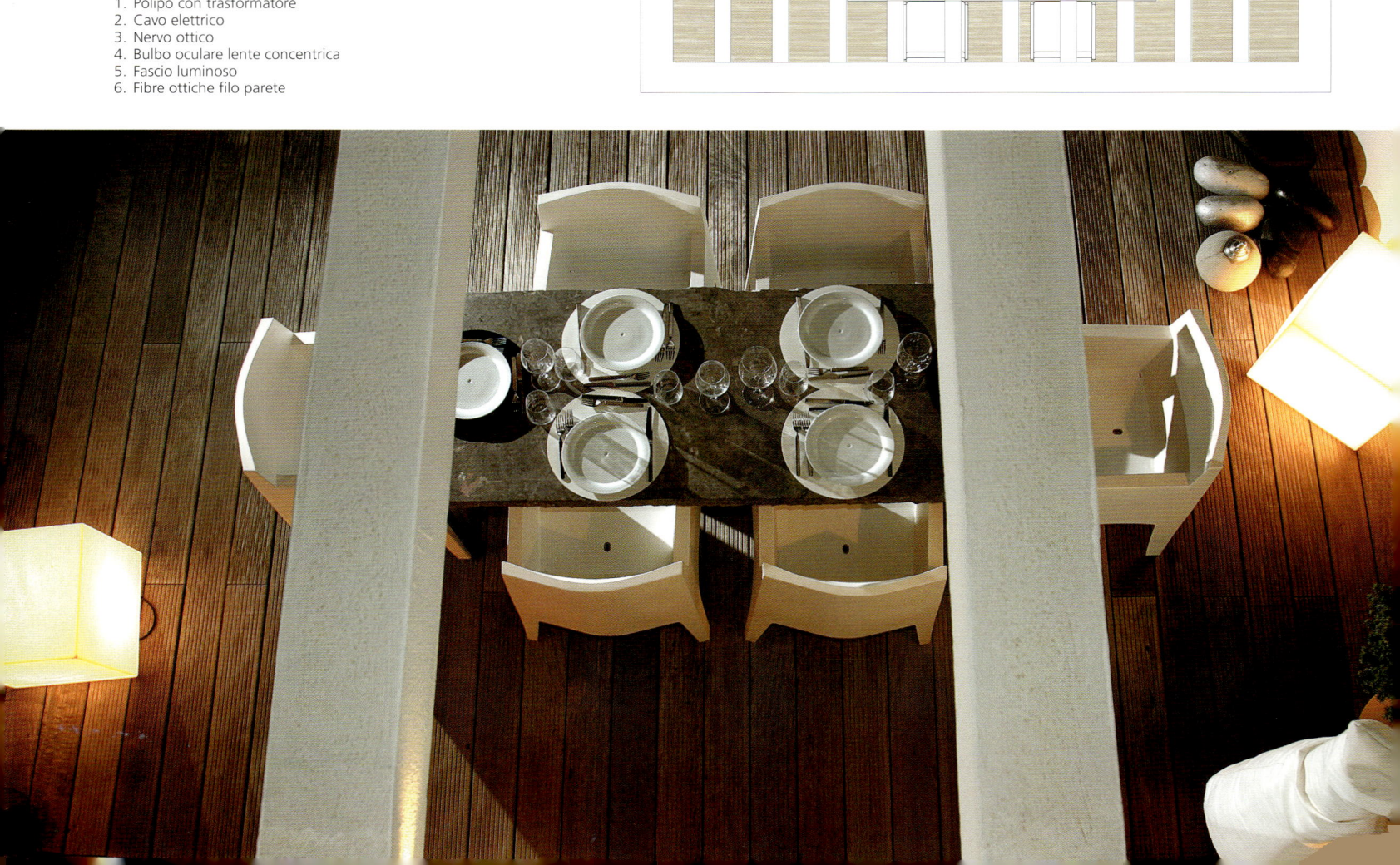

Casa di Eva e Ophèlia a Messina

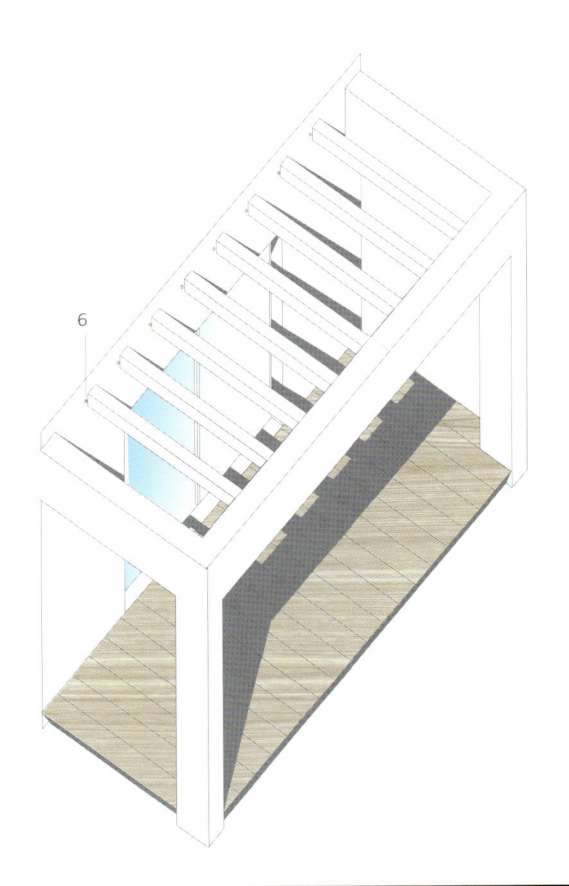

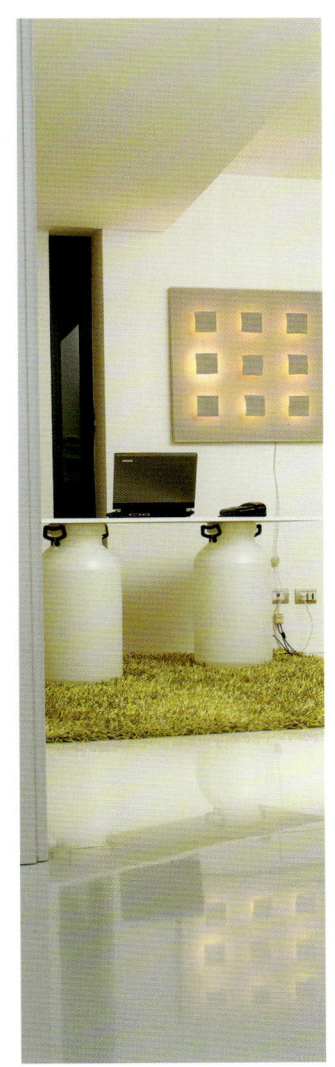

Renato Arrigo e Nathalie Morey

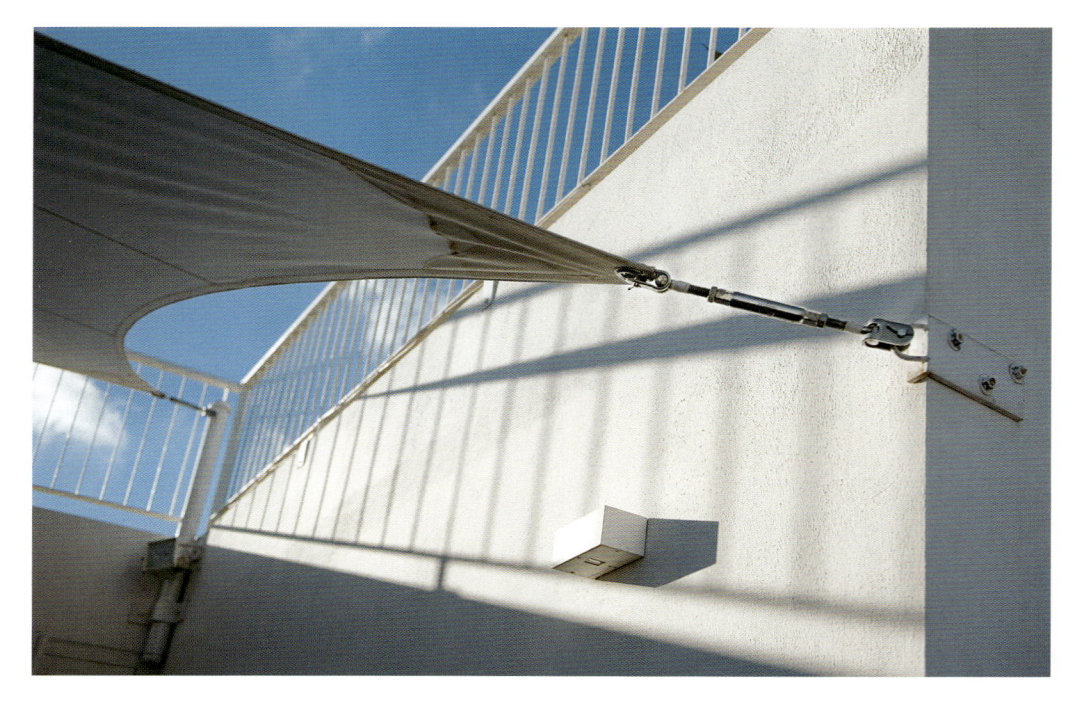

Copertura a vela del terrazzo centrale
Planimetria
Scala 1:200

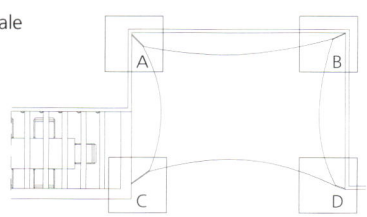

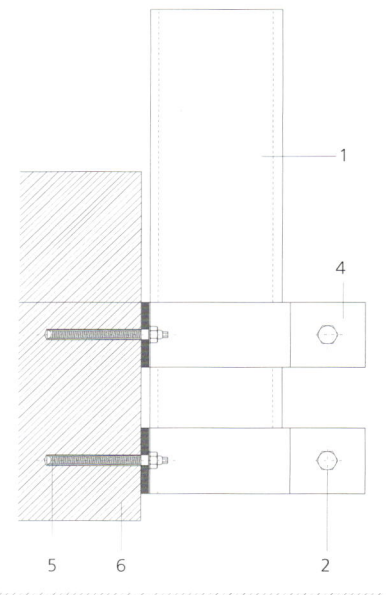

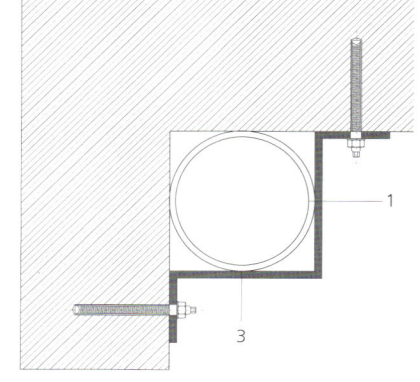

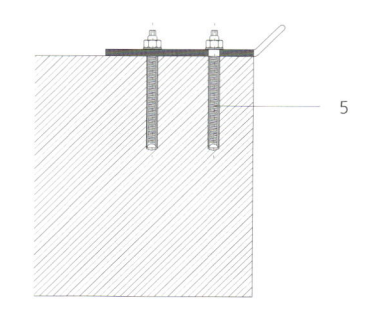

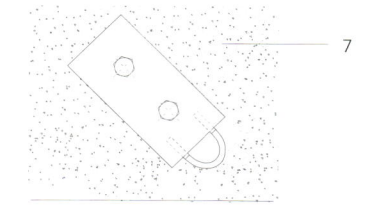

Casa di Eva e Ophèlia a Messina

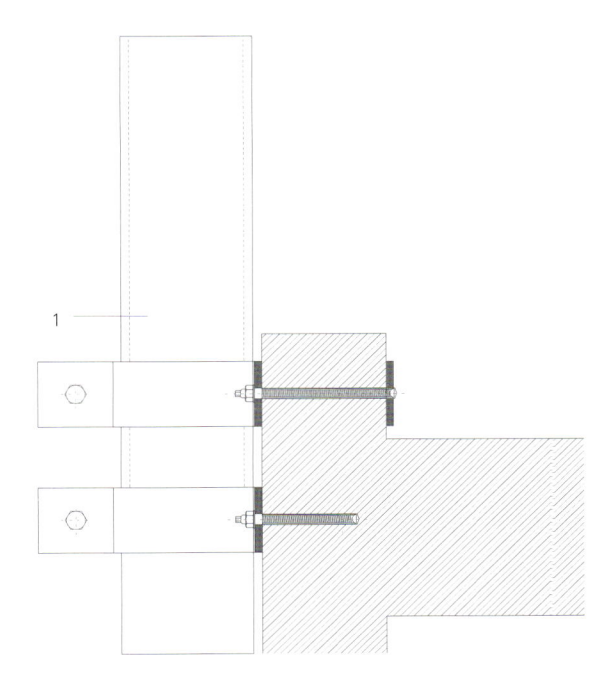

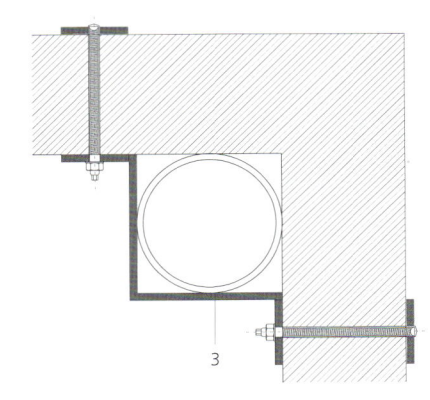

Dettagli degli agganci
della vela
Piante e sezioni verticali
Scala 1:20

1. Palo d'acciaio, Ø 88,9 / 10
2. Fori per bulloni m12, Ø 14 mm
3. Saldatura a filo continuo
4. Lamiera sagomata, spessore 8 mm
5. Barra hilti has m12 x 110, ancorante chimico hvu
6. Trave esistente
7. Tondino d'acciaio, Ø 8 mm
8. Tompagno esistente
9. Barra filettata, Ø 12 mm

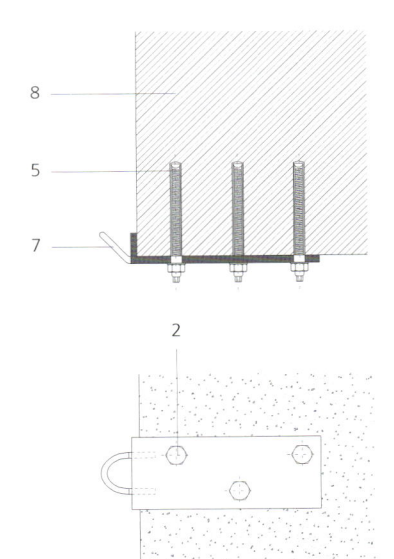

Casa di Eva e Ophèlia a Messina

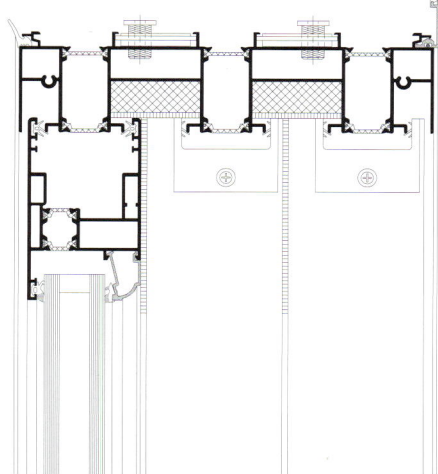

Serramenti scorrevoli
Pianta e sezione verticale
Scala 1:5

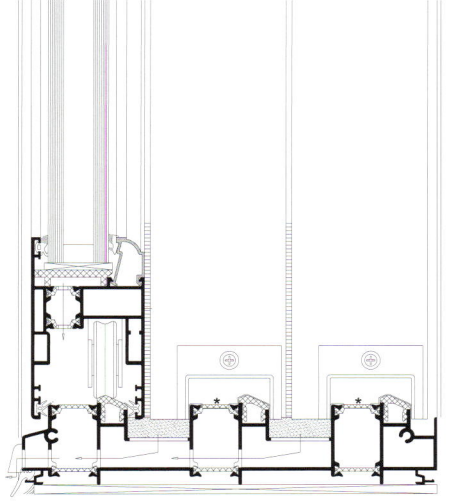

Schema del funzionamento
degli scuri ribaltabili del terrazzo centrale
Pianta e prospetto
Scala 1:200

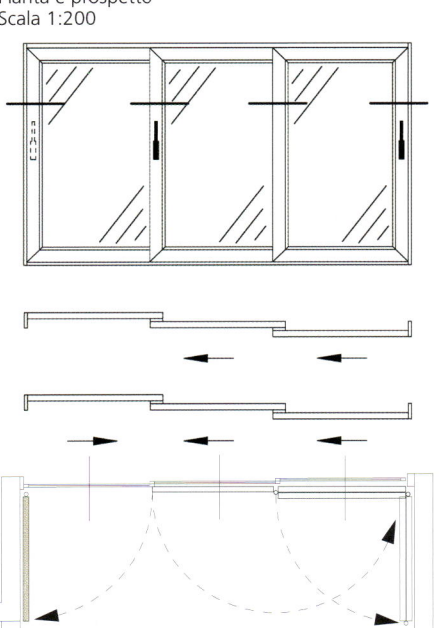

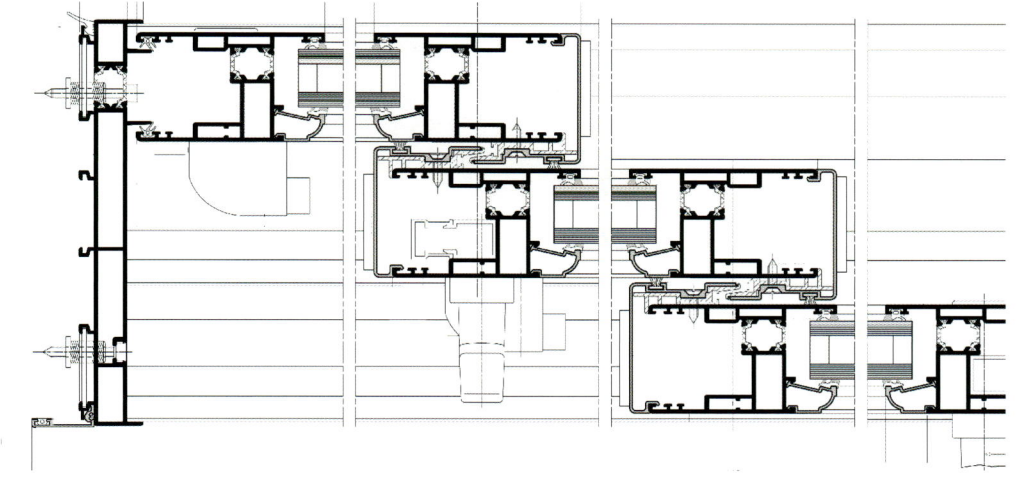

19

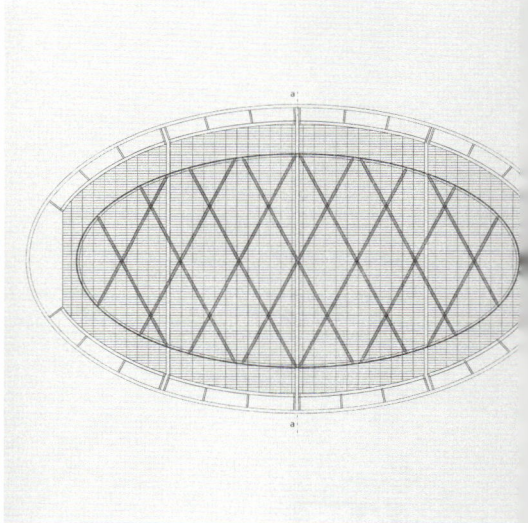

Abdi Ibrahim Research
& Development Building a Istanbul (Turchia)

indirizzo:	Hoşdere Mevkii, Tunç Cad. No: 3 Bahçeşehir 34555	periodo di realizzazione:	2003 - 2008
città:	Istanbul (Turchia)	committente / proprietario:	Abdi Ibrahim Pharmaceuticals
progettista:	Dante O. Benini Luca Gonzo	premi architettonici:	Premio Governo Turco per la miglior efficienza energetica 2007 Nomination Aga Khan Award 2010
collaboratori:	Monica Lirosi (DOBP) Etkin Emre Osmanoglu (DOBP Istanbul)	tipologia intervento:	nuova costruzione
consulenti:	Balkar Istanbul - strutture Thales France - ingegneria laboratori farmaceutica Crespi Bonsai - landscape design Vignelli Associates - graphics, corporate identity	destinazione intervento:	edilizia industriale
		dimensioni:	16.000 mq
		altre informazioni:	edificio ipogeo per l'80% della sua superficie, 12,5 m sotto il livello stradale
		imprese esecutrici:	Yapi Tasarim - main contractor PMM Yapi - carpenteria metallica Preset - pannelli prefabbricati Tetisan - impianti termofluidici Anel - impianti elettrici Erco, Kreon - sistemi illuminazione Unifor - arredi e partizioni Arredi e partizioni - Unifor, Vitra, Lamm, Belca, Cappellini, Sedus
		costi di realizzazione:	25.000.000 dollari

Research Building – Istanbul

Dante O. Benini & Partners Architects

Dante O. Benini
Luca Gonzo, architetti

via Achille Papa, 30
Milano

www.dantebeniniarchitects.com
info@dantebeniniarchitects.com

Lo Studio è guidato da Dante Benini come Leader Partner e Chairman insieme a Luca Gonzo, Senior Partner Architect e Managing Director. Con uffici a Milano, Londra e Istanbul, lo Studio è attivo con i diversi dipartimenti nel campo della progettazione architettonica, pianificazione urbana, architettura d'interni, design e design nautico, con uno staff di circa 60 persone. Qui vengono concepiti progetti di interi quartieri urbani e sedi di grandi gruppi, laboratori industriali e spazi commerciali, fino a club esclusivi, case, yacht e pezzi di design, commissionati in tutto il mondo. Ogni progetto viene concepito sulle basi di sostenibilità tecnica, economica e ambientale e propone una Architettura di qualità, fondata sul principio dell'attenzione e della cura del dettaglio. Lo Studio ha ricevuto numerosi premi e menzioni, classificandosi in vari concorsi internazionali. I progetti sono stati recensiti da critici autorevoli in prestigiose pubblicazioni del settore.

Abdi Ibrahim diventa nel 2003 la società farmaceutica più importante della Turchia; coerentemente con il ruolo raggiunto, la società chiede allo Studio di progettare un nuovo edificio per le aree di ricerca e sviluppo e l'ampliamento della fabbrica esistente dove collocare i nuovi spazi produttivi.
R&D (research and development) è concepito come una opera di land art, una collina verde.
L'edificio, costituito da quattro livelli, di cui due interrati fino a 12,5 m sotto il livello stradale, nonostante il notevole volume imposto dall'impiantistica di processo farmaceutico, passa inosservato, in quanto quasi totalmente ipogeo.
Il tetto è una copertura a giardino rivolta a sud totalmente percorribile e raccordata con le aree a verde delle sistemazioni esterne.
Il nuovo edificio è unito alla fabbrica esistente con un tunnel illuminato naturalmente dallo zenit; una doppia rampa collega simultaneamente sia il secondo piano interrato, dove sono posizionate la mensa, la caffetteria e le aree relax, sia il livello del primo interrato dei laboratori.
Il piano terra diventa area di rappresentanza; sala conferenze e training da 100 posti, reception, sale meeting sono concepite come un'unica grande lobby di ingresso. Essa diviene spazio museale ed è imperniata intorno al cuneo della scala principale.
La scala si articola a sbalzo intorno a due setti di calcestruzzo che tagliano l'edificio per tutta la sua altezza fino al grande lucernario ad occhio tagliato sul tetto inclinato, da cui si distribuisce la luce naturale per 4 piani. Al piano primo sono collocati spazi per uffici e l'area vip che affaccia in un terrazzo ricavato da una spaccatura nel tetto, dalla quale si porta luce naturale alle sale riunioni sottostanti della lobby e da cui si accede direttamente in copertura.
La facciata principale curva ed inclinata, che s'innalza come un movimento tellurico dal terreno, è stata pensata come la sorgente di luce naturale di tutti gli ambienti interni, i quali si affacciano su di essa attraverso spazi a doppia tripla o quadrupla altezza.
Al piano 12 m sotto il livello zero, lungo lo spazio caffetteria, Crespi Bonsai ha creato un giardino d'inverno, coordinato con il progetto del verde esterno, che prende luce naturale dalla facciata ed è visibile dalle balconate di tutti i piani.
Una menzione meritano gli obiettivi perseguiti in sede di progettazione impiantistica, che si aggiungono ai vantaggi delle masse passive ipogee e cioè l'uso del tetto giardino, la diffusione di luce naturale e l'orientamento delle facciate, tali da ottenere risparmio energetico, alto livello di efficienza, facilità operativa e manutenzione agevole degli impianti, fattori che rendono l'edificio un esempio di ecosostenibilità. Il sistema di climatizzazione usa lo scambio geotermico con il sottosuolo e prevede il riciclo dell'aria e l'uso di acqua, vapore e aria come fonti per la produzione di energia elettrica. La produzione di acqua calda è generata dal vapore controllato nel sottosuolo. L'edifico è controllato con sensori e meccanismi computerizzati applicando i più moderni principi della domotica dalla ottimizzazione di uso delle luci artificiali fino all'autoriscaldamento delle rampe di accesso veicolare, con il ricircolo dell'acqua di reflusso del sistema clima. L'intero sistema impiantistico è controllato e monitorato attraverso un Building Management System interattivo. Il building directory degli edifici, così come la corporate identity di Abdi Ibrahim è curato da Massimo Vignelli.

Dante O. Benini & Partners Architects

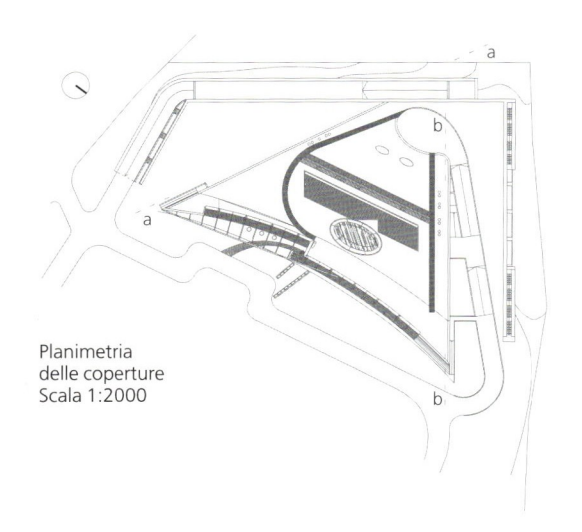

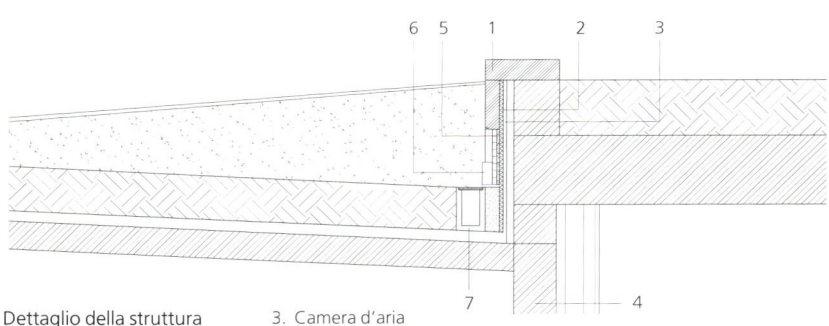

Planimetria
delle coperture
Scala 1:2000

Dettaglio della struttura
della copertura ipogea
Sezione verticale
Scala 1:50

1. Elemento in c.a.
   prefabbricato
2. Strato isolante
3. Camera d'aria
4. Muro in c.a.
5. Pittura su intonaco
6. Profilo in alluminio
   per la conduttura
   delle acque piovane
7. Elemento di raccolta
   delle acque piovane

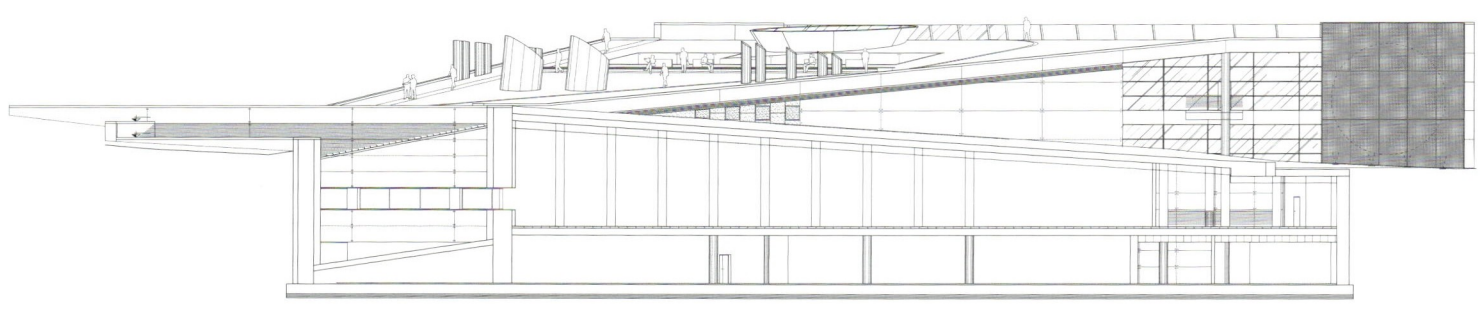

Sezione aa e sezione bb
Scala 1:500

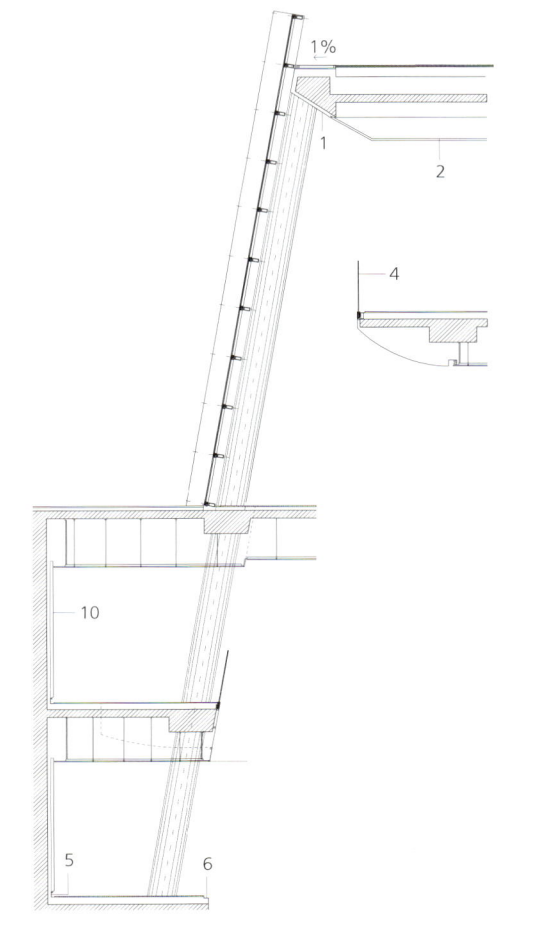

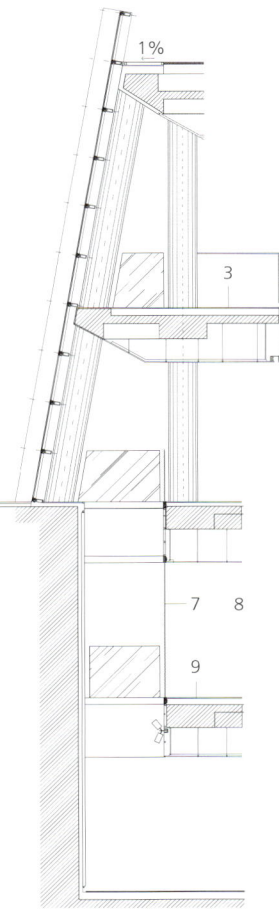

Sezioni tecnologiche
della facciata in vetro
Scala 1:150

Dettaglio dell'aggancio a terra
Sezione verticale
Scala 1:15

1. Rivestimento in alucobond
2. Cielino in cartongesso
3. Pavimento in granito
4. Parapetto in vetro
5. Zoccolino in acciaio inox
6. Zoccolino del giardino d'inverno
7. Vetrata a tutta altezza
8. Meeting room
9. Pavimento in pvc
10. Pannello di rivestimento prefabbricato
11. Lamina in acciaio inox, spessore 4 mm
12. Pannello di chiusura in vetro
13. Illuminazione a incasso
14. Stratigrafia del solaio: pavimento in pietra; sottofondo; massetto protettivo, altezza 5 cm; strato di isolamento termico, altezza 4 cm; doppia membrana impermeabilizzante, altezza 1,14 mm; massetto di pendenza; soletta in c.a.

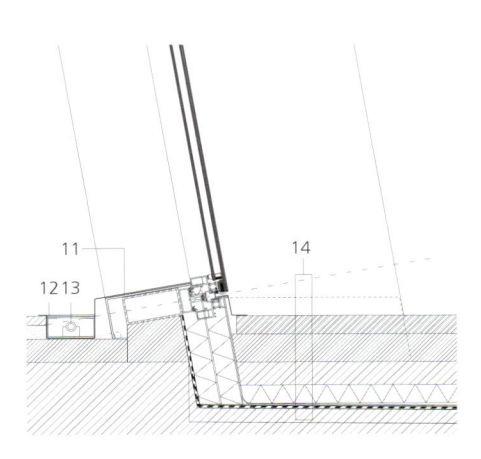

Dante O. Benini & Partners Architects

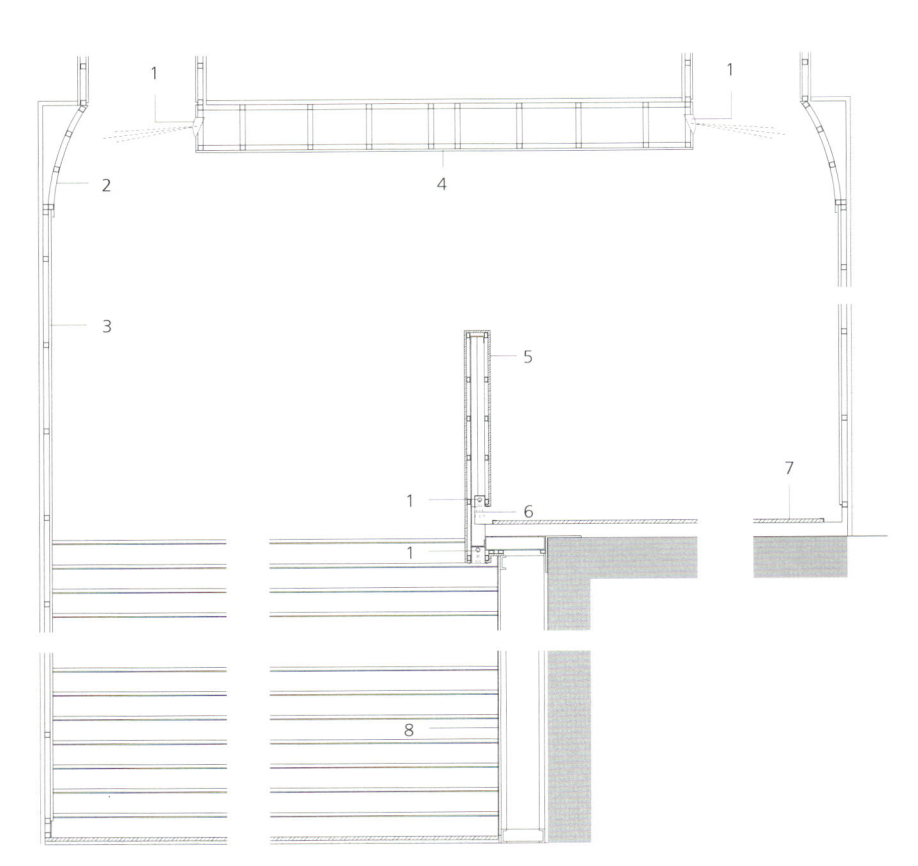

Il tunnel
Sezione tecnologica
Scala 1:40

Sezione trasversale e pianta
Scala 1:200

1. Illuminazione lineare
   ad incasso
2. Pannello riflettente
3. Pannello fonoisolante
4. Controsoffitto
   in cartongesso, tinteggiatura
   vernice colore bianco
5. Pannello di rivestimento
   del parapetto, finitura
   vernice colore bianco
6. Zoccolino in acciaio inox
7. Pavimento in granito
8. Muro a secco, con anima
   in c.a.
9. Porta uscita di emergenza
10. Illuminazione ad incasso
    nel pavimento
    in fori predisposti
11. Portale rivestito
    in lamina d'acciaio inox

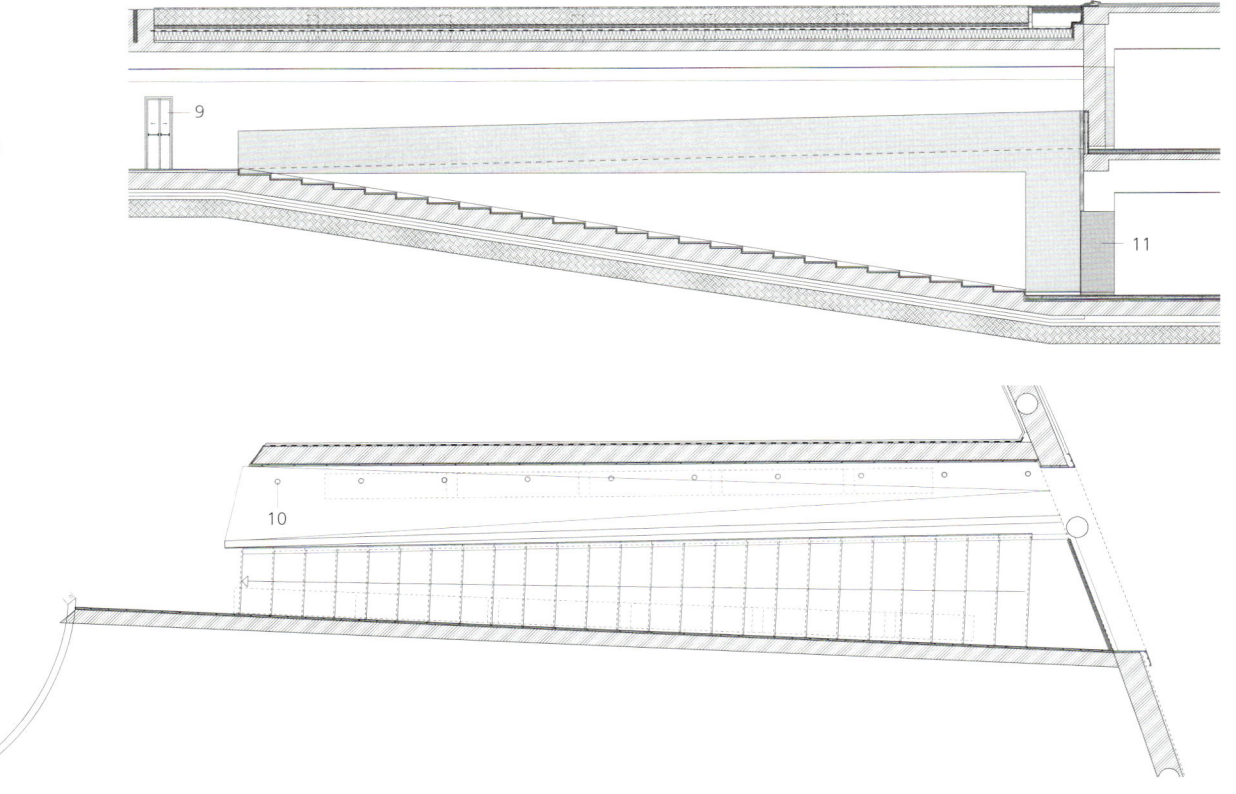

Abdi Ibrahim Research & Development Building a Istanbul (Turchia)

Dettagli degli zoccolini
Sezioni tecnologiche verticali
Scala 1:10

Profili degli zoccolini
in acciaio inox
Sezioni verticali
Scala 1:5

1. Muro in c.a.
2. Solaio in c.a
3. Pavimentazione in granito
4. Camera d'aria

5. Pannello prefabbricato
6. Pannello di cartongesso
7. Pannello fonoisolante
8. Parapetto in vetro

9. Piatto in acciaio inox
10. Illuminazione a led a incasso nel pavimento
11. Rivestimento in alucobond

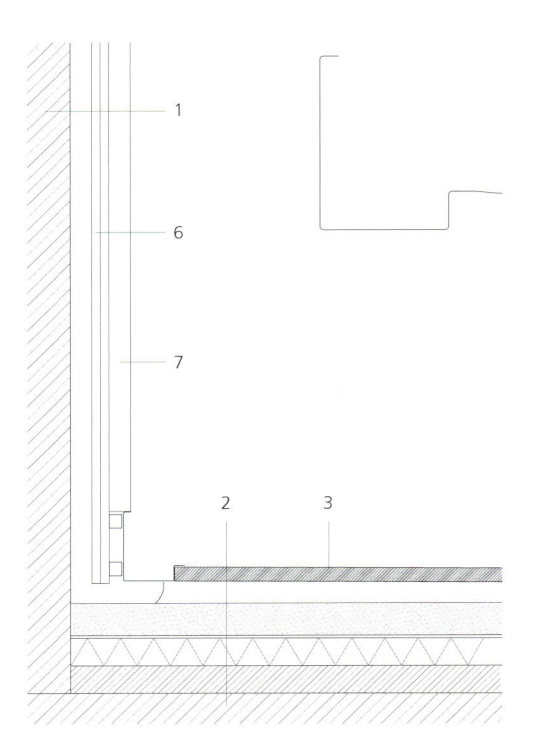

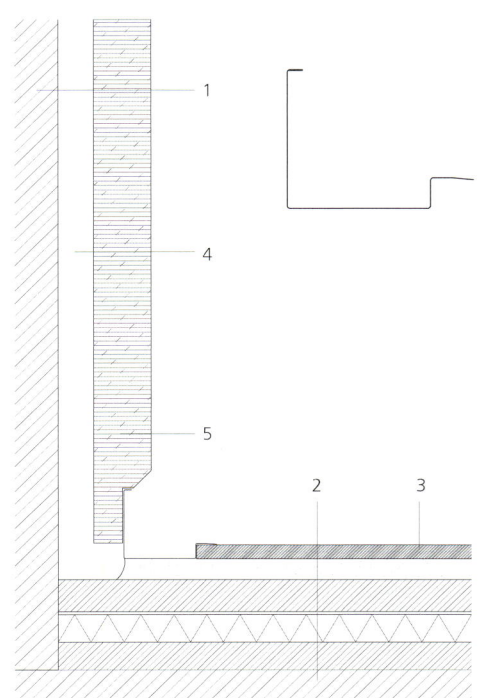

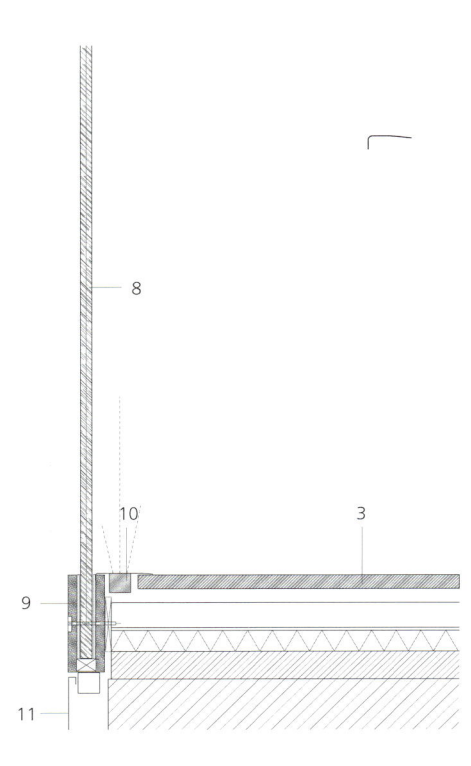

Dante O. Benini & Partners Architects

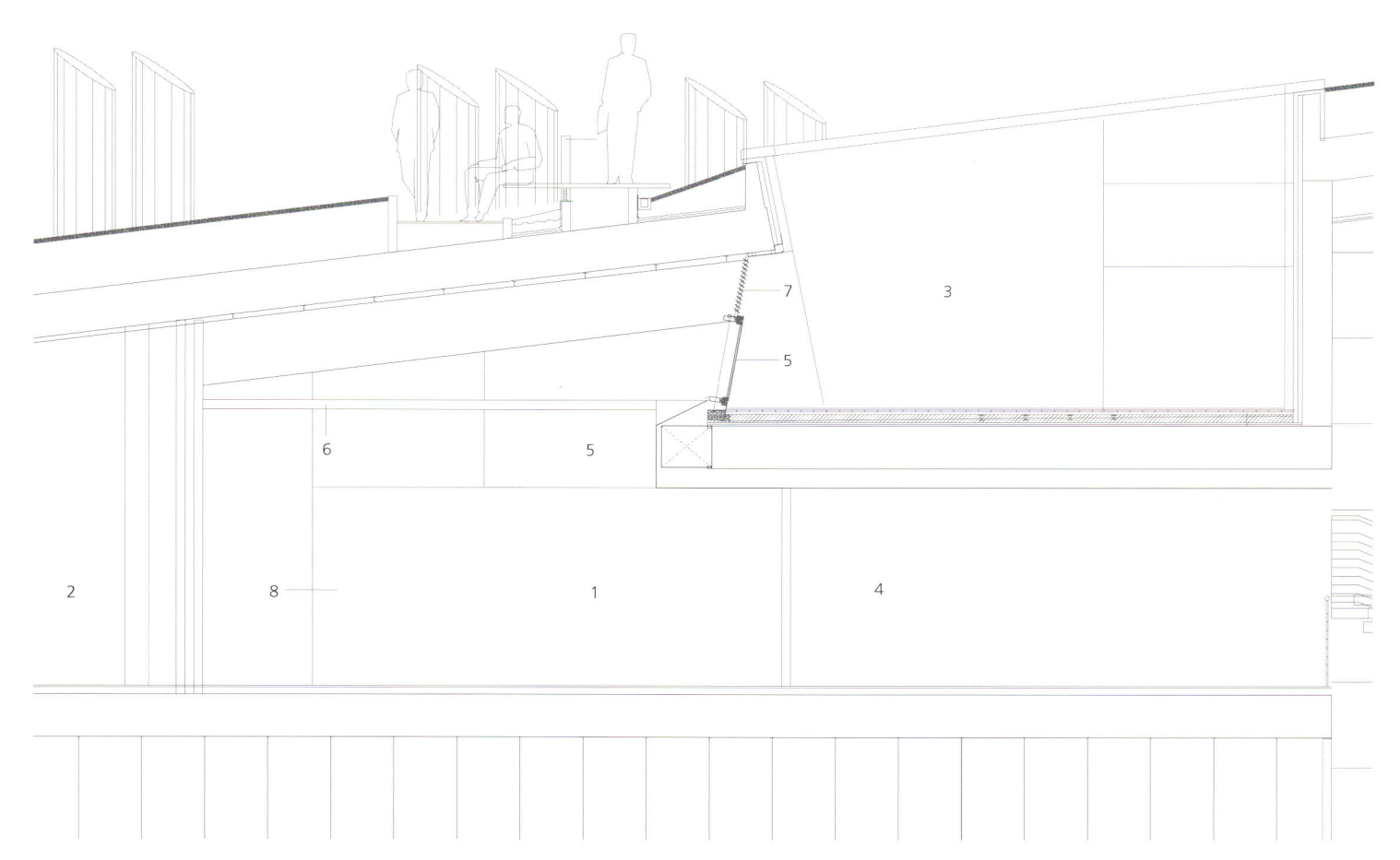

Nella pagina a fianco,
la sala riunioni
Sezione verticale
Scala 1:100

1. Sala riunioni
2. Spazio tecnico
3. Terrazza
4. Galleria
5. Vetro
6. Montanti d'acciaio
7. Pannello grigliato per aerazione
8. Tramezzo in legno

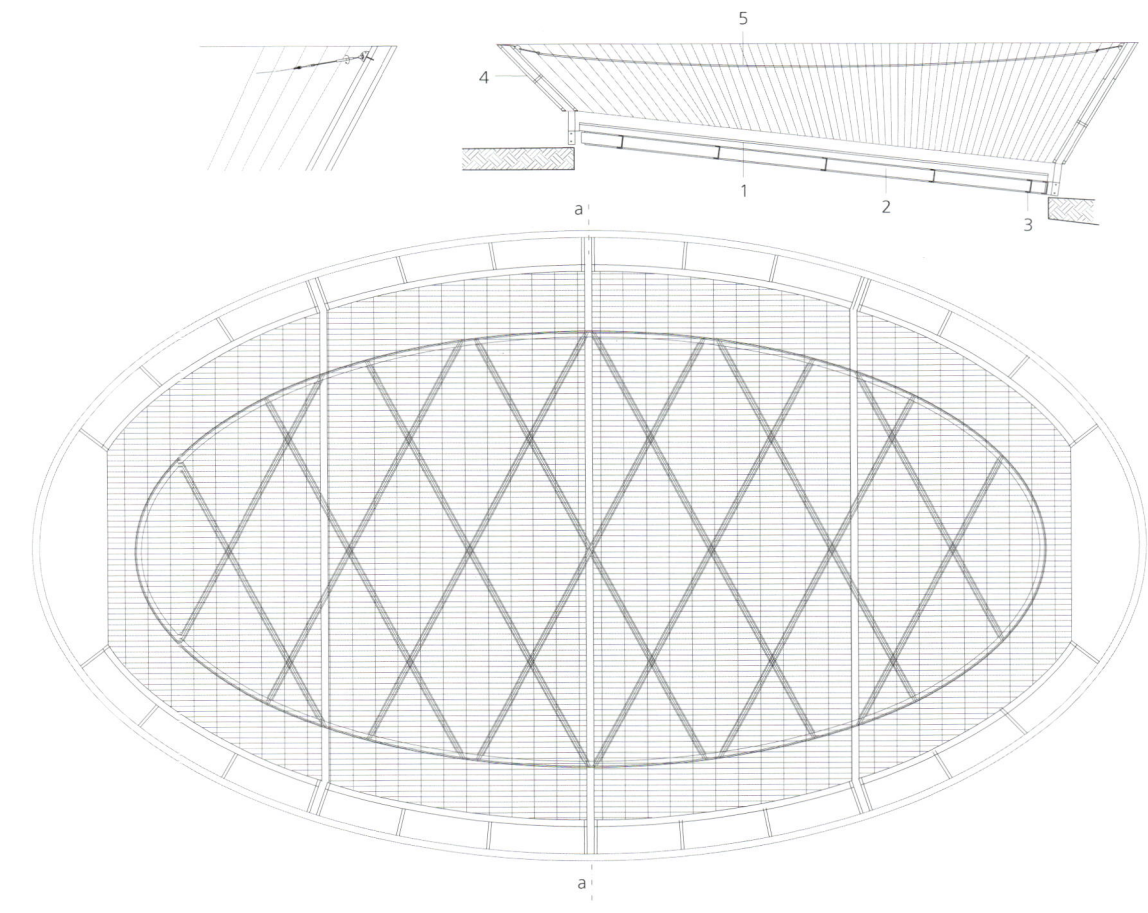

Lucernario
Sezione trasversale aa e pianta
Scala 1:10

Dettaglio
della corona ellittica
Sezione verticale
Scala 1:5

1. Vetro stratificato
2. Telaio di alluminio
3. Profilo d'acciaio NPU220
4. Corona ellittica
5. Schermatura solare

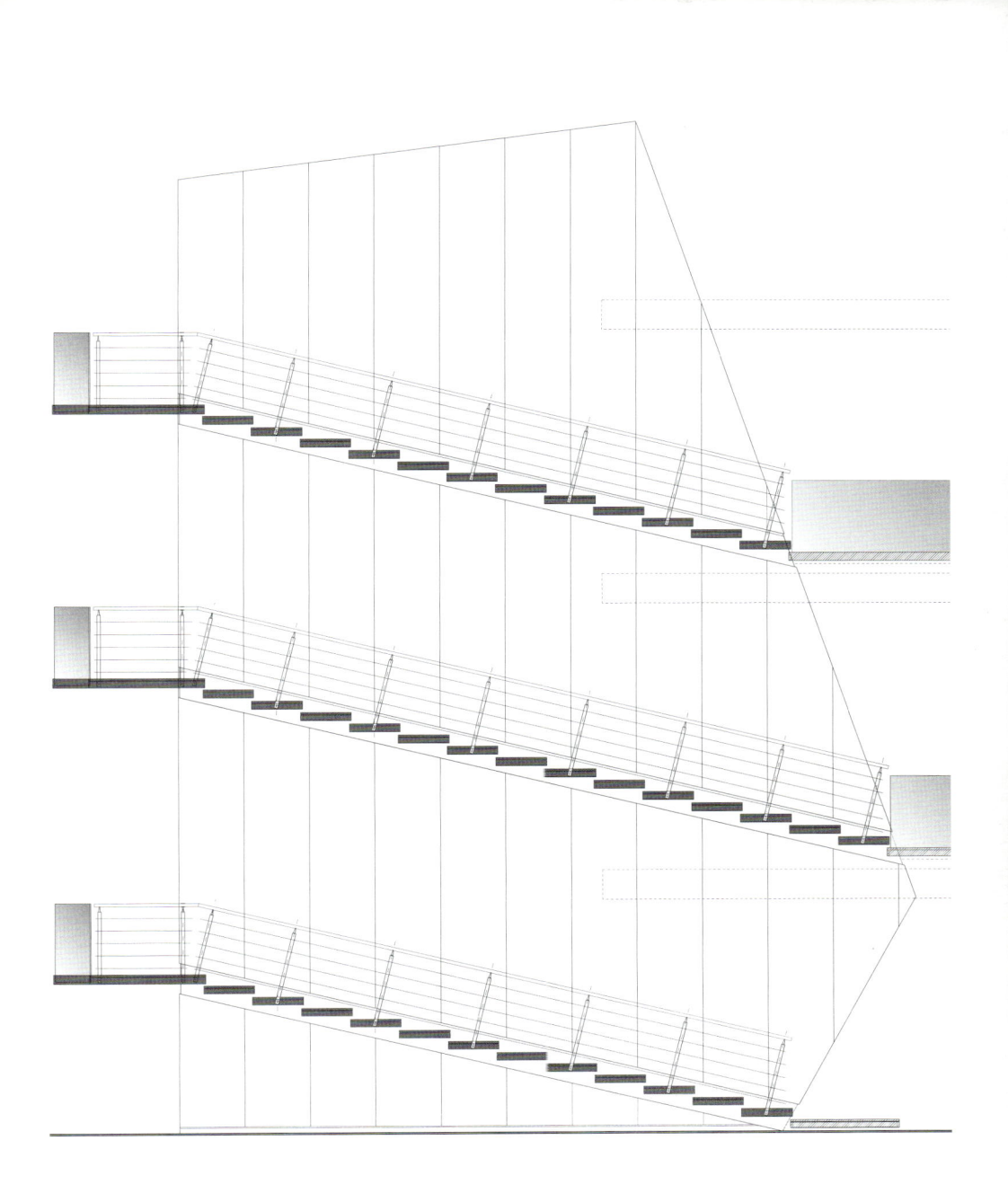

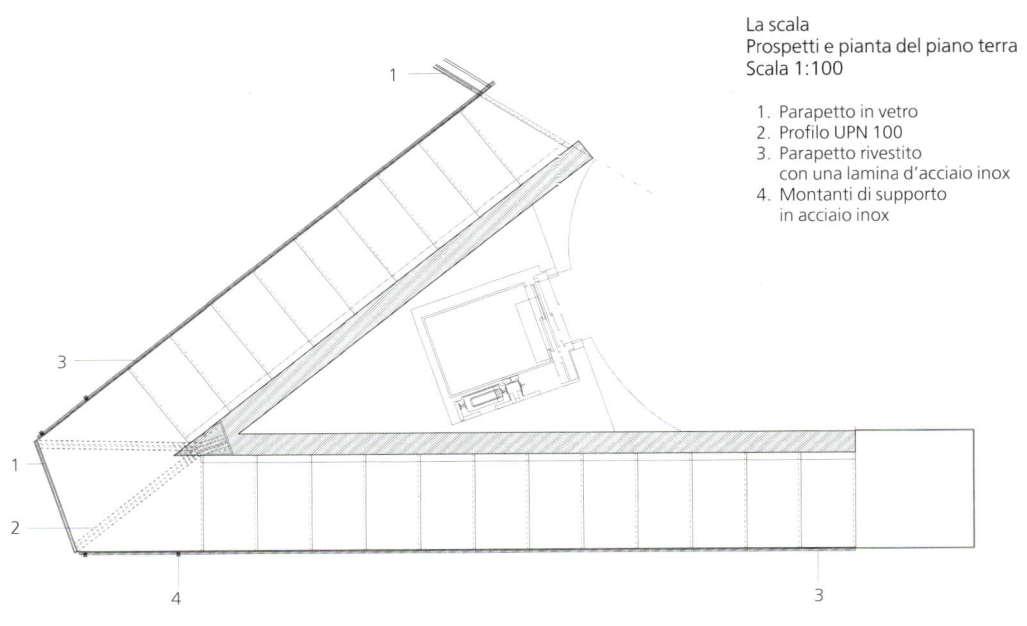

La scala
Prospetti e pianta del piano terra
Scala 1:100

1. Parapetto in vetro
2. Profilo UPN 100
3. Parapetto rivestito con una lamina d'acciaio inox
4. Montanti di supporto in acciaio inox

30

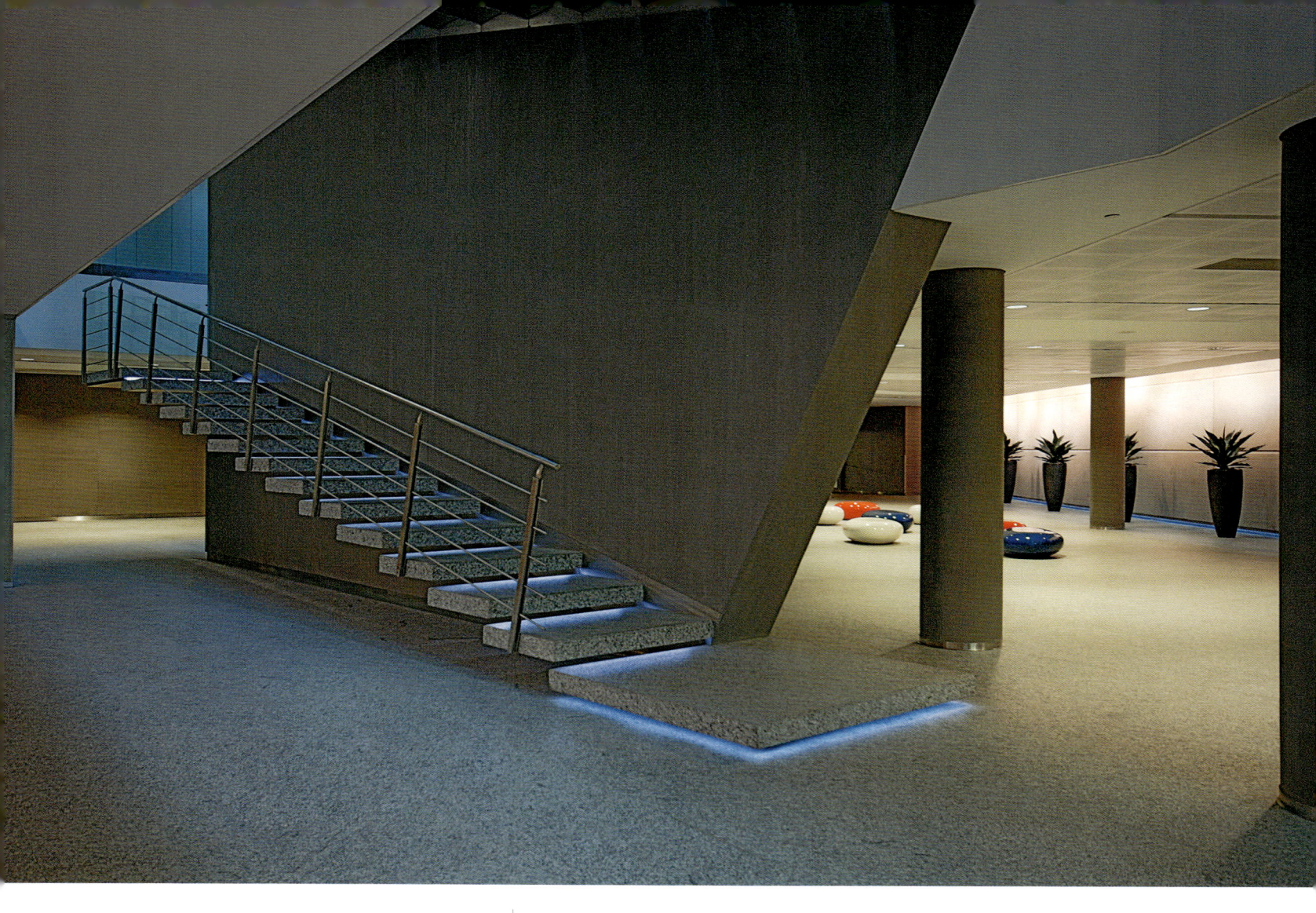

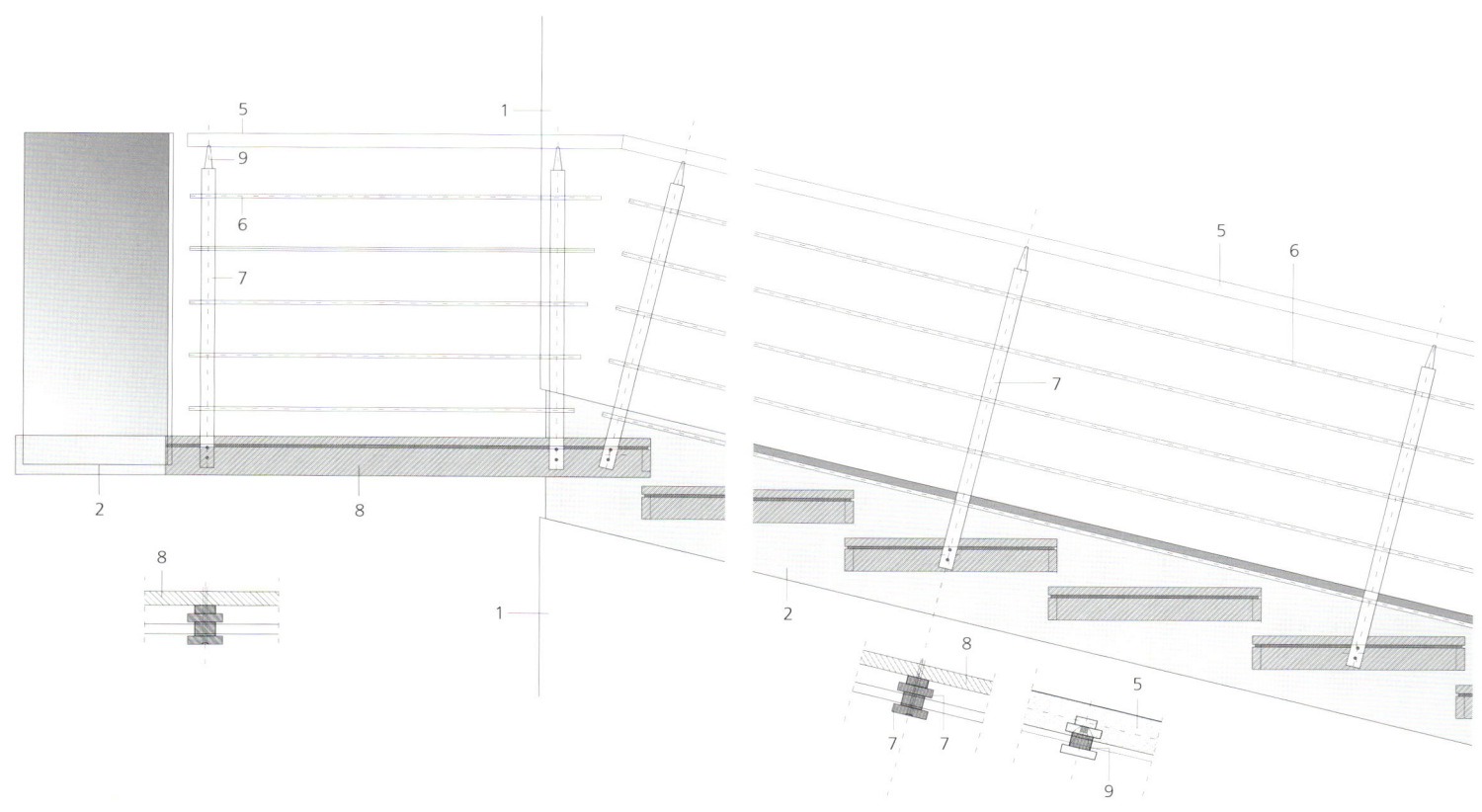

Abdi Ibrahim Research & Development Building a Istanbul (Turchia)

Dettagli della scala
Sezioni verticali
Scala 1:25

Dettagli degli agganci dei tubolari
del parapetto ai montanti verticali
Sezioni orizzontali
Scala 1:10

1. Pannello in cartongesso
   con anima in c.a.
2. Rivestimento in piatto
   d'acciaio inox
3. Giunto tra le lamine
   di rivestimento in acciaio inox
4. Sorgente luminosa lineare
   ad incasso sotto ogni scalino
5. Corrimano costituito
   da un tubolare in acciaio inox,
   Ø 500 mm
6. Parapetto costituito da tubolari
   in acciaio inox, Ø 14 mm
7. Montante costituito da profilo
   d'acciaio, base rettangolare,
   dimensioni 50 x 12 mm
8. Rivestimento in granito
9. Piatto di connessione
   in acciaio inox
10. Piatto in acciaio inox
11. Parapetto in vetro

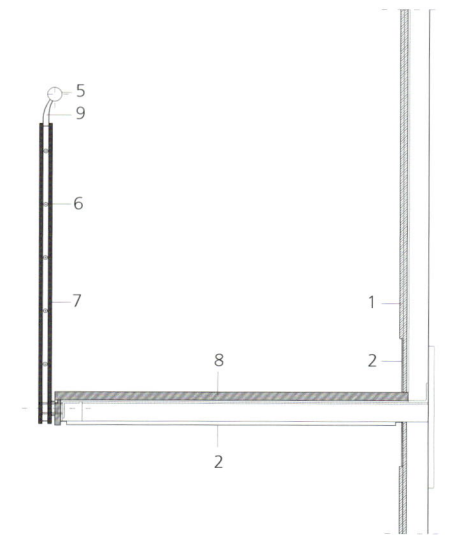

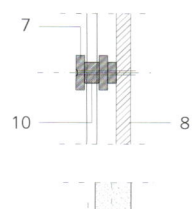

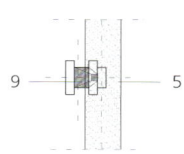

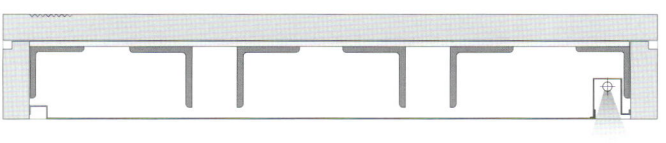

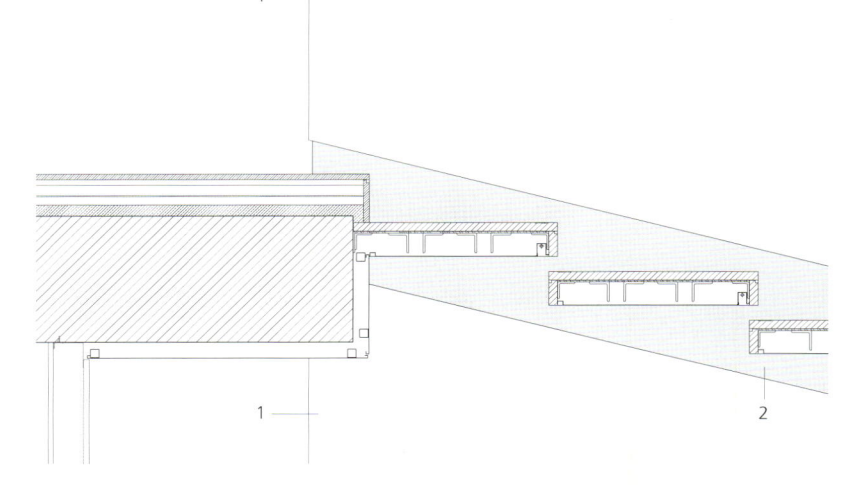

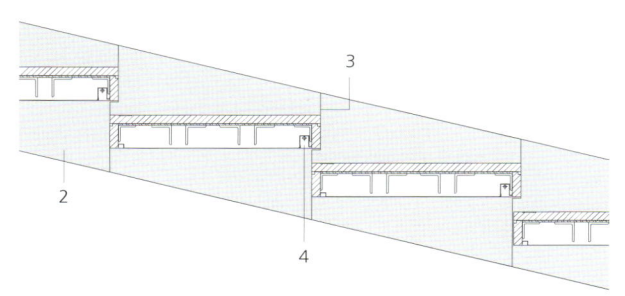

Dettaglio del gradino
Sezione verticale
Scala 1:10

Dante O. Benini & Partners Architects

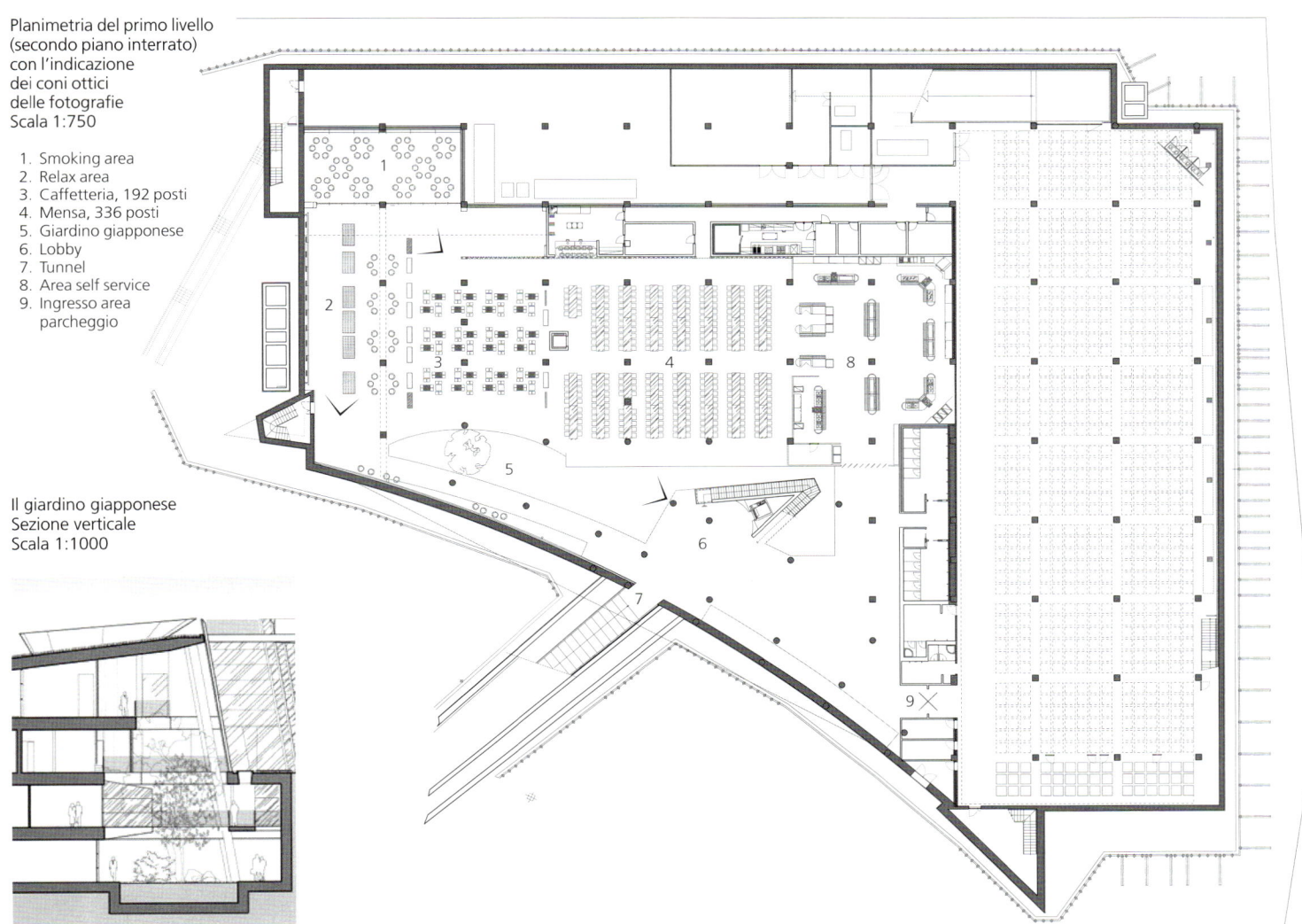

Abdi Ibrahim Research & Development Building a Istanbul (Turchia)

Planimetria del primo livello
(secondo piano interrato)
con l'indicazione
dei coni ottici
delle fotografie
Scala 1:750

1. Smoking area
2. Relax area
3. Caffetteria, 192 posti
4. Mensa, 336 posti
5. Giardino giapponese
6. Lobby
7. Tunnel
8. Area self service
9. Ingresso area parcheggio

Il giardino giapponese
Sezione verticale
Scala 1:1000

Siberian House a Roma

indirizzo:	piazza Mazzini		periodo di realizzazione:	2008 - 2009
città:	Roma		committente / proprietario:	privato
progettista:	Filippo Bombace, architetto		tipologia intervento:	ristrutturazione
			destinazione intervento:	residenziale
			dimensioni:	130 mq
			imprese esecutrici:	Ultramobile - tavolino-traccia Portarredo - porta Lualdi - pannelli porta Cassina, Poliform, B&B - arredi soggiorno e camere da letto Antonio Lupi - allestimento bagni Flaminia - componenti bagni Varenna - cucina

Filippo Bombace - Oficina de Arquitectura

Filippo Bombace, architetto

via Monte Tomatico, 1
Roma

www.filippobombace.com
info@filippobombace.com

Filippo Bombace nasce a Roma nel 1960 e, dopo la laurea in Architettura, apre nel 1990 il suo Studio, la Oficina de Arquitectura.
L'attività professionale, ampiamente documentata da pubblicazioni specializzate italiane ed estere e connotata soprattutto da numerosi interventi in ambito residenziale, ha trovato un significativo riconoscimento nell'assegnazione del premio Architettura d'interni, nell'ambito della 3ª edizione del premio Inarch Lazio romArchitettura.
Il naturale percorso evolutivo dello Studio prevede progetti in Italia ed all'estero, relativi a nuova edificazione e ristrutturazione in ambito residenziale, commerciale e ricettivo.
Affianca inoltre alla scala architettonica l'attività di design di componenti di arredo, caratterizzati spesso dalla loro trasformabilità e dall'utilizzo integrato della luce.

La ricca collezione d'arte contemporanea dei proprietari ed in particolare le origini russe della Committente condizionano inevitabilmente l'indirizzo di progetto della ristrutturazione di questo appartamento romano, sito nello storico quartiere Prati.
Una struttura muraria portante e le necessità familiari non riescono a frenare la voglia di moderno desiderata soprattutto dalla Committente, trovando espressione in uno schema planimetrico semplice e lineare che, infilandosi nelle partizioni murarie portanti proprie dell'unità immobiliare, disegna comunque una spazialità contemporanea grazie a geometrie rigorose e soprattutto ad una limitata scelta cromatica che vede primeggiare il bianco, tramite l'uso del Corian, delle lamiere laccate, dei vetri retroverniciati, o semplicemente dell'intonaco tinto.
Sostanzialmente viene rispettata la distribuzione planimetrica esistente, caratterizzata da un lungo corridoio centrale su cui a sinistra si affaccia dapprima la camera da letto padronale, con annesso guardaroba, quindi a seguire il soggiorno; sulla destra invece, dopo un piccolo ripostiglio, si sviluppano la camera da letto del figlio, con annesso guardaroba e bagno, quindi il bagno padronale ed infine la cucina.
L'ingresso rappresenta una vera e propria dichiarazione di intenti: l'assenza di decorazioni superflue o di qualsiasi altro segno architettonico che possa "sporcare" il contenitore, conferisce all'ambiente un piacevole sapore astratto che rende protagonista assoluto il fondale della lunga prospettiva, connotato dalla litografia di Marilyn con adiacente tavolino-traccia di Ultramobile in foglia d'oro.
Anche lo zoccolino battiscopa, richiesto dalla committente, si ritira all'interno dello spessore dell'intonaco, proprio con la volontà di non costituire un ulteriore segno, mentre un'unica pavimentazione in gres porcellanato vetrificato, sempre in bianco, pavimenta tutta la casa, salendo anche a rivestire le pareti bagno.
Sulla destra del corridoio sfiorano la parete i grandi pannelli porta completamente esterni alla stessa (modelli Drive e Outline di Lualdi), mentre sulla sinistra rispondono tre grandi varchi su muratura portante, il primo chiuso da una porta (l'Invisibile di Portarredo), i secondi direttamente aperti sul soggiorno.
Nel soggiorno e nelle camere da letto, arredi industriali della migliore produzione italiana (Cassina, Poliform, B&B, ecc.) disegnano un'ordinata composizione impostata su assi geometrici rigorosi che trovano nell'unica piega sghemba dell'abitazione la sola realizzazione artigianale: un grande pannello laccato, retroilluminato, che in camera da letto padronale ingloba il punto TV.
Per il resto, una lineare composizione cucina (di Varenna) ed i bagni allestiti con postazioni lavabo e doccia di Antonio Lupi e sanitari di ceramica Flaminia, completano l'elegante ambientazione generale.
L'utilizzo esclusivo del bianco conferisce all'abitazione un piacevolissimo sapore "lunare", a seconda delle ore e quindi delle condizioni luminose, privo di ombre e glaciale, o, al contrario, scaldato dagli spot alogeni, più residenziale ma comunque, sempre, inevitabilmente "siberiano".
L'unica eccezione al bianco totale dell'abitazione è costituita dai divani rossi.

Filippo Bombace - Oficina de Arquitectura

Sezione di riferimento trasversale aa
Scala 1:150

Pianta dello stato di fatto
Scala 1:200

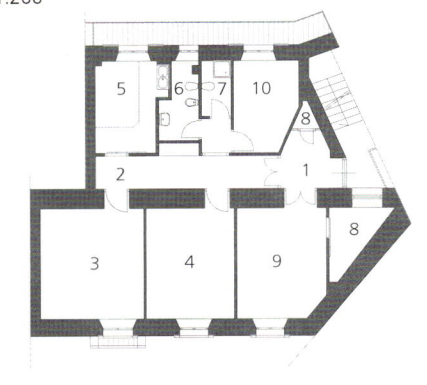

Pianta di progetto
Scala 1:100

1. Ingresso
2. Corridoio
3. Salotto
4. Sala da pranzo
5. Cucina
6. Bagno 1
7. Bagno 2
8. Guardaroba
9. Camera da letto 1
10. Camera da letto 2

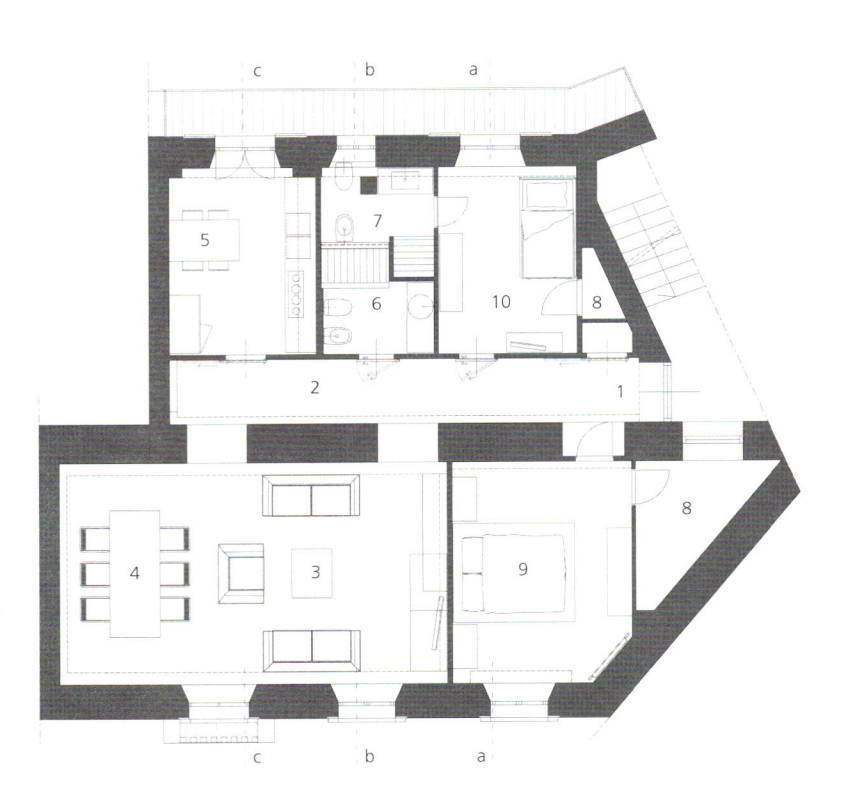

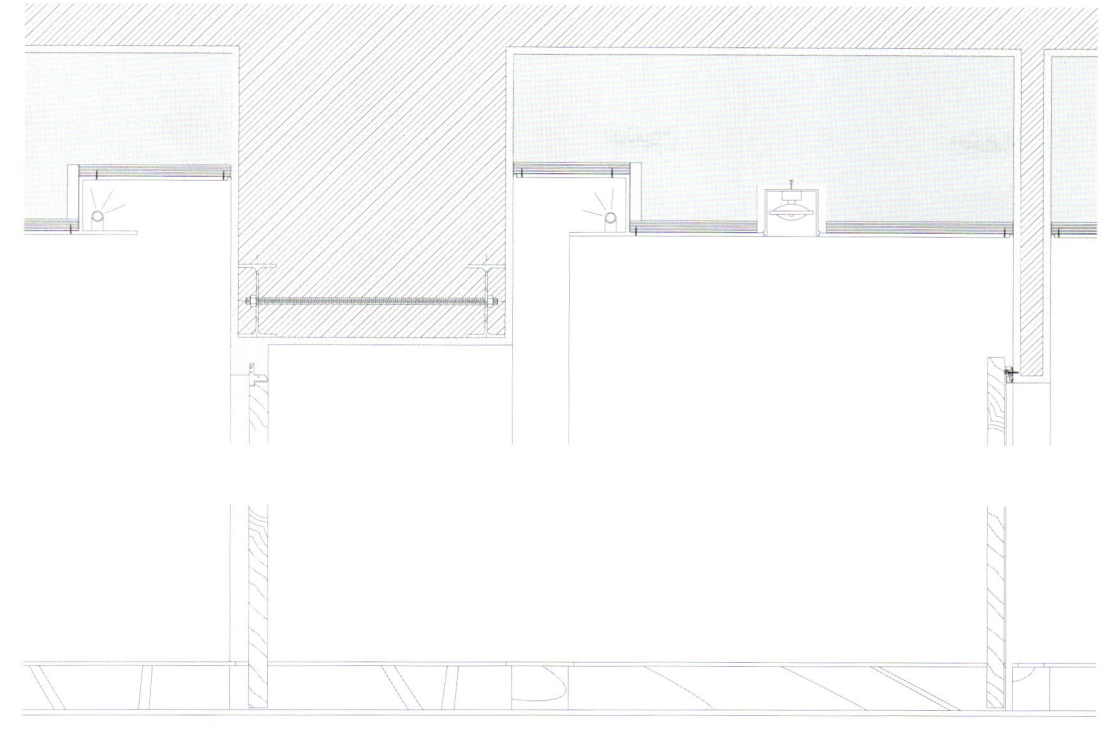

Siberian House a Roma

Sezione di riferimento del corridoio
Scala 1:70

Dettaglio del sistema
di illuminazione ad incasso nel corridoio
Sezione verticale
Scala 1:20

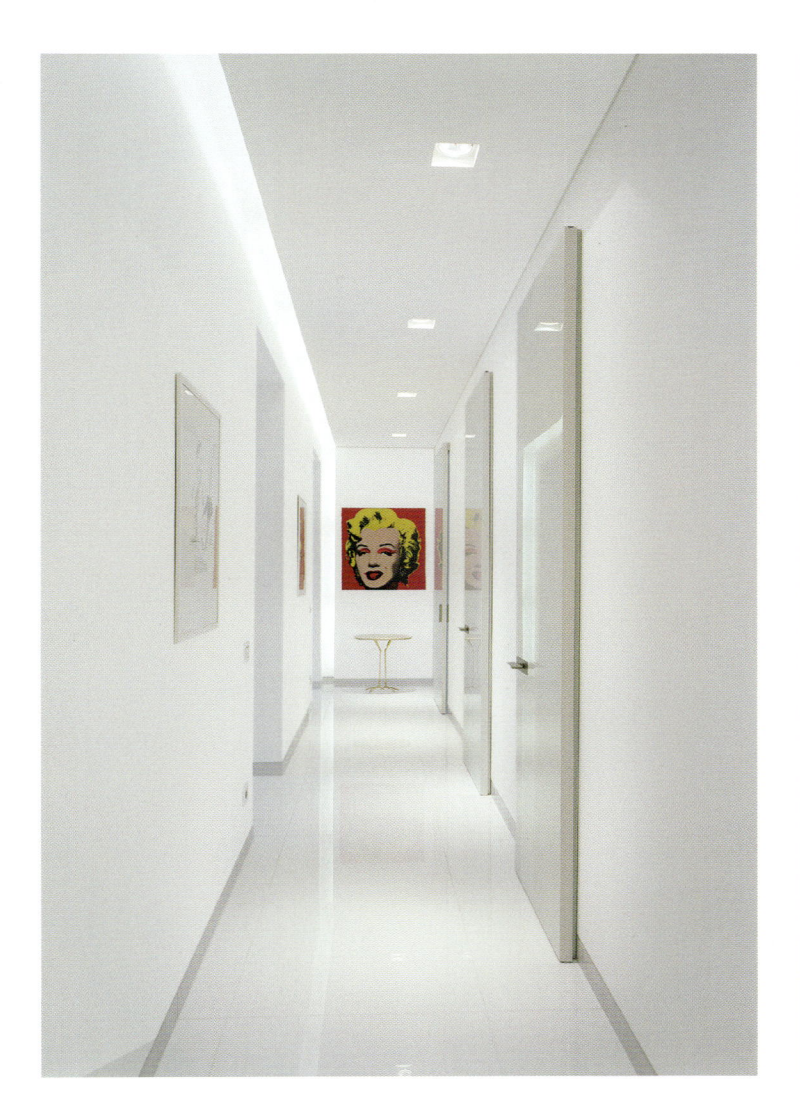

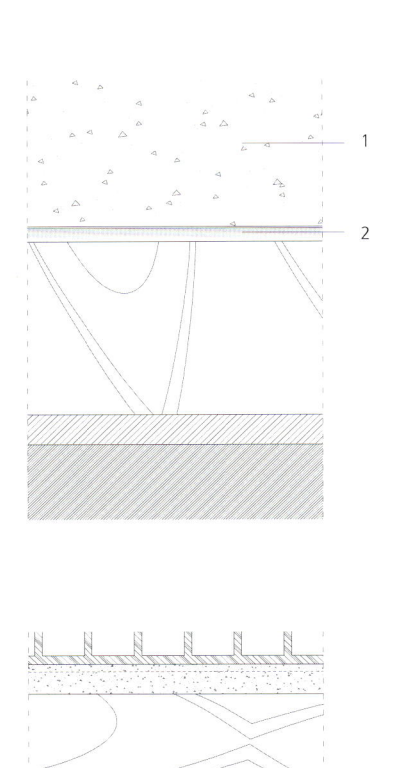

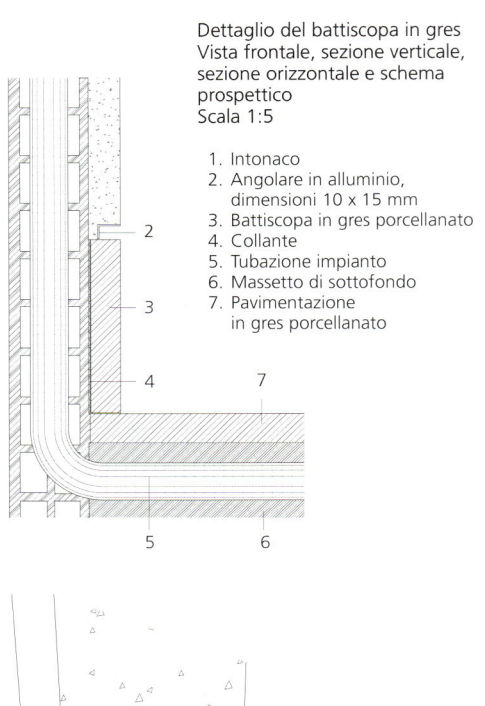

Dettaglio del battiscopa in gres
Vista frontale, sezione verticale, sezione orizzontale e schema prospettico
Scala 1:5

1. Intonaco
2. Angolare in alluminio, dimensioni 10 x 15 mm
3. Battiscopa in gres porcellanato
4. Collante
5. Tubazione impianto
6. Massetto di sottofondo
7. Pavimentazione in gres porcellanato

Siberian House a Roma

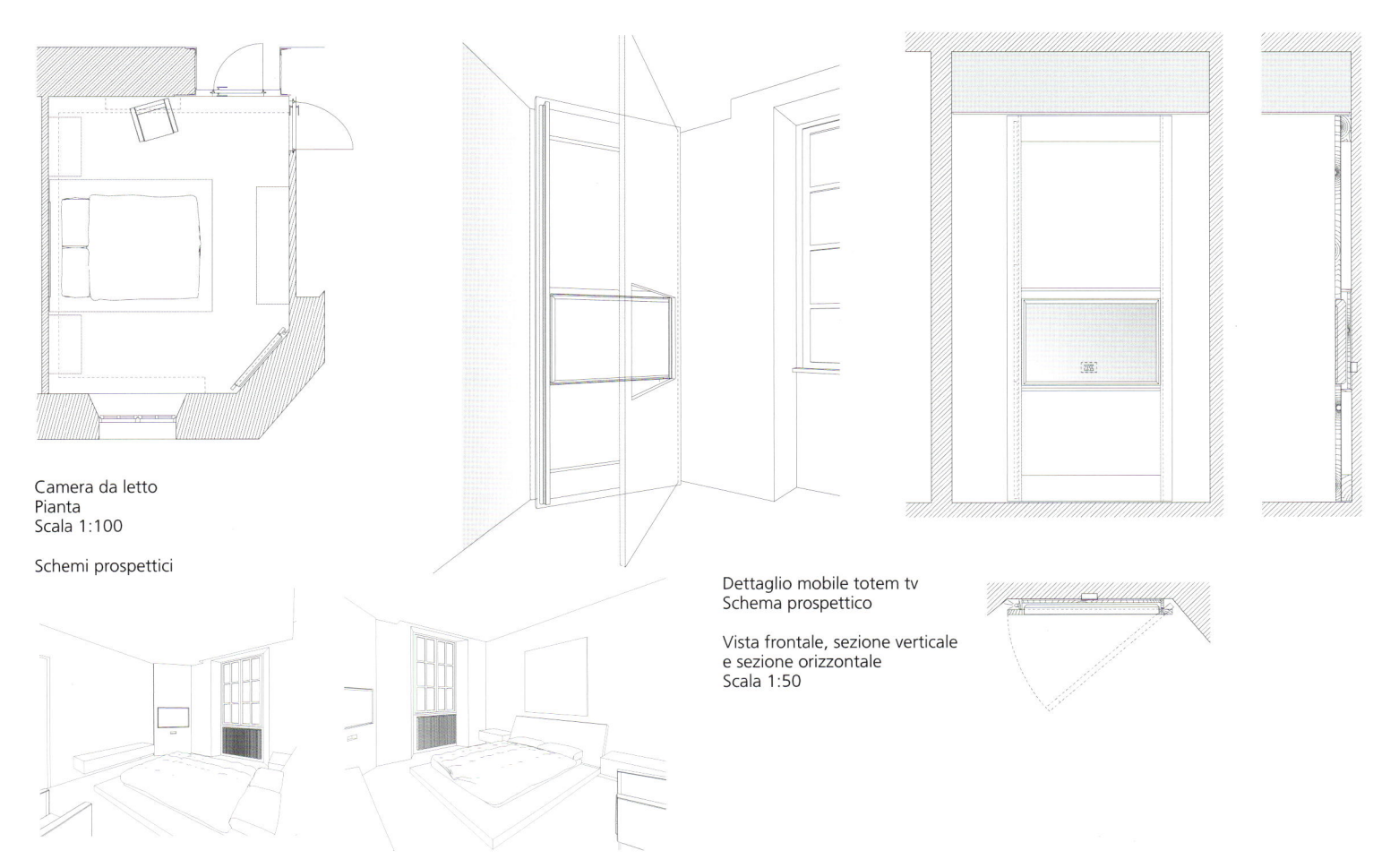

Camera da letto
Pianta
Scala 1:100

Schemi prospettici

Dettaglio mobile totem tv
Schema prospettico

Vista frontale, sezione verticale
e sezione orizzontale
Scala 1:50

39

Filippo Bombace - Oficina de Arquitectura

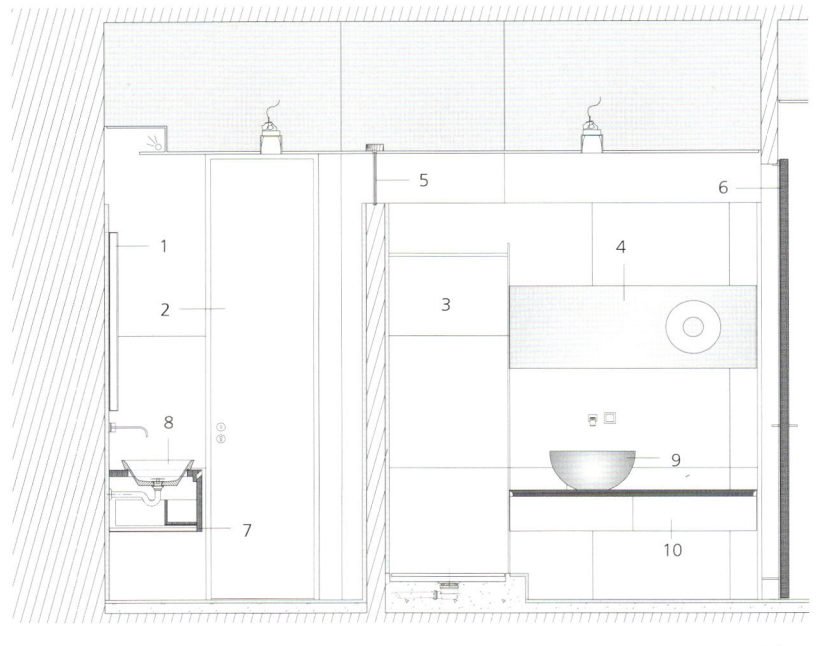

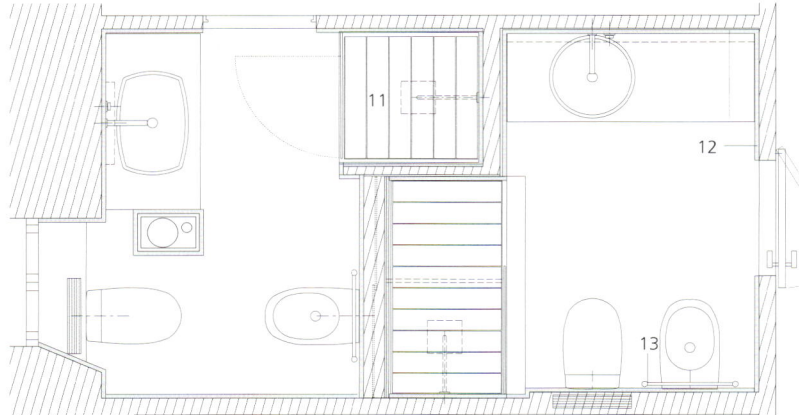

Sezione di riferimento cc
Scala 1:150

Sezione di riferimento bb
Scala 1:150

I due bagni
Sezione verticale e pianta
Scala 1:40

1. Specchio a filo lucido con illuminazione al neon, dimensioni 108 x 50 cm
2. Porta a scomparsa, telaio in alluminio, finitura colore bianco laccato lucido
3. Box doccia in vetro temperato
4. Specchio a filo lucido con illuminazione al neon, dimensioni 144 x 50 cm, specchio ingranditore, Ø 15,5 cm
5. Doppio vetro scorrevole su binari in alluminio
6. Porta a battente esterno muro, finitura colore bianco laccato lucido
7. Base sospesa porta lavabo, dimensioni 108 x 54 cm, altezza 37,5 cm, finitura colore bianco laccato lucido, top in cristallo incassato e retro verniciato bianco, spessore 16 mm
8. Lavabo rettangolare in ceramilux sopra piano a incasso, dimensioni 63 x 42 cm, altezza 9 cm, completo di piletta a scarico libero e raccordo per sifone
9. Lavabo tondo sopra piano in cristalplant, Ø 50 cm, altezza 23,5 cm, completo di piletta a scarico libero e raccordo per sifone
10. Base sospesa porta lavabo, dimensioni 144 x 54 cm, altezza 25 cm, finitura colore bianco laccato lucido, top in cristallo incassato e retro verniciato bianco, spessore 16 mm
11. Piatto d'appoggio con pedana in corian, dimensioni 84 x 80 cm, altezza 13 cm, deviatore a incasso, finitura cromo lucido, doccetta stilo con supporto, soffione ultrapiatto, braccio 35 cm
12. Rivestimento parete e pavimento, in gres porcellanato
13. Scaldasalviette, dimensioni 44 x 73 cm

41

Vetreria Airoldi a San Giorgio su Legnano - Milano

indirizzo:	via Albert Einstein	periodo di realizzazione:	2008 - 2009
città:	San Giorgio su Legnano (MI)	committente / proprietario:	Vetreria Airoldi
progettista:	Gabriele Buratti Oscar Buratti Ivano Battiston, architetti	tipologia intervento: destinazione intervento:	ristrutturazione uffici / terziario
		dimensioni:	320 mq
collaboratori:	Roberta Numi Marco Viganò	imprese esecutrici:	Edilmer, Busto Garolfo (MI) - lavori edili Garavaglia Materiali Edili, Casorezzo (MI) - pavimenti e rivestimenti Artigiana Legno, Inveruno (MI) - arredo a disegno Cassina, Vitra, Gallotti&Radice - arredi iGuzzini, Lumina - illuminazione Vetreria Airoldi - opere in vetro RZ s.r.l., Arconate (MI) - serramenti

Giorgio su Legnano

Buratti + Battiston Architects

Gabriele Buratti
Oscar Buratti
Ivano Battiston, architetti

Via Benvenuto Cellini, 5
Busto Garolfo (MI)

www.burattibattiston.it
studio@burattibattiston.it

Lo Studio Buratti + Battiston Architects è composto da Gabriele Buratti, architetto e professore di Architettura degli Interni al Politecnico di Milano, Oscar Buratti, architetto, e Ivano Battiston, ingegnere. Il team realizza uffici, negozi, showroom, edifici residenziali, commerciali ed industriali; effettua interventi in centri storici, ristrutturazioni di complessi edilizi e costruisce ville e appartamenti in Italia e all'estero. Cura l'immagine delle boutiques La Perla e La Perla Uomo. Progetta il concept store per la linea di abbigliamento e accessori delle Automobili Lamborghini, il nuovo showroom ed il concept store di Husqvarna Motorcycles/BMW Group. Per il design collabora con Acerbis, B&B, iGuzzini, Valli&Valli, Antonio Frattini, Ceccotti Collezioni, Gallotti&Radice, Silvelox, Domina, Roca Sanitario.

I luoghi di lavoro sono ormai luoghi "del vivere" e "dello stare" ed è per questo che i progetti dello Studio Buratti + Battiston Architects puntano molto sul concetto di qualità, nel senso di bellezza, piacevolezza, ricchezza e specialità. L'intento è quello di proporre spazi ricercati e stimolanti che trasmettano sempre una sensazione di rassicurante domesticità.
Il vetro colorato è il materiale magico che viene spesso impiegato nei progetti dello Studio, poiché interpreta appieno uno specifico concetto di lusso contemporaneo.
Il vetro si traduce in luce, colore, geometrie, riflessi, profondità, trasparenze e opacità, movimento ed effetti speciali; è un materiale capace di costruire e dare specialità allo spazio architettonico.
Il progetto dei nuovi uffici della Vetreria Airoldi è l'occasione giusta per sperimentare nuovi scenari di applicazione del materiale, ma anche e soprattutto per testarne il valore di rappresentanza e la capacità di costruire e qualificare lo spazio architettonico: il vetro diventa cioè l'assoluto protagonista del progetto.
L'involucro esterno è una sorta di scatola nera completamente rivestita in vetro retroverniciato. Sul fronte la grande finestra trasparente diventa "insegna" verso l'esterno, mentre il fianco è ritmato dalle lame a tutta altezza in vetro fumé nero.
La scala è il fulcro dell'operazione progettuale: elemento distributivo di collegamento tra i due piani, si trasforma in apparato scenografico e spaziale, in grado di esaltare valenze tecniche e costruttive particolarmente ricercate.
La scala è una costruzione monomaterica, interamente in vetro strutturale, montata a secco senza viti di fissaggio a vista.
L'idea è quella di predisporre delle quinte in vetro stratificato con corsi orizzontali alternati di pieno e vuoto corrispondenti al passo delle alzate, dove sono state infilate e fatte scorrere le singole pedate dei gradini, come delle mensole incastrate sui fianchi.
La passerella di collegamento tra gli spazi al piano primo, i parapetti, le pareti divisorie con le ante scorrevoli, le vetrine, il volume nero della reception, sono anch'essi realizzati interamente in vetro, in una palette di colori e finiture volutamente molto diversificata, con l'idea di far diventare il proprio spazio di lavoro il luogo espositivo per eccellenza.
Interessante è la ricerca sul colore che il vetro esalta per effetto di trasparenze, riflessi, opacità, usato nella quinta divisoria al primo piano che introduce allo spazio espositivo: è un sistema di pannelli a tutta altezza in vetro stratificato e resinato in sette colori diversi, che, montati sfalsati e parzialmente sovrapposti, creano altrettanti colori intermedi molto particolari.

Buratti + Battiston Architects

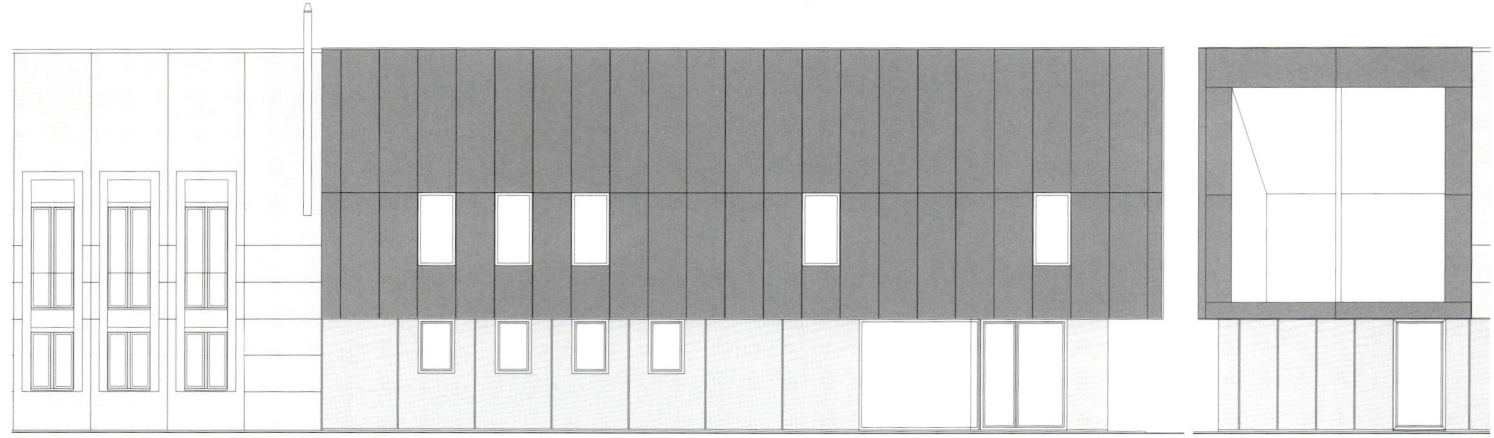

Prospetti,
pianta del primo piano
e pianta del piano terra
Scala 1:200

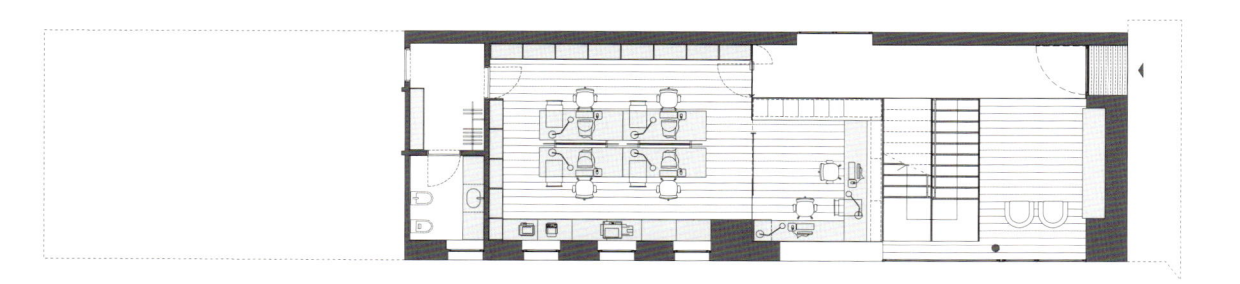

45

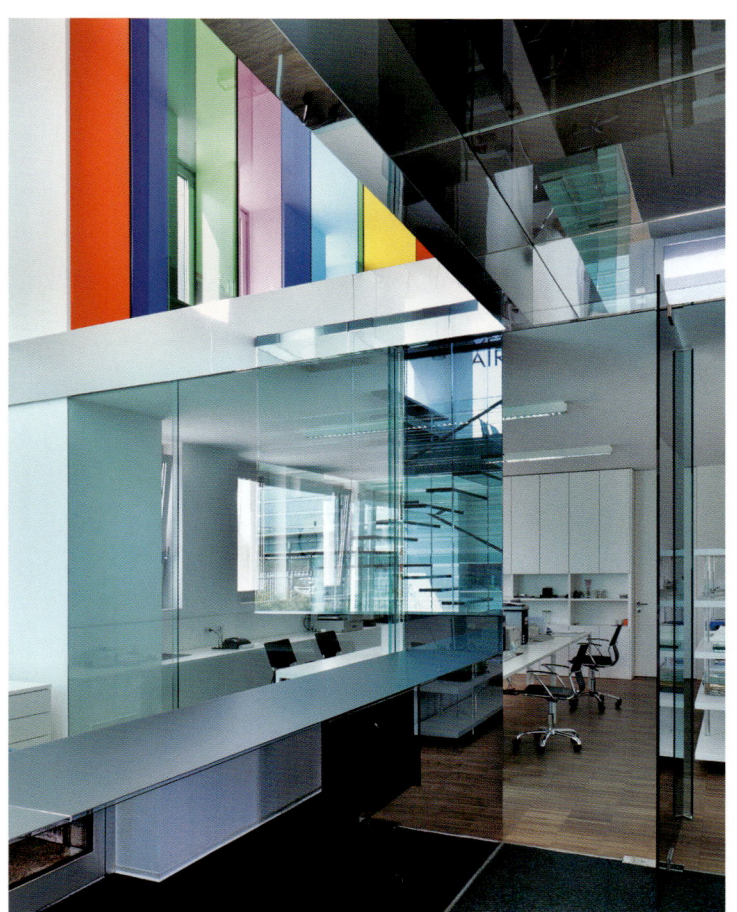

Buratti + Battiston Architects

Dett. A
Dett. B
Dett. C
Dett. D
Dett. E
Dett. F
Dett. G
Dett. H
Dett. I
Dett. L

Dettagli
Sezioni verticali
Scala 1:10

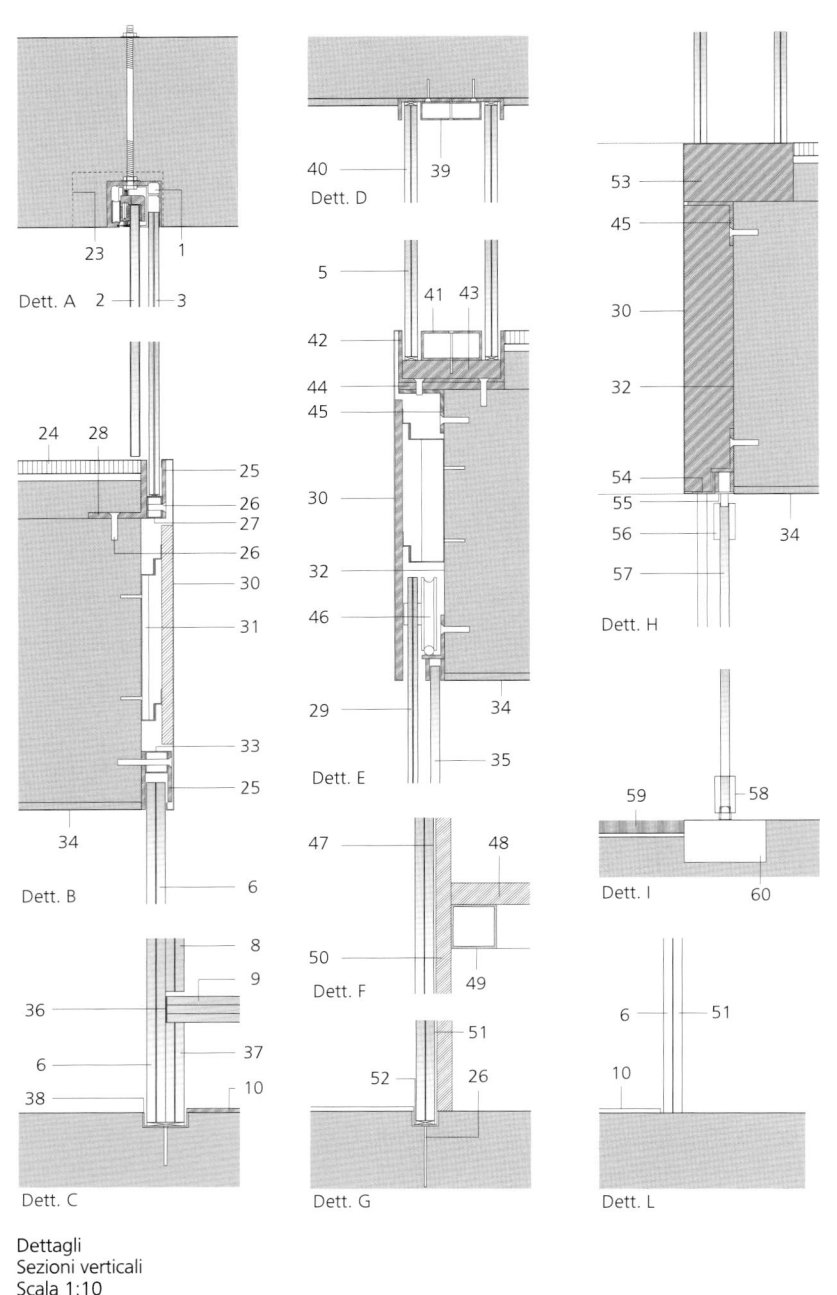

1. Sistema scorrevole "Dorma - AGILE 150" ad incasso per vetro da 13,5 mm
2. Porta scorrevole in vetro, spessore 12 mm
3. Vetro fisso anticaduta, spessore 6 + 1,52 + 6 mm
4. Telaio fissaggio vetri in acciaio inox satinato
5. Vetro colorato anticaduta, spessore 8 + 1,52 + 8 mm
6. Vetro portante scala, spessore 12 + 0,72 + 12 mm
7. Parapetto in vetro, spessore 6 + 1,52 + 6 mm
8. Fascia in vetro, altezza 12,6 cm, spessore 12 + 0,72 + 12 mm
9. Pedata in vetro, spessore 12 + 12 + 12 mm
10. Specchio a pavimento infilato a giorno, spessore 5 mm
11. Top reception in vetro retroverniciato nero, spessore 10 mm
12. Piano di lavoro in laminato bianco con struttura metallica
13. Pannello in laminato bianco, spessore 20 mm
14. Armadio ad ante in laminato bianco
15. Pavimento in vetro fumé, spessore 10 + 1,52 + 10 + 1,52 + 10 mm
16. Corrimano in tubolare cromato, dimensioni 35 x 35 mm
17. Giunto di rivestimento in acciaio
18. Trave reticolare rivestita in acciaio inox lucido
19. Maniglia in vetro a tutta altezza
20. Porta a bilico in vetro fumé o stop sol, spessore 12 mm
21. Vetro fronte reception retroverniciato nero, spessore 10 mm
22. Chiudiporta MAB
23. Vano a soffitto
24. Parquet rovere industriale, spessore 18 mm
25. Barra in acciaio inox, dimensioni 80 x 5 mm
26. Vite di fissaggio
27. Tubolare in acciaio inox, dimensioni 20 x 30 x 2 mm
28. Profilo a L in acciaio inox, dimensioni 80 x 80 x 8 mm
29. Vetro scorrevole trasparente extrachiaro, spessore 6 + 1,52 + 6 mm
30. Rivestimento in acciaio inox lucido su pannello di legno rimovibile
31. Struttura per fissaggio pannello di rivestimento in acciaio inox lucido
32. Filo c.a. soletta
33. Tubolare in acciaio inox, dimensioni 30 x 30 x 2 mm
34. Filo intonaco
35. Vetro fisso trasparente extrachiaro, spessore 12 mm
36. Specchio incollato, spessore 8 / 10 mm
37. Fascia vetro, altezza 12,6 cm + incasso a pavimento, spessore 12 + 0,76 + 12 mm
38. Profilo a U in alluminio, dimensioni 60 x 20 x 2 mm
39. Fermavetro tubolare in acciaio inox satinato, dimensioni 80 x 25 x 2 mm
40. Profilo a U in acciaio inox satinato, dimensioni 140 x 30 x 5 mm
41. Fermavetro tubolare in acciaio inox satinato, dimensioni 80 x 40 x 3 mm
42. Profilo a U in acciaio inox satinato, dimensioni 140 x 70 x 5 mm
43. Spessoramento, altezza 25 mm
44. Spessoramento, altezza 10 mm
45. Profilo a L in acciaio inox, dimensioni 60 x 60 mm
46. Sistema scorrevole "Airoldi"
47. Vetro fianco banco reception retroverniciato nero, spessore 10 mm
48. Piano di lavoro in laminato bianco, spessore 30 mm
49. Struttura scrivania reception in tubolare metallico, dimensioni 60 x 60 mm colore bianco
50. Pannello in laminato bianco, spessore 20 mm
51. Vetro scala retroverniciato nero fino ad un'altezza di 112 cm
52. Profilo a U in alluminio, dimensioni 35 x 20 x 2 mm
53. Spessoramento, altezza 80 mm
54. Profilo a L di chiusura in acciaio inox satinato
55. Piletta a soffitto "Minusco - cod. 1027"
56. Cerniera superiore a perno centrale con cuscinetto registrabile "Minusco - cod. 1820"
57. Vetro porta bilico fumé, spessore 12 mm
58. Cerniera inferiore a perno centrale "Minusco - mod. 1810"
59. Tappeto in finto cocco nero
60. Chiudiporta MAB "Minusco - mod. CHM1" a incasso a pavimento, dimensioni 58 x 108 x 225 mm

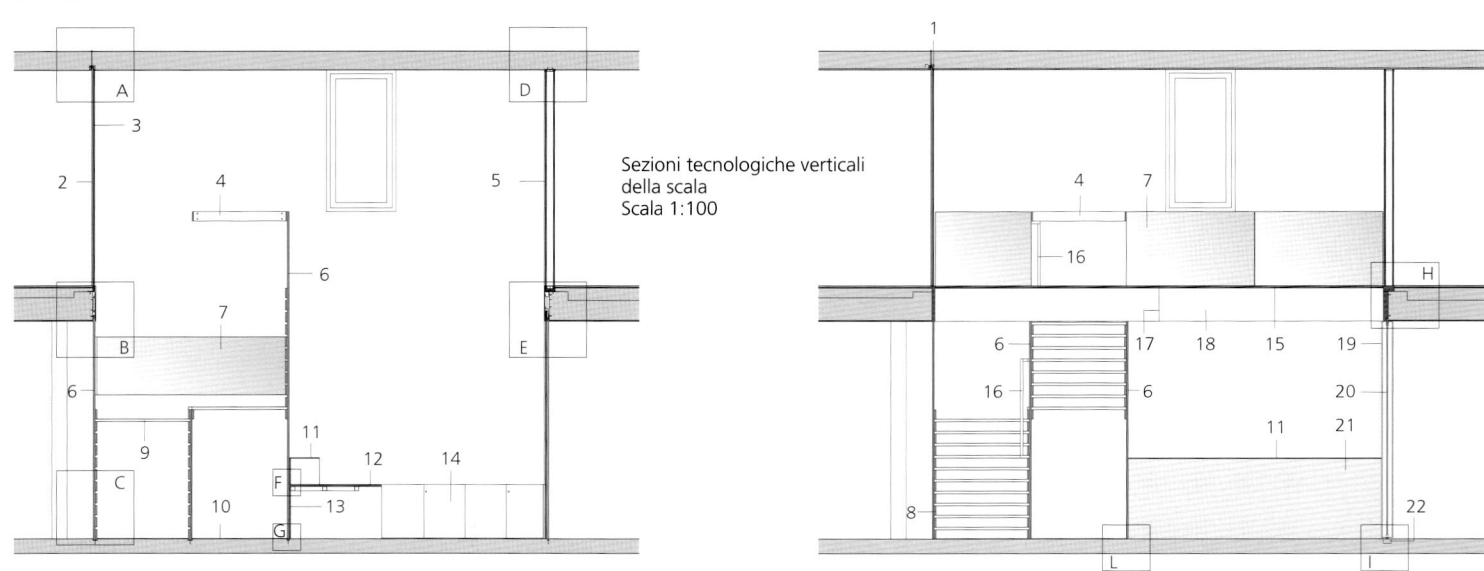

Sezioni tecnologiche verticali della scala
Scala 1:100

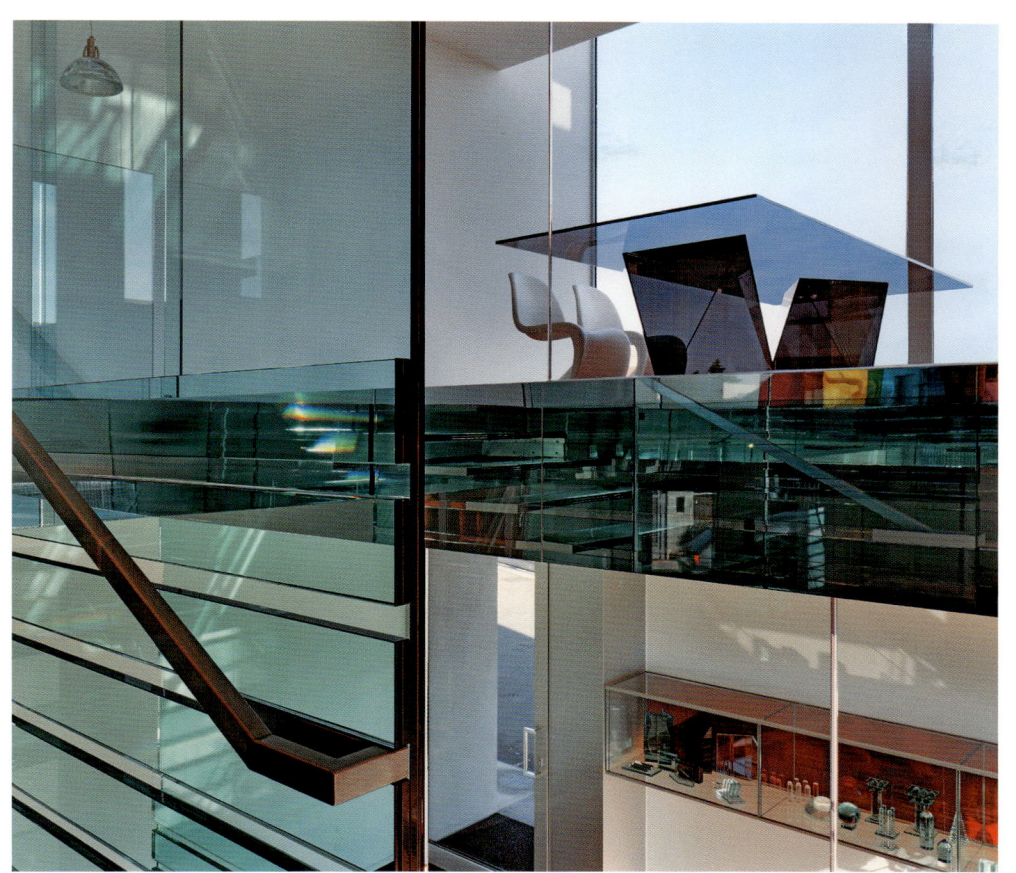

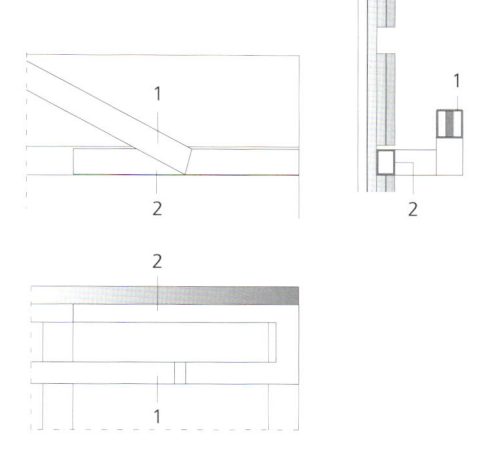

Vetreria Airoldi a San Giorgio su Legnano - Milano

Dettaglio del corrimano
Sezione orizzontale e sezioni verticali
Scala 1:10

1. Tubo cromato irrigidito con profilo interno, dimensioni 35 x 35 mm
2. Tubo cromato, dimensioni 35 x 25 mm

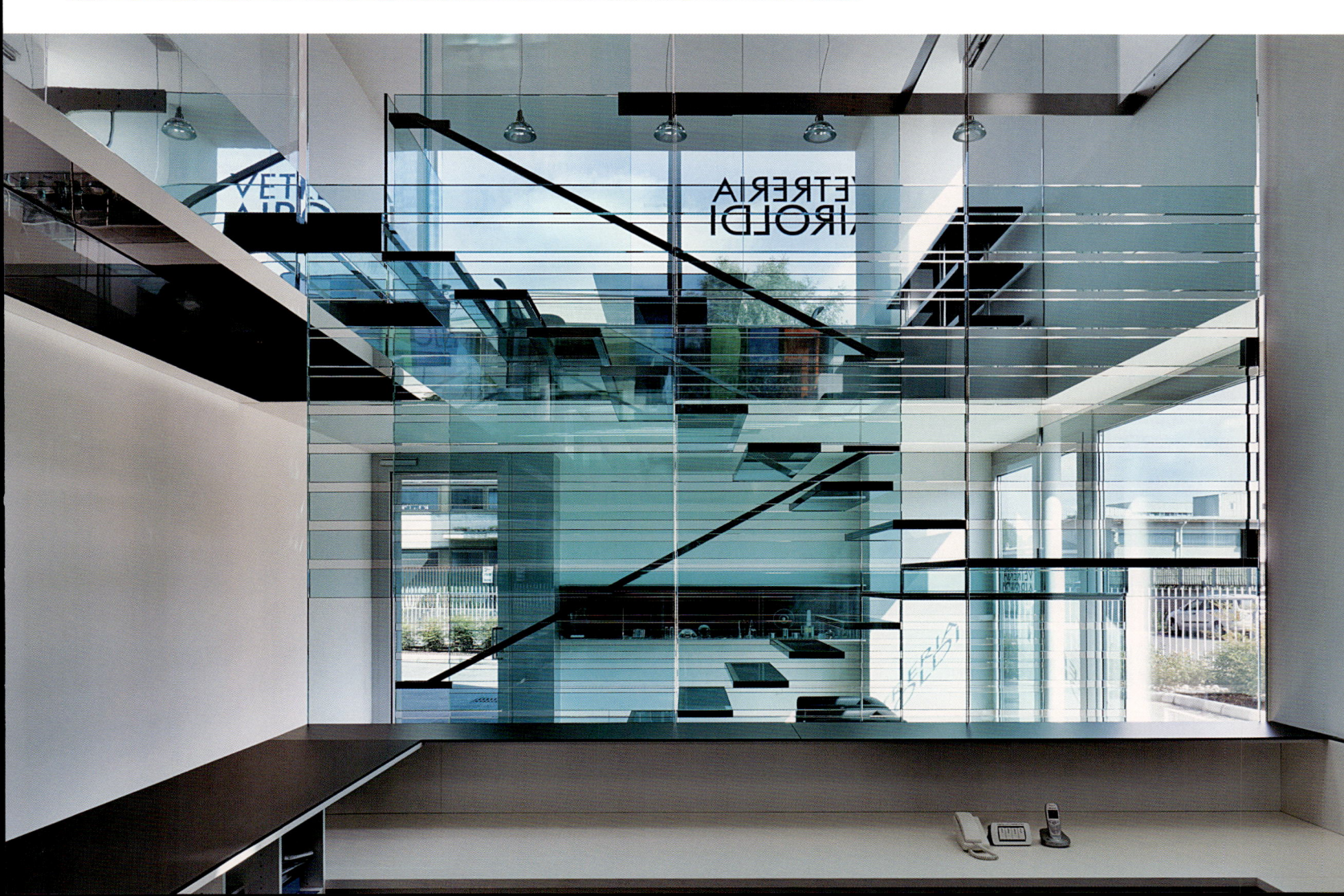

La scala
Sezione longitudinale, pianta
del piano terra e pianta del primo piano
Scala 1:70

1. Cassonetto di mascheramento scorrevole in vetro bianco
2. Vetro extra chiaro fisso, spessore 12 mm
3. Anta scorrevole in vetro extra chiaro, spessore 12 mm
4. Vetro a tutta altezza fumé, con parte retroverniciata, colore nero, altezza 112 cm
5. Maniglia in vetro a 45° a tutta altezza, dimensioni 100 x 18 mm
6. Porta a bilico in vetro fumé
7. Piano reception in vetro retroverniciato nero, spessore 10 mm
8. Vetro fronte reception retroverniciato nero, spessore 10 mm
9. Top in vetro più lungo fino alla parete
10. Giunto lastre

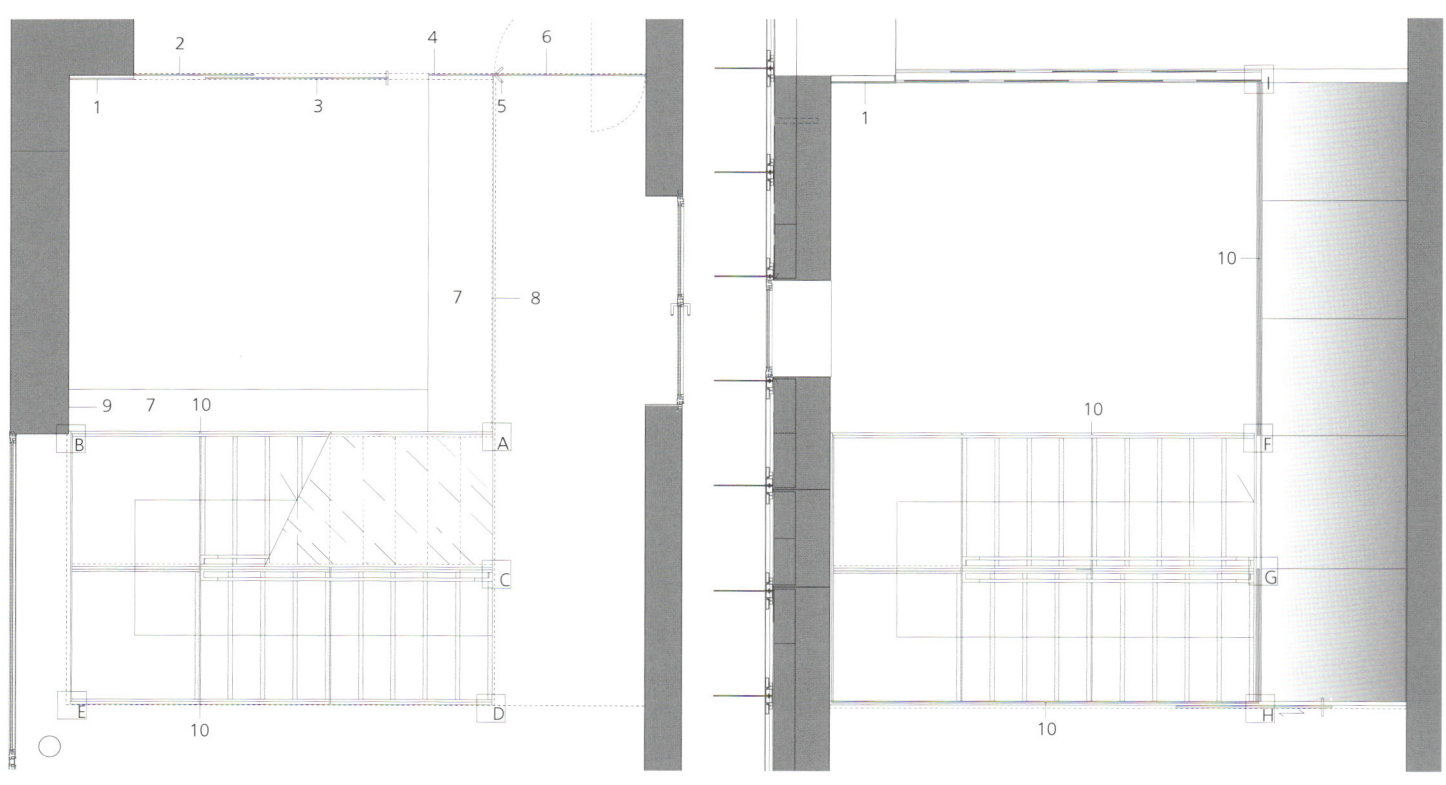

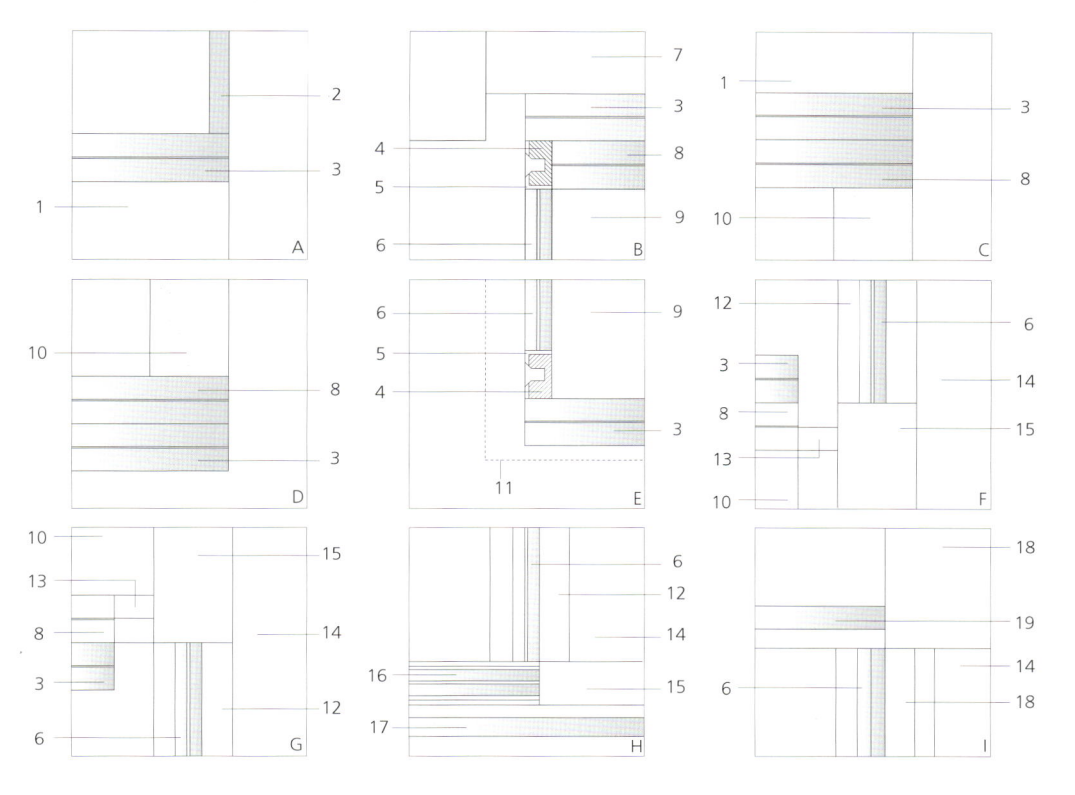

Vetreria Airoldi a San Giorgio su Legnano - Milano

Dettagli dei giunti della scala
Sezioni orizzontali
Scala 1:4

1. Specchio a pavimento
2. Vetro del fronte del banco reception, finitura retroverniciata colore nero, spessore 10 mm
3. Vetro portante della scala, finitura retroverniciata colore nero, fino ad altezza 112 cm, spessore 12 + 0,76 + 12 mm
4. Profilo in acciaio inox lucido per fissaggio parapetto in vetro
5. Profilo a L in acciaio inox incollato al vetro scala
6. Parapetto rimovibile in vetro, spessore 6 + 1,52 + 6 mm
7. Top del banco reception in vetro retro verniciato, colore nero, spessore 10 mm
8. Fascia vetro, altezza 13,5 cm, spessore 12 + 0,76 + 12 mm
9. Pianerottolo in vetro, spessore 12 + 12 + 12 mm
10. Pedata in vetro, spessore 12 + 12 + 12 mm con fascia di 4 cm antisdrucciolo
11. Proiezione del solaio superiore in c.a.
12. Pinza fermavetro rivestito in acciaio lucido
13. Piastra in acciaio inox satinato per il fissaggio del vetro portante
14. Pavimento in vetro fumé, spessore 12 + 1,52 + 12 + 1,52 + 12 mm
15. Carter a terra in acciaio inox satinato
16. Vetro fisso a tutta altezza anticaduta, spessore 6 + 1,52 + 6 mm
17. Porta scorrevole in vetro, spessore 12 mm
18. Rivestimento in acciaio inox satinato
19. Vetro colorato anticaduta a tutta altezza, spessore 4 + 4 + 1,52 + 4 + 4 mm

Buratti + Battiston Architects

Sezioni tecnologiche longitudinali
Scala 1:100

1. Telaio fissaggio vetri
   in acciaio inox satinato
2. Aria 2 cm
3. Parapetto in vetro,
   spessore 6 + 1,52 + 6 mm
4. Giunto lastre
5. Trave
6. Specchio a pavimento infilato a giorno,
   spessore 5 mm
7. Telaio fissaggio vetri
   in acciaio inox satinato
8. Fascia vetro, altezza 12,6 cm
   spessore 12 + 0,76 + 12 mm
   (n.b. doga più corta di 30 cm
   per inserimento piastra di fissaggio)
9. Piastra per fissaggio vetri
   in acciaio inox satinato
10. Pedata in vetro,
    spessore 12 + 12 + 12 mm
11. Vetro portante scala,
    spessore 12 + 0,76 + 12 mm
12. Vetro banco reception retroverniciato
    nero (n.b. divisione lastre
    come vetri scala)
13. Porta in vetro fumé, spessore 12 mm
14. Maniglia in vetro a 45° a tutta altezza,
    dimensioni 100 x 18 mm
15. Punto di cerniera
16. Corrimano cromato,
    dimensioni 35 x 35 mm

La scala
Sezione longitudinale e pianta di riferimento
dei dettagli del fissaggio dei vetri della scala
Scala 1:200

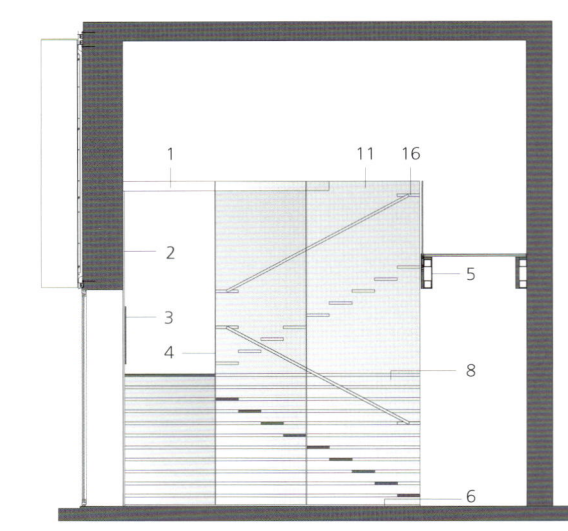

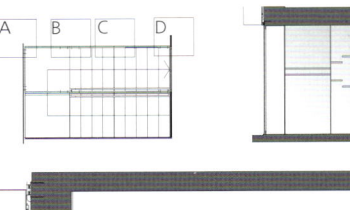

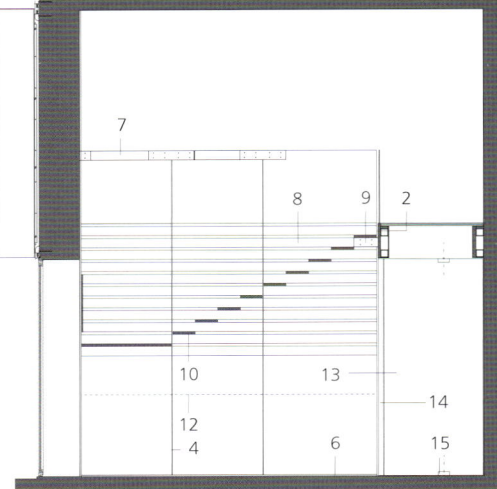

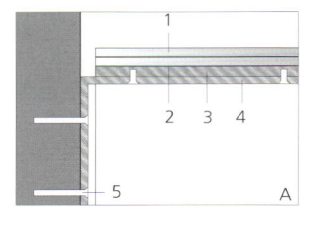

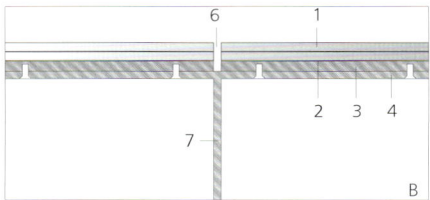

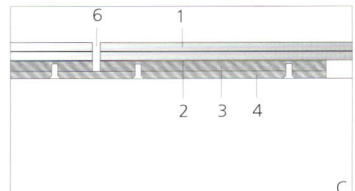

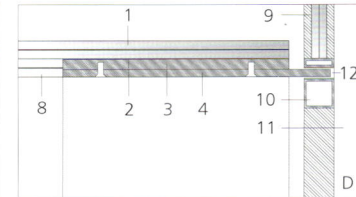

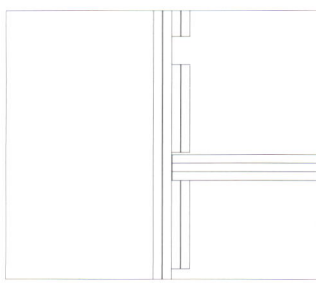

Dettagli
Sezioni orizzontali
Scala 1:10

1. Vetro portante la scala, spessore 12 + 0,76 + 12 mm
2. Rivestimento a specchio
3. Piastra in acciaio inox satinato incollata al vetro
4. Piastra in acciaio inox satinato per fissaggio lastre di vetro
5. Fissaggio del telaio alla parete
6. Giunto lastre di vetro
7. Traverso telaio in acciaio inox satinato per fissaggio vetri
8. Fascia in vetro, altezza 13,5 cm,
   spessore 12 + 0,76 + 12 mm;
   N.B.: la fascia è più corta delle altre di 30 cm
   per permettere il montaggio della piastra di fissaggio
9. Pinza fermavetro
10. Tubolare in acciaio per il fissaggio del vetro
11. Trave reticolare
12. Gola per il fissaggio del vetro portante della scala

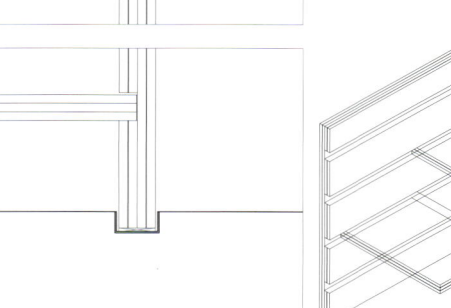

Dettaglio del fissaggio
dei vetri costituenti le pedate
della scala, alla parete
vetrata verticale
Sezioni verticali
e schema assonometrico
Scala 1:10

Vetreria Airoldi a San Giorgio su Legnano - Milano

Dettaglio del fissaggio della scala ai vetri
Sezione verticale di riferimento
Scala 1:10

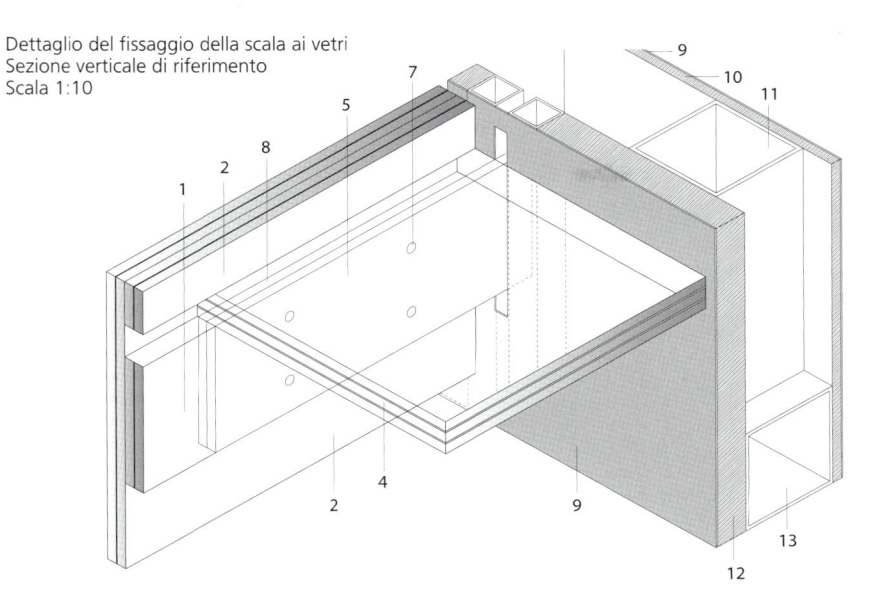

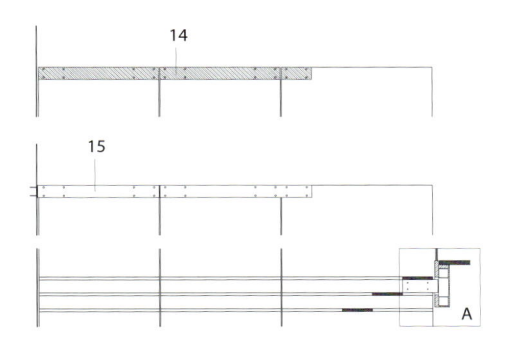

Dettaglio
Sezione verticale e assonometria
Scala 1:10

1. Fascia in vetro, altezza 12,6 cm,
   spessore 12 + 0,76 + 12 mm; n.b. la fascia
   è più corta delle altre di 30 cm per permettere
   il montaggio della piastra di fissaggio
2. Fascia in vetro, altezza 12,6 cm,
   spessore 12 + 0,76 + 12 mm
3. Aria 3 mm
4. Pedata in vetro, spessore 12 + 12 + 12 mm
5. Piastra in acciaio inox satinato per fissaggio
   lastre di vetro
6. Gola per il fissaggio del vetro portante della scala
7. Viti di fissaggio della piastra con lastra in vetro
8. Piastra in acciaio inox satinato incollata al vetro
9. Rivestimento in acciaio inox lucido
10. Rivestimento della trave con pannelli
    di legno truciolare, spessore 10 mm
11. Tubolare verticale in acciaio della trave reticolare,
    dimensioni 100 x 100 x 3 mm
12. Rivestimento della trave con pannelli
    di legno truciolare, spessore 36 mm
13. Tubolare orizzontale in acciaio della trave
    reticolare, dimensioni 50 x 50 x 3 mm
14. Piastre in acciaio inox satinato incollate ai vetri
    con faccia esterna rivestita a specchio
15. Telaio fissaggio vetri in acciaio inox satinato,
    spessore 10 mm

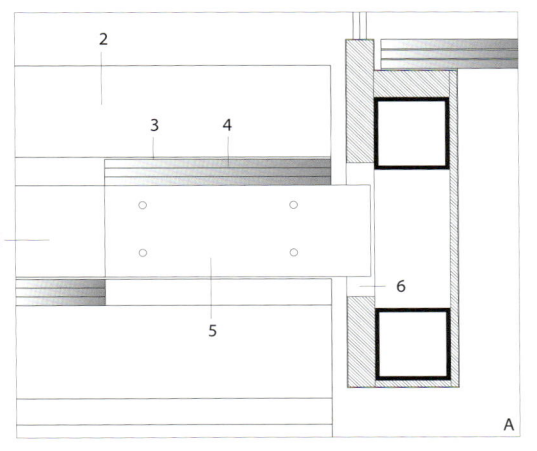

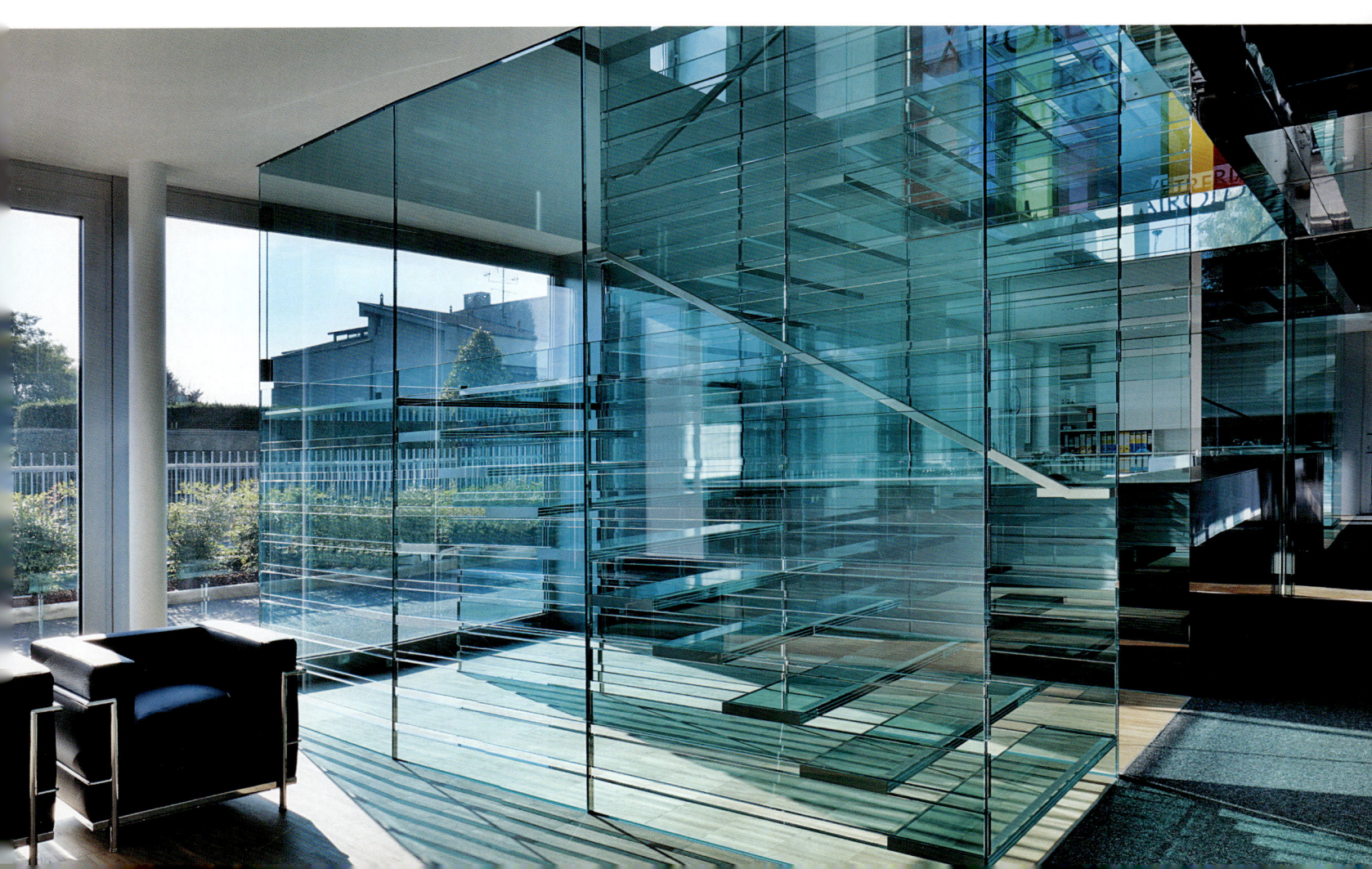

Abitazione AtmoSpheres

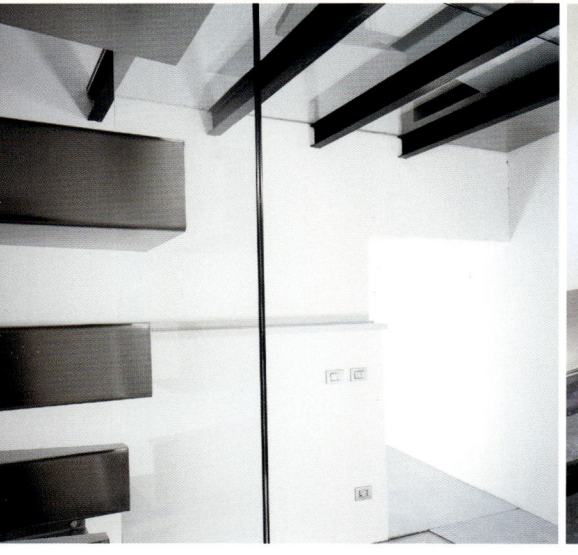

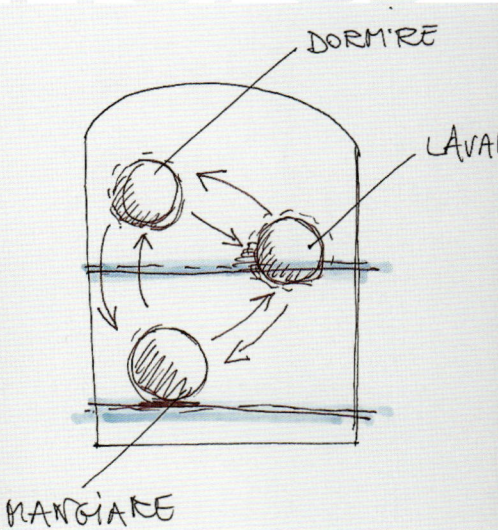

Abitazione minima AtmoSpheres a Roma

indirizzo:	via dei Banchi Nuovi, Rione Ponte	periodo di realizzazione:	2008
città:	Roma	committente / proprietario:	privato
progettista:	Anna Cornaro Valerio de Divitiis Vincenzo Giorgi Alessio Menis	tipologia intervento:	ristrutturazione
		destinazione intervento:	residenziale
		dimensioni:	primo livello 13 mq + 4 mq; secondo livello 10 mq
		imprese esecutrici:	Edil N.A.G. s.r.l., Fiumicino (RM) - risanamento e restauro Tulli Arredamenti, Roma - acciaio e vetro Dupont e M.C.A. Legno, Pomezia - Corian® Olimpia Splendid - impianto condizionamento iGuzzini s.r.l. - illuminazione
		costi di realizzazione:	80.000 euro

minima - Roma

COdESIGN + Giorgi

Anna Cornaro
Valerio de Divitiis
Vincenzo Giorgi, architetti

via Guido Miglioli, 20 -
via della Magliana Nuova
(ex Vetreria Carboni)
Roma

www.co-design.biz
anna.cornaro@tin.it

Anna Cornaro, Valerio de Divitiis (COdESIGN) e Vincenzo Giorgi collaborano da circa un decennio su temi progettuali e spunti di ricerca comuni; condividono non solo lo spazio di lavoro, ma anche l'approfondito studio dei materiali, delle tessiture e delle misure, con un'attenzione particolare al montaggio e all'assemblaggio, in una trasversalità di scala che percorre gli spazi dell'urbanistica per giungere a quelli dell'architettura degli interni. Lo Studio COdESIGN si propone di essere terreno di collaborazione non solo con altri architetti, ma anche con diverse professionalità (archeologi, ingegneri, artigiani, …). Si confronta con il mondo della produzione rileggendone e reinterpretandone i codici, affinché essi, da mezzi ordinari, divengano segni di architettura. Vincenzo Giorgi ricercatore, svolge attività professionale dal 1997, occupandosi tra l'altro, dei Programmi di Recupero Urbano per i quartieri romani di Magliana e Corviale, i cui progetti sono attualmente in corso di realizzazione.

La ristrutturazione di un alloggio minimo, nel cuore di Roma, è l'occasione per sviluppare i temi di ricerca approfonditi dal gruppo di progettazione. L'architettura di interni mantiene sempre un carattere di allestimento e temporaneità, denuncia fortemente la propria alterità rispetto ad un involucro pesante e permanente e risponde alle mutevoli esigenze del vivere quotidiano. La vera novità consiste in una progettazione che non si concentra su un perimetro, ma sul volume. Nella piccola residenza, solai in vetro al piano terra ed al mezzanino annullano la percezione tradizionale e gerarchica dello spazio, confondendo le direzioni e i pesi dell'intervento. Il volume da allestire, un vuoto di 13 mq di base e 5 m di altezza, viene colto sempre nella sua totalità grazie all'uso delle trasparenze; in tale spazio fluido sono collocate tre diverse attrezzature minime, differenziate per forma, accomunate per materiale; tre nuclei dalla volumetria complessa che ricreano tre sfere dell'agire domestico: il cucinare, il dormire, il lavarsi. I tre oggetti-arredo (dal colore volutamente neutro ed indefinito), sono percepibili attraverso le trasparenze e le riflessioni dei piani vetrati, che ne smaterializzano la consistenza mutando le loro nette geometrie in pure atmosfere. "L'atmosfera del cucinare", al piano terra, composta da cucina e soggiorno, è stata collocata nell'unico piccolo vano separato preesistente; l'arredo è stato sagomato secondo i principi dell'ergonomia. "L'atmosfera del dormire", al piano soprastante, comprendente letto e bagno, occupa una porzione di solaio in vetro completamente trasparente; per questo è stata disegnata progettando anche l'inaspettato prospetto orizzontale, che si intravede dal piano inferiore. "L'atmosfera del lavarsi" è costituita da un nucleo autonomo, in cui sanitari ed elementi di arredo sono progettati in continuità e secondo un comune linguaggio; un ambiente minimo che lascia ad alcuni ambiti la giusta intimità e mette altri in discreta comunicazione con l'esterno. Monomatericità e complessità sono possibili grazie all'uso del Corian® peach e ice white, materiale duttile nelle forme e resistente negli usi, che, studiato nelle dimensioni e nelle lavorazioni, diviene l'unico mezzo plastico per la composizione delle piccole atmosfere. Esso, da un lato si piega a geometrie complesse ed insolite, dall'altro lascia inalterato l'involucro murario, permettendo la chiara rilettura della preesistenza. Il contenitore storico diviene la scatola del tempo, all'interno della quale collocare i modi del vivere contemporaneo, spazi comunicanti ed informali, la cui scrittura è completata dai movimenti e dagli usi dei suoi abitanti. Le atmosfere sono raggiungibili percorrendo una scala a gradini sagomati in acciaio satinato; non si tratta di un elemento unico e monolitico, ma di aggregazione di moduli binati, fissati alla parete in modo indipendente gli uni dagli altri. Il parapetto è sostituito da una parete verticale trasparente, alta 4,70 m che ne ricostituisce l'unità compositiva. Il rapporto di estraneità ed alterità dell'intervento nei confronti del preesistente è accentuato ancor di più dalla trasparenza del solaio di calpestio del piano terra; esso è infatti sollevato rispetto alla quota originaria della scatola storica, mimata da un piano di cemento lavato visibile attraverso le lastre in cristallo. Il piano di vetro cela anche i LED, che diffondono uniformemente la luce, ed un complesso sistema di aerazione che permette il ricircolo dell'aria, sanando il locale dalle forti infiltrazioni di umidità provenienti dal pavimento. L'intero progetto è predisposto per una totale reversibilità e smontabilità: l'intervento è concepito come allestimento temporaneo e mutabile all'interno di un contenitore permanente, disponibile perciò a futuri usi, progetti, interpretazioni.

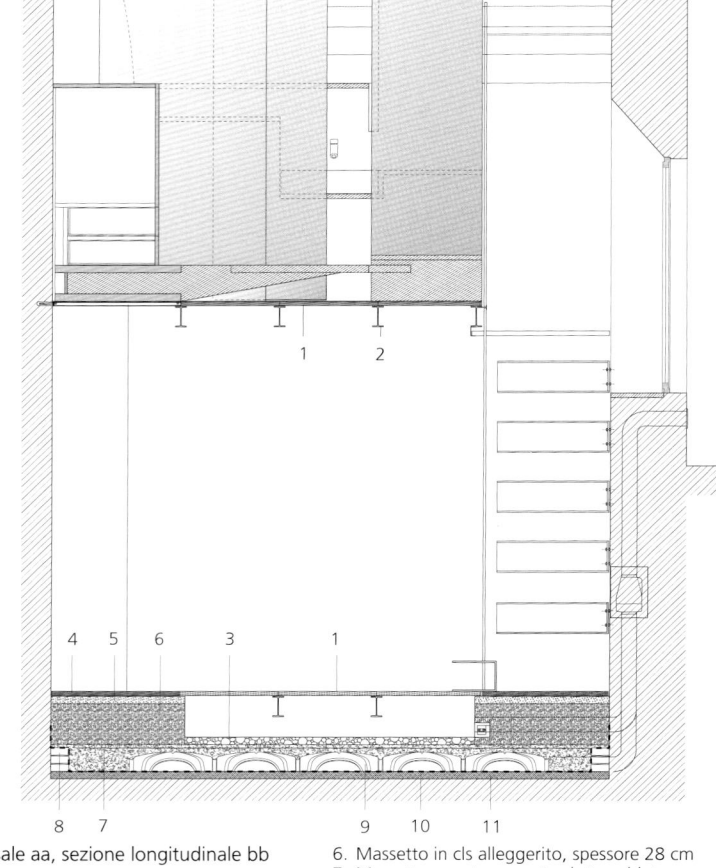

Pianta del primo piano
e pianta del piano terra
Scala 1:100

1. Cortile condominiale
2. Soggiorno pranzo
3. Cucina
4. Ingresso
5. Letto
6. Bagno

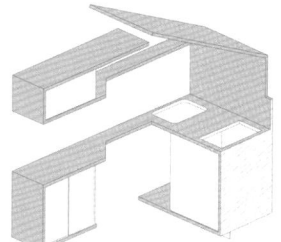

Sezione trasversale aa, sezione longitudinale bb
Scala 1:50

1. Pavimento in vetro stratificato, spessore 3 cm
2. Profilo in acciaio ipe 140
3. Cemento lavato con ciottoli di fiume, spessore 5 cm
4. Pavimento in acciaio 24 / 10 su supporto in mdf, spessore 3 cm
5. Massetto di preparazione posa pavimento, spessore 5 cm
6. Massetto in cls alleggerito, spessore 28 cm
7. Massetto armato con rete elettrosaldata, spessore 28 cm, fissaggio a 5 cm sopra i cupolex
8. Muretto di contorno in mattoni, altezza 15 cm
9. Cupolex, altezza 13,5 cm
10. Guaina impermeabilizzante
11. Massetto di sottofondo, spessore 5 cm
12. Foro condotto aerazione
13. Riscaldatore anticondensa
14. Condotto aereazione vespaio /cucina, Ø 10 cm
15. Cupolex, altezza 10 cm

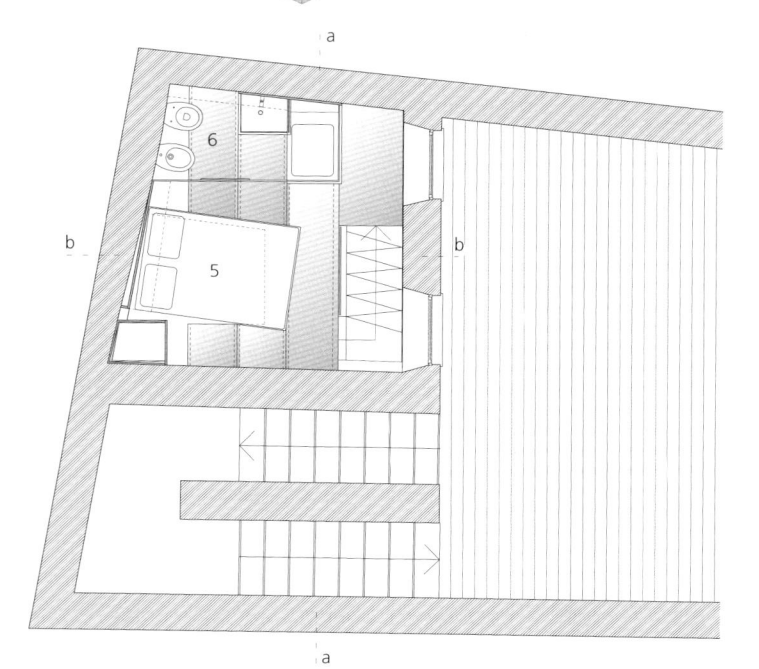

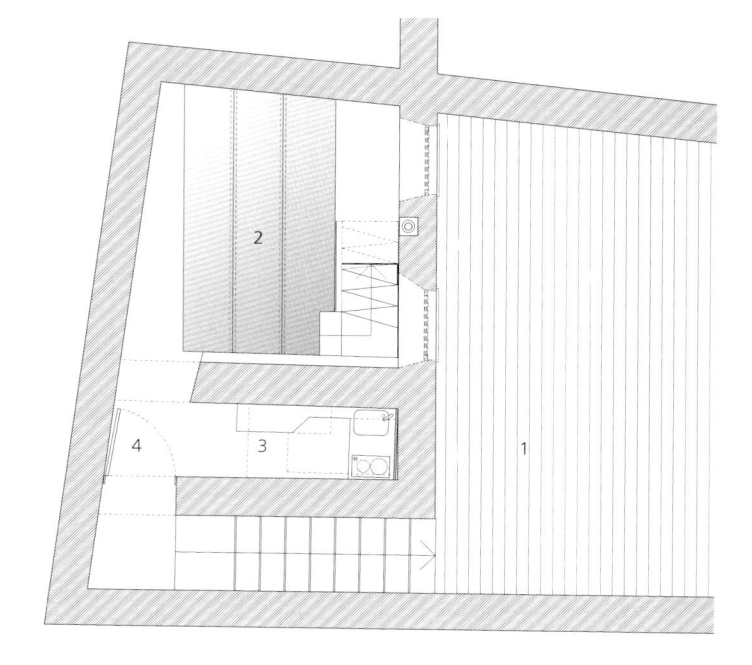

Abitazione minima AtmoSpheres a Roma

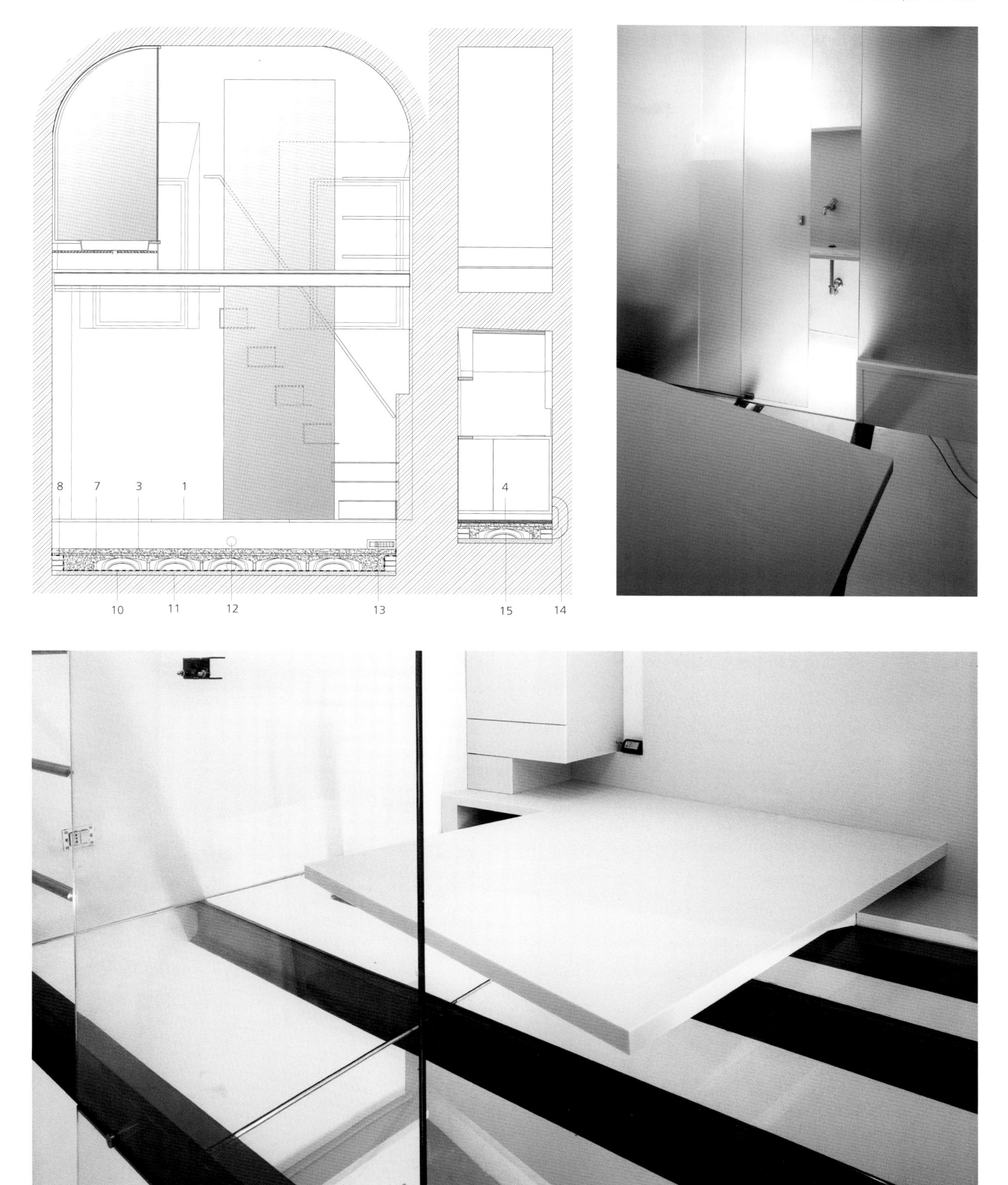

Dettaglio solaio piano terra
Sezione verticale
Scala 1:10

1. Pavimento in lamiera di acciaio satinato, spessore 24 / 10 su supporto in mdf, spessore 3 cm
2. Bocchetta di aspirazione in acciaio
3. Cemento lavato con ciottoli di fiume, spessore 5 cm
4. Pavimento in vetro stratificato, spessore 3 cm
5. Muratura esistente
6. Trave ipe 140 zincata e verniciata colore ferromicacea
7. Apparecchio da incasso a led
8. Massetto in cemento lisciato, spessore 5 cm
9. Massetto in cls alleggerito, spessore 28 cm
10. Tubazione di aspirazione e ricambio aria
11. Massetto armato con rete elettrosaldata, spessore 28 cm, fissaggio a 5 cm sopra i cupolex
12. Muro di bordo in mattoni, altezza 15 cm
13. Vespaio in cupolex, altezza 13,5 cm
14. Guaina impermeabilizzante
15. Massetto di sottofondo, spessore 5 cm
16. Quota originaria

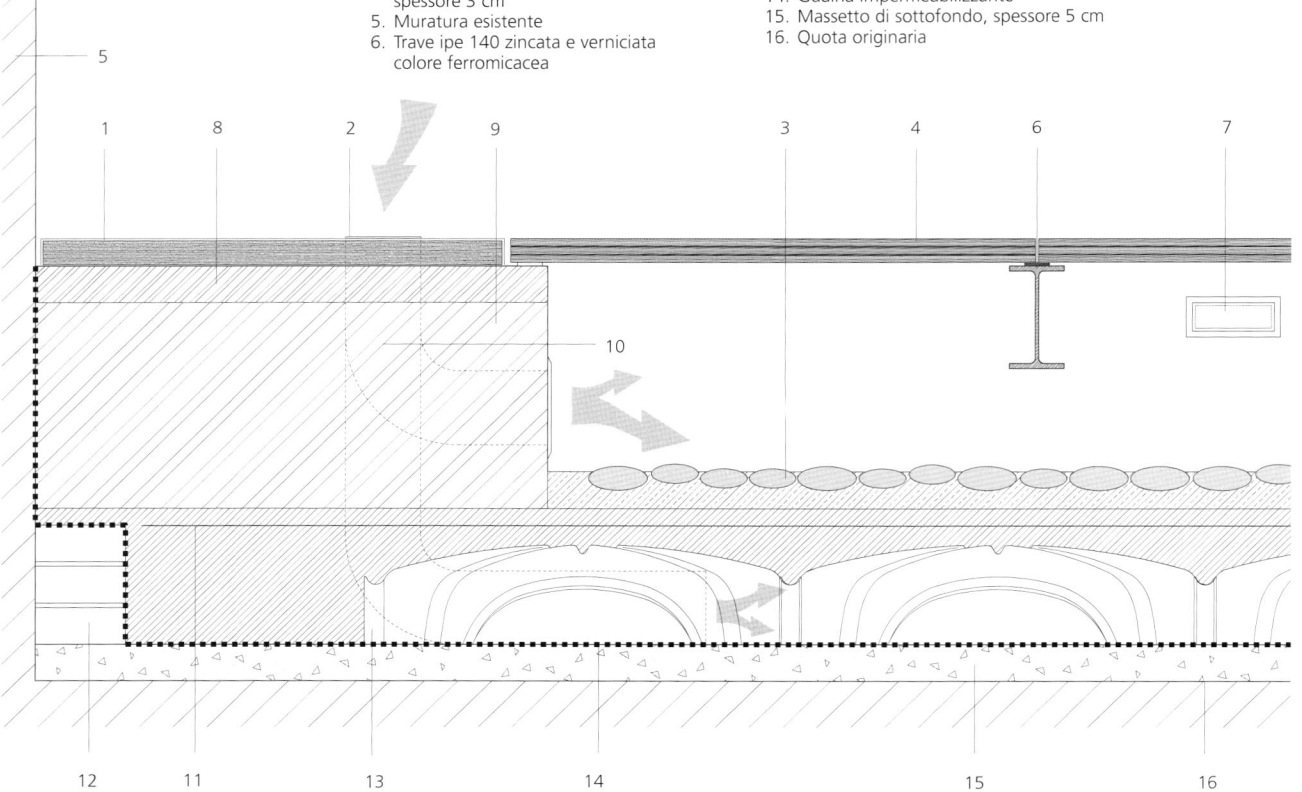

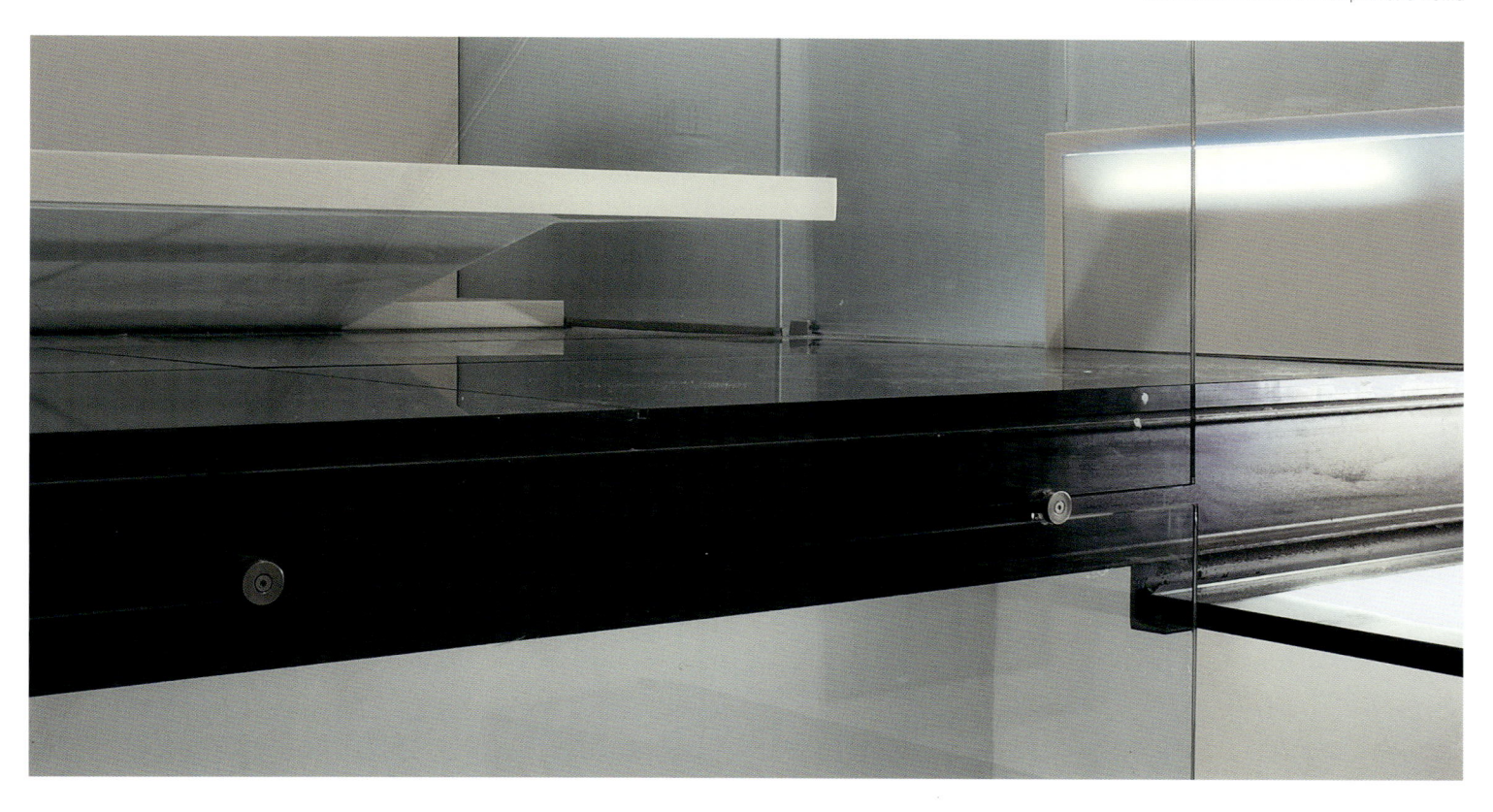

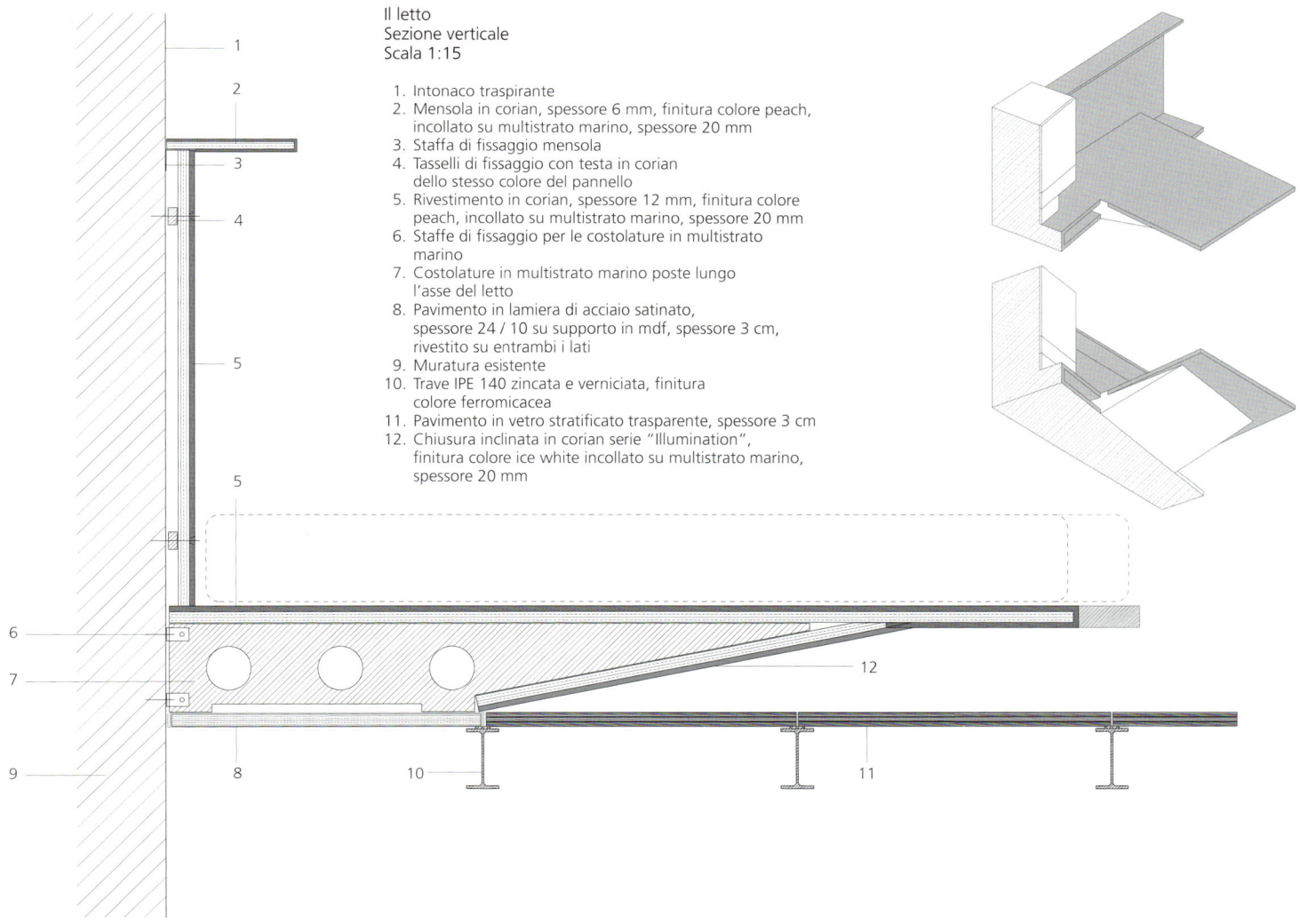

Abitazione minima AtmoSpheres a Roma

Il letto
Sezione verticale
Scala 1:15

1. Intonaco traspirante
2. Mensola in corian, spessore 6 mm, finitura colore peach, incollato su multistrato marino, spessore 20 mm
3. Staffa di fissaggio mensola
4. Tasselli di fissaggio con testa in corian dello stesso colore del pannello
5. Rivestimento in corian, spessore 12 mm, finitura colore peach, incollato su multistrato marino, spessore 20 mm
6. Staffe di fissaggio per le costolature in multistrato marino
7. Costolature in multistrato marino poste lungo l'asse del letto
8. Pavimento in lamiera di acciaio satinato, spessore 24 / 10 su supporto in mdf, spessore 3 cm, rivestito su entrambi i lati
9. Muratura esistente
10. Trave IPE 140 zincata e verniciata, finitura colore ferromicacea
11. Pavimento in vetro stratificato trasparente, spessore 3 cm
12. Chiusura inclinata in corian serie "Illumination", finitura colore ice white incollato su multistrato marino, spessore 20 mm

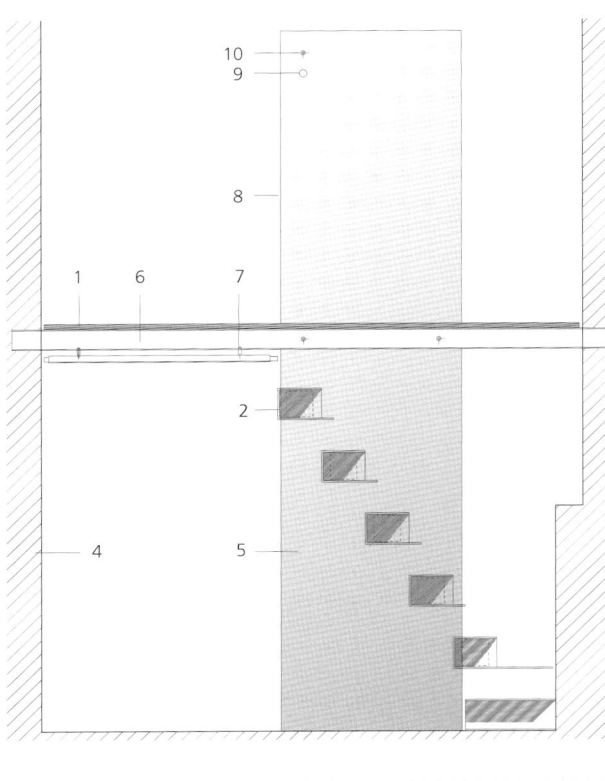

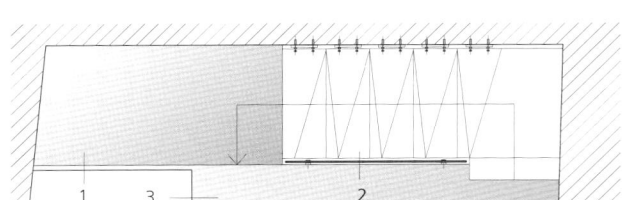

Dettaglio scala
in acciaio satinato
Sezione verticale
Scala 1:50

1. Vetro stratificato trasparente, spessore 30 mm
2. Gradino in acciaio satinato pressopiegato, spessore 60 / 10
3. Solaio in vetro stratificato, spessore 30 mm
4. Muratura esistente
5. Vetro stratificato, spessore 15 mm, dimensione 1200 x 2600 mm
6. Trave ipe 140 zincata e verniciata, finitura colore ferro micacea
7. Accessorio di supporto in acciaio satinato per pianerottolo in vetro stratificato
8. Vetro stratificato, spessore 15 mm, dimensione 1200 x 2100 mm
9. Foro nel vetro passaggio cavi tv
10. Tubo in acciaio inox satinato passacavo, Ø 30 mm

Abitazione minima AtmoSpheres a Roma

Dettaglio dei gradini della scala
Sezione verticale frontale
e sezione verticale trasversale
Scala 1:15

1. Vetro stratificato trasparente,
   spessore 30 mm
2. Vetro stratificato, spessore 15 mm,
   dimensioni 1200 x 2100 mm
3. Trave ipe 140 zincata e verniciata,
   finitura colore ferro micacea
4. Accessorio di supporto vetri verticali
   in acciaio satinato
5. Vetro stratificato, spessore 15 mm,
   dimensioni 1200 x 2600 mm
6. Tubo in acciaio inox satinato passacavo,
   Ø 30 mm
7. Guarnizione in neoprene
8. Accessorio di supporto vetri verticali
   in acciaio satinato
9. Accessorio di supporto in acciaio satinato
   per il pianerottolo in vetro stratificato
10. Gradino in acciaio satinato
    presso piegato, spessore 60 / 10
11. Staffe di ancoraggio murate
12. Muratura esistente
13. Contropiastra murata con staffe

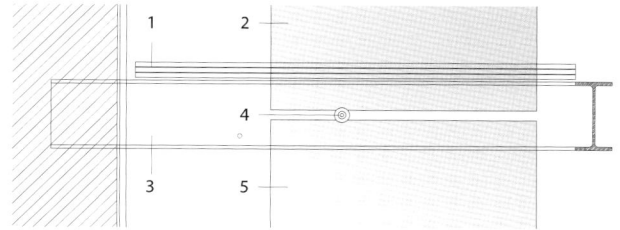

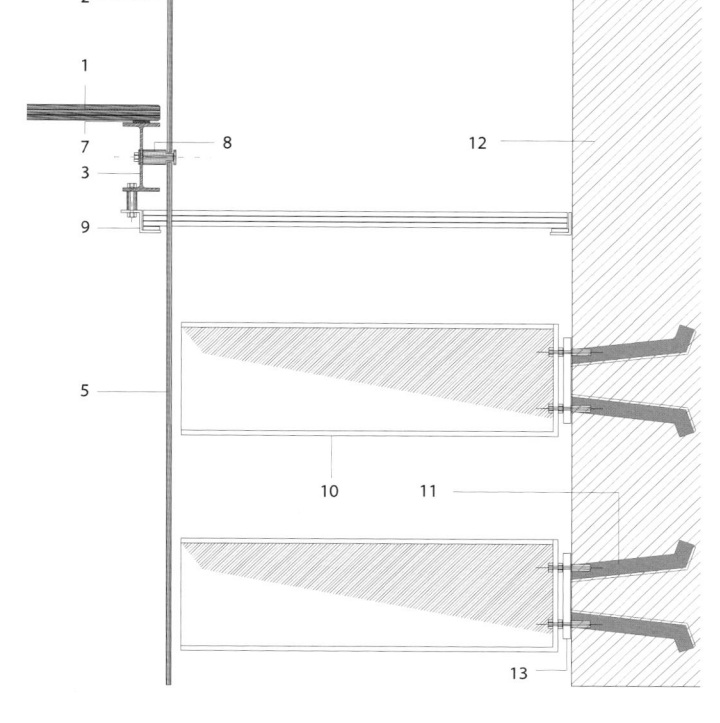

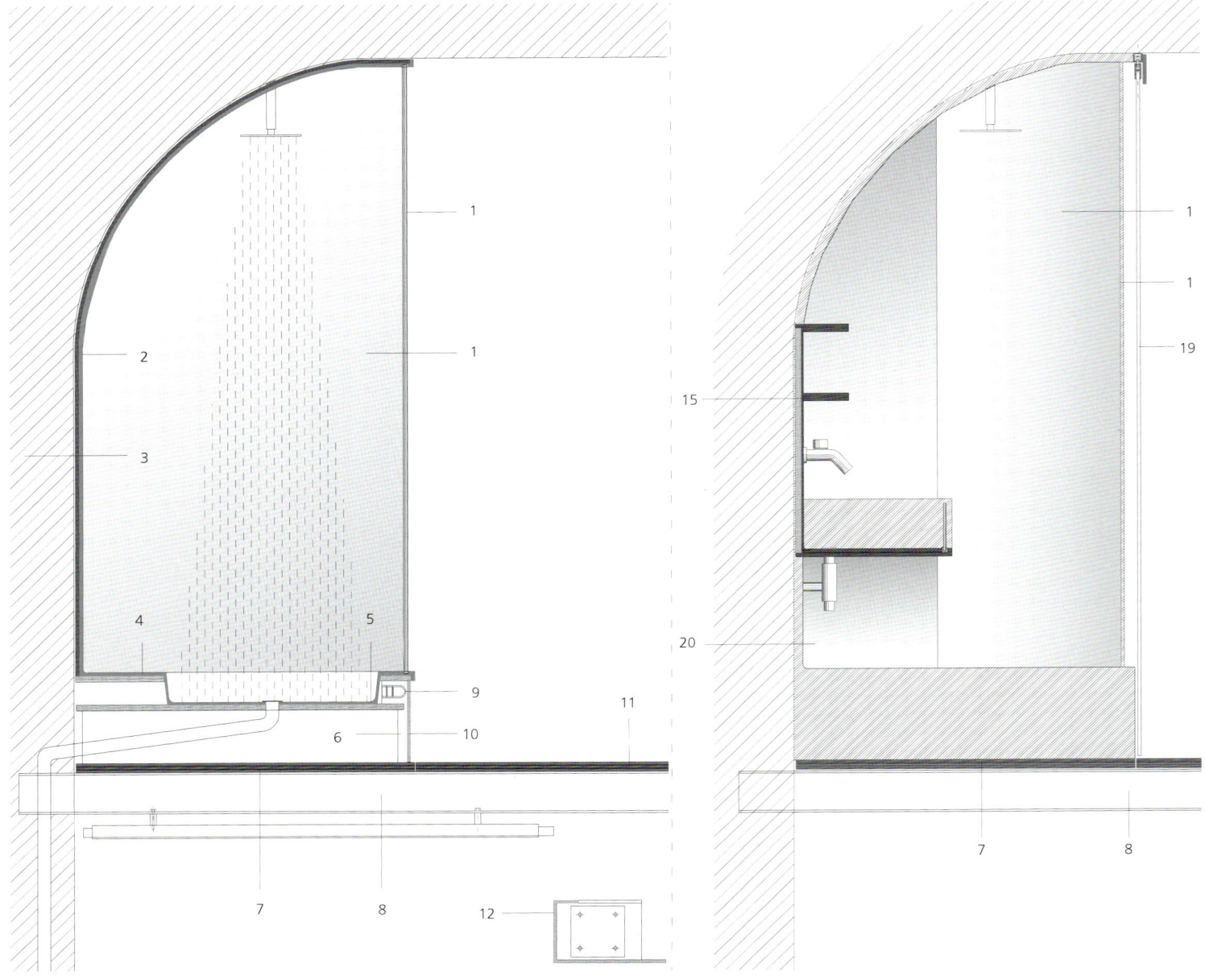

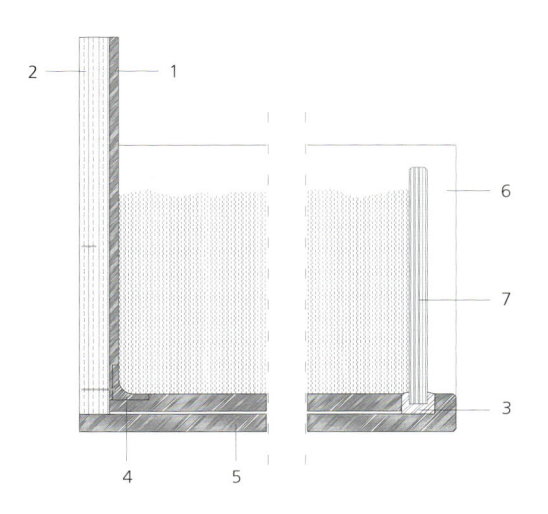

Dettaglio del lavabo
Sezione verticale
Scala 1:5

1. Lastra in corian incollata su multistrato, spessore 6 mm, finitura superficiale satinata colore peach
2. Multistrato marino fissato alla parete con tasselli, spessore 20 mm
3. Sigillatura con silicone trasparente
4. Sguscio in corian, finitura colore peach
5. Doppia lastra accoppiata in corian, spessore 12 mm, finitura colore peach
6. Fianco in corian, finitura colore peach
7. Vetro temperato molato con filo lucido, spessore 11 mm

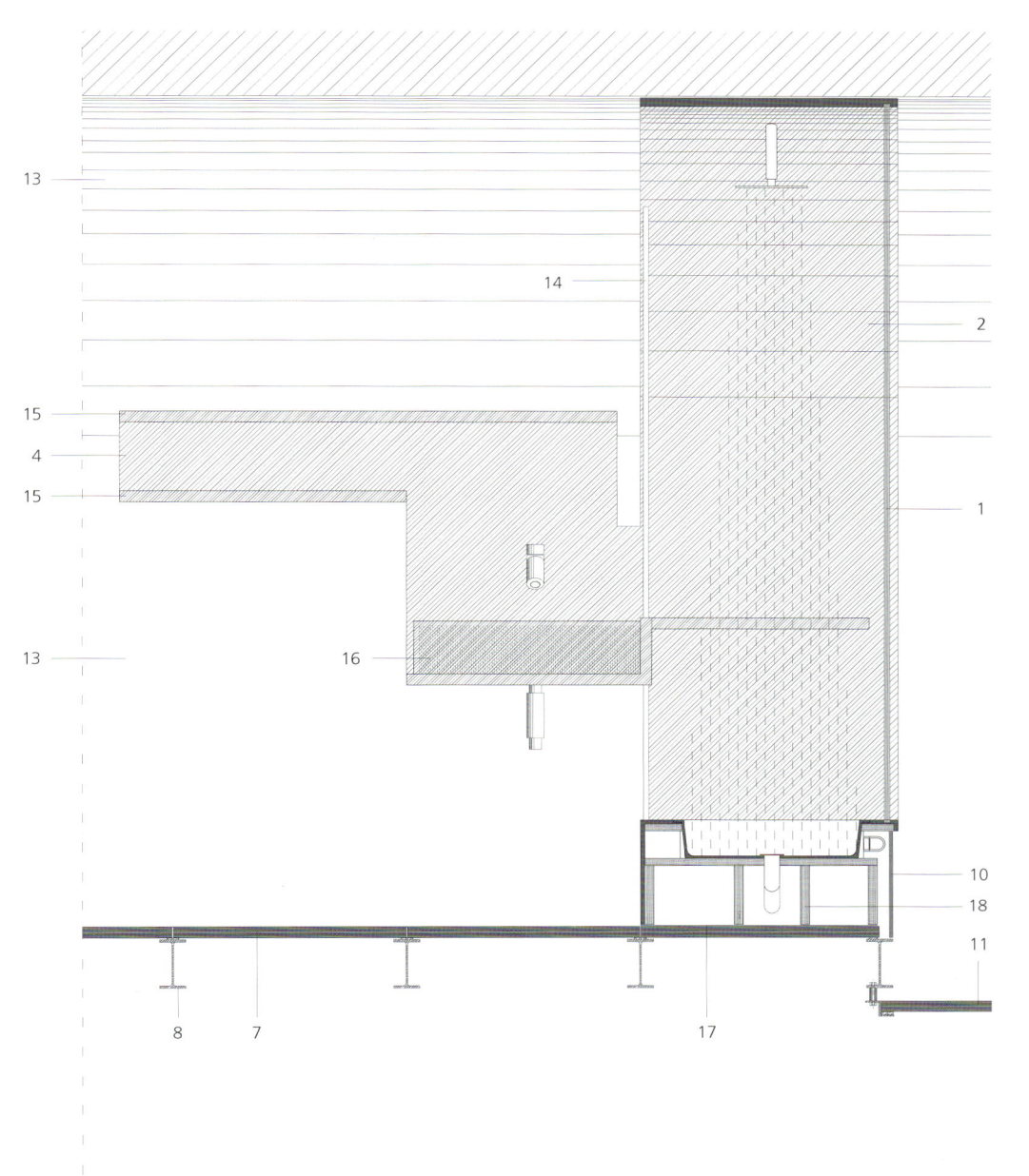

Abitazione minima AtmoSpheres a Roma

Dettaglio doccia in corian
Sezioni verticali e vista frontale
Scala 1:20

1. Vetro stratificato acidato, spessore 15 mm
2. Rivestimento parete in corian curvato, spessore 12 mm incollato su multistrato marino spessore 20 mm
3. Muratura esistente
4. Corian, spessore 12 mm, incollato su multistrato marino, spessore 20 mm, finitura colore peach
5. Piatto doccia in corian
6. Supporti in multistrato
7. Vetro stratificato acidato, spessore 30 mm
8. Trave ipe 140 zincata e verniciata, finitura colore ferromicacea
9. Corpo illuminante fluorescente lineare IP67
10. Chiusura frontale in corian serie "Illumination", finitura colore ice white
11. Vetro stratificato trasparente, spessore 30 mm
12. Gradino in acciaio satinato presso piegato, spessore 60 / 10
13. Intonaco traspirante
14. Vetro stratificato trasparente, spessore 15 mm
15. Doppia lastra in corian accoppiata ed incollata, spessore 12 mm, finitura colore peach
16. Vetro temperato trasparente con filo lucido molato a 45° sul lato verticale, spessore 11 mm
17. Film adesivo oscurante
18. Traversi di supporto in multistrato marino, spessore 25 mm
19. Lastra scorrevole in cristallo acidato, spessore 11 mm
20. Vetro stratificato trasparente con filo lucido, spessore 15 mm

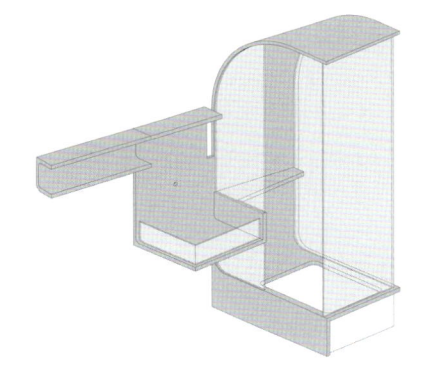

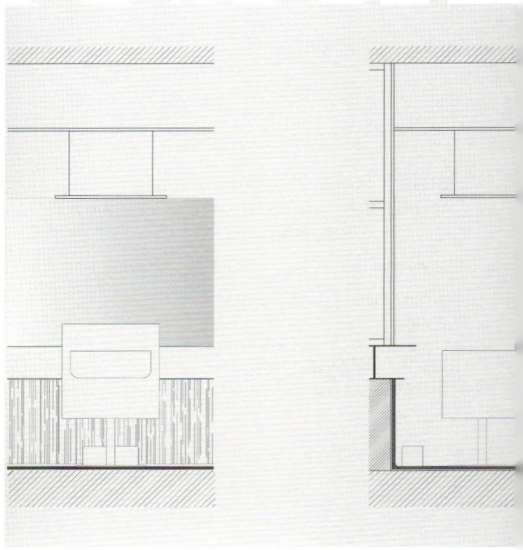

Hair Salon a Torino

indirizzo:	via Guala, 107	periodo di realizzazione:	2007 - 2008
città:	Torino	committente / proprietario:	privato
progettista:	Stefano Pujatti	tipologia intervento:	ristrutturazione
collaboratori:	Daniele Almondo, Valeria Brero, Corrado Curti, Elena Ferraris	destinazione intervento:	commercio
		dimensioni:	400 mq
consulenti:	Gianni Vercelli, Luciano Ghia	imprese esecutrici:	De Filippi Costruzioni, Capma s.a.s., Maletti

ELASTICOSPA - Stefano Pujatti Architetti

Stefano Pujatti, architetto
Valeria Brero, architetto
Corrado Curti, ingegnere
e architetto

strada della Giardina, 10
Chieri (TO)

www.elasticospa.com
info@elasticospa.com

ELASTICOSPA nasce nel 2005 per iniziativa dell'architetto Stefano Pujatti; oggi del team ELASTICOSPA fanno parte anche l'architetto Valeria Brero e l'architetto e ingegnere Corrado Curti, con il supporto di un team di collaboratori che assicurano la necessaria flessibilità di ruoli e competenze.
La principale linea di ricerca progettuale punta a conciliare gli interessi del committente e le esigenze dei futuri utenti dell'architettura, con la salvaguardia e il recupero del patrimonio edilizio esistente, anche nei suoi episodi minori, con la tutela e la valorizzazione del paesaggio, sia naturale che antropico e infine con il miglioramento dell'ambiente di vita attraverso la qualità e la ricchezza degli spazi che l'architettura può offrire. Indipendentemente dalla scala, gli interventi di ELASTICOSPA sono sempre concepiti come fulcri urbani, in grado di valorizzare il contesto in cui si collocano, rivitalizzandolo e potenziandone gli aspetti positivi e peculiari.

Lo Studio ha curato l'intervento di ristrutturazione di un Salone per parrucchiere con ampliamento in un nuovo locale al piano superiore, lussuoso, realizzato per metà in bianco e per metà in nero, e tutto lucido.
La nuova configurazione prevede al piano interrato locali di servizio; al piano terra c'è un'ampia area di accoglienza rivolta verso il portico ed una zona di lavoro alle sue spalle; anche il soppalco è adibito a spazi di lavoro, mentre il piano superiore ospita l'area tecnica.
Il salone è stato pensato come un ambiente elegante e razionale: a questo scopo i materiali scelti sono insieme preziosi e pratici, combinati in soluzioni lontane dalla comune immagine delle postazioni di lavoro da parrucchiere.
Il granito nero riveste i pavimenti e le pareti fino ad un'altezza di 70 cm: qui si innesta una mensola incassata, a costituire un taglio lungo l'intero perimetro di ogni piano. La parte superiore delle pareti è infine rivestita da un'unica superficie specchiante. I lavaggi, le mensole e i piani di lavoro seguono la medesima logica, mentre per gli armadi è stato scelto il cristallo nero.
Il nuovo sistema di collegamenti verticali, dove si è concentrata la ricerca spaziale, è definito dal cilindro dell'ascensore e da rampe di scale che tagliano il vuoto in modo indipendente, dandogli forma: ne risulta quindi uno spazio ampio e luminoso, dove l'immagine rimane al centro dell'attenzione, riflessa in tutte le superfici, creando lo spaesamento necessario per non riflettere ed arrivare a cuor leggero alla cassa.
Il fronte rivolto al portico, costituito da ampie vetrate, mantiene l'allineamento esistente, ma si curva creando una cuspide, per dare spazio ed importanza all'ingresso risucchiante.

ELASTICOSPA - Stefano Pujatti Architetti

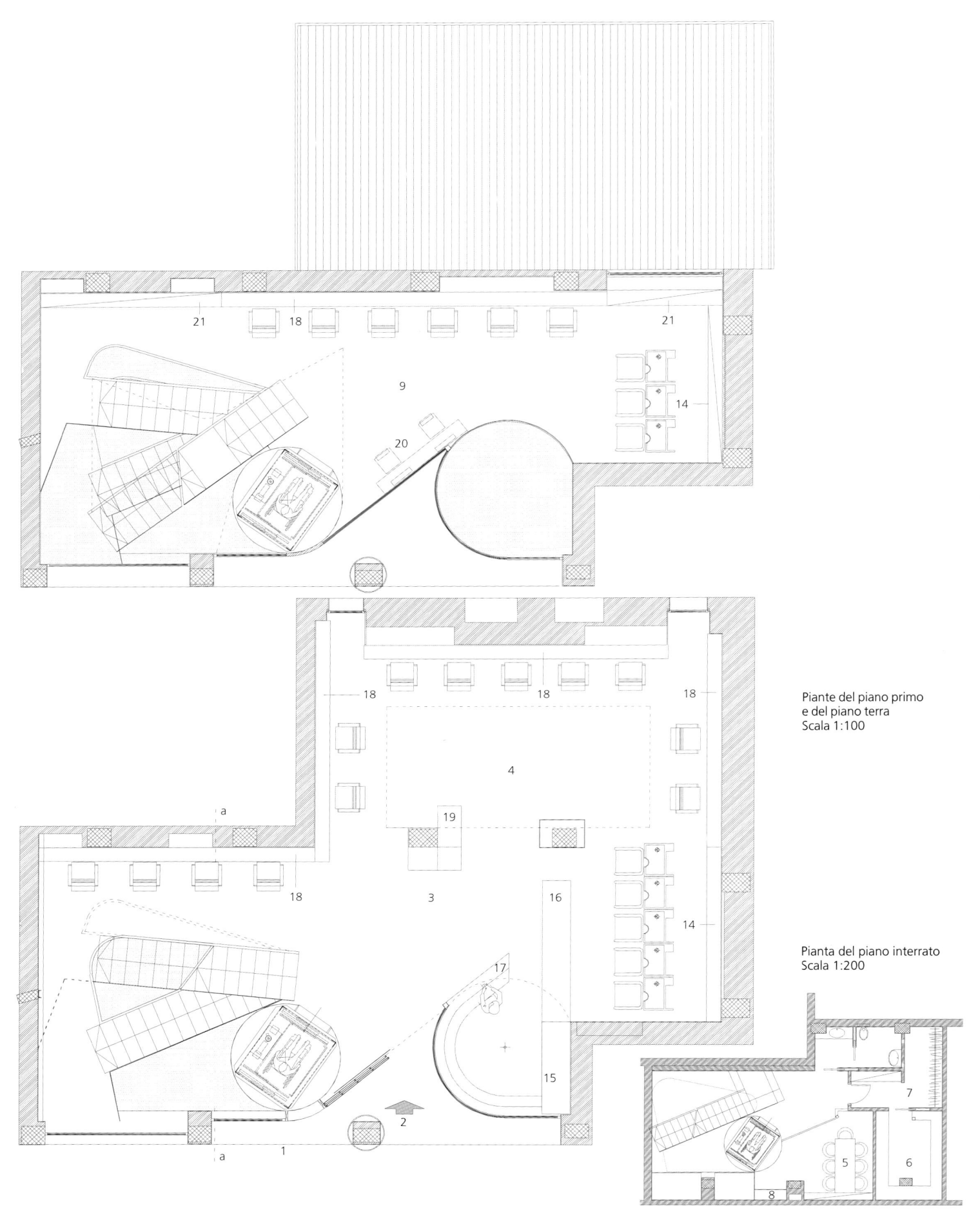

Piante del piano primo
e del piano terra
Scala 1:100

Pianta del piano interrato
Scala 1:200

Sezione trasversale aa
e pianta del primo piano
Scala 1:200

1. Portico
2. Ingresso
3. Area accoglienza
4. Area stile
5. Ufficio
6. Deposito
7. Spogliatoio
8. Archivio
9. Area young
10. Area tecnica
11. Locale lavanderia
12. Ingresso di servizio
13. Area vip
14. Arredo area retro lavaggio
15. Mobile bar con frigo
16. Mobile guardaroba
17. Mobile cassa (2 pc, 3 pos. 3 telefoni, 1 fax, regia audio / video, cctv, controllo climatico)
18. Mensola specchiera
19. Sedute zona attesa
20. Arredo con postazioni multimediali integrate
21. Espositore retroilluminato con split integrato
22. Arredo e parete divisoria
23. Portasciugamani con testata a specchio
24. Banco colore
25. Tamponamento colonna con testata a specchio
26. Divisorio in vetro con incastro a pavimento
27. Preparazione colore

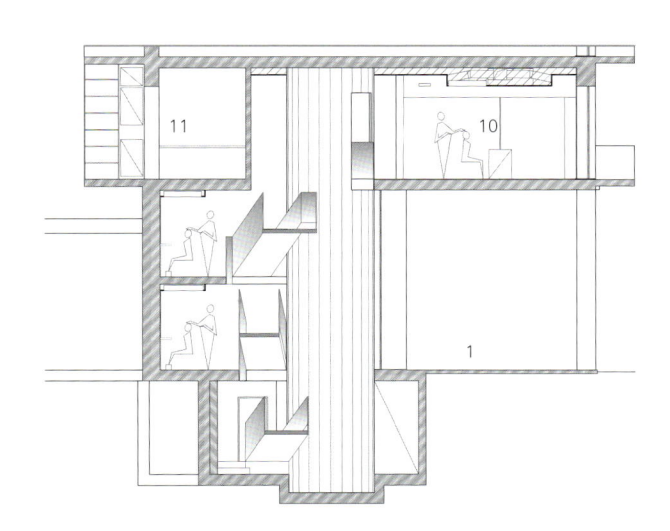

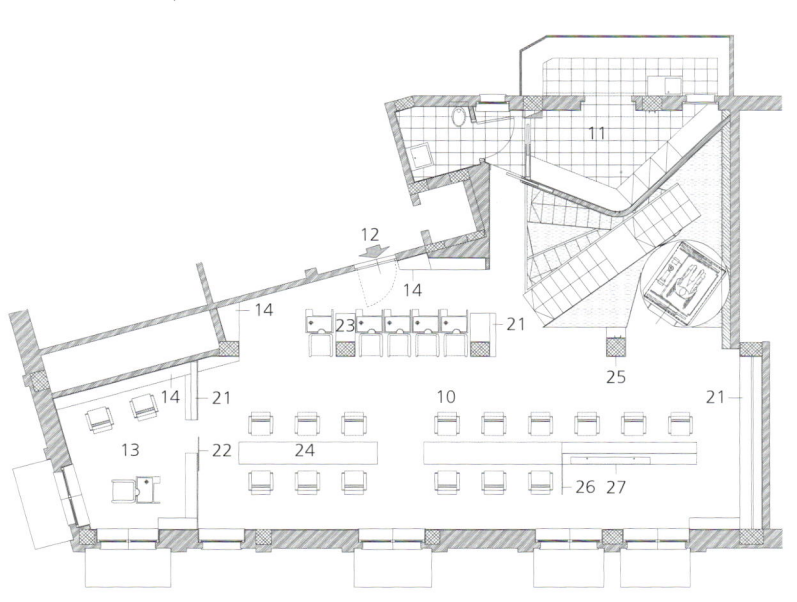

Dettaglio porta dell'ingresso
Sezione verticale
Scala 1:10

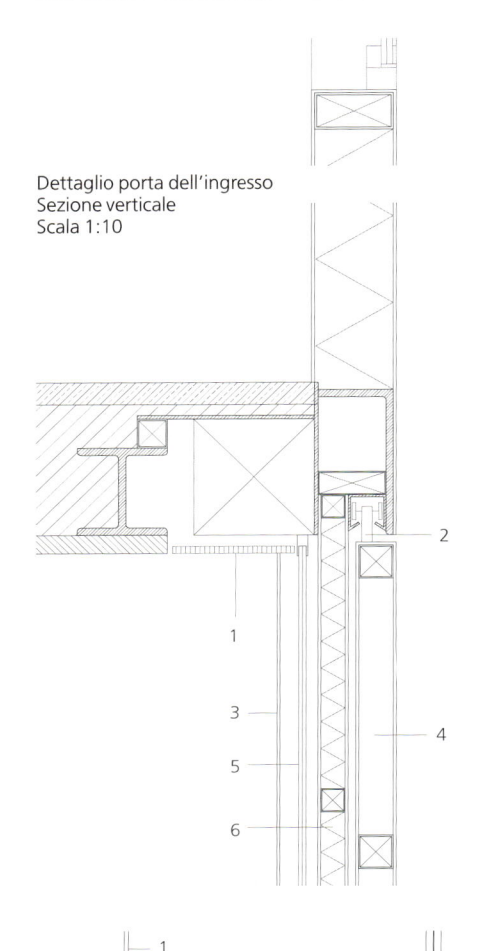

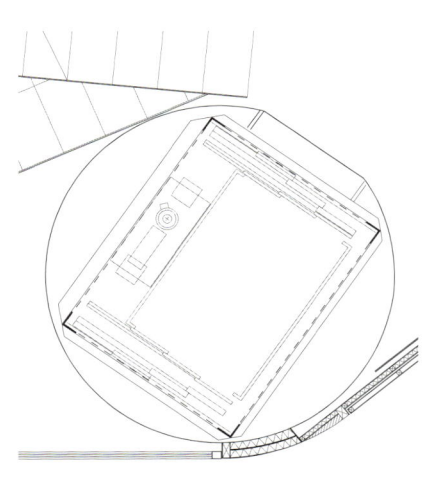

Ascensore
Sezione orizzontale
Scala 1:50

1. Griglia rimovibile per manutenzione e lame d'aria
2. Rotaia
3. Calandra ascensore
4. Porta esterna scorrevole di sicurezza, telaio in acciaio inox
5. Porta vetro scorrevole automatizzata
6. Parete fissa con isolamento termico

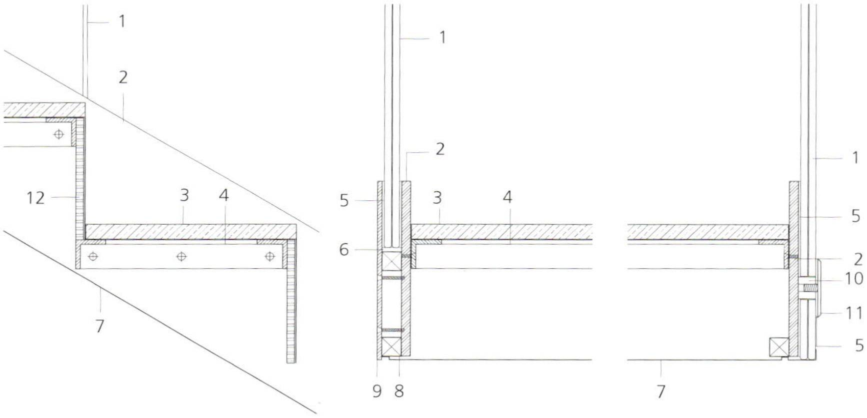

Dettaglio gradini
Sezione trasversale
e sezione longitudinale
Scala 1:10

1. Vetro temprato stratificato trasparente, spessore 10 + 10 mm (1,52 pvb)
2. Cosciale, dimensioni 200 x 12 mm in acciaio inox
3. Pedata in marmo nero, lunghezza 280 mm, altezza 170 mm
4. Telaio, profilo a L in ferro, dimensione 40 x 40 mm
5. Cuscinetti in neoprene, spessore 3 mm
6. Appoggio in neoprene, spessore 6 mm
7. Lamiera in acciaio inox a specchio, spessore 1,5 mm, rivettata sui distanziali
8. Profili distanziali
9. Piatto esterno, dimensione 210 x 60 mm in inox bullonato sul cosciale con viti a incasso a testa svasata
10. Tondo con sede filettata e rondella in teflon per appoggio vetro
11. Borchia in acciaio inox, Ø 80 mm
12. Pannello di rinforzo in legno rivestito in lamiera in acciaio inox

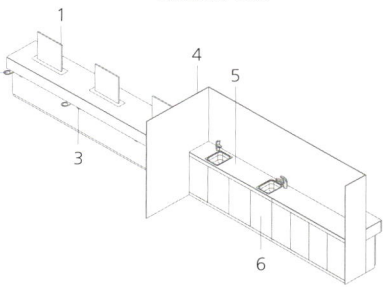

Laboratorio colore
Sezione trasversale
e sezione longitudinale
Scala 1:100

Schema assonometrico

1. Specchi asportabili
2. Porta-phon a scomparsa
3. Prese sotto-piano, allacciamenti a pavimento
4. Divisorio in vetro stratificato bianco
5. Piano in laminato accoppiato a vetro serigrafato nero
6. Ante in vetro
7. Luce ambiente
8. Luci tecniche
9. Schermi 42" a parete
10. Pavimento in granito nero con sguscio a parete
11. Rivestimento in granito nero con sguscio a parete, altezza 100 cm
12. Arredo da esposizione
13. Tenda colori: nero da 0 a 100 cm, bianco da 100 a 250 cm

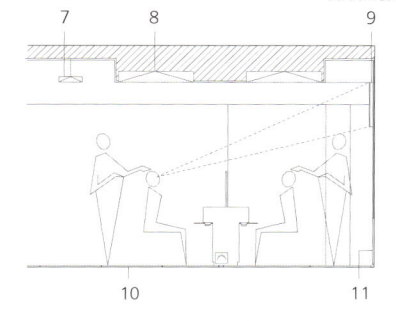

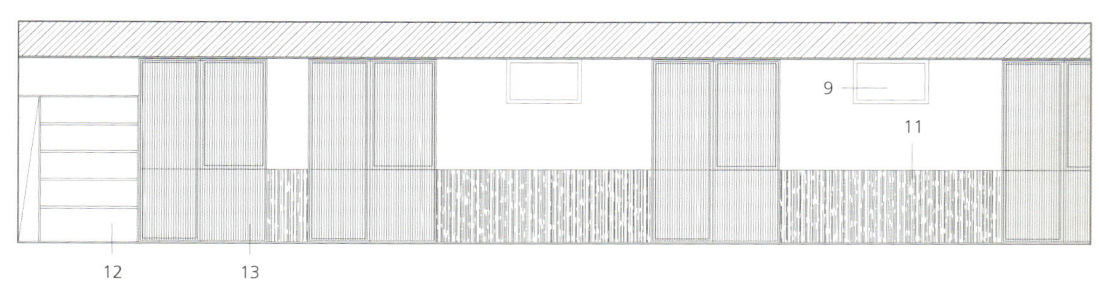

Hair Salon a Torino

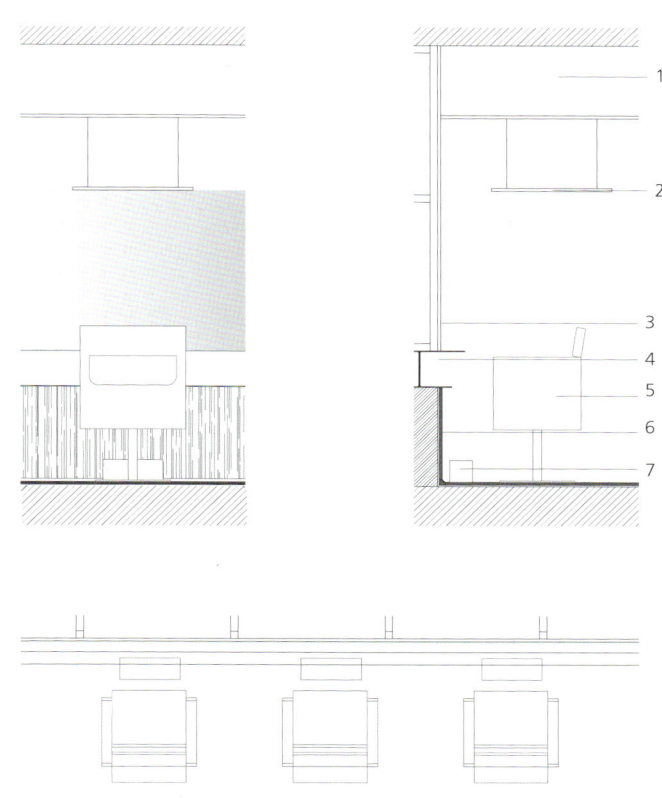

Postazioni di lavoro
Vista frontale,
sezione verticale
e pianta
Scala 1:50

1. Controsoffitto contenente impianti di ventilazione e condizionamento
2. Corpi illuminanti incassati
3. Rivestimento parete a specchio, altezza 110 cm
4. Lastra in acciaio piegata e sagomata
5. Poltrona, colore marrone
6. Controparete rivestita con lastre in granito nero
7. Poggiapiedi costituito da parallelepipedo in granito nero, dimensioni 15 x 15 x 40 cm

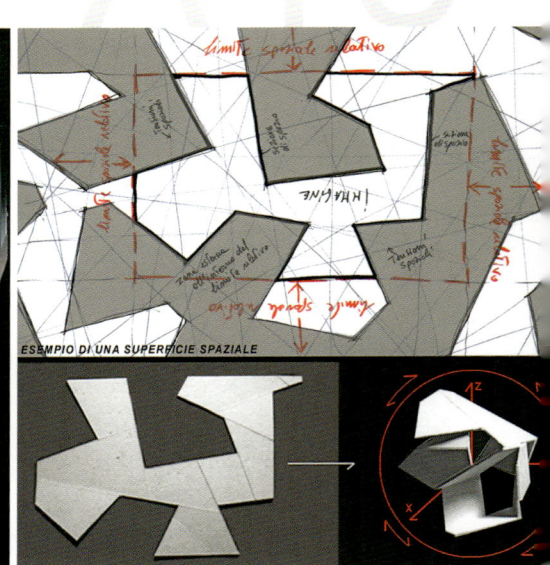

Night club "A TU x TU" a Roma

indirizzo:	via dei Quattro Cantoni, 5	periodo di realizzazione:	2005 - 2006
città:	Roma	committente / proprietario:	Franco Lamanna
progettista:	Pamela Ferri, architetto	tipologia intervento:	design degli interni
collaboratori:	Marco Vailati, architetto	destinazione intervento:	tempo libero
		dimensioni:	150 mq
		imprese esecutrici:	lavori in economia
		costi di realizzazione:	60.000 euro

Pamela Ferri - Zamuva.Lab

Pamela Ferri, architetto
Gianni Asdrubali, artista
Marco Vailati, architetto

via Galeazzo Alessi, 61
Roma

pamela.ferri@gmail.com

Pamela Ferri nasce a Roma nel 1975. Porta avanti una ricerca programmaticamente nominata "Spazio Frontale". Tale indagine sperimentale si concretizza nella percezione della superficie come il risultato momentaneo di una profondità spaziale. Nel 2003 dall'incontro con Gianni Asdrubali, artista che dal 1979 ad oggi, ha incentrato la sua ricerca pittorica nella spazialità di un Vuoto Frontale (Vuoto d'Azione), nasce il Movimento Zamuva; una comunicazione tra Asdrubali e Ferri, resa possibile dalla visione comune nel percepire la *Frontalità* come una profondità piena e compatta data da uno spazio che scorre dentro se stesso (il finito nell'infinito e viceversa). Nel 2005, con Marco Vailati, nasce Zamuva.Lab che esplora i percorsi di forza sulla matrice strutturale delle tensioni prodotte dalla spazialità. Dal 2006 la loro attività si avvale della collaborazione sperimentale con il Laboratorio di Matematica interfacoltà dell'Università RomaTre (HYPERLINK "http://www.formulas.it" www.formulas.it).

"Dalla profondità dello Spazio nasce una Frontalità senza spessore. L'Attimo viene scansionato in sequenze di superfici spaziali con piani d'azioni momentanei che si susseguono in una frattalità non modulare (…)"
(Pamela Ferri, 2010).

Nel 2005, Pamela Ferri attua un primo tentativo di oltrepassare la soglia del suo immaginario teorico che assume consistenza materica nella realizzazione del night club "A TU x TU" a Roma.
Applicando la ricerca nella fase progettuale, tutto è studiato partendo dalla profondità dello spazio racchiuso in un unico piano: pianta, prospetto e sezione in un'unica immagine, in un'unica superficie profonda. Tramite tensioni spaziali individuate intuitivamente nella configurazione delle superfici esistenti, gli spazi funzionali si auto-generano e interconnettono naturalmente, dando vita a schemi sempre equilibrati ed evolutivi. In definitiva tutto si articola intorno alle semirette che delimitano i campi funzionali del locale, senza costituirne un reale limite. La capacità auto-rigenerante della matrice strutturale non consente allo spazio di essere in qualche maniera contenuto in un volume chiuso, rendendo ancora più labile la linea di demarcazione tra finito e infinito; è la frontiera dell'immagine che definisce sempre di più il passaggio fondamentale, che va da una superficie fisica-chiusa ad una superficie senza spessore-aperta per ottenere costantemente un immagine di Vuoto che, in definitiva, è la Terza Superficie, quella spaziale, dove tutto esiste non per sua materializzazione, ma per risonanza delle singolarità degli opposti in essa contenuti. La Terza Superficie (o superficie spaziale) risulta essere la destinazione delle altre due (quella fisica-chiusa e quella senza spessore-aperta), nella misura in cui la disgiunzione raggiunge il suo uso positivo tale che, ogni "segno" tracciato su di essa diventa un immagine di energia, di tensione interna-esterna, di auto-sostegno dell'intera struttura spaziale. Lo stesso segno (taglio o azione) compone l'interno e sostiene l'esterno; di conseguenza l'immagine risultante è continuamente in bilico tra auto-distruzione e auto-costruzione di sé stessa, per generare spazio, vuoto, materia.
La concezione strutturale, studiata in collaborazione con Marco Vailati, coincide perfettamente con la concezione spaziale dell'immagine risultante, rendendo evidente la sintesi tra struttura base e immagine risultante; una sintesi disgiuntiva dove struttura e rivestimento sono fortemente dipendenti dalla forza del progetto. Questo significa che non ci sono né limiti di tecniche costruttive, né materiali specifici da utilizzare.

Pamela Ferri - Zamuva.Lab

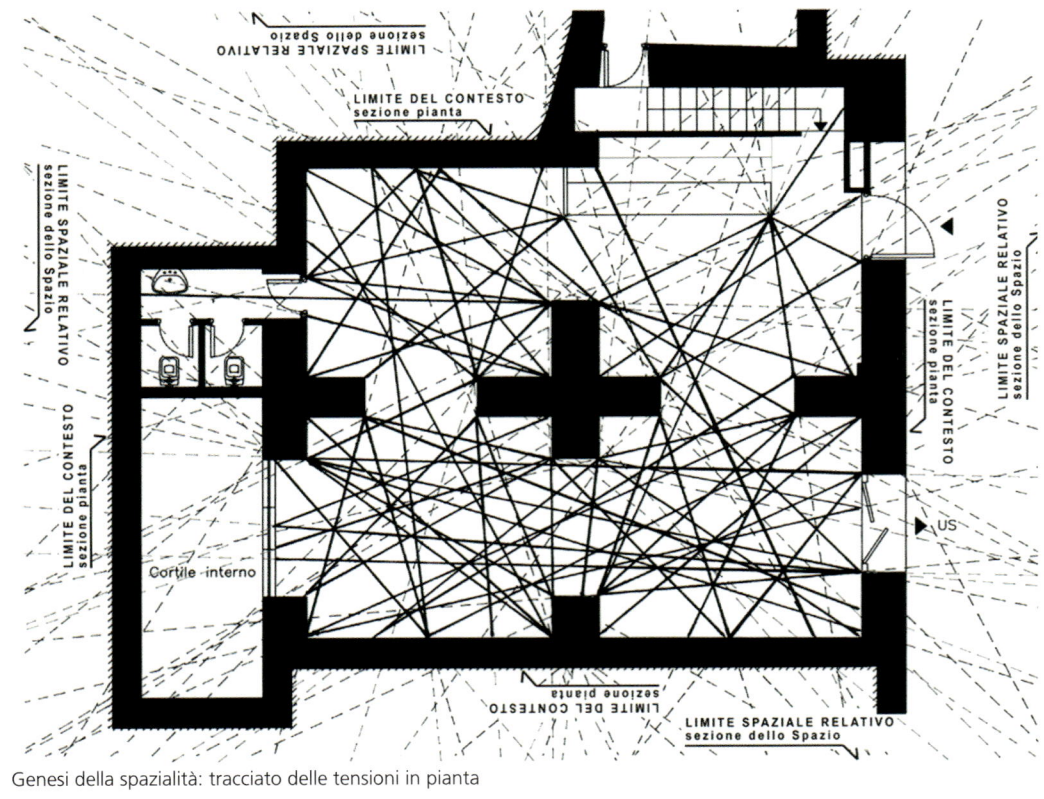

Genesi della spazialità: tracciato delle tensioni in pianta

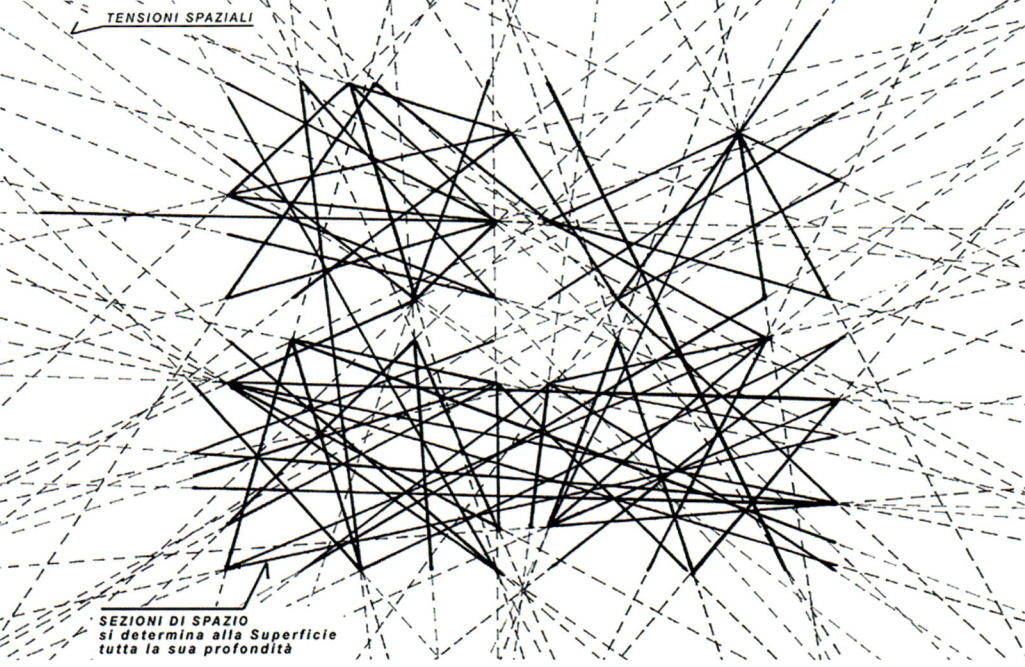

Genesi della spazialità: visione decontestualizzata

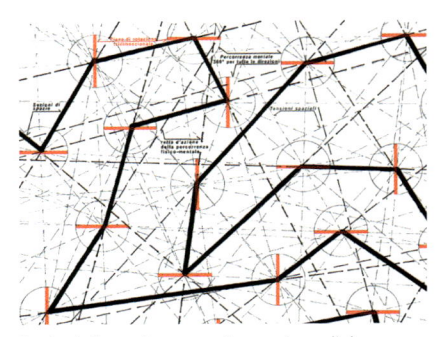

Sezioni di spazio: percezione primordiale

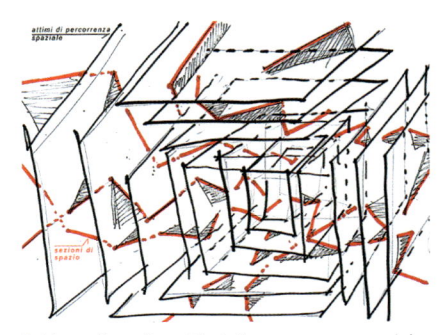

Schizzo di studio: attimi di percorrenza spaziale

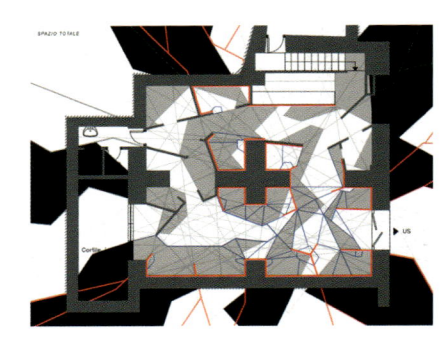

Progetto finale estratto
dalla profondità della superficie

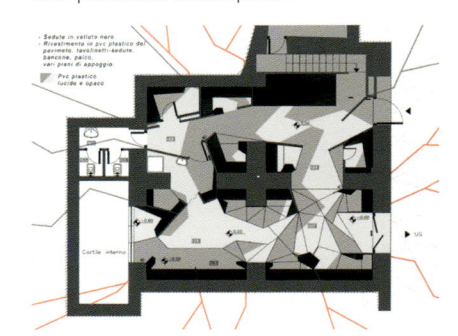

Definizione delle aree funzionali
all'interno della spazio progettuale

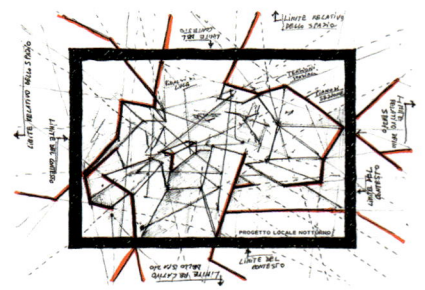

Schizzo di studio: sezione intuitiva del progetto

Night club "A TU x TU" a Roma

Il sistema di illuminazione è composto da un binario elettrico Track S2 e da faretti con apertura luce di 25° - 50°, inclinazione fino a 90° e rotazione di 360°. I binari sono ancorati alla parete tramite staffe in ferro

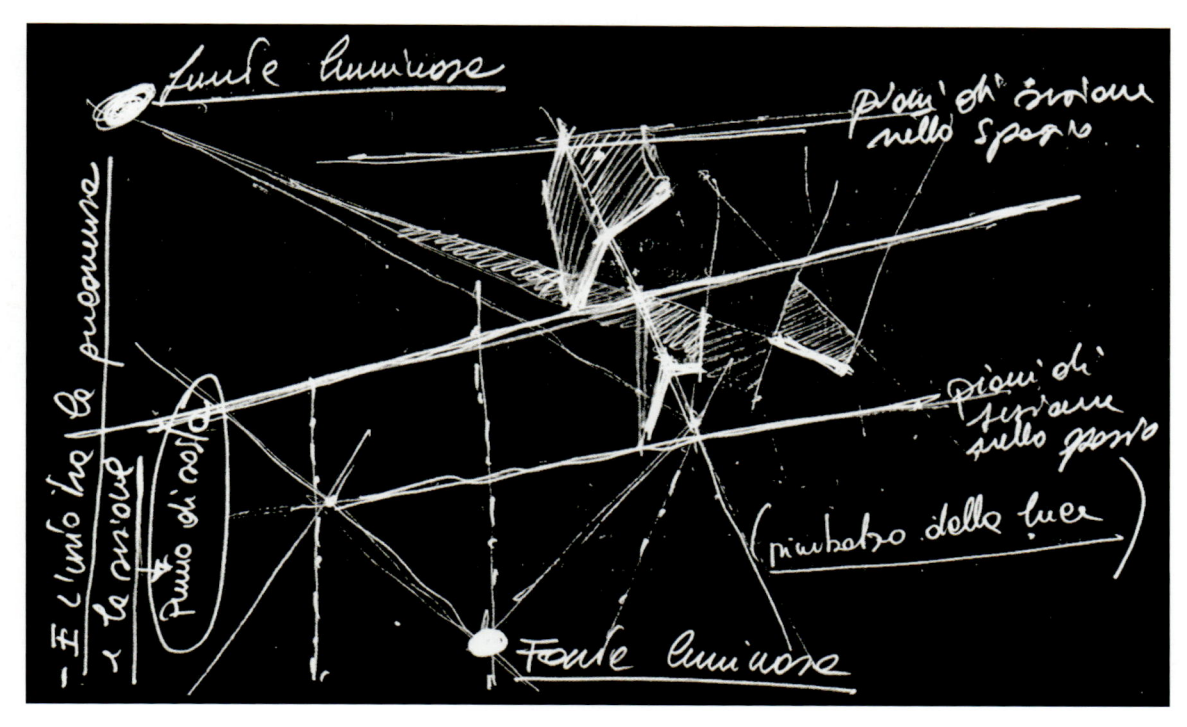

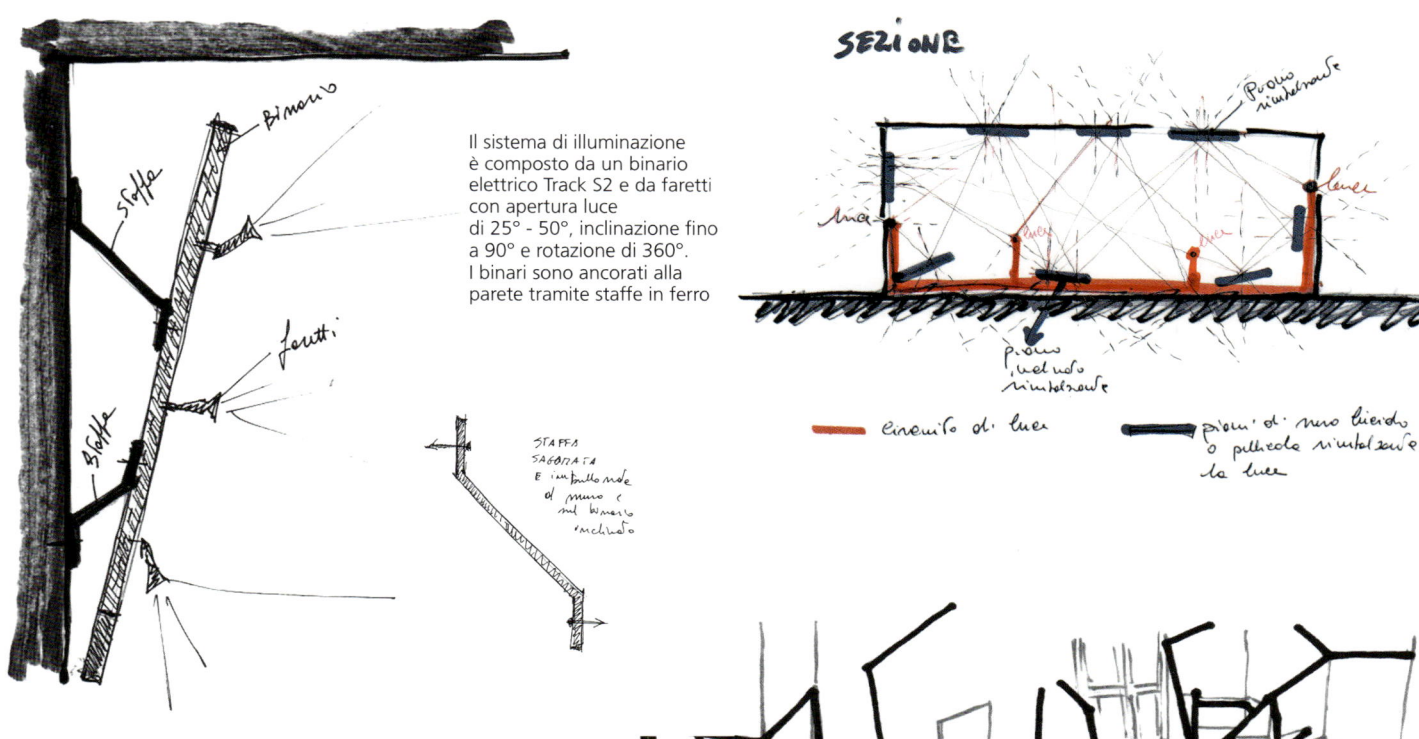

Il sistema di illuminazione

In alto, scorcio prospettico dell'area di svolgimento degli spettacoli e schizzo di studio delle incidenze dei fasci di luce

A sinistra, schizzo di studio della sezione tecnologica e a destra, schizzo dello schema di funzionamento generale del sistema di illuminazione

In basso a destra, schizzo di studio tridimensionale per evidenziare le Sezioni di Spazio da cui si determinano le varie direzioni vettoriali appartenenti a superfici diversamente posizionate nello spazio ambiente

Nella pagina a fianco, scorcio prospettico dalla zona di entrata (a destra) alla zona spettacolo (a sinistra), raccordate da una pedana che unisce gradualmente le differenze di quota esistenti

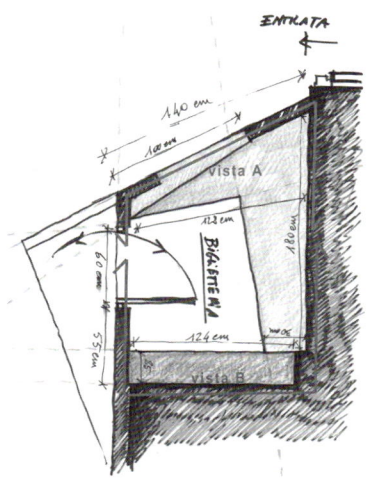

In alto scorcio prospettico:
vista verso l'entrata
del locale

A destra, pianta generale
di progetto con l'indicazione
della localizzazione
della biglietteria e del sistema
dell'impalcato del pavimento

I piani del mobile sono
in legno; la struttura
portante è in cartongesso
con montanti in metallo
agganciati a terra
e alle pareti

Nella pagina a fianco
scorci prospettici dell'area
spettacolo, della confluenza
dei collegamenti verso
l'uscita di sicurezza,
dettaglio delle sedute
e plastici di studio
della struttura della pedana
con inserimento della base
in legno delle sedute

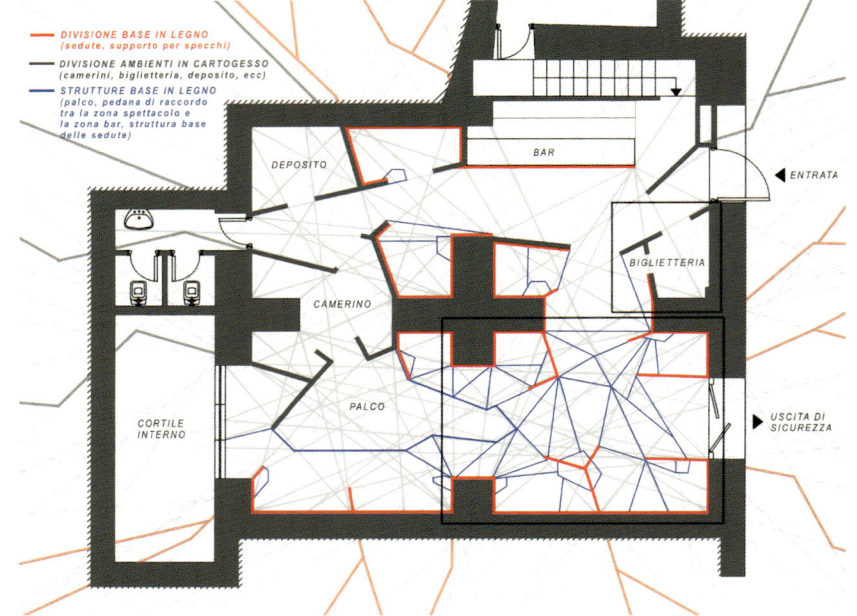

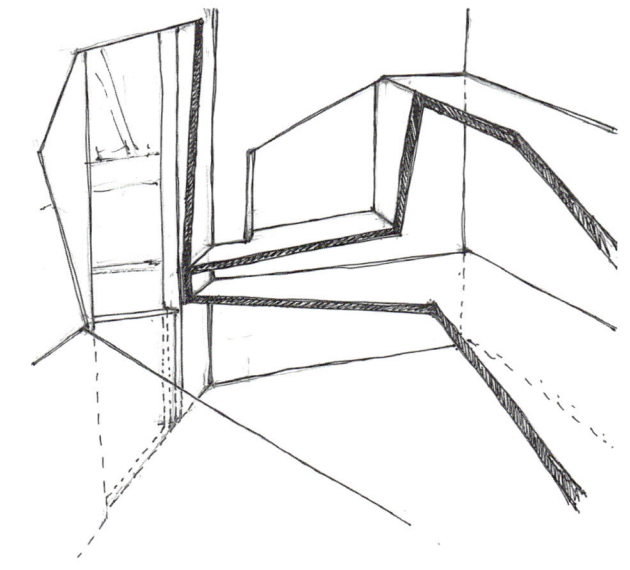

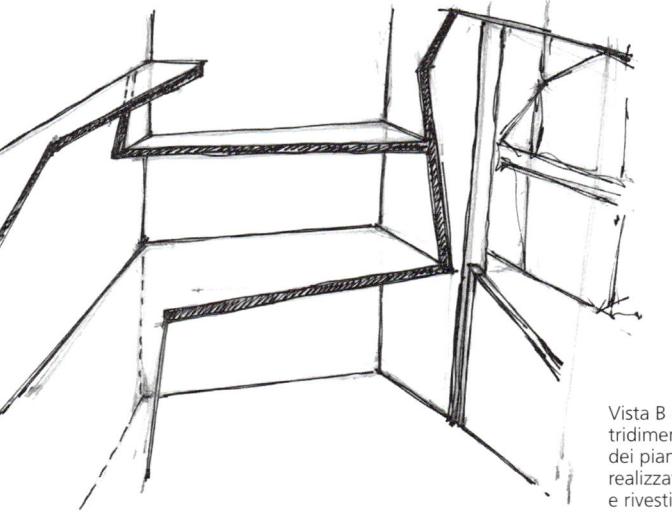

La biglietteria
Pianta e schizzi di studio
dei mobili

Vista B e vista A
tridimensionali
dei piani d'appoggio
realizzati in cartongesso
e rivestiti in linoleum

Night club "A TU x TU" a Roma

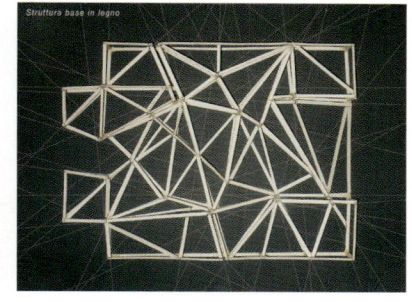

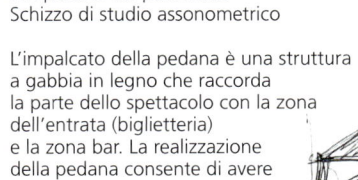

L'impalcato del pavimento
Schizzo di studio assonometrico

L'impalcato della pedana è una struttura a gabbia in legno che raccorda la parte dello spettacolo con la zona dell'entrata (biglietteria) e la zona bar. La realizzazione della pedana consente di avere un unico piano di calpestio con un cambiamento di quota graduale che va dall'entrata alla zona spettacolo. I piani di calpestio sono inclinati, costituiti da tavole di legno di 2 cm di spessore.
I piani sono ancorati alla parte superiore della struttura a gabbia e fissati, con perni interni e chiodi. Il rivestimento dell'intero piano di calpestio è in pvc nero lucido e opaco. La struttura del controsoffitto è realizzata in pannelli di cartongesso. Pareti e controsoffitto sono rifiniti con vernice nera opaca e smalto nero lucido.

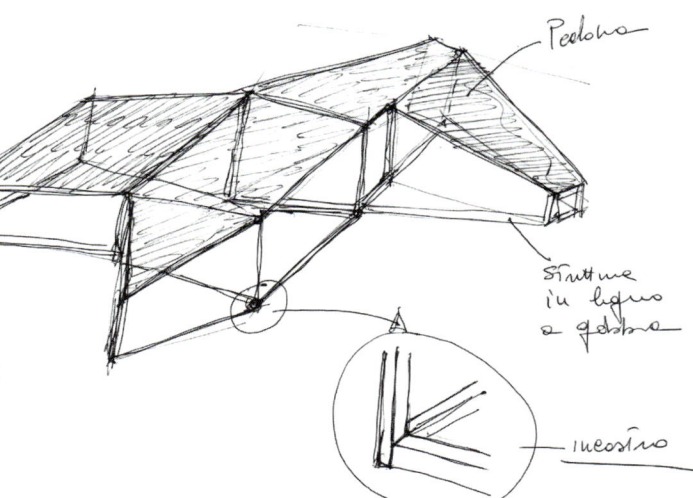

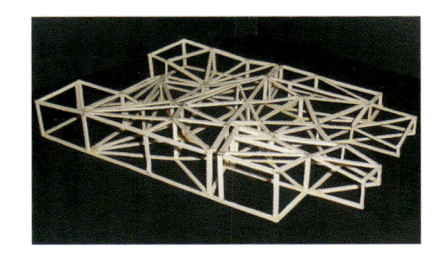

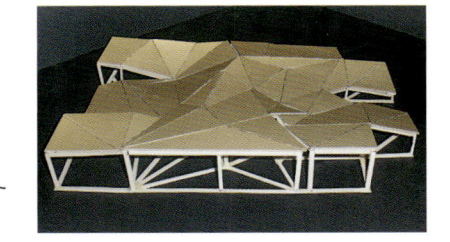

Centro Formazione Cariparma a Piacenza

indirizzo:	via San Bartolomeo	periodo di realizzazione:	2008 - 2009
città:	Piacenza	committente / proprietario:	Gruppo Cariparma FriulAdria, Crédit Agricole
progettista:	Enrico Frigerio Federico Biassoni Maura Rossi Aurora Cutrupi Marco Piovini, architetti	tipologia intervento:	ristrutturazione
		destinazione intervento:	uffici / terziario
		dimensioni:	superficie 2.400 mq
		altre informazioni:	12 aule formative, uffici, auditorium, Internet point
consulenti:	P. Milani, ingegnere, Studio Milani-Rossetti-Cantoni - direzione lavori e strutture Bre Engineering - impianto condizionamento Tecnostudio - impianto elettrico	imprese esecutrici:	Tecton, Reggio Emilia - costruzioni Paderni, Reggio Emilia - opere in acciaio Crespi, Liscate (MI) - pavimento sopraelevato Fural, Prometal - controsoffitti Marazzi - pavimenti e rivestimenti ceramici Galassia - sanitari Arredo3 - lavori falegnameria Fantoni - boiserie Faram - arredi Sitlant, Segis, Nurus - sedute Esseci, iGuzzini - corpi illuminanti Inside - impianti audiovisivi Proim - segnaletica interna

Frigerio Design Group

Enrico Frigerio, architetto

via Goito, 6/6
Genova

www.frigeriodesign.it
fdg@frigeriodesign.it

Frigerio Design Group è un gruppo di lavoro interdisciplinare fondato nel 1991 e guidato dall'architetto Enrico Frigerio (Torino, 1956). Il progetto di architettura è il punto d'incontro tra vari temi: il rapporto con la natura e la storia del luogo, la tecnica costruttiva e le esigenze del Committente. Tale incontro genera la "slow architecture", un'architettura progressiva che vive nel tempo e trae dal contesto le risorse per la sua definizione. Un'architettura lenta che per metodo, tempi e processi, si colloca al polo opposto della globalizzazione.
Un'idea di progetto inteso come servizio integrato capace di trasformare il lavoro di ricerca e di progetto in realizzazioni concrete, in architetture da vivere nella qualità totale, sostenibili energeticamente, socialmente ed economicamente. Storia, profilo sociale ed economico insieme alle caratteristiche ambientali e bioclimatiche confluiscono nel progetto, lo definiscono e lo rendono unico.

Superfici piane inclinate si rincorrono come un origami per distribuire, proteggere e accogliere gli utilizzatori del Centro di Formazione. L'arte di piegare la carta si traspone nel progetto con una superficie colorata che diventa soffitto, parete e quinta, si sviluppa e si snoda dall'ingresso sino all'interno, guidando la scoperta degli spazi interni. Un origami che caratterizza e identifica gli spazi più significativi e pubblici della struttura, concentrandosi sul volume a doppia altezza dove si trovano la scala e gli ascensori per la distribuzione verticale. Gli spazi per la didattica sono stati pensati come dei "vuoti" attrezzati, da riempire con allestimenti differenti, secondo le esigenze, per svolgere attività didattiche sperimentali e tradizionali al tempo stesso. In un periodo in cui si riducono gli investimenti nel campo della formazione, la Banca Cariparma FriulAdria scommette sul futuro e realizza il suo Centro Nazionale di eccellenza per la Formazione. L'edificio in cui si colloca il Centro non presentava un particolare carattere; costruzione degli anni '70, una geometria semplice e ordinata con una notevole profondità del corpo di fabbrica. Era necessario conferire personalità e carattere agli spazi che dovevano accogliere le nuove leve dell'istituto. Bisognava esprimere l'immagine dell'azienda, nel luogo deputato alla formazione del personale. Primo punto di contatto tra l'esterno e il mondo professionale, dentro e fuori. Si è lavorato dentro, creando un universo interno da scoprire e da vivere, un luogo per suscitare emozioni e far percepire istantaneamente dimensioni, profondità e trasparenze. Un luogo in cui sentirsi accolti, a proprio agio. Sotto questo origami si svolgono le principali attività conviviali di incontro e di scambio del Centro. Parallelamente si è lavorato molto per conferire il giusto comfort ai vari ambienti, in relazione alla funzione che dovevano svolgere. Trattandosi di spazi per la didattica sono stati curati in modo particolare gli aspetti legati all'acustica, all'illuminazione naturale e artificiale e al condizionamento. Aspetti non visibili che tuttavia conferiscono qualità agli spazi. Tutte le aule sono realizzate con pavimenti sopraelevati e plafoni fonoassorbenti per garantire la massima flessibilità e il miglior comfort acustico. Aule didattiche e tecnologiche da 18 a 30 posti con pareti attrezzate fisse, arredi mobili per gli allestimenti e una dotazione tecnologica per una didattica tradizionale o informatizzata. Un codice colore all'interno del Centro identifica le varie funzioni e ne facilita l'orientamento. Per i materiali di finitura sono stati selezionati componenti durevoli, ecologiche e naturali. Fulcro del progetto è lo spazio a doppia altezza creato in zona baricentrica rispetto alla pianta, snodo dei flussi e dei vari percorsi; con la demolizione di un solaio si è venuto a creare un grande volume dove collocare una nuova scala. La scala, realizzata con una struttura portante in acciaio, è totalmente sospesa e aerea, sostenuta dai soli cosciali che sono a loro volta agganciati alla struttura dell'edificio. L'origami, realizzato con dei particolari dettagli, sembra staccato e sospeso nel vuoto, le luci sono ricavate in particolari fessure, che ne occultano la sorgente luminosa creando particolari effetti cromatici. Un Centro di Formazione espressione di un'azienda dinamica e contemporanea e della sua "cultura del fare".

Frigerio Design Group

Centro Formazione Cariparma a Piacenza

CONOSCENZA "CULTURA DEL FARE"

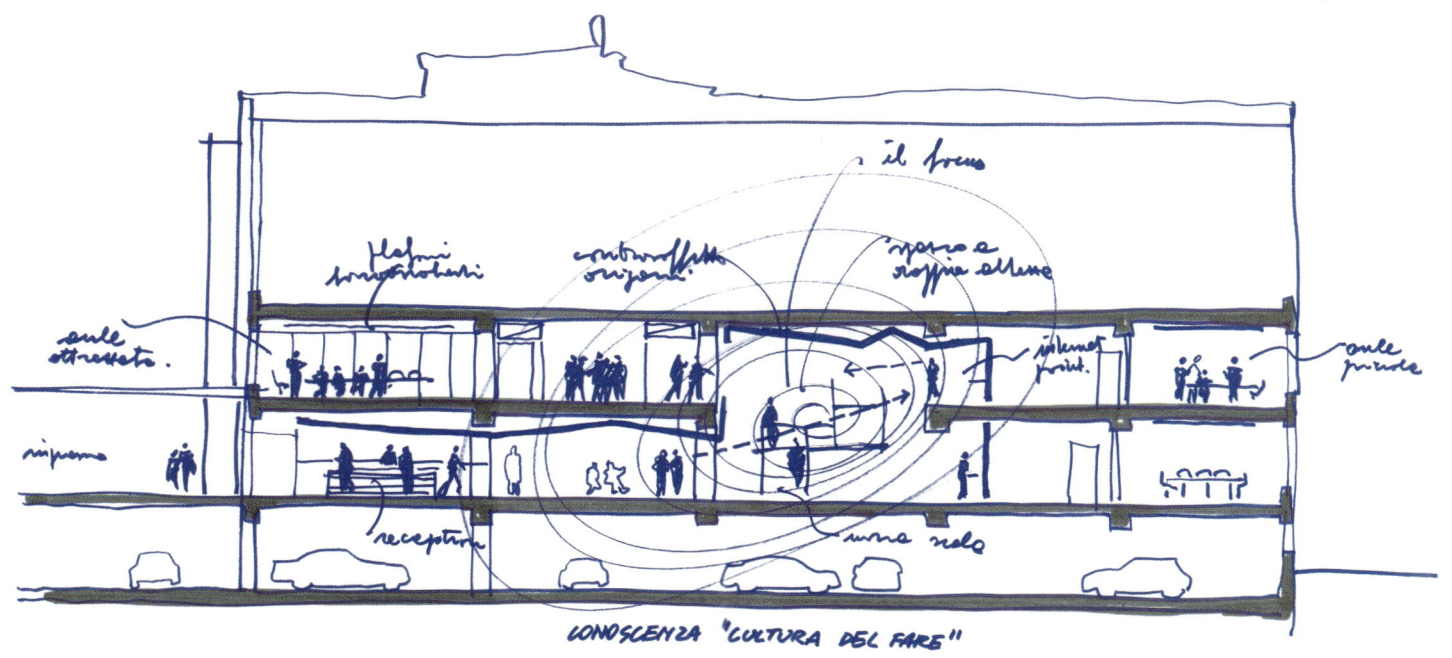

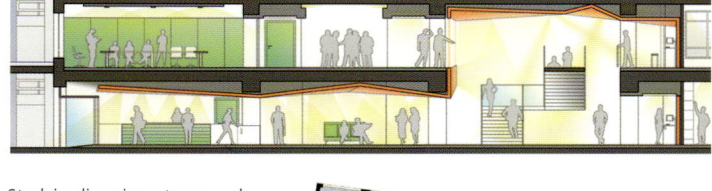

Stralcio di sezione trasversale
Scala 1:1000

Piante del primo piano e del piano terra
Scala 1:2000

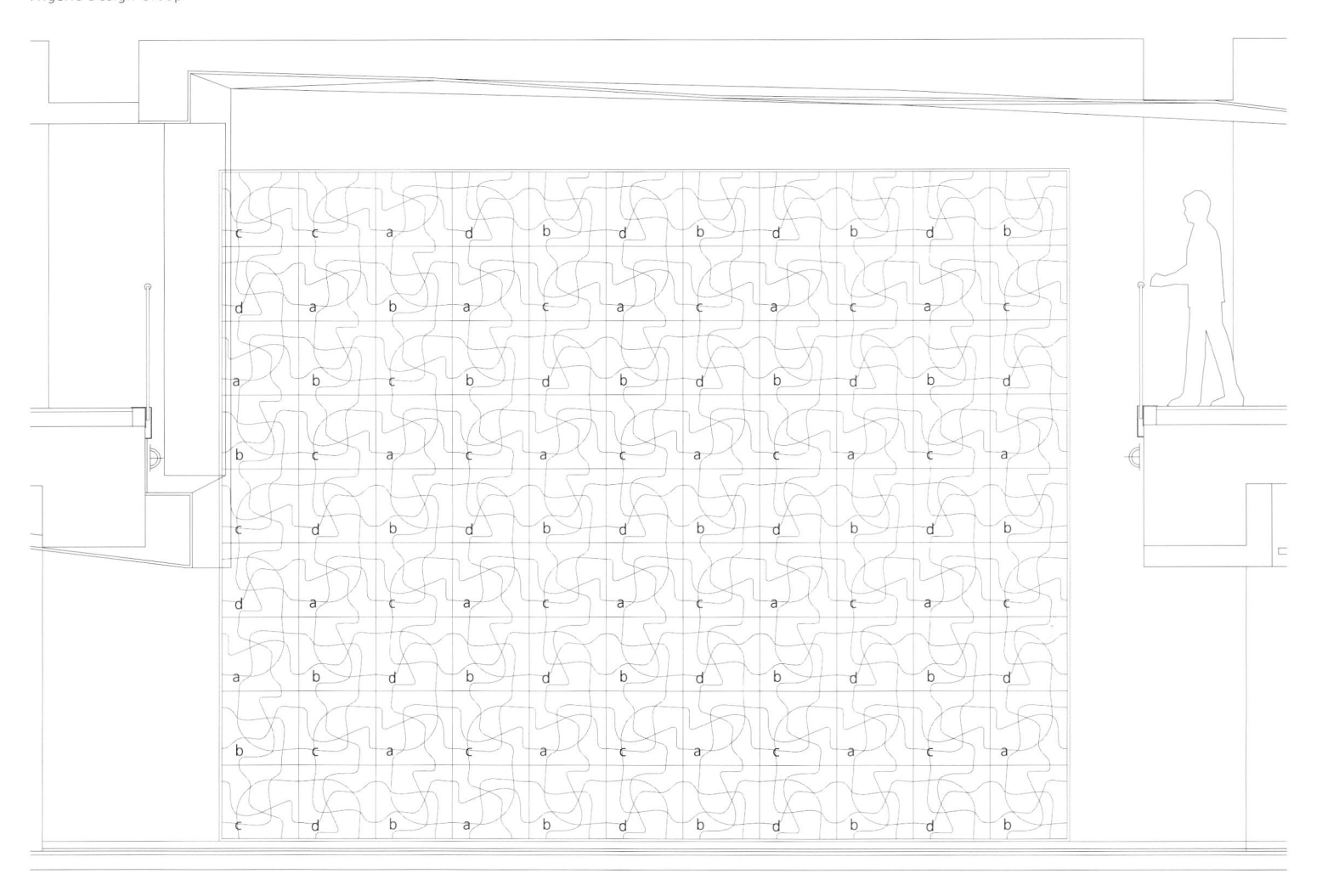

Parete boiserie
Vista frontale e sezione orizzontale
Scala 1:60

Nella pagina a fianco
Dettaglio dei pannelli fonoisolanti decorati
Scala 1:20

Dettaglio dell'aggancio dei pannelli alla parete
Sezione verticale
Scala 1:5

1. Irrigidimento tramezza in cartongesso
2. Pannelli boiserie, dimensioni 60 x 60 cm, modello "Fantoni Pat"
3. Zoccolino in alluminio anodizzato

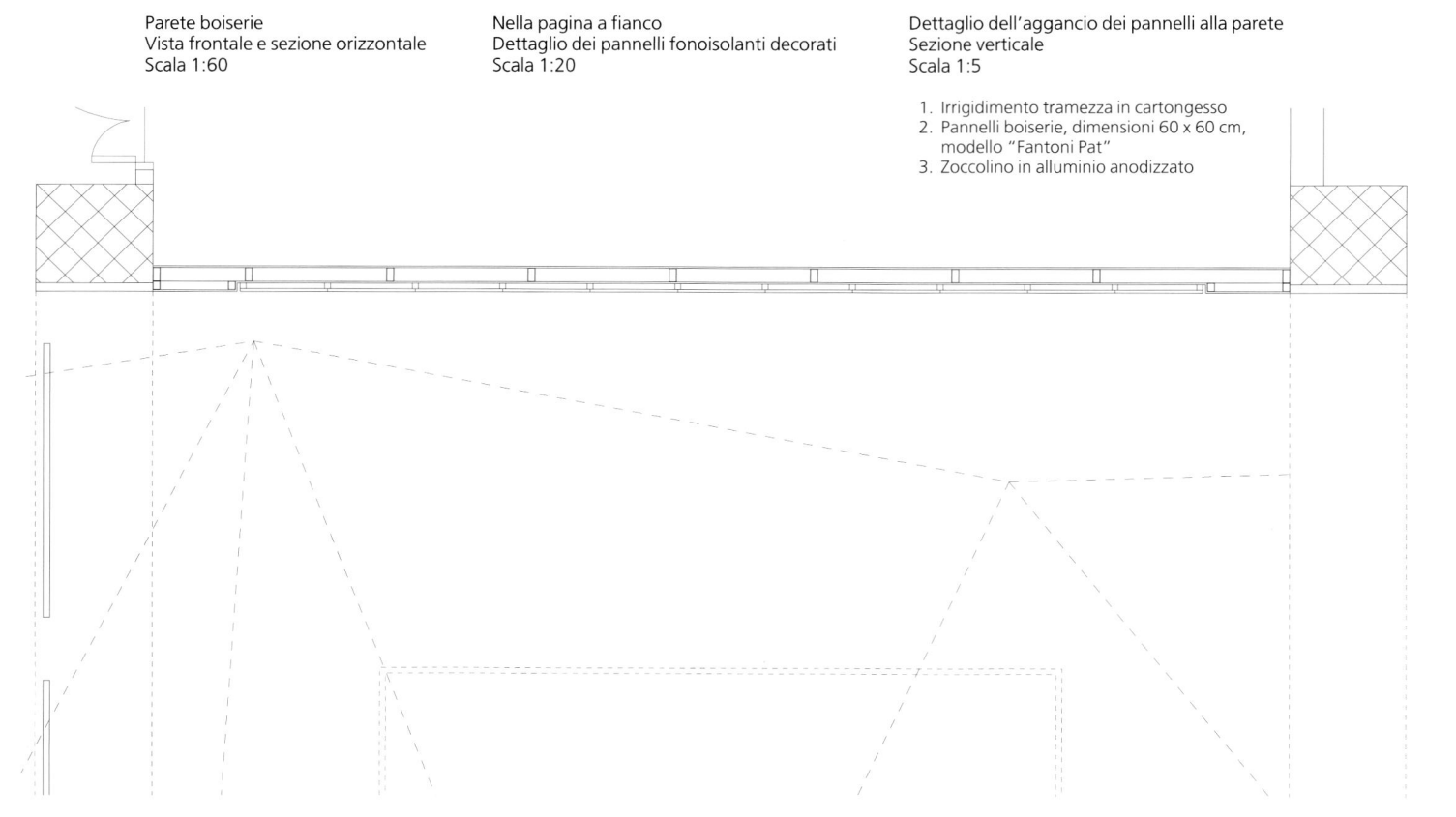

Centro Formazione Cariparma a Piacenza

Frigerio Design Group

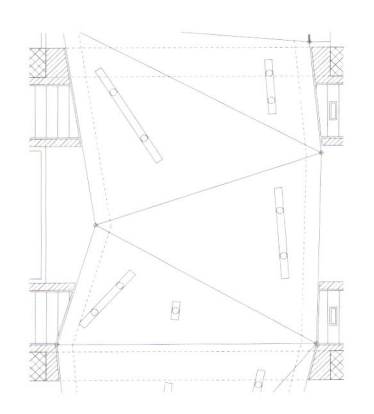

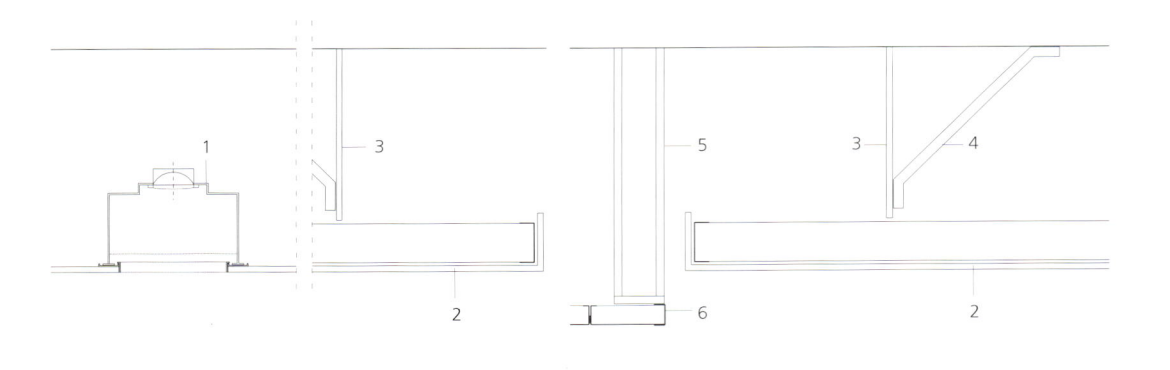

82

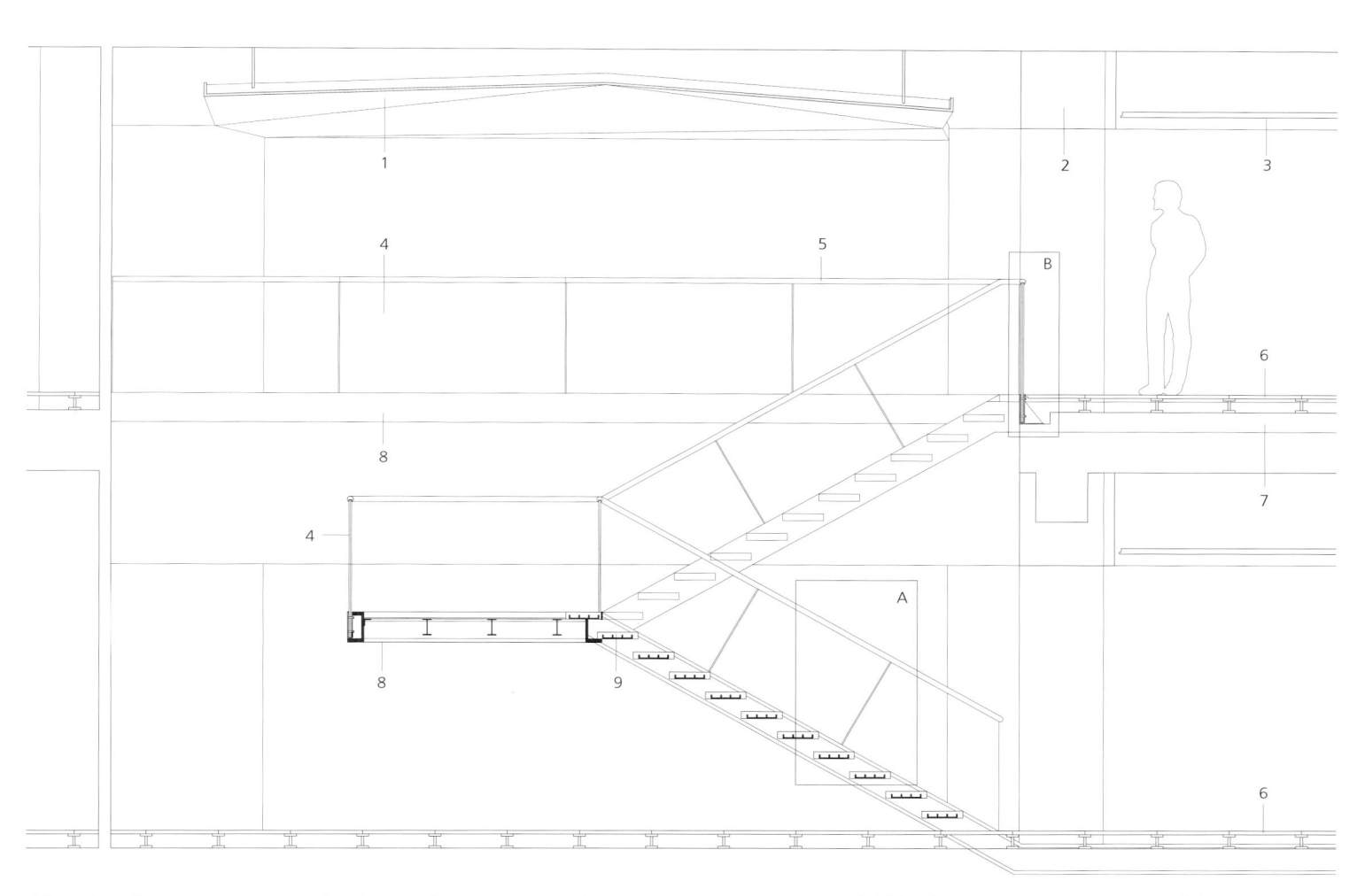

Nella pagina a fianco,
controsoffitto "origami"
Stralcio della pianta
Scala 1:100

Dettaglio del faretto
incassato nel controsoffitto
e del punto di incontro
tra il controsoffitto del corridoio
e del controsoffitto "origami"
Scala 1:10

1. Scatolare metallico
   per faretti
2. "Origami" in cartongesso
3. Elemento di chiusura
   in cartongesso colore
   grigio scuro, finitura
   colore opaco ral 9026
4. Controventatura in acciaio
5. Veletta in cartongesso
6. Profilato metallico
   di chiusura

La scala
Sezione verticale
Scala 1:50

In basso, dettaglio A
e dettaglio B del parapetto
Viste frontali, sezioni verticali
e vista dall'alto
Scala 1:20

1. Controsoffitto "origami"
   in cartongesso

2. Veletta in cartongesso
3. Controsoffitto in doghe
   di alluminio
4. Parapetto in vetro temperato
   stratificato, 10 + 1,5 pvb +
   10 spessore totale 20 mm
5. Corrimano in legno
6. Pavimento sopraelevato
   in legno doussie africa,
   dimensioni 60 x 60 cm
7. Struttura scala annegata
   nel solaio
8. Carter di finitura in acciaio
   spazzolato 8/10

9. Gradini con struttura
   metallica e pedata in legno
   doussie africa
10. Profilo a C composto
11. Piastra d'acciaio saldata
    al cosciale, spessore 5 mm
12. Piatto d'acciaio avvitato,
    spessore 5 mm
13. Squadretta di irrigidimento
    saldata alla staffa
14. Staffa fissata al solaio,
    spessore 5 mm
15. Solaio
16. Sottofondo in c.a.

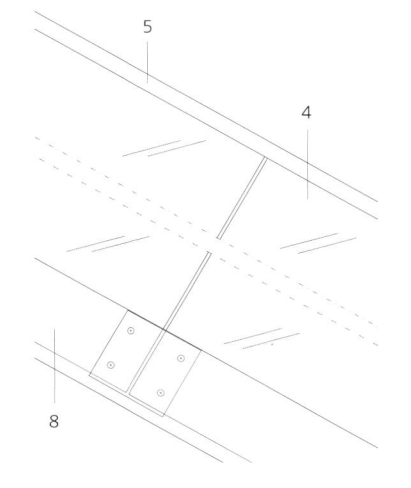

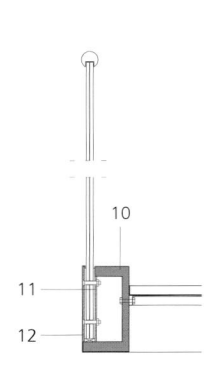

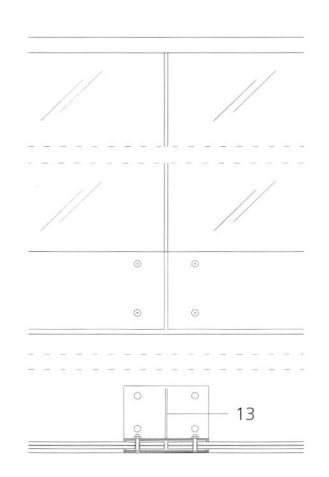

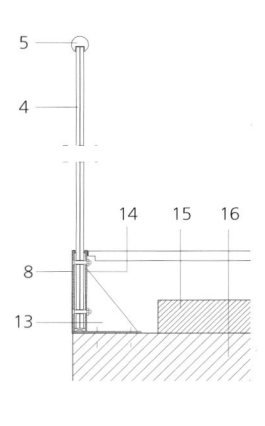

Salotti E-F-G
Aule

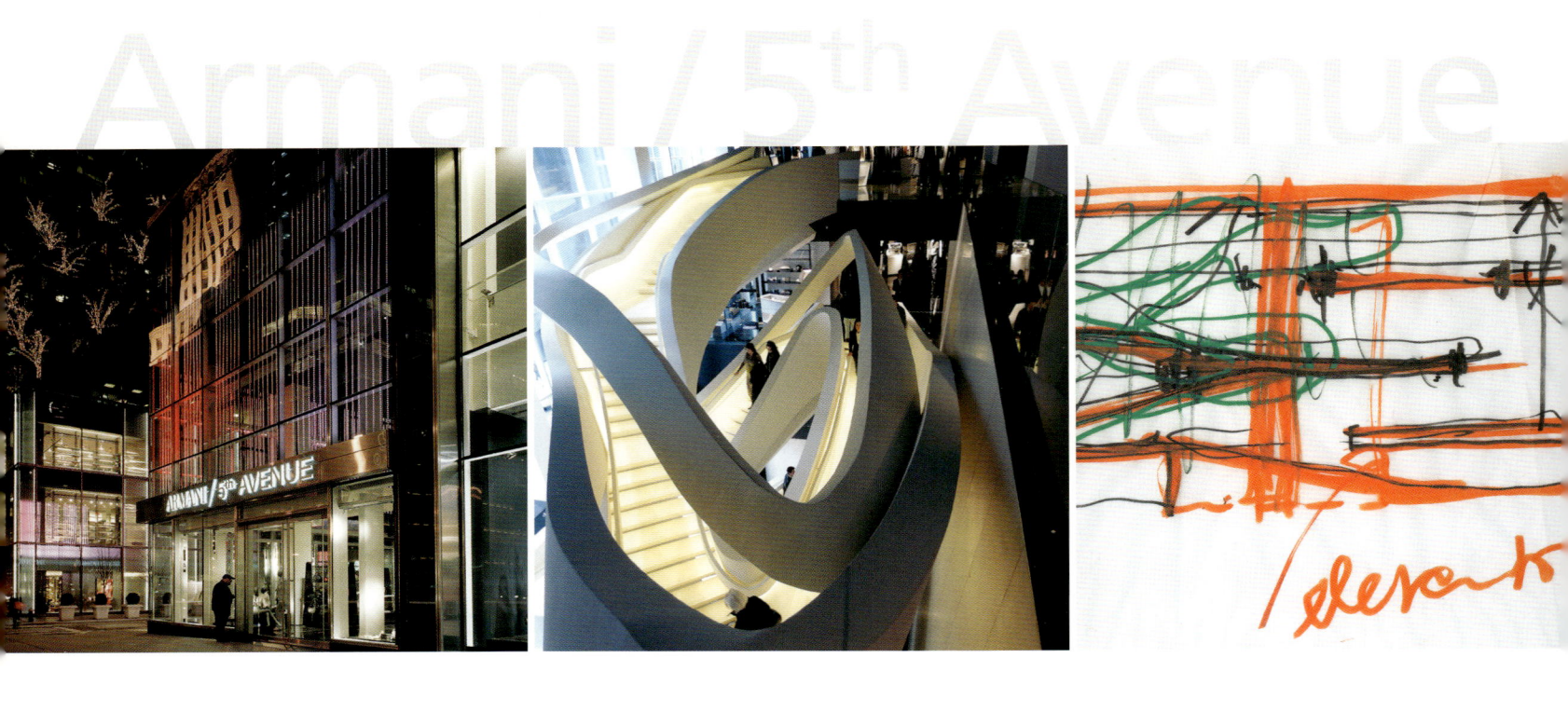

Armani / 5th Avenue a New York (Stati Uniti)

indirizzo:	5th Avenue 717 - 56th Street	periodo di realizzazione:	2007 - 2009
città:	New York (Stati Uniti)	committente / proprietario:	Giorgio Armani Group
progettista:	Massimiliano e Doriana Fuksas, architetti	tipologia intervento:	design degli interni
collaboratori:	Sara Bernardi, Andrea D'Antrassi, Alfio Faro, Ana Gugic, Chiara Marchionni, Maria Lucrezia Rendace, Valerio Romondia, Farshid Tavakolitehrani, Jaim Telias, Giuseppe Zaccaria	destinazione intervento:	commercio
		dimensioni:	superficie totale vendita 2.800 mq superficie ristorante 480 lunghezza 50 m altezza 14 m
consulenti:	Gilberto Sarti, ingegnere - strutture Davide Stolfi - project consultant on the site Nicola Cabiati, Michael Muller, Maria Lucrezia Rendace - modelli	altre informazioni:	3 piani fuori terra, 1 interrato showroom, bar/ristorante

Studio Fuksas

Massimiliano e Doriana Fuksas, architetti

piazza del Monte di Pietà, 30
Roma

www.fuksas.it
press@fuksas.it

Di origini lituane, Massimiliano Fuksas nasce a Roma nel 1944, si laurea in Architettura all'Università "La Sapienza" nel 1969. Nel 1967 crea il suo studio romano, nel 1989 quello di Parigi e poi gli studi di Vienna e di Francoforte (attivi sino al 2001 e al 2009). Nel 2008 apre lo studio di Shenzhen in Cina. Dal 1998 al 2000 è stato direttore della VII Biennale di Architettura di Venezia. È stato Visiting Professor presso l'École Speciale d'Architecture di Parigi, l'Akademie der Bildenden Künste di Vienna e la Columbia University di New York. Si dedica allo studio dei problemi urbani nelle grandi aree metropolitane ed è stato recentemente insignito della Légion D'Honneur dal presidente della repubblica francese Nicolas Sarkozy. Doriana O. Mandrelli è nata a Roma, dove si è laureata in Storia dell'Architettura Moderna e Contemporanea nel 1979. Si è laureata all'ESA (École Spéciale d'Architecture) di Parigi. È stata membro del Consiglio Esecutivo dell'INARCH. Dal 1985 collabora con Fuksas. È stata curatore della Sezione di Architettura della VII Biennale di Architettura di Venezia (2000) e responsabile di quattro sezioni speciali. Dal 2001 è responsabile del dipartimento Fuksas Design. Nel 2002 le è stato conferito il premio di "Officier de l'Ordre des Arts et des Lettres de la République Française".

Il progetto 5th Avenue completa la trilogia degli Armani Stores disegnati da Doriana e Massimiliano Fuksas per il celebre stilista, dopo Hong Kong Chater House e Tokyo Ginza Tower. Situato al centro di New York, in una delle strade più conosciute al mondo, il progetto occupa i primi tre piani di due edifici localizzati tra la centralissima 5th Avenue e la 56th Street. Si presenta come un edificio compatto e leggero grazie alla facciata interamente di vetro, lunga 50 m e alta 14 m. Articolato su quattro livelli, uno dei quali interrato, ha una superficie complessiva di oltre 4.000 mq. L'area di vendita si estende su circa 2.800 mq, dei quali 480 sono dedicati al bar/ristorante. Lo showroom è concepito come uno spazio unico e fluido, senza distinzioni nette, collegato dalla forza generata dal vortice della scala. Il nucleo del progetto è infatti costituito dalla scala di collegamento tra i piani terra, secondo e terzo. Si tratta di una struttura calandrata in acciaio, rivestita in materiale plastico che ne evidenzia l'aspetto scultoreo. Un elemento completamente autonomo, difficilmente assimilabile ad una figura geometrica semplice, che origina un vortice di grande dinamismo, attorno al quale si articolano i diversi livelli che accolgono il mondo Armani. Il movimento dei nastri che la costituiscono conduce ai diversi piani, sfiorandoli appena, disilludendo la possibilità di riconoscerne la geometria e la statica. Lo stesso movimento arriva a lambire le superfici verticali trasferendogli parte del dinamismo. Il layout generale di ciascun piano si sviluppa su curvature sempre diverse, che arricchiscono di sfumature la leggerezza delle pareti color mastice. Nessun elemento rimane estraneo al dinamismo interno, neanche la facciata esterna; questa, seppur allineata alla rigida maglia ortogonale di Manhattan, simula il movimento attraverso immagini e sfumature proiettate su una serie di fili LED. Lo schermo, oltre ad essere la proiezione verso l'esterno del movimento interno, è anche un particolare tributo alla città di New York ovvero alla necessità imprescindibile di confrontarsi con la sua modernità e il suo dinamismo. La fluidità degli spazi interni è resa attraverso pareti a nastro continuo, realizzate con pannelli di legno laccato monocromi. I diversi raggi di curvatura che delineano il nastro danno luogo a diversi ambiti ed anse per le diverse aree merceologiche. In alcuni punti le piegature dei nastri ospitano i camerini e le sale vip, in altri punti aree riservate al personale, cash desk, o aree merceologiche speciali come Armani Dolci. Un'importanza particolare è stata data all'illuminazione che definisce, caratterizza e enfatizza la curvatura delle pareti e degli spazi, evidenziando le diverse funzioni nel layout generale. Ogni elemento del design interno (espositori, appenderie, desk, poltrone…) segue e asseconda il concept del movimento generato dalla disposizione e dal percorso fluido della scala, diventando parte dello stesso vortice. Alla lucentezza del colore delle pareti e degli arredi si contrappone il nero dei pavimenti in marmo e dei controsoffitti. La semplicità degli spazi interni è in contrasto con l'illusorietà dell'area bar/ristorante, preannunciata dall'ingresso degli ascensori. Il bronzo piegato e curvo che li riveste acquista e riflette colori e sfumature che evocano una nuova atmosfera. Entrati nel ristorante, si gode di una splendida vista sulla 5th Avenue, attraverso il filtro di un velo ambrato, e sullo sfondo si può ammirare Central Park. I colori e i materiali utilizzati sono gli stessi del resto dello showroom, ma le suggestioni sono nuove e differenti. Lo spazio diventa ludico; una linea di luce a terra conduce all'ingresso del ristorante sottolineando la sensualità della curvatura della parete. Un sipario virtuale si attiva al passaggio e, come in un teatro, inizia lo spettacolo, di cui l'ospite è l'indiscusso protagonista.

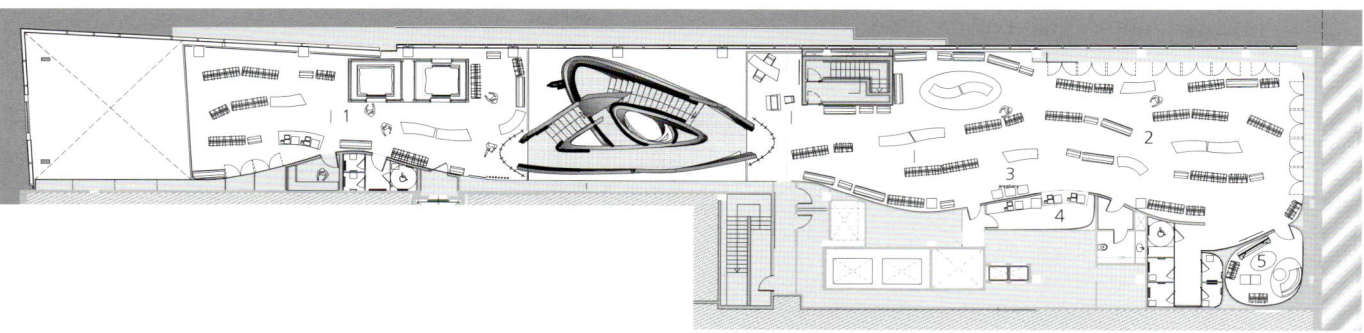

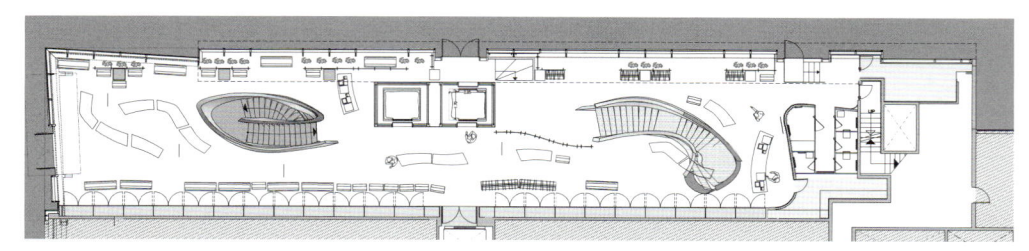

Planimetrie del secondo
piano e del piano terra
Scala 1:500

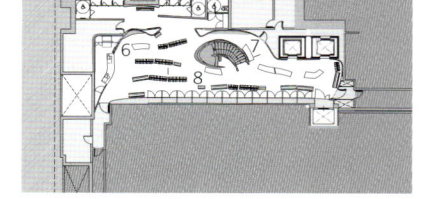

Planimetria del piano interrato
Scala 1:1000

1. Reparto uomo
   (collezioni EA Fashion
   and men sportswear)
2. Reparto donna (collezioni
   GA Women, EA / GA
   Women Shoes, GA classico,
   GA sera, GA Fashion)
3. Gioielli
4. Casse
5. Area vip
6. Reparto mare
7. Reparto underwear
8. Collezioni EA 7 e AJ
9. Ristorante
10. Cucina
11. Armani Dolci
12. Armani Casa
13. Reparto uomo
    (collezioni EA / GA Men's
    Classic, EA / GA Men Shoes,
    GA Men's Fashion)

Armani / 5th Avenue a New York (Stati Uniti)

Prospetto su strada
e prospetto laterale
Scala 1:1000

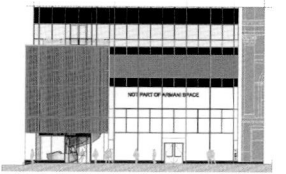

Sezione trasversale
Scala 1:400

Sezione tecnologica
dell'ingresso e della tettoia
Scala 1:100

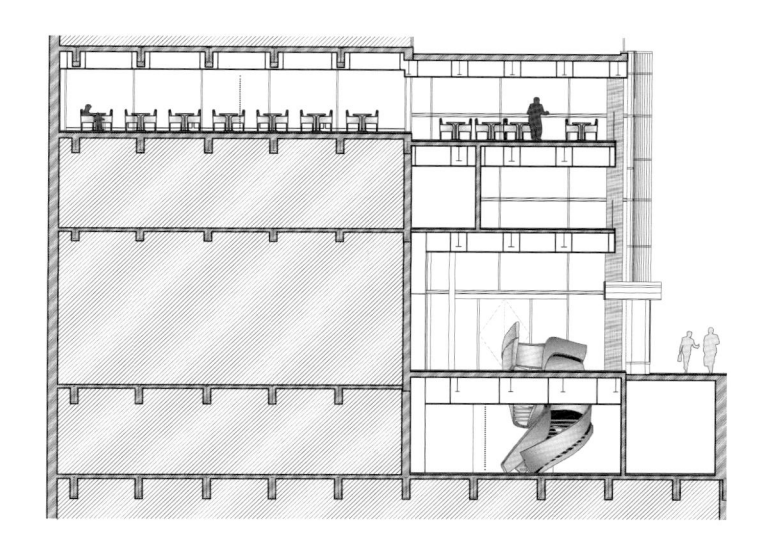

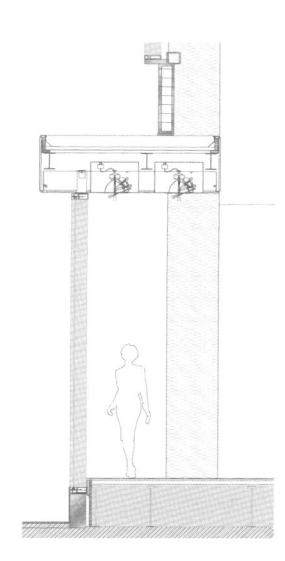

Sezione longitudinale e
planimetria del terzo piano
Scala 1:500

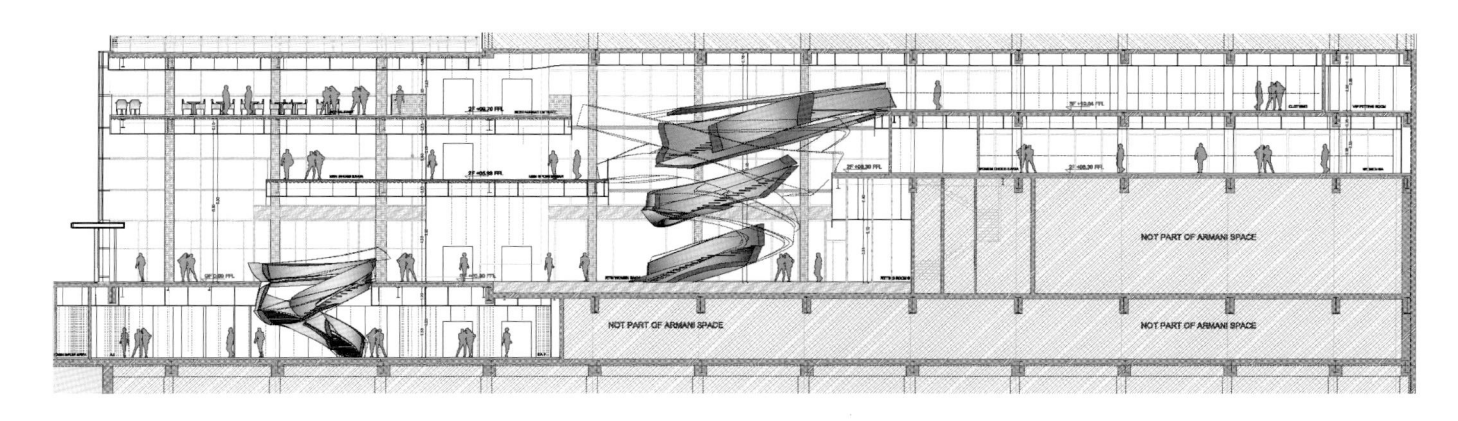

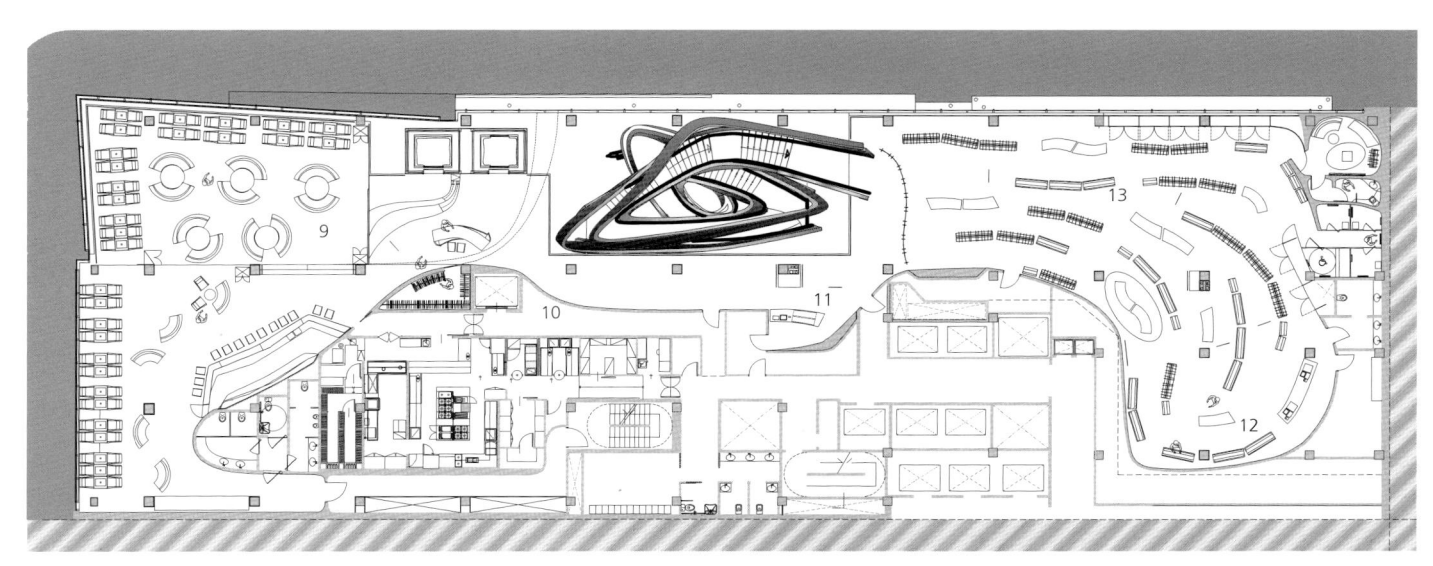

Studio Fuksas

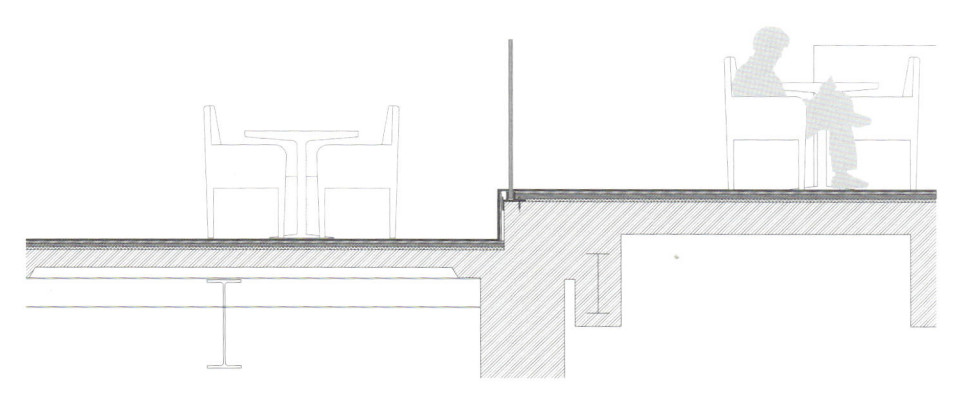

Dettaglio della sala ristorante
Sezione verticale
Scala 1:50

Studio Fuksas

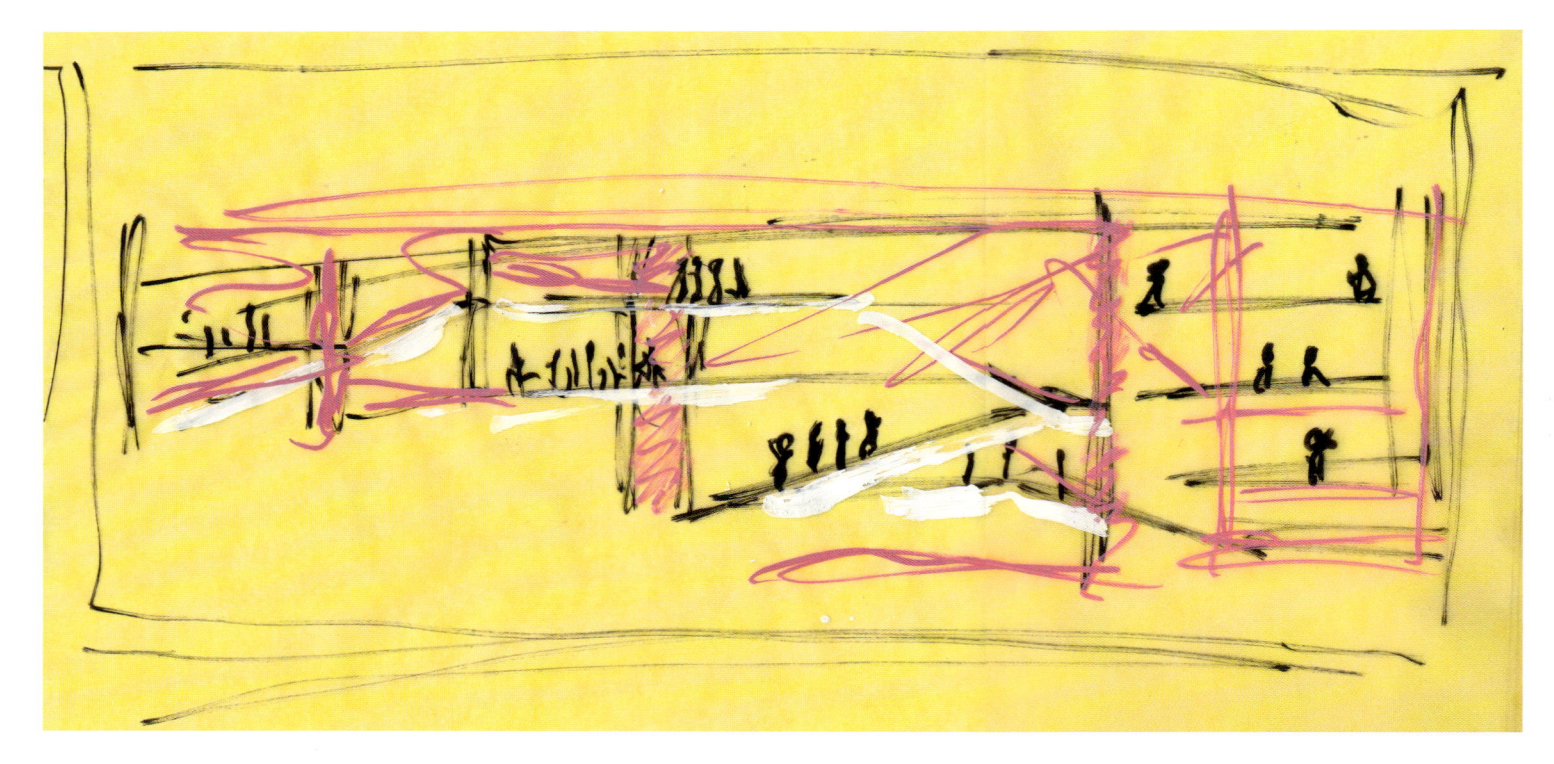

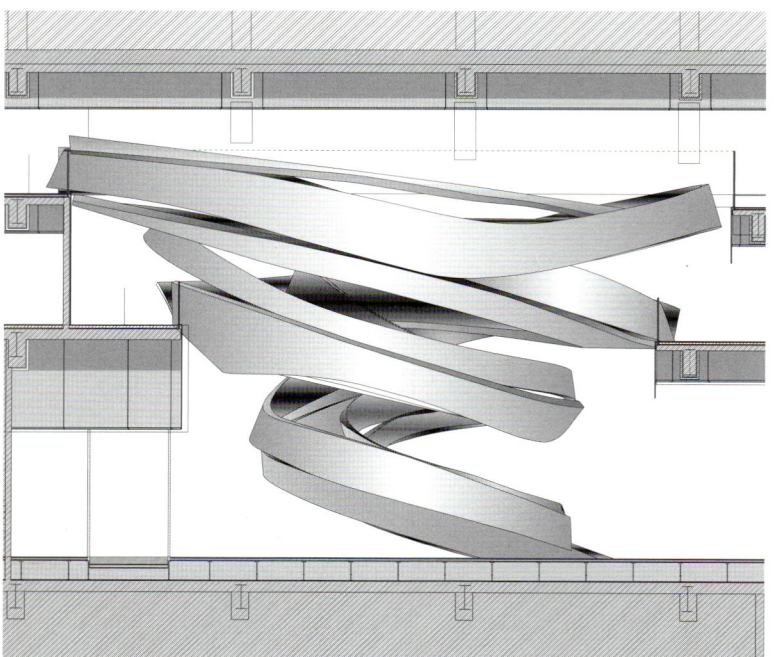

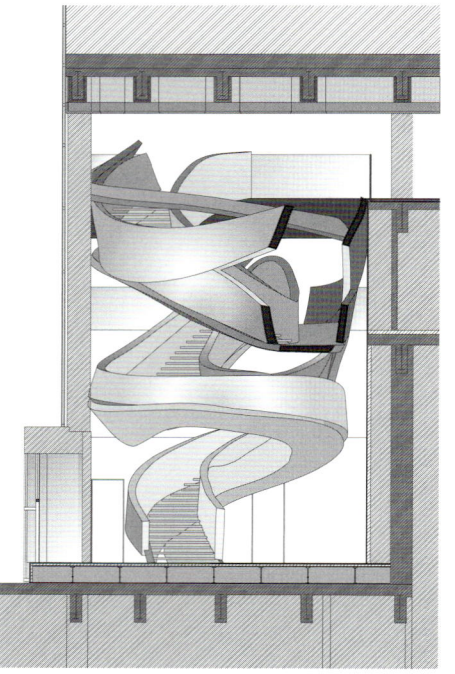

Scala principale
Vista frontale
e vista laterale
Scala 1:200

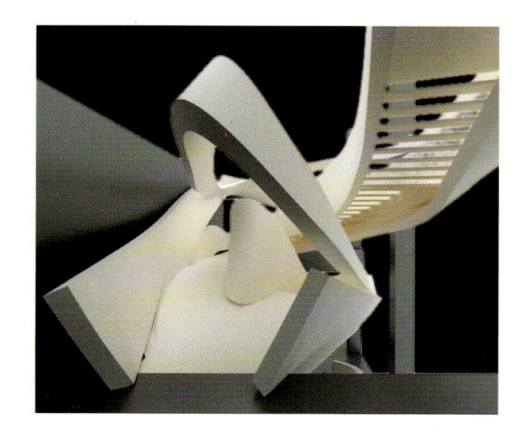

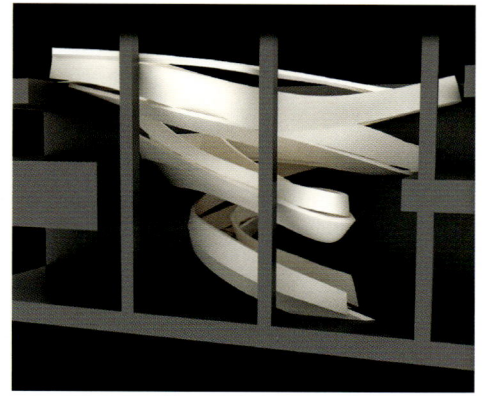

92

Studio Fuksas

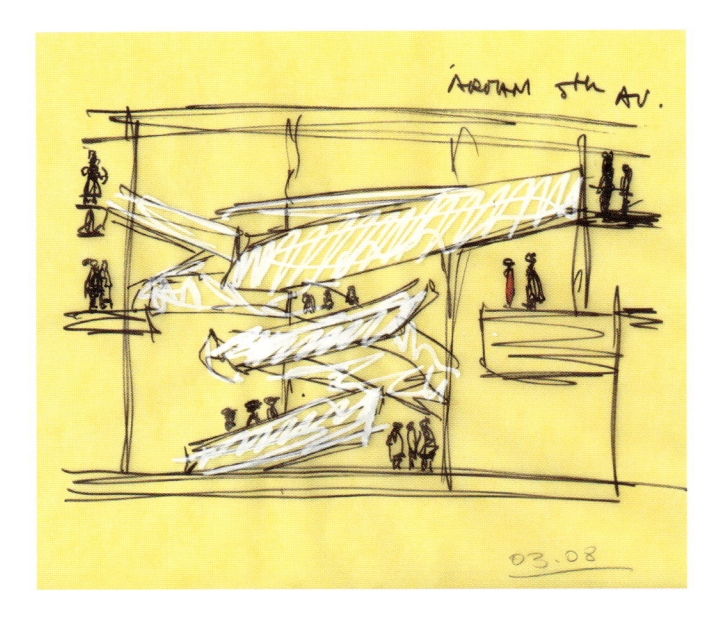

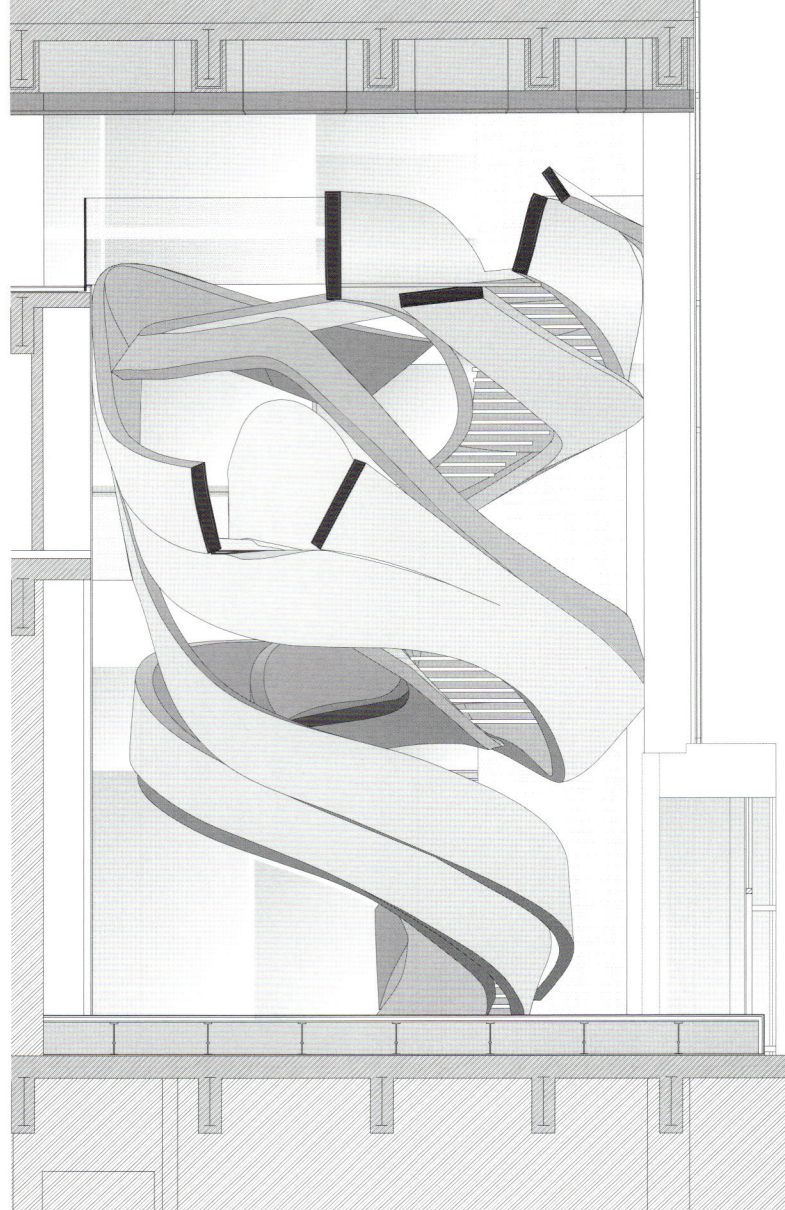

Armani / 5th Avenue a New York (Stati Uniti)

Scala principale
Vista frontale, sezione longitudinale
e pianta
Scala 1:100

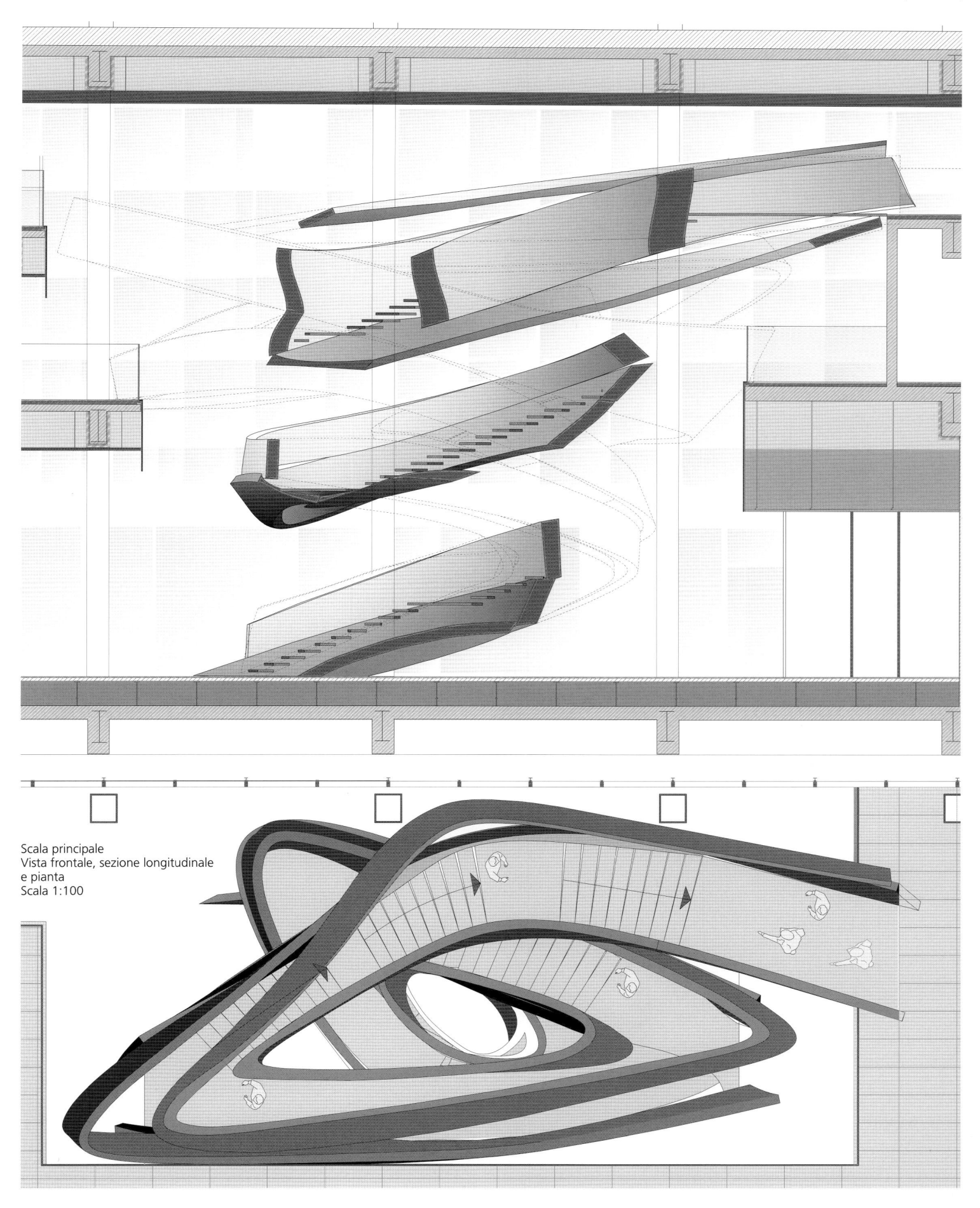

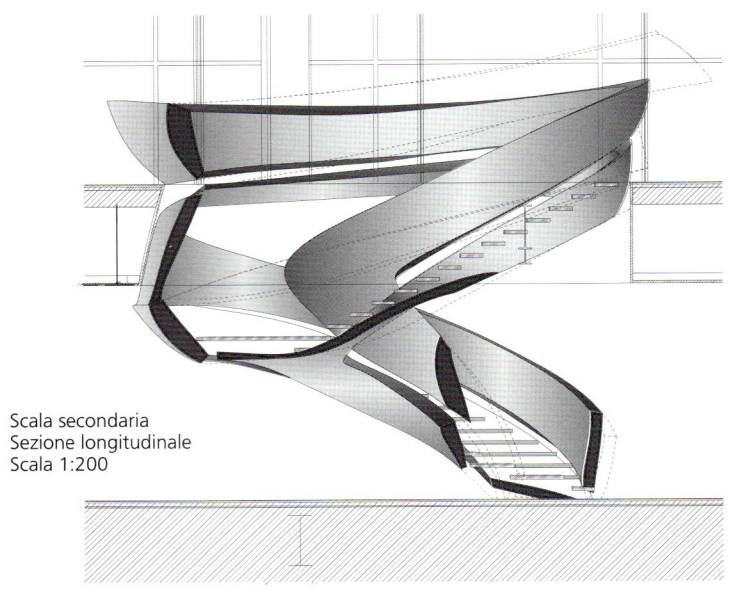

Studio Fuksas

Scala secondaria
Sezione longitudinale
Scala 1:200

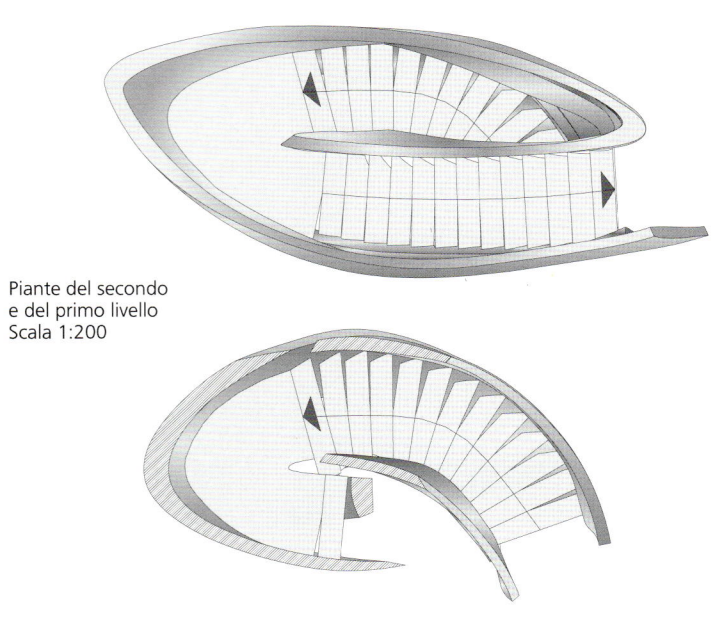

Piante del secondo
e del primo livello
Scala 1:200

Armani / 5th Avenue a New York (Stati Uniti)

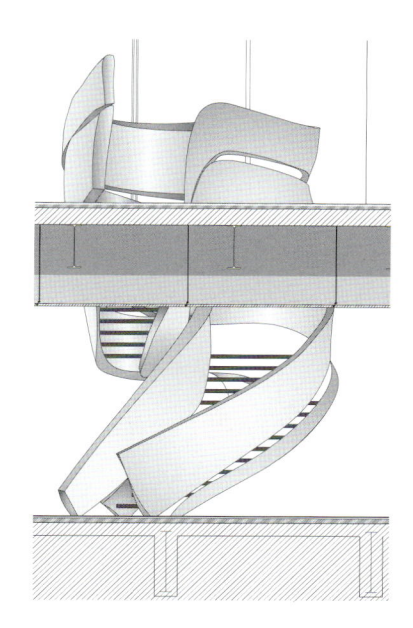

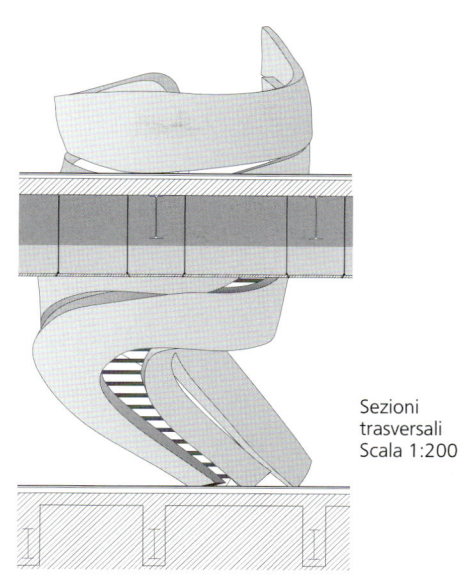

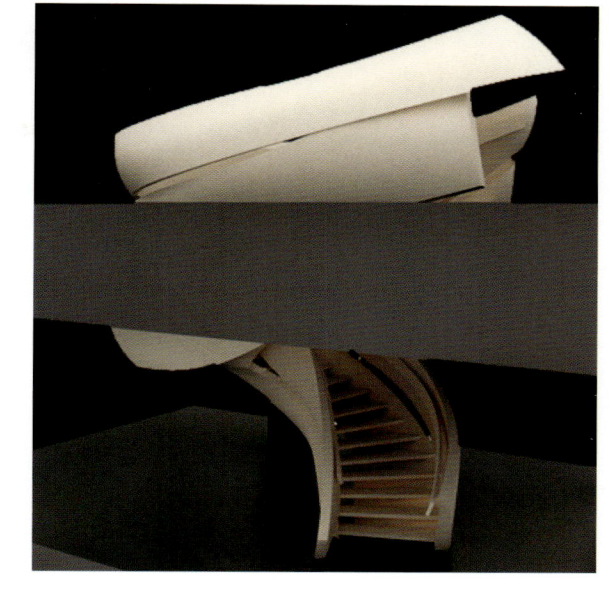

Sezioni trasversali
Scala 1:200

Studio Fuksas

Armani / 5th Avenue a New York (Stati Uniti)

Dettagli dei gradini
Sezioni verticali
Scala 1:10

Dettaglio dell'aggancio
del parapetto
Sezione verticale
Scala 1:5

1. Parapetto in vetro
2. Pavimentazione
   in pietra italiana nera
3. Malta di allettamento
4. Struttura d'acciaio
5. Massetto di cls
6. Strato isolante
7. Rivestimento
   in pietra italiana nera
   (formato 30 x 120 cm)

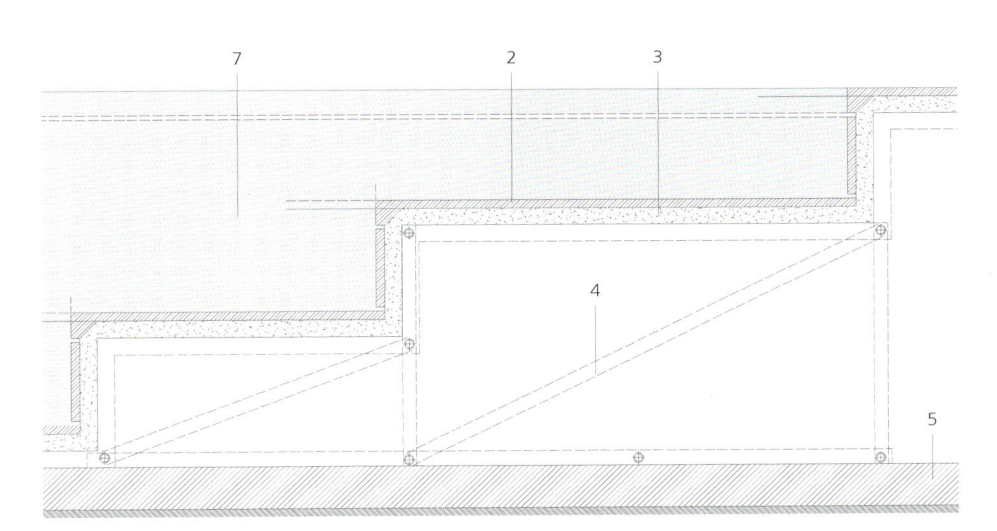

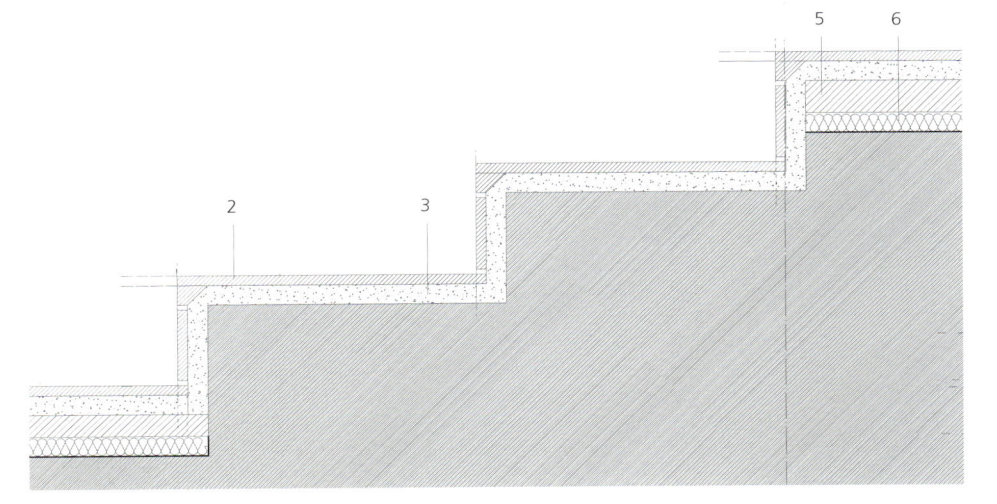

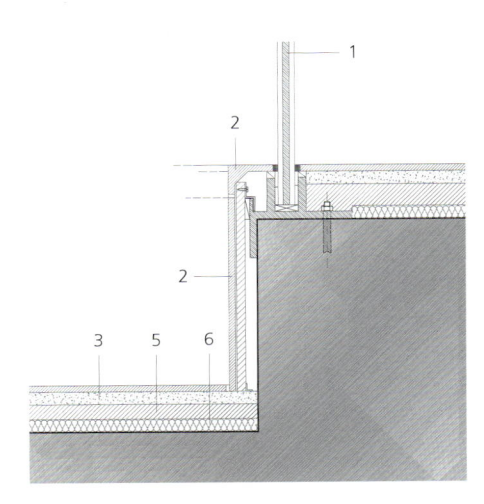

Studio Fuksas

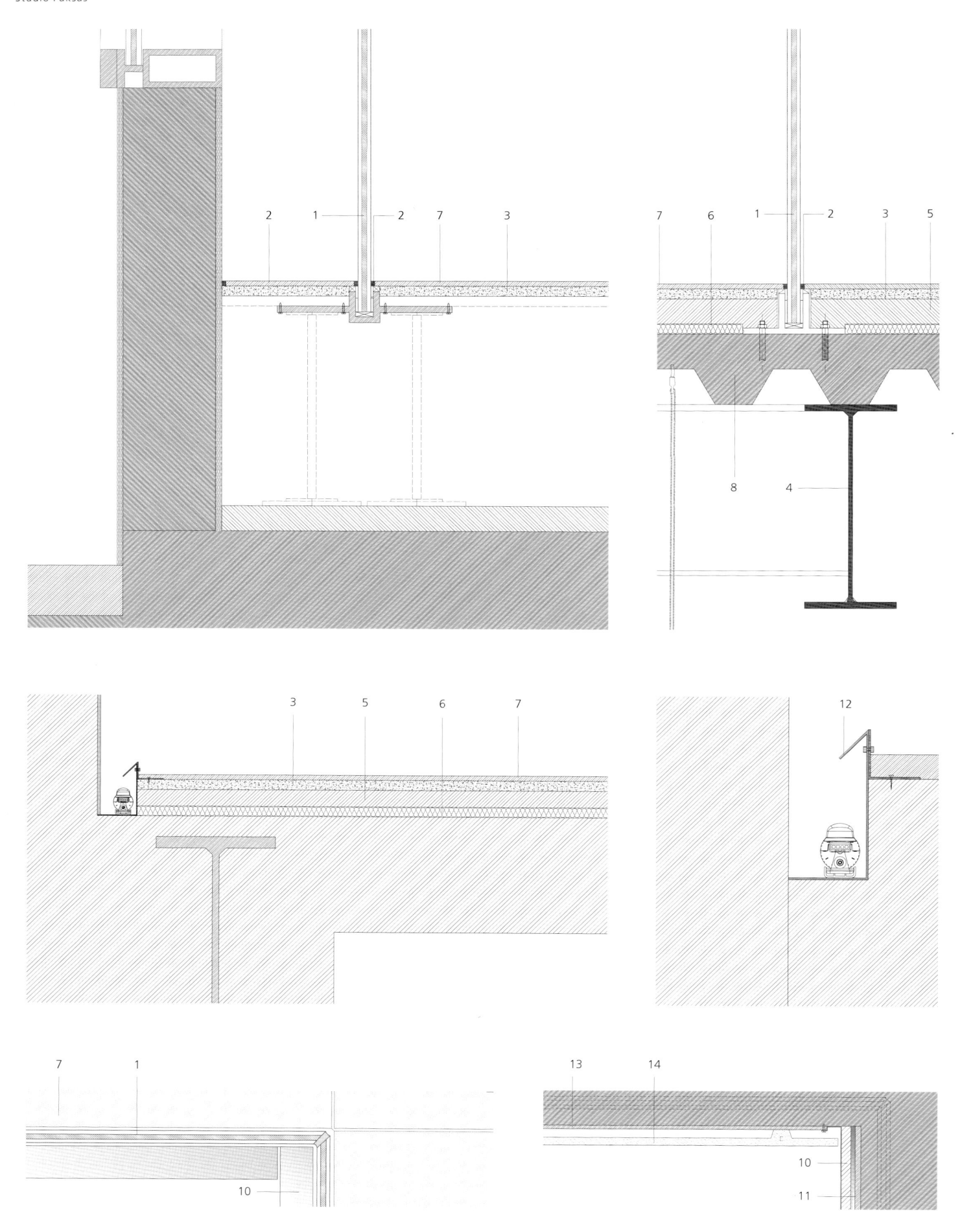

Armani / 5th Avenue a New York (Stati Uniti)

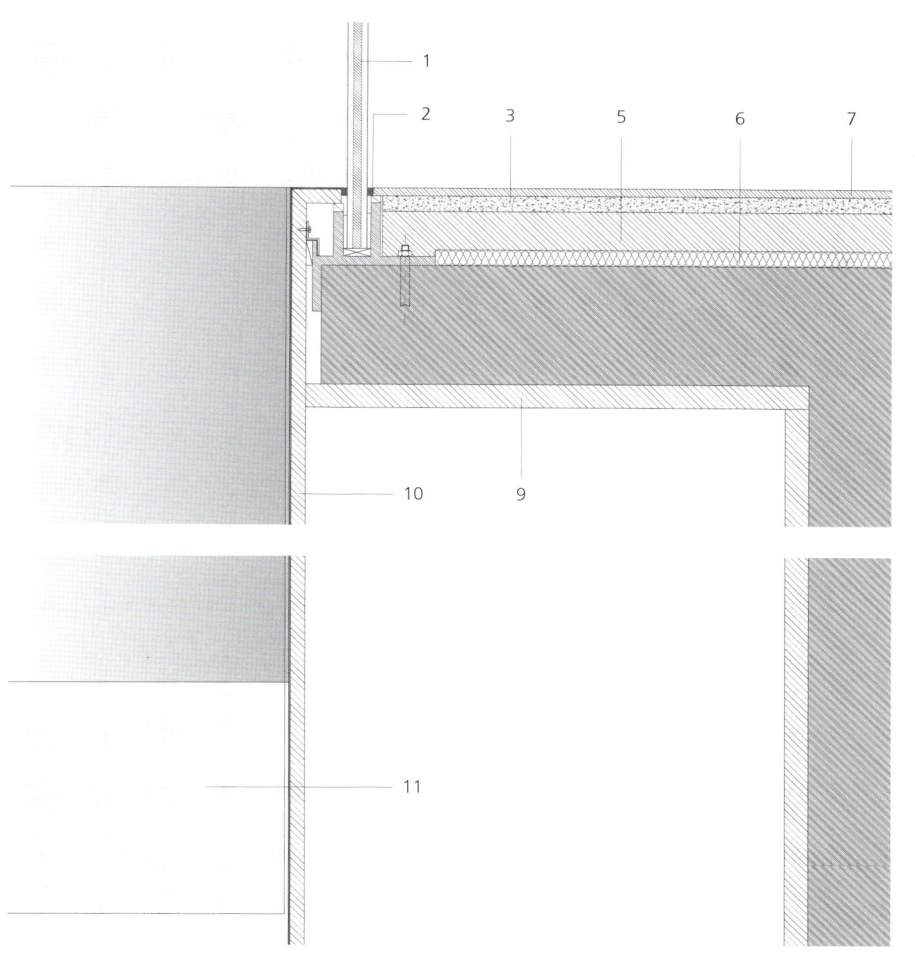

In questa e nella pagina a fianco dettagli dei solai e dell'aggancio dei parapetti
Scala 1:10

Nella pagina a fianco dettaglio dell'illuminazione a led a incasso
Scala 1:5

1. Parapetto in vetro
2. Pavimentazione in pietra italiana nera
3. Malta di allettamento
4. Trave ipe in acciaio
5. Massetto di cls
6. Strato isolante
7. Rivestimento in pietra italiana nera (formato 30 x 120 cm)
8. Soletta in lamiera grecata e cls
9. Struttura in legno del ripostiglio
10. Lamina di rivestimento della struttura in legno in acciaio inox
11. Veletta in vetro, finitura colore grigio fumo
12. Profilo di alluminio imbullonato per la schermatura dei corpi led
13. Piastra di fissaggio in acciaio
14. Soletta in cls

Libreria Laterza a Bari

indirizzo:	via Sparano, 136		periodo di realizzazione:	2006
città:	Bari		committente / proprietario:	Giuseppe Laterza & Figli s.p.a.
progettista:	Federico Bilò Alessandro Ciarpella Domenica Rosa Loperfido Francesco Orofino, architetti		tipologia intervento:	ristrutturazione
			destinazione intervento:	commercio
			dimensioni:	500 mq
collaboratori:	Martin Cenek, Claudia Del Colle, Mirko Giardino - team		imprese esecutrici:	Tecno Service, Soc. Coop. di Prod. Lavoro e Servizi, Acquaviva delle Fonti (BA)
consulenti:	Valerio Savio - strutture Alberto Musmeci, Marco Musmeci, Massimo Mercuri - solaio mobile Giuseppe Quattromini - impianto elettrico e climatizzazione		costi di realizzazione:	450.000 euro

GAP Architetti Associati

Federico Bilò
Alessandro Ciarpella
Claudia Del Colle
Francesco Orofino, architetti

via della Marrana, 94
Roma

www.gap-architettura.it
gap@gap-arcihtettura.it

Lo Studio, costituito nel 1992 da Federico Bilò e Francesco Orofino, coniuga ricerca e professione, intendendo il progetto di architettura come risposta critica ai problemi posti dai contesti sociali e territoriali. Quattro i principali ambiti di lavoro: la residenza, le ristrutturazioni e il restauro, i progetti urbani, il paesaggio. Il tema della residenza si focalizza in particolare sul rapporto tra innovazione tecnologica ed evoluzione tipologica, evidente nelle ristrutturazioni di appartamenti e nella costruzione di case prototipo temporanee e permanenti. Il tema delle ristrutturazioni e del restauro è fortemente segnato dal lungo lavoro partito nel 1992 e tuttora in corso, sul Palazzo De Mari ad Acquaviva delle Fonti (BA), articolatosi in vari lotti. Il tema della progettazione urbana è sfociato in vari concorsi per cui lo Studio ha avviato una riflessione su organismi edilizi ibridi, a metà tra oggetti e tessuti. Il tema del paesaggio ha portato al conseguimento di alcuni premi tra cui il primo premio per l'Agro Nocerino-Sarnese, nel 1998.

La Libreria Laterza si trova al piano terra del Palazzo Laterza, progettato e completato da Alfredo Lambertucci nel 1962, all'angolo tra via Sparano e via Dante a Bari. Nel disegno originario dell'architetto marchigiano, la Libreria era articolata in un piano terra e in un piano ammezzato, affacciato in uno spazio a doppia altezza segnato da grandi pilastri cilindrici.
Dopo varie vicende di modificazioni e riduzioni degli spazi originari, alla vigilia della ristrutturazione, la Libreria si presentava in uno stato di disordine spaziale e di congestione degli elementi espositori e d'arredo. Inoltre, l'originaria scala interna, insistendo in spazi ceduti, era stata demolita, rendendo gli ammezzati non più fruibili, al punto da essere chiusi con pennellature posticce.
La committenza ha richiesto una ristrutturazione che restituisse organicità all'insieme, tenesse nel dovuto rispetto il manufatto di Lambertucci (seppur nell'assenza definitiva di una parte oggi destinata ad altro esercizio commerciale) e ideasse un luogo per incontri e dibattiti, per mantenere lo storico ruolo di soggetto propulsore della vita culturale barese.
I luoghi avevano comunque una duplice natura: mentre la parte che insiste sotto il volume del palazzo di Lambertucci, a doppia altezza, risultava comunque dotata di un preciso ordine spaziale, fornito dai già citati pilastri cilindrici, viceversa la parte che si insinua nella corte dell'isolato, ad una sola altezza, risultava irrisolta e casuale nella forma.
Il progetto ha interpretato le richieste ed ha agito sui caratteri diversi dei luoghi, lavorando sull'idea della sospensione e della trasparenza, cercando di rendere immediatamente distinguibili gli elementi originari da quelli nuovi.
Si è dunque proceduto ad un'inversione del principio strutturale, portando il peso in alto, agganciando ai pilastri cilindrici un sistema di profilati in acciaio cui appendere gli espositori e i tavoli; allo stesso tempo si è provveduto a foderare i muri d'ambito con un sistema di scaffalature continue. Tale duplice azione ha comportato anche il recupero della pavimentazione originaria, completamente visibile in questo nuovo assetto, giacché nulla vi poggia sopra.
Sono stati ridisegnati i soppalchi, modificandone in parte la configurazione, integrandoli con gli espositori appesi, e sono state realizzate due scale di accesso in acciaio e vetro.
Molta cura è stata dedicata alla luminosità degli ambienti: si è scelto di lavorare con il bianco di tutti gli elementi, lasciando ai libri il compito di portare colore.
Inoltre, un nuovo sistema di penetrazione zenitale della luce conferisce un ordine spaziale alla zona retrostante della Libreria, illuminata anche da una nuova vetrata che prende luce dalla corte.
In quest'area più interna si è realizzato un solaio mobile in acciaio che, nella posizione normale, sta a livello con il resto della Libreria e consente l'uso degli scaffali circostanti. Quando necessario, il solaio viene sollevato da una coppia di argani elettrici e scopre un'area pre-allestita con panche fisse metalliche, una vera e propria saletta per dibattiti e presentazioni di libri pronta all'uso.
La Libreria è stata inaugurata il 14 settembre 2006 in presenza del Presidente della Repubblica Giorgio Napolitano, mentre i quotidiani e le televisioni hanno sottolineato l'importanza dell'evento dando ampio spazio al rinnovamento degli storici locali di via Sparano.

GAP Architetti Associati

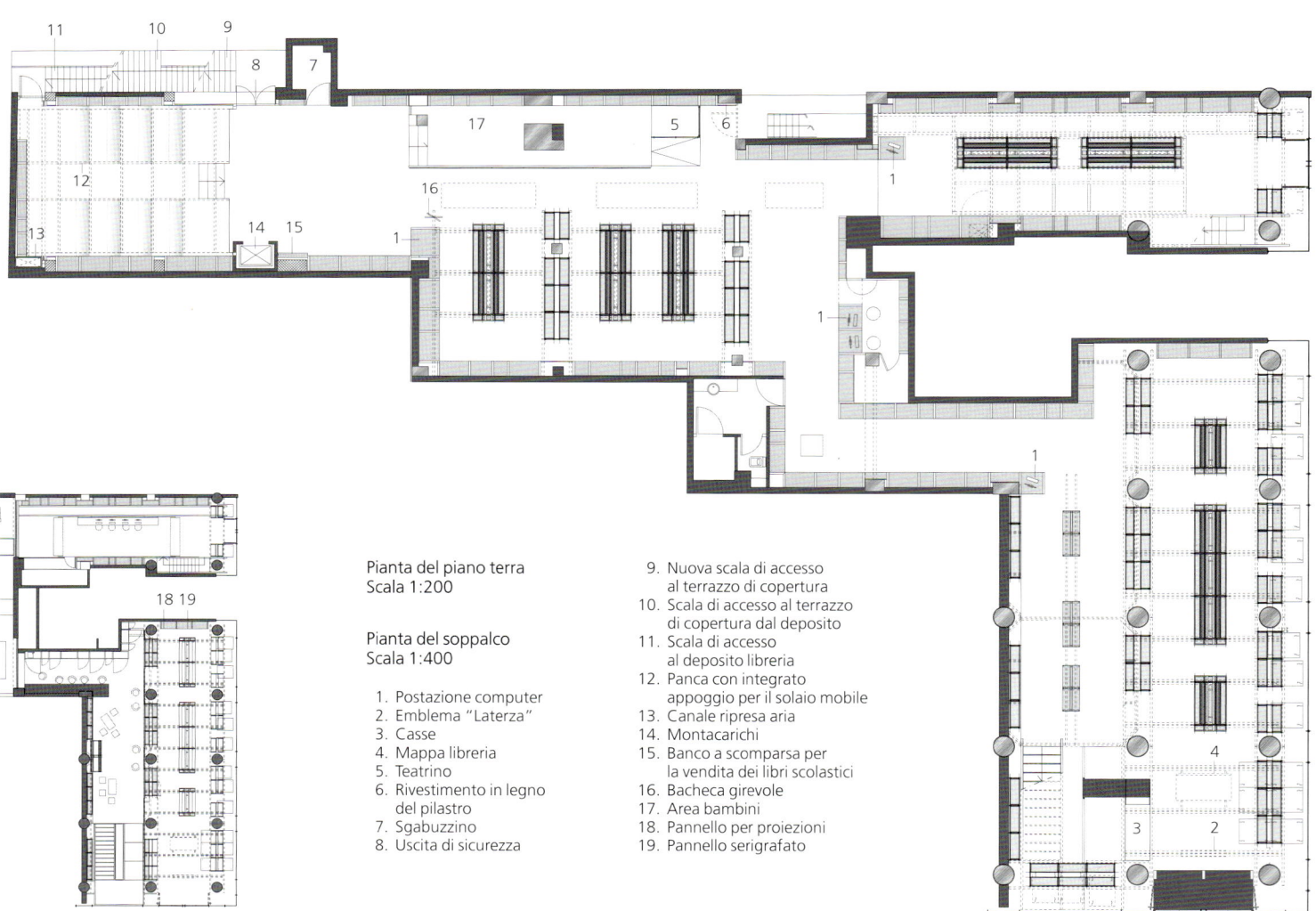

Pianta del piano terra
Scala 1:200

Pianta del soppalco
Scala 1:400

1. Postazione computer
2. Emblema "Laterza"
3. Casse
4. Mappa libreria
5. Teatrino
6. Rivestimento in legno del pilastro
7. Sgabuzzino
8. Uscita di sicurezza
9. Nuova scala di accesso al terrazzo di copertura
10. Scala di accesso al terrazzo di copertura dal deposito
11. Scala di accesso al deposito libreria
12. Panca con integrato appoggio per il solaio mobile
13. Canale ripresa aria
14. Montacarichi
15. Banco a scomparsa per la vendita dei libri scolastici
16. Bacheca girevole
17. Area bambini
18. Pannello per proiezioni
19. Pannello serigrafato

Libreria Laterza a Bari

105

GAP Architetti Associati

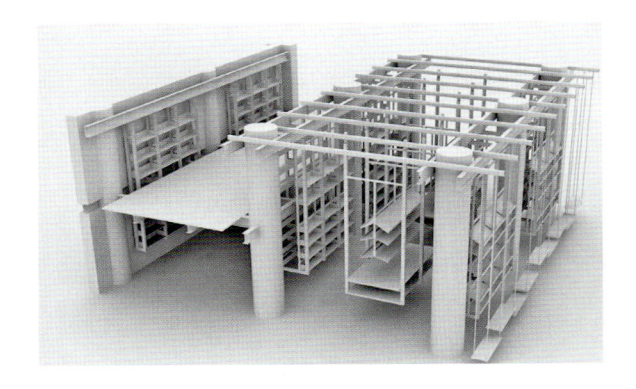

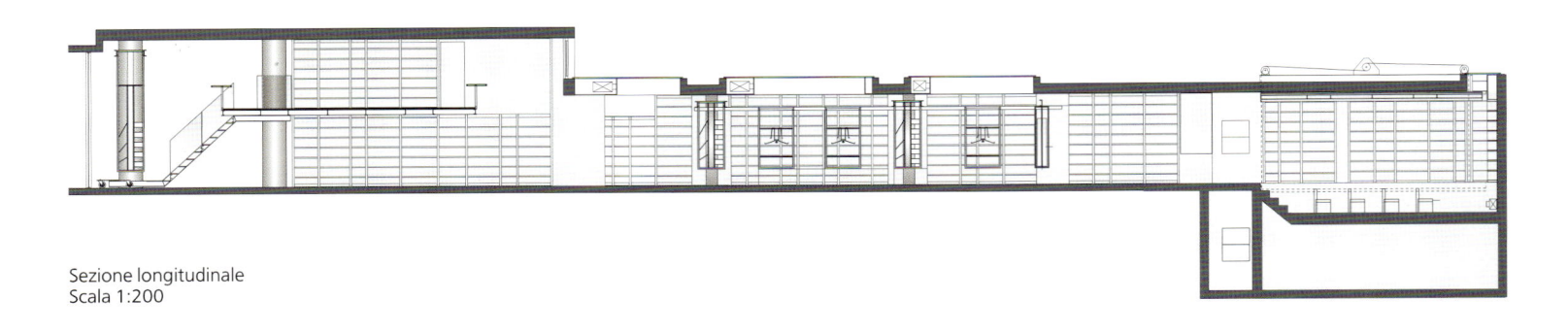

Sezione longitudinale
Scala 1:200

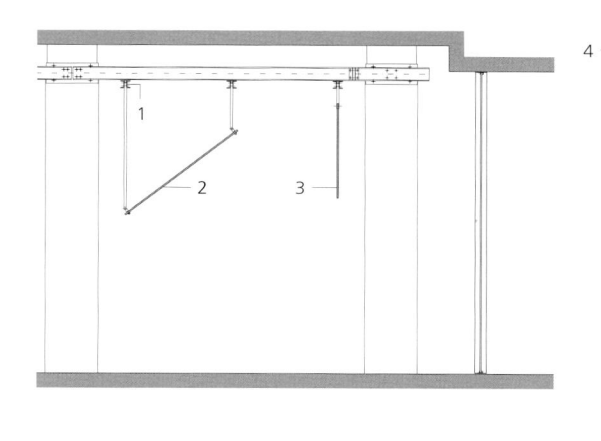

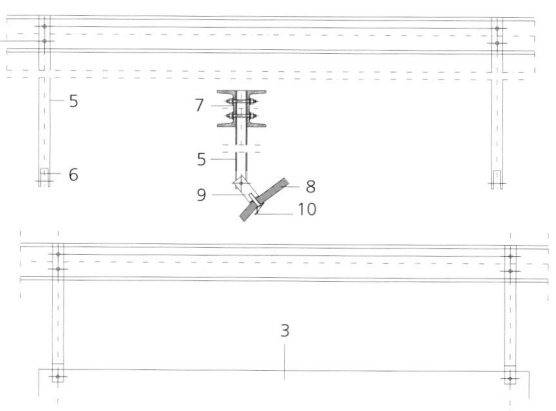

Libreria Laterza a Bari

Sistema di appenderie a soffitto
Sezione di riferimento
Scala 1:100

Dettagli
Sezioni verticali
Scala 1:20

1. UPN 100
2. Mappa libreria, struttura portante in profili a sezione cava, dimensioni 30 x 30 x 3 mm, lastra in metacrilato, dimensioni 190 x 130 cm, spessore 20 mm
3. Emblema libreria, struttura portante in profili a sezione cava, dimensioni 30 x 30 x 3 mm, lastra in metacrilato, dimensioni 130 x 130 cm, spessore 20 mm
4. Bulloni m8
5. Profilo, dimensioni 30 x 30 x 3 mm
6. Scasso per snodo, dimensioni 20 x 50mm
7. UPN 100 accoppiati
8. Lastra in metacrilato, dimensioni 190 x 130 cm, spessore 20 mm
9. Piatto con filettatura in testata, dimensioni 30 x 20 mm
10. Rondella di ripartizione, Ø 30 mm

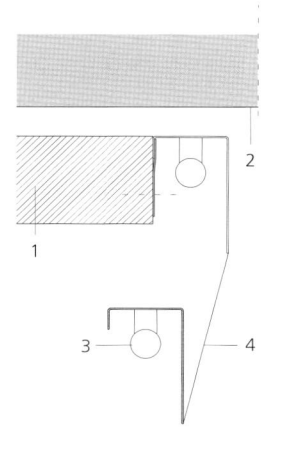

Dettaglio
di illuminazione a parete
Sezione verticale
Scala 1:5

1. Espositore a Parete
2. Soffitto
3. Neon
4. Lamiera, spessore 10/10

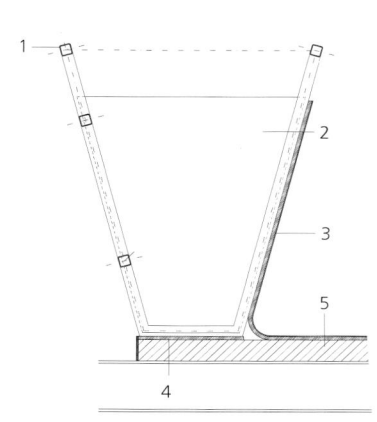

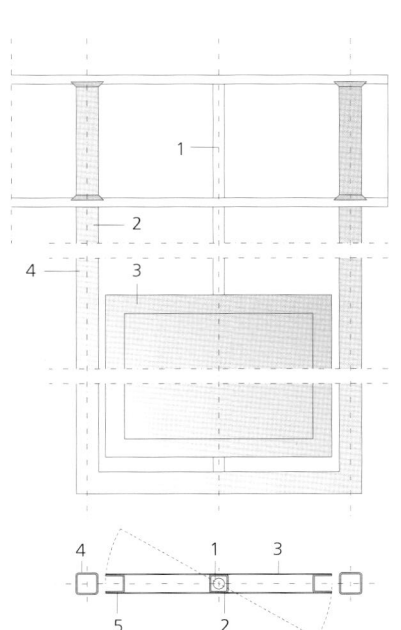

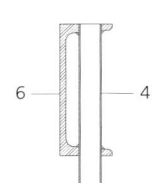

Dettaglio Bacheca Girevole
Sezione orizzontale, vista frontale
e sezione dell'aggancio a soffitto
Scala 1:10

1. Perno cilindrico
2. Profilo in acciaio, dimensioni 25 x 25 x 2 mm
3. Lamiera, spessore 10/10
4. Profilo in acciaio, dimensioni 30 x 30 x 2 mm
5. Profilo a C in acciaio, dimensioni 25 x 25 x 2 mm
6. Profilato UPN 180

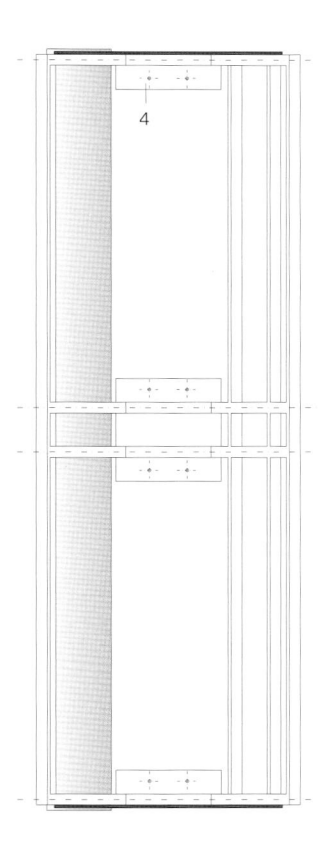

Elemento porta poster
Vista dall'alto
e sezione verticale
Scala 1:10

1. Profilo in acciaio, dimensioni 30 x 30 x 2 mm
2. Paratie di testata in perpsex trasparente avvitato alla struttura, spessore 8 mm
3. Paratia sul soppalco in lamiera rivestita in linoleum in continuità con il pavimento
4. Piastra di ancoraggio 280 x 280 x 10 mm, spessore 10 mm
5. Pavimento soppalco esistente

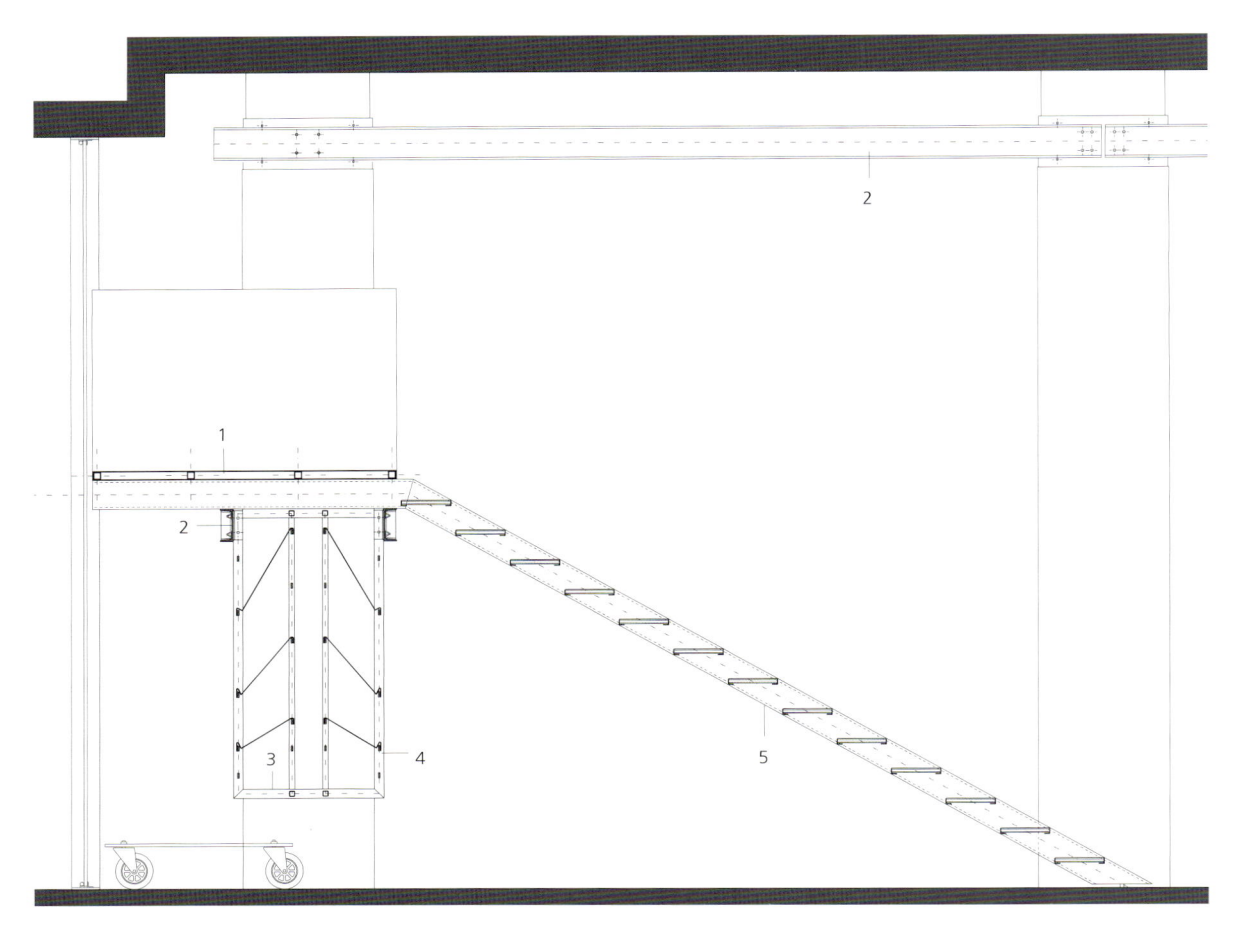

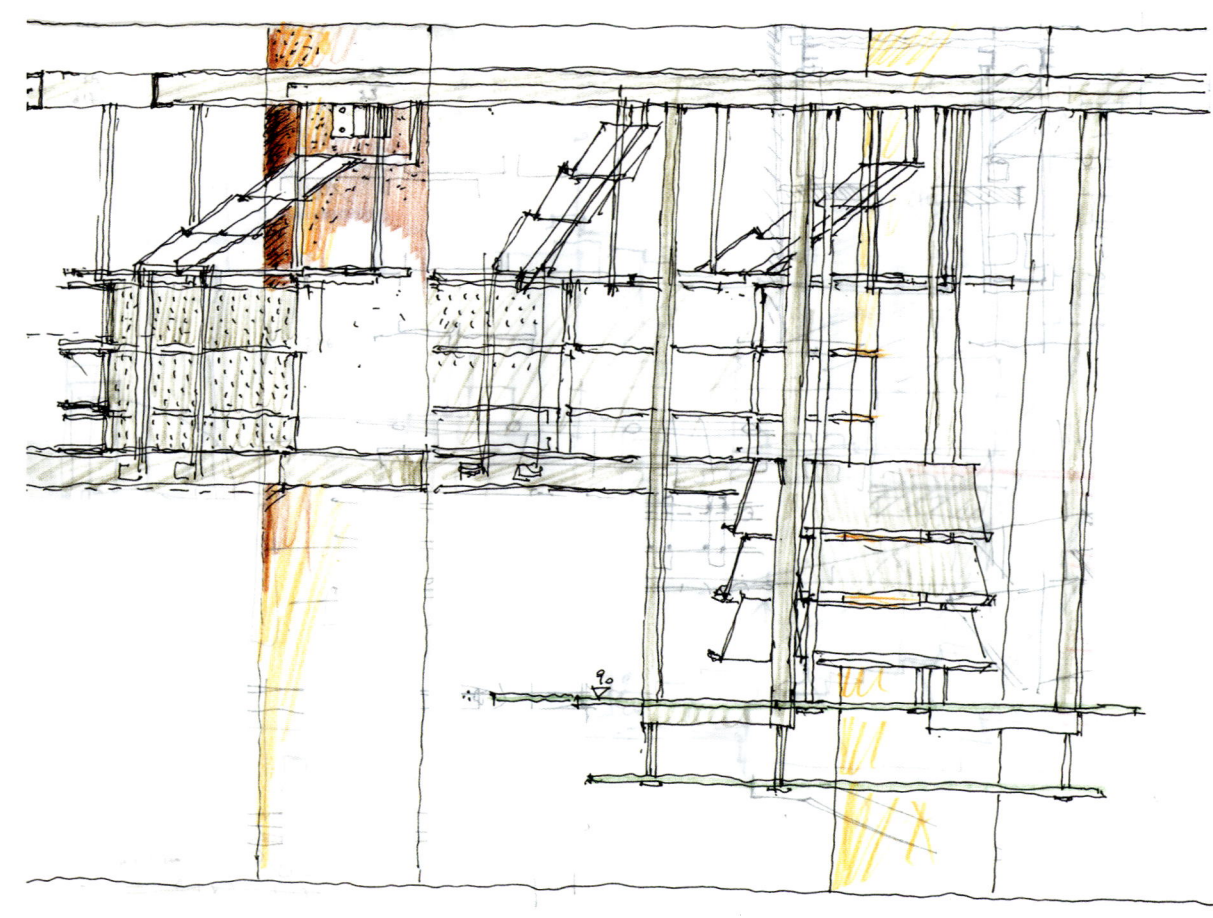

La scala
Sezione verticale
Scala 1:40

1. Struttura in profili a sezione quadrata, dimensioni 40 x 40 x 4 mm foderata con lamiera metallica, spessore 3/10, finitura con linoleum, spessore 2 mm
2. Profilo UPN 180
3. Tavolo espositore in vetro, spessore 15 mm, altezza 25 cm
4. Espositore di vetrina; struttura in profili a sezione cava; ripiani in lamiera, spessore 3/10
5. Cosciale sagomato UPN 160, lunghezza totale, 6055 mm
6. Testata con piatto, dimensioni 50 x 5 mm
7. Profilo in acciaio, dimensioni 40 x 40 x 4 mm
8. Profilo UPN 160
9. Profilo pedata a L realizzato con un profilo scatolare, dimensioni 30 x 30 x 3 mm, ingombro 265 x 1200 mm
10. Pedata in vetro blindovis, spessore 25 mm
11. Appoggio in neporene, spessore 5 mm
12. Fazzoletto di irrigidimento posto in asse con il cosciale sagomato superiore, spessore minimo pari all'anima del profilo UPN 180, spessore 8 mm; saldatura continua su tutto il perimetro, altezza di gola saldatura minimo 3 mm
13. Profilo a L, dimensioni 50 x 30 x 6 mm, lunghezza 160 mm
14. Bulloni m12
15. Angolo di raccordo tra gli elementi a 90°
16. Profilo d'acciaio, dimensioni 30 x 30 x 3 mm
17. Cerchiatura, spessore 15 mm
18. Angolo di raccordo tra gli elementi a 45°
19. Piastra terminale per UPN 160, spessore 10 mm
20. Elemento distanziale
21. Piastra di ripartizione, dimensioni 150 x 30 mm, spessore 10 mm
22. Strato di finitura
23. Sottofondo in c.a.
24. Profilo IPE 200
25. Profilo IPE 140

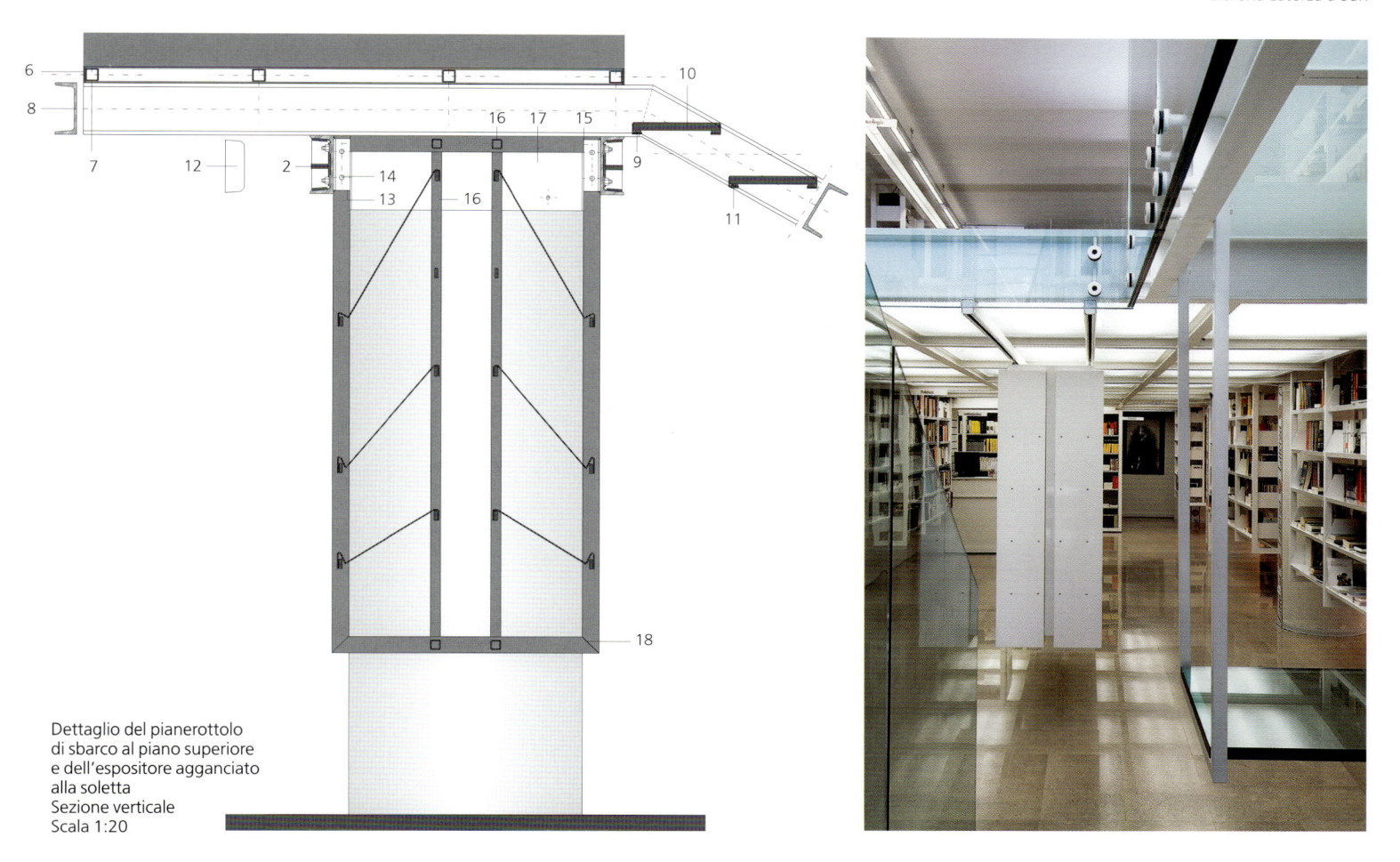

Libreria Laterza a Bari

Dettaglio del pianerottolo
di sbarco al piano superiore
e dell'espositore agganciato
alla soletta
Sezione verticale
Scala 1:20

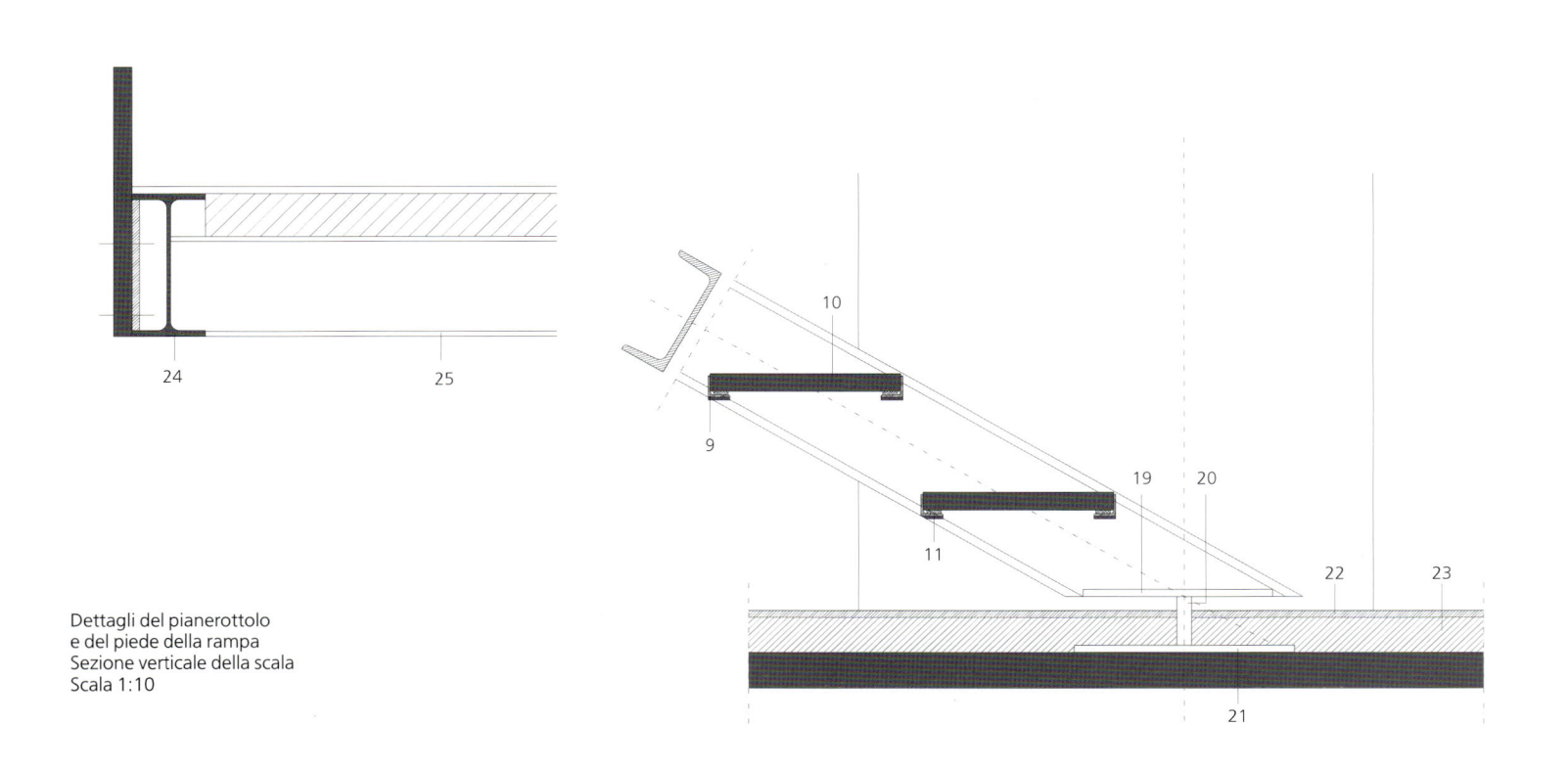

Dettagli del pianerottolo
e del piede della rampa
Sezione verticale della scala
Scala 1:10

109

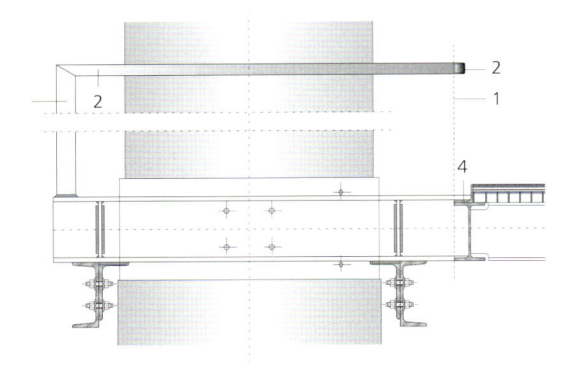

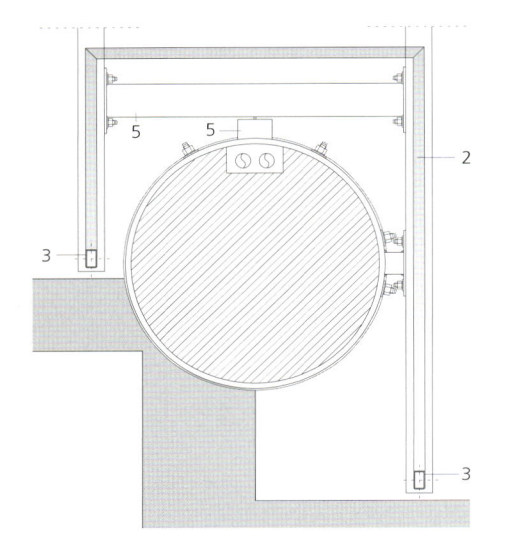

GAP Architetti Associati

Dettaglio del parapetto dell'ufficio
Sezione verticale e sezione orizzontale
Scala 1:20

1. La linea di allineamento il filo interno del profilo che costituisce il parapetto è allineato con il filo esterno della IPE 160 che costituisce il bordo del solaio dell'ufficio; il parapetto è alla medesima altezza del tavolo che costituisce la parte terminale dell'ufficio
2. Profilo scatolare d'acciaio, dimensioni 30 x 30 x 3 mm
3. Profilo scatolari d'acciaio, dimensioni 50 x 30 x 3 mm, il montante è collocato all'estremità della trave UPN 180
4. Solaio Soppalco
5. IPE 180

Dettaglio della passerella di accesso al soppalco
Sezione verticale e sezione orizzontale
Scala 1:20

1. Profilo in acciaio, dimensioni 40 x 40 x 4 mm
2. Struttura in profili a sezione quadrata, dimensioni 40 x 40 x 4 foderata con lamiera metallica, spessore 3/10, finitura con linoleum, spessore 2 mm
3. Bullone m8
4. Fazzoletto di irrigidimento in asse con profili UPN 180 posti inferiormente, spessore minimo pari all'anima della UPN 160 (8 mm); saldatura continua su tutto il perimetro, altezza di gola saldatura minimo 3 mm
5. UPN 160, cosciale sagomato scala
6. UPN 160, cosciale passerella
7. Bullone m12
8. Cerchiatura, spessore 15 mm
9. Intonaco, spessore 20 mm
10. IPE 180
11. UPN 180
12. Taglio delle travi a 1 cm dal muro
13. UPN 160
14. Piastra collegamento con UPN 180, dimensioni 180 x 180 x 6 mm
15. Profilo, dimensioni 120 x 60 x 4 mm

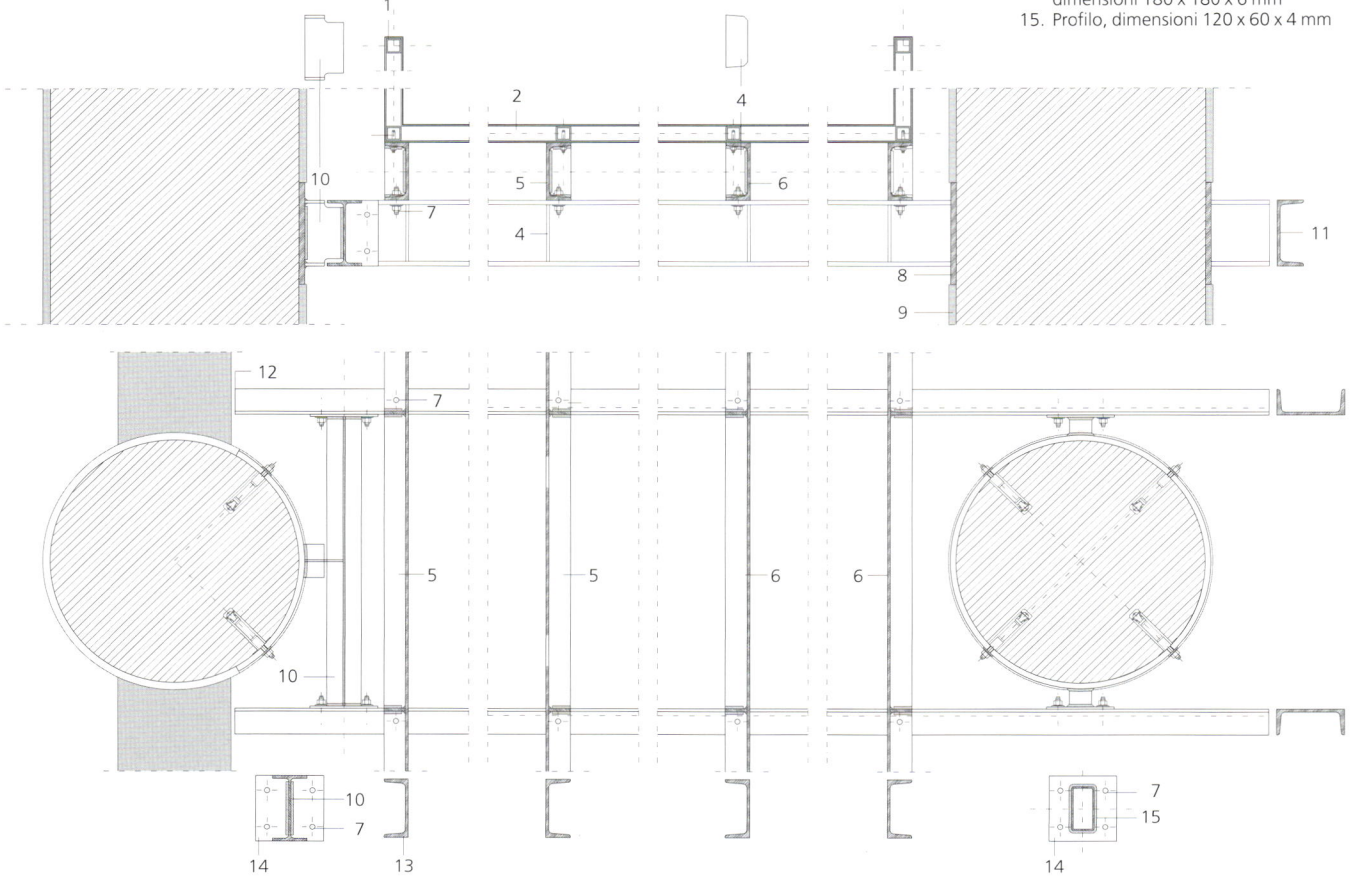

Libreria Laterza a Bari

Area lettura con sistema di sedute a panca
Sezione longitudinale e sezione trasversale
Scala 1:70

1. Pannello di chiusura davanti alla trave esistente
2. Vano alloggiamento guide del solaio mobile
3. Montanti della libreria
4. Pannelli ciechi fresati
5. Ripiani della libreria in legno, profondità 30 cm
6. Struttura in ferro, profili dimensioni 20 x 40 x 4 mm
7. Canale aria di ripresa, dimensione netta 20 x 120 cm

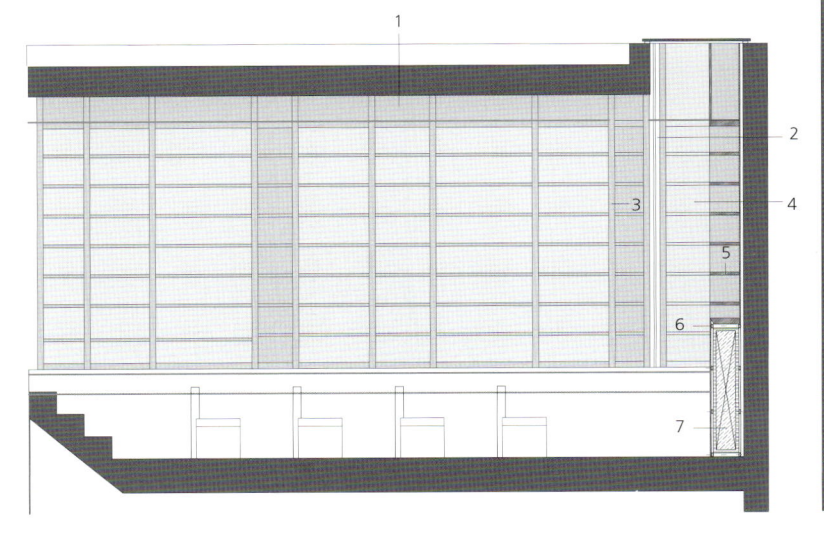

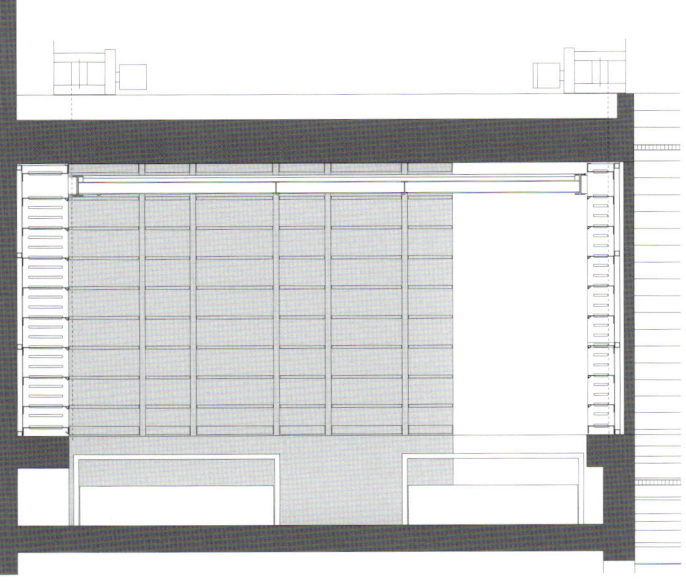

VARIAZIONI DI DENSITÀ

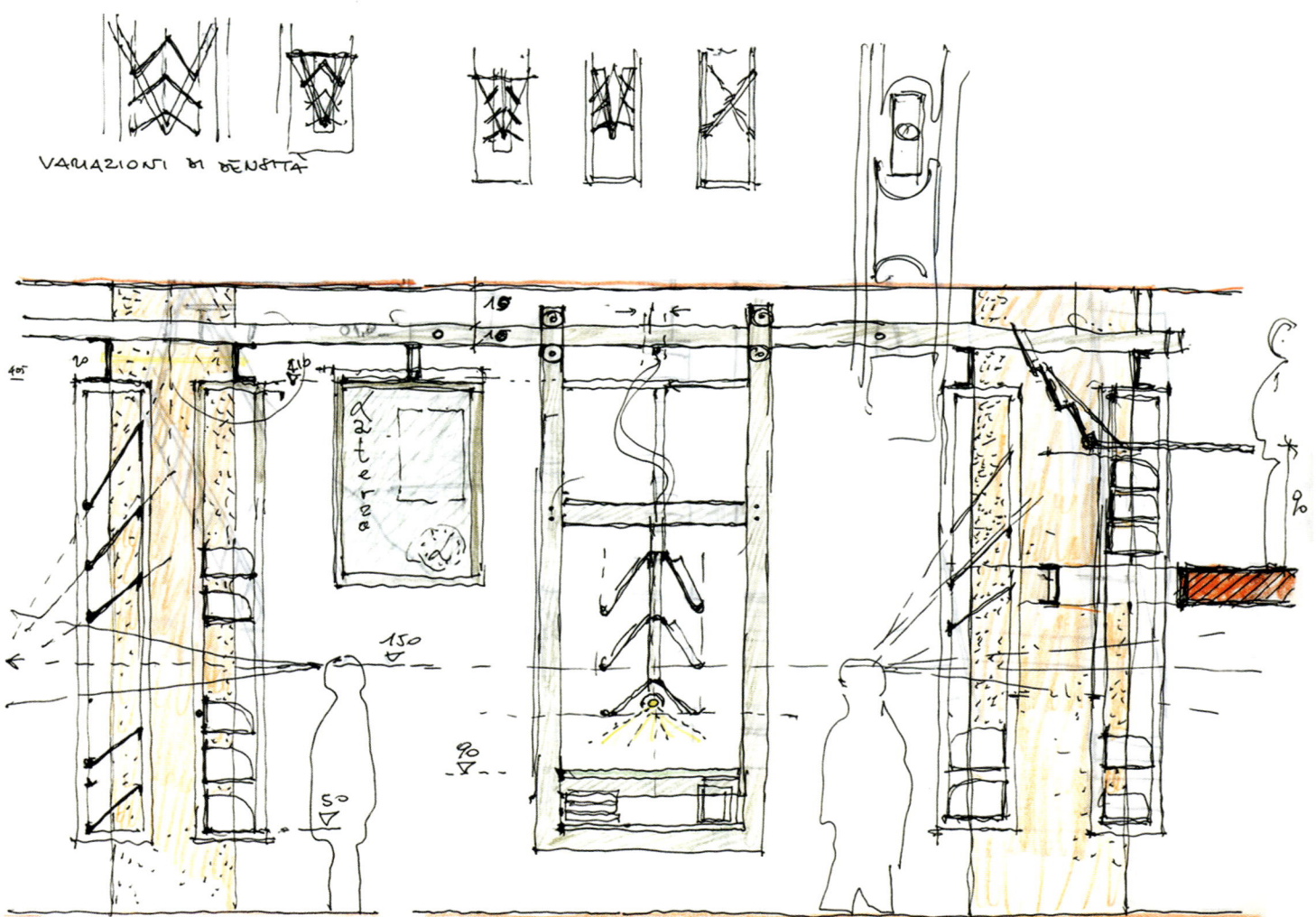

Libreria Laterza a Bari

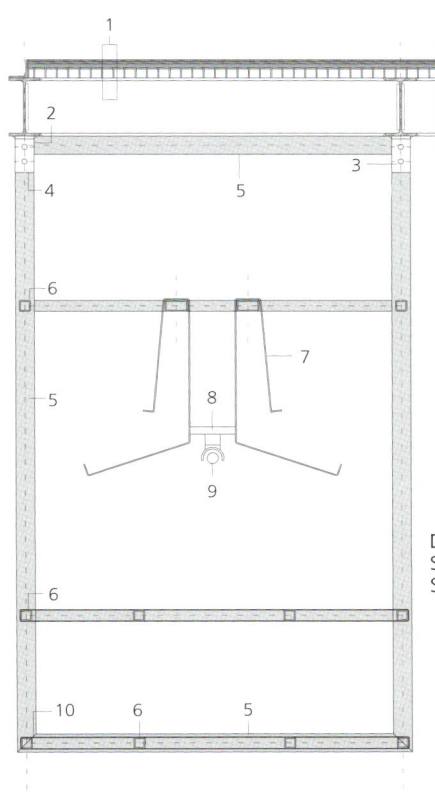

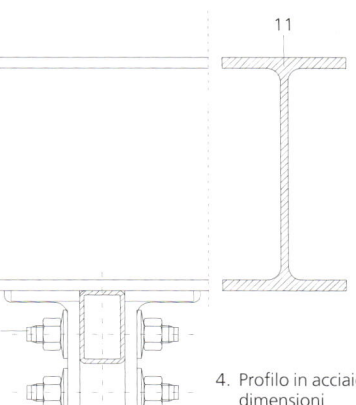

Dettaglio espositore libri
Sezione verticale
Scala 1:20

1. Finitura in linoleum; rivestimento in laminato betulla, spessore 5 mm; grigliato ellettroforgiato keller, maglia 30 x 30 mm
2. Angolo di raccordo a 90° tra gli elementi
3. Bulloni m12
4. Profilo in acciaio a L, dimensioni 150 x 50 x 8 mm, lunghezza 50 mm
5. Profilo in acciaio, dimensioni 50 x 30 x 3 mm
6. Profilo in acciaio, dimensioni 30 x 30 x 3 mm
7. Espositore libri realizzato in lamiera piegata spessore 3/10
8. Struttura di irrigidimento dell'espositore e sostegno del sistema di illuminazione
9. Neon
10. Angolo di raccordo a 45° tra gli elementi
11. Profilo a IPE 160

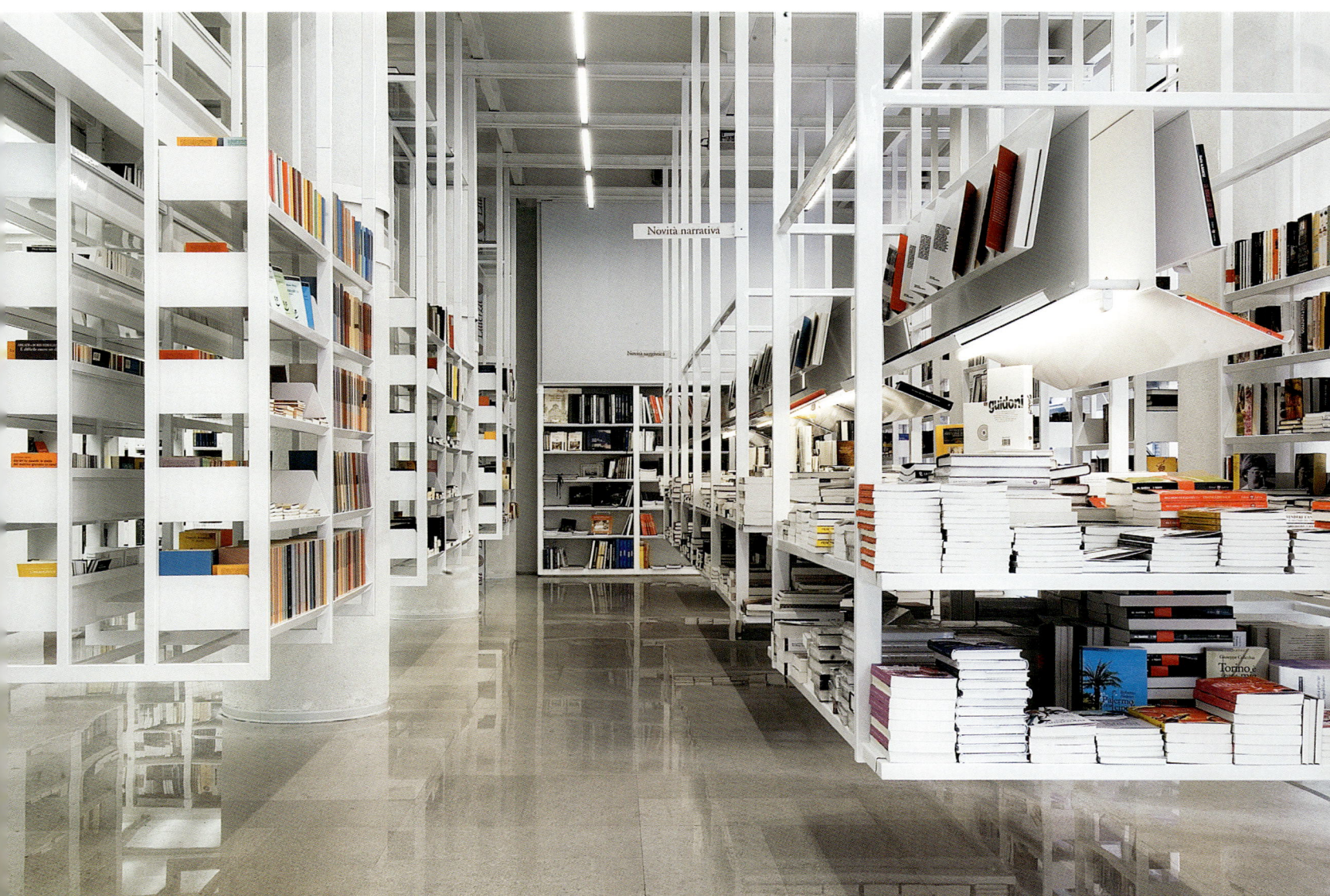

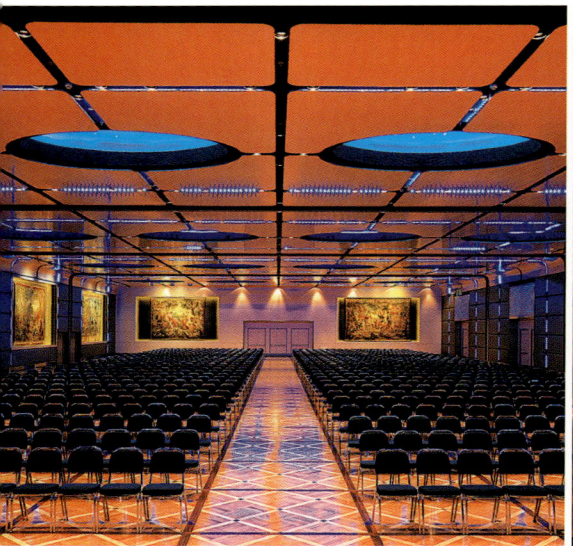

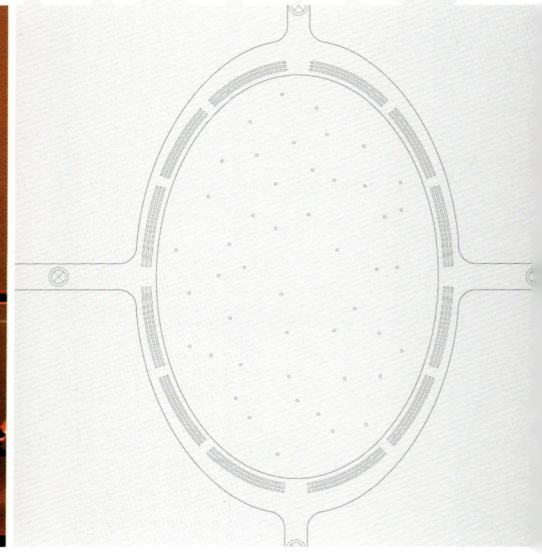

New Congress Center Hotel Rome Cavalieri, The Waldorf Astoria Collection a Roma

indirizzo:	via Alberto Cadlolo, 101		periodo di realizzazione:	2009 - 2010
città:	Roma		committente / proprietario:	The Waldorf Astoria
progettista:	Gianluigi e Marco Giammetta, architetti		tipologia intervento:	ristrutturazione
consulenti:	Massimiliano Corrado, ingegnere - project manager		destinazione intervento:	ospitalità
			dimensioni:	superficie sala centro congressi 1.500 mq (60 m x 25 m)
			altre informazioni:	capienza 1.800 persone
			imprese esecutrici:	Asso appalti - opere edili, assistenza muraria, logistica Tecnodir - impianti meccanici e trattamento aria Diemme elettrica - impianti elettrici ed illuminazione Lamegec - opere in gesso e cartongesso Soluzioni - arredo e strutture interne di rivestimento Anaunia - pareti manovrabili

Giammetta & Giammetta architects

Gianluigi e Marco Giammetta, architetti

via Flaminia, 854/856
Roma

www.giammetta.it
info@giammetta.it

Gli architetti gemelli Marco e Gianluigi Giammetta nascono a Roma il 13 agosto 1965. Nel 1992 conseguono la laurea in Architettura presso l'Università La Sapienza di Roma e fondano lo Studio Associato Architetti Giammetta&Giammetta. Dal 1992 al 1994 collaborano con lo Studio di Massimiliano Fuksas. Nel 2002 fondano la società di progettazione Giammetta&Giammetta s.r.l. Nel 2003 hanno incarico di docenza (a contratto) per l'insegnamento di "Allestimento2" (Laboratorio e Teoria) al Corso di Laurea in Disegno Industriale - Università degli Studi La Sapienza di Roma. Dal 2006 sono docenti (a contratto) al Master in Lighting Design MLD, Dipartimento DIAR, La Sapienza, con un corso sul rapporto tra luce e comunicazione applicato agli spazi commerciali. Nel 2008 curano, insieme ad altri sei studi romani, il padiglione "Uneternal City" alla XI Mostra Internazionale di Architettura, Biennale di Venezia.

Il salone dei Cavalieri dell'Hotel Rome Cavalieri ha fatto la storia delle convention e degli eventi a Roma, dove fino ad oggi non esisteva una sala plenaria con simili caratteristiche dimensionali (1.800 posti). Dopo anni di lavoro e opere aggiuntive posticce che ne avevano trasformato lo spirito originario, era necessario un intervento di adeguamento per riportare la sala sul mercato del business, aggiornandone oltre che l'estetica, le dotazioni tecniche e i sistemi di illuminazione. Un centro congressi contemporaneo dev'essere necessariamente strutturato per contenere all'interno una serie di eventi con caratteristiche completamente diverse tra loro: dall'assemblea politica, alla presentazione di prodotti, fino ad arrivare alla grande cena di gala. La flessibilità è il valore da ricercare attraverso una tecnologia che consenta la trasformazione della sala e la sua metamorfosi. Il segreto è di creare una scatola polifunzionale che possa consentire ai creatori di eventi di configurare lo spazio adeguando la sua immagine alle caratteristiche del brand con operazioni semplici e possibili, senza eccessivi costi aggiuntivi. La forza del nuovo salone è la sua "capacità di contenere". Tre i punti focali e le problematiche da risolvere. Prima di tutto le perplessità da parte del committente di approvare una trasformazione definitiva e contemporanea della sala, la cui immagine era ormai radicata nella memoria collettiva. In sintesi, una grande sfida seguita da una profonda responsabilità nei confronti di committenza e clientela storica. Secondo aspetto, da non sottovalutare, la necessità di recuperare l'impalcato storico del soffitto per riqualificarlo e modernizzarlo attraverso opere di consolidamento strutturale. In questo, il contributo dell'ingegner Massimiliano Corrado (project manager dell'Hotel) è stato fondamentale, vista la sua capacità di sintesi e la perfetta conoscenza dello stato di fatto, che ha permesso di elaborare un progetto facilmente realizzabile e in linea con i parametri funzionali ed esigenziali. Terzo punto l'integrazione di opere d'arte storiche (gli arazzi) come elementi imprescindibili all'interno dello spazio. Qui la necessità di legare indissolubilmente ed in maniera armonica due aspetti formali totalmente diversi attraverso operazioni di "coinvolgimento" all'interno di una cornice contemporanea. Gli arazzi si inseriscono all'interno della parete e vengono illuminati attraverso tre tipi di illuminazione, ma, a seconda delle necessità, possono essere coperti da uno schermo motorizzato che li cela per dare spazio ad immagini dinamiche. In questo intervento il design diventa uno strumento che si adatta agli ambienti. I risultati sono rappresentati dal piacere della gente di vivere questi spazi e dalle sensazioni che essi producono in ognuno di noi. Progettare un nuovo centro congressi significa strutturare un luogo che possa contenere qualsiasi tecnologia applicata all'evento che si intende ospitare. Questo è il motivo dei 150 punti di ancoraggio che consentono l'appendimento di più di 30.000 kg di materiale di allestimento e dei 2.000 metri lineari di LED RGB all'interno del controsoffitto, che consentono la variazione luminosa del salone in tutte le modulazioni colore dello spettro cromatico. L'unico elemento rimasto a memoria storica sono le calotte ellissoidali che, attraverso un restyling totalizzante, si sono trasformate in vere e proprie macchine di luce. Un altro aspetto importante è la cura nella creazione di canali privilegiati per il cablaggio strutturato temporaneo, che consente il passaggio di cavi di alimentazione, di segnale video e luci lungo tutto il salone, permettendo di arrivare in qualunque posizione delegata ad accogliere la regia principale. Blocchi di punte di alto kilowattaggio sono disponibili lungo l'intero perimetro della sala.

Giammetta & Giammetta architects

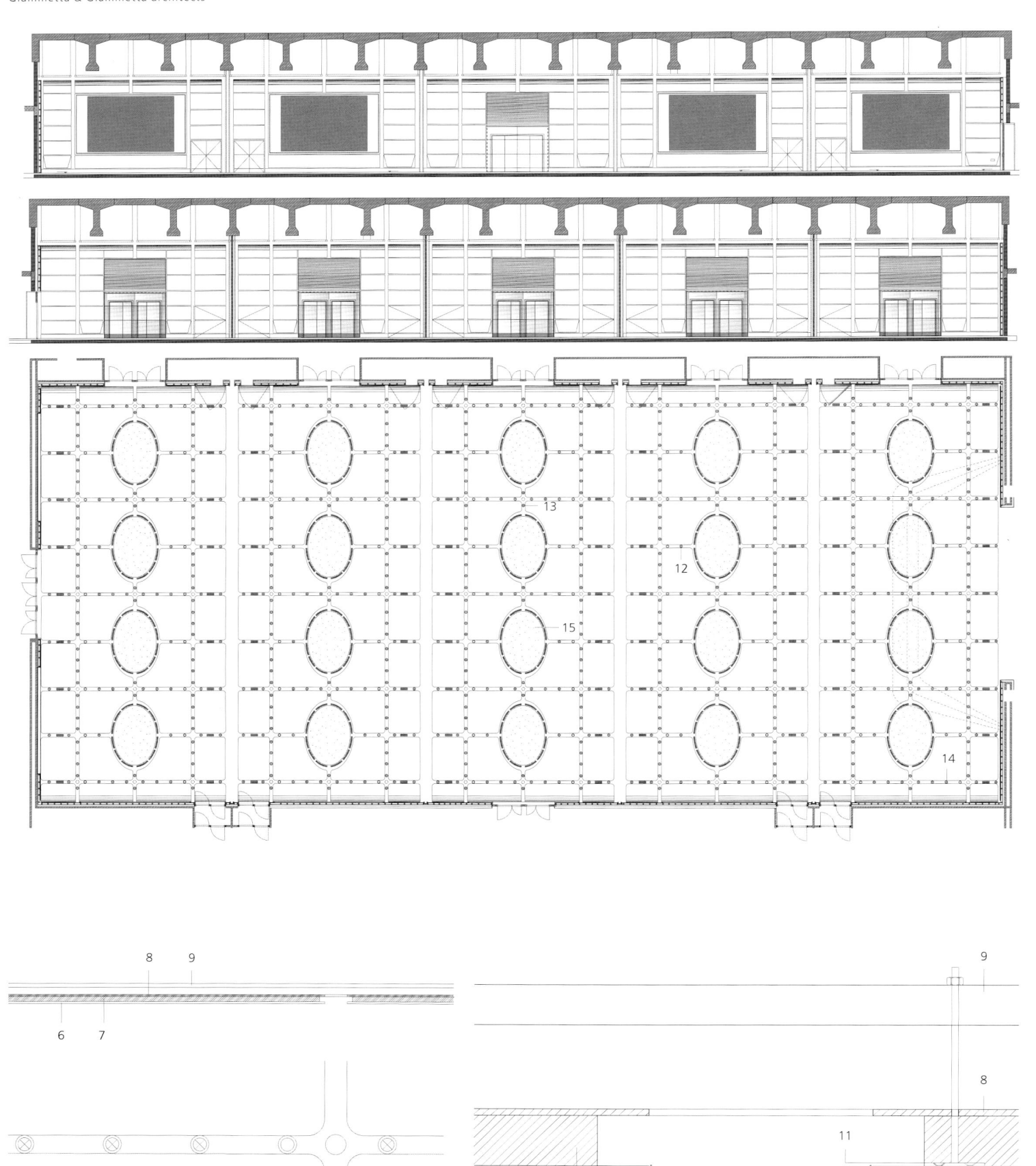

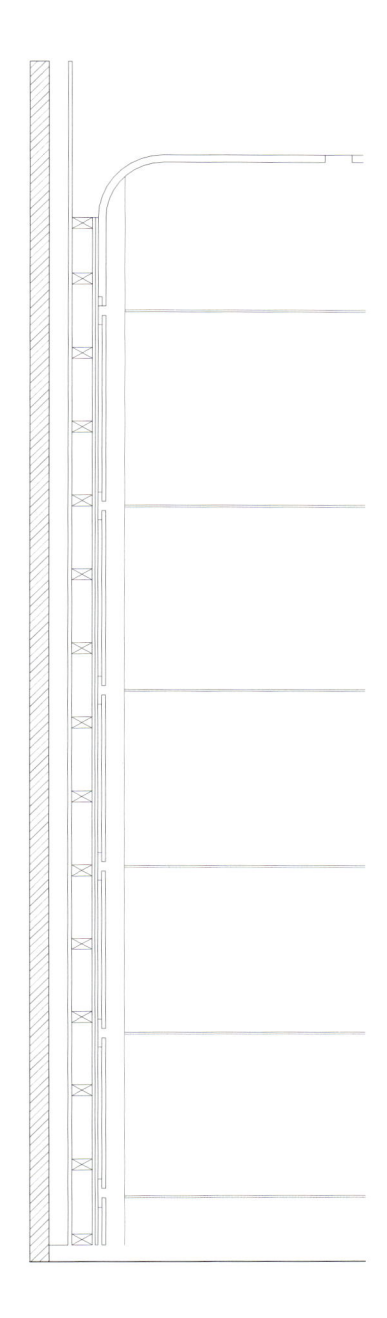

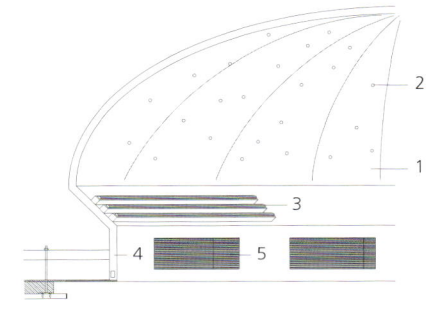

New Congress Center Hotel Rome Cavalieri, The Waldorf Astoria Collection a Roma

Centro congressi
Planimetria del controsoffitto con il sistema di illuminazione integrato, sezioni longitudinali e in basso a destra sezione della cupola
Scala 1:300

Sezione tecnologica, pianta e sezione del controsoffitto
Scala 1:20
Cupola

1. Pittura lavabile bianca
2. Cielo stellato realizzato attraverso fasci da 420 punti di fibra ottica da 0,75 - 1,50 mm tipo "hight quality" completi di terminali in policarbonato trasparente e bocchettone di aggancio all'illuminatore e illuminatore con sorgente led da 4 W integrato all'interno di una centralina per effetto "star", predisposto per alimentazione diretta a 220 V
3. Illuminazione della cupola ovale con tre lampade a catodo freddo calandrate a caldo nei tre colori primari, Ø 15 mm, complete di alimentatore dedicato e sistemi di fissaggio opz led ad alte prestazioni
4. Struttura esistente
5. Bocchette di areazione con griglia in acciaio
6. Pannello in mdf Abet laminato noce rosato 16 / 18, spessore 25 mm
7. Pannello esistente acustico microforato in gesso
8. Lamiera in ferro verniciata
9. Struttura in tubolari di ferro, dimensioni 4 x 4 cm
10. Bordatura in acciaio scotch bright
11. Piastra in acciaio con barra filettata saldata
12. Apparecchio ad incasso per istallazione su controsoffitti a scomparsa privo di cornice a vista con vano lampada in lamiera di acciaio nera, completo di lampada a led orientabile da 18 W con ottica da 6°- 8° e alimentatore elettronico di riferimento
13. Apparecchio ad incasso per istallazione su controsoffitti a scomparsa privo di cornice a vista con vano lampada in lamiera di acciaio nera, completo di lampada alogena da 75 W con ottica a 45° e alimentatore elettronico di riferimento
14. Apparecchio ad incasso per istallazione su controsoffitti a scomparsa privo di cornice a vista con vano lampada in lamiera di acciaio nera, completo di lampada orientabile speciale per illuminazione degli arazzi
15. Cielo stellato realizzato attraverso fasci da 420 punti di fibra ottica da 0,75 - 1,50 mm tipo "hight quality" completi di terminali in policarbonato trasparente e bocchettone di aggancio all'illuminatore e illuminatore con sorgente led da 4 W integrato all'interno di una centralina, predisposto per alimentazione diretta a 220 V

Giammetta & Giammetta architects

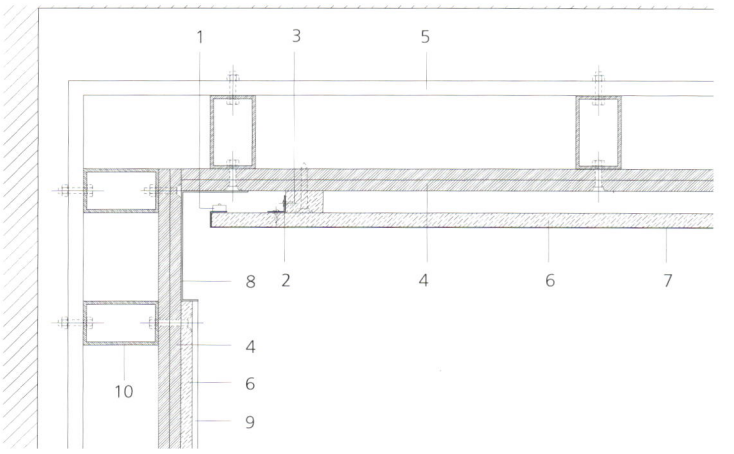

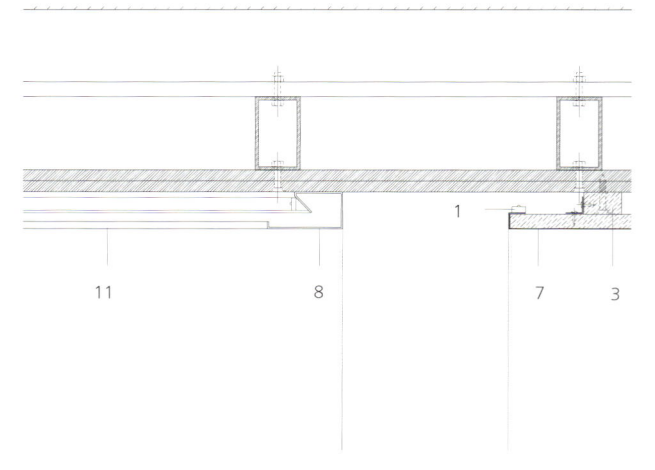

118

New Congress Center Hotel Rome Cavalieri, The Waldorf Astoria Collection a Roma

Dettagli delle cornici, giunto d'angolo,
cornice lato cucina, cornice lato corto
Sezioni orizzontali
Scala 1:10

1. Barra led da 1,2 cm
2. Profilo ad L avvitato alla cornice
3. Cornice in legno avvitata sul doppio strato in cartongesso
4. Doppio strato di pannelli di cartongesso ignifugo
5. Struttura orizzontale in alluminio
6. Pannello in legno
7. Finitura esterna in tessuto tipo ecopelle
8. Carter sagomato in acciaio satinato
9. Finitura in esterna in legno, tipo Abet laminato noce rosato 16 / 18
10. Montanti verticali in alluminio
11. Arazzo
12. Profilo ad L in acciaio di rifinitura

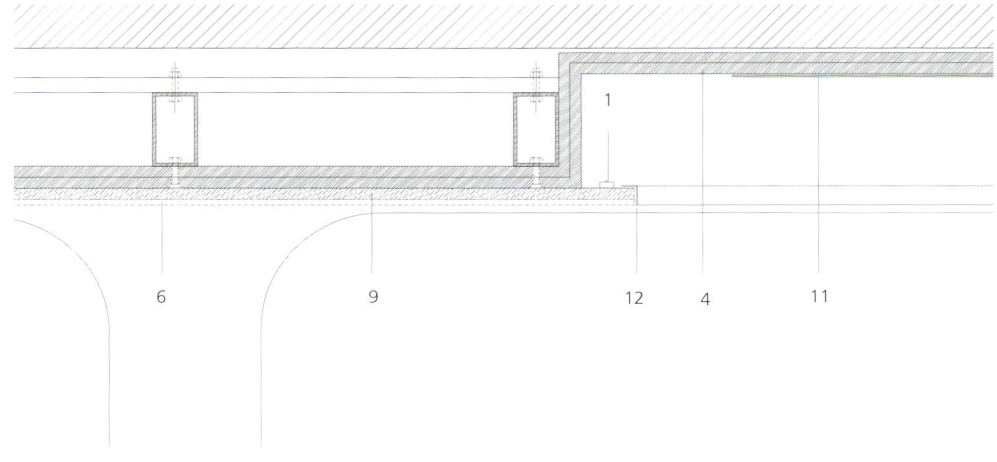

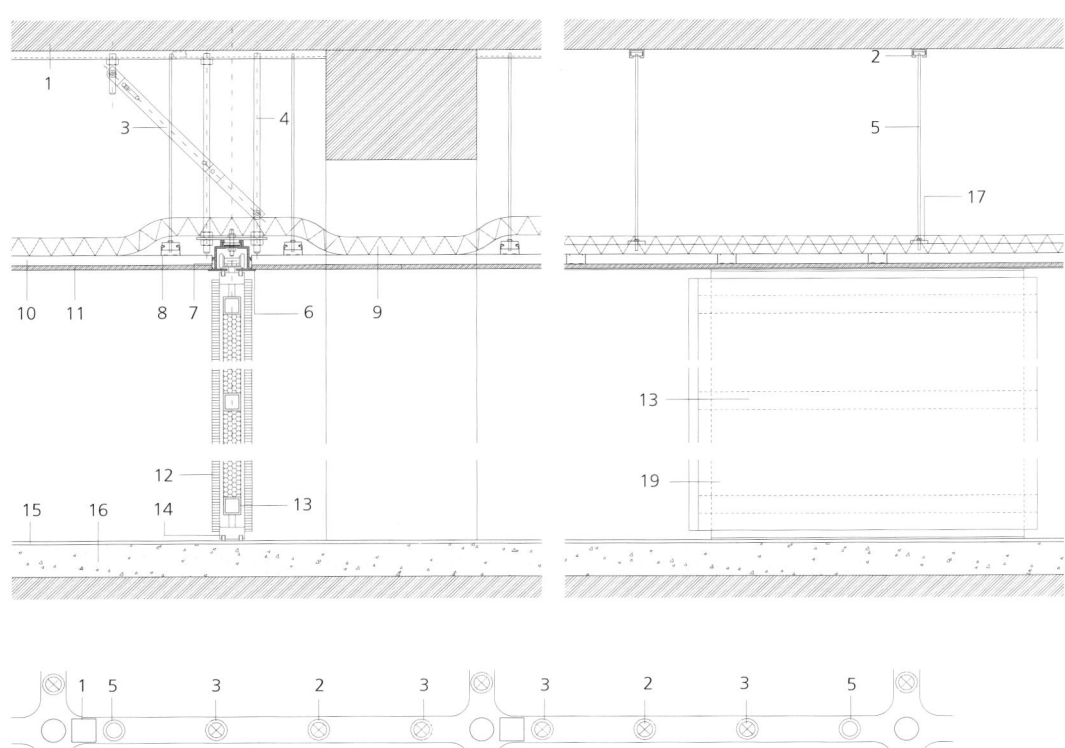

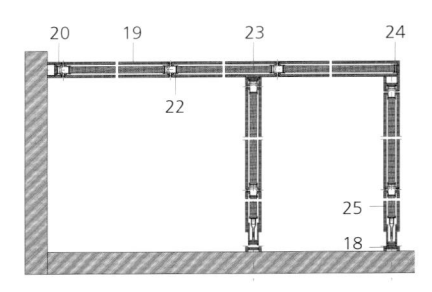

Pannelli mobili
Sezioni verticali
Scala 1:20

Pianta
Scala 1:50

1. Struttura esistente
2. profili di ancoraggio tipo halfen dynagrip hzm 37 / 23
3. Irrigidimento sospensione binario
4. Sospensione binario
5. Barra filettata di sospensione, Ø 6 mm
6. Guida di scorrimento in alluminio anodizzato
7. Guarnizione acustica
8. Orditura primaria profili in alluminio tipo "knauf c plus", dimensioni 50 x 27 x 6 mm
9. Lana minerale, spessore 50 mm
10. Orditura secondaria profili in alluminio tipo "knauf c plus", dimensioni 50 x 27 x 6 mm
11. Controsoffitto in cartongesso tipo "knauf d112" spessore 12,5 mm, classe di carico tra 15 e 30 kg /mq, isolamento acustico 52 db
12. Pannelli di tamponamento in truciolare ignifugo, classe 1 con finitura superficiale in laminato
13. Profilo scatolare in acciaio, dimensioni 50 x 50 mm
14. Listelli di compensazione in alluminio anodizzato nero, guarnizioni di compensazione
15. Pavimento di moquette in velluto tufted, spessore 9 mm
16. Massetto in conglomerato cementizio esistente, spessore 90 mm
17. Gancio semplice con dado esagonale di regolazione, Ø 6 mm
18. Montante di arrivo tipo Anaunia - ma
19. Pannello tipo Anaunia - modulo s monocarrello
20. Profilo in alluminio anodizzato con guarnizione di tenuta
21. Montante di aggancio a parete tipo Anaunia - mp
22. Giunto tipo di aggancio fra i pannelli
23. Pannello tipo Anaunia con montante per innesto a T
24. Pannello tipo Anaunia con montante per innesto angolare
25. Pannello tipo Anaunia con profili nascosti su montante di arrivo

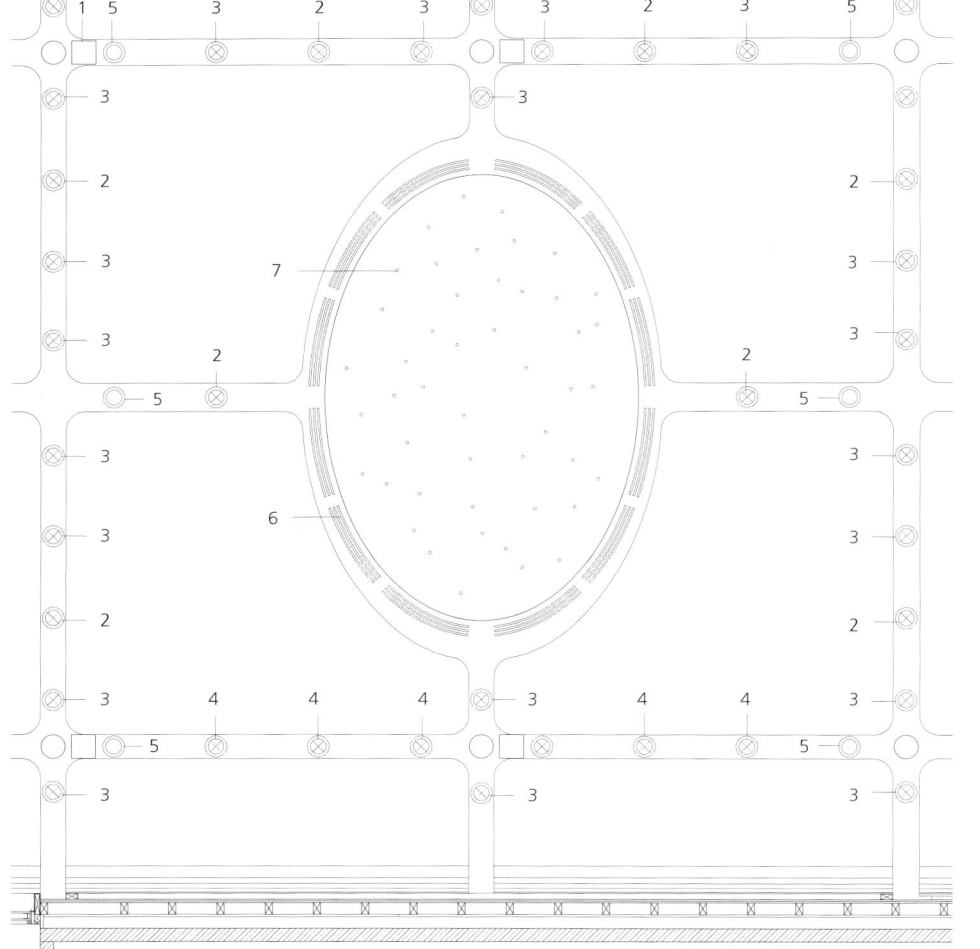

Dettaglio degli oblò luminosi del controsoffitto
Pianta generale e pianta di dettaglio del sistema di sospensione del controsoffitto
Scala 1:50

1. Foratura bordata su controsoffitto, con botola di chiusura, dimensioni 20 x 20 mm
2. Apparecchio ad incasso per installazione su controsoffitti a scomparsa privo di cornice a vista con vano lampada in lamiera di acciaio nera, completo di lampada a led orientabile da 18 W con ottica da 6°- 8° e alimentatore elettronico di riferimento.
3. Apparecchio ad incasso per installazione su controsoffitti a scomparsa privo di cornice a vista con vano lampada in lamiera di acciaio nera, completo di lampada alogena da 75 W con ottica a 45° e alimentatore elettronico di riferimento.
4. Apparecchio ad incasso per installazione su controsoffitti a scomparsa privo di cornice a vista con vano lampada in lamiera di acciaio nera per illuminazione Arazzi
5. Diffusori acustici
6. Catodo freddo rgb
7. Fibra ottica

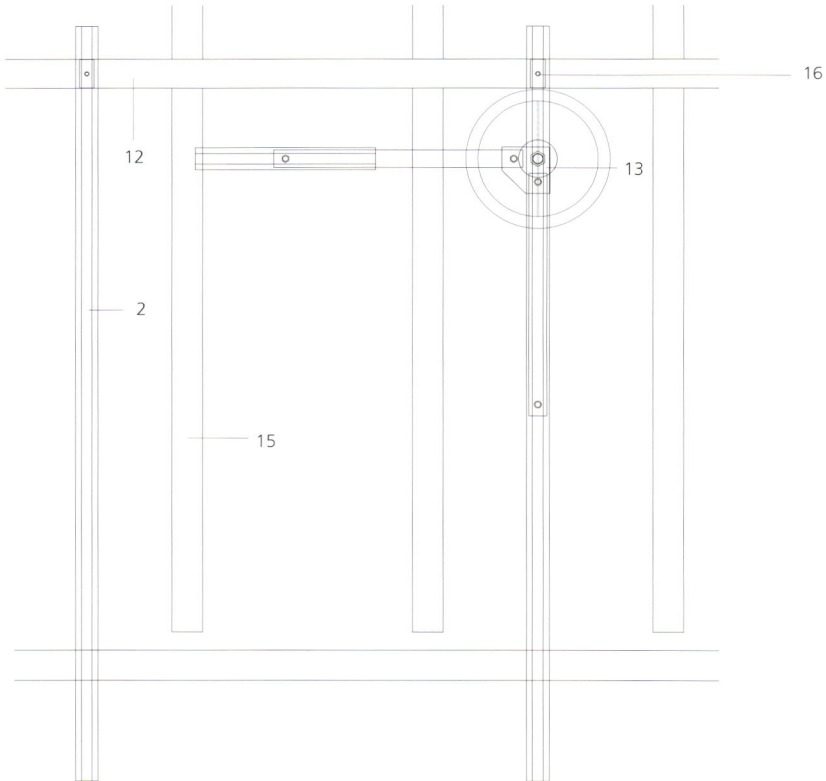

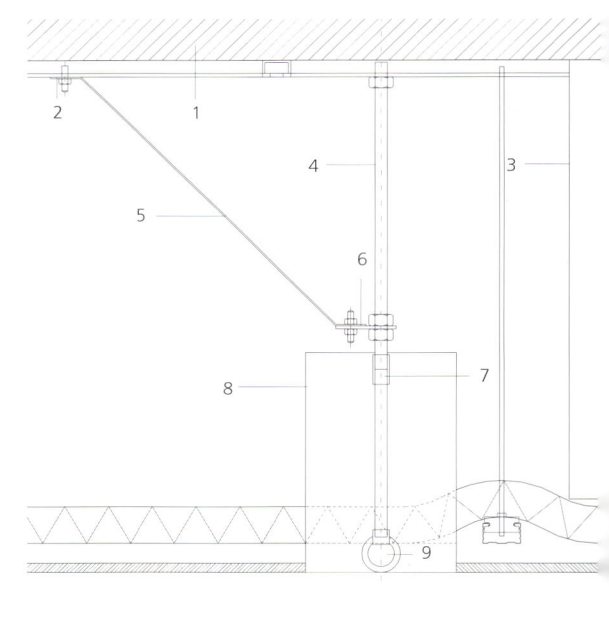

Dettagli degli ancoraggi dei controsoffitti
Pianta e sezioni verticali
Scala 1:20

1. Struttura esistente
2. Profili di ancoraggio tipo halfen dynagrip hzm 37 / 23
3. Proiezione struttura

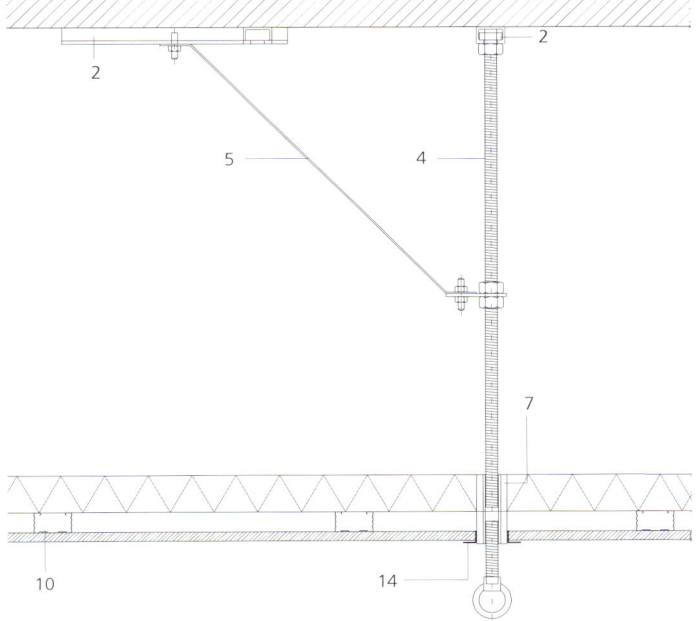

New Congress Center Hotel Rome Cavalieri, The Waldorf Astoria Collection a Roma

4. Barra filettata tipo bullone halfen hzs 38 / 23 m16
5. Irrigidimento trasversale hanging point
6. Fissaggio irrigidimento alla barra filettata in due direzioni
7. Manicotto cilindrico di raccordo
8. Finitura con elemento cilindrico appoggiato sul controsoffitto, Ø 200 mm
9. Golfare din 582, carico ammissibile 7,0 kN
10. Orditura primaria profili in alluminio tipo "knauf c plus", 50 x 27 x 6 mm

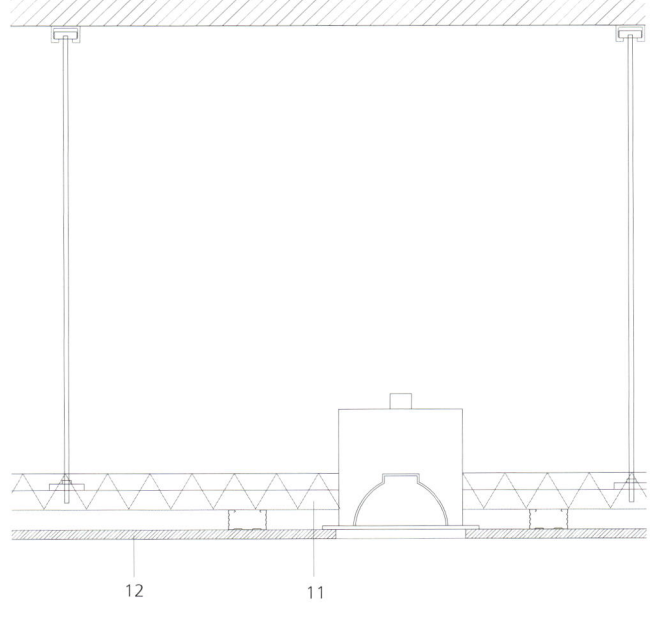

11. Isolante in lana minerale, spessore 50 mm
12. Lastra in cartongesso, spessore 12,5 mm
13. Piastra per fissaggio irrigidimenti hanging point
14. Profilato circolare di rifinitura del foro
15. Orditura secondaria profili in alluminio tipo "knauf c plus", 50 x 27 x 6 mm
16. Appendimento controsoffitto, gancio semplice con dado esagonale di regolazione, Ø 6 mm

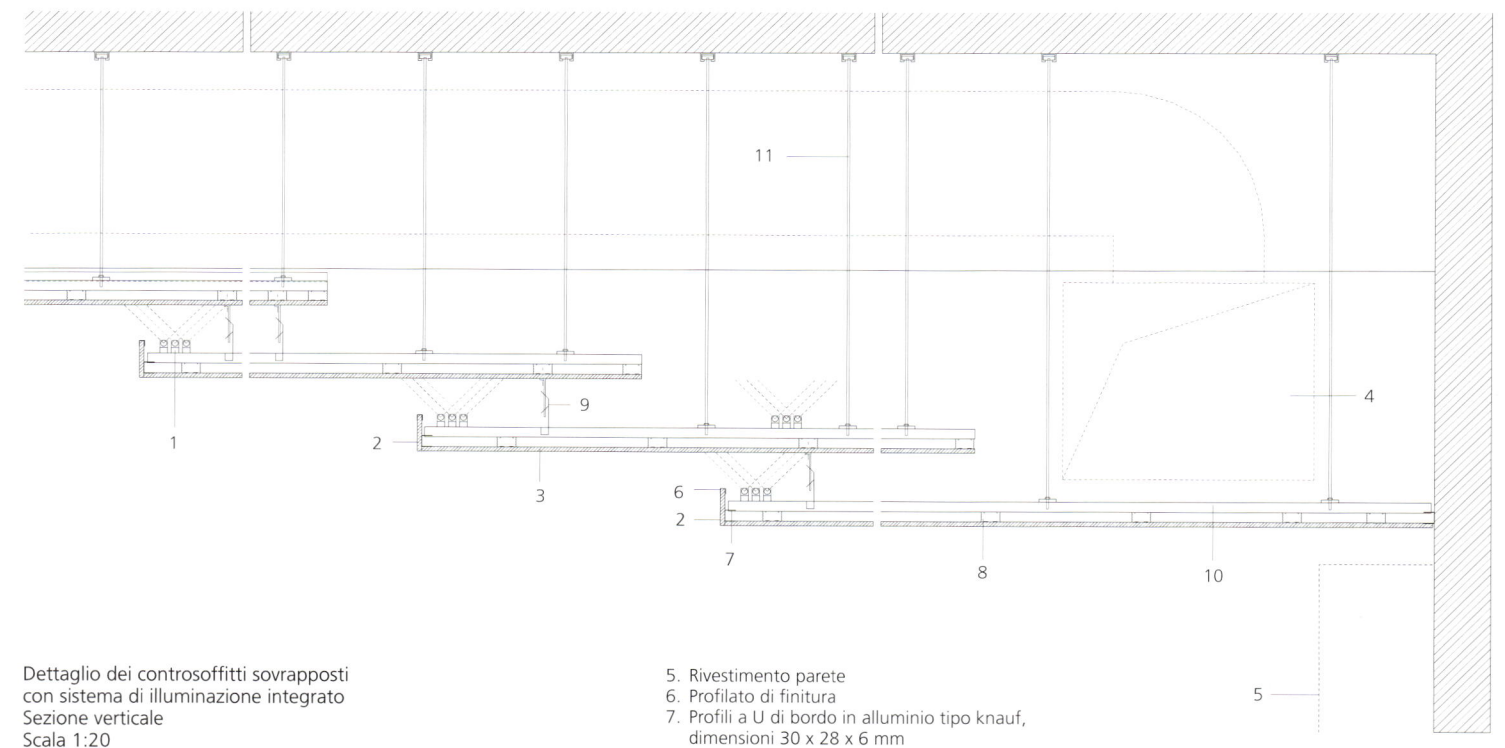

**Dettaglio dei controsoffitti sovrapposti
con sistema di illuminazione integrato
Sezione verticale
Scala 1:20**

1. Illuminazione neon tipo tlb piccolina, dimensioni 1175 x 20 mm, altezza 35 mm appoggiata sulla orditura primaria in tre file rgb (nelle curve tlb piccolina, dimensioni 490 x 20 o 345 x 20 mm)
2. Bordo controsoffitto ribassato, in cartongesso dipinto, appeso al controsoffitto sovrastante
3. Controsoffitto in cartongesso con doppia orditura, appeso al soffitto, peso circa 15 kg / mq
4. Passaggio impianti
5. Rivestimento parete
6. Profilato di finitura
7. Profili a U di bordo in alluminio tipo knauf, dimensioni 30 x 28 x 6 mm
8. Orditura secondaria, interdistanza circa 400 mm
9. Appendimento bordo controsoffitto con gancio alla struttura del controsoffitto sovrastante
10. Orditura primaria interdistanza circa 500 mm per appoggiare i neon
11. Barra filettata di sospensione Ø 6 mm, interdistanza circa 375 mm

n.b. Nella zona di sovrapposizione dei controsoffitti, i punti di appendimento sono raddoppiati.

Mobile lavabo
Pianta
Scala 1:50

Dettaglio sezione verticale
Scala 1:10

1. Giunto siliconato
2. Foro nel piano inferiore per ispezione sifone, Ø 15 cm
3. Foro nel piano superiore per incasso lavabo
4. Lavabo in ceramica bianca
5. Rivestimento bagno donne, laminato plastico tipo incollato su multistrato; bagno uomini, lastre in vetro incollato su laminato, spessore 4 mm
6. Multistrato, spessore 22 mm
7. Struttura, scatolare in acciaio, dimensioni 4 x 4 cm, spessore 5 mm, passo 75 cm
8. Ancoraggio alla parete

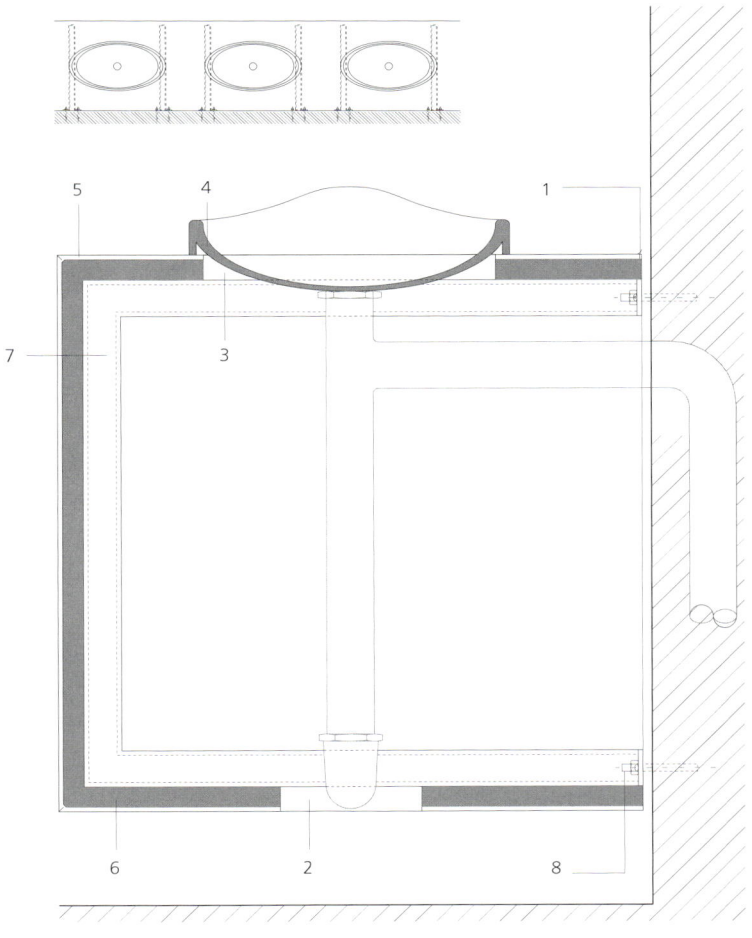

Ferrari Factory Store a Serravalle Scrivia - Alessandria

indirizzo:	via Della Moda, 1		periodo di realizzazione:	2008 - 2009
città:	Serravalle Scrivia (AL)		committente / proprietario:	Henderson Global Investor e Mc Arthur Glen
progettista:	Iosa Ghini Associati		tipologia intervento:	nuova costruzione
collaboratori:	Valeria Lombardo Davide Seu		destinazione intervento:	commercio
			dimensioni:	370 mq
consulenti:	M&E Engineering Hydea Sunglass			

–Serravalle Scrivia

Iosa Ghini Associati

Massimo Iosa Ghini, architetto

via Castiglione, 6
Bologna

www.iosaghini.it
info@iosaghini.it

Massimo Iosa Ghini (1959) studia Architettura a Firenze e si laurea al Politecnico di Milano. Nel 1985 fonda il movimento culturale Bolidismo ed entra a far parte del gruppo Memphis con Ettore Sottsass. Nel 1990 nasce Iosa Ghini Associati, con sede a Bologna e a Milano, in cui lavorano 35 professionisti di varie nazionalità.
Lo Studio progetta spazi commerciali e museali, aree e strutture dedicate al trasporto pubblico e cura il design di catene di negozi. Tra i progetti principali si annoverano i Ferrari Store in Europa, Stati Uniti e Asia; la residenza polifunzionale a Budapest; vari hotel in Europa (tra cui a Budapest, Nizza e Bari); le aree aeroportuali dell'Alitalia. E ancora, la stazione metropolitana di Kröpcke ad Hannover, Germania (2000); il centro commerciale The Collection a Miami, USA (2002); il Museo Galleria Ferrari a Maranello, Modena (2004); la sede della Seat Pagine Gialla, Torino (2009); il progetto dell'infrastruttura di trasporto People Mover a Bologna e l'Executive Business Center dell'IBM a Roma (2010).

Il Ferrari Company Store di Serravalle Scrivia è situato esternamente al recinto dell'Outlet McArthur Glen di Serravalle Scrivia (AL). Per la prima volta nella storia dei Ferrari Stores è stato realizzato un edificio ex novo in cui ospitare il negozio. La struttura gode di una posizione privilegiata, essendo una delle prime costruzioni dell'Outlet visibile dal parcheggio principale e dalle vie d'accesso e per questo è stata disegnata con un esterno che s'identifichi immediatamente come "luogo Ferrari".
La costruzione, di circa 370 mq, è caratterizzata da una grande galleria vetrata scenografica, che richiama l'immagine e l'ambiente dei box di Formula 1, proiettando i visitatori direttamente nel mondo Ferrari. Da un punto di vista tecnico, la galleria vetrata è realizzata in un modo altamente innovativo, con un sistema di facciata curva priva di montanti e traversi; questo permette una totale visibilità interno-esterno. I moduli vetrati curvi sono assemblati fra loro da un sistema d'ancoraggio frameless, ovvero del tutto privo di montanti di supporto, sostituiti da un sistema a "clips" puntuale ed ultraleggero che garantisce la percezione della continuità materica tra le lastre di vetro e conferisce leggerezza all'intero sistema.
Il benessere climatico della class gallery è assicurato da un sistema di circolazione che sfrutta il moto convettivo dell'aria. Questo consente il raffrescamento passivo ad induzione naturale all'interno dell'involucro vetrato, mediante l'introduzione dell'aria fresca dalle griglie e dalle bocche di diffusione esterne situate a filo del pavimento lungo tutto il perimetro; inoltre è possibile l'espulsione di aria calda dalle bocchette di ripresa situate alla sommità della galleria. Tale sistema naturale è supportato da un meccanismo di immissione ed espulsione forzata che può essere attivato quando le particolari condizioni climatiche lo richiedano. In aiuto ai dispositivi descritti, il vetro dell'involucro esterno è stato trattato con speciali pellicole anti UV e uno schermo serigrafico, che consente di abbattere l'irradiazione solare con una superficie calcolata secondo i parametri preimpostati, in un'ottica di risparmio energetico, come prescritto dalle normative del settore a livello nazionale. Attraversata la glass gallery, si entra nello spazio commerciale vero e proprio. Come per tutti i Ferrari Store nel mondo, alle diverse aree merceologiche competono diversi sistemi di allestimento: nella zona fan è stato progettato un sistema a doghe di alluminio ad alta flessibilità; nella zona lusso il trattamento delle vetrine prevede l'uso di materiali morbidi, pelli e laccature spazzolate; nella zona bimbo l'allestimento integra i due sistemi, doghe e vetrine, unificate dalla finitura laccata gialla. Un controsoffitto sagomato che sottolinea la forma dell'involucro accompagna il percorso dei visitatori. La progettazione degli spazi è strettamente connessa al progetto di design e della grafica, studiata ad hoc per ogni Ferrari Store. Lo stile grafico è parte integrante del progetto, in una visione dello spazio architettonico molto personale, in cui le tre dimensioni si incontrano per ottenere un ambiente che coinvolge tutti i sensi, e avvince il visitatore.

Iosa Ghini Associati

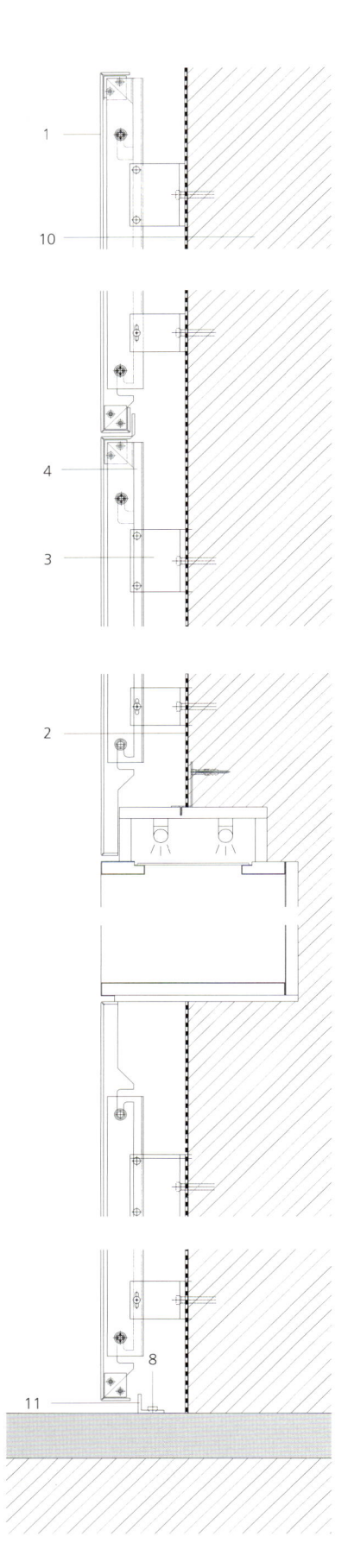

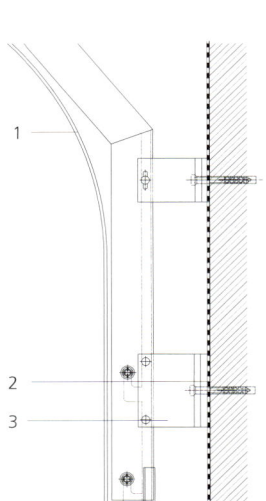

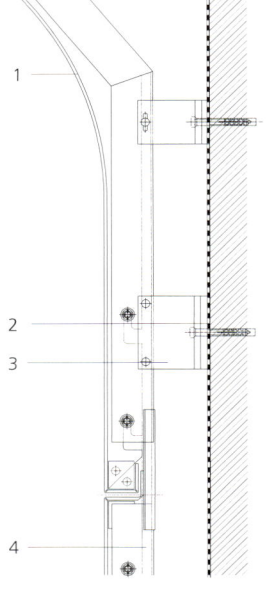

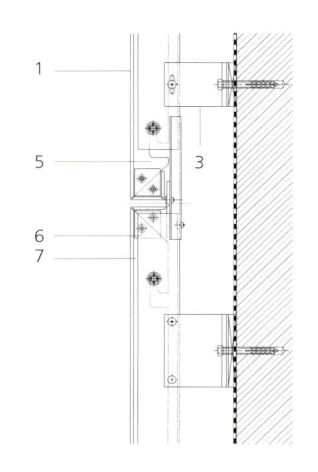

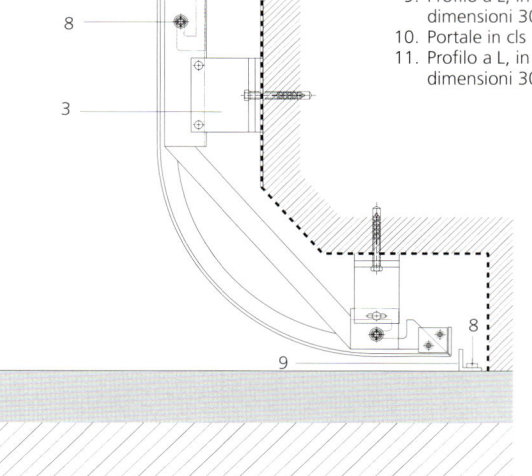

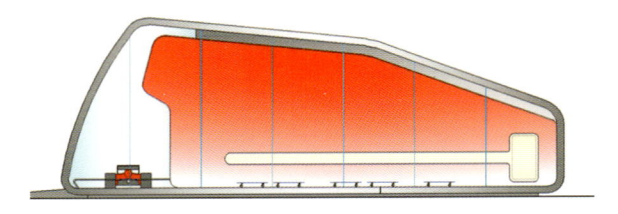

Prospetto est di riferimento e planimetria delle coperture
Scala 1:250

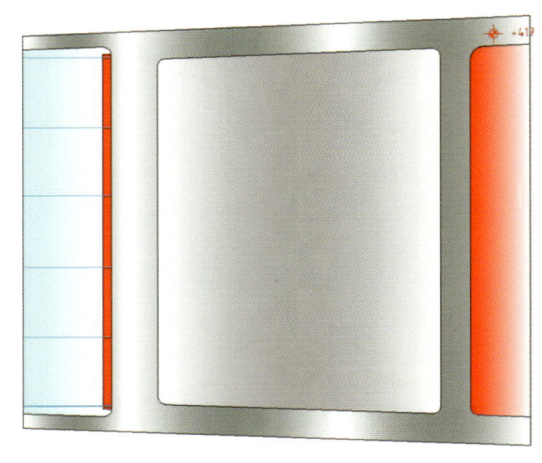

Sezioni tecnologiche verticali
con il dettaglio del rivestimento in alucobond
Scala 1:10

1. Pannello sandwich con rivestimento in lega di alluminio, spessore 5 mm, finitura colore rosso e nucleo in materiale termoplastico ad alta densità, spessore totale 4 mm
2. Limite massimo ingombro del rivestimento
3. Staffa a parete
4. Profilo in acciaio estruso a U, dimensioni 55 x 65 mm, spessore 2,5 mm
5. Tubolare in acciaio presso piegato per il drenaggio delle acque
6. Rivetto in acciaio
7. Profilo in acciaio estruso a C dimensioni 55 x 65 mm, spessore 2,5 mm
8. Vite in acciaio inox m10
9. Profilo a L, in acciaio verniciato, dimensioni 30 x 30 mm
10. Portale in cls
11. Profilo a L, in acciaio verniciato, dimensioni 30 x 40 mm

Ferrari Factory Store a Serravalle Scrivia - Alessandria

Sezione trasversale
e pianta con l'indicazione
del sistema di illuminazione
Scala 1:200

1. Ingresso
2. Galleria Vetrata, 74 mq
3. Spazio Commerciale
4. Camerini
5. Spazio addetti
6. Magazzino, 45 mq
7. Uscita di sicurezza
8. Carico / scarico merci

9. Illuminazione del logo "Ferrari Store" (vedi in legenda "SOLAR2 L HIT150W WFL posizionato su binario trifase")
10. Illuminazione delle vetture (vedi in legenda "PANOS S HIT 150W FL posizionato ad incasso")
11. Illuminazione della nicchia box (vedi in legenda "PASO2 R260 70W HIT-DE ASIMMETRICO posizionato ad incasso nel pavimento")

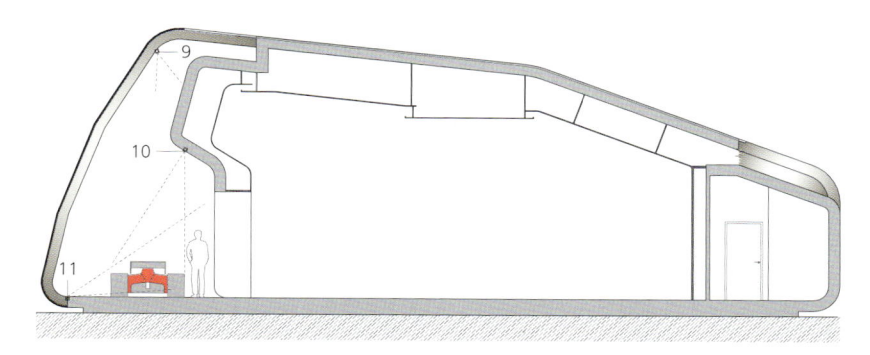

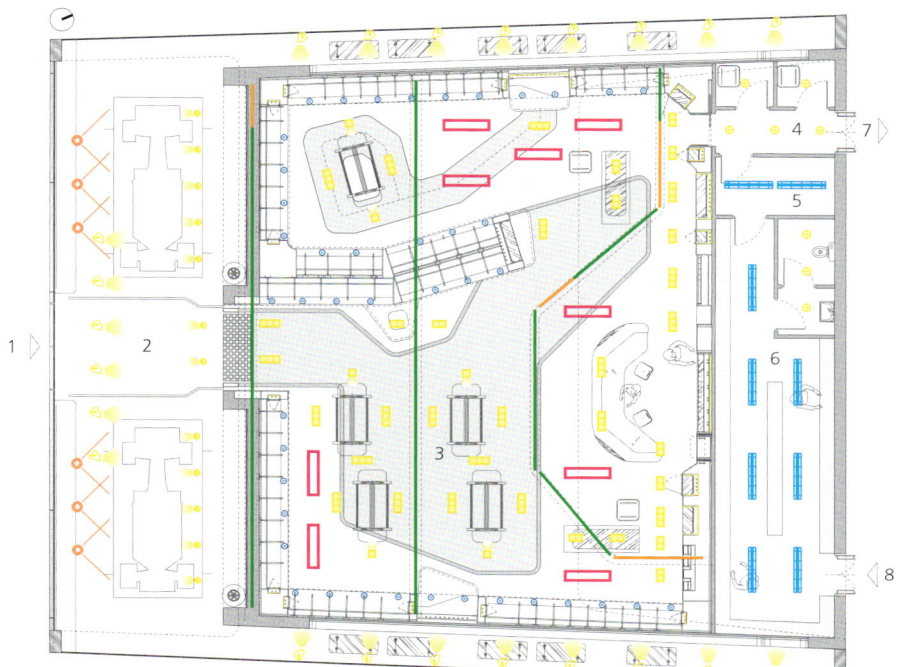

Legenda delle tipologie delle sorgenti luminose

- L-FIELDS E 2/28W posizionato ad incasso
- SCUBA 2/36W posizionato ad soffitto
- SOLAR2 L HIT150W WFL posizionato su binario trifase
- PANOS S HIT 150W FL posizionato ad incasso
- CARDAN SPIRIT 3/70W HIT FL posizionato ad incasso
- PASO2 R260 70W HIT-DE ASIMMETRICO posizionato ad incasso nel pavimento
- ZE 1/35W T16 posizionati sopra la veletta
- ZE 1/28W T16 posizionati sopra la veletta

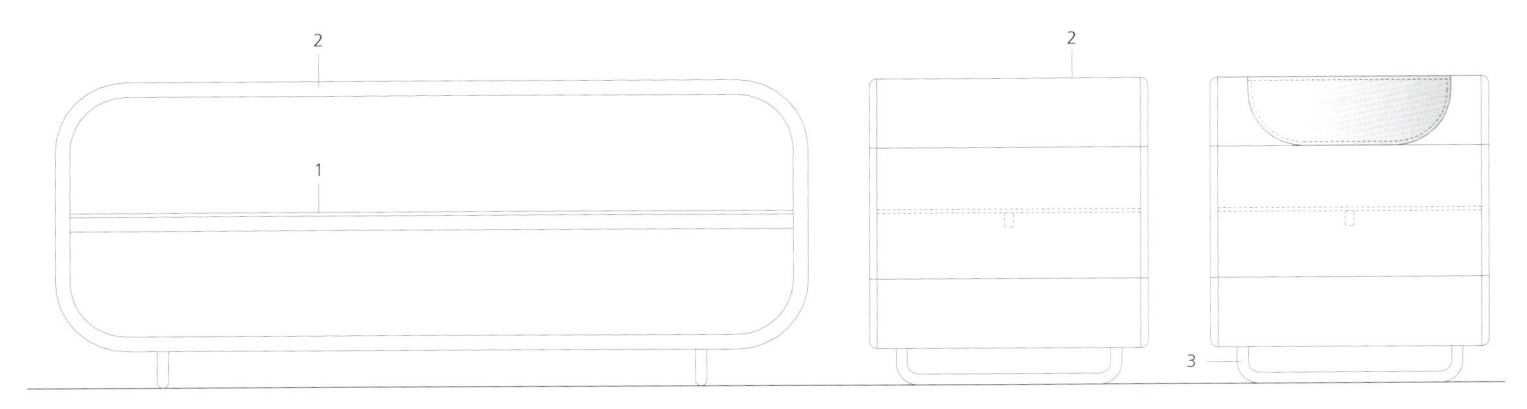

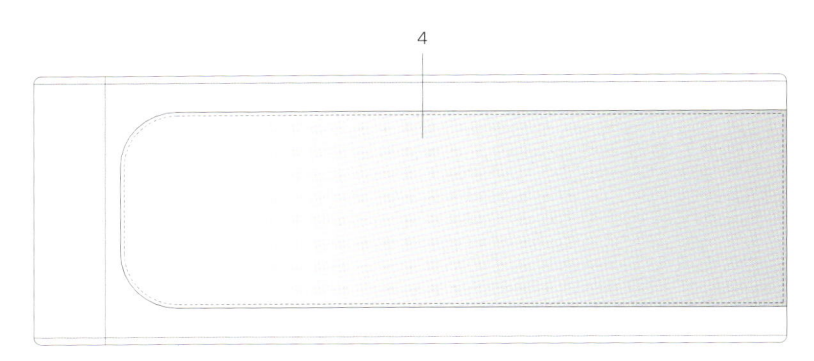

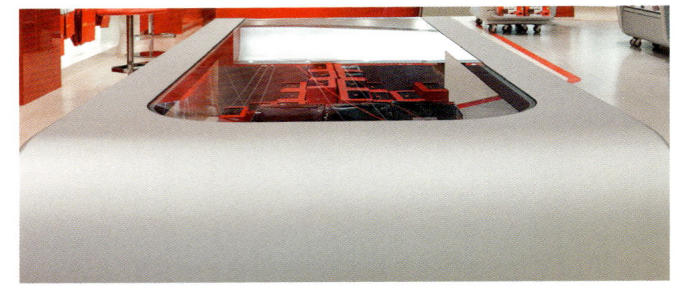

Dettaglio del banco espositore in cristallo
Vista frontale, viste laterali e vista dall'alto
Scala 1:20

1. Piano riposizionabile in altezza su tre livelli, in cristallo extrachiaro con barra centrale di sostegno in acciaio, finitura satinata
2. Scocca del banco in mdf laccato silver a campione, finitura antigraffio
3. Piedi in tubolare d'acciaio, finitura satinata
4. Cristallo extrachiaro sagomato costituito da unico pezzo, lineare e curvo sull'angolo

Nella pagina a fianco, parete attrezzata
Vista frontale e sezione orizzontale
Scala 1:120

1. Mobile a ripiani sovrailluminato con spalle, schiena e fronte in mdf, finitura laccato lucido colore a campione
2. Mobile angolare in mdf laccato rosso lucido a campione con nicchia lusso retroilluminata con ripiani e anta in cristallo con chiusura di sicurezza
3. Porta uscita di sicurezza con maniglioni antipanico a spinta, rivestimento in mdf, finitura laccato rosso lucido a campione
4. Mobile in mdf laccato rosso lucido a campione con nicchia retroilluminata, dotata di ripiani in cristallo
5. Pannello atto a ricevere la grafica
6. Mobile con zoccolo retroilluminato
7. Struttura di ancoraggio e sostegno per modello auto
8. Mobile in mdf laccato rosso lucido a campione con nicchie retroilluminate dotate di ripiani in cristallo e anta con chiusura di sicurezza
9. Mobile in mdf laccato rosso a campione dotato di nicchie portaocchiali e specchio sagomato con posaoggetti
10. Spalla per doga in mdf laccato lucido colore a campione con nicchia retroilluminata
11. Zoccolo bianco opaco sovrailluminato
12. Cassetti storage a scomparsa con maniglia ad incasso in mdf laccato lucido rosso a campione

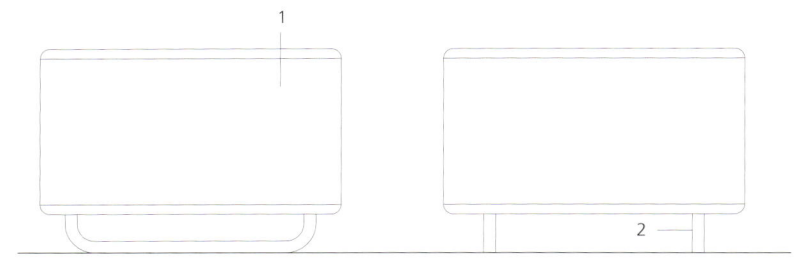

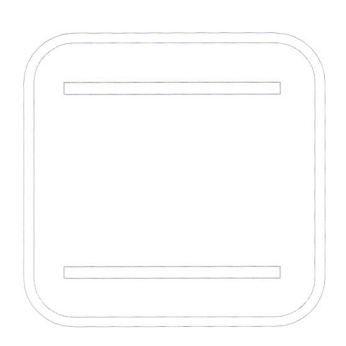

Dettaglio della seduta a pouf
Vista frontale, vista laterale e vista dall'alto
Scala 1:15

1. Rivestimento in pelle Frau colore rosso a campione
2. Piedi in tubolare d'acciaio, finitura satinata

Ferrari Factory Store a Serravalle Scrivia - Alessandria

Sezione tecnologica
dell'espositore di giacche
e magliette
Scala 1:30

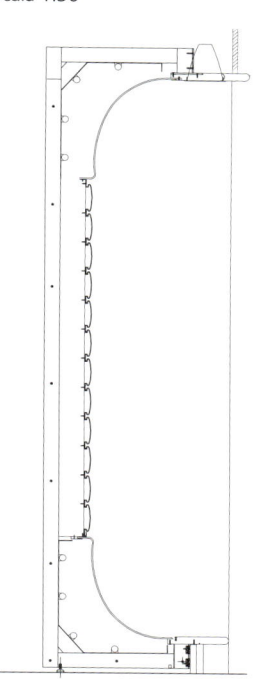

13. Blocco teca modelli
con cavallino Ferrari in cromo
e nicchia per inserimento
monitor 50"
14. Vetro opalino retroilluminato
con mensole in cristallo
e barra porta shop bags
15. Spalla in cartongesso rasato
con tinteggiatura
idrorepellente bianca
a campione dotata
di ferramenta di supporto
per modello e cassetto storage
a scomparsa in mdf laccato
bianco lucido a campione

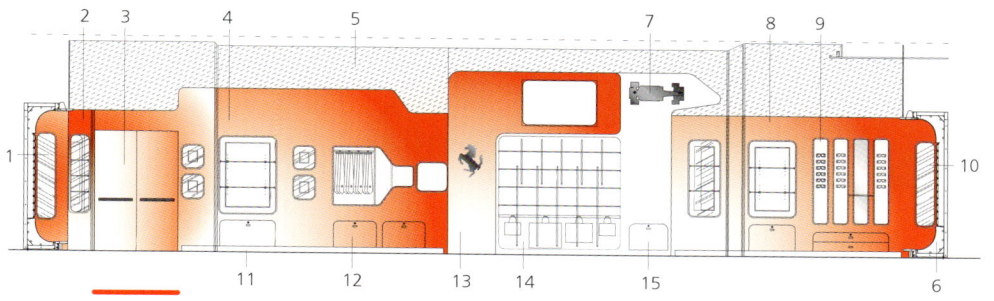

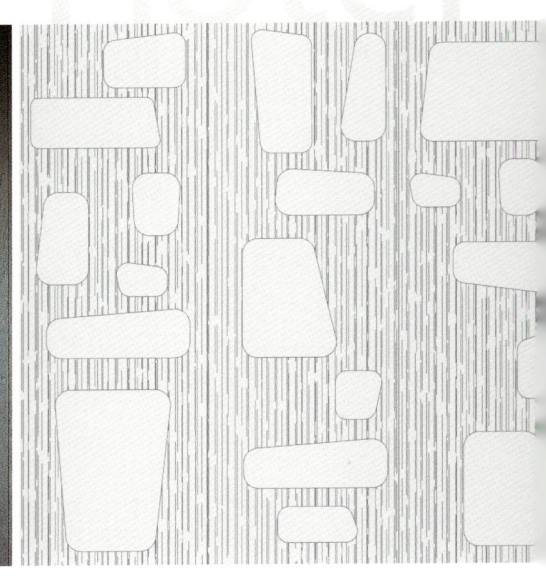

Esperidi Park Hotel a Castelvetrano - Trapani

indirizzo:	SS 115	periodo di realizzazione:	2006 - 2008
città:	Castelvetrano (TP)	committente / proprietario:	Cange Hotel s.r.l. di Caterina Amodeo
progettista:	Orazio La Monaca, architetto	premi architettonici:	segnalato nel Premio "Quadranti d'Architettura" sezione "Premio G. B. Vaccarini ad un'architettura d'interni"; 1° Classificato al "Premio Ischia di Architettura" alla carriera per le strutture alberghiere
collaboratori:	Vincenzo Mangiaracina, Francesco Cannova, Rosa Maria D'Antoni, Benedetto Monachella, Maria Barbera, Dina Leone, Francesco La Barbera, Giovanna Sciortino	tipologia intervento:	nuova costruzione
consulenti:	Francesca Impellizzeri Leonardo Tilotta - progetto strutturale Salvatore Palermo - progetto impianti Giuseppe Taddeo, Vincenzo Barresi - responsabili sportello unico	destinazione intervento:	ospitalità
		dimensioni:	superficie lotto 14.456 mq superficie coperta 1.875 mq volume 23.437 mc
		imprese esecutrici:	Amodeo Costruzioni s.r.l. Lumes - illuminazione Milazzo Antonino - realizzazione spa Meda Arredamenti di Curiale Giovanni & C. s.a.s. - arredi interni in legno SIcilcomet s.r.l. di Antonino Di Via - serramenti in alluminio Tommaso Concadoro - tessuti
		costi di realizzazione:	6.350.000 euro

# Castelvetrano

La Monaca Studio di Progettazione

Orazio La Monaca, architetto

via M. Santangelo,
condominio Chiara
Castelvetrano (TP)

www.lamonacaarchitetto.it
info@lamonacaarchitetto.it
arch.lamonaca@libero.it

L'attività di ricerca di Orazio La Monaca è volta allo studio dei materiali e all'utilizzo della luce nella definizione dello spazio. Il metodo progettuale è intriso di dettagli costruttivi: la ricerca su colori, grane e materiali è pensata all'interno di una logica in cui decorazione e studio spaziale si integrano. La conoscenza dell'architettura contemporanea lo rende un progettista europeo: le sue opere, esposte in mostre italiane ed estere, ricreano l'immagine di architetture parlanti che recuperano un rapporto con l'ambiente, riproponendo spazi della memoria collettiva. La critica ha manifestato l'interesse esponendo i suoi lavori presso mostre italiane ed estere, tra cui: la 12° Mostra Internazionale di Architettura a Venezia - Padiglione Italia, OperA a Palermo, 2010 European Prize for Urban Public Space a Barcellona, Orazio La Monaca: Opere e progetti a Roma, Project Lebanon a Beirut, III edizione della Medaglia d'Oro all'Architettura italiana a Milano, XXIII Congresso Mondiale dell'architettura a Torino, Premio Giovan Battista Vaccarini a Pedara, Premio Ischia di Architettura.

L'Esperidi Park Hotel, realizzato a ridosso della SS 115 per Marinella di Selinunte, vicino all'autostrada, si inserisce armoniosamente nel contesto, qualificando il sito sia per la qualità del manufatto, sia per gli ampi spazi dedicati al verde. Il progetto è contraddistinto dalla ricerca di un'alta qualità ambientale cioè dal rapporto privilegiato tra l'edificio e il paesaggio circostante, ad esempio l'attiguo e ampio aranceto, con la sua luce naturale. Volumetricamente l'edificio esprime chiaramente alla vista tre grandi corpi funzionali: uno posto in parallelo alla strada e due posti perpendicolarmente allo stesso, quasi a forma di pettine. L'accesso principale è segnalato da un corpo aggettante in acciaio e vetro che si affaccia sullo spazio aperto antistante e delimita l'area a tripla altezza: il prospetto, completamente trasparente, annulla la distinzione fra interno ed esterno, illuminando gli interni. Al calare della notte, la tripla altezza prende le sembianze di un faro luminoso: la miriade di cristalli Swarovski del grande lampadario all'ingresso, colpiti da luce propria e indiretta, illumina l'intera sezione come un silenzioso schermo rivolto verso l'alto, che accompagna lo sguardo a cogliere i dettagli discreti ed efficaci degli interni. Il fronte della hall si sviluppa per fasce orizzontali, scandendo quattro spazi funzionali differenti piano per piano: la hall al piano terra, la zona lettura al primo piano, la zona tv al secondo piano e la zona relax al terzo. Un rivestimento in marmo rosso di Castellammare connota il basamento del manufatto, come uno zoccolo che sottolinea ed evidenzia l'attacco al pavimento, realizzato in lastre di basolato bocciardato di tipo botticino. All'interno, le superfici e i vuoti, in interazione con la luce, configurano multiple esperienze spaziali, trasmettendo una sensazione di serenità e contribuendo a realizzare un progetto non per sottrazione ma per equilibrio perfetto tra più cose. Il volume regolare, sostenuto dalla modularità strutturale, si compone per compenetrazioni degli spazi: sorprendenti accenti di colori e superfici vetrate seducono lo sguardo e valorizzano la fruizione degli spazi. Le tonalità metalliche delle piastrelle in ceramica e dei pavimenti delle aree comuni si mischiano alle sfumature calde delle fasce in legno che bordano i percorsi. Gli arredi, eseguiti da artigiani locali, sono stati pensati ad hoc per caratterizzare ogni ambiente; l'illuminazione interna, efficace e discreta, esalta i particolari dando uniformità ai materiali e ai colori, come nel bar, dove l'utilizzo della carta da parati sulle pareti e sul tetto permette la lettura volumetrica dell'ambiente. I tavoli, le sedie, i divani, i carrelli, le pareti attrezzate, le forme semplici ed eleganti e il segno morbido regalano un'immediata sensazione di calda accoglienza. Il disegno è moderno, ma l'impressione è che quei tavoli, quelle pareti in legno, quei divani rivestiti in pelle dalle tonalità morbide siano familiari; gli arredi lasciano vivere lo spazio, lo completano, senza aggredirlo o invaderlo né formalmente né dimensionalmente. Qualcosa dei materiali antichi ritorna alla mente quando ci si ferma ad osservare la struttura lignea della sala ristorante che, con una trama geometrica, ritaglia all'interno del grande salone uno spazio opaco e pesante più intimo e funzionale; al calar del sole la luce artificiale filtra dai listelli in legno, facendo assumere alla parete un aspetto trasparente e senza peso. Rigirando l'angolo, la parete, sempre composta da listelli, diventa contenitore senza però perdere l'aspetto di elemento trasparente.

La Monaca Studio di Progettazione

Planimetria generale
Scala 1:1500

Il bar
Sezione orizzontale
Scala 1:100

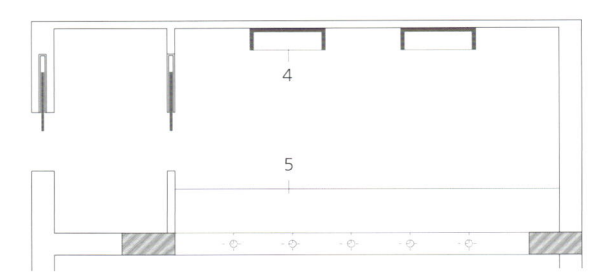

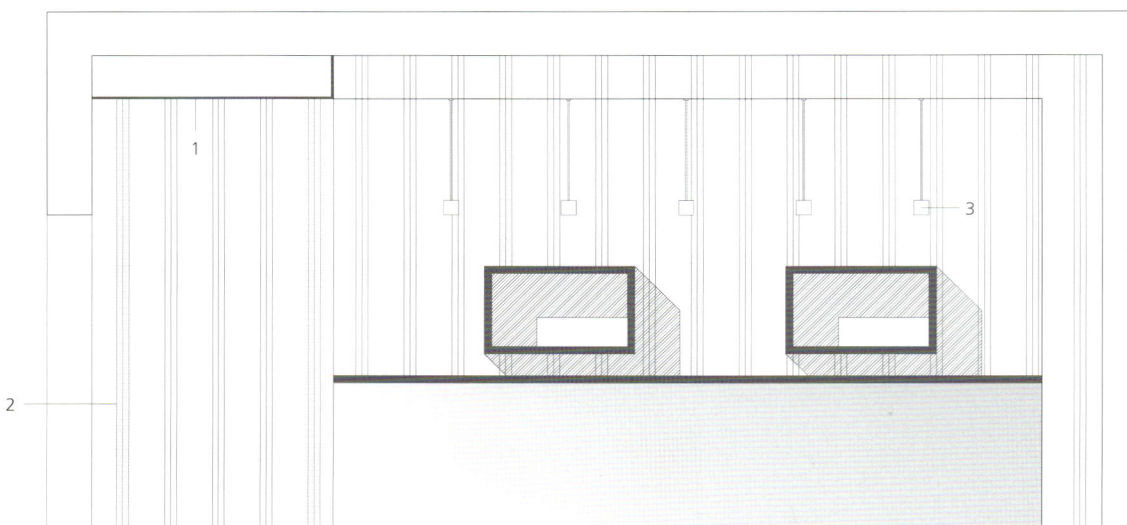

Il bancone del bar
Vista frontale
Scala 1:50

1. Controsoffitto
2. Carta da parati
3. Corpi illuminanti
4. Bottiglieria
5. Bancone rivestito in vetro satinato oro con illuminazione interna

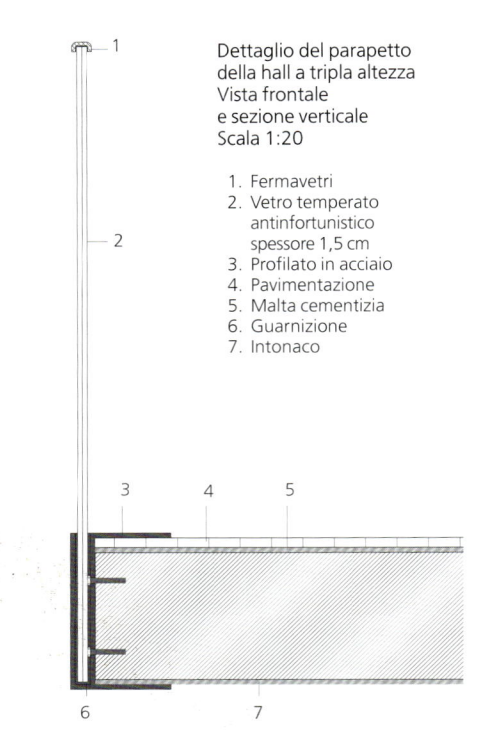

Dettaglio del parapetto
della hall a tripla altezza
Vista frontale
e sezione verticale
Scala 1:20

1. Fermavetri
2. Vetro temperato
   antinfortunistico
   spessore 1,5 cm
3. Profilato in acciaio
4. Pavimentazione
5. Malta cementizia
6. Guarnizione
7. Intonaco

Dettaglio
del serramento
Sezione verticale
Scala 1:10

1. Tubo in acciaio
   inox, Ø 15 cm
2. Angolare
   a C in acciaio inox,
   dimensioni
   300 x 100 x 100 mm
3. Vite snodata
   per fissaggio vetri
4. Vetro stratificato
   e temperato
5. Piastra in acciaio
   inox saldata
   all'angolare a C,
   dimensioni
   300 x 300 mm
6. Copertura
   in lamierato
7. Grondaia
8. Trave scatolare
   in acciaio,
   dimensioni
   15 x 15 cm
9. Guarnizione
10. Piastra in acciaio
    inox reggitubo
11. Piastra in acciaio
    inox saldata
    all'angolare a C,
    dimensioni
    120 x 120 mm
12. Angolare a C
    in acciaio inox,
    dimensioni
    120 x 100 x 100 mm

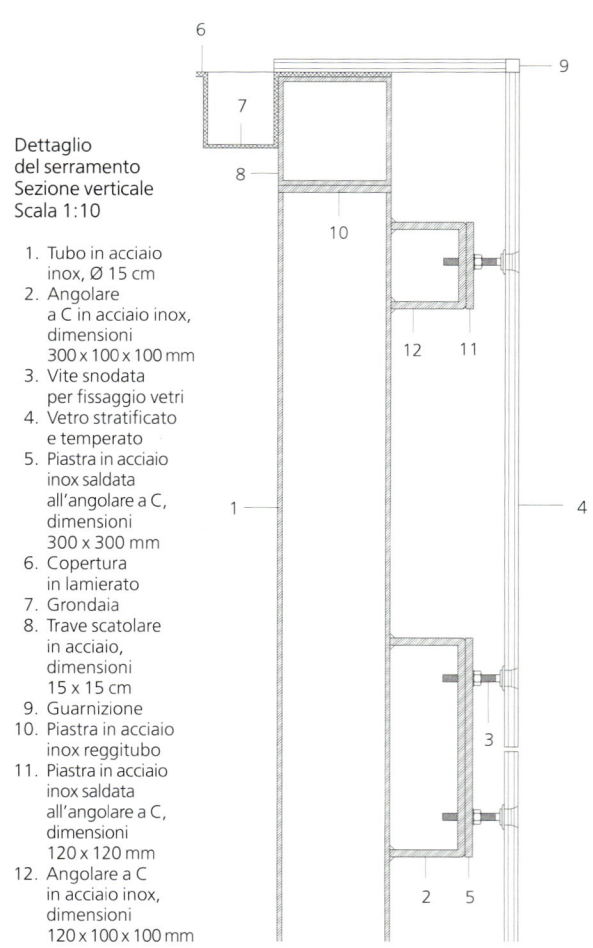

Esperidi Park Hotel a Castelvetrano - Trapani

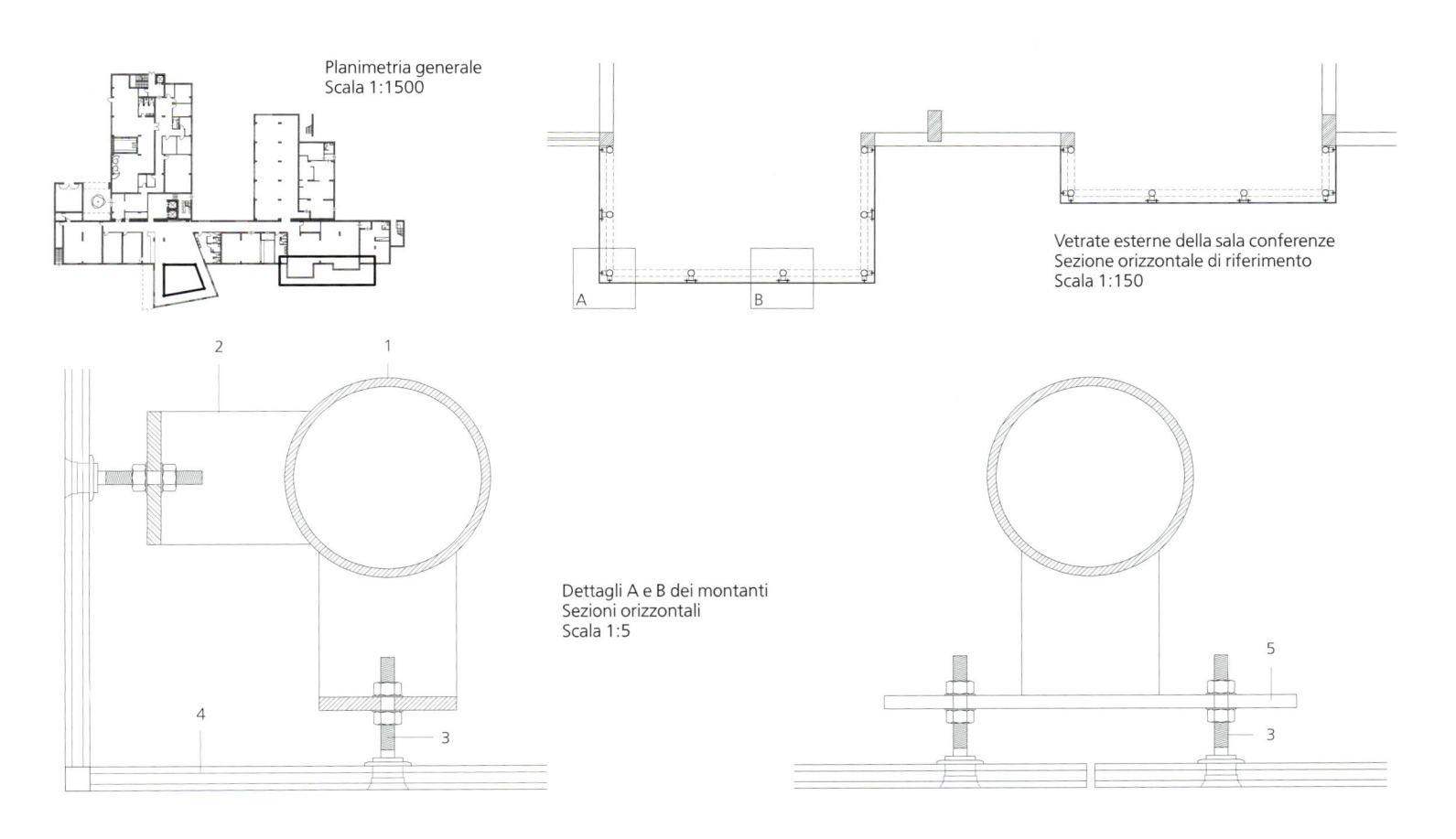

Planimetria generale
Scala 1:1500

Vetrate esterne della sala conferenze
Sezione orizzontale di riferimento
Scala 1:150

Dettagli A e B dei montanti
Sezioni orizzontali
Scala 1:5

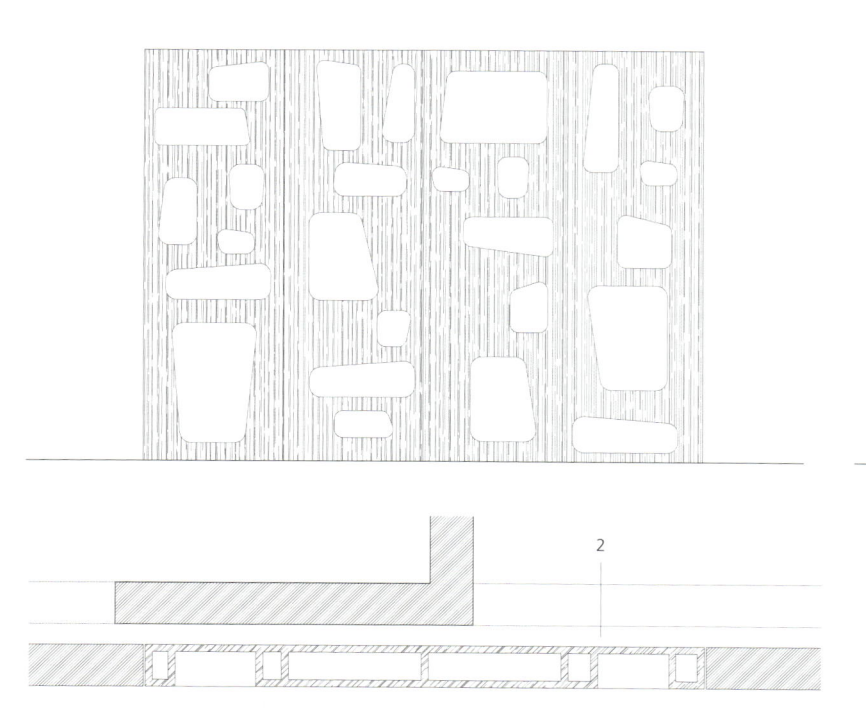

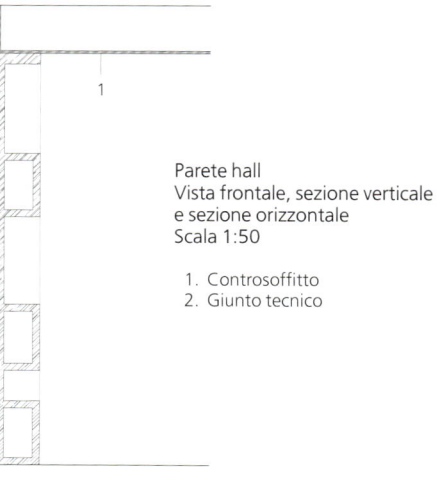

Parete hall
Vista frontale, sezione verticale
e sezione orizzontale
Scala 1:50

1. Controsoffitto
2. Giunto tecnico

Esperidi Park Hotel a Castelvetrano - Trapani

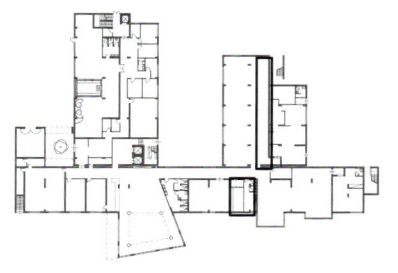

Planimetria generale
Scala 1:1500

Parete della sala ristorante
Vista interna del telaio e del rivestimento della parete
Scala 1:120

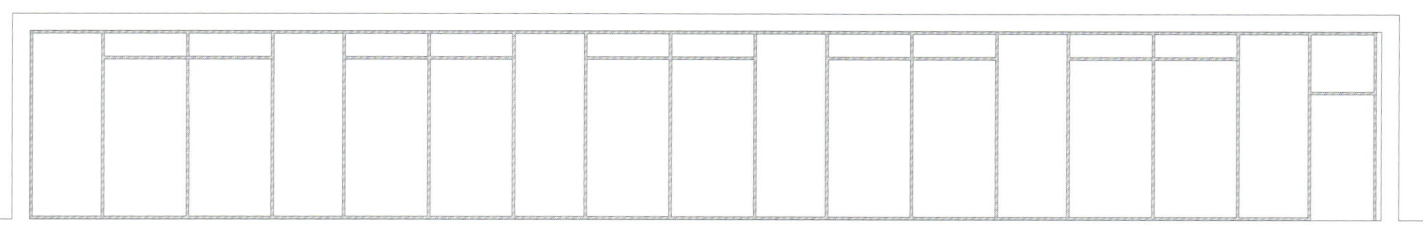

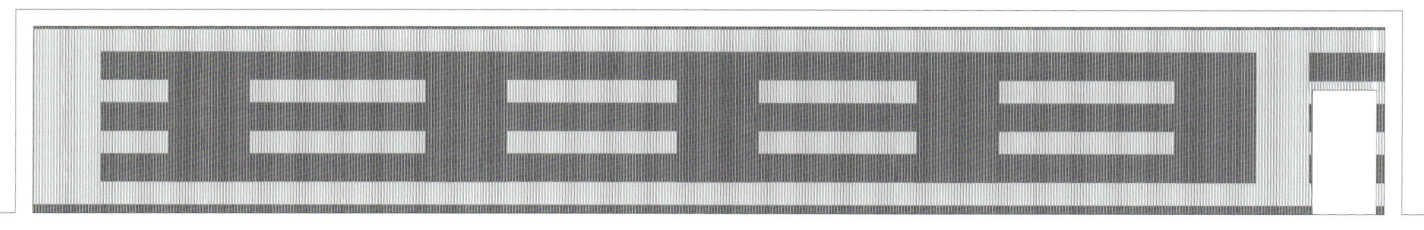

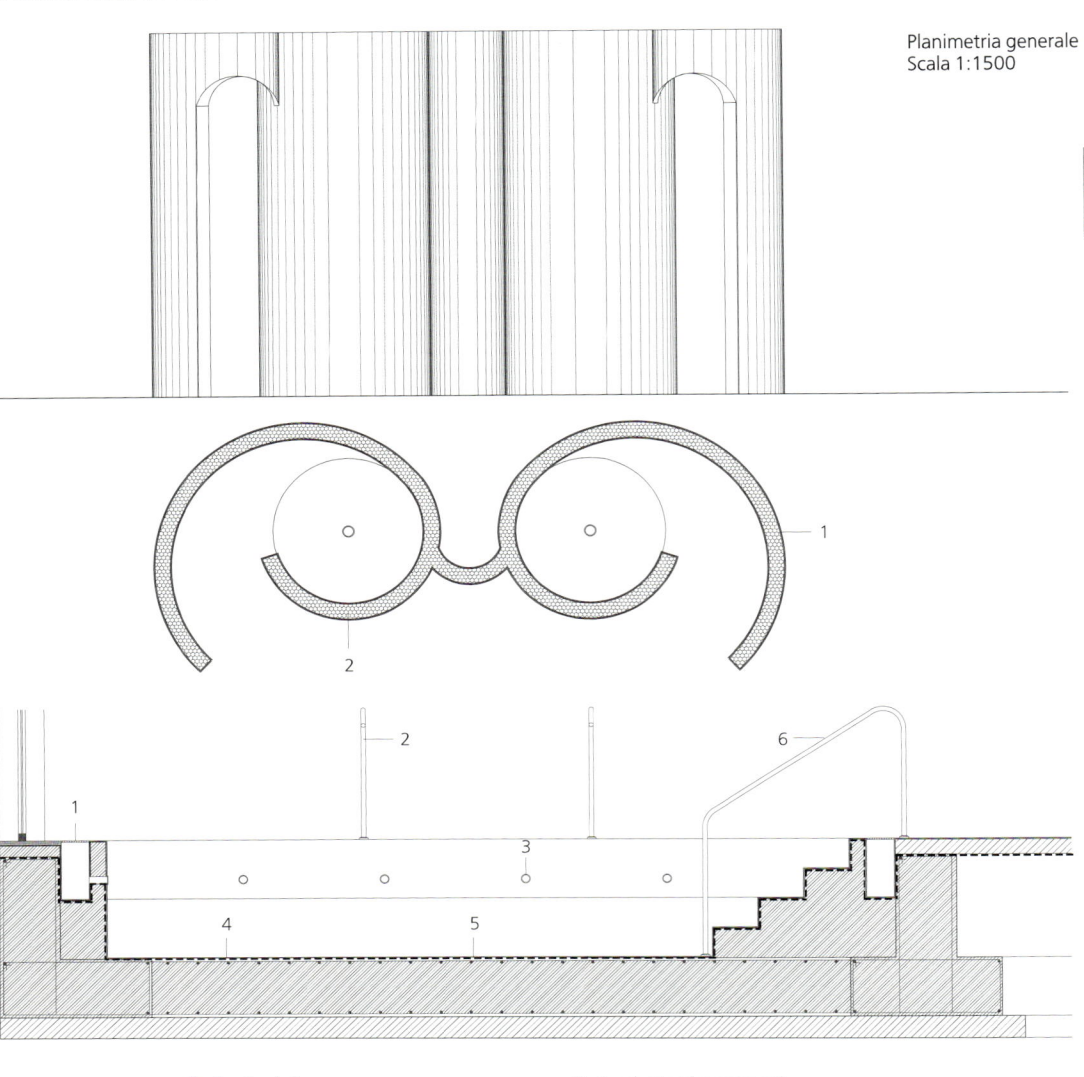

La Monaca Studio di Progettazione

Planimetria generale
Scala 1:1500

Le docce emozionali
Vista frontale e sezione orizzontale
Scala 1:50

1. Rivestimento con mosaico in ceramica
2. Struttura prefabbricata in polistirolo espanso

Dettaglio della vasca della piscina della beauty farm
Sezione verticale e sezione orizzontale
Scala 1:50

1. Griglia di sfioro
2. Lama cervicale
3. Bocchette idromassaggi
4. Rivestimento con mosaico in ceramica
5. Guaina impermeabilizzante
6. Corrimano
7. Panca idromassaggio
8. Vasca

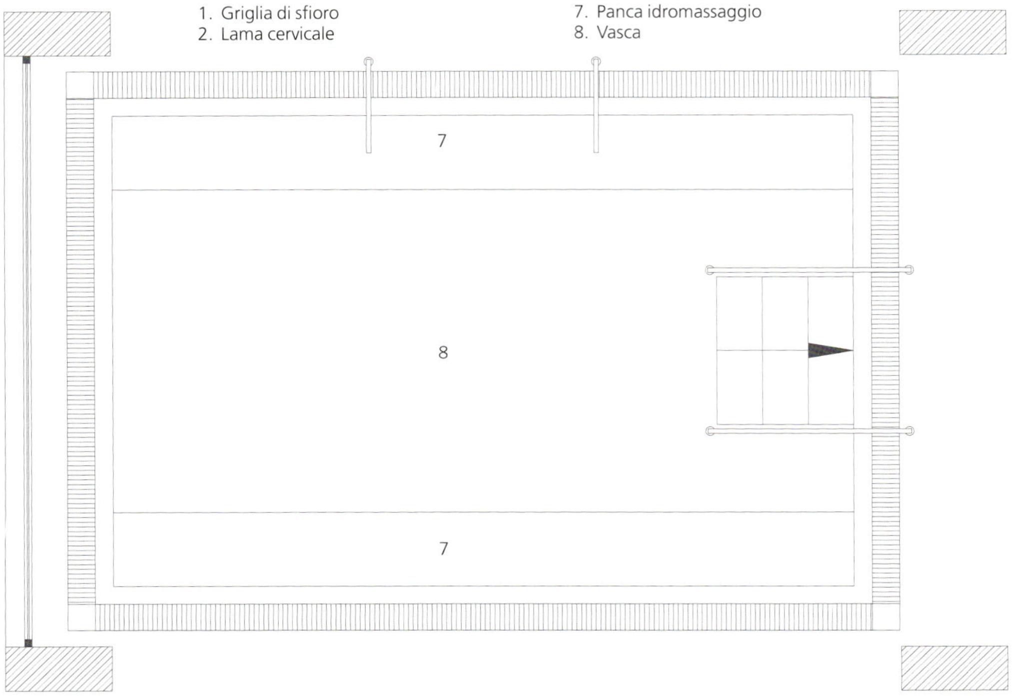

Esperidi Park Hotel a Castelvetrano - Trapani

Obikà Mozzarella Bar a Roma

indirizzo:	piazza di Firenze - angolo via dei Prefetti	periodo di realizzazione:	2003 - 2004
città:	Roma	committente / proprietario:	F&B s.p.a.
progettista:	Maria Claudia Clemente Francesco Isidori Marco Sardella, architetti	tipologia intervento: destinazione intervento: dimensioni:	concept design ristorazione 250 mq
collaboratori:	Andrea Ottaviani - responsabile progetto	imprese esecutrici:	Indar s.r.l.
consulenti:	Camillo Sommese (Studio 3S), ingegnere - strutture Riccardo Fibbi e Carolina de Camillis, architetti - impianti	costi di realizzazione:	500.000 euro

Bar - Roma

Labics

Maria Claudia Clemente
Francesco Isidori
Marco Sardella, architetti

Via Dei Magazzini Generali, 16
Roma

info@labics.it
www.labics.it

Maria Claudia Clemente e Francesco Isidori, architetti, sono i soci fondatori e i direttori dello Studio Labics. Labics è concepito come luogo di ricerca e sperimentazione, ove il progetto, a tutte le scale, è strumento di indagine della realtà, che innesca innovative relazioni con il contesto. Nel 2002 Labics ha vinto un concorso di progettazione per un Campus universitario a Rozzano (Milano); nel 2003, in occasione del Design Vanguard Issue è stato copertina di "Architectural Record", collocandosi tra gli studi emergenti a livello internazionale. Vengono realizzati "Podere 43" e "Italpromo & Libardi associati". Dal 2003 Labics è responsabile del concept-design della catena di bar-ristoranti Obikà, di cui cura lo sviluppo nazionale ed internazionale; tra il 2003 e il 2009 sono stati realizzati diversi locali a Roma, Milano, Firenze, Londra, New York, Kuwait City, Los Angeles, Tokyo. Attualmente sono in corso di realizzazione il progetto di un edificio multifunzionale per l'azienda G.D a Bologna, di edilizia residenziale a Nepi e di un complesso di edifici a Roma, la "Città del Sole". Nel 2008 e nel 2010 Labics ha esposto il suo lavoro alla Biennale di Architettura di Venezia.

Il Ristorante è situato nel centro storico di Roma, tra la sede del Parlamento e il nuovo Museo dell'Ara Pacis, all'interno di un edificio del XVIII secolo.
Coerentemente con l'obiettivo di realizzare un luogo aperto dalla mattina presto alla sera tardi, in grado dunque di soddisfare esigenze diverse a seconda delle ore del giorno, il programma prevede, oltre al Mozzarella bar, anche la realizzazione di un bar all'italiana.
La sequenza degli ambienti dello spazio esistente – dato il vincolo monumentale cui è sottoposto l'intero edificio – non è stato alterato nella sua struttura muraria; in ogni ambiente, dunque, è stata collocata una differente attività: il bar all'italiana, il mozzarella bar, la sala ristorante, i servizi.
La nuova membrana scura che ridisegna lo spazio, coerentemente con il concept, si sovrappone all'involucro esistente, definendo un vero e proprio campo di intervento: la fascia di vetro sul pavimento e il vuoto lasciato dal controsoffitto in ferro cerato definiscono dunque una sorta di spazio di tolleranza rispetto ad esso; all'interno di questo campo la serie degli acquari, che si succedono dall'alto e dal basso, dialoga con la struttura – anch'essa seriale – dello spazio dato; al tempo stesso ognuno di essi svolge una funzione diversa a seconda della destinazione dell'ambiente in cui è collocato.

Labics

Sezione cc

Sezione aa

Obikà Mozzarella Bar a Roma

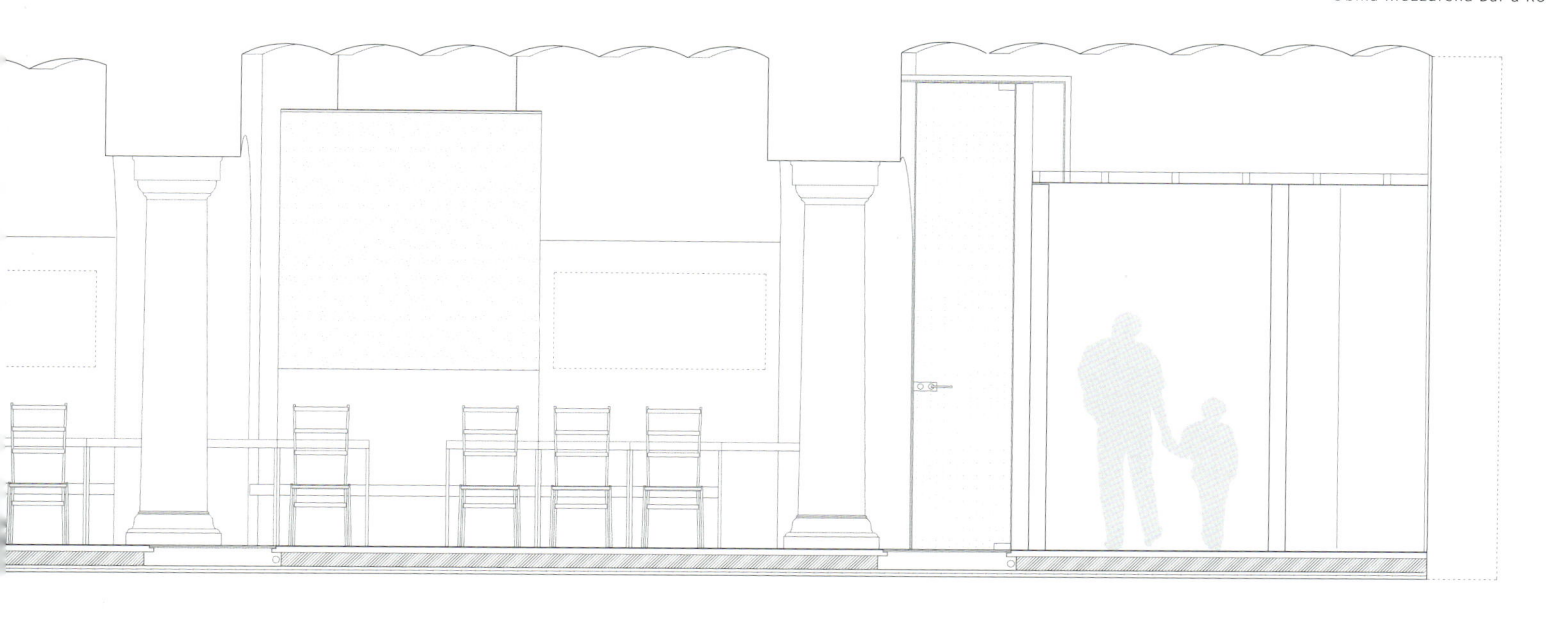

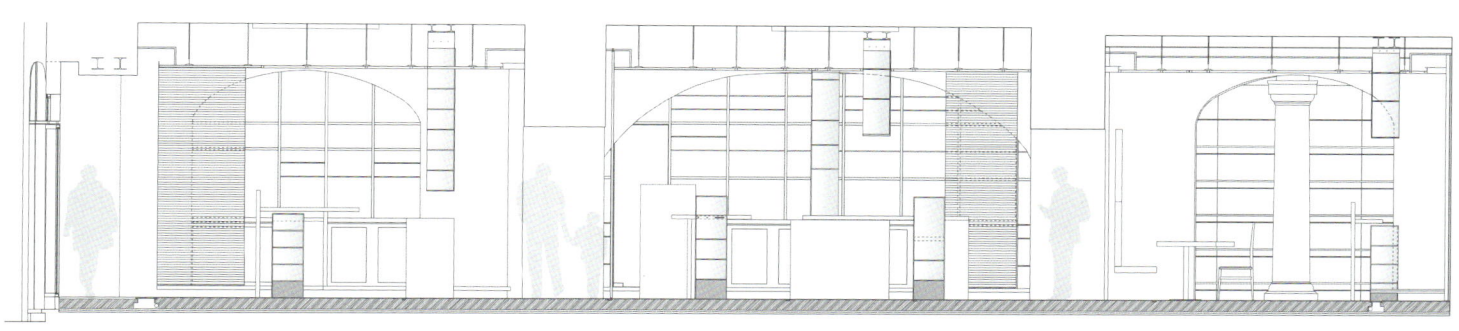

Sezione bb

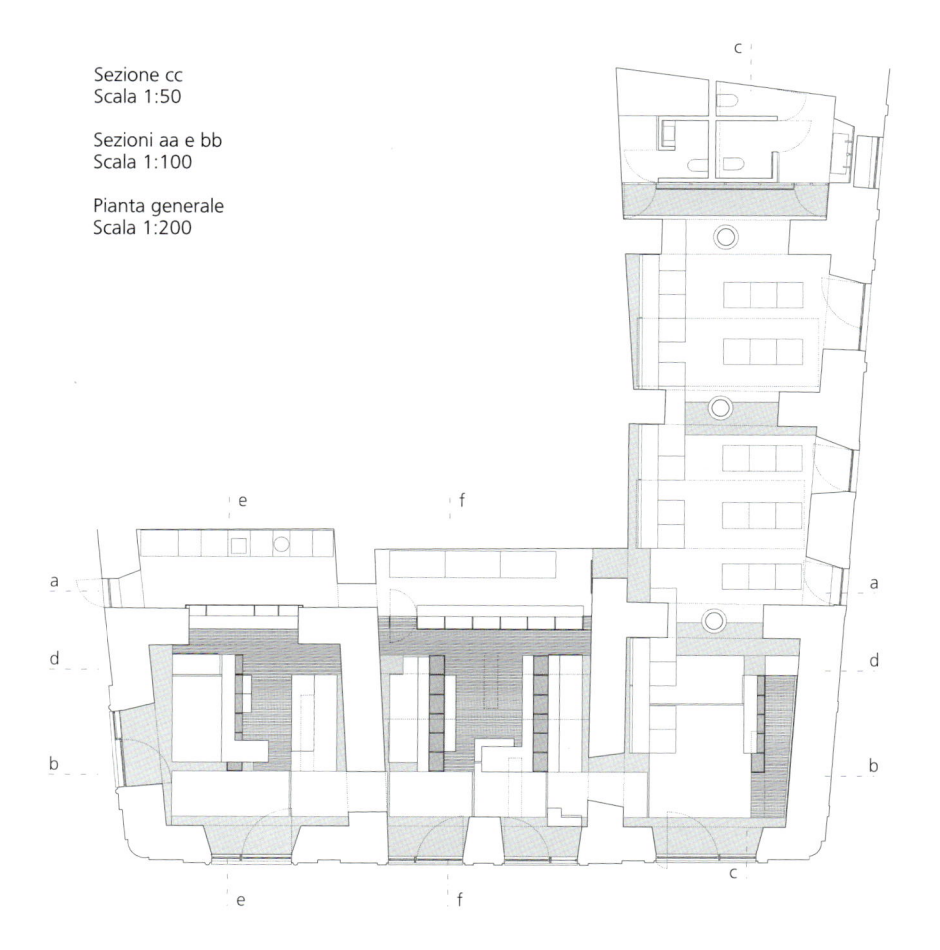

Sezione cc
Scala 1:50

Sezioni aa e bb
Scala 1:100

Pianta generale
Scala 1:200

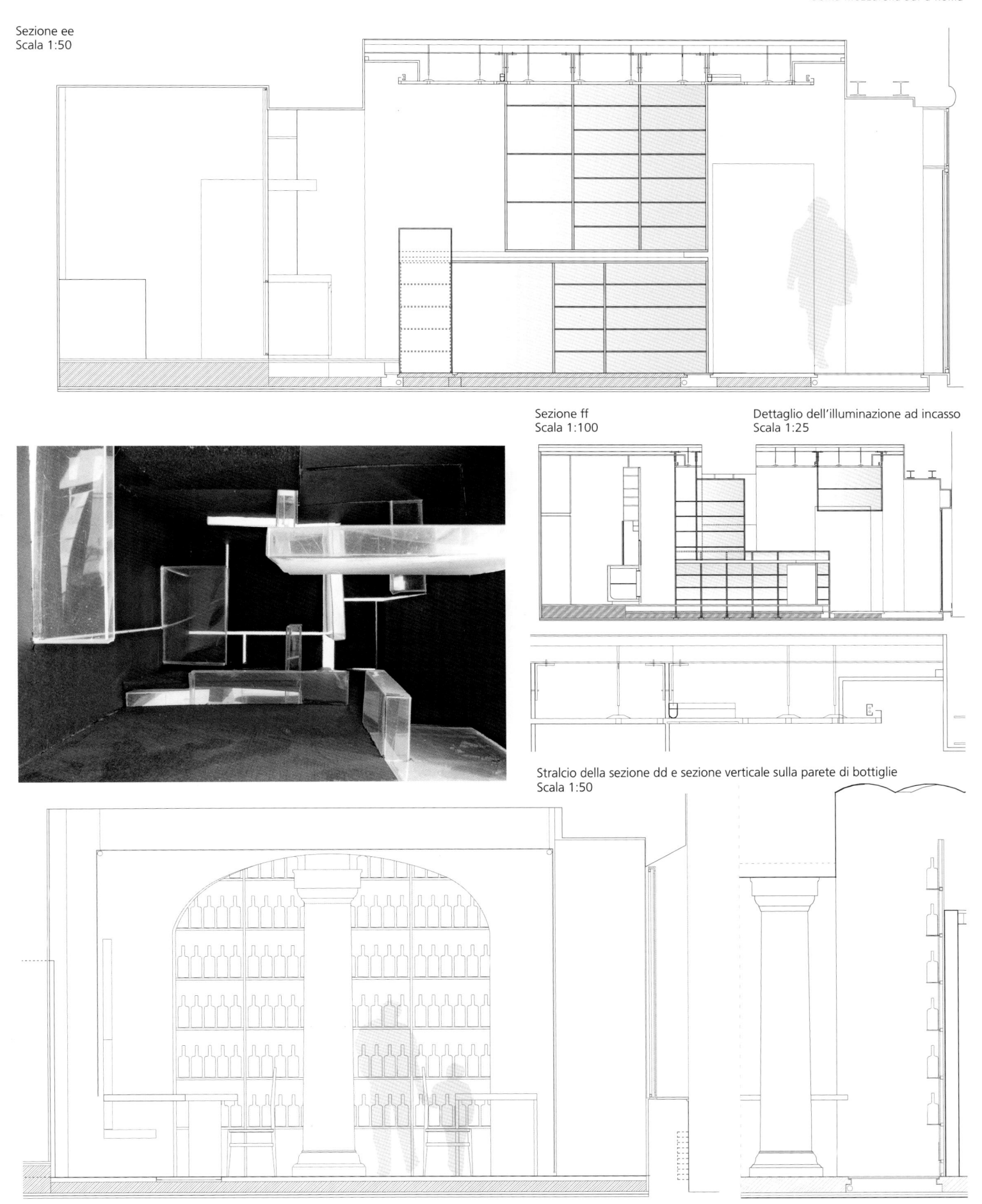

Obikà Mozzarella Bar a Roma

Sezione ee
Scala 1:50

Sezione ff
Scala 1:100

Dettaglio dell'illuminazione ad incasso
Scala 1:25

Stralcio della sezione dd e sezione verticale sulla parete di bottiglie
Scala 1:50

147

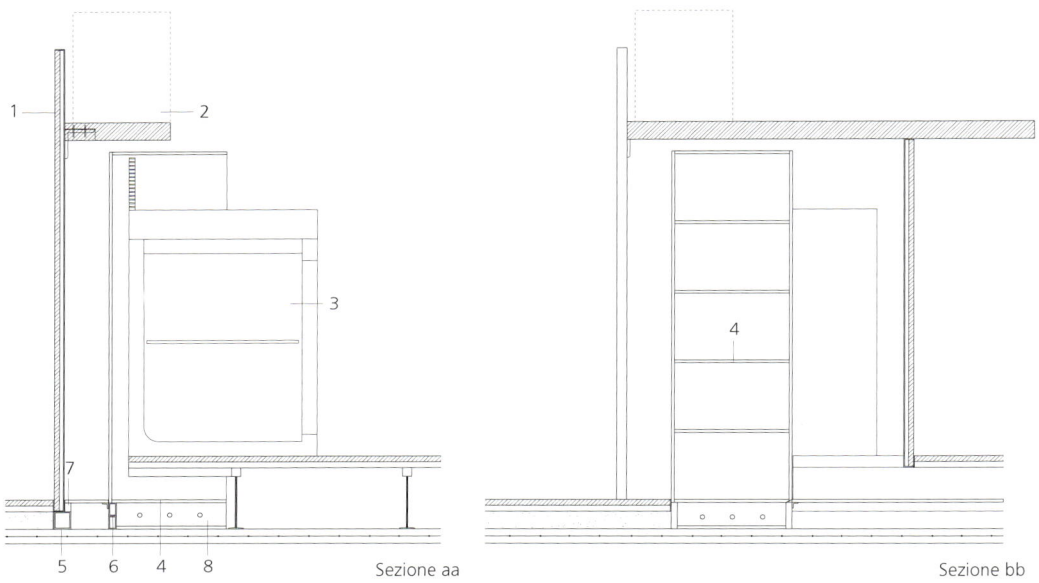

Dettaglio degli "acquari" bassi
Sezione orizzontale di riferimento
Scala 1:120

Vista esterna, sezioni verticale
e sezione orizzontale
Scala 1:25

Schema assonometrico

1. Pannello con struttura metallica
2. Cassa
3. Frigo
4. Lastra di vetro extrachiaro sabbiato, spessore 10 mm
5. Montante d'acciaio, profilo rettangolare, dimensioni 60 x 55 mm
6. Montanti accoppiati d'acciaio, profilo rettangolare, dimensioni 45 x 25 mm
7. Profilo d'acciaio, dimensioni 45 x 25 mm
8. Angolare d'acciaio, dimensioni 90 x 10 mm
9. Piano in legno massello, spessore 6 cm
10. Pavimento sopraelevato
11. Profilo d'acciaio, dimensioni 30 x 10 mm
12. Profilo d'acciaio, dimensioni 60 x 30 mm
13. Illuminazione ad incasso
14. Lastra "securipoint stadip" diamant 1010.4

Sezione aa

Sezione bb

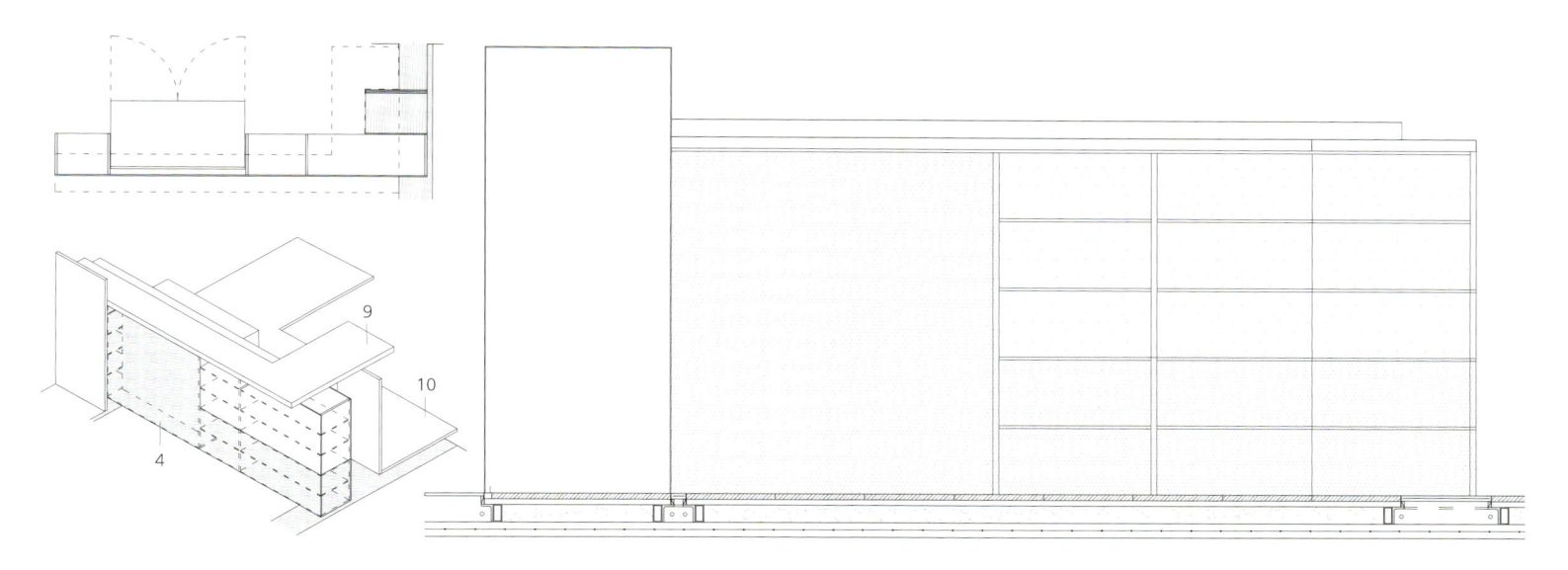

Obikà Mozzarella Bar a Roma

Vista esterna

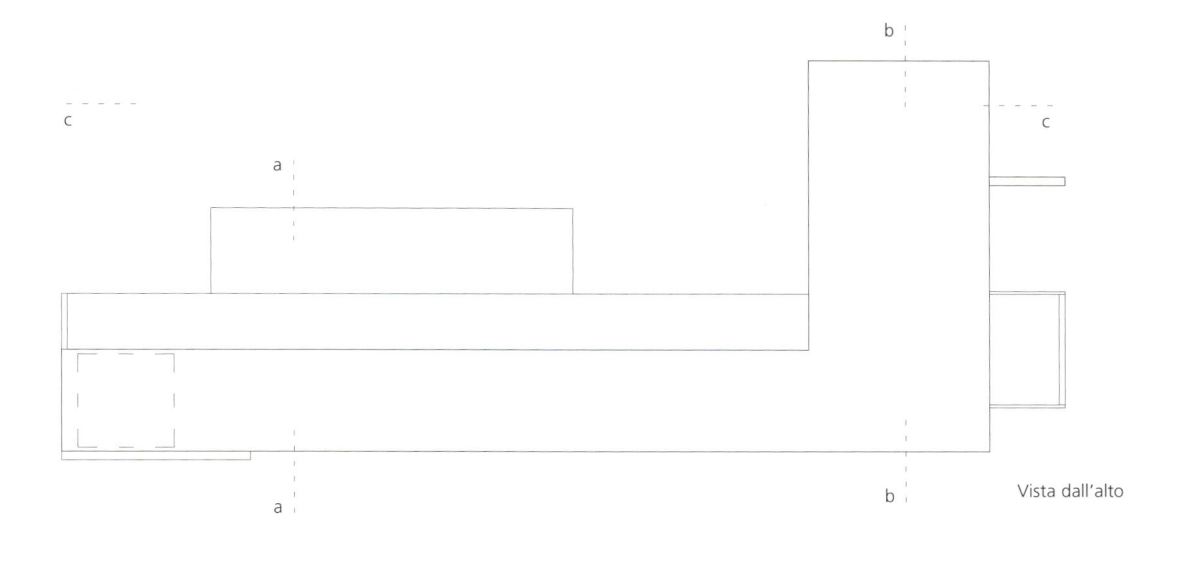

Vista dall'alto

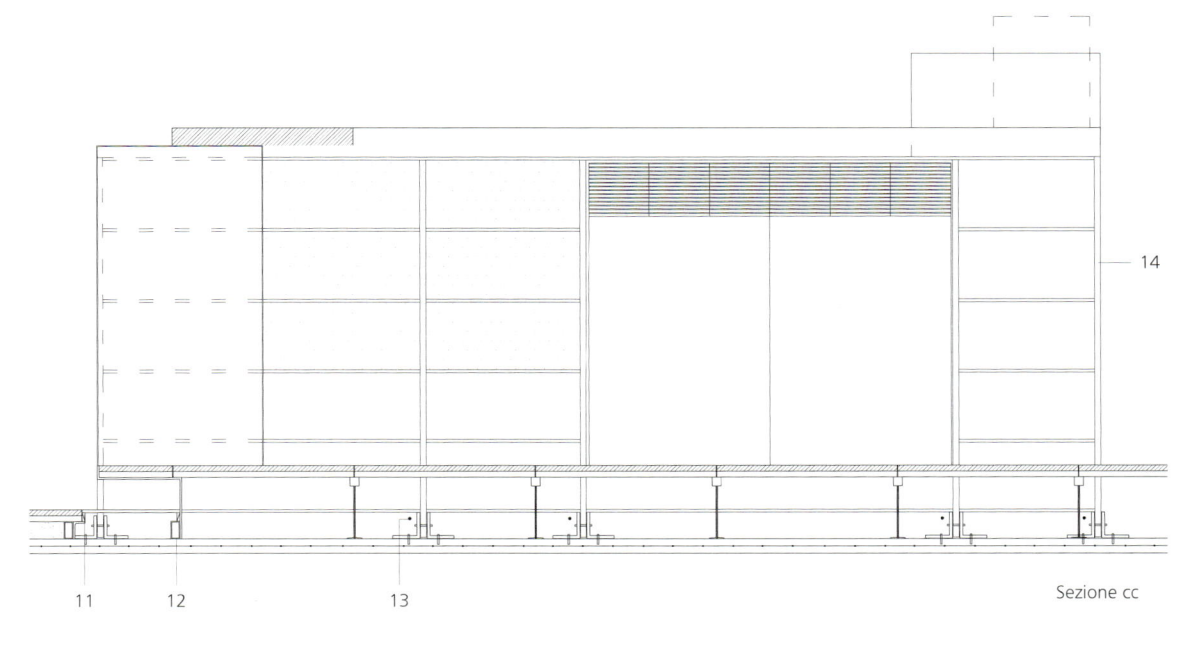

Sezione cc

149

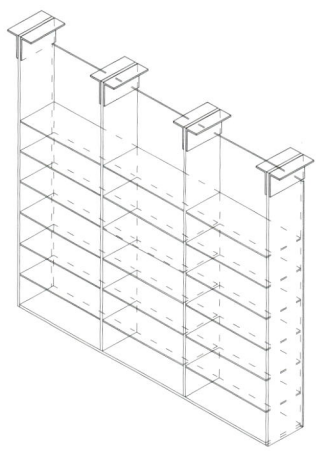

Dettaglio degli "acquari" alti
Schemi assonometrici, sezioni verticali,
sezioni orizzontali e vista frontale
Scala 1:25

1. Putrella HEA 160
2. Lastra di vetro extrachiaro sabbiato, spessore 10 mm
3. Lastra "securipoint stadip" diamant 1010.4
N. B.: il peso delle due tipologie di strutture è rispettivamente 450 Kg e 196 Kg

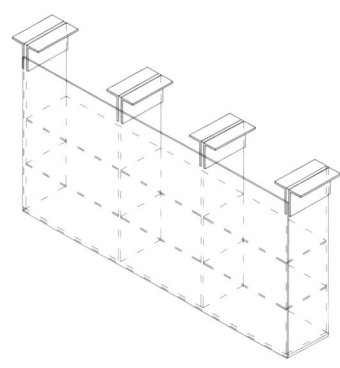

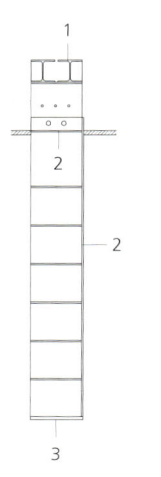

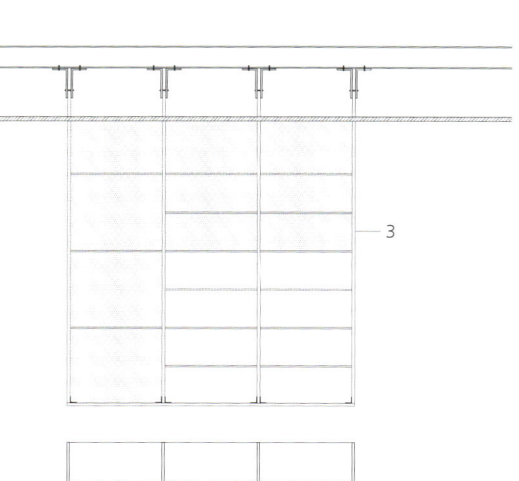

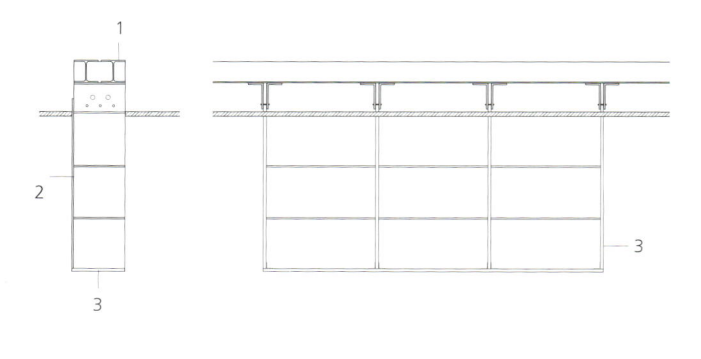

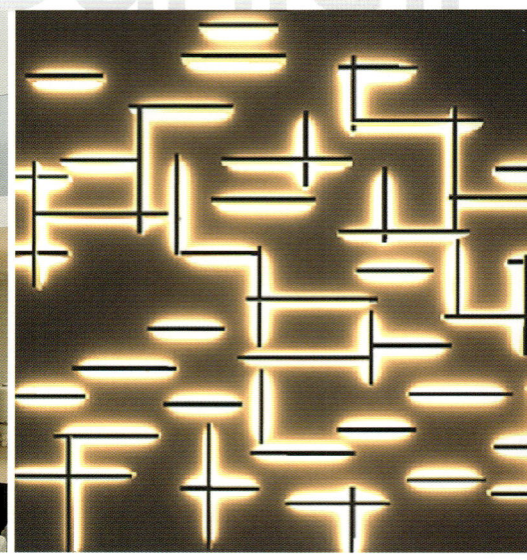

Loft Danieli a Mestre - Venezia

indirizzo:	via Torino		periodo di realizzazione:	2008 - 2009
città:	Mestre (VE)		committente / proprietario:	Tommaso Danieli
progettista:	Maurizio Lai, architetto		tipologia intervento:	ristrutturazione
collaboratori:	Roberto Iannetti, Giuseppe Tallarita		destinazione intervento:	residenziale
			dimensioni:	superficie coperta 250 mq superficie scoperta 40 mq
			imprese esecutrici:	Modernarredo s.r.l. - ristrutturazione e arredi LCS s.r.l., Vannuzzo s.r.l. - arredi
			costi di realizzazione:	530.000 euro

– Mestre

Lai Studio

Maurizio Lai, architetto

via Bistolfi, 49
Milano

www.lai-studio.com
lai1@lai-studio.com

Nasce a Padova nel 1965 e studia presso la facoltà di Architettura di Venezia e il Politecnico di Milano. Nel 1989, ancora studente, apre il laboratorio Layart con l'obiettivo di unificare l'attività di progettazione e quella artigianale di realizzazione delle scenografie e degli allestimenti per artisti e cantanti. Collabora con Rai e Mediaset firmando numerose scenografie televisive, progetta allestimenti per Longines, Mont Blanc e Gucci, per approdare ai grandi progetti del turismo con I Viaggi Del Ventaglio e Club Med.
Nel 1998 fonda Lai Studio. Composto da un team di architetti e designer, lo Studio produce soluzioni di qualità, realizzando progetti per abitazioni, negozi, showroom, uffici, locali pubblici, villaggi turistici e allestimenti di vario tipo sia in Italia che all'estero.
Nel 2005 lo Studio vince il concorso internazionale per la progettazione del W Miami Hotel-Starwood Hotels & Resorts Worldwide. Nel 2008 vince il primo premio Interior Design Project Hotel Hyatt, Lisbona.

Il loft si affaccia sul nuovo canale che collega Mestre a Venezia per via d'acqua, inserito in un contesto particolarmente suggestivo, che comprende a nord la darsena dello spettacolare Laguna Palace e tutto intorno il recupero dei vecchi magazzini generali, di cui l'unità faceva parte. Si sviluppa su due livelli uniti da un corpo scale, sorretti da un unico pilastro centrale e si estende su una superficie complessiva di 250 mq, dei quali 160 mq al piano terra e 90 mq al piano superiore, la zona notte. Al piano inferiore una stanza per gli ospiti, due bagni e la lavanderia completano il corpo centrale dell'abitazione, formato dal grande soggiorno scenografico, dalla cucina e dalla sala pranzo. Al piano superiore si trovano le tre stanze da letto, con i rispettivi bagni, di cui uno padronale, con bagno turco comprensivo di vasca. La particolarità del progetto risiede nell'interpretazione della verticalità complessiva e nell'esaltazione della luminosità dell'abitazione, sia di quella naturale, con i 16 lucernari a soffitto, sia di quella artificiale con il trattamento luminoso delle pareti lungo entrambi i livelli. Un elemento caratteristico di questo progetto è senz'altro l'imponente libreria retroilluminata (a LED) che ricorda le installazioni di Dan Flavin. La libreria occupa interamente la parete di fondo ed è percorsa dalla scala in massello di noce tinto wengè che conduce al livello superiore. La scala è a sua volta contenuta da un parapetto verticale in cristallo stratificato dal quale si protende in un gioco di specchi, quasi a materializzarsi nel vuoto, un camino orizzontale di 4 metri lineari. Un secondo elemento distintivo è il pozzo di luce, che penetra i due livelli e si dipana intorno al pilastro centrale, creato dalla perforazione della copertura e ampliato dalla trasparenza dei materiali dei ballatoi, pensati per amplificare la luce zenitale. La luce naturale favorisce non solo l'illuminazione a giorno della cucina e della sala da pranzo, ma anche la coltivazione di un piccolo giardino disposto nelle vasche intorno al pilastro. Altro fattore determinante nella composizione dell'arredo è la progettazione e la produzione su misura di quasi tutti gli arredi di casa: i quattro tavoli bassi del soggiorno e il mobile angolare tra i divani di Edra con serigrafie dell'artista NINA NTT; il mobile tv di 5,5 m di altezza rivestito in paulonia; tutta la cucina; i mobili a scomparsa della sala da pranzo rivestiti in cavallino; il paravento di ingresso a tutta altezza realizzato in cavetti di nylon bianchi e frammenti di decofix. Ulteriore caratteristica è rappresentata dagli interventi effettuati nei bagni, sempre attenendosi al principio della realizzazione su misura e del pezzo unico. Al piano terra si trova, oltre al bagno di servizio, anche il bagno per gli ospiti, di dimensioni ridotte; esso è impreziosito da superfici in lamiera nera lucidata e da un trattamento verticale di specchi che ne moltiplicano lo spazio, da un lavabo scavato in un blocco di onice retroilluminato e dal soffitto formato da una lastra di cristallo stratificato e retroverniciato. Al piano superiore il bagno padronale comunica con la camera da letto: è formato da una zona umida contenente un box doccia e un locale bagno turco con vasca e sedute rivestite in mosaico Mutina. Esternamente il lavabo, realizzato su disegno, è dotato di una grande specchiera illuminata. Accanto si trova la zona sanitari, separata da pareti in cristallo acidato, e illuminata da una lampada scultura di composizione geometrica e astratta.

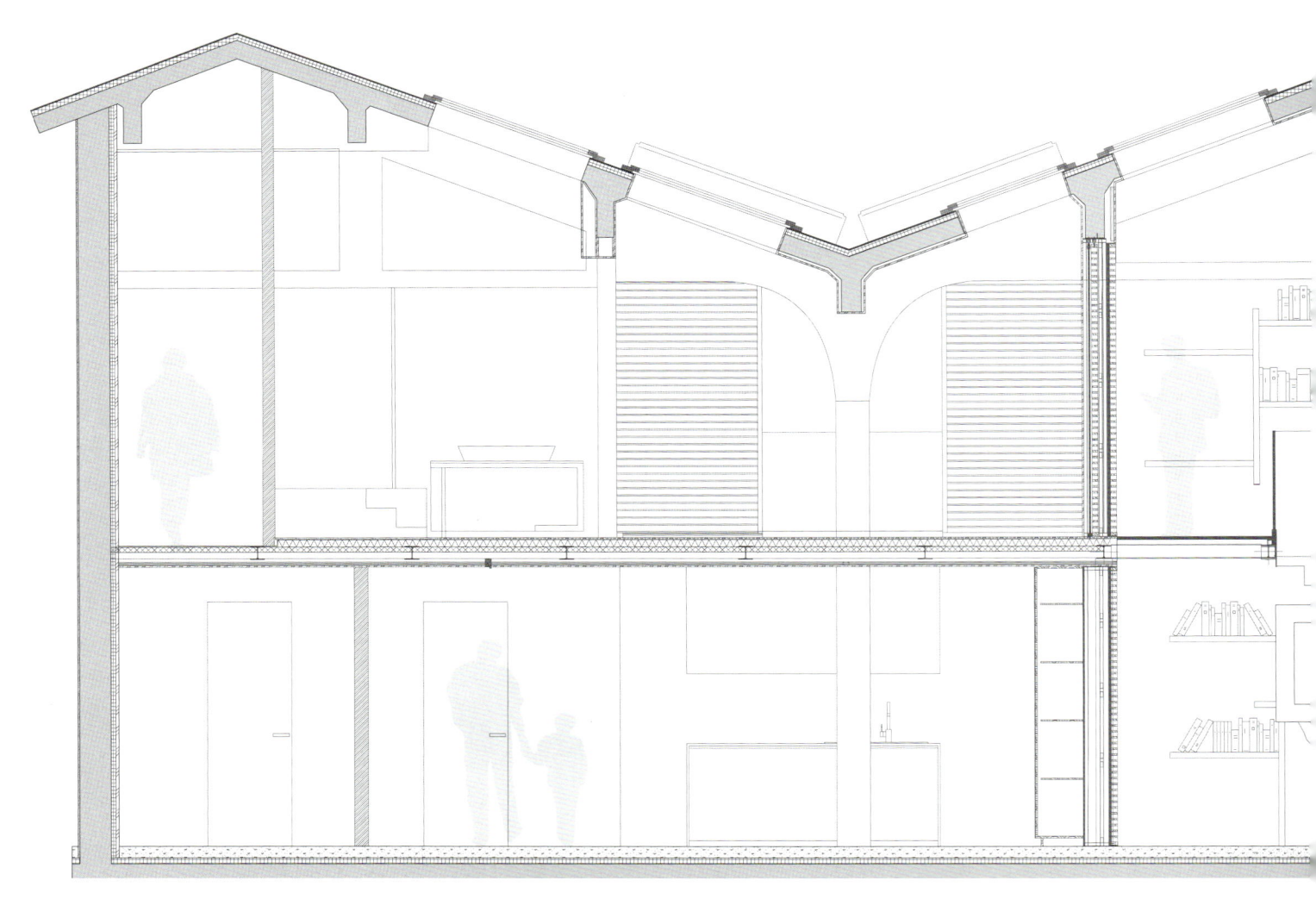

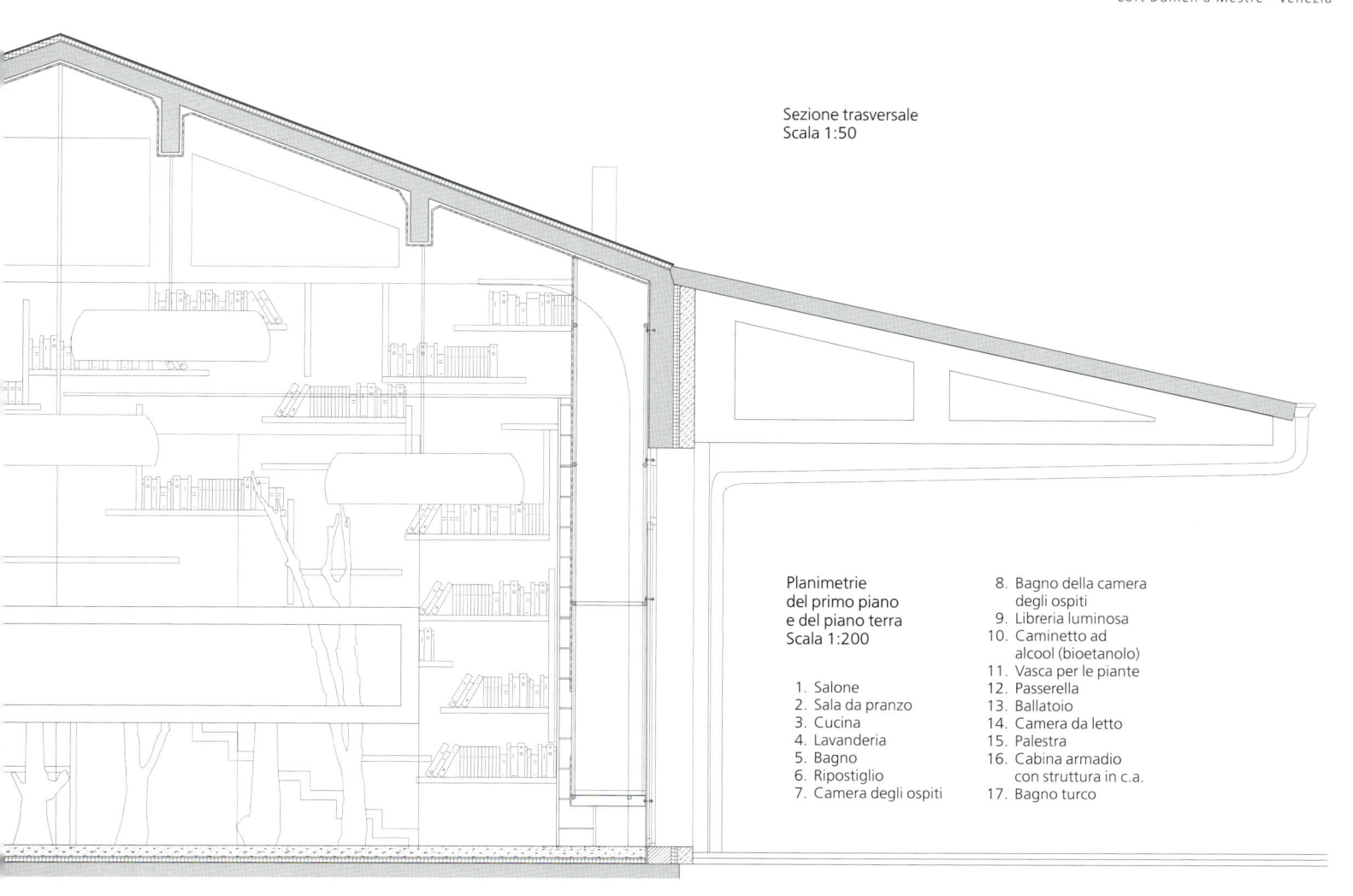

Loft Danieli a Mestre - Venezia

Sezione trasversale
Scala 1:50

Planimetrie
del primo piano
e del piano terra
Scala 1:200

1. Salone
2. Sala da pranzo
3. Cucina
4. Lavanderia
5. Bagno
6. Ripostiglio
7. Camera degli ospiti
8. Bagno della camera degli ospiti
9. Libreria luminosa
10. Caminetto ad alcool (bioetanolo)
11. Vasca per le piante
12. Passerella
13. Ballatoio
14. Camera da letto
15. Palestra
16. Cabina armadio con struttura in c.a.
17. Bagno turco

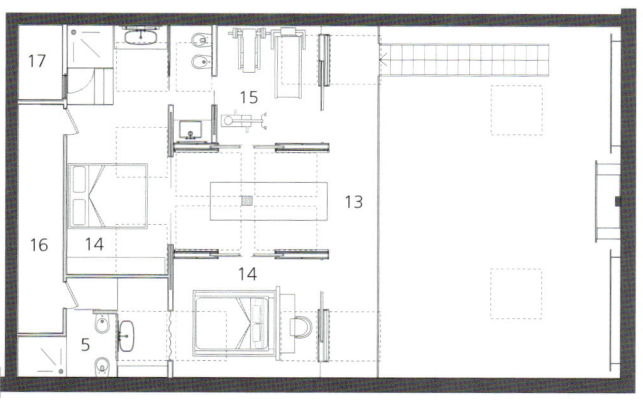

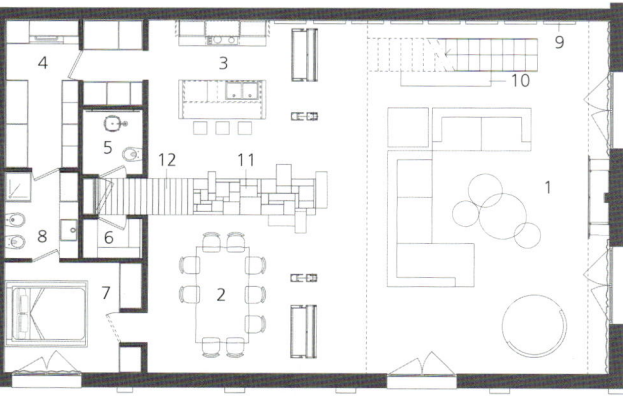

Lai Studio

La parete luminosa
Vista frontale di riferimento
Scala 1:100

Vista dall'alto
Scala 1:15

Schema assonometrico

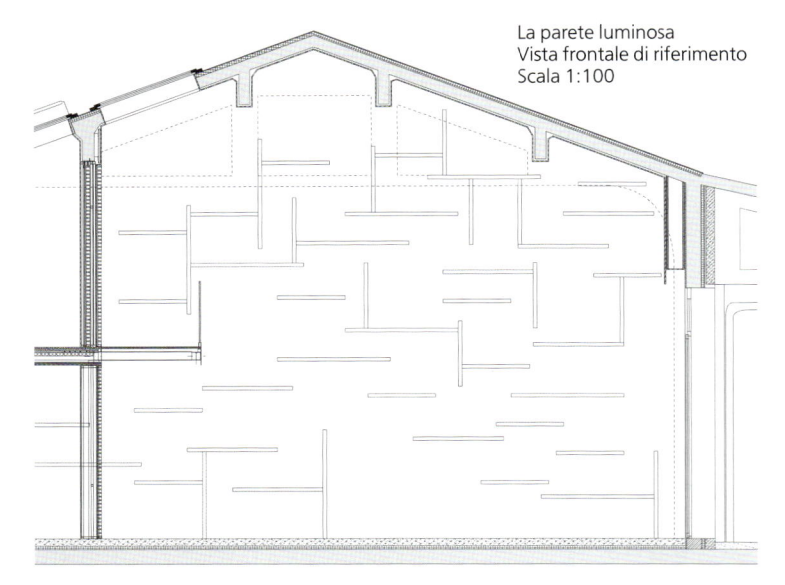

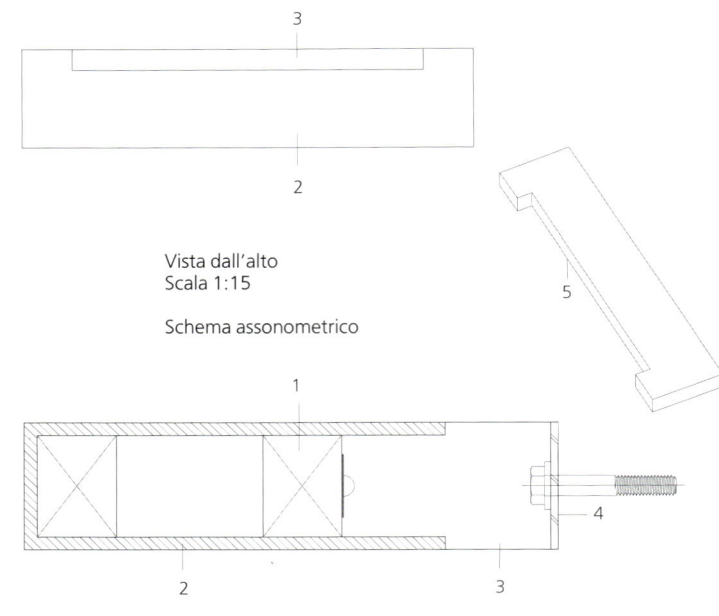

Dettaglio della mensola
retro illuminata
Sezione
Scala 1:7

1. Moraletto in legno,
   dimensioni 30 x 40 mm
2. Impiallacciatura, finitura
   bianca laccata lucida,
   spessore 5 mm

3. Gola luminosa
4. Piattina in acciaio
   finitura smalto lucido
   bianco, spessore 3 mm
5. Led

n.b. La parete è composta
da n. 48 mensole retro
illuminate, realizzate
in legno laccato opaco
con struttura di supporto
in metallo, lunghezza
variabile tra 90, 120,
150 cm, n. 2 scalette
in metallo montate
su binari per scorrimento

La scala
Sezione longitudinale
Scala 1:50

1. Parapetto in vetro temperato
2. Parapetto fissato con dadi
   tramite fori nel vetro

Schemi assonometrici della struttura della scala

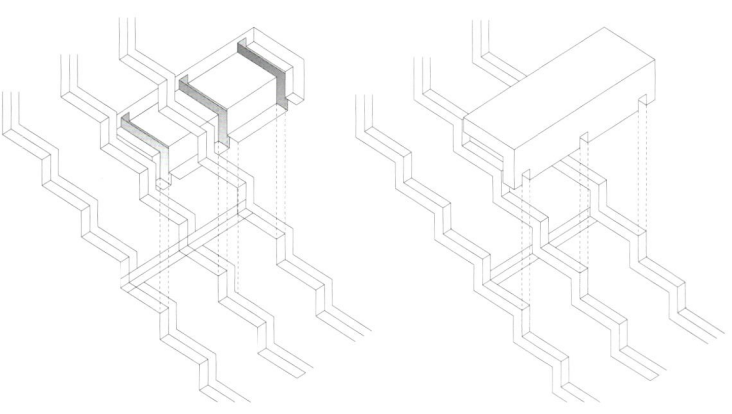

Loft Danieli a Mestre - Venezia

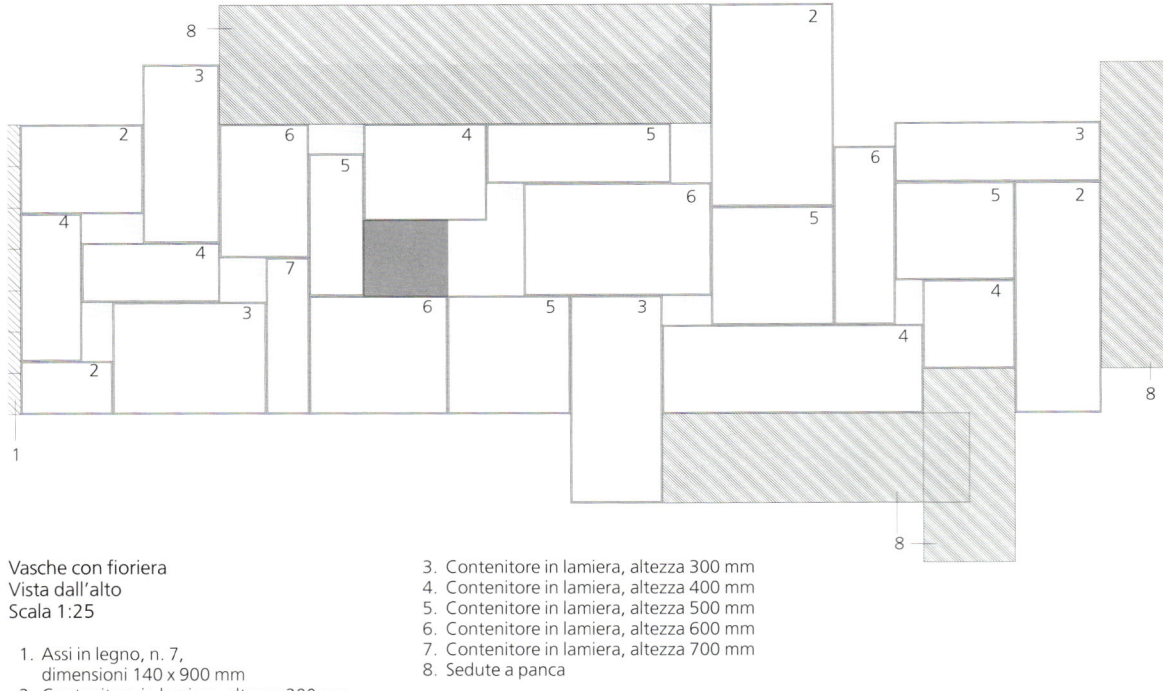

Lai Studio

Vasche con fioriera
Vista dall'alto
Scala 1:25

1. Assi in legno, n. 7,
   dimensioni 140 x 900 mm
2. Contenitore in lamiera, altezza 200 mm
3. Contenitore in lamiera, altezza 300 mm
4. Contenitore in lamiera, altezza 400 mm
5. Contenitore in lamiera, altezza 500 mm
6. Contenitore in lamiera, altezza 600 mm
7. Contenitore in lamiera, altezza 700 mm
8. Sedute a panca

Loft Danieli a Mestre - Venezia

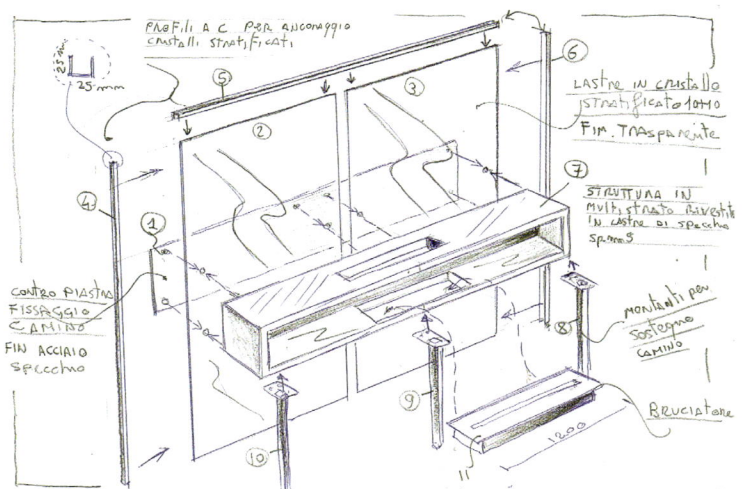

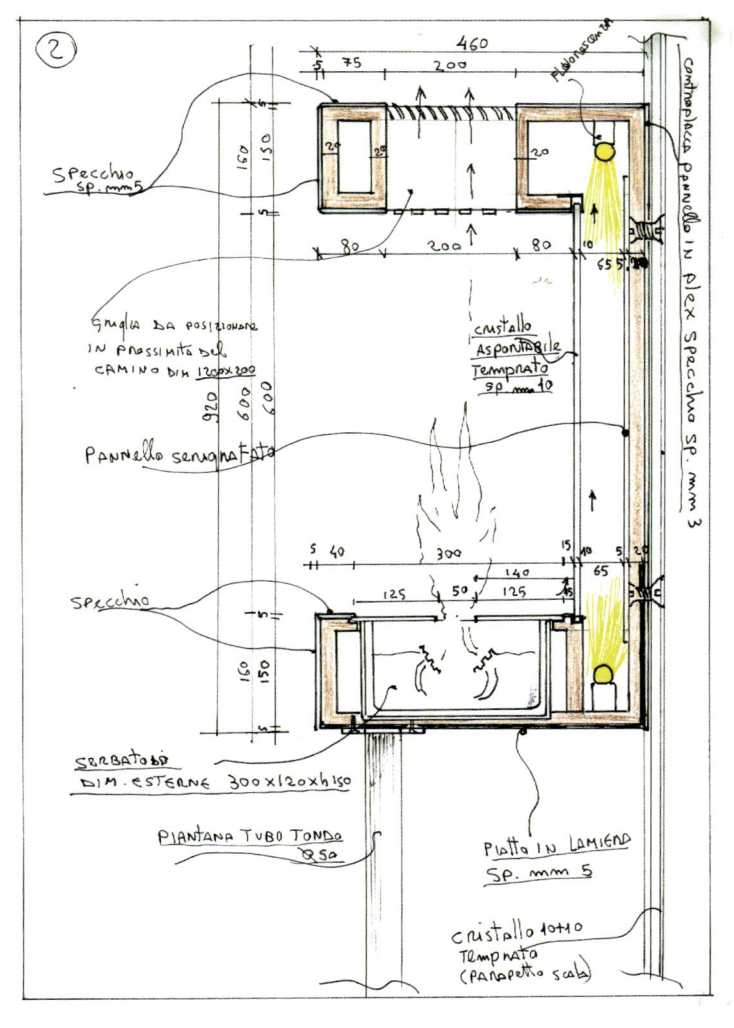

Il caminetto ad alcool
(bioetanolo)
Vista frontale
Scala 1:50

161

I pannelli divisori
Schemi assonometrici

Loft Danieli a Mestre - Venezia

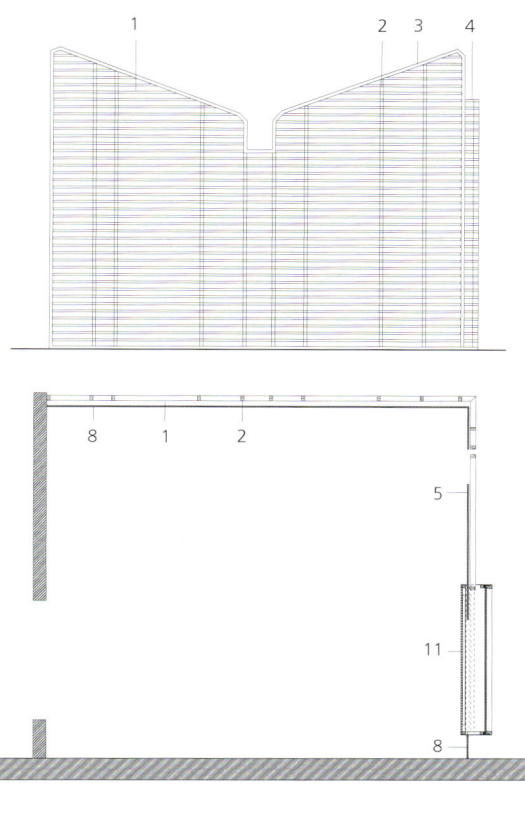

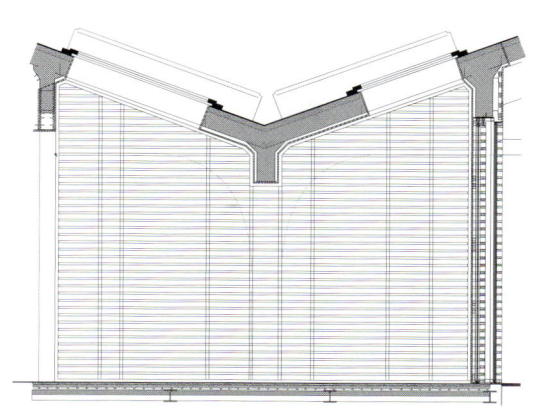

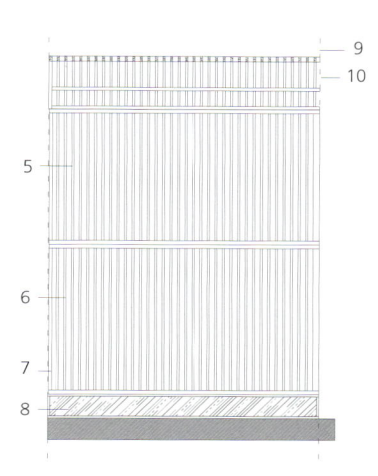

I pannelli divisori
Vista frontale, sezione, vista laterale
e pianta della camera da letto
Scala 1:70

1. Listelli di legno orizzontali, dimensioni. 50 x 20mm
2. Montanti di legno verticali, dimensioni 50 x 30 mm
3. Cornice di legno dim. 50 x 30 mm seguire il profilo della copertura
4. Quota dell'intradosso da raggiungere per il placcaggio del cartongesso
5. Porta scorrevole composta da due ante separate: una in vetro trasparente e una in brise-soleil
6. Panello brise soleil con illuminazione interna e struttura in ferro
7. Carter in acciaio lucido
8. Vetro stratificato, 5 + 5 mm
9. Quota posa placcaggio cartongesso
10. Quota intradosso trave in c.a. esistente
11. Panello brise soleil con illuminazione interna e struttura in ferro

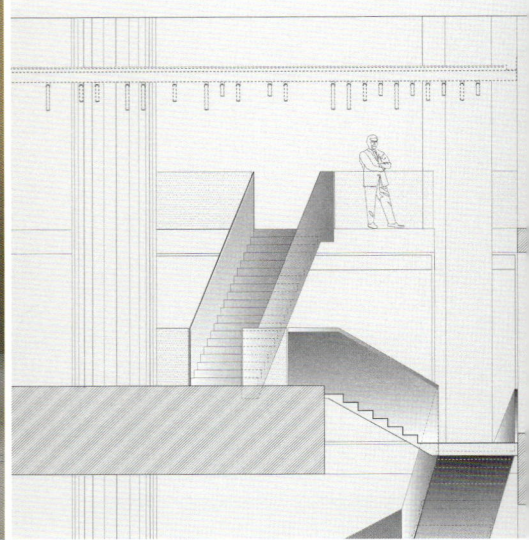

Mamilla Hotel a Gerusalemme (Israele)

indirizzo:	11, King Solomon Street
città:	Gerusalemme (Israele)
progettista:	Piero Lissoni
collaboratori:	Lorenza Marenco, Rodrigo Araujo, Chiara Butti, Stefano Castelli, Claudia Colla, Carmine Fulgione, Stefano Giussani, Carla Iurilli, David Lopez, Alberto Massi Mauri, Mitla Morato, Chiara Rizzarda, Chiara Santini, Ettore Vincentelli, Tania Zanebon
periodo di realizzazione:	2006 - 2010
committente / proprietario:	Alrov
tipologia intervento:	nuova costruzione
destinazione intervento:	ospitalità
dimensioni:	18.000 mq
altre informazioni:	10 piani (8 fuori terra, uno seminterrato e uno interrato), 210 camere e suite, centro conferenze, business center, piscina coperta e interrata, terrazzo solarium, 3 ristoranti (al 6° piano, la terrazza Roof Top Terrace al 14° piano e il Mamilla Café al 7° piano), 3 bar (il Mirror Bar all'8° piano, l'Espresso Corner nella zona della lobby, l'Organic Bar nella Spa)
imprese esecutrici:	Tisettanta - arredi Light Contract / Flos - luci

Gerusalemme

Lissoni Associati

Piero Lissoni, architetto

via Goito, 9
Milano

www.lissoniassociati.com
press@lissoniassociati.it

Il lavoro dello Studio Lissoni Associati comprende progetti d'architettura, disegno industriale e grafica, spaziando dall'arredamento agli accessori, dalle cucine ai bagni, dall'illuminazione alla corporate identity, pubblicità, cataloghi e packaging.
I progetti d'interni includono hotel, showroom, stand fieristici, case private, negozi e barche.
Lo Studio, in cui lavorano circa 70 persone tra architetti, designers e grafici, progetta per Alessi, Artelano, Boffi, Cappellini, Cassina, Fantini, Flos/Antares, Fritz Hansen, Glas Italia, Kartell, Knoll International, Lema, Living Divani, Lualdi, Matteograssi, Olivari, Poltrona Frau, Porro, Sabattini, Tecno e Thonet.
I progetti d'architettura comprendono ville in Europa, showroom per Boffi, Porro, Cassina e Tecno, la sede di Living Divani ad Anzano del Parco (2007), lo store Benetton a Istanbul (2009), lo storico Teatro Nazionale a Milano (2009), il Conservatorium Hotel ad Amsterdam (2011), negozi a Parigi, Londra, Francoforte e New York.

L'Hotel Alrov Mamilla, il cinque stelle situato nel centro di Gerusalemme, si colloca nella nuovissima Mamilla Street e nelle immediate vicinanze della porta di Jaffa che dà accesso alla Città Vecchia. Parte di uno sviluppo più ampio del quartiere Mamilla, questo è l'unico Hotel di design presente a Gerusalemme. Chi è stato in questa città, intrisa di storia, senz'altro ricorda la luce, le trame sottili delle superfici, le tonalità morbide e sbiancate dal sole. Il Mamilla esprime tutto questo, e l'armonia che ne risulta crea una soluzione pacata, di classe, rispettosa della tradizione locale.
L'israeliano Moshé Safdie (già autore dello Yad Vashem Holocaust Museum a Gerusalemme) ha curato l'architettura ex-novo del building e il riadattamento del manufatto originale, vincolato dalle Belle Arti. L'edificio è costituito da 8 piani fuori terra, uno seminterrato e uno interrato, con 210 camere e suite e 19 tipologie di stanze. Tutto l'ambiente è concepito come una sorta di labirinto, con un'accurata progettazione delle luci, per creare atmosfera all'interno dei vari spazi. Le scelte di design controbilanciano l'architettura in pietra di Gerusalemme messa a punto da Safdie, che all'interno crea dei veri e propri paesaggi urbani. Spiega Lissoni: «Ho restituito all'interno il *mood* sensoriale di una città fatta di muri. Ho selezionato le pietre in quattro cave differenti, perché ciascuna ha una propria sfumatura luminosa e un determinato colore, e le ho ritmate con una serie di nicchie poi punteggiate di pezzi decorativi. Il risultato è interessante, perché valorizza un'architettura che poteva essere così soltanto dentro una città quasi bianca, fatta di pietre chiarissime, accecata da una luce tagliente e unica. Senza dimenticare l'altro fondamentale aspetto: oltre il 50% dell'hotellerie locale è basato sul turismo religioso, soprattutto di religiosi Ebrei che tornano nella Terra Promessa».
L'ampia hall di ingresso, al piano terreno, è interamente rivestita in pietra locale con tagli di diversi formati, mentre la parete dell'ingresso presenta enormi vetrate trasparenti; il bancone della reception c'è, ma è stato immaginato come una grande scultura, un elemento architettonico forte e molto spettacolare, che diventa parte integrante dell'albergo. Una pensilina in lamiera nera traforata, posata all'esterno dell'ingresso principale, crea dei giochi decorativi di luce, come dei fiori riflessi. L'intero spazio è arricchito da diversi arredi di design che formano aree da salotto, mentre sul fondo si trova un volume a tripla altezza con soffitto vetrato: l'elemento architettonico interno di maggior rilievo è rappresentato da una scala in lamiera grezza, piegata come scultura a forma di gigantesco origami. La scala collega verticalmente tre livelli: dining, reception e mezzanino con i bar, e serve da congiungimento tra il vecchio edificio e il nuovo. Le aree pubbliche comprendono un centro conferenze, tre ristoranti, di cui uno al 6° piano da 300 posti, che diventa all'occorrenza una sala da ballo, uno sulla terrazza (il Roof Top Terrace al 14° piano), con vista sulla Città Vecchia e il Mamilla Café al 7° piano, tre bar (il Mirror Bar all'8° piano, l'Espresso Corner nella zona della lobby, l'Organic Bar nella Spa), un business center, una piscina coperta e interrata, un terrazzo solarium. Le camere, dislocate dal piano terreno fino all'ottavo piano, sono spaziose ed eleganti, lasciate volutamente libere da decorazioni. I pavimenti sono in legno e le pareti intonacate e in pietra locale tagliata; le pareti che dividono il bagno dalla camera sono in vetro "priva-lite" di Saint Gobain, che passa dalla trasparenza all'opacità semplicemente premendo un interruttore. Un vero e proprio "total design" dalla scelta dei bicchieri agli arredi, il tutto declinato in un insieme grandioso ma accogliente, soprattutto rispettoso delle abitudini locali.

Lissoni Associati

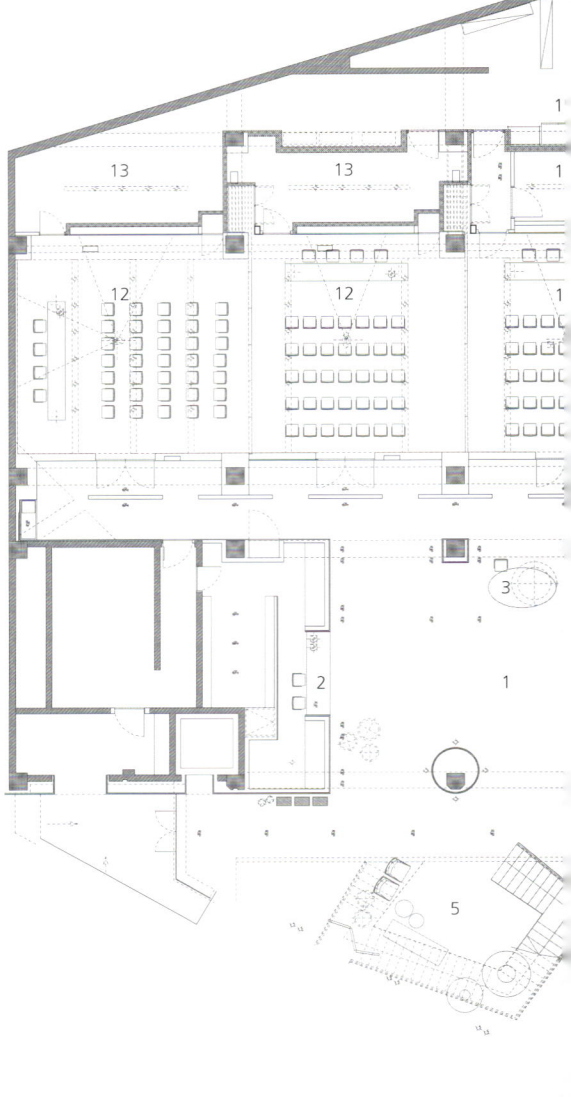

Planimetria del piano terra
con il progetto degli arredi
Scala 1:250

1. Sala congressi
2. Desk accoglienza
   (sedie "Camogli" by Porro)
3. Desk registrazione
   (tavolo "Saarinen Table"
   by Knoll, finitura marmo
   bianco; sedia "Alluminium
   Chair 107" by Vitra, finitura
   colore nero)
4. Sala ascensori (ascensori
   modello "Shabbat Elevator")
5. Angolo relax (poltroncine
   "Café Armchair" by Living
   Divani; giare in legno,
   sgabelli e letti in stile africano
   provenienti da Jaffa)
6. Sala lounge (dormeouse
   "Barcelona Day bed" by Knoll,
   finitura in pelle nera; tavolini
   "Saarinen Coffee Table"
   by Knoll, finitura laccata
   bianca; Tappeto "Classic
   Carpet" by Kasthall,
   disegnato da Piero Lissoni,
   misure 700 x 500 cm; tavolo
   "Mex coffee table"
   by Cassina; tavolini
   "Groove" by Porro; divano
   "Chester One" by Poltrona
   Frau, finitura in pelle "79sc";
   divano "Family Lounge"
   by Living Divani;
   sgabelli indiani;
7. Sala da pranzo
   eventualmente separata
   da schermo divisorio
   pieghevole (tavolo rotondo;
   lampadario a candelieri
   "Giogali" by Vistosi; sedie
   "Organic Chair" by Vitra,
   "Chair Wegner"
   by Cappellini; "Diamond
   Lounge Chair" by Knoll,
   "Nelson Pretzel Chair"
   by Vitra, "Classica Chair"
   by Cappellini, "Lario Chair"
   by Porro, "Eams Plastic
   Chair" by Vitra, "Panton
   Chair" by Vitra, "Ply Chair"
   by Vitra, "699 Chair"
   by Cassina, "Zig Zag Chair"
   by Cassina, "Tulip Chair"
   by Knoll)
8. Nicchia con anta apribile
   a libro per ricovero pannello
   scorrevole divisorio
9. Sala da pranzo (sedie "Bull"
   by Cassina, "Spindle"
   by Porro, "Wiener Stuhl"
   by Thonet Vienna finitura
   laccata nera; lampade
   "Long Decorative Lamps
   Giogali" by Vistosi, lampade
   al neon a incasso nel cielino;
10. Terrazza (verde d'arredo
    composto da alberi d'olivo
    e azalee, gelsomino sopra
    il muro perimetrale;
    poltroncine "Café" by Living
    Divani, tavolini quadrati;
    angolo relax con poltrone
    "Frog Lounge Chair"
    in pvc by Living Divani,
    poltrone "Mistral 169
    Armchair" by Roda, divani
    "Mistral 103" a tre posti
    by Roda, tavolini
    "Leila Coffee Table"
    e "Backenzahn Side Table"
    by E15; sedute "Egg
    Armchair" by Bonacciana)
11. Banco per le colazioni
    (macchinette del caffè,
    buffet caldo e freddo)
12. Sala conferenze (tavolo
    conferenzieri attrezzato
    con lavagnetta grafica,
    sedie "Supersoft Chairs"
    by Cappellini; sedie
    dell'auditorio "Lizz Chairs"
    by Kartell; videoproiettore
    a incasso nel cielino; muri
    perimetrali isolati
    acusticamente; schermi
    scorrevoli di separazione
    tra una sala e l'altra;
    schermo lcd 22" all'ingresso
    di ogni sala)
13. Sala di servizio
14. Cucina
15. Sala succhi e caffè
16. Preparazione carne
17. Cella frigorifera per l'insalata
    a + 4 °C
18. Cella frigorifera per la carne
19. Cella di raffreddamento
    rapido
20. Lavastoviglie per piatti-carne
21. Lavastoviglie
    per piatti-formaggio
22. Preparazione
    piatti-formaggio

Mamilla Hotel a Gerusalemme (Israele)

167

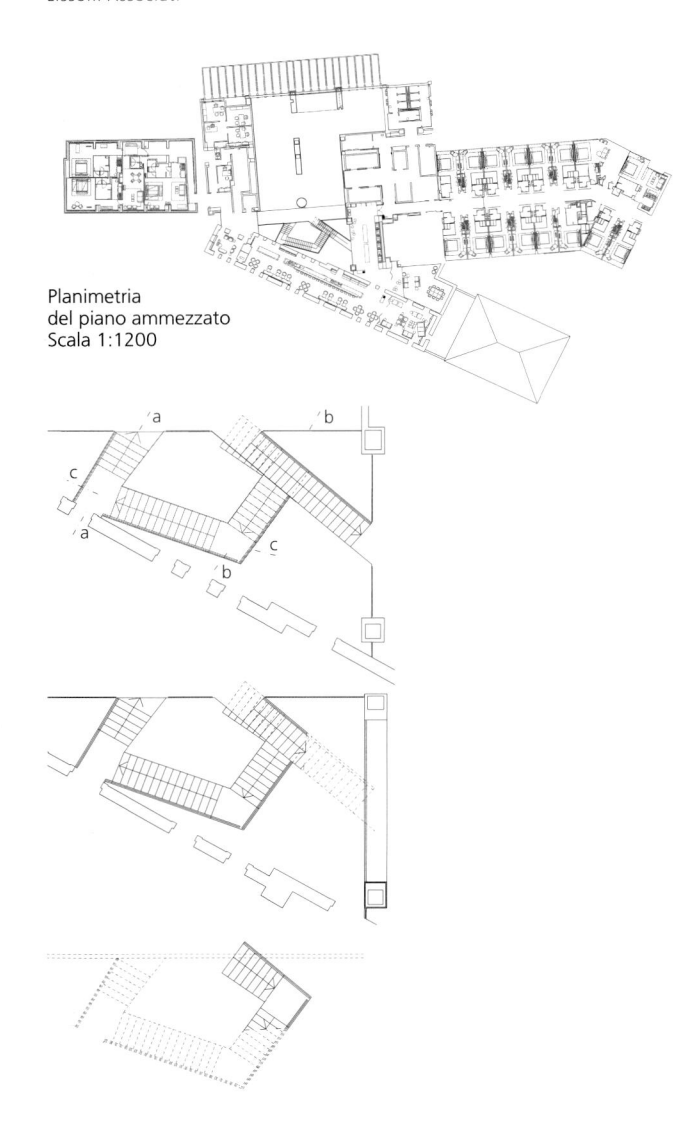

Lissoni Associati

Planimetria
del piano ammezzato
Scala 1:1200

Piante dei tre livelli della scala
e sezione verticale
della manica collegata
Scala 1:300

1. Bar / lounge
2. Passaggio
3. Negozi

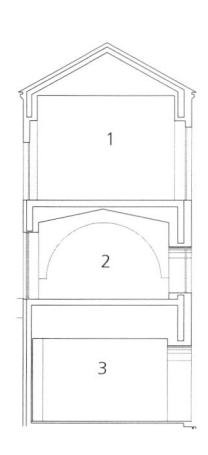

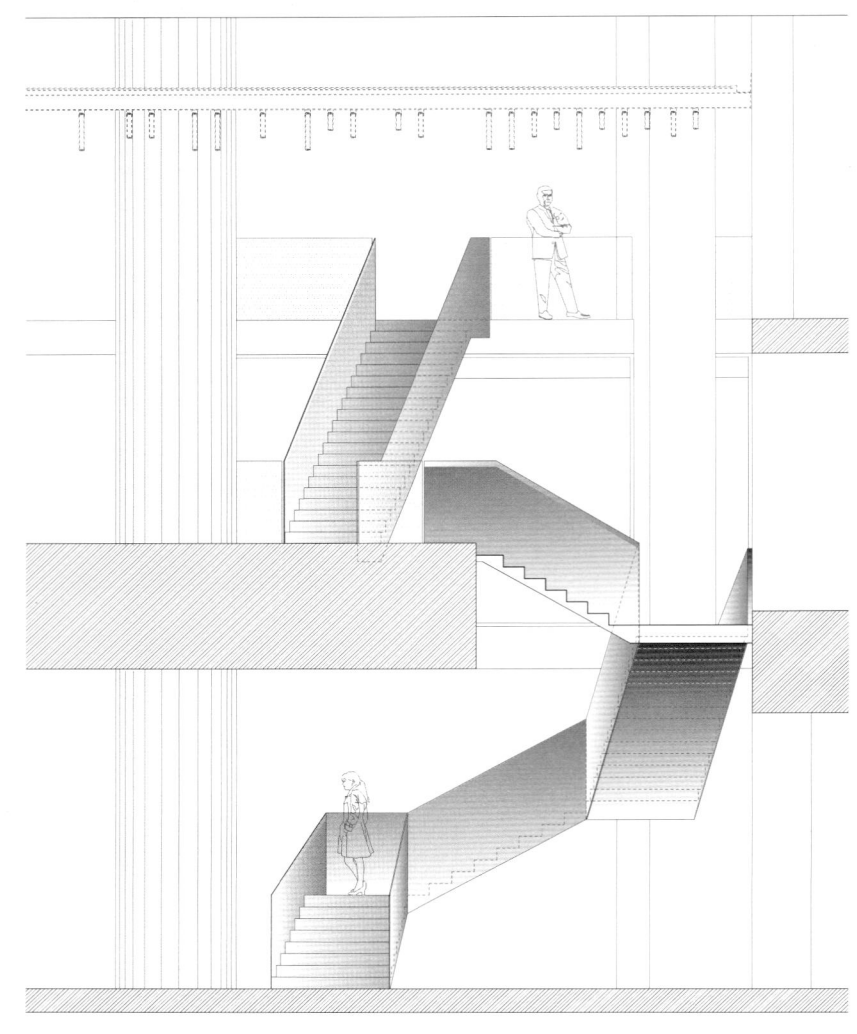

Scala
Sezione longitudinale aa
Scala 1:100

Sezioni bb e cc
Scala 1:200

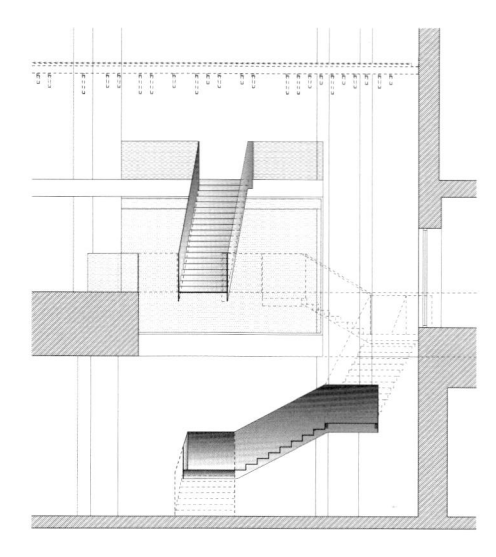

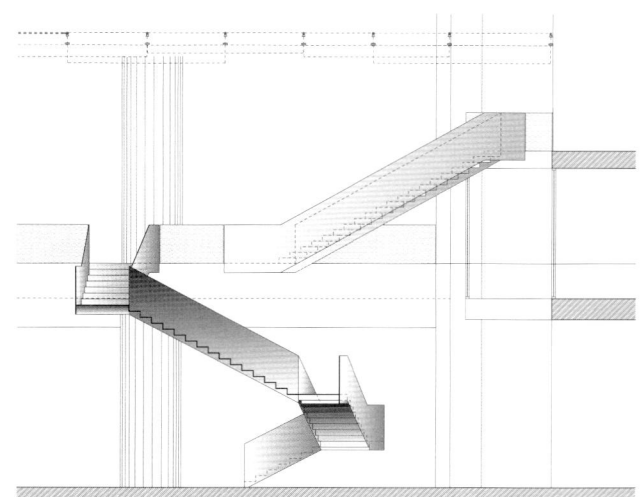

Dettaglio mancorrente
Scala 1:10

1. Gradino in lamiera d'acciaio, spessore 3 mm
2. Rivestimento in lamiera d'acciaio, spessore 10 mm
3. Pavimento in "terrazzo alla veneziana"
4. Balaustra in vetro chiaro
5. Telaio in acciaio inossidabile
6. Corrimano in acciaio
7. Luci led
8. Plastica trasparente

Mamilla Hotel a Gerusalemme (Israele)

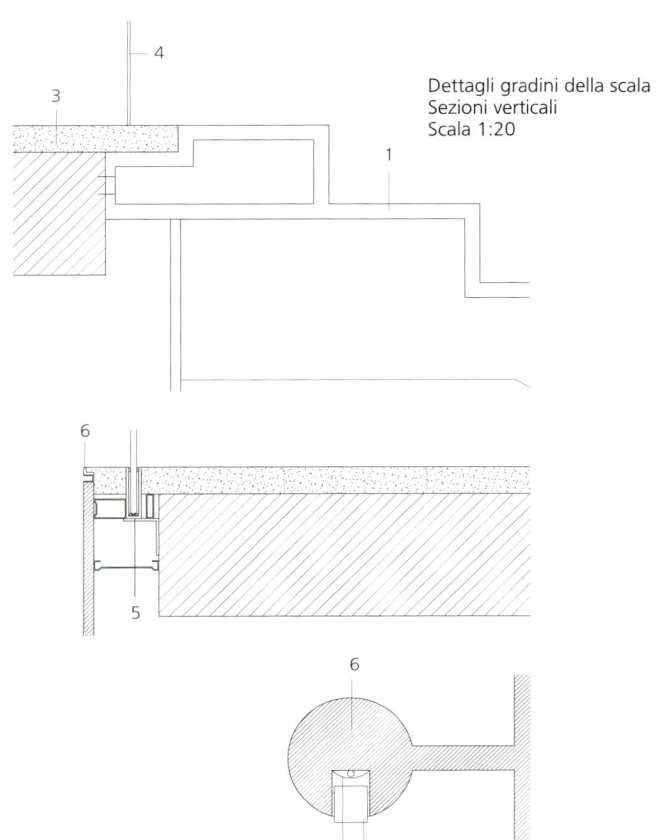

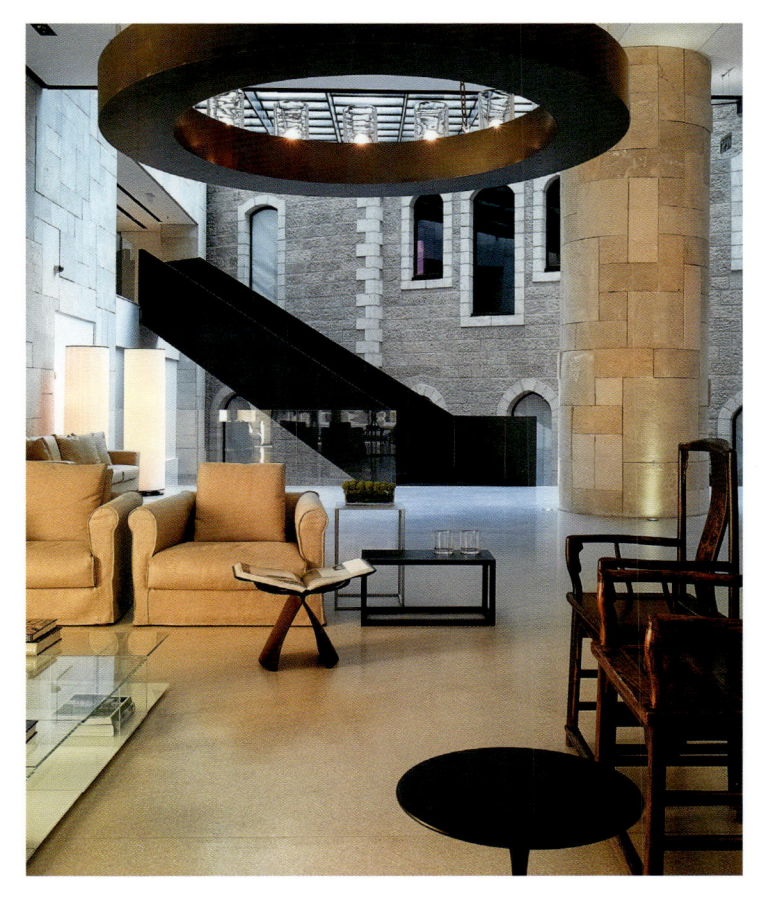

Dettagli gradini della scala
Sezioni verticali
Scala 1:20

169

Lissoni Associati

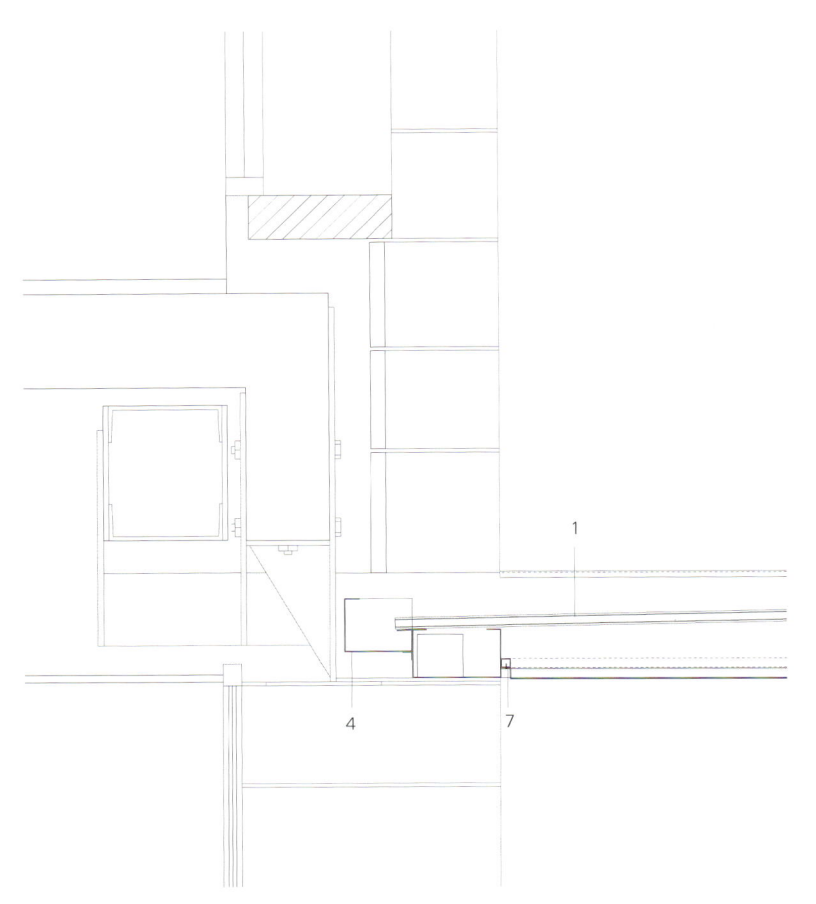

Dettaglio dell'aggancio della tettoia di copertura dell'entrata
Sezione verticale e vista frontale
Scala 1:20

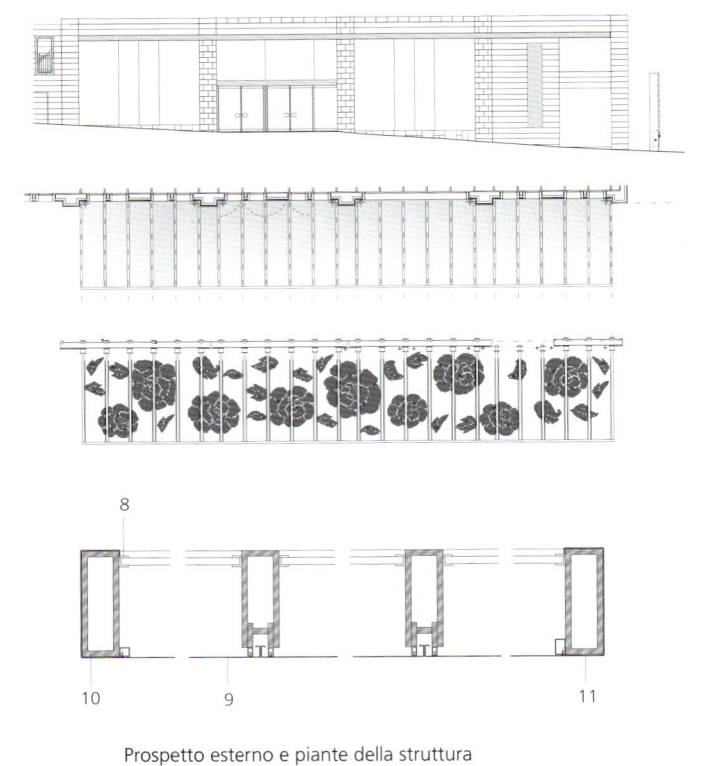

Prospetto esterno e piante della struttura
e del rivestimento in lamiera forata
Scala 1:400

Sezione tecnologica di
riferimento
Scala 1:100

1. Vetro, finitura color bianco latte
2. Copertura in lamiera d'acciaio forata
3. Montanti d'acciaio posti ad una distanza variabile
4. Canalizzazione per il deflusso delle acque piovane
5. Lamiera tagliata a laser retroilluminata
6. Illuminazione ad incasso per esterni
7. Distanziale in acciaio
8. Profilo in acciaio saldato a trave in acciaio
9. Lamiera d'acciaio forata fissata con viti, finitura colore nero
10. Trave d'acciaio
11. Rivestimento in lamiera d'acciaio

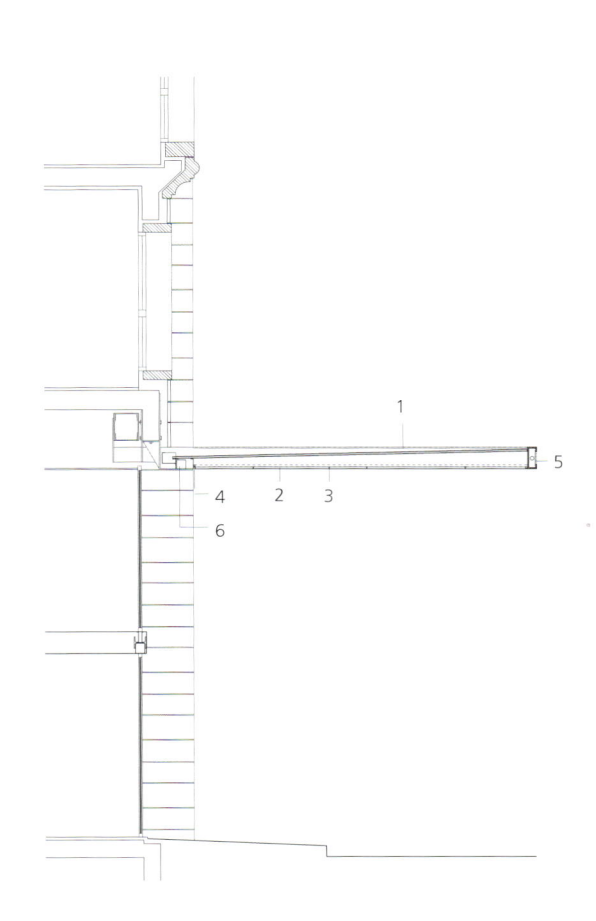

Mamilla Hotel a Gerusalemme (Israele)

Dettagli A del sistema
di controsoffittatura e dell'aggancio
con la copertura vetrata
Sezioni verticali
Scala 1:50

1. Sprinkler
2. Rivestimento in pietra
3. Tassello di chiusura in cartongesso
4. Lamina d'acciaio di rifinitura, spessore 3 mm, finitura colore bianco (ral 9010)
5. Sistema di ancoraggio del telo barrisol
6. Distanziale in acciaio, finitura colore bianco (ral 9010)
7. Diffusore ad incasso nel controsoffitto a due slot
8. Cielino in barrisol

Dettaglio B del sistema
di aerazione delle sale
Sezione verticale, sezione orizzontale
e schemi assonometrici
Scala 1:10

Dettaglio C del telaio dei serramenti
e dei fermavetro
Sezione orizzontale e vista frontale
Scala 1:50

1. Soffitto in c.a.
2. Pannello in cartongesso
3. Sistema di ancoraggio del telo barrisol
4. Cielino in barrisol
5. Rivestimento in pietra
6. Griglia per la ventilazione e la diffusione dell'aria condizionata, finitura colore bianco matte
7. Bordo di finitura in gesso

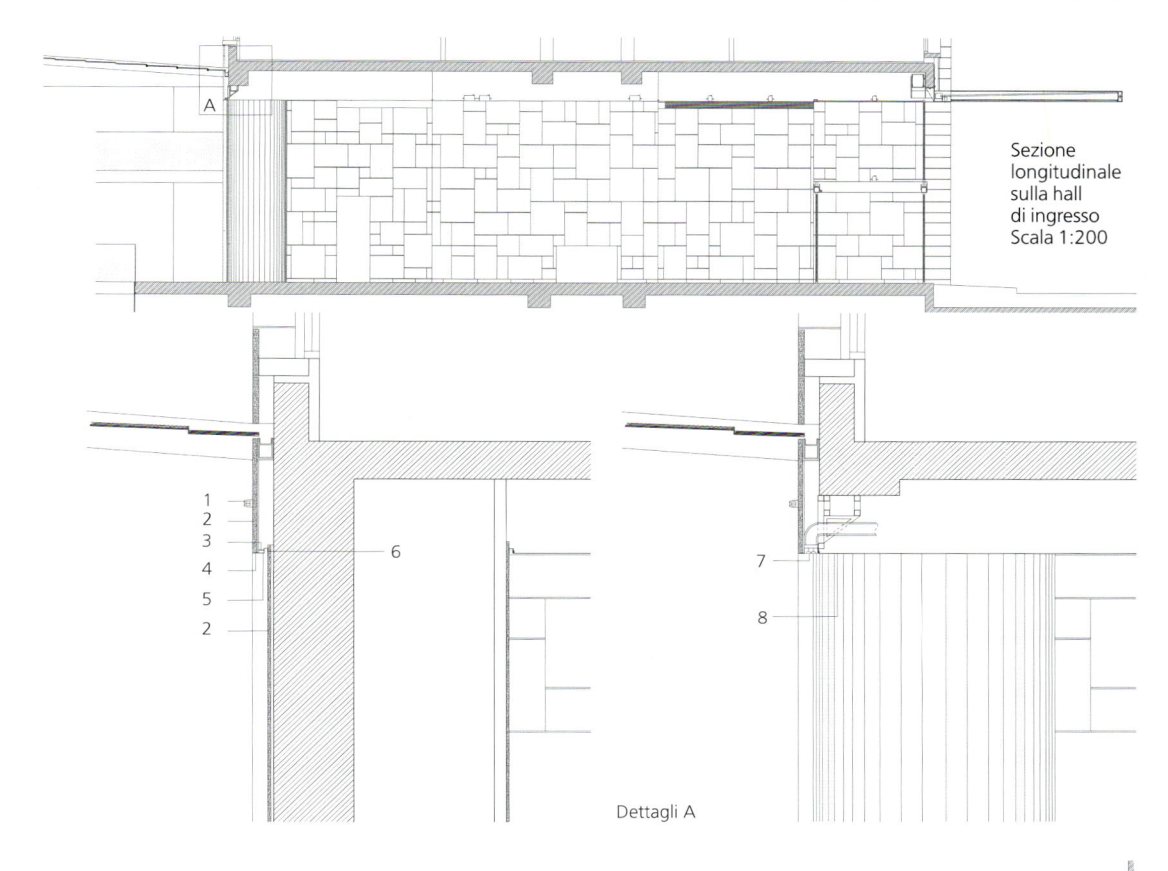

Sezione longitudinale sulla hall di ingresso
Scala 1:200

Dettagli A

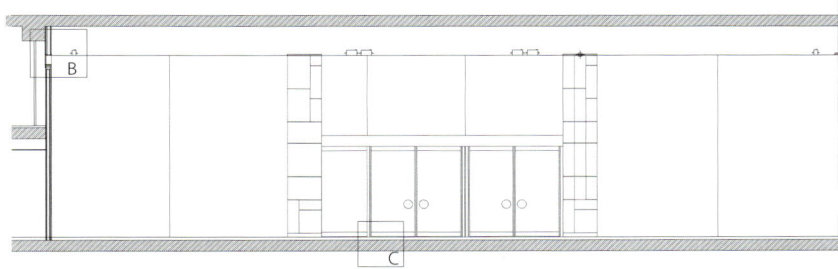

Sezione longitudinale sulla hall di ingresso
Scala 1:200

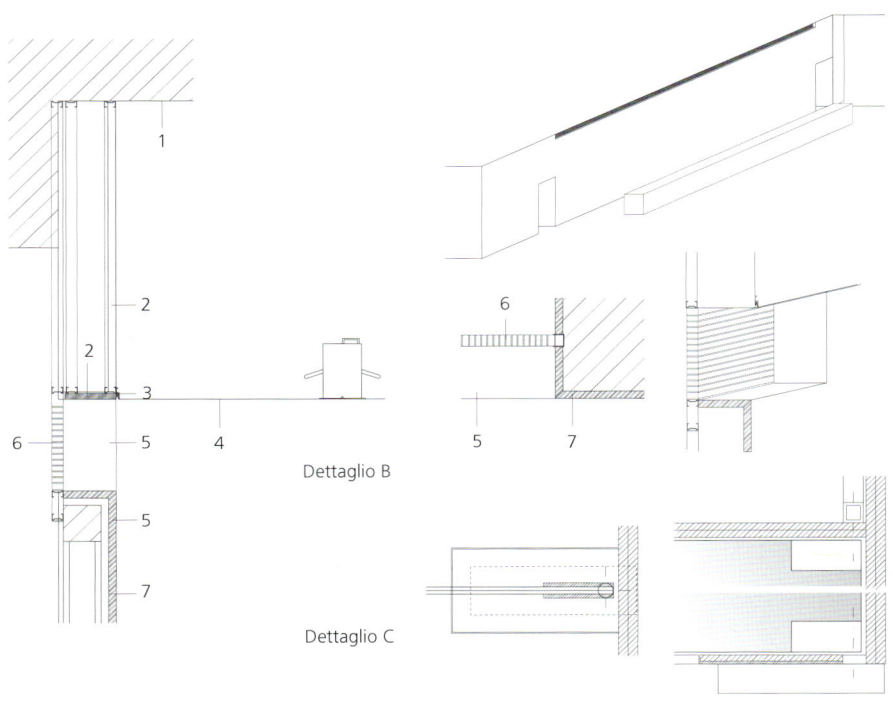

Dettaglio B

Dettaglio C

Lissoni Associati

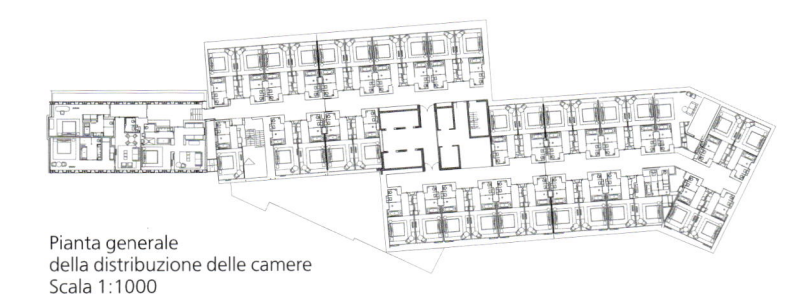

Pianta generale
della distribuzione delle camere
Scala 1:1000

Pianta tipo delle camere e del progetto degli arredi
Scala 1:100

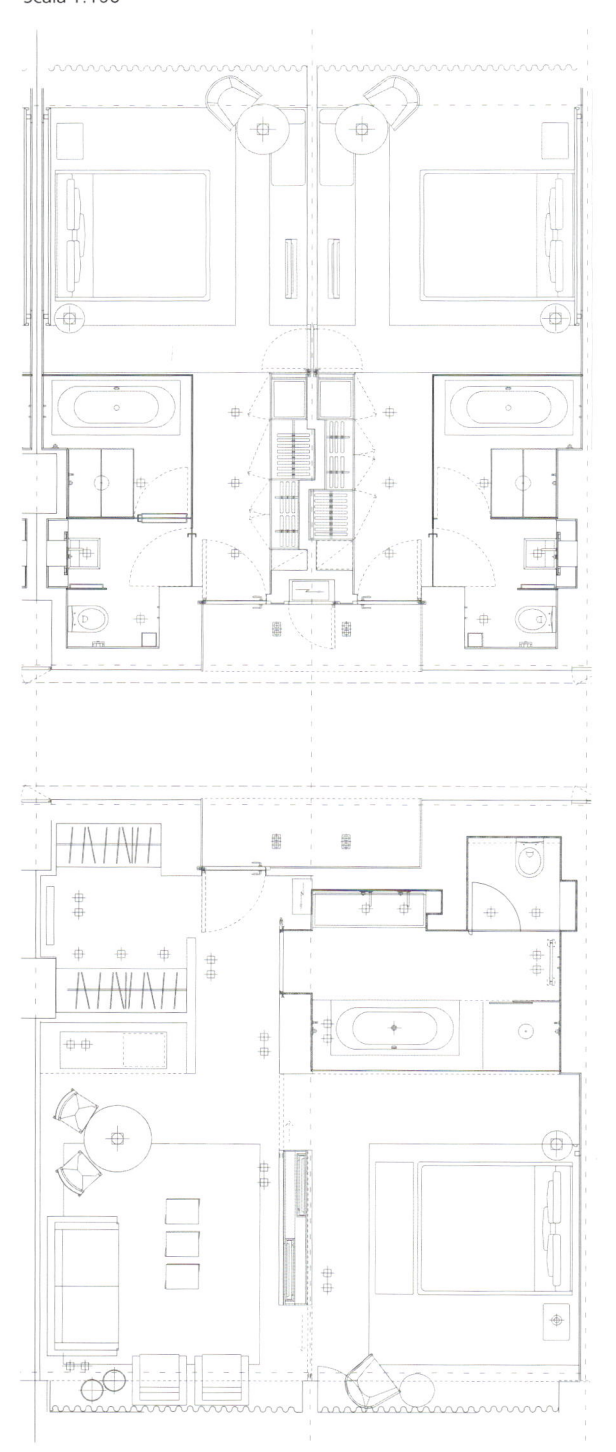

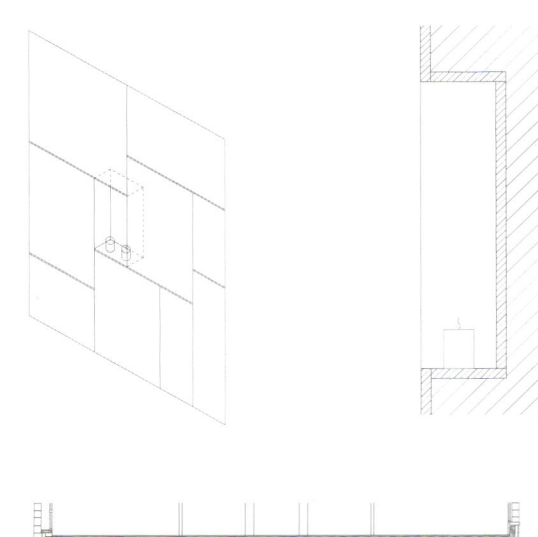

Dettaglio del vano per l'alloggiamento della candela
Schema assonometrico e sezione verticale
Scala 1:15

Sezione di riferimento con l'indicazione della finitura superficiale
in blocchi provenienti da quattro cave differenti, ciascuno con una propria sfumatura
luminosa e un determinato colore, ritmati con una serie di nicchie
Scala 1:300

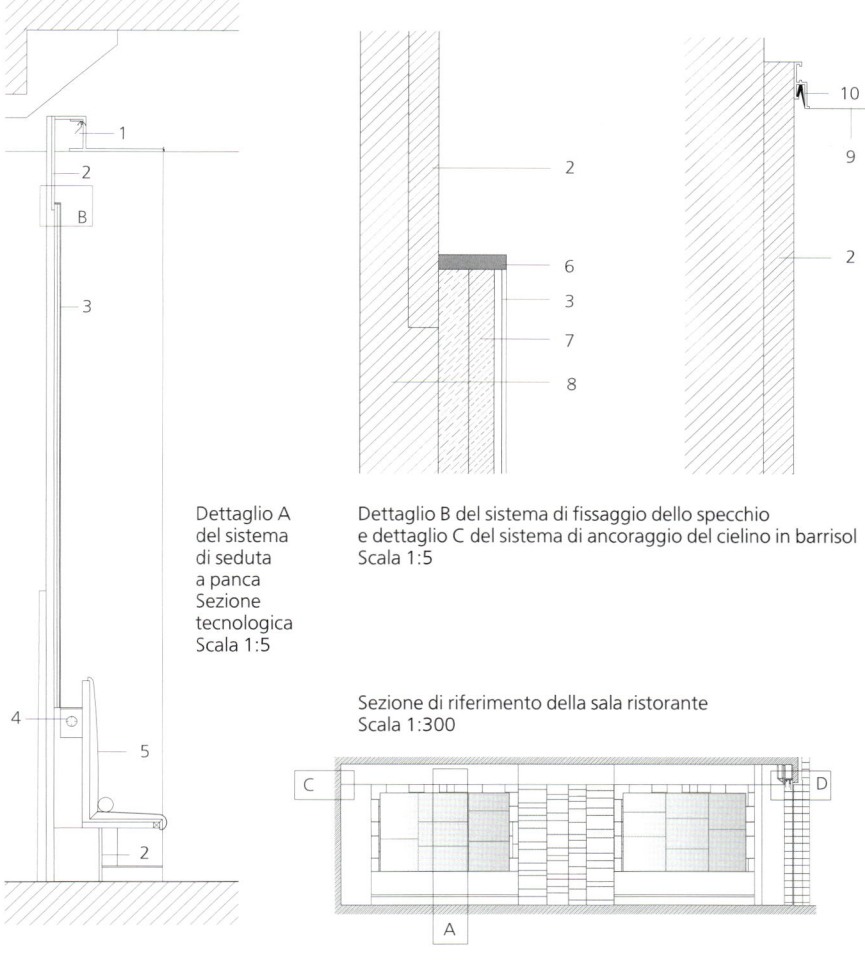

Mamilla Hotel a Gerusalemme (Israele)

Dettaglio A
del sistema
di seduta
a panca
Sezione
tecnologica
Scala 1:5

Dettaglio B del sistema di fissaggio dello specchio
e dettaglio C del sistema di ancoraggio del cielino in barrisol
Scala 1:5

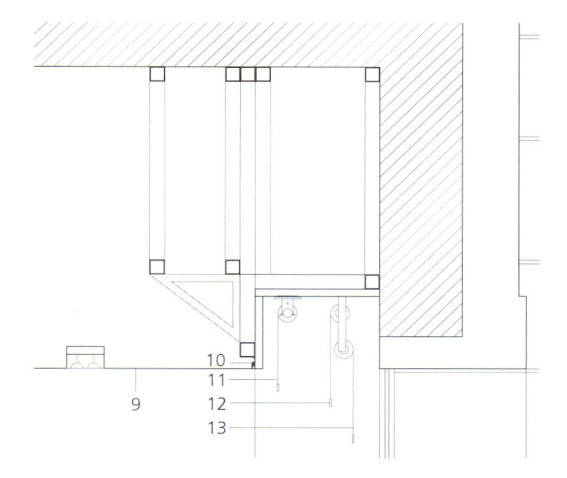

Dettaglio D del sistema della controsoffittatura
e del sistema di proiezione e di oscuramento
Scala 1:20

1. Illuminazione ad incasso
2. Rivestimento in pietra
3. Specchio
4. Luce ad incasso nel retro della panca
5. Panca "Wolf 7" by Living Divani, finitura colore grigio
6. Telaio in ottone scuro
7. Pannello in mdf
8. Pannello in legno
9. Cielino in barrisol
10. Sistema di ancoraggio del telo barrisol
11. Telo per le proiezioni by Mycore (tipo "SP5072")
12. Tenda filtro avvolgibile by Mycore (tipo "B5073", colore bianco)
13. Tenda oscurante avvolgibile by Mycore (tipo "C5051", colore bianco)

Sezione di riferimento della sala ristorante
Scala 1:300

174

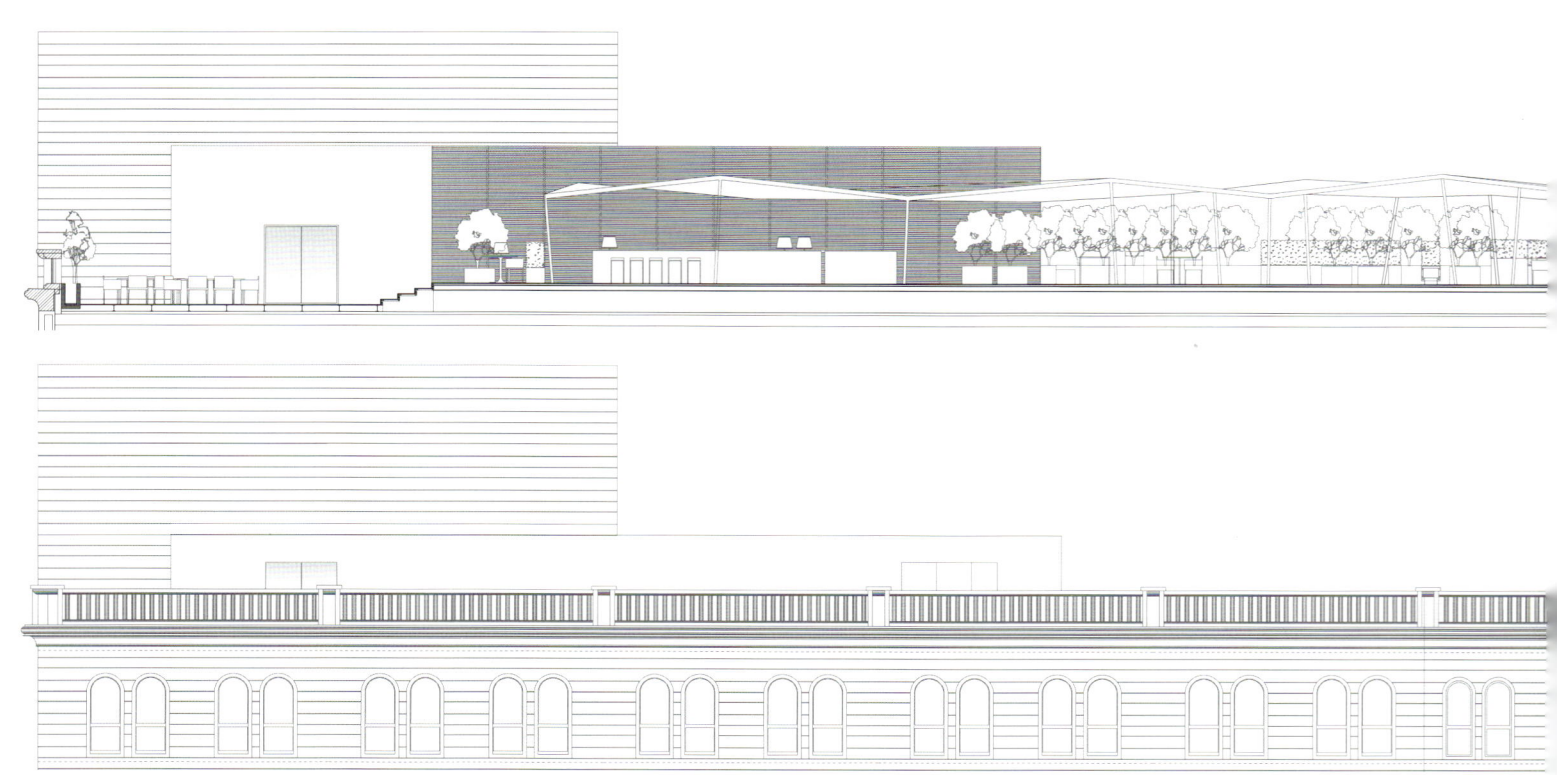

Mamilla Hotel a Gerusalemme (Israele)

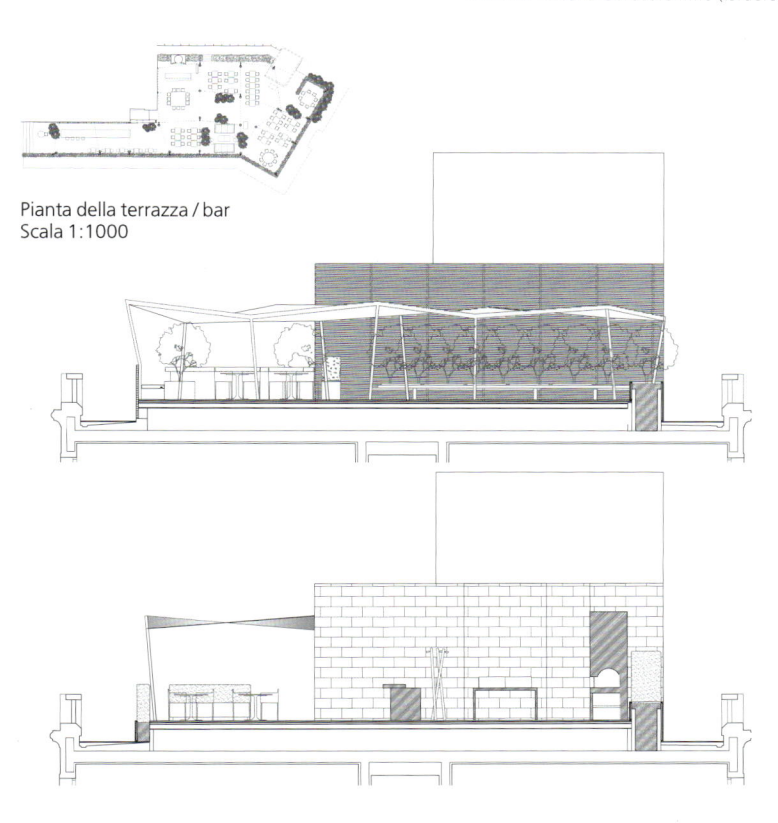

Pianta della terrazza / bar
Scala 1:1000

Il Bar terrazza al 14° piano
Sezione longitudinale
e sezione trasversale
Scala 1:100

Dettagli del sistema di vasche fioriere
e del parapetto
Sezioni verticali
Scala 1:20

1. Vasche fioriere, finitura in cemento a vista
2. Membrana geotessile di impermeabilizzazione
3. Terriccio compattato
4. Strato di pietrisco
5. Canale di drenaggio
6. Profilo a C in acciaio zincato
7. Illuminazione led ad incasso
8. Quota pavimento finito
9. Rampa

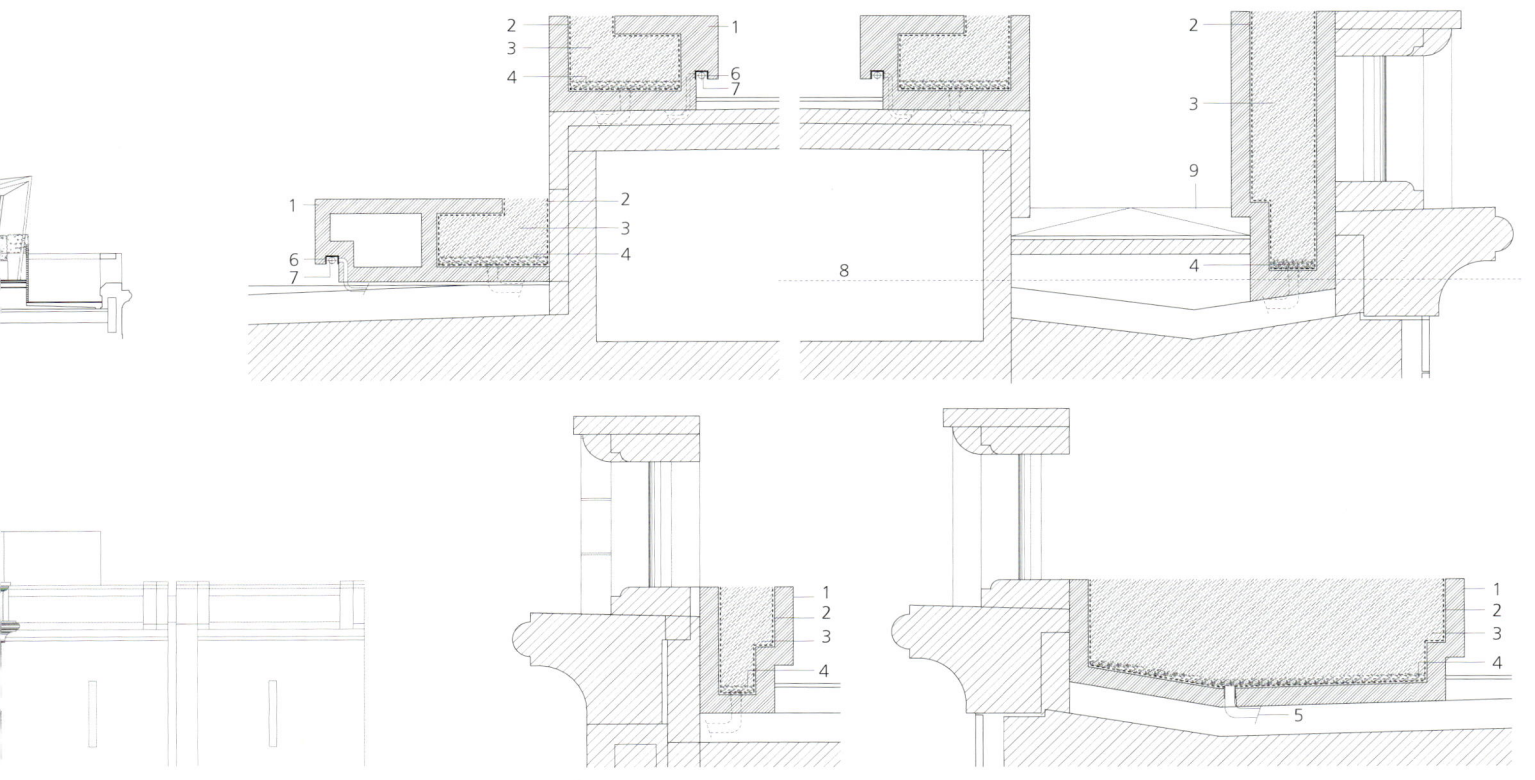

175

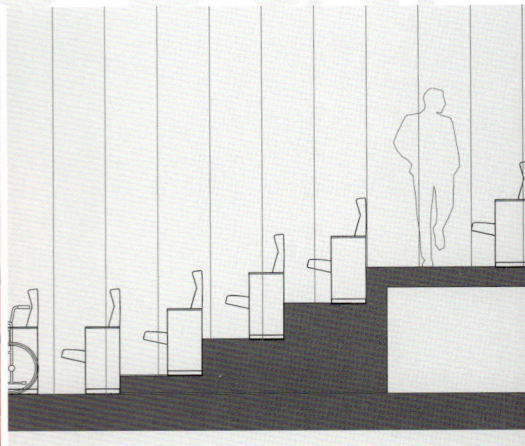

Nuova Sede Centro Dati G.I.M.E.M.A a Roma

indirizzo:	via Casilina, 5	periodo di realizzazione:	2009
città:	Roma	committente / proprietario:	AIL, Associazione Italiana Contro le Leucemie, Linfomi e Mieloma - ONLUS
progettista:	Massimo d'Alessandro, Paolo Pannocchi, Maurizio Cagnoni, Marco Bevilacqua, Maria Cagnoni, Antonio Luchetta, Susanna Mirza, Federica Morlacci, Bianca Patroni-Grifi, Francesco Sorrentino	tipologia intervento:	recupero / restauro
		destinazione intervento:	uffici / terziario
		dimensioni:	superficie 700 mq
		altre informazioni:	16-18 postazioni lavoro, uffici direzionali, sala riunioni, sala conferenze 200 posti, segreteria, archivi
		imprese esecutrici:	INDAR s.r.l.
		costi di realizzazione:	1.400.000 euro

sede G.I.M.E.M.A - Roma

MDAA Architetti Associati

Massimo d'Alessandro
Marco Bevilacqua
Maurizio Cagnoni
Paolo Pannocchi, architetti

via delle Mantellate, 18/b
Roma

www.mdaa.it
welcome@mdaa.it

MDAA si occupa di progettazione e servizi per l'architettura, con riferimento alla scala che sta tra edifici complessi, di media dimensione, fino ai progetti per l'interior design, l'arredo urbano e l'allestimento; quest'ultimo non solo nella sua dimensione commerciale (fiere, negozi, ecc.) ma anche in quella più direttamente legata alla cultura (musei, mostre, ecc.). Al fine di garantire qualità, grande attenzione viene posta nel fornire al cliente un servizio completo, dall'individuazione del concept alla progettazione preliminare, fino ad un approfondito sviluppo esecutivo, dalla selezione delle imprese, alla redazione di tutta la contrattualistica fino alla direzione lavori, con controllo dei tempi e dei costi di costruzione. Lo Studio, costituitosi formalmente nel 1990, è composto da un team di persone provenienti da diversi ambiti professionali specifici, tutti peraltro a vario titolo impegnati anche nell'insegnamento universitario nel settore del Disegno Industriale.

Lo spazio interno del capannone è imponente: una navata altissima, coperta da un tetto a doppia falda, scandito dalla filigrana delle 11 capriate in ferro originali che lo sorreggono. Il ruolo delle capriate nello spazio colpisce immediatamente per la finezza del disegno, condotta utilizzando profilati comuni, raffinata interpretazione di uno spazio industriale di inizio Novecento.
Il progetto di ristrutturazione doveva fronteggiare il difficile compito di trasformare un siffatto volume unitario in uno spazio capace di ospitare diverse unità funzionali: uffici, ma di diverso tipo e ruolo, sala conferenze, archivi, senza perdere quell'identità industriale che è il sapore conferito da Aschieri all'edificio. A tale scopo le diverse destinazioni funzionali sono ospitate all'interno di volumi molto differenti tra loro, sia per definizione geometrica che per materiali scelti: i vari volumi occupano così lo spazio senza occultare il contenitore originale, ciascuno con la propria identità formale, che allude alle funzioni ed ai ruoli svolti nella Casa per la cura della leucemia. Il contenitore nei suoi connotati originari è stato intenzionalmente reso astratto attraverso l'impiego del colore bianco, con cui sono trattate indifferentemente le pareti, l'intradosso della copertura e le capriate metalliche. Una sottile spina centrale su due livelli, in posizione longitudinale e quasi baricentrica, rivestita in pannelli di lamiera verniciata di bianco, ospita al piano terra le attività di segreteria ed i servizi; al piano superiore ospita gli archivi, cui si accede per mezzo di due scale a chiocciola poste ai due estremi.
La struttura costituisce una grande "quinta", che separa lo spazio in senso longitudinale in due parti autonome: su un lato viene a formarsi un grande open space, per 16-18 postazioni di lavoro, la cui copertura, ancora del tutto presente e dominante, è il tetto del capannone; sul lato opposto rispetto alla struttura dei servizi, resta uno spazio fluido ove si aprono l'accesso principale, la distribuzione degli uffici direzionali e l'area per le riunioni, protetta da un grande sipario di velluto rosso. Gli uffici direzionali sono articolati in quattro volumi accostati, realizzati con una leggera struttura in tubolari di ferro, tamponata da una doppia "pelle" in policarbonato alveolare: la trasparenza del materiale scelto crea effetti luminescenti sia di giorno, veicolando la luce naturale delle finestre, sia di notte, per mezzo dell'illuminazione artificiale.
Con i lavori di ristrutturazione l'edificio è stato dotato di tutti gli impianti necessari a supportare la nuova destinazione d'uso. La struttura è stata dotata di una sala conferenze con 200 posti; sotto le gradinate sono collocati i servizi principali della sala stessa. Tra la sala e il grande open space del G.I.M.E.M.A c'è un grande spazio di ingresso con accesso dall'esterno (corrisponde esattamente ad un modulo delle capriate di copertura), cosa che deve consentire l'uso della sala conferenze anche per terzi. La sala è a gradonata, per consentire la migliore visibilità degli oratori da qualsiasi posto; le gradonate, che montano in senso trasversale al corpo di fabbrica, e dunque parallelamente alla capriate, consentono di trovarsi, nelle ultime file, quasi a contatto con esse. La loro fitta trama è utilizzata in questo caso, sia per l'inserimento di pannelli, finalizzati a migliorare l'acustica dello spazio, sia per l'illuminazione. Per sottolinearne la diversità rispetto al grande spazio G.I.M.E.M.A, la sala è completamente nera: anche le capriate, sempre bianche, qui sono totalmente nere, appena intervallate da quella specie di cielo stellato ricostruito con l'illuminazione; nera è la moquette, nere sono le pareti microforate fonoassorbenti utilizzate per le pareti: spiccano soltanto le poltroncine rosse, il colore sociale del marchio AIL.

MDAA Architetti Associati

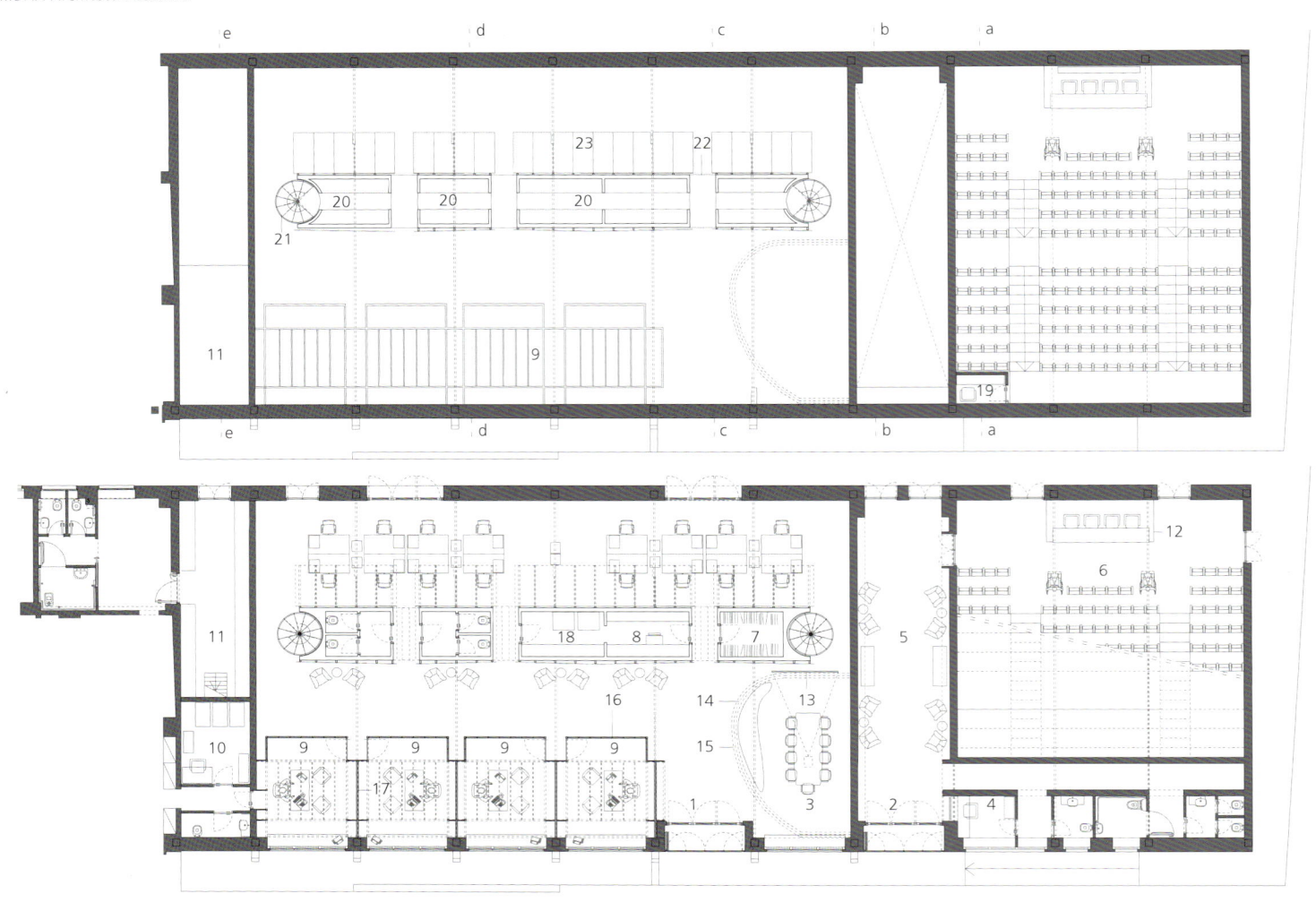

Planimetria del primo piano
e del piano terra
Scala 1:250

1. Ingresso uffici
2. Ingresso alla sala conferenza
3. Sala riunioni
4. Segreteria sala conferenza
5. Foyer
6. Sala conferenza, n. 200 posti
7. Porta abiti
8. Segreteria
9. Ufficio direzionale
10. Server
11. Magazzino
12. Pedana in legno
13. Video proiezione
14. Tenda
15. Sistema di sostegno della tenda
16. Parete in policarbonato
17. Parete attrezzata in falegnameria rivestita in lamierino laccato, compreso di porte a battente
18. Area fotocopie
19. Saletta règia
20. Archivi
21. Scala a chiocciola in ferro
22. Passerella in keller con parapetti e struttura di sostegno
23. Struttura in carpenteria metallica rivestita da pannelli in mdf e alluminio verniciato

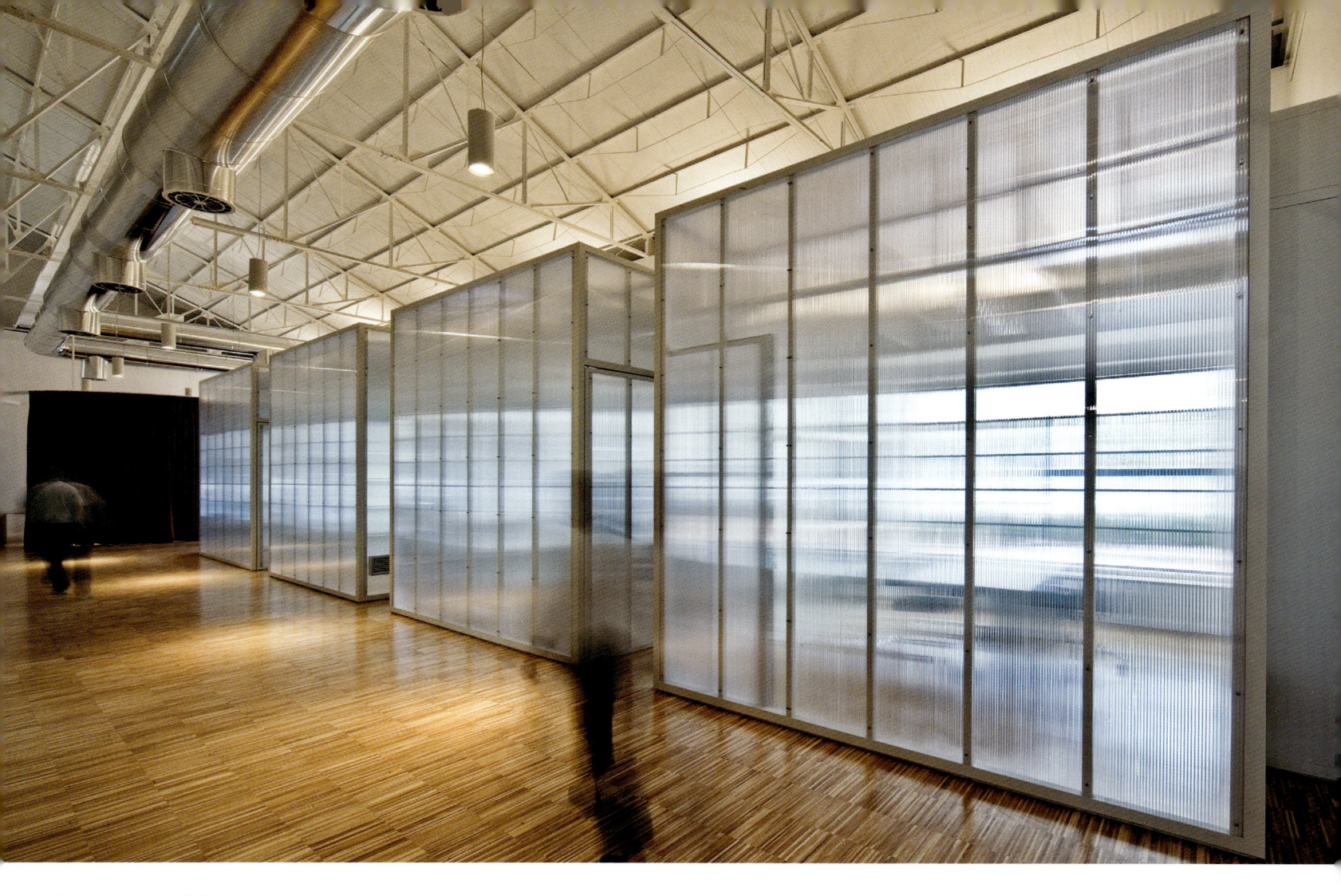

Prospetto esterno di riferimento
Scala 1:1000

Sezione tecnologica del rivestimento
in lamelle in tubolari di ferro
Scala 1:70

1. Lamelle frangisole
2. Copertura in vetro
3. Struttura in ferro
   della pensilina esistente

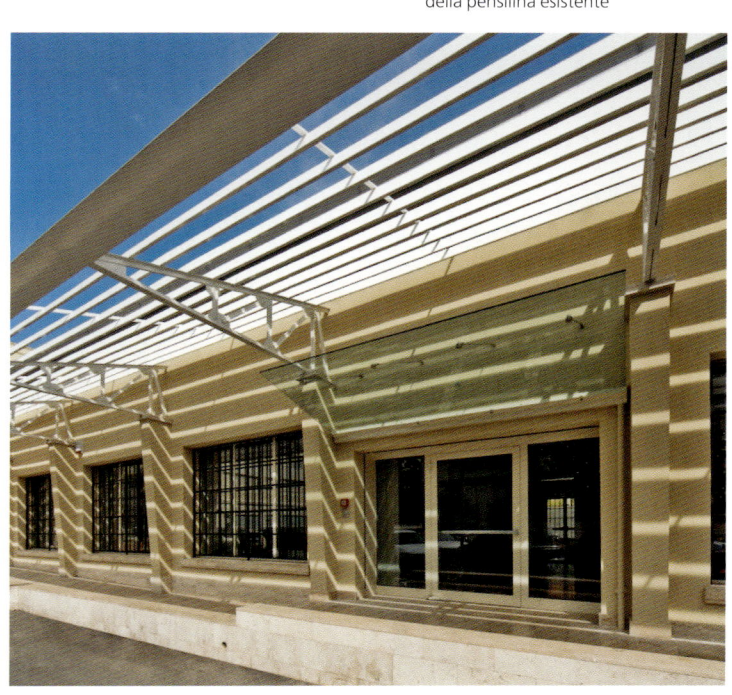

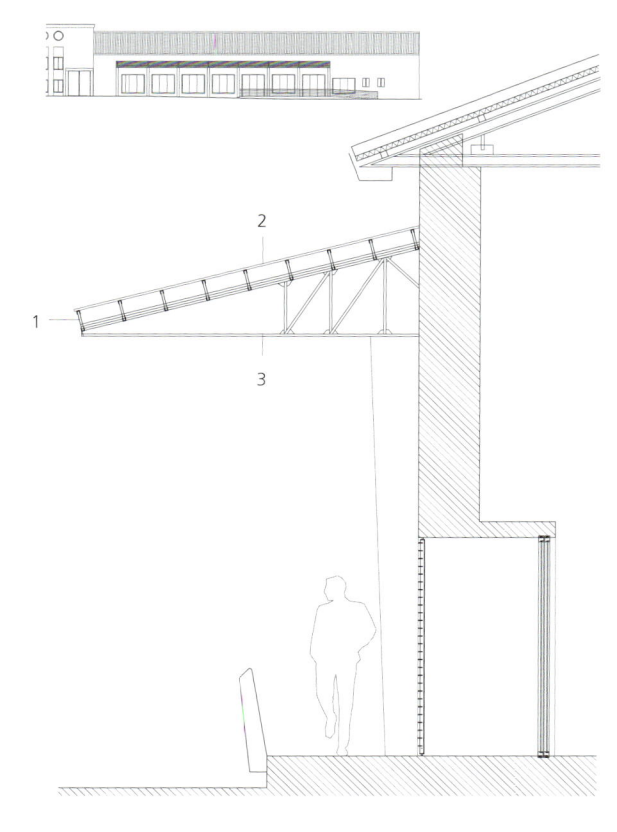

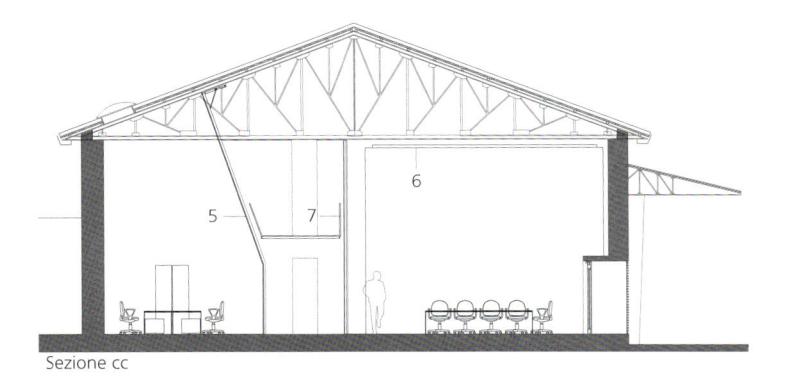

MDAA Architetti Associati

Sezione cc

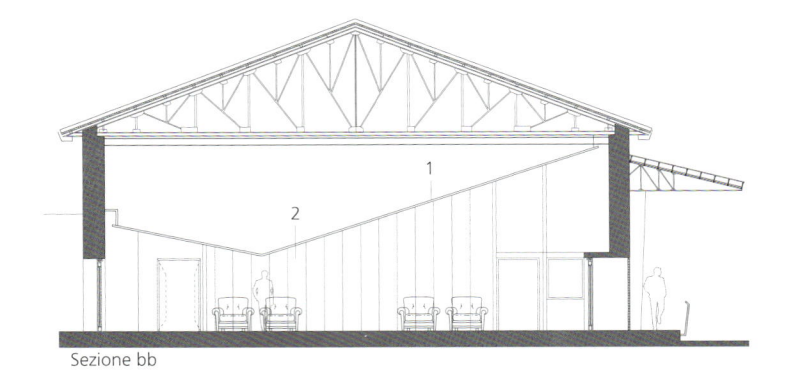

Sezione bb

Sezioni trasversali
Scala 1:200

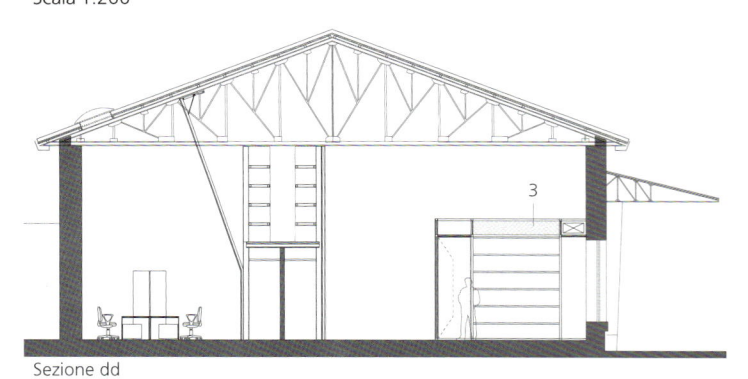

Sezione dd

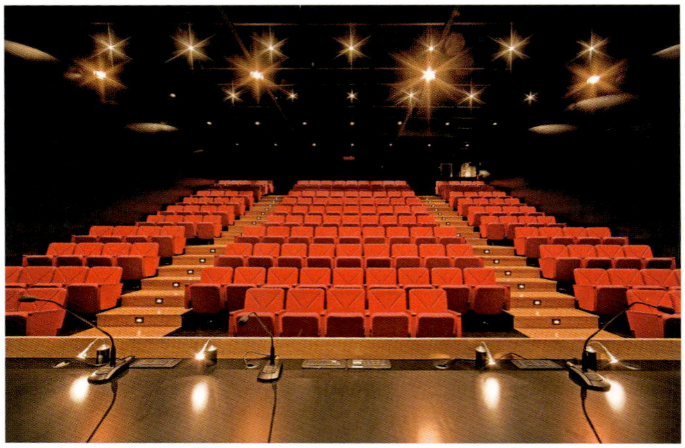

Sezione trasversale sulla sala conferenze
Scala 1:100

1. Controsoffitto inclinato con asola luminosa lungo il perimetro
2. Pannelli di rivestimento della sala foyer
3. Pannelli fonoassorbenti in lamiera microforata
4. Pannelli di rivestimento della sala conferenze
5. Struttura in carpenteria metallica rivestita da pannelli in mdf e alluminio verniciato
6. Sistema di sostegno della tenda per la sala riunioni
7. Passerella in keller con parapetti e struttura di sostegno

Nella pagina a fianco,
Uffici direzionali
Sezione orizzontale
Scala 1:120

Sezione longitudinale e sezione trasversale
Scala 1:60

1. Pannello opaco
2. Porte in policarbonati
3. Pannelli in policarbonato
4. Profili per ancoraggio pannelli policarbonato
5. Pannelli fonoassorbenti in lamiera microforata
6. Fondo librerie in laripan
7. Profili per scuretto
8. Mensole in ferro
9. Struttura in tubolari, dimensioni 6 x 6 cm

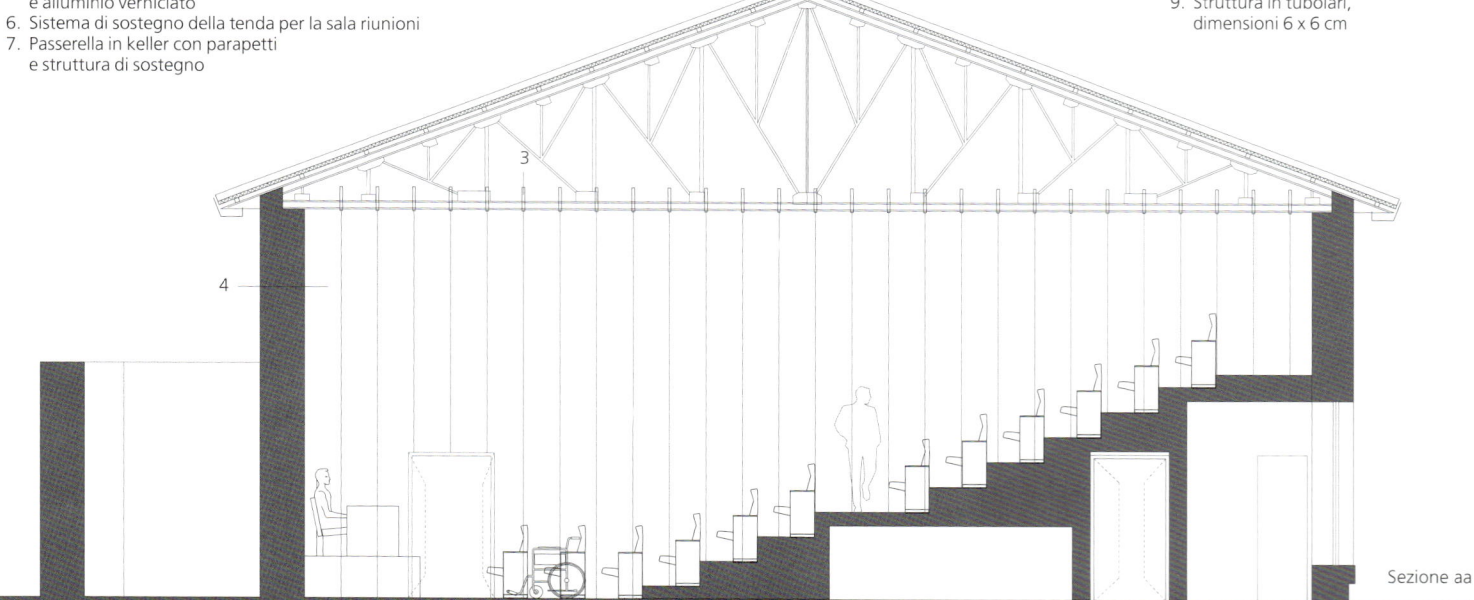

Sezione aa

Nuova Sede Centro Dati G.I.M.E.M.A a Roma

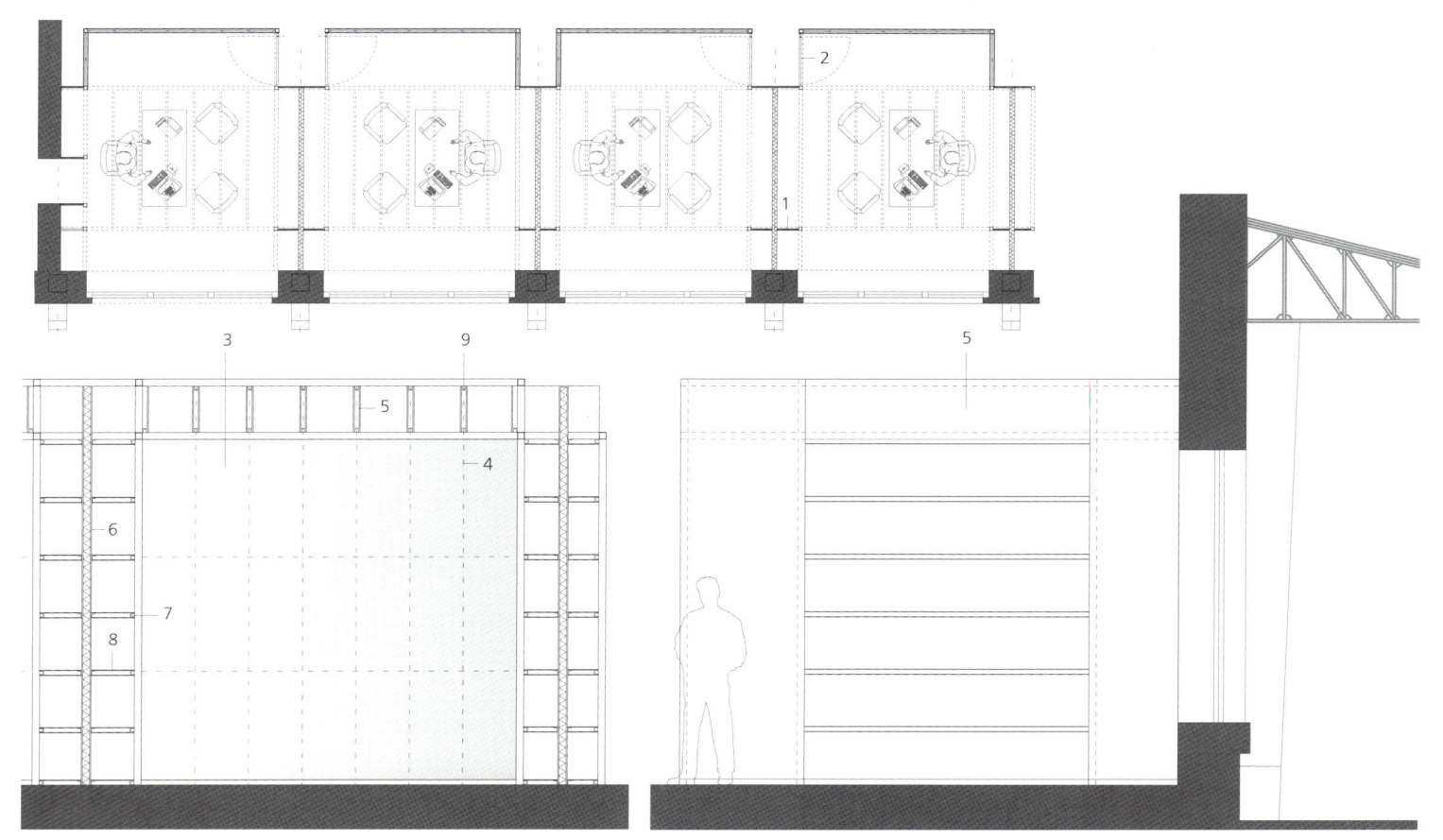

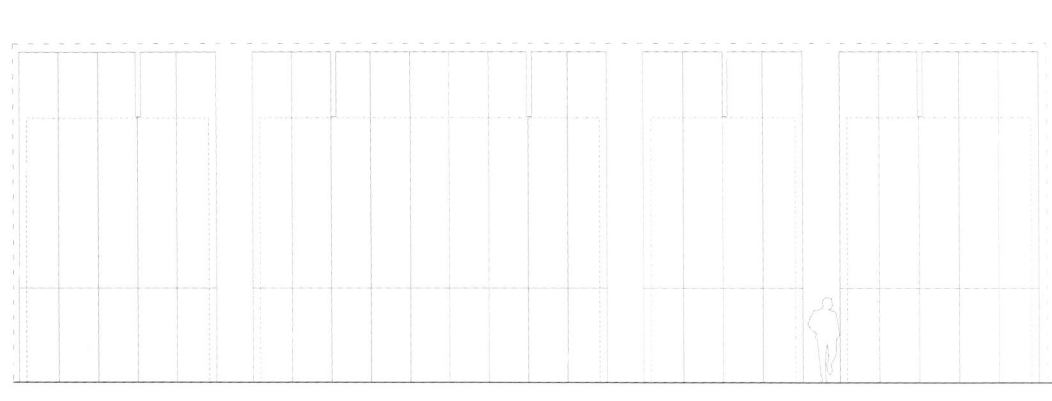

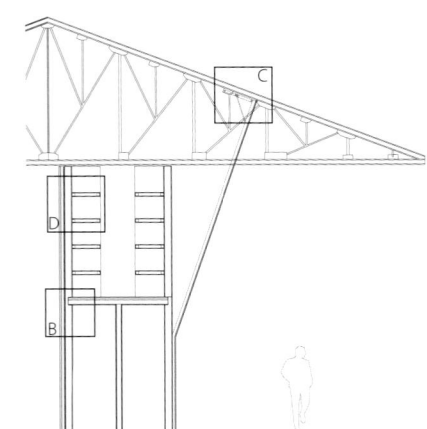

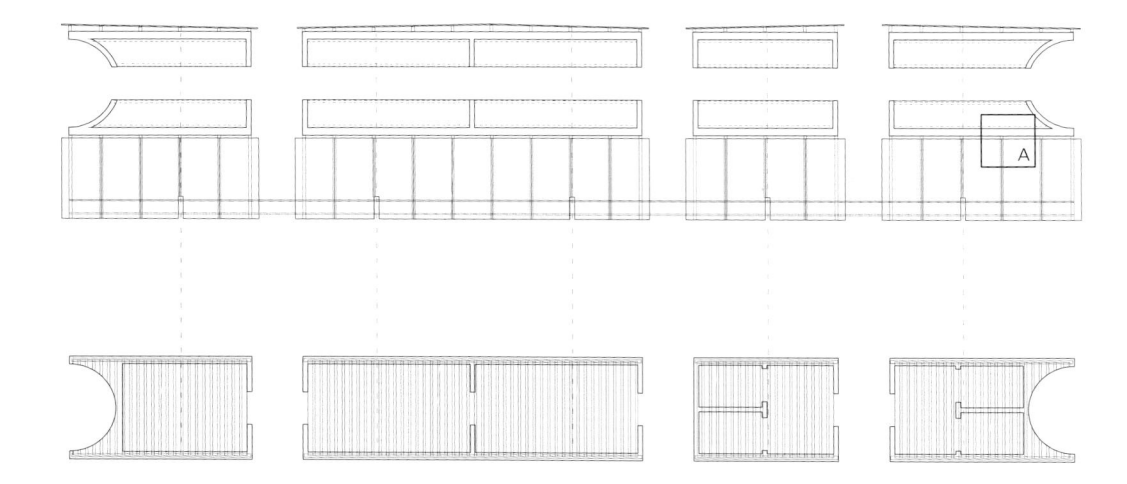

Dettaglio parete archivi
Sezioni orizzontali al livello del primo piano
e del piano terra
Scala 1:100

Dettagli
Scala 1:15

1. Pannello in mdf rivestito
   con lamierino in ferro
2. Tubolare per ancoraggio pannelli in mdf,
   dimensioni 60 x 60 mm
3. Rivestimento solaio
4. IPE 140
5. Lamiera grecata
6. Rete elettrosaldata
7. Biella fissata alla struttura della capriata
   e alla trave reticolare
8. Struttura reticolare fissata al pannello di mdf
9. Tondino che unisce i profili alla trave reticolare
10. Lamierino di rivestimento in ferro
11. Struttura di profili in ferro fissati ai muri
    in poroton e alla capriata
12. Pannello in mdf
13. Muro in poroton
14. Rivestimento scaffali
15. Scatolare, dimensioni 60 x 60 mm
    per sostegno scaffali
16. Scatolare rompitratta per scaffali,
    dimensioni 60 x 450 mm

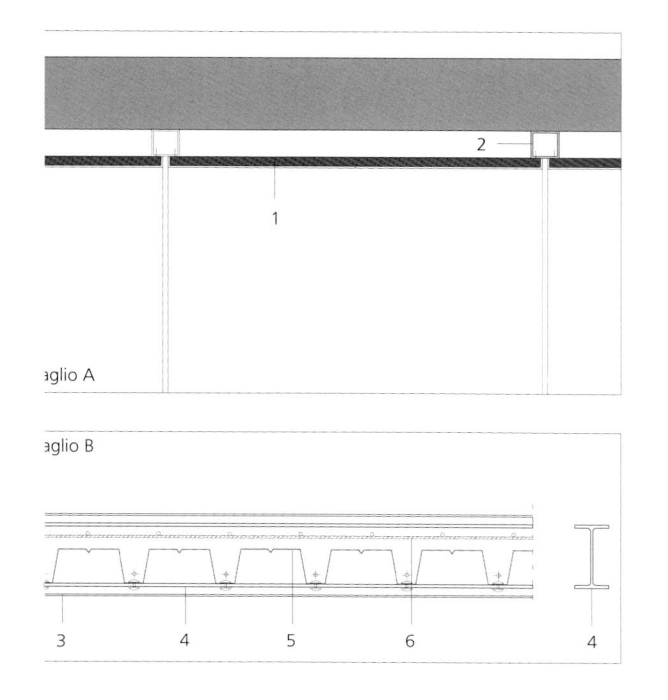

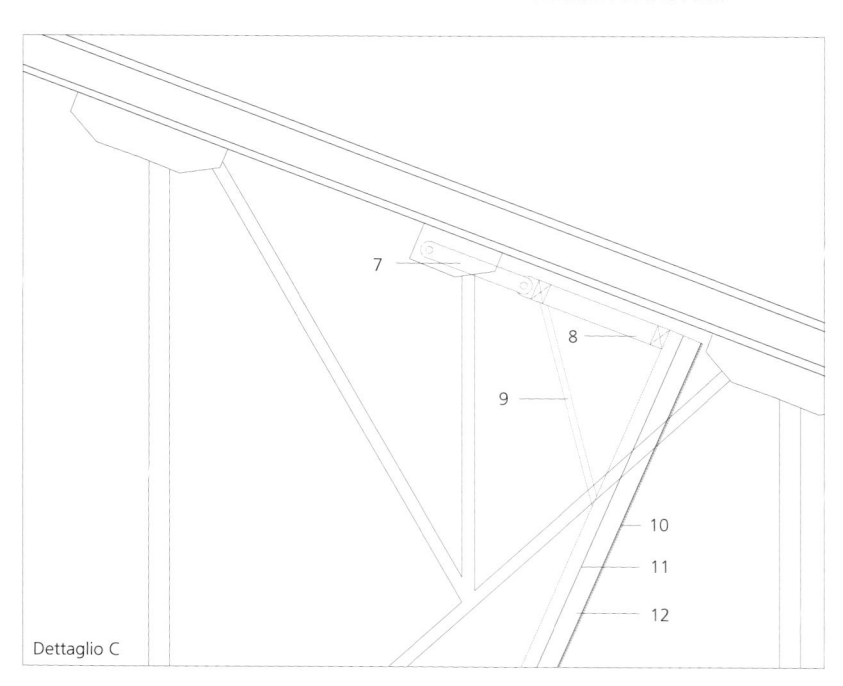

Nuova Sede Centro Dati G.I.M.E.M.A a Roma

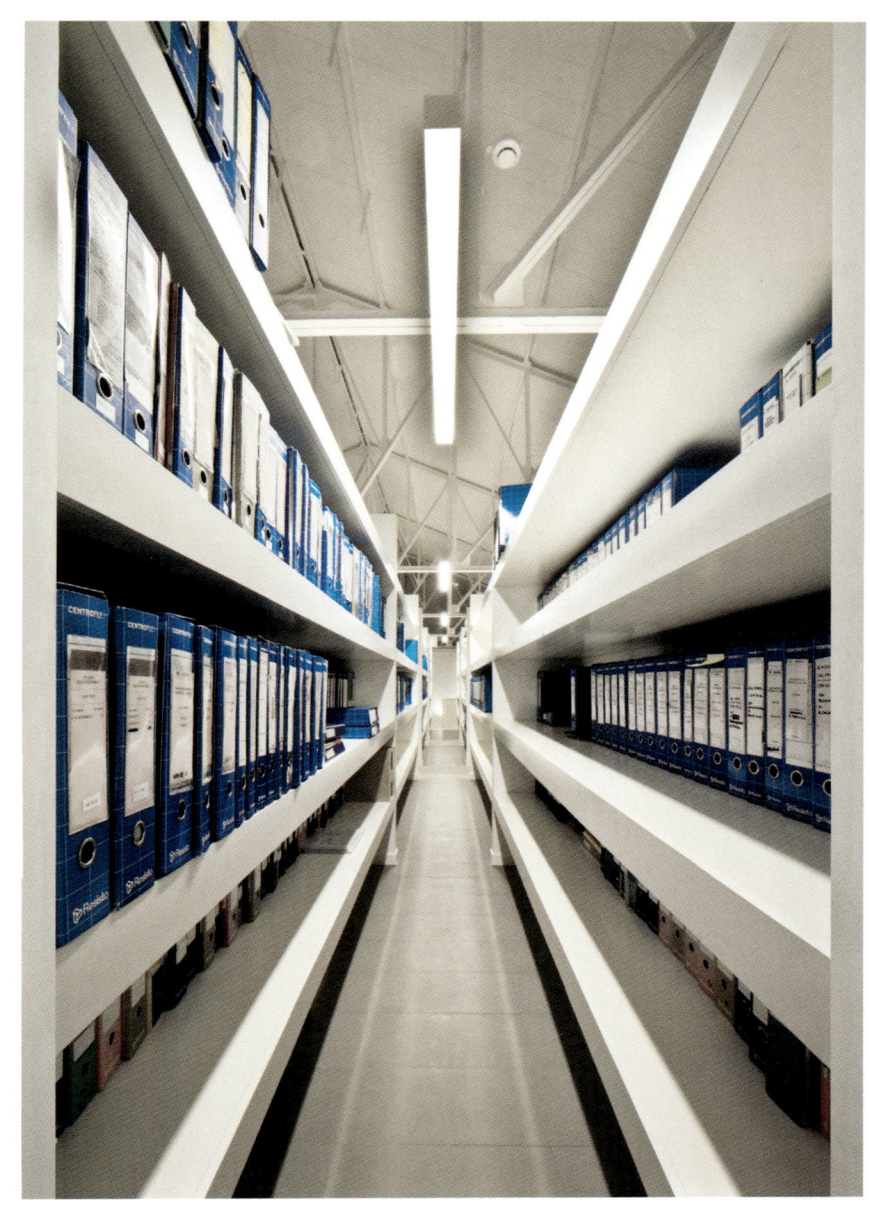

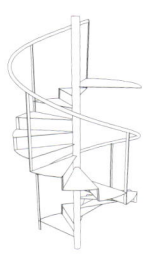

Scala archivi
Scala 1:50

1. Corrimano in tubolare d'acciaio, Ø 30 mm
2. Gradino in lamiera d'acciaio, spessore 30/10 con verniciatura a polvere
3. Piatto in ferro per collegamento gradini, dimensioni 10 x 40 mm
4. Elemento di sostegno verticale in tubolare d'acciaio, Ø 150 mm, spessore 5 mm

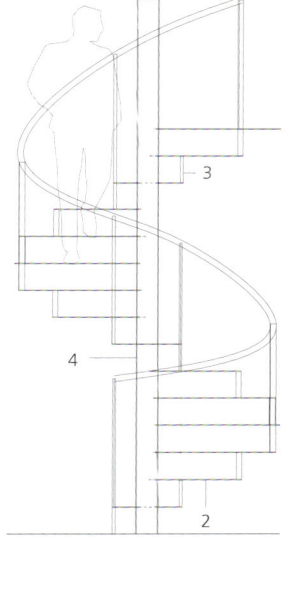

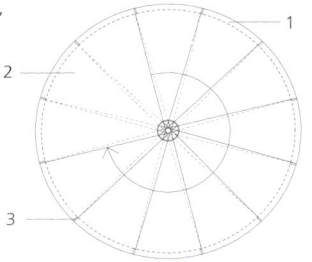

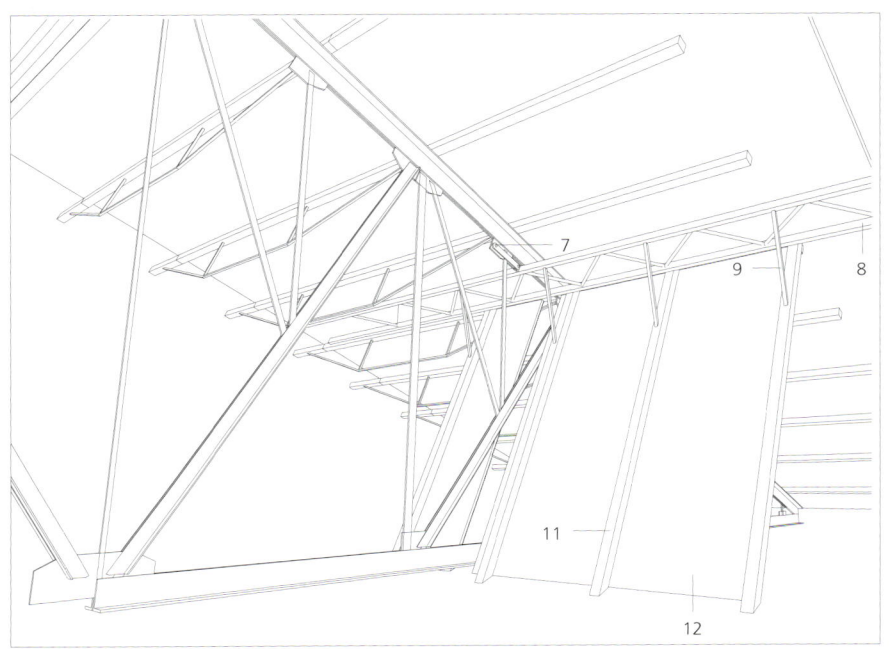

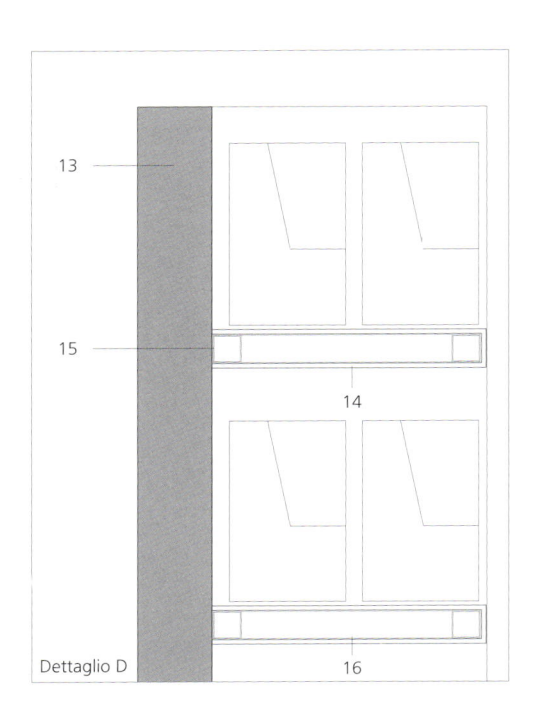

Dettaglio D

i-SUITE Hotel a Rimini

indirizzo:	viale Regina Elena, 28		periodo di realizzazione:	2004 - 2009
città:	Rimini		committente / proprietario:	Ambienthotels
progettista:	Simone Micheli, architetto		tipologia intervento:	design degli interni
			destinazione intervento:	ospitalità
			dimensioni:	superficie totale 5.500 mq superficie esterni 1.200 mq superficie interni 4.300 mq
			altre informazioni:	6 piani, un piano terra e un piano interrato 54 suite, hall, ristorante "i-FAME" con giardino, bar esterno "street bar", bar interno "i-BAR", centro benessere "i-FEEL GOOD", piscina scoperta riscaldata "i-POOL", parcheggio coperto "i-PARKING"

Simone Micheli Architectural Hero

Simone Micheli, architetto

via Aretina, 197/r
Firenze

www.simonemicheli.com
simone@simonemicheli.com

Simone Micheli fonda l'omonimo Studio d'Architettura nel 1990, e la società di progettazione Simone Micheli Architectural Hero nel 2003. È docente presso il Polidesign di Milano e presso la Scuola Politecnica di Design di Milano. Le sue creazioni, sostenibili e con particolare attenzione per l'ambiente, sono caratterizzate da una forte identità ed unicità. Le numerose realizzazioni per pubbliche amministrazioni e per prestigiose committenze private connesse al mondo residenziale e della collettività, fanno di Simone Micheli uno dei principali attori della dimensione progettuale europea. I suoi progetti ispirano svariate monografie e pubblicazioni su riviste internazionali. Ha esposto alla Biennale di Venezia, settore Architettura. Le aree d'intervento della società di progettazione Simone Micheli Architectural Hero, con sede a Firenze e a Milano, si articolano in molteplici direzioni: architettura, interior design, design, visual design, comunicazione per spazi collettivi.

Varcando la soglia dell'Hotel ci si rende immediatamente conto di essere di fronte ad un nuovo paesaggio: la grande hall che si apre sulla sinuosa piscina esterna vibra e si anima alla luce dei LED blu che fanno galleggiare senza peso i bianchi divani; è un salotto metropolitano che diventa luogo di socializzazione e aggregazione. Le pareti a specchio, che rivestono il bar e si snodano su quasi l'ottanta per cento del perimetro del piano terra, sono serigrafate con un disegno random di vertiginosi cerchi concentrici schizzati a mano: una frizzante esplosione di bollicine che moltiplicano e dilatano gli spazi. Grandi alberi sinuosi, di un verde acido acceso, con lunghi bracci che sembrano fluttuare nel vuoto, generano, con le mille riflessioni delle superfici a specchio e le mutevoli proiezioni sulle pareti ondulate, una caleidoscopica atmosfera capace di generare un'esperienza irripetibile, profonda e sinestetica. Il candore del pavimento, degli arredi, dei tavoli, delle panche e delle sedute, domina la scena del ristorante, interrotto solo dai lampi color verde acido delle tovaglie e del fondo del banco per il buffet completamente rivestito in specchio, così come il resto delle pareti. Dal soffitto non pendono dei lampadari ma degli schermi sagomati e traforati sui quali vengono proiettate immagini e luci, in uno spettacolo cromatico in continuo divenire, amplificato dalle oniriche serigrafie degli specchi e dai loro mille riflessi. Le emozioni sono, dunque, molteplici e la sensazione dominante è che tutto possa cambiare, che nulla sia definito e definibile secondo i rigidi e limitanti schemi dell'ordinarietà. Ognuna delle cinquantaquattro suite full-optional, disposte su cinque piani e distribuite sui due bracci dell'hotel da un corridoio dall'atmosfera ovattata e misteriosa, riserva una sorpresa diversa, una diversa combinazione cromatica, un diverso uso dei materiali, una diversa distribuzione spaziale. Elemento comune è la perfetta cura di ogni dettaglio, un'esaltazione sensoriale molteplice, una stimolazione emozionale integrale e omnicomprensiva. Morbidi e sinuosi pouf, divani sagomati su linee fluide e flessuose, rivestiti in tessuto color verde acido, accento di colore unico ed unitario per tutte le camere, ci accolgono all'ingresso di ogni spaziosissima suite. Enormi vasche circolari in solid surface e macro docce sensoriali fanno mostra di sé, e dei propri fruitori, al centro delle suite, in prossimità delle grandi pareti in specchio e degli ardenti caminetti, presenti in ogni stanza, perfettamente integrati nel disegno generale di questa visionaria e immaginifica architettura nell'architettura. Il centro benessere: una bianca, fulgida sala relax si apre su una grande vetrata curva che inquadra la linea d'orizzonte che divide il mare dal cielo. Percorsi morbidi caratterizzano tutti gli ambienti della spa: due cabine con sauna che si aprono, come la vasca per la talasso-terapia, con una grande vetrata a tutt'altezza; un bagno turco interamente rivestito in mosaico, iridescente e lucido, esaltato dalla luce dei LED blu che ne accende le superfici; tre cabine trattamento per la cura del corpo, una cabina con lettino solare e una stanza della neve, una piccola palestra e una grande piscina panoramica con idromassaggio e cascate d'acqua. Incantati oblò scavati nelle pareti, si accendono come improbabili lanterne blu fluttuanti a mezz'aria, le porte in vetro acidato delle cabine rivelano, illuminandosi, la vita che vi si svolge all'interno. Di giorno, e tanto più di notte, l'i-SUITE si rivela un'opera unica, capace di porsi come matrice generatrice di un nuovo format per il concetto d'ospitalità: un'architettura manifesto atta ad ospitare frammenti significativi connessi alla vita metropolitana, in continuo fluire, ma anche capace di coinvolgere gli utenti in un'atmosfera tridimensionale e polisensoriale inedita e assolutamente indimenticabile.

Planimetria generale
del piano terra
Scala 1:400

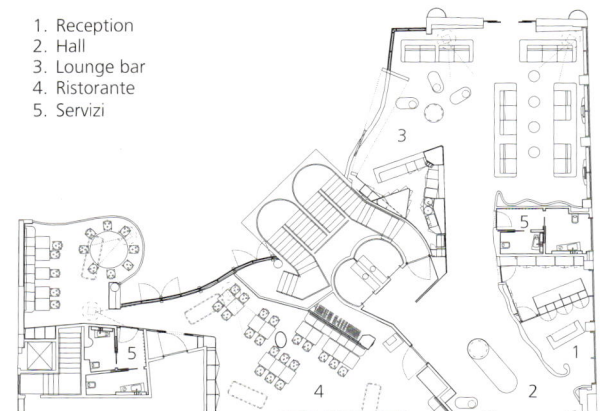

1. Reception
2. Hall
3. Lounge bar
4. Ristorante
5. Servizi

i-SUITE Hotel a Rimini

187

Simone Micheli Architectural Hero

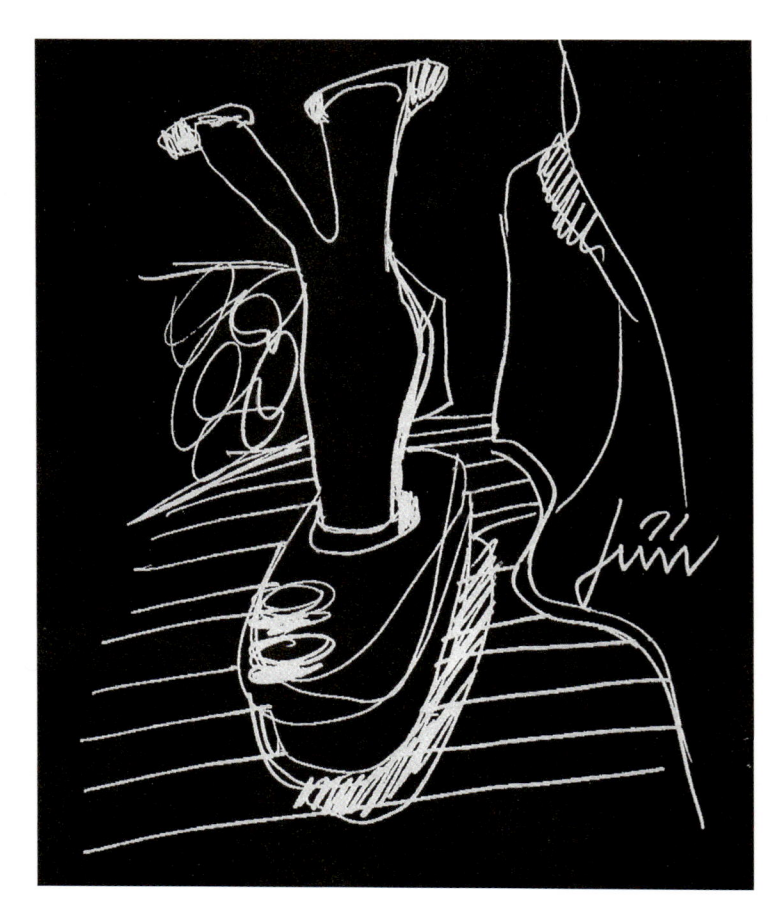

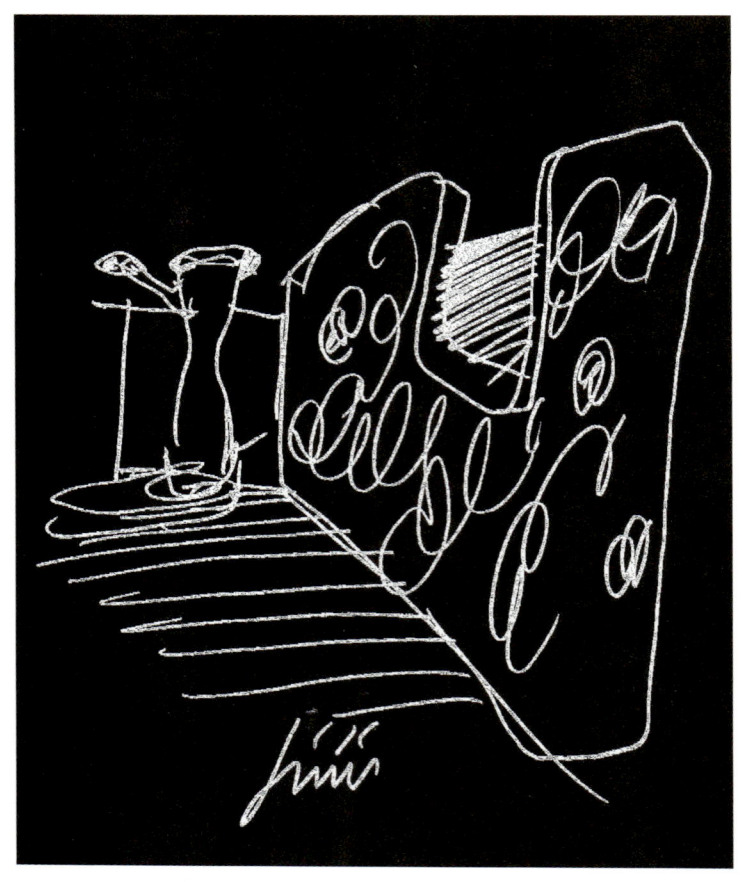

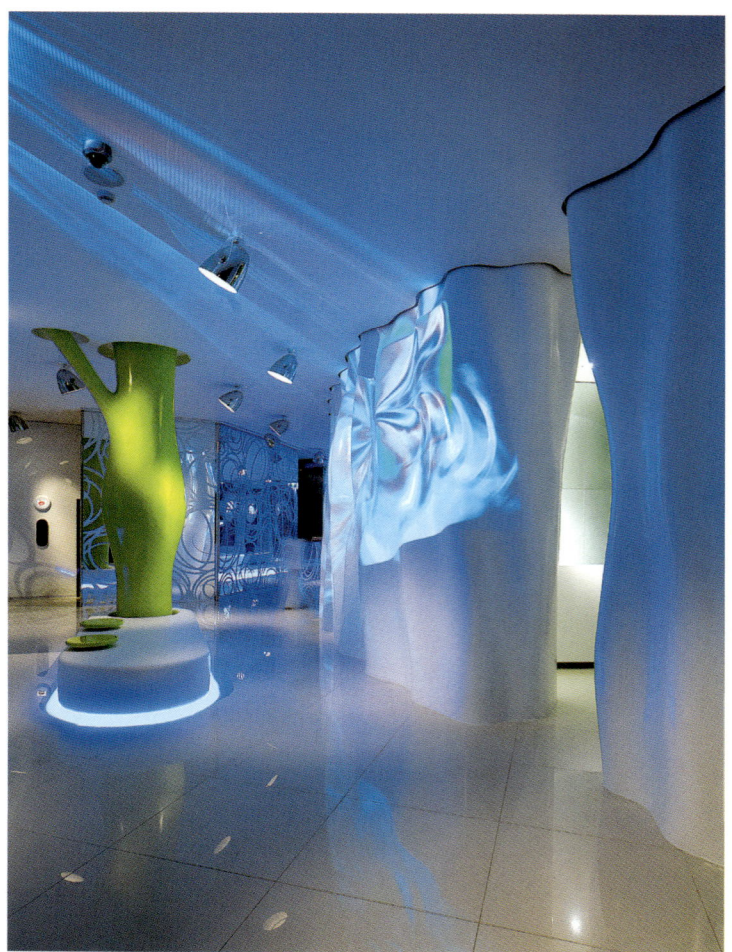

188

i-SUITE Hotel a Rimini

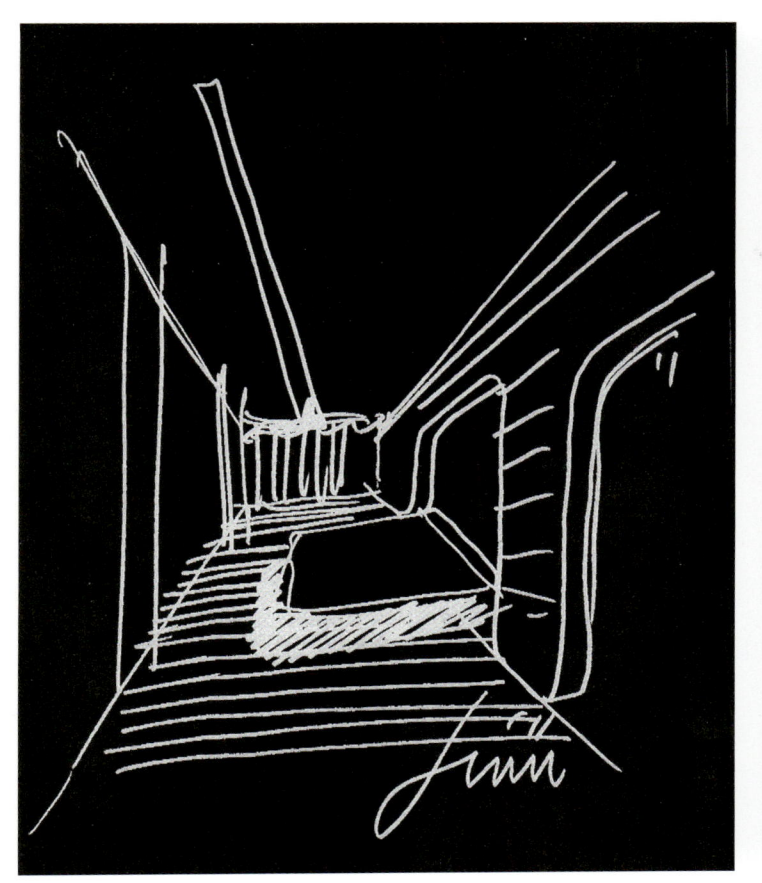

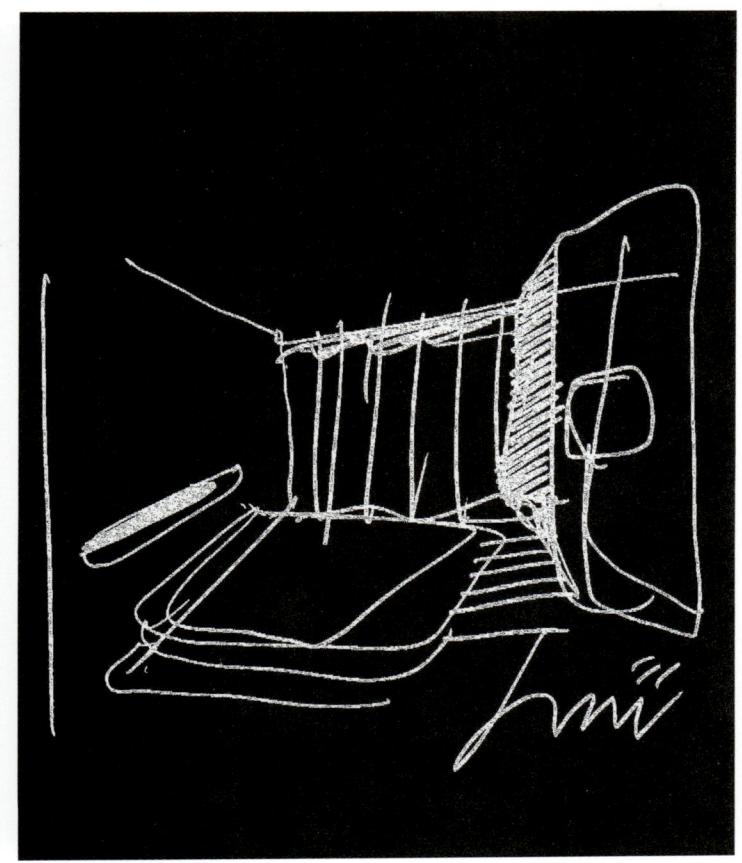

i-SUITE Hotel a Rimini

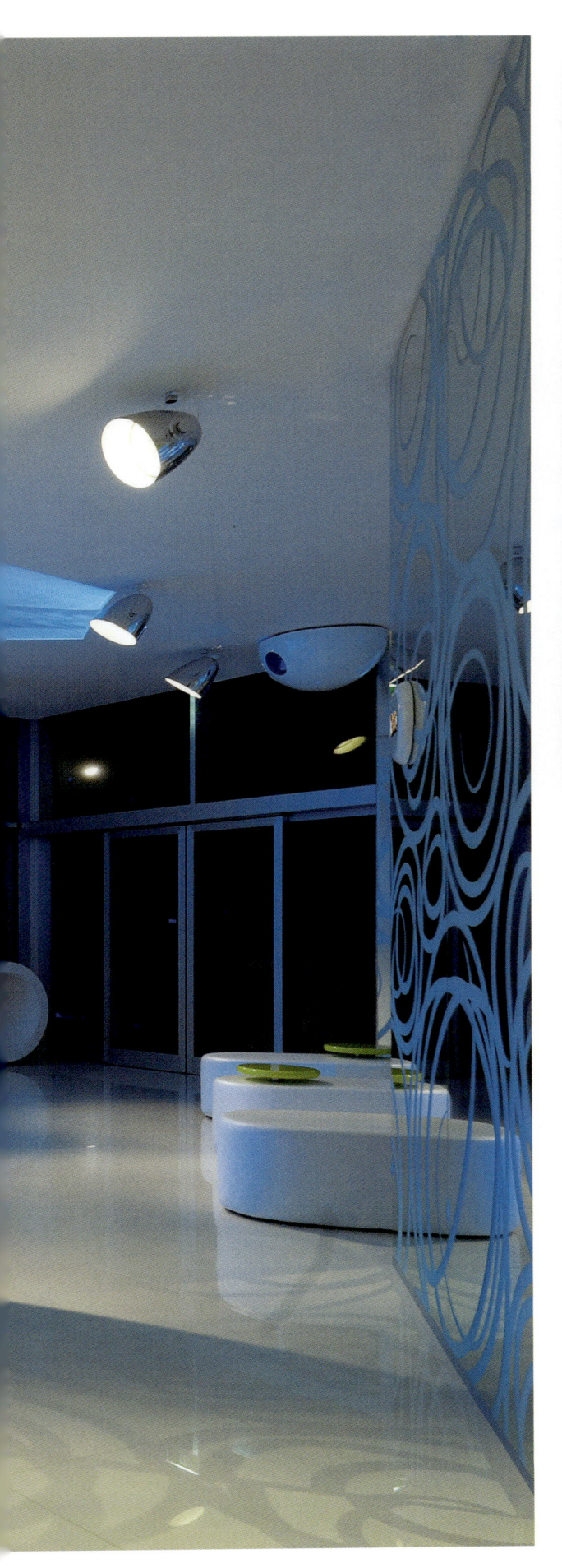

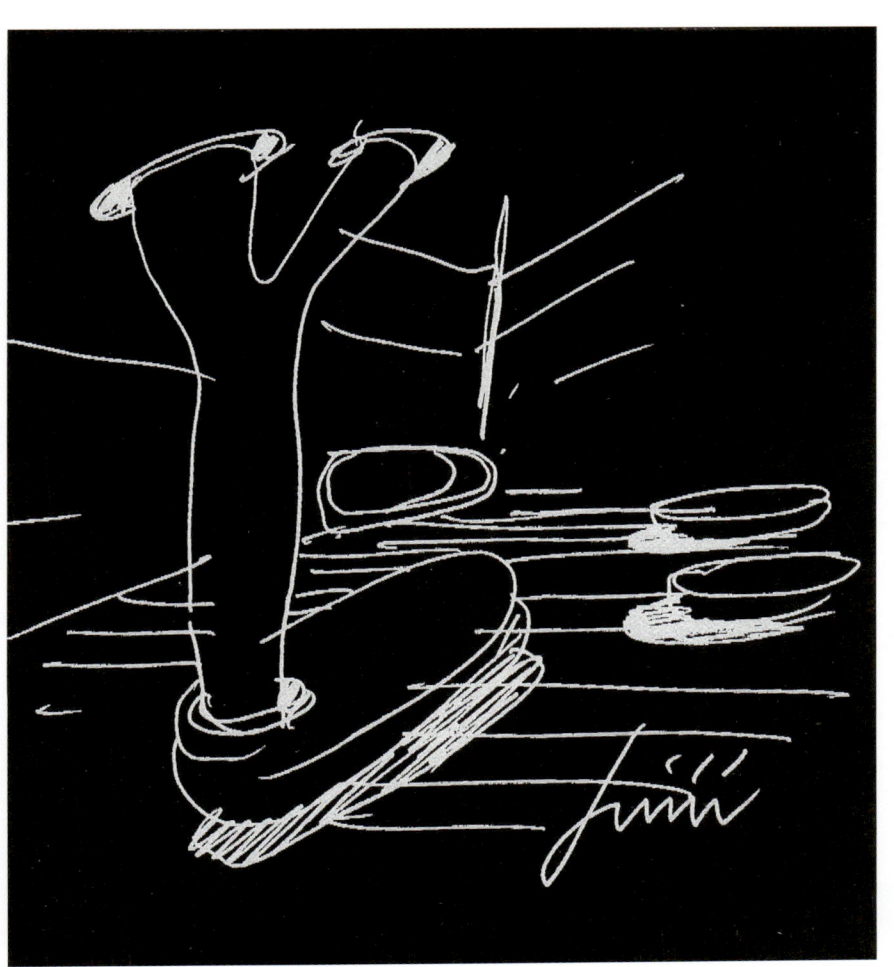

191

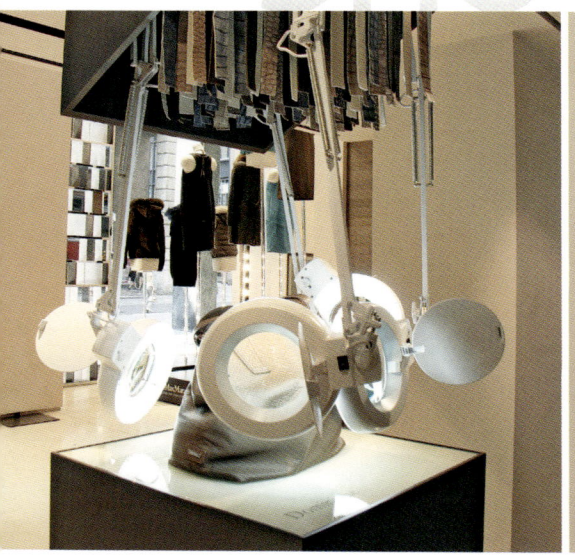

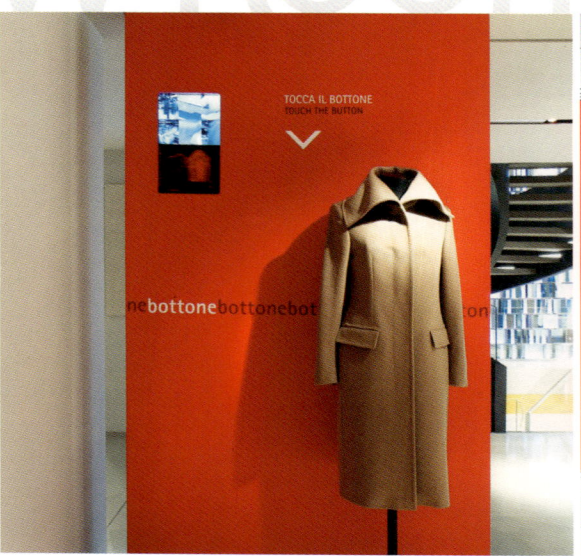

Exhibits area - Show Room Max Mara a Milano

indirizzo:	corso Vittorio Emanuele	periodo di realizzazione:	2009
città:	Milano	committente / proprietario:	Max Mara Fashion Group
progettista:	Migliore + Servetto Architetti Associati	tipologia intervento:	concept design
		destinazione intervento:	commercio
		dimensioni:	40 mq

Mara - Milano

MIGLIORE + SERVETTO Architetti Associati

Ico Migliore
Mara Servetto, architetti

via Col Di Lana, 8
Milano

www.miglioreservetto.com
studio@miglioreservetto.com

Ico Migliore e Mara Servetto, soci fondatori dello Studio Migliore+Servetto Architetti Associati, insieme ad un team internazionale di architetti e designer, realizzano progetti di architettura, urban design e comunicazione come strumenti di comunicazione elettivi tra imprese / istituzioni e persone. Hanno vinto premi e riconoscimenti, tra cui quattro Red Dot Design Award, un FX International Interior Design Award oltre che un Compasso d'Oro ADI per l'allestimento urbano degli Olympic Winter Games Torino 2006. Tra i progetti internazionali, la realizzazione del nuovo Chopin Muzeum inaugurato il 1° marzo 2010.

Lo spazio espositivo concepito dallo Studio Migliore + Servetto nell'area centrale dello Show Room Max Mara di Corso Vittorio Emanuele a Milano rappresenta un epicentro attivo di comunicazione. Funzionale alla presentazione di prodotti e collezioni, questo spazio, mediante concepts espositivi innovativi e tecnologici, coinvolge il pubblico attraverso nuove esperienze di consumo e conoscenza del prodotto. La scatola architettonica è stata ideata come un'articolata macchina scenica, capace di ospitare e allestire esposizioni anche molto differenti tra loro, in modo flessibile e dinamico. Si sono susseguite presentazioni dei prodotti "cult" di Max Mara, da "Camicia bianca" a "Little black dress" al must "Coats!", creando ambientazioni di forte impatto iconografico e trasformando così lo spazio commerciale dello Show Room in un momento di comunicazione d'immagine forte, in grado di fondere stile e cultura. Nel progetto dedicato a "Camicia bianca", i concetti chiave di "modularità", "trasparenza" e "design" sono raccontati attraverso cinque articolati totem di forte impatto evocativo, sistemi modulari che rendono omaggio all'"House of cards" degli Eames. Il gioco dei patterns, creato attraverso l'uso di trasparenze, celebra e nobilita la purezza del bianco. Sugli schermi, filmati progettati e parole evocano questi concetti. Nel progetto studiato per la presentazione di "Borsa Dominique", un sistema di teche a isola presenta il prodotto come un'opera d'arte. Ogni teca si presenta come un parallelepipedo nero, sul quale, al centro, è posta per contrasto ogni borsa, ben illuminata. Dalla parte superiore della teca un sistema di lenti d'ingrandimento offre la possibilità ai visitatori di approfondire e meglio studiare la qualità del design e della materia prima. Scampoli di tessuti differenti rimandano alla molteplicità di scelta di tessuti e patterns che i clienti possono scegliere. L'allestimento dedicato al cappotto "Coats!" ripresenta i concetti chiave già esposti nella mostra internazionale "Coats! Max Mara, 55 years of Italian Fashion", realizzata dallo Studio Migliore + Servetto Architetti Associati a Berlino, Tokyo e Pechino, con previsione di altra tappe internazionali prima di approdare a Reggio Emilia. Postazioni interattive permettono di avvicinarsi e toccare i capi in tutte le loro parti, svelando un racconto più ampio sulle tecniche costruttive e di confezionamento e aprendo una finestra sul mondo e sulla qualità della produzione all'origine di ogni capo Max Mara.

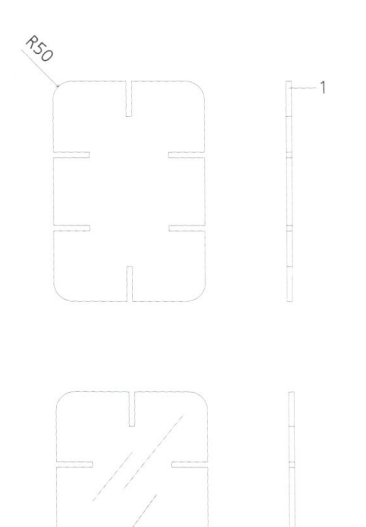

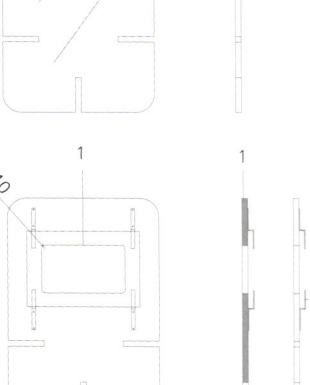

Elemento tessera
del sistema espositivo componibile
per "Camicie Bianche"

Viste frontali e laterali
Scala 1:2

Elemento standard (n° 40, fronte
e retro finitura laccato bianco
opaco + prespaziato bianco lucido)
Elemento in plexi satinato (n° 25)
Elemento con foro per monitor
(n° 10, fronte e retro finitura
laccato bianco opaco)

1. Finitura laccato bianco opaco
2. Zanca finitura bianco opaco

Sezione interna
Scala 1:50

Pianta e vista dall'esterno
Scala 1:100

1. Pannello
2. Totem / box contenitore pc
3. Binario appendimento
4. Binario cablaggi / luci
5. Capi appesi
6. Scuretto luminoso
7. Pannello esistente in vetro
   con grafica applicata
8. Grafica logo
9. Grafica outline tema
10. Grafica tema totem
11. Monitor 19"
12. Anta con cerniera
13. Grafica spiegazione interattività
14. Interattività cappotto

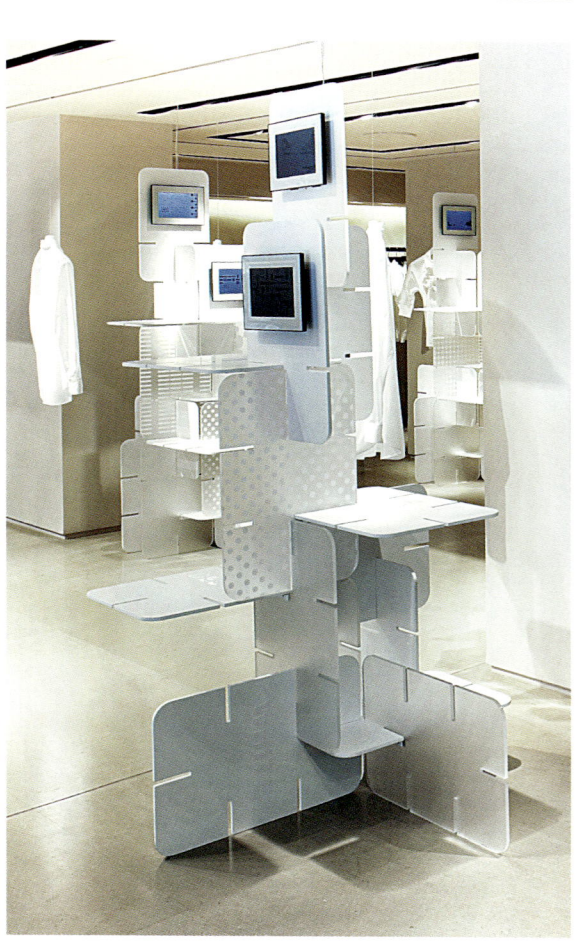

Exhibits area - Show Room Max Mara a Milano

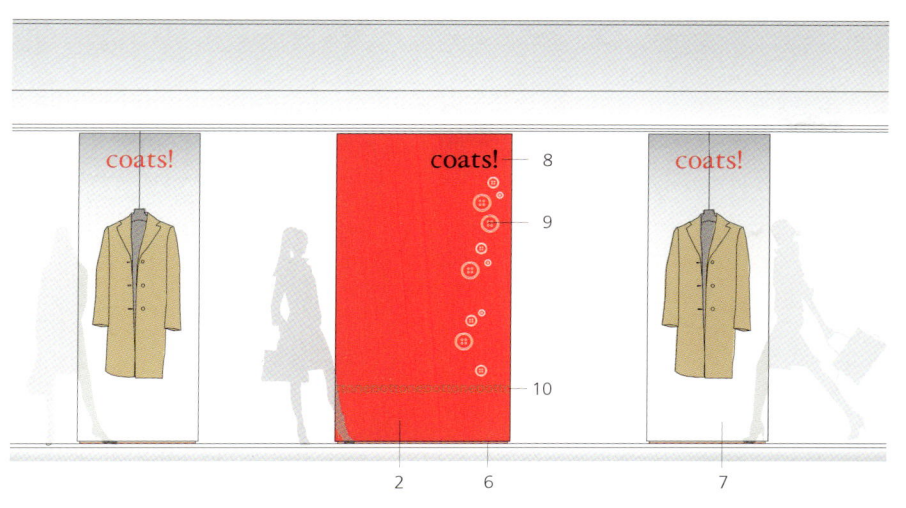

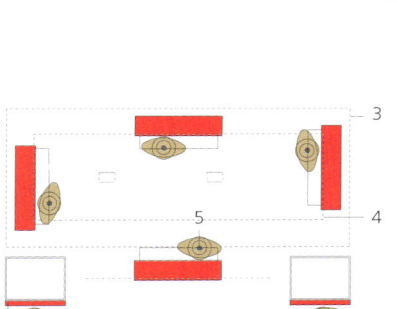

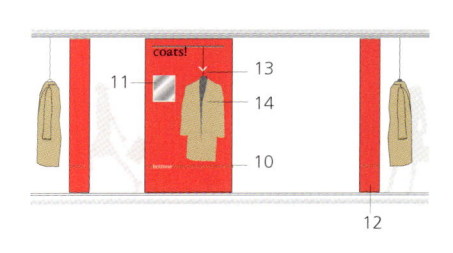

195

MIGLIORE + SERVETTO Architetti Associati

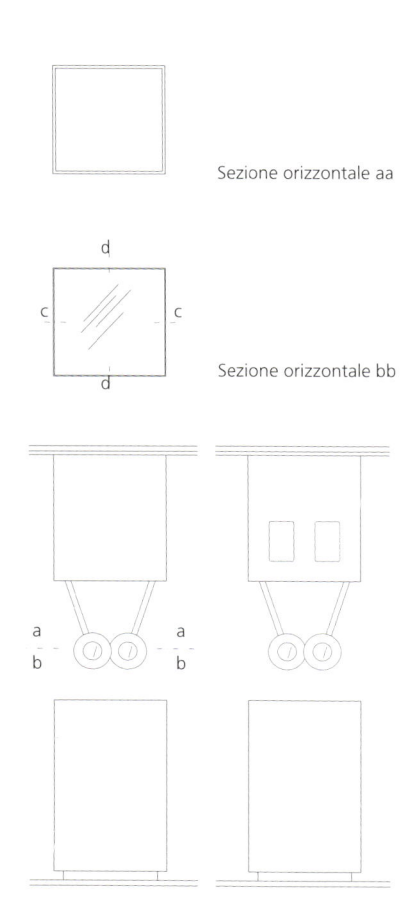

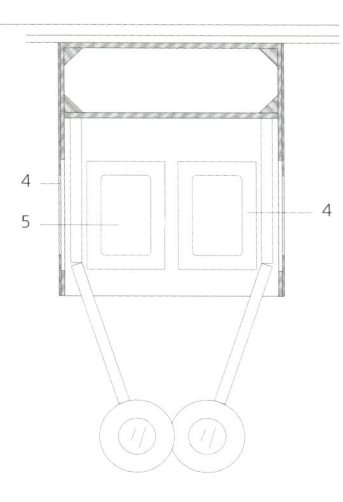

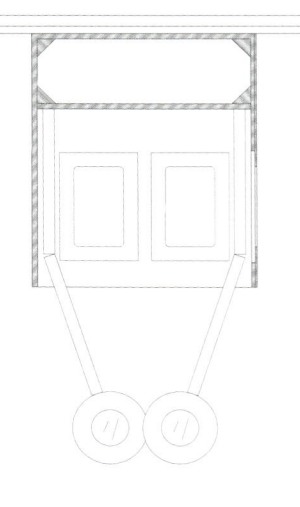

Sezione orizzontale aa

Sezione orizzontale bb

Sistema espositivo
a teche per le borse
A sinistra elemento
con gli schermi incassati
A destra elemento
con appesi strumenti
utilizzati in pelletteria
e fettucce di pelle
Sezioni orizzontali e viste
verticali di riferimento
Scala 1:40

Sezioni verticali
Scala 1:20

1. Mdf laccato opaco ral 8019
2. Lenti di ingrandimento con luce, n. 4
3. Vetro verniciato sul fondo Ral 1015 (oppure vetro con applicato prespaziato sul fondo Avery 542 EM)
4. Scasso per il monitor, spessore massimo 5 mm
5. Foro per il monitor
6. Foratura per appendere strumenti di lavoro e pelle

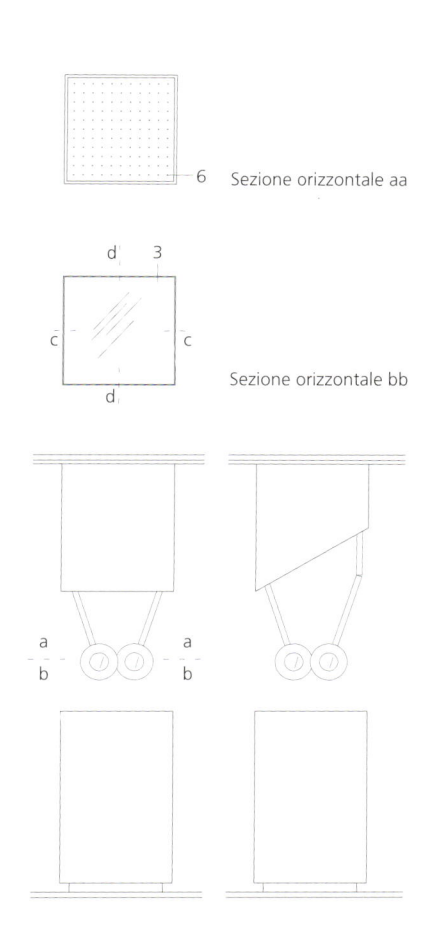

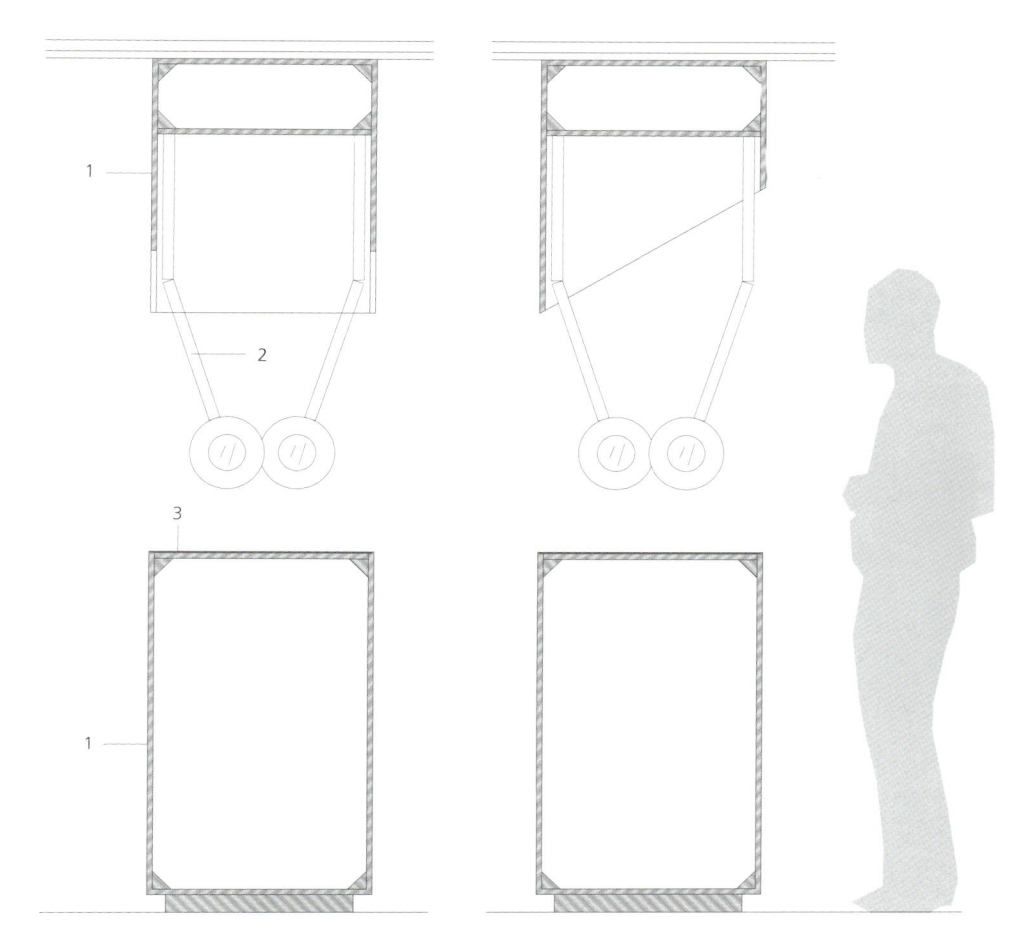

Exhibits area - Show Room Max Mara a Milano

6 Sezione orizzontale aa

3 Sezione orizzontale bb

Casa ANB a Barcellona (Spagna)

indirizzo:	Gavá Mar	periodo di realizzazione:	2008 - 2009
città:	Barcellona (Spagna)	committente / proprietario:	privato
progettista:	Enrica Mosciaro, architetto	tipologia intervento:	ristrutturazione
collaboratori:	Red Arquitectura Claudia Manferrari Luiza Dedini Carolina Vargas	destinazione intervento: dimensioni: imprese esecutrici:	residenziale 210 mq DingDongDomus s.l.
consulenti:	Viabizzuno - illuminazione		

Enrica Mosciaro - Fusina 6

Enrica Mosciaro, architetto

Fusina, 6 ent. 1ª
Barcellona (Spagna)

www.fusina6.com
enrica@fusina6.com

Enrica Mosciaro (1965), ottiene il titolo di architetto allo IUAV nel 1992. Dal 1993 vive a Barcellona, dove svolge l'attività di architetto nel suo studio professionale. Ha ricevuto i seguenti premi: Pida 2010 (primo classificato), Premio Biennale Miami 2009 (terzo classificato), Piccinato 2009 (menzione speciale), Medaglia d'oro della Triennale di Milano 2009 (selezione), Dedalo Minosse 2008 (selezione). Ha partecipato ai seguenti concorsi: Parco di Torre Girona, Barcellona (primo premio), Piazza Cittadella, Verona (menzione), Piazza isolo, Verona (menzione), Museo Balenciaga, Getaria (selezione per partecipazione), Plaza Lesseps, Barcellona (selezione per partecipazione). I suoi progetti sono stati esposti in varie mostre, tra cui la Biennale di Architettura di Buenos Aires (2009) e la Biennale di Miami (2009) e pubblicati sia su riviste ("l'Arca", "Casabella", "Frames", "Summa+", "Panorama", "DHD", "Ktirio", "Magazine de La Vanguardia", "El Pais Semanal", "Arquitectura y Diseño") che in libri ("ItaliArchitettura" vol. 2, "How to live in Small Spaces, Frames").

Il progetto consiste nella ristrutturazione di un appartamento di tre piani prospiciente il mare, in una zona limitrofa a Barcellona. L'obiettivo principale dell'intervento, realizzato a seguito di una precisa richiesta del Committente, era quello di creare uno spazio di tranquillità visiva e pulizia formale: nelle nostre città, in cui veniamo quotidianamente bombardati da un numero eccessivo di informazioni, il lusso, a volte, si deve ricercare nella semplicità, nell'essenzialità e nel silenzio.
Una modulazione cromatica che và dal bianco al beige si dipana sopra le superfici dei muri, dei pavimenti e dei soffitti, smaterializzando i limiti dello spazio. Da questo involucro neutro emerge puntualmente, e a garanzia di un forte ed evidente contrasto, la solida corporeità di volumi in metallo o in legno scuro.
La luce sottolinea il gioco geometrico dei tagli nei controsoffitti e delle nicchie ricavate nelle pareti, scolpendone i volumi e dissolvendone i confini.
La suggestione di ordine risalta dall'esclusione del superfluo e dall'uso di pochi materiali.
Gli elementi funzionali e gli arredi (cucina, scaffali, piani di lavoro, letti...) sono concepiti attraverso un gioco di sottrazione ed addizione volumetrica, in uno spazio a sua volta inteso come elemento scultoreo: sono stati disegnati su misura e partecipano alla filosofia del progetto, quali elementi architettonici a tutti gli effetti.
L'appartamento è fornito di sofisticati impianti tecnologici e di un sistema domotico per il controllo dell'illuminazione, dell'impianto di riscaldamento e aria condizionata e dell'impianto d'allarme, tutti accuratamente nascosti all'interno di volumi architettonici, per rispettare linearità e purezza del linguaggio compositivo.
L'accesso all'abitazione avviene attraverso un piccolo disimpegno interamente rivestito di pannelli di legno laccato bianco ed aperto su un'ampia zona giorno, all'interno della quale risaltano, per la loro semplicità, i volumi della cucina in legno scuro e acciaio inox.
Il soffitto della cucina stessa insiste su un piano più basso rispetto a quello del salotto.
Il pavimento di rovere chiaro riveste i pavimenti e la scala che dal salotto conduce alla zona notte.
Nelle camere da letto, al primo piano, il controsoffitto si abbassa per generare fasci di luce diffusa.
I bagni mantengono i toni chiari delle stanze da letto: mobili in legno laccato bianco, pavimento di ceramica beige chiaro e complementi in acciaio inox.
La camera matrimoniale, all'ultimo piano, è divisa dalla scala soltanto attraverso una lunga cassettiera in rovere chiaro che accoglie, indirettamente e nella sua parte posteriore, un fascio di luce ad essa dedicato.

Enrica Mosciaro - Fusina 6

Sezione longitudinale aa,
sezione trasversale bb e pianta
del piano terra
Scala 1:100

1. Letto singolo
2. Mobile parapetto
3. Guardaroba
4. Armadi
5. Mobile cucina
6. Zona scrittoio

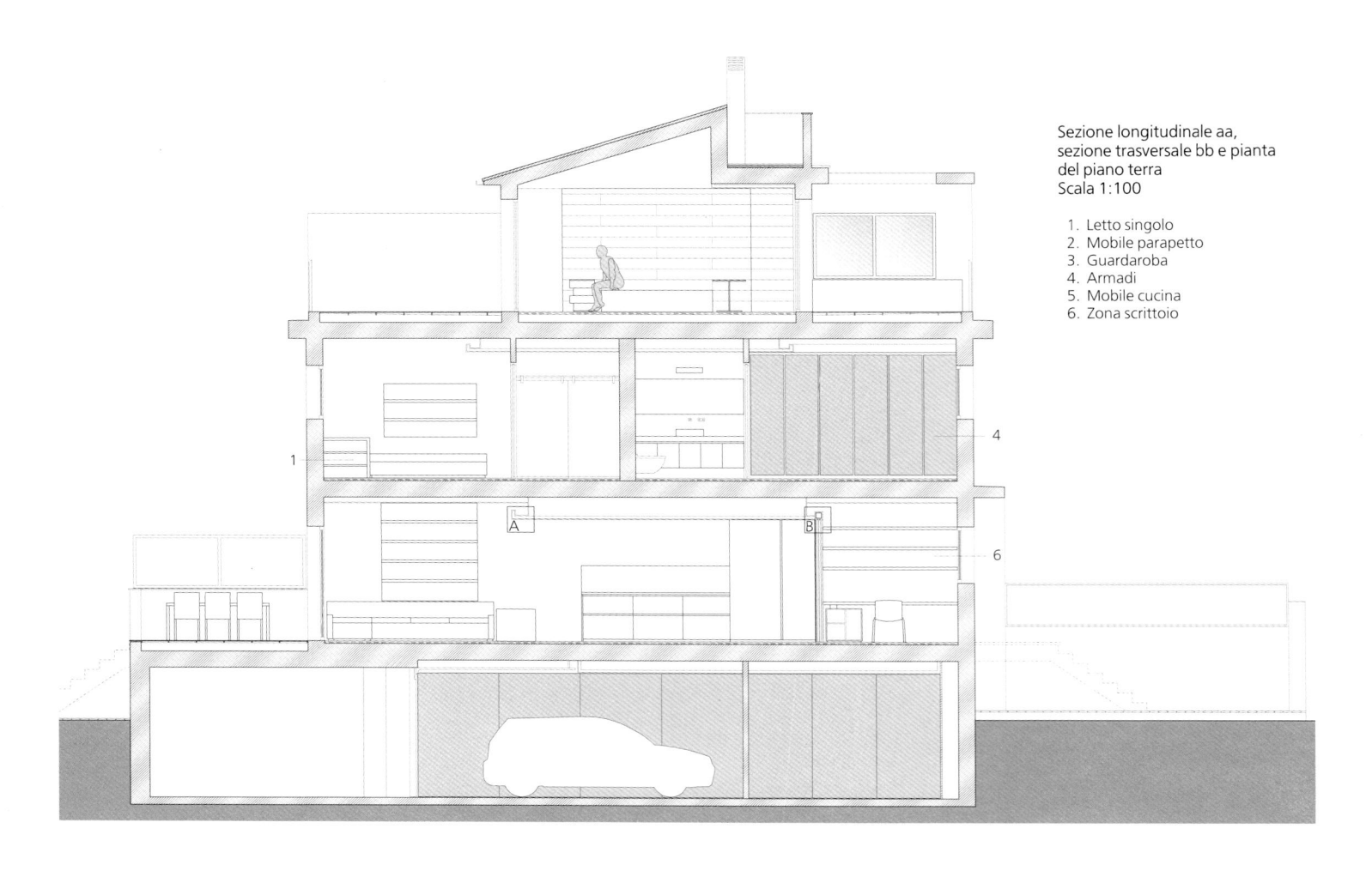

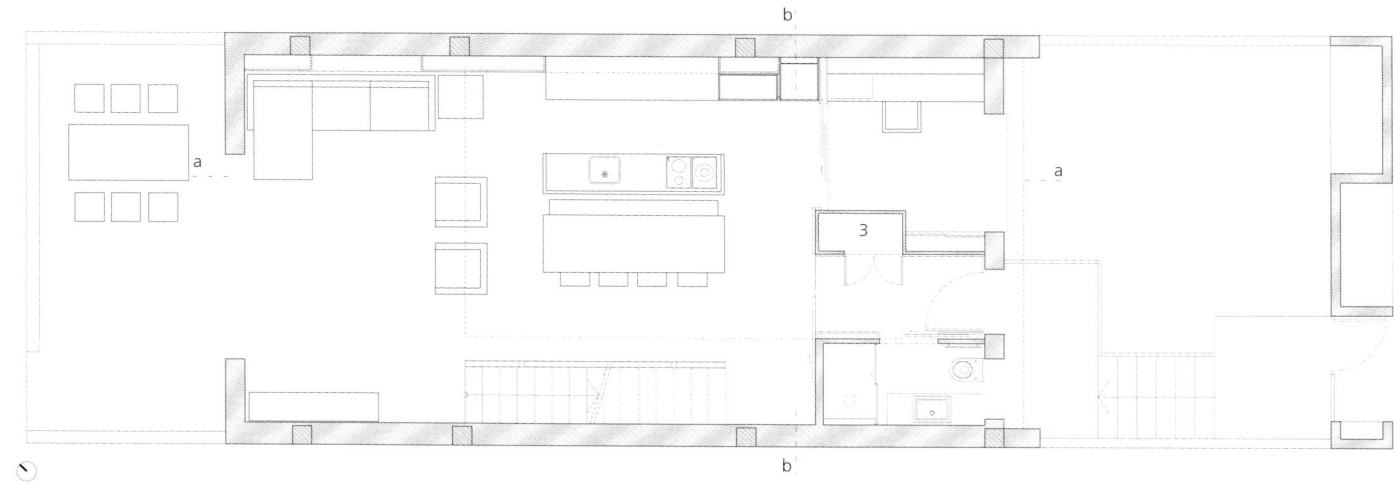

Pianta del secondo piano,
del primo piano
e del piano interrato
Scala 1:300

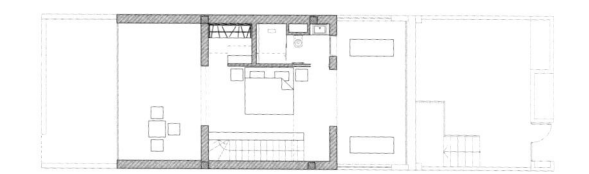

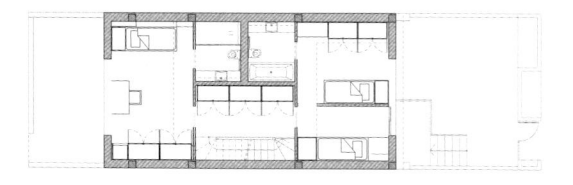

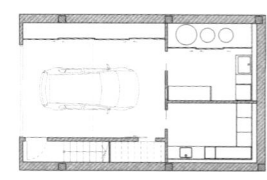

Casa ANB a Barcellona (Spagna)

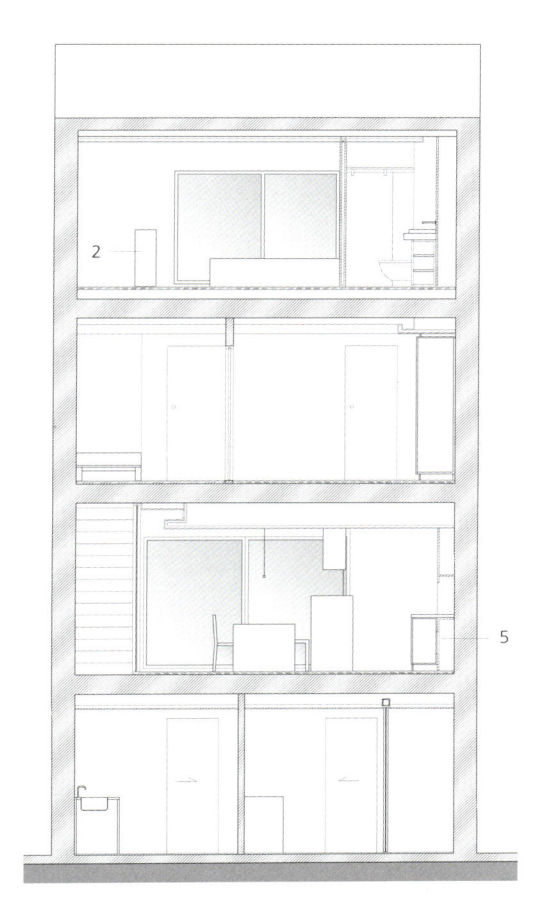

Dettaglio A del controsoffitto
con sistema di illuminazione e aria condizionata
e dettaglio B del controsoffitto con sistema
di porte scorrevoli incorporate
e aria condizionata
Sezioni verticali
Scala 1:10

201

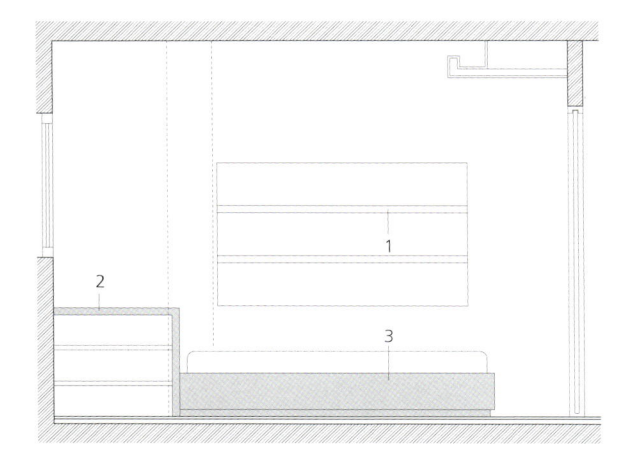

Dettagli della camera da letto
(vedi sezione longitudinale, nota 1)
Vista frontale e sezione orizzontale
Scala 1:50

1. Nicchia con mensole di rovere chiaro
2. Scrittoio testiera in rovere chiaro
3. Base letto in rovere chiaro

Dettaglio dello scrittoio
Sezione longitudinale
Scala 1:20

Dettaglio del letto
Sezione longitudinale,
sezione trasversale e vista laterale

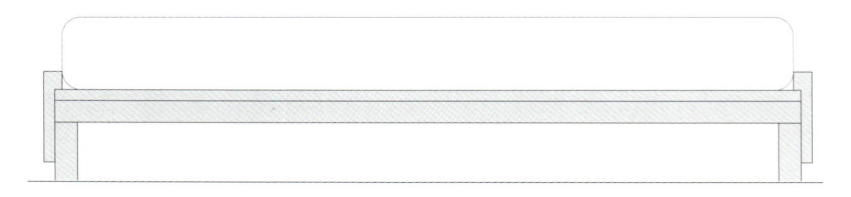

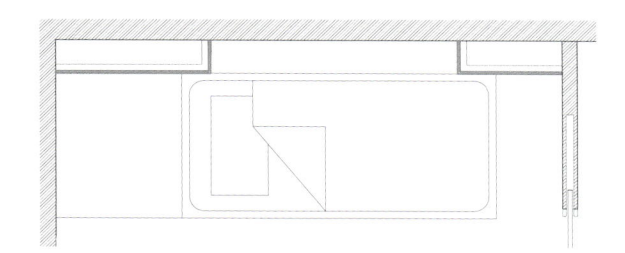

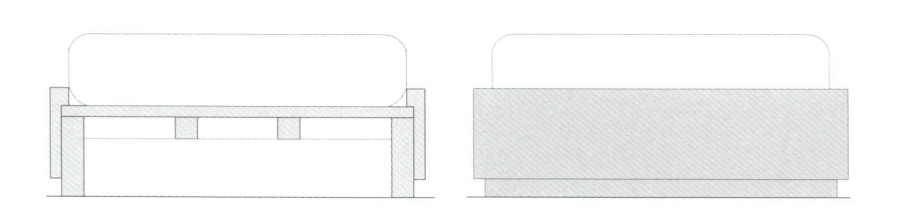

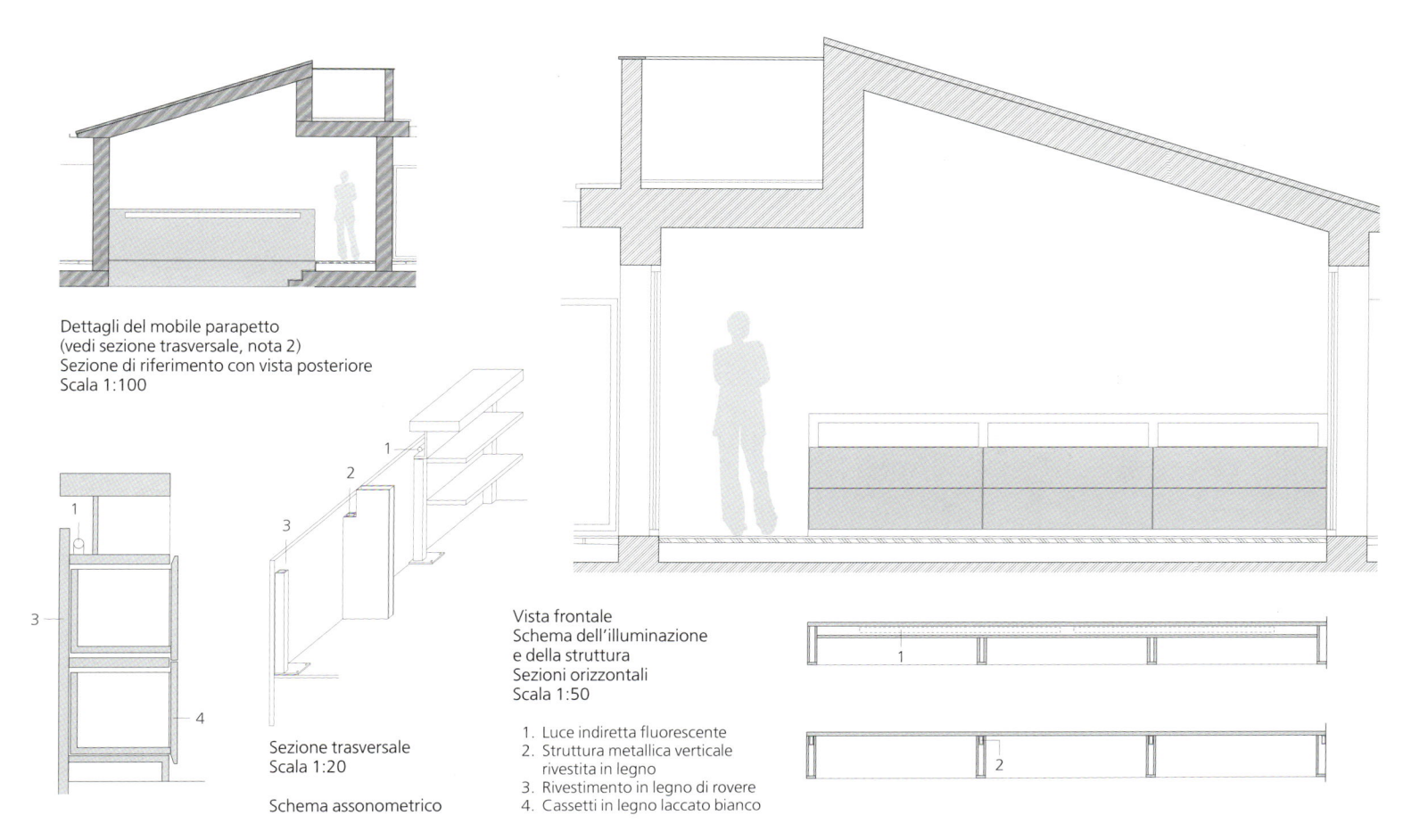

Casa ANB a Barcellona (Spagna)

Dettagli del mobile parapetto
(vedi sezione trasversale, nota 2)
Sezione di riferimento con vista posteriore
Scala 1:100

Sezione trasversale
Scala 1:20

Schema assonometrico

Vista frontale
Schema dell'illuminazione
e della struttura
Sezioni orizzontali
Scala 1:50

1. Luce indiretta fluorescente
2. Struttura metallica verticale rivestita in legno
3. Rivestimento in legno di rovere
4. Cassetti in legno laccato bianco

203

Dettagli del guardaroba
(vedi pianta piano terra, nota 3)
Sezione longitudinale
Scala 1:25

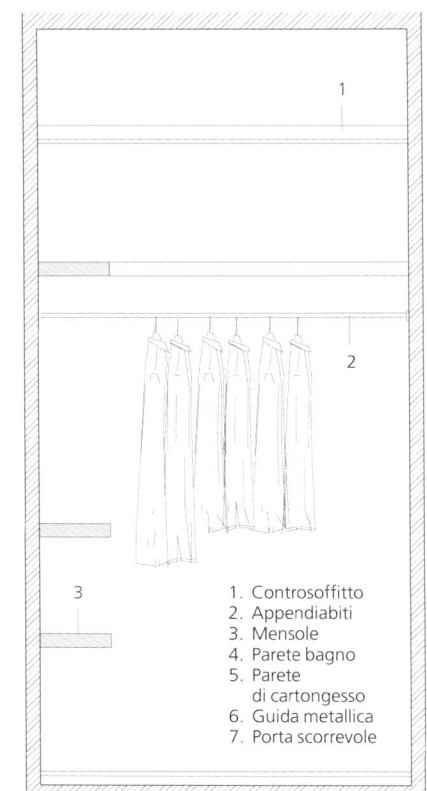

Sezione orizzontale
Scala 1:25

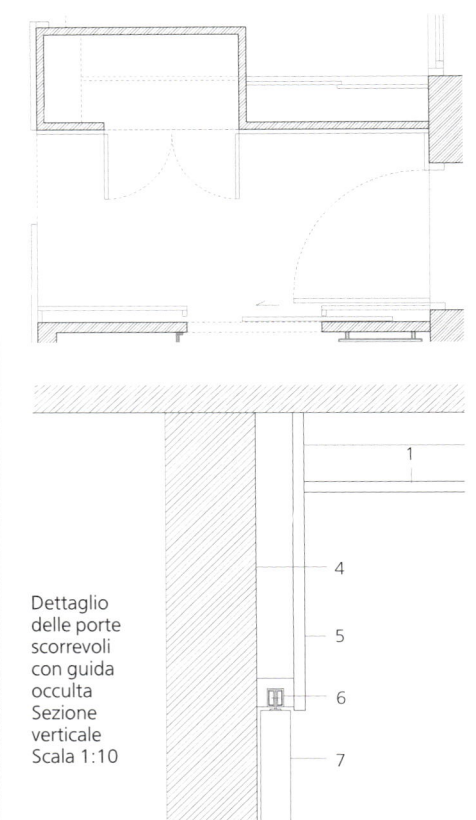

1. Controsoffitto
2. Appendiabiti
3. Mensole
4. Parete bagno
5. Parete di cartongesso
6. Guida metallica
7. Porta scorrevole

Dettaglio delle porte scorrevoli con guida occulta
Sezione verticale
Scala 1:10

Dettaglio del mobile della cucina
(vedi sezione trasversale, nota 5)
Sezione verticale
Scala 1:25

1. Controparete in cartongesso
2. Luce indiretta

Casa ANB a Barcellona (Spagna)

Sezione trasversale
Scala 1:25

Dettagli degli armadi
(vedi sezione longitudinale, nota 4)
Sezione orizzontale
Scala 1:50

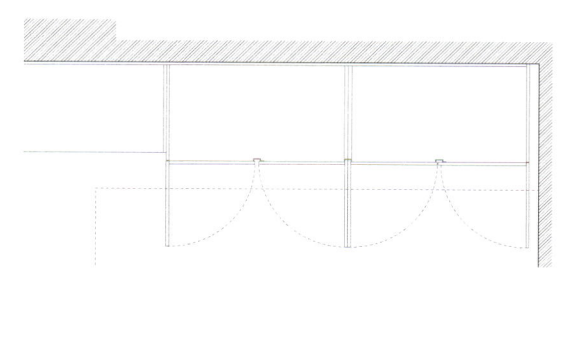

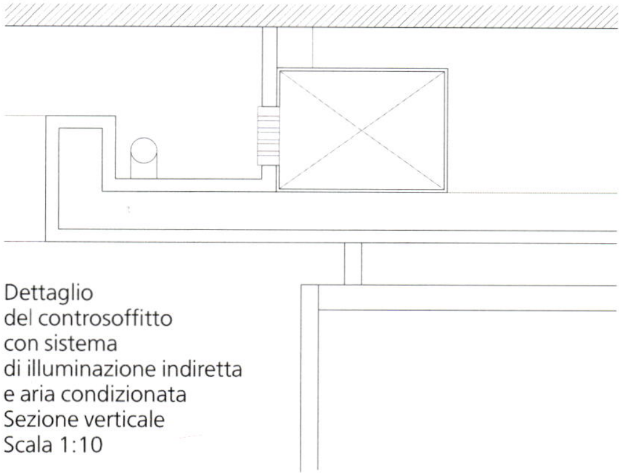

Dettaglio
del controsoffitto
con sistema
di illuminazione indiretta
e aria condizionata
Sezione verticale
Scala 1:10

Dettaglio della zona lettura
(vedi sezione longitudinale, nota 6)
Vista frontale e sezione orizzontale
Scala 1:50

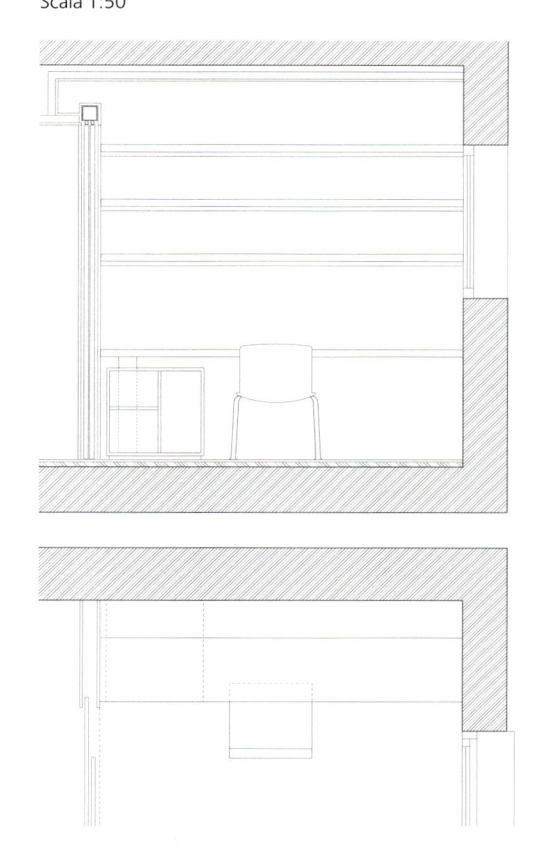

Sezione trasversale
Scala 1:25

1. Mensole in legno laccato bianco
2. Luce fluorescente lineare

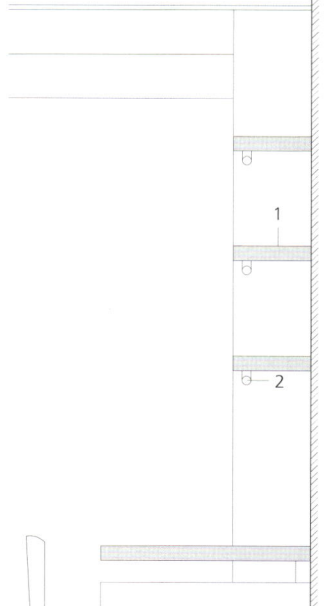

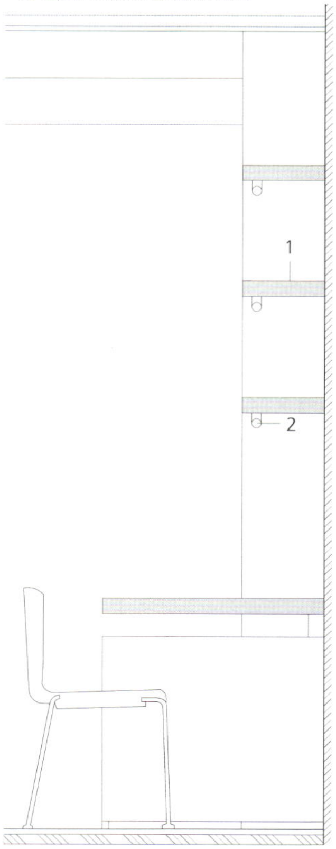

205

Ristorante della Casa del Jazz a Roma

indirizzo:	viale di Porta Ardeatina, 55	periodo di realizzazione:	2005
città:	Roma	committente / proprietario:	Azienda Speciale Palaexpo, Comune di Roma
progettista:	Susanna Nobili Architettura	tipologia intervento:	design degli interni
collaboratori:	John Reinke Laura Calcerano Maurilia Maccioni Michele Modica	destinazione intervento:	ristorazione e tempo libero
		dimensioni:	400 mq (comprensivi di locali tecnici)
consulenti:	Ruggero Donati - lighting	imprese esecutrici:	L. Serra, Roma - impresa edile A. Gloria Arredamenti, Roma - arredo in legno e acciaio Cosentino s.r.l., Roma - banco del pesce Ecosystem e M. Fravili, Roma - pavimenti in resina Sinergie s.n.c., Roma - vetrofanie/decalcomania Brunner restauri, Roma - impianto elettrico De Mita Group, Roma - fontana Baldieri s.r.l., Three-Light, ILTI s.r.l., FontanaArte - apparecchi d'illuminazione N. Steiger, Euro Garden - verde
		costi di realizzazione:	800.0000 euro + macchinari strumentali 300.000 euro

Susanna Nobili Architettura SNA

Susanna Nobili, architetto

via Salaria, 300/A
Roma

info@nobiliarchitetti.it

Si laurea in Architettura a Roma nel 1976 e si specializza a Parigi e Vienna. Inizia la propria attività nello studio di Pier Luigi Nervi a Roma. Dal 1983 al 1992 è Consigliere presso la Triennale di Milano. Nel 1993 vince, insieme a Piero Sartogo e Nathalie Grenon, il Concorso Nazionale per la Nuova sede della Cancelleria dell'Ambasciata Italiana a Washington D.C. che ottiene l'Award of Excellence for Extraordinary Achievement in Architecture 2000 ed il Marble Architectural Awards 2003. Alcuni tra i suoi lavori di urbanistica, industrial design, architettura pubblica e privata: il progetto di riuso di parte delle aree dismesse della ferrovia Genova-Ventimiglia, la Galleria Centrale del Palazzo Italia per l'EXPO Universale '92 a Siviglia, la sede centrale della Banca di Roma a New York con Piero Sartogo, il restauro di edifici storici come il complesso San Michele a Ripa di Roma. Tra gli allestimenti: Puvis de Chavannes al Museo Picardie ad Amiens e Il secolo dell'avvocato alla Gipsoteca del Vittoriano a Roma, la Mole Antonelliana a Torino, il Palazzo della Regione a Milano. Dal 2009 espone i suoi lavori di design all'ODA-Officina delle Arti a Roma.

Nero e Bianco
Nel ricco e diverso panorama culturale romano, la Casa del Jazz rappresenta un ponte verso una qualità per sua natura internazionale e non riconducibile agli eventuali vincoli stilistici del luogo che la ospita.
La dirompente eversività e l'assoluta libertà del messaggio jazzistico prevalgono su qualunque altro stilema formale, proponendosi come linguaggio e stile e in sé, transculturale e transgenerazionale. Ecco quindi perché nel redigere l'aspetto decorativo degli ambienti destinati al Restaurant ci si è riferiti unicamente alla sostanza di questa sintesi stilistica: naturalmente "in nero e bianco". Nella memoria vive l'eco dei mitici Club americani, con la loro inconfondibile modernità, dadaisticamente sollecitata dalle tastiere in "nero e bianco"; e sono in "nero e bianco" anche le icone-fondamento di questo particolarissimo e speciale mondo. Dovunque regnano l'acciaio e la specularità, in un comfort da intenditore.
All'ingresso si trovano i tavolini disco del bar, infissi con il loro appuntito stelo d'acciaio nel pavimento. Il bancone bar, e quello del grande corner del pesce in formica lucida nera con profili e rigature (negative e positive) accentuano la dinamica di forme curvilinee.
Al centro dell'intero spazio, funge da cerniera del progetto un telaio di acciaio riflettente, composizione che rimanda a Mondrian e che proietta su di un piano orizzontale il grande lucernario inclinato. A questa nuova planarità è appeso il lampadario dell'archivio storico di FontanaArte. Sulla copertura vetrata e inclinata dello skylight, una tenda d'acqua in movimento, costituita da una fontana a ciclo continuo, concede bagliori inaspettati all'intorno, schermando dal sole senza rinunciare al movimento di nuvole e stelle.
I materiali che compongono il progetto sono stati scelti per la loro intrinseca natura mutevole, quasi incorporea: pavimenti in resina lucente nera e rosso amaranto, rivestimenti verticali ancora in lucido – nero con fasciature di acciaio, nero e bianco per tutti gli arredi – illuminazione radente e lampi di luce nel ghiaccio.
Lo spazio si amplifica: le pareti si muovono nelle superfici che specchiano, che rimandano persone e cose e che rispondono allo sguardo, libero così di allontanarsi oltre il perimetro murario, negando ogni confine.
Questo luogo trasporta lontano il suo visitatore: tutto è in continuo divenire come l'emozione continua e sempre nuova suscitata dalla musica Jazz.

Ingresso
Pianta di riferimento
Scala 1:200

Dettaglio delle cornici
Vista frontale
Scala 1:20

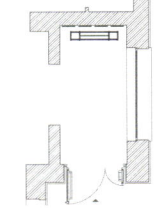

Dettaglio del portaombrelli
Sezione trasversale,
vista frontale e pianta
Scala 1:20

1. Timbro ad inchiostro con logo "casa del jazz", dimensioni 1,6 x 1,6 cm collocato 1,5 cm sopra la cornice, colore nero
2. Stampa fotografica opaca, dimensioni 13 x 14,5 cm
3. Passepartout cartone bianco, spessore 3 mm, taglio a 45°
4. Filettatura nera, cartoncino nero sporgente, 3 mm dal passepartout
5. Cornice sezione piatta, larghezza 2,5 cm, finitura laccata nero lucido, ugnatura e appensione nascoste
6. Vetro
7. Legno laccato nero lucido
8. Vassoio asportabile per la raccolta dell'acqua metallo con finitura lucida colore canna di fucile

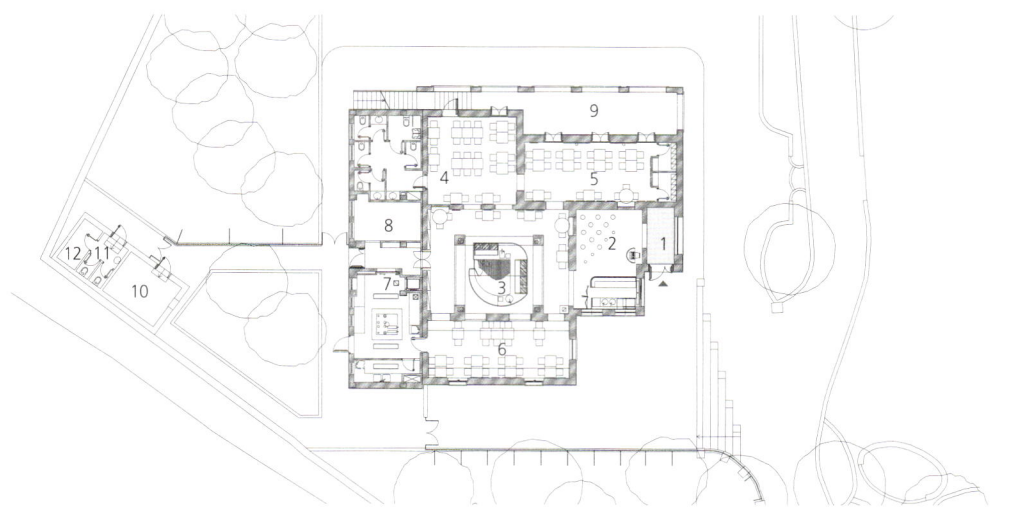

Ingresso
Sezione trasversale
Scala 1:50

Planimetria generale
Scala 1:500

1. Ingresso
2. Bar
3. Sushi bar
4. Sala ristorante 1
5. Sala ristorante 2
6. Sala ristorante 3
7. Cucina del ristorante
8. Deposito merci e celle frigorifere
9. Portico
10. Centrale termica
11. Servizi igienici per il pubblico
12. Deposito

Ristorante della Casa del Jazz a Roma

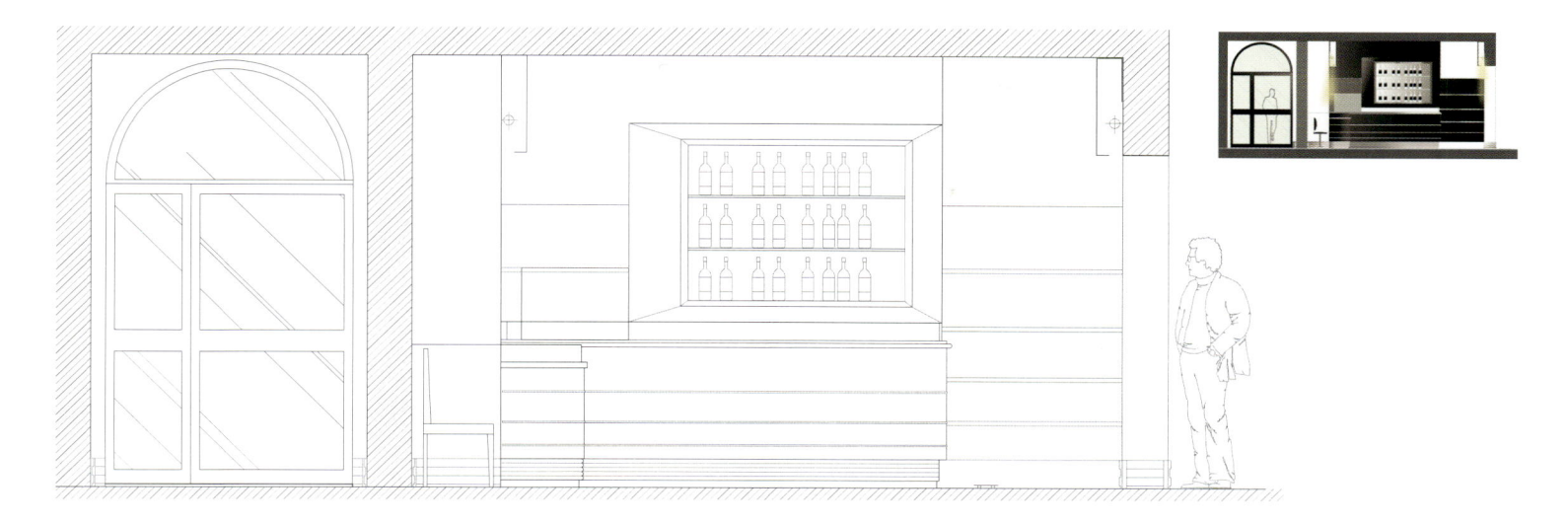

Bar
Sezione trasversale
Scala 1:50

Sezione trasversale di riferimento
con l'indicazione delle finiture
Scala 1:200

209

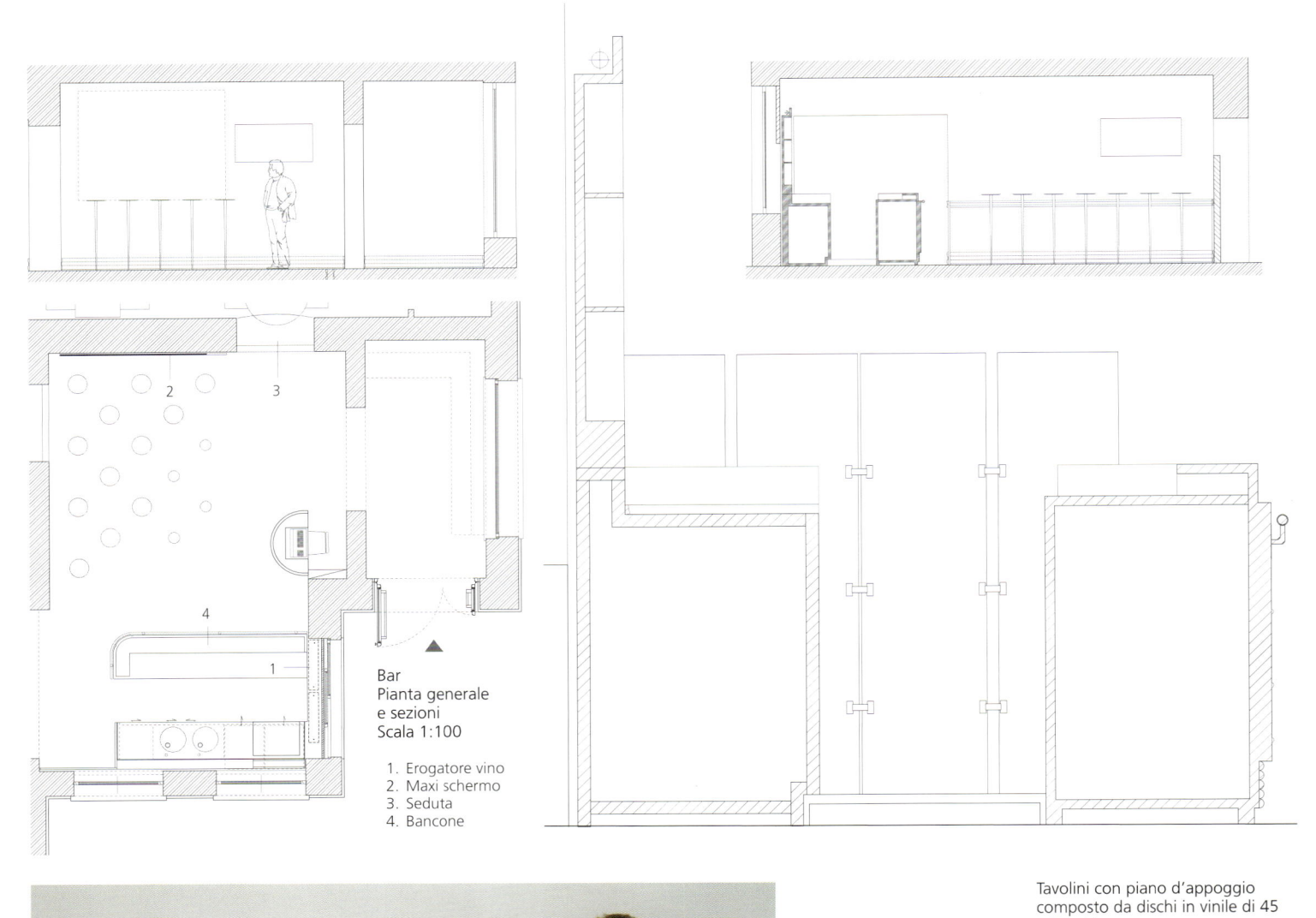

Bar
Pianta generale
e sezioni
Scala 1:100

1. Erogatore vino
2. Maxi schermo
3. Seduta
4. Bancone

Tavolini con piano d'appoggio
composto da dischi in vinile di 45
e 35 giri
Sezioni verticali
Scala 1:20

1. Dischi in vinile nero
2. Lamiera di supporto colore nero
3. Saldatura
4. Montante in acciaio cromato

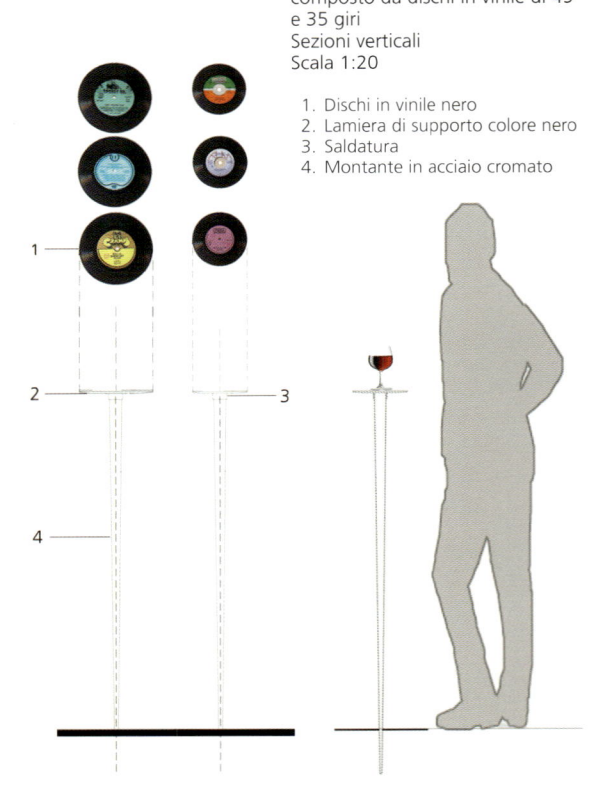

Ristorante della Casa del Jazz a Roma

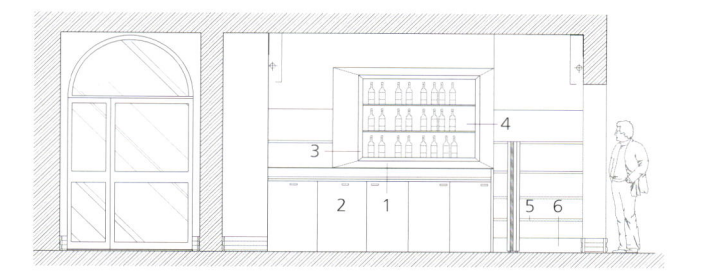

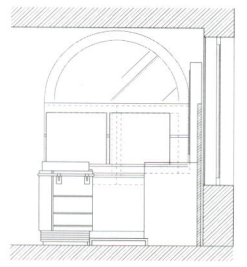

Retro bancone bar
Sezioni verticali
Scala 1:100

1. Rivestimento in formica, finitura colore nero lucido
2. Lavastoviglie
3. Cornice in ottone cromato
4. Fondo in specchio
5. Listelli in ottone cromato
6. Zoccolo in formica, finitura colore nero lucido

Dettaglio dei mobili del retro-bancone e del bancone
Sezione verticale, vista frontale e vista laterale
Scala 1:20

Susanna Nobili Architettura SNA

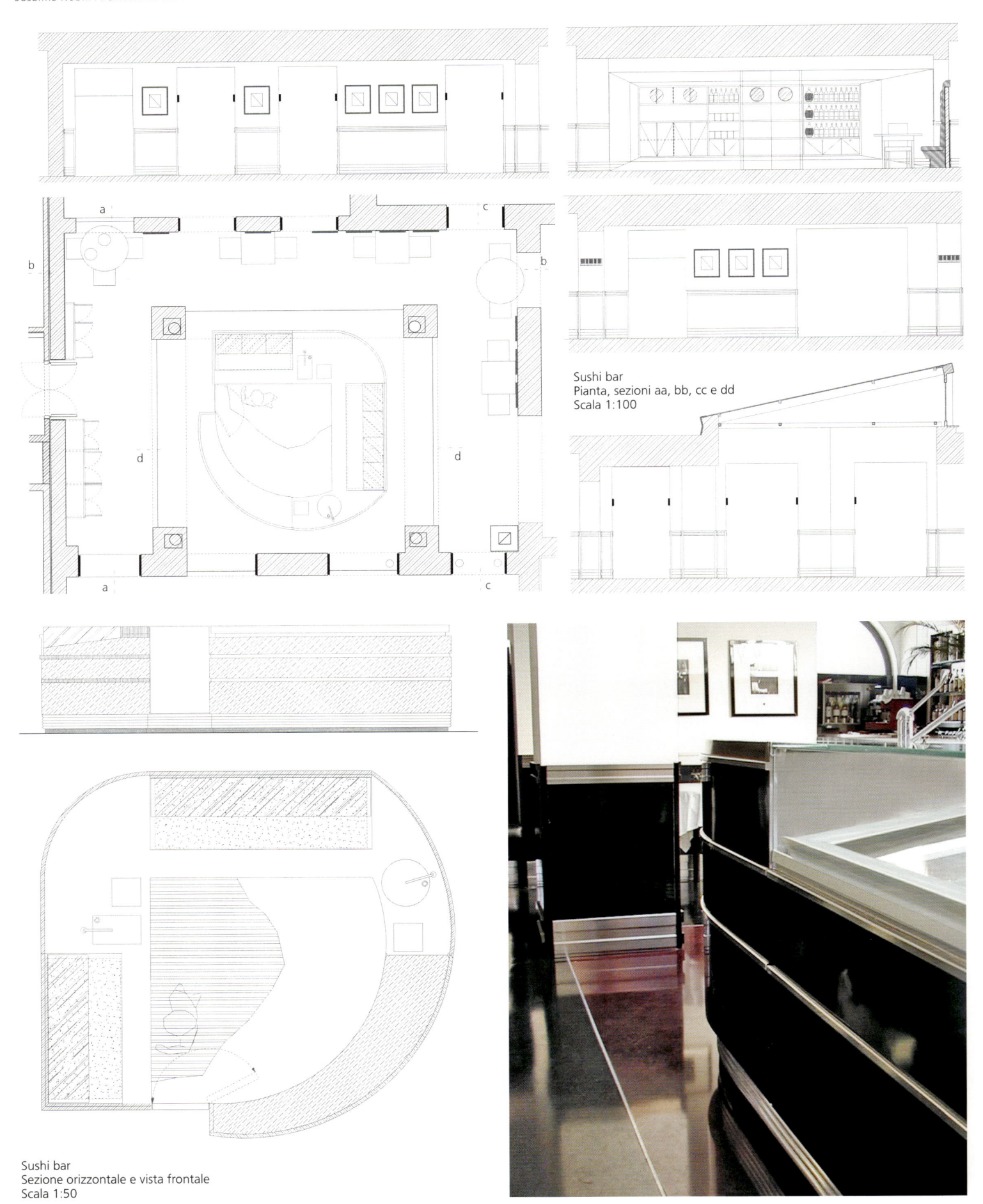

Sushi bar
Pianta, sezioni aa, bb, cc e dd
Scala 1:100

Sushi bar
Sezione orizzontale e vista frontale
Scala 1:50

Ristorante della Casa del Jazz a Roma

Dettaglio
Sezioni verticali
Scala 1:20

1. Filo in acciaio, larghezza 5 mm
2. Imbotte della porta rivestita di formica nera lucida
3. Rivestimento in acciaio
4. Formica nera lucida
5. Profilo di bordo in acciaio
6. Ripiano posizionabile a varie altezze
7. Bacchetta d'acciaio
8. Ferma battuta
9. Pedana in legno

Bancone e mobile passepartout
Sezione orizzontale e sezioni verticali
Scala 1:50

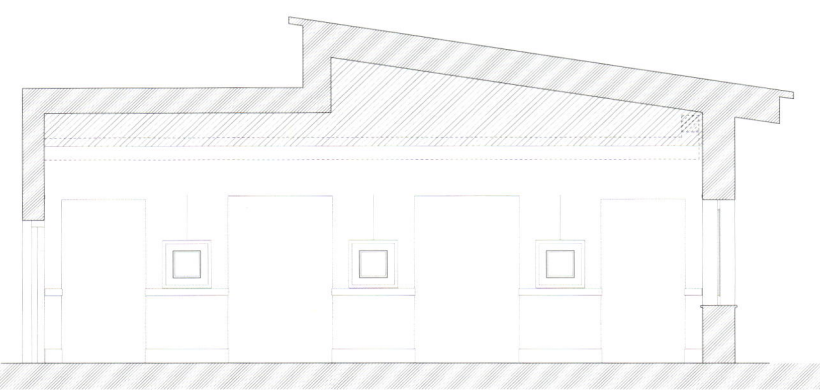

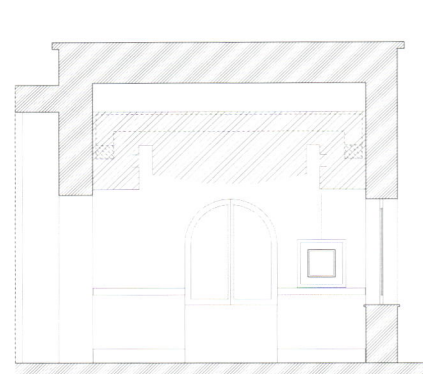

Sale ristorante
con l'indicazione
degli arredi
Piante e sezioni
Scala 1:50

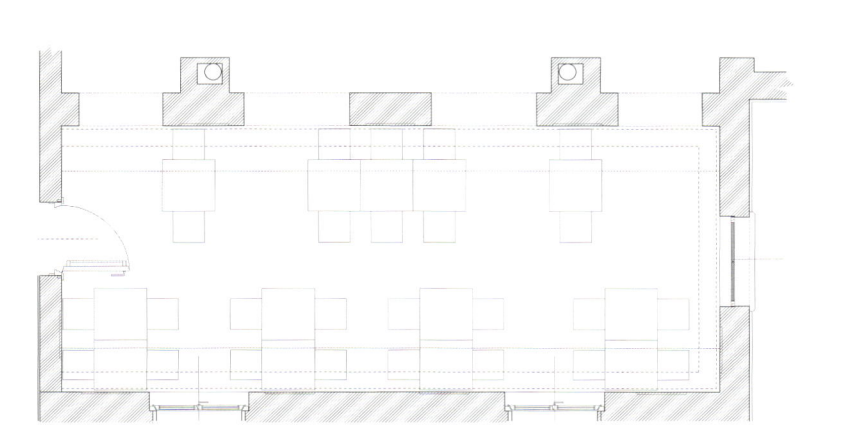

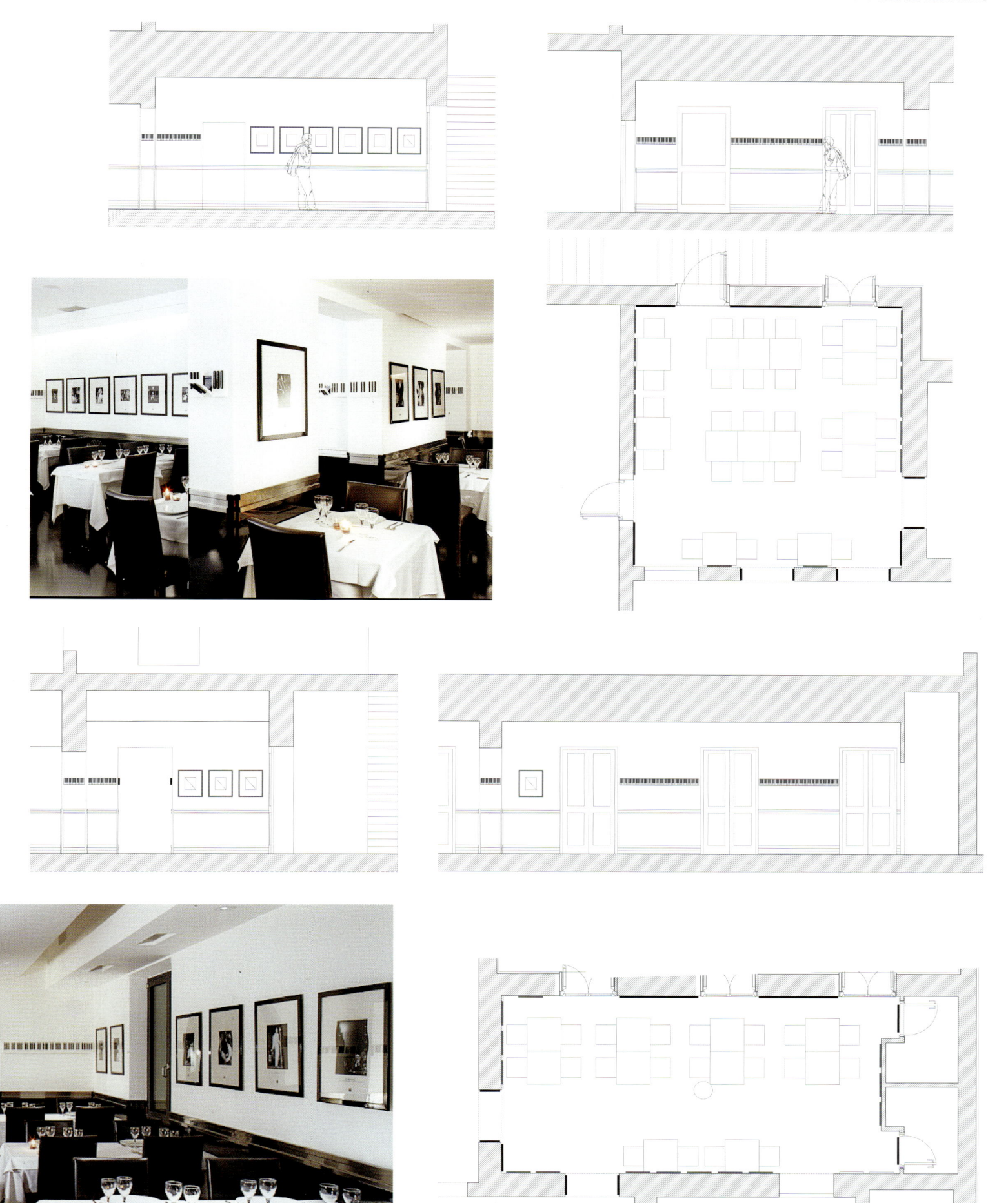

Ristorante della Casa del Jazz a Roma

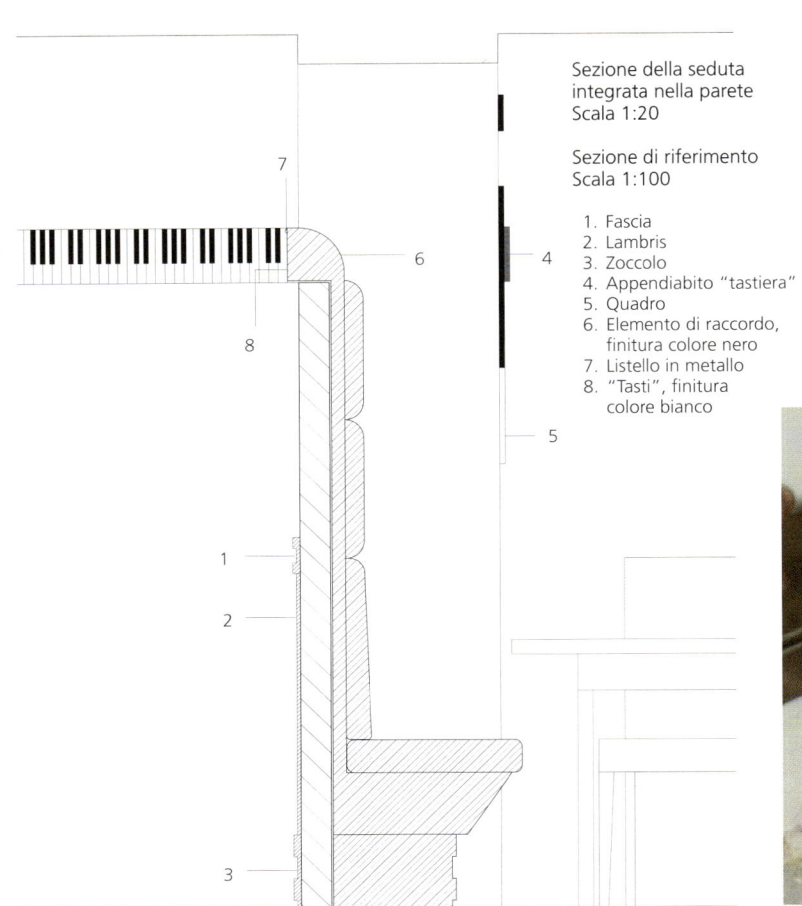

Sezione della seduta integrata nella parete
Scala 1:20

Sezione di riferimento
Scala 1:100

1. Fascia
2. Lambris
3. Zoccolo
4. Appendiabito "tastiera"
5. Quadro
6. Elemento di raccordo, finitura colore nero
7. Listello in metallo
8. "Tasti", finitura colore bianco

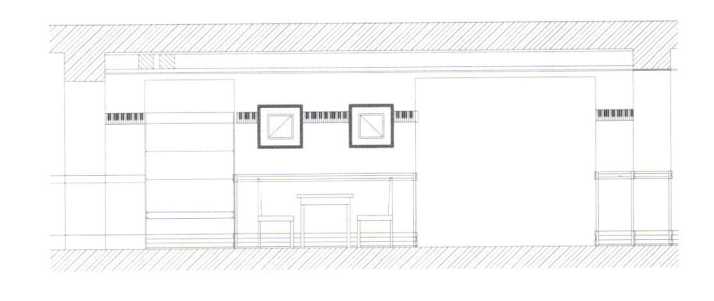

Ristorante della Casa del Jazz a Roma

Dettaglio appendiabiti
Scala 1:10

1. Finitura laccata, colore nero lucido

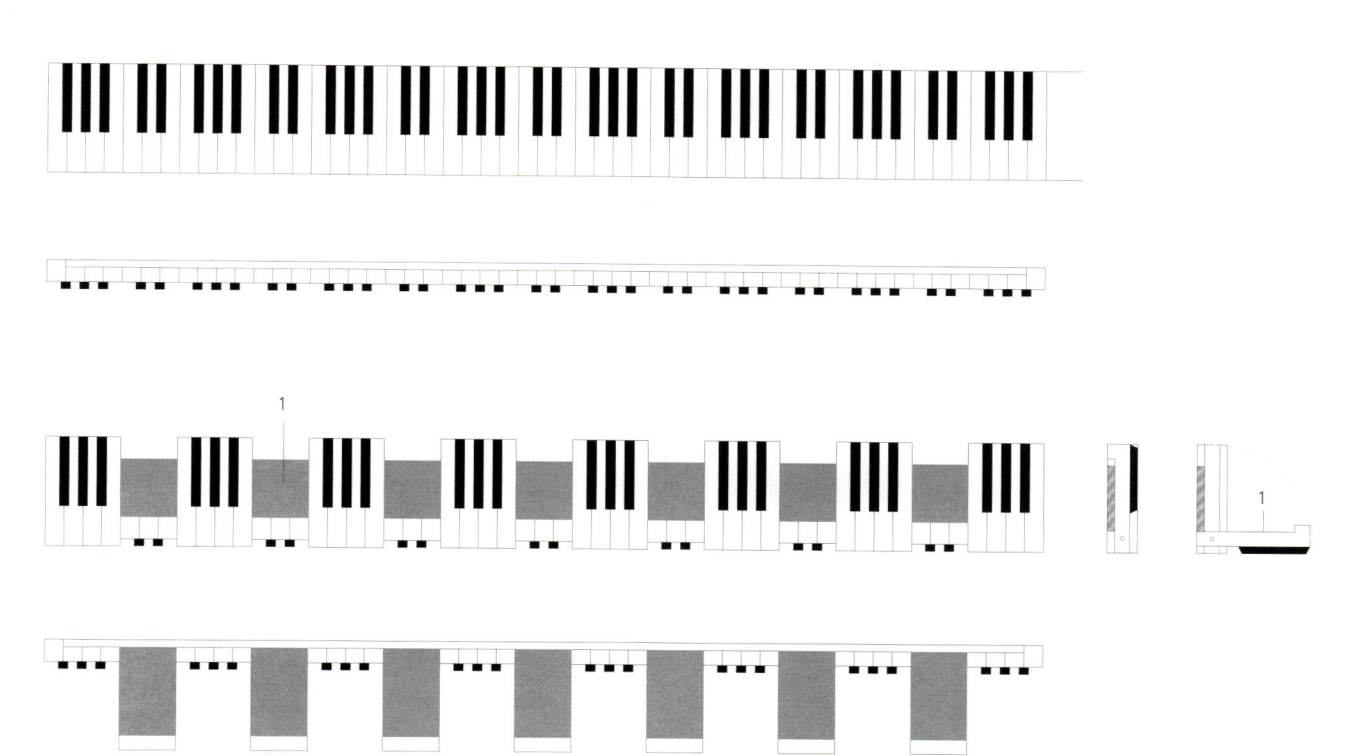

217

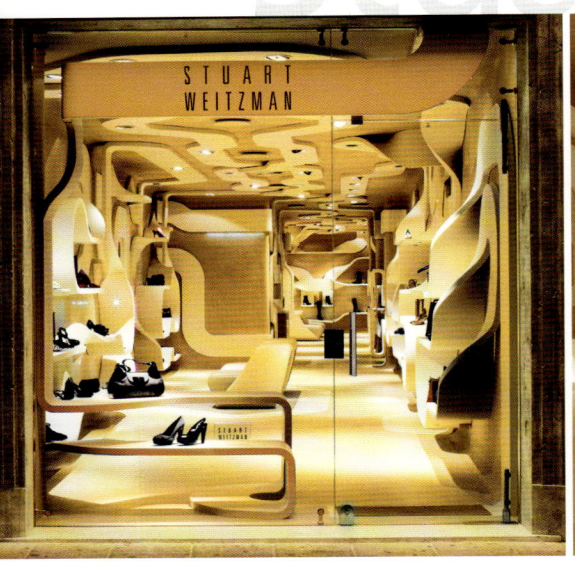

Stuart Weitzman Shop a Roma

indirizzo:	via dei Condotti, 27	periodo di realizzazione:	2006
città:	Roma	committente / proprietario:	Stuart Weitzman, New York
progettista:	Fabio Novembre, architetto	tipologia intervento:	design degli interni
design team:	Lorenzo De Nicola Domenico Papetti Alessio De Vecchi	destinazione intervento:	commercio
		dimensioni:	superficie totale 95 mq

imprese esecutrici:
Happy House s.r.l., Ciampino (RM) - contractor
Pastellone Veneziano by Collezioni Ricordi, Castelfranco (TV), Moquette by Equipe Casa s.n.c. (MI), Corian by DuPont - floorcovering
Marmorino by Collezione Ricordi, Castelfranco (TV) - wallcovering & ceilings
Corian Vanilla by DuPont - special shelves
F.1 s.r.l., Pedrengo (BG) - joiner & costruction Corian
Flos s.p.a. Bovezzo (BS), Osram s.p.a. (MI) - lighting
Silvestri Ingegneria Impianti (MI) - electrical equipment
Climarredo s.r.l. (MI) - air conditioning equipment
Tulli s.r.l. (RM) - glass structure
Air Lounge System by Fabio Novembre prod. Meritalia s.p.a., Mariano Comense (CO) - furniture

Shop - Roma

Studio Fabio Novembre

Fabio Novembre, architetto

via Perugino, 26
Milano

www.novembre.it
info@novembre.it

Nato a Lecce nel 1966, si trasferisce a Milano nel 1984; qui si laurea in Architettura nel 1992. Nel 1993 vive a New York e frequenta un corso di regia cinematografica presso la New York University. Fonda il suo Studio a Milano nel 1994 e nello stesso anno realizza il suo primo progetto di interni: il negozio di Anna Molinari Bluemarine ad Hong Kong. Dal 2000 al 2003 è art director di Bisazza, contribuendo al rilancio internazionale del marchio. Dal 2001 collabora con le maggiori aziende del design italiano quali Cappellini, Driade, Meritalia, Flaminia, Casamania. Nel 2008 il comune di Milano gli dedica una grande mostra monografica presso lo spazio espositivo della Rotonda di via Besana, dal titolo "Insegna anche a me la libertà delle rondini". Nel 2009 il Triennale Design Museum di Milano lo ha invitato a curare ed ideare una mostra sul suo lavoro dal titolo: "Il fiore di Novembre". Nel 2010 disegna e cura l'allestimento per il comune di Milano all'interno del Padiglione Italia dell'Expo di Shanghai.

Il prestigioso marchio di scarpe americano Stuart Weitzman affida l'allestimento degli interni della sua sede romana di via Condotti all'estro dell'architetto Fabio Novembre.
Il compito è quello di creare uno spazio di vendita scultoreo, che presenti le scarpe e le borse come opere d'arte, esaltandone i dettagli grazie alla posizione e all'illuminazione.
L'architetto sintetizza così il concept del progetto: «Le scarpe sono il progetto perfetto: un prodotto di eccellente lavoro artigianale trasformato da semplice oggetto d'uso a oggetto del desiderio. Quando Stuart mi ha chiesto di progettare un luogo in cui esporre le sue creazioni, ho subito pensato a preziose scatole incartate, a confezioni regalo da dedicare alle sue clienti, chiuse da un nastro che, senza mai interrompersi, segua le superfici dello spazio espositivo, descrivendo percorsi di fantasie perché le scarpe sono vettori di desiderio».
L'intero perimetro dello Shop è percorso da un nastro continuo, che si spiega in tutta l'area lungo le pareti e, all'occorrenza, diventa ripiano, scaffale o una fantastica decorazione, fasciando delicatamente tutto ciò che incontra sul proprio cammino come un nastro per impacchettare doni.
Solo il Corian, per le sue peculiarità tecniche, poteva prestarsi alla realizzazione di un nastro senza fine che avvolge completamente il visitatore. I vari elementi di Corian sono stati composti come pezzi di un puzzle e corrispondono ognuno a una lettera dell'alfabeto (A, B, C…) e a un preciso modello 3D.
L'uso composito di materiali e texture è un ingrediente fondamentale del progetto. I mosaici Bisazza in vetro rivestiti dal lato interno con foglia d'argento, le applicazioni geometriche verticali a contrasto con le forme sinuose del Corian, lo stucco veneziano su soffitto e pareti, il composto di cemento e resina applicato a mano sul pavimento come fosse gesso artigianale, creano un insieme armonico. Pavimenti, pareti, scaffali e soffitti si snodano senza interruzione.
«Con un paragone azzardato, i negozi per Stuart Weitzman ricordano le chiese del barocco leccese. Mi spiego: lo stile barocco sviluppatosi nella mia città natale era caratterizzato da forme quasi spontanee di iperdecorazione filtrate attraverso la monocromaticità del materiale adottato (la pietra leccese). L'elaboratezza dell'elemento in Corian, che riveste la quasi totalità delle superfici dei miei negozi, trasfigura in chiave contemporanea i miei ricordi d'infanzia».

Sezione longitudinale aa
con lo sviluppo del prospetto
della parete lunga e della parete
che divide l'area vendita
dal magazzino

Pianta
Scala 1:180

1. Ingresso principale
2. Area vendita
3. Cassa
4. Bagno clienti
5. Ingresso di servizio
6. Magazzino
7. Bagno di servizio

Stuart Weitzman Shop a Roma

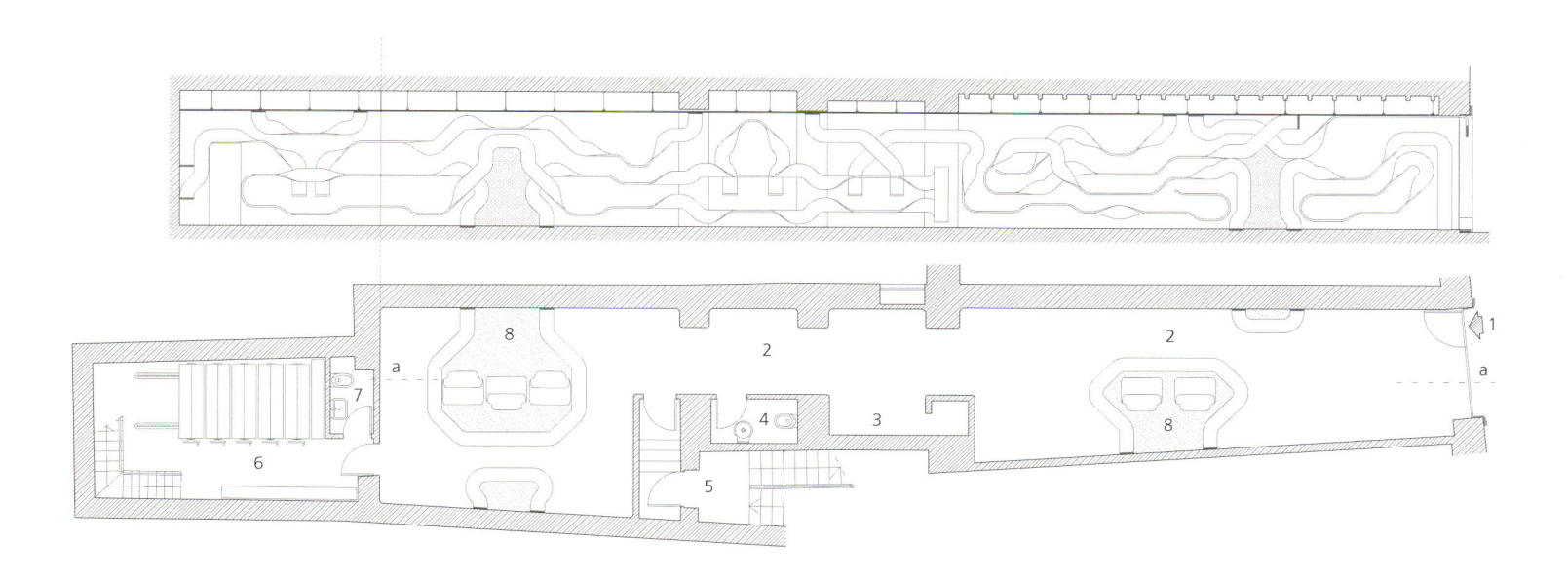

221

Studio Fabio Novembre

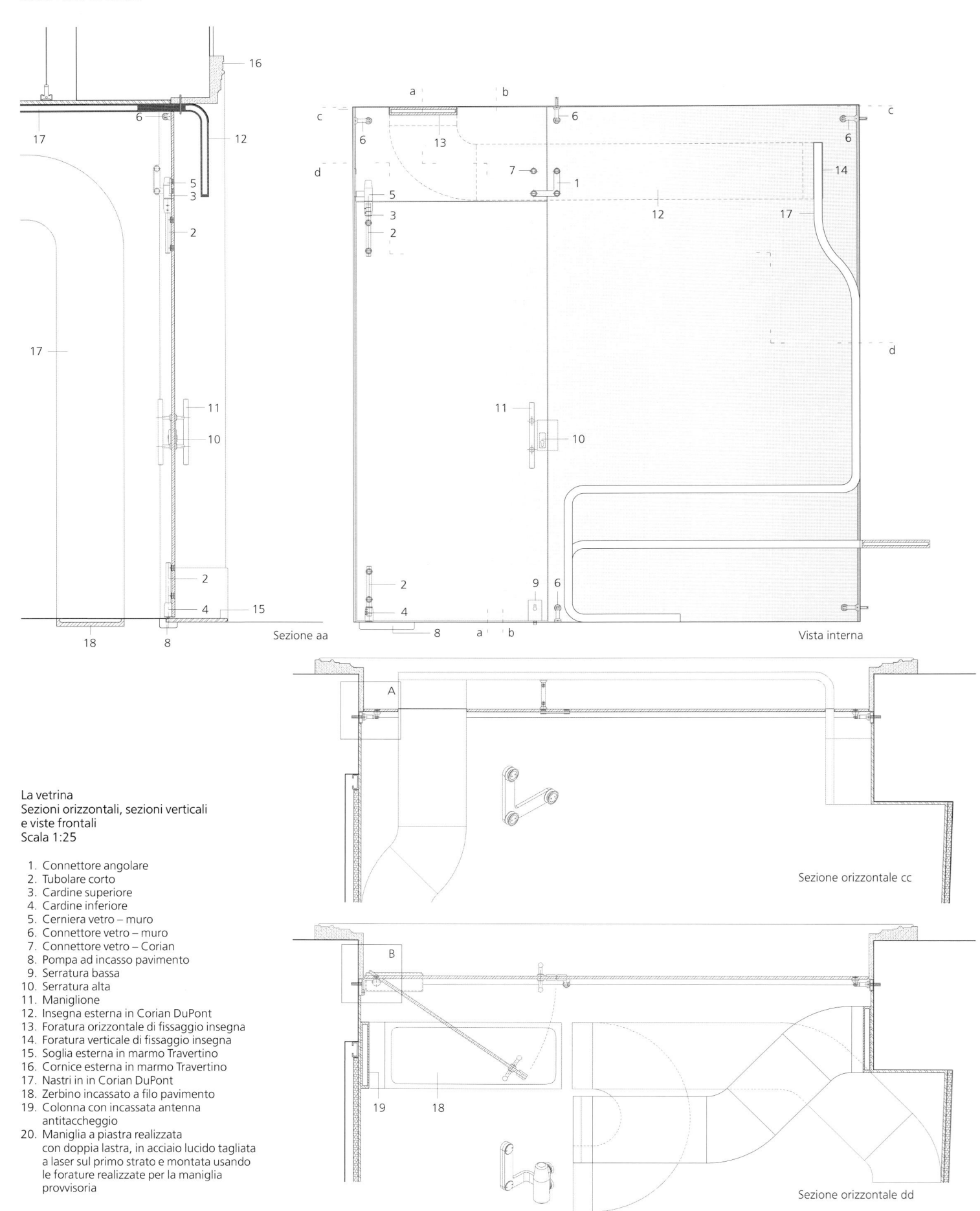

La vetrina
Sezioni orizzontali, sezioni verticali
e viste frontali
Scala 1:25

1. Connettore angolare
2. Tubolare corto
3. Cardine superiore
4. Cardine inferiore
5. Cerniera vetro – muro
6. Connettore vetro – muro
7. Connettore vetro – Corian
8. Pompa ad incasso pavimento
9. Serratura bassa
10. Serratura alta
11. Maniglione
12. Insegna esterna in Corian DuPont
13. Foratura orizzontale di fissaggio insegna
14. Foratura verticale di fissaggio insegna
15. Soglia esterna in marmo Travertino
16. Cornice esterna in marmo Travertino
17. Nastri in in Corian DuPont
18. Zerbino incassato a filo pavimento
19. Colonna con incassata antenna antitaccheggio
20. Maniglia a piastra realizzata con doppia lastra, in acciaio lucido tagliata a laser sul primo strato e montata usando le forature realizzate per la maniglia provvisoria

Sezione aa

Vista interna

Sezione orizzontale cc

Sezione orizzontale dd

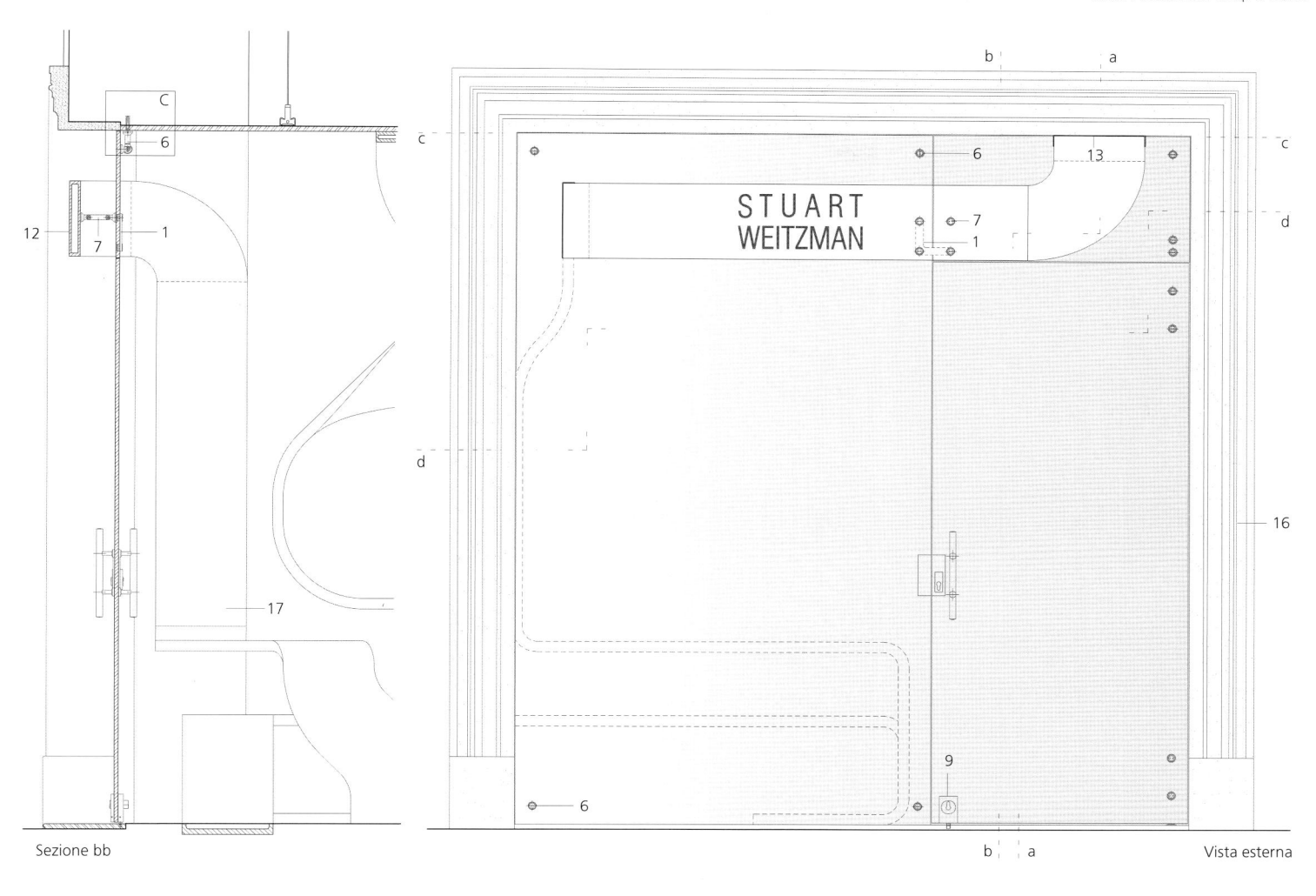

Stuart Weitzman Shop a Roma

Sezione bb

Vista esterna

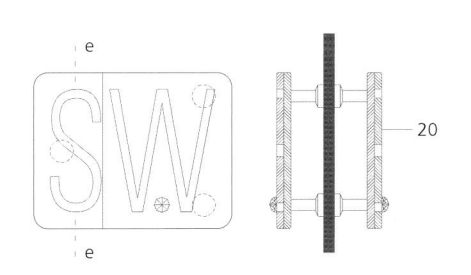

Dettaglio della maniglia
Vista frontale e sezione verticale ee
Scala 1:10

Schema delle forature della vetrina
n.b. Le forature possiedono 3 mm
di abbondanza per le eventuali
dilatazioni
Vista frontale
Scala 1:50

Dettagli A, B e C
Sezioni orizzontali e sezione verticale
Scala 1:5

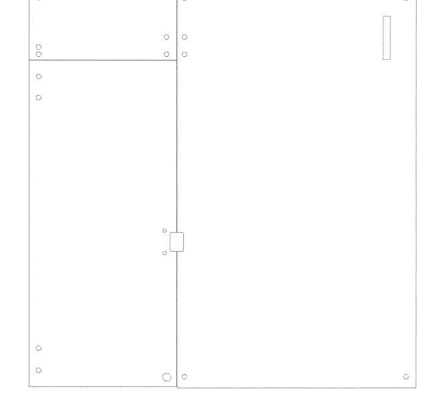

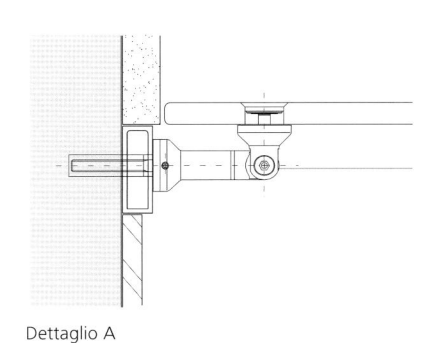

Dettaglio A

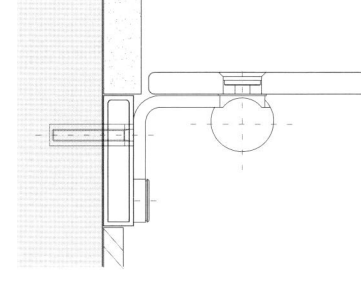

Dettaglio B

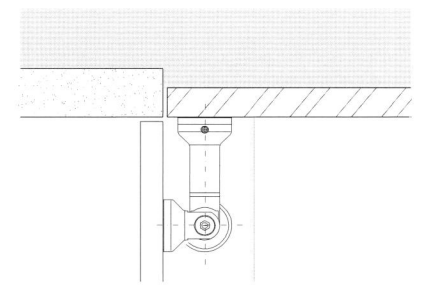

Dettaglio C

Schema dello sviluppo spaziale
del sistema del nastro senza fine
e pianta con la proiezione
del disegno del nastro
sul controsoffitto
Scala 1:200

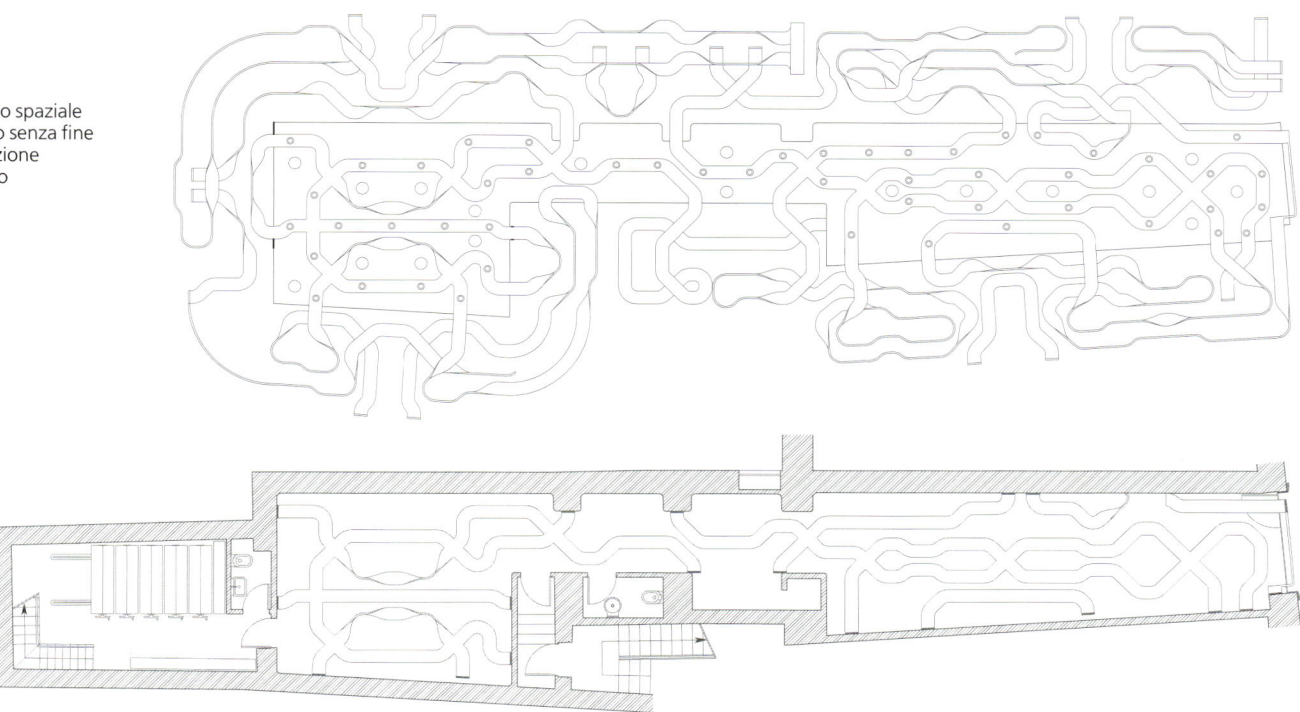

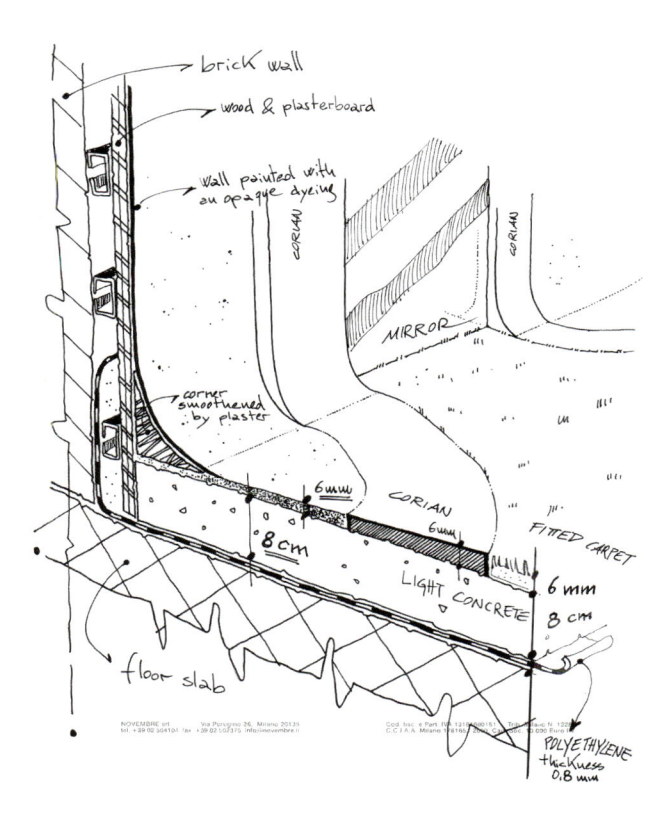

Stuart Weitzman Shop a Roma

Dettaglio della mensola
Sezione verticale
Scala 1:10

1. Manicotto d'ancoraggio a iniezione con fischer a fissaggio chimico
2. Sistema di illuminazione a spot led ad incasso nel lato basso delle mensole in Corian
3. Rivestimento della parete costituito da: legno e cartongesso, finitura vernice opaca, colore pantone 4525 U
4. Sistema di mensole in Corian DuPont, color vaniglia (spessore dei fogli di Corian, 6 mm; profondità, 350 mm)
5. Sistema custom di sostegno del sistema delle "mensole a nastro"
6. Torsione della "mensola a nastro" realizzata in Corian DuPont, color vaniglia
7. Telaio strutturale in alluminio
8. Curva realizzata in cartongesso lisciato, colore pantone 4535 U
9. Pavimento realizzato in colata di resina, spessore 6 - 7 mm, colore pantone 4525 U.
Il pavimento in resina colata fornisce l'idea di una continuità tra pavimento e pareti. Le aree di prova delle scarpe, sono isolate e coperte da un tappeto. Il nostro nastro Corian è il confine tra i due diversi tipi di rivestimento. Prima è necessario incollare il nastro di 6 millimetri Corian alla colata di cemento, poi si può mettere il pavimento in resina colata, dove previsto. Infine si taglia la forma della moquette da mettere sulle aree previste.

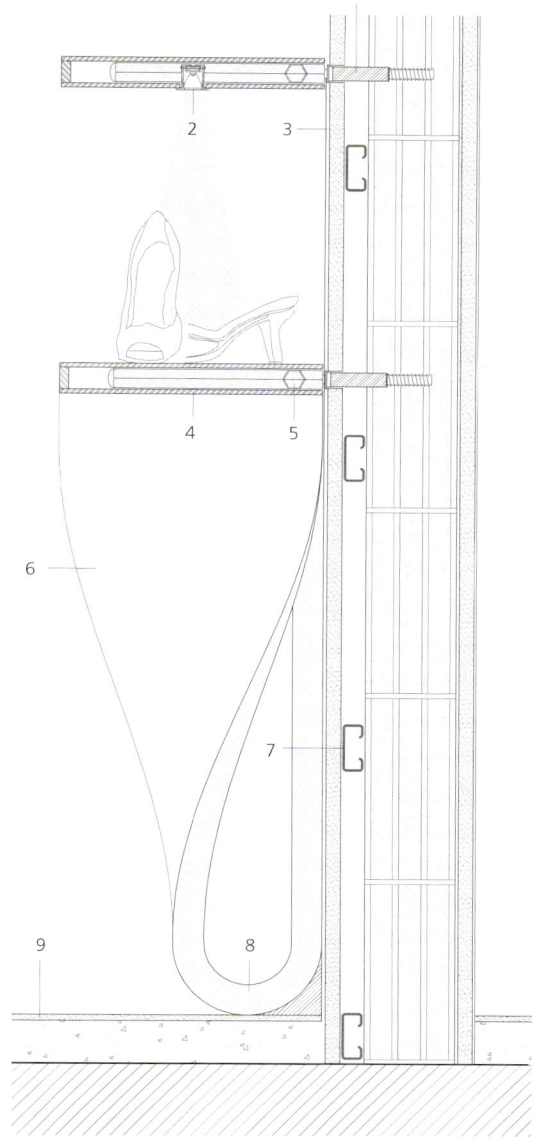

Sistema di illuminazione

Il sistema di illuminazione delle mensole è stato risolto con l'adozione della tecnologia led (diodi a emissione luminosa), scegliendo due diverse tipologie di apparecchiature luminose:

- "Linear led" è una stringa continua di led, la cui lunghezza dipende dalla lunghezza della mensola, ed è incollata sul lato inferiore dei piani. L'effetto luminoso prodotto è una luce molto morbida, particolarmente piacevole per l'illuminazione notturna.
- "Spot led" è riflettore altezza 30mm, diametro 35mm, installata in una cavità nella parte inferiore del ripiano in Corian.
La posizione e la quantità di tali apparecchiature di illuminazione è stata studiata tenendo conto del disegno complessivo del sistema di esposizione delle pareti.

Studio Fabio Novembre

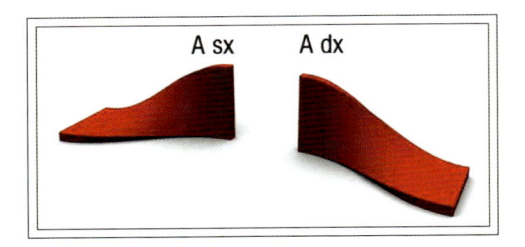

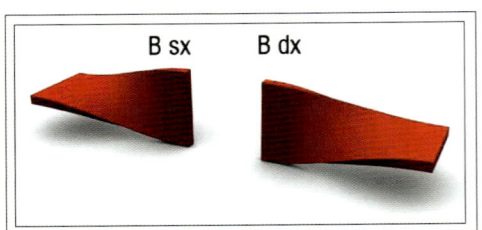

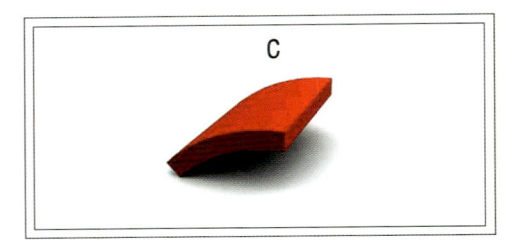

Descrizione del concept del sistema di esposizione a nastro

Il sistema di esposizione del nastro è stato sviluppato a partire dalla creazione di un alfabeto di pezzi la cui combinazione crea il nastro senza fine. L'impressione generata è quella di un nastro senza fine, ottenuta grazie alle caratteristiche tecniche di un materiale: il Corian. Nell'alfabeto di pezzi concepiti, riportato qui a fianco (il ripiano piatto non è rappresentato), ogni elemento ha il proprio nome (A, B, C, ecc..) e ad ognuno di essi corrisponde un modello 3d di disegni tecnici per la produzione degli elementi in Corian. Le dimensioni del pezzo ripiano piatto sono le seguenti: 34 millimetri di spessore, 350 millimetri la larghezza, mentre la lunghezza è variabile. Ogni pezzo è composto da lastre in Corian di 6 millimetri incollate; dentro vi sono elementi di legno e Corian per rafforzare ogni pezzo.

Produzione degli elementi in Corian

Per la creazione di ogni elemento in Corian il fornitore ha dovuto fare diversi stampi di legno corrispondenti a ciascuno dei lati di ogni elemento. Tutti questi stampi sono stati ottenuti utilizzando una macchina a controllo numerico che è stata in grado di trasferire sugli stampi in mdf i disegni dei modelli 3d elaborati. Le lastre di Corian, spessore 6 millimetri, devono essere messe in un forno a una temperatura di 200 °C per 30 minuti. Successivamente, le lastre, rese morbide, sono stampate. Poi tutte le lastre modellate sono bloccate insieme per costruire ogni elemento in Corian. Una volta che l'elemento è completato, l'ultimo passo del processo di produzione è il trattamento della sua superficie, tramite la levigatura e lucidatura.

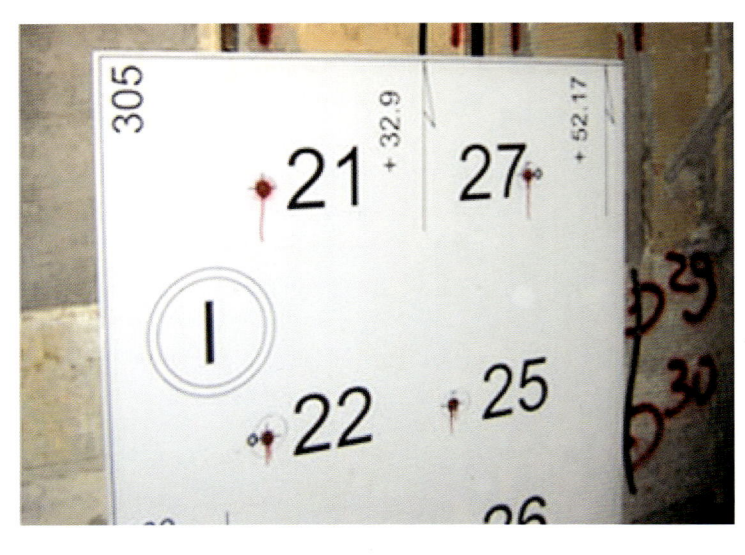

Stuart Weitzman Shop a Roma

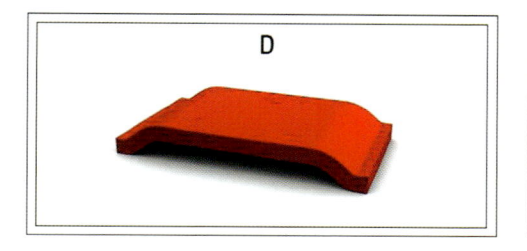

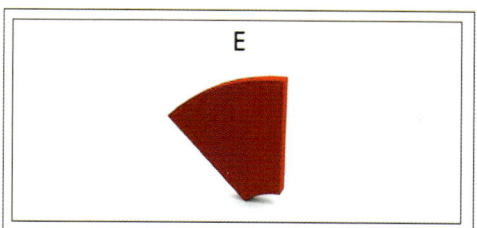

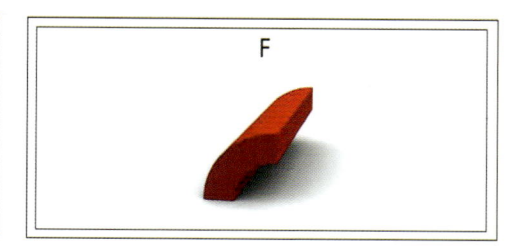

D

E

F

Fase di installazione

Appena messa a punto la progettazione delle mensole a muro, viene redatto un disegno tecnico di ciascuna parete. Questo disegno indica la giusta posizione dei morsetti di ferro per l'ancoraggio degli scaffali, nonché la corretta posizione di ogni presa elettrica necessaria per le apparecchiature di illuminazione.
È necessario stampare il disegno di ogni parete su un pannello di plastica (3 - 5 mm di spessore) in scala 1:1.
Ogni pannello và fissato sulla parete corrispondente; dopo di ciò và praticato un foro attraverso il pannello e il muro tramite un trapano, esattamente in corrispondenza di ogni singolo morsetto progettato.
Quando si tolgono i pannelli, si hanno tutti le posizioni dei morsetti e delle prese elettriche.
È possibile quindi installare le fascette e le condutture elettriche e, successivamente è possibile installare i pannelli in cartongesso.
Dopo aver lisciato e dipinto le pareti è possibile avviare l'installazione delle mensole.

L'installazione dei pezzi Corian in loco, è una procedura molto lunga: in un primo momento, si fissano alle pareti i pezzi che hanno bisogno di un morsetto (questi pezzi arrivano sul posto con il sedile fascetta in dotazione).
È quindi possibile procedere con l'installazione di tutti gli altri pezzi in Corian.
Tutti sono incollati con la colla speciale Corian.
Non appena la colla è asciutta, l'artigiano procede alla lisciatura di ogni giuntura con alcuni dischi di carta vetrata: alla fine di questo lavoro si ottiene l'effetto desiderato del nastro senza fine.
Elementi di collegamento pareti - soffitto: l'idea del negozio è quella di uno spazio box, dove i muri, il soffitto e il pavimento hanno continuità, ed è pertanto stato eliminato ogni angolo acuto, tramite l'installazione di monoscocche, su ogni angolo.
Sono stati progettati due tipi di stampi per coprire sia gli spigoli concavi che quelli convessi.
Prima della lisciatura dei muri e della pittura, è necessario procedere con l'installazione di queste forme.

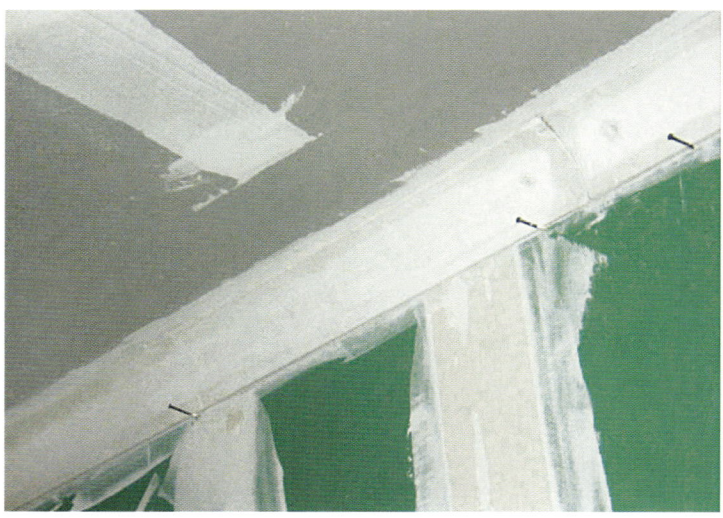

Morgan Library a New York (Stati Uniti)

indirizzo:	225 Madison Avenue	periodo di realizzazione:	2000 - 2006
città:	New York (Stati Uniti)	committente / proprietario:	Morgan Library
progettista:	Renzo Piano Building Workshop, Architects	premi architettonici:	Wallpaper Annual Design Awards 2007
collaboratori:	Beyer Blinder Belle LLP	tipologia intervento:	ampliamento / ristrutturazione
design team:	Giorgio Bianchi - partner in charge Thorsten Sahlmann, Kendall Doerr, Alexander Knapp, Yves Pages, Mario Reale e Pietro Bruzzone, Michael Cook, Shinnosuke Abe, Marco Aloisini, Laura Bouwman, Jason Hart, Hana Kybicova, Miguel Leon Yorgos Kyrkos, Christophe Colson, Olivier Aubert - modelli	destinazione intervento:	edifici per la cultura
		dimensioni:	superficie lorda complessiva 136.000 mq superficie totale ampliamento 76.000 mq
		altre informazioni:	auditorium 299 posti, camera blindata su 3 livelli, bookshop, caffè, ristorante
consulenti:	Robert Silman Associates - strutture Cosentini Associates - servizi Ove Arup & Partners - climatizzazione e illuminazione Front - facciate Kahle Acoustics - acustica Harvey Marshall Associates - audio/video IROS - ascensori HM White - paesaggio Ducibella Venter and Santore - sicurezza Stuart-Lynn Company - costi	imprese esecutrici:	F.J. Sciame Construction Company
		costi di realizzazione:	106.000.000 dollari

Renzo Piano Building Workshop

Renzo Piano, architetto

via P. Paolo Rubens, 29
Genova

34, rue des Archives
Parigi (Francia)

www.rpbw.com
italy@rpbw.com

Renzo Piano nasce a Genova nel 1937 in una famiglia di costruttori. Nella sua città matura forti radici culturali ed espressive con il centro storico, con il porto e con il mestiere del padre. Durante l'università, al Politecnico di Milano, lavora nello studio di Franco Albini. Si laurea nel 1964 e inizia a sperimentare con strutture leggere, mobili e temporanee. Tra il 1965 e il 1970 compie numerosi viaggi di ricerca e di scoperta in Gran Bretagna e negli Stati Uniti. Nel 1971 fonda a Londra lo studio "Piano & Rogers" in collaborazione con Richard Rogers, con cui vince il concorso per la realizzazione del Centre Pompidou di Parigi, città nella quale si trasferisce. Dai primi anni `70 agli anni `90 collabora con l'ingegnere Peter Rice, creando l'"Atelier Piano & Rice" attivo dal 1977 al 1981. Nel 1981 costituisce infine il "Renzo Piano Building Workshop", ufficio che riunisce circa 150 persone con sedi a Parigi, Genova e New York.

La Morgan Library di New York, con funzione di museo e biblioteca, ospita la collezione del finanziere JP Morgan, una delle raccolte più grandi e raffinate al mondo che include rari manoscritti medievali e rinascimentali di carattere letterario e musicale, nonché preziosi libri, stampe e disegni. Inizialmente installata in un edificio progettato dagli architetti di New York Mc Kim, Mead & White, nel 1906, la Morgan Library si è successivamente estesa all'edificio detto Morgan Library Annex Building (costruito nel 1928) e successivamente alla storica residenza della Famiglia Morgan (1853), formando così una specie di villaggio. La Morgan Library ha recentemente riorganizzato i propri spazi, pur conservando l'eredità architettonica e la caratteristica atmosfera di campus universitario. L'ampliamento si è reso necessario per poter accogliere un maggior numero di visitatori e studiosi e per offrire loro una più vasta parte della collezione, è stato effettuato un delicato intervento, mirato principalmente a risolvere i problemi di circolazione del pubblico al suo interno; questi problemi erano causati da spazi inadeguati, non progettati in modo organico e originati dalle diverse estensioni susseguitesi nel tempo. La densità urbana della zona di Manhattan, non consentiva poi la costruzione di un'ulteriore ala. Un aspetto assai importante del progetto è costituito perciò dal fatto che gran parte del nuovo spazio è stato realizzato sotto terra. Ciò ha reso possibile espandere la Morgan di circa un terzo della sua superficie, senza superare l'altezza delle strutture storiche adiacenti o compromettere la scala dell'ambiente circostante. Sotto terra ora si trovano un auditorium da 299 posti, lo spazio per la camera blindata su tre livelli e la sala macchine. Fuori terra si trovano tre nuovi padiglioni funzionali che si inseriscono fra gli edifici storici senza sfiorarli, in uno spazio resosi disponibile dopo la demolizione delle diverse estensioni di minore importanza. Al fine di creare un'unità di scala ed un senso di equilibrio globale, questa espansione rispetta le proporzioni dei tre edifici originali. Nel cuore del nuovo complesso, una piazza distribuisce gli spazi, rendendo più facile la circolazione fra le sei diverse ali della Morgan Library. Coperta da un tetto vetrato trasparente ("tappeto volante") la piazza è il nucleo del progetto dove si incontrano tutte le attività. Il tetto vetrato copre anche i tre nuovi padiglioni e li collega con gli edifici esistenti. In aggiunta al nuovo ingresso pubblico che conduce alla piazza, il primo padiglione tripiano su Madison Avenue copre un nuovo spazio espositivo e la nuova sala di lettura, posta in un'area ad illuminazione naturale che corona il nuovo edificio. Il padiglione è uno speciale spazio cubico da 20 piedi x 20 piedi che ha lo scopo specifico di mettere in mostra i capolavori della Morgan. Questo piccolo padiglione ha anche l'importante funzione di collegare fra loro gli edifici Mc Kim ed Annex. Sul lato nord, un nuovo edificio a quattro piani, collegato direttamente con la residenza Morgan, contiene gli spazi uffici che si affacciano sia sulla piazza che sulla 37ma. Anche i vecchi edifici sono stati restaurati: l'Annex Building è divenuto lo spazio destinato alla galleria principale e l'edificio Mc Kim è collegato direttamente alla piazza ed è ora uno dei capolavori dell'istituzione. Un nuovo bookshop, un caffè ed un piccolo ristorante si integrano anch'essi nel piano della nuova Morgan Library, aperta al pubblico dal 29 aprile 2006.

Renzo Piano Building Workshop

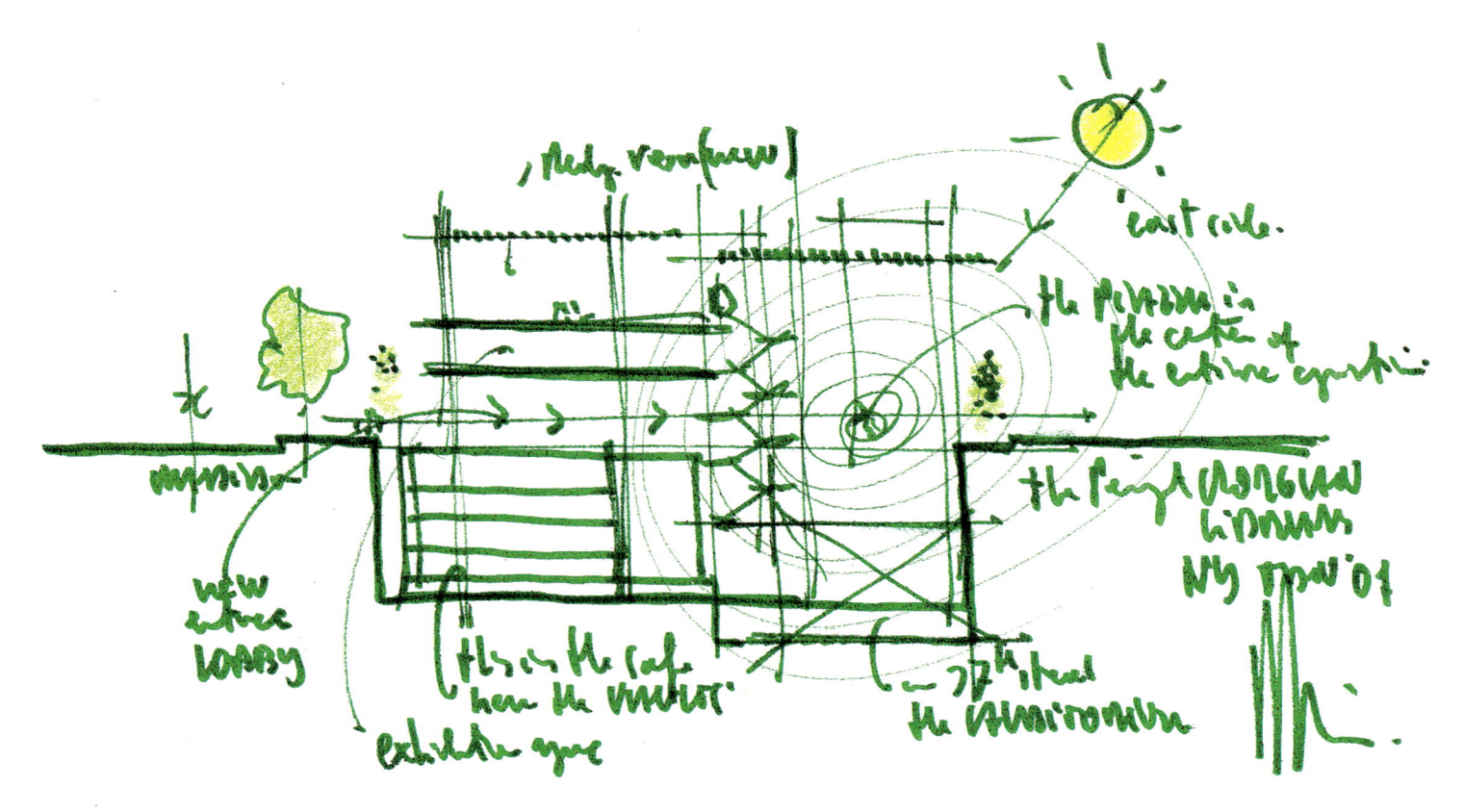

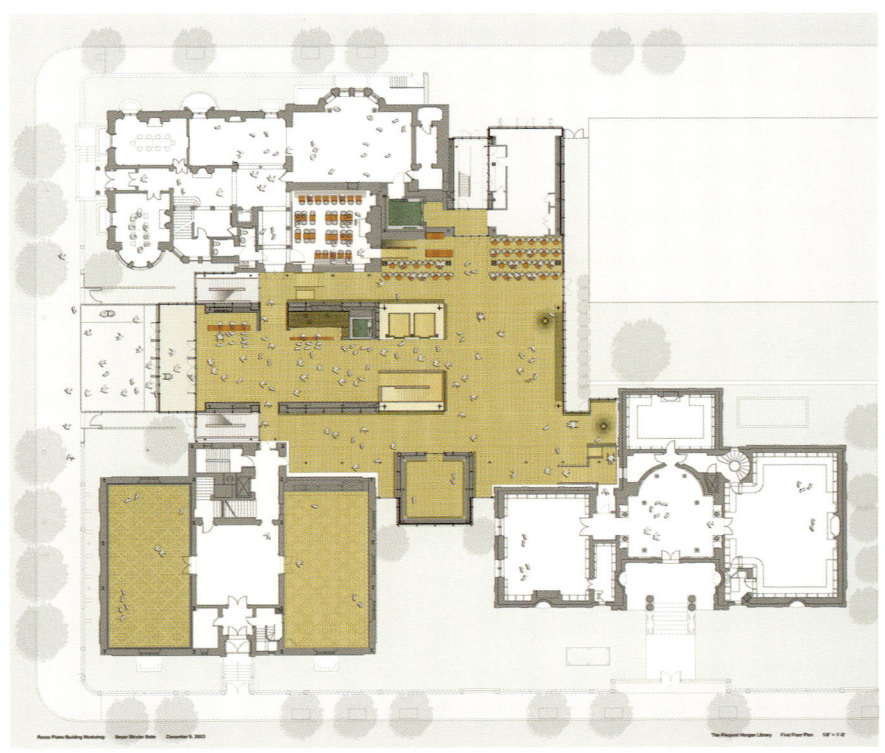

Planimetria generale del piano terra
Scala 1:400

Renzo Piano Building Workshop

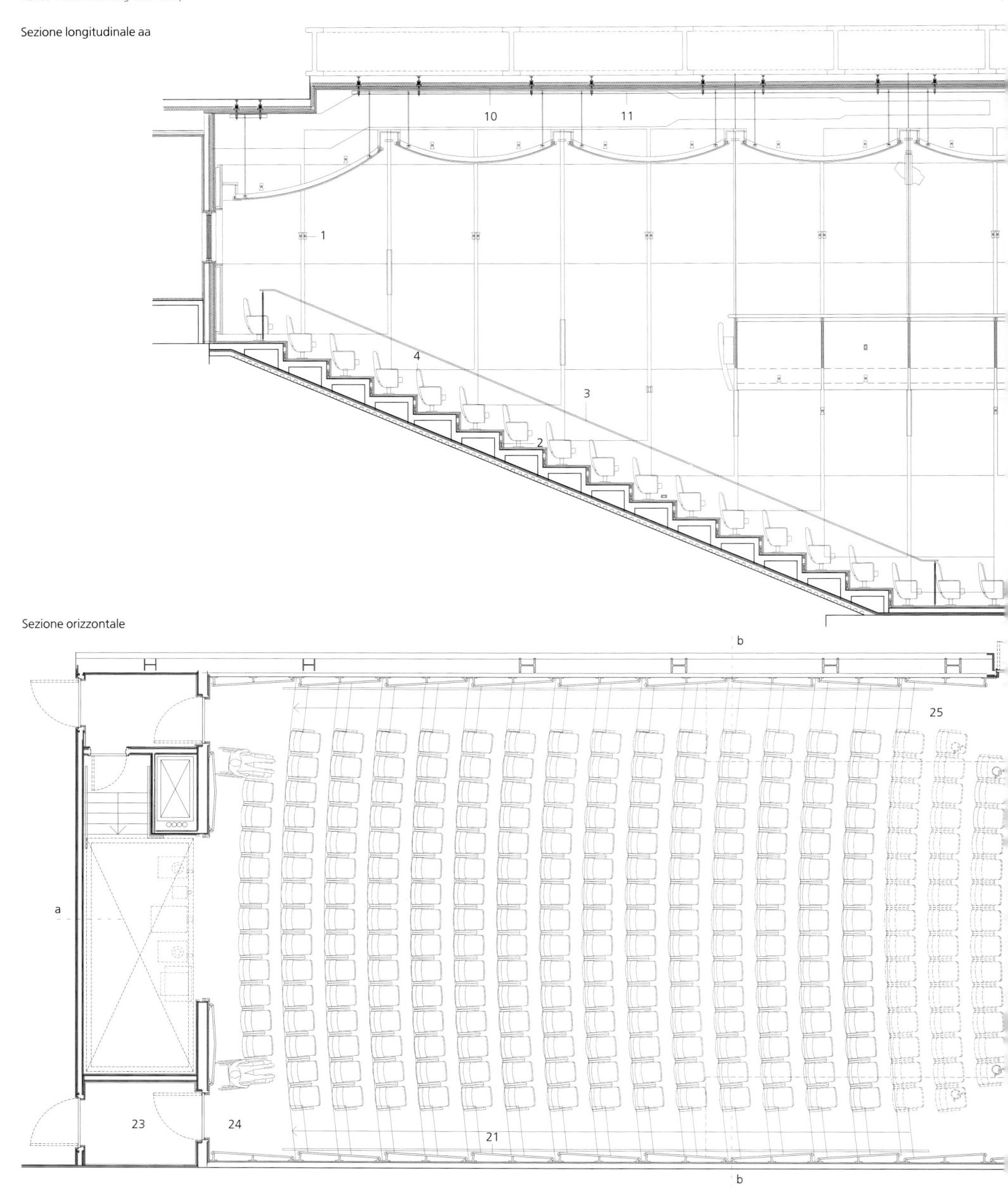

Sezione longitudinale aa

Sezione orizzontale

Morgan Library a New York (Stati Uniti)

Sezione trasversale bb

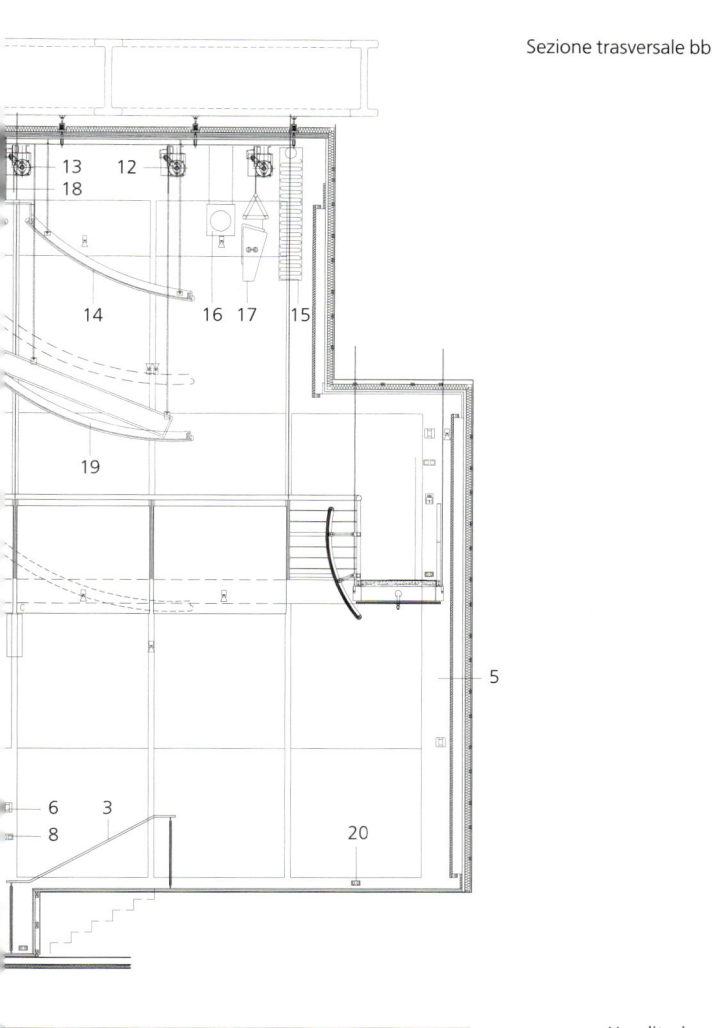

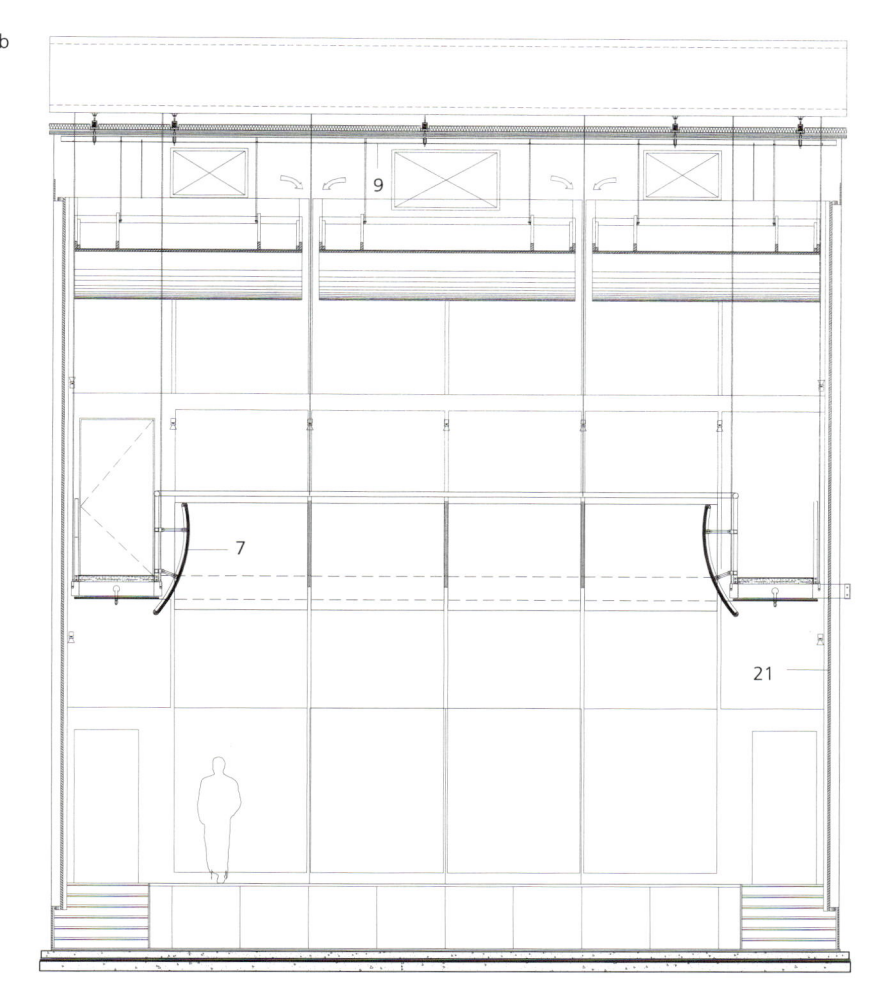

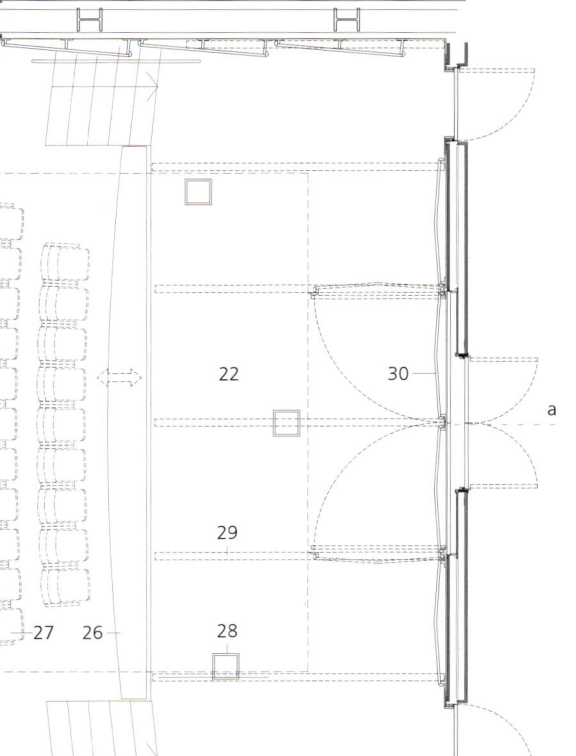

L'auditorium
Pianta e sezioni
Scala 1:100

1. Corpi illuminanti a parete con staffe di montaggio in acciaio
2. Rivestimento verticale dei gradoni in tavelle "galleggianti" in c.a. per isolamento acustico, con "plenum" per il ricircolo dell'aria
3. Mancorrente con montanti verticali di sostegno terminali
4. Il sedile si estende fino al filo del montante verticale del gradone retrostante
5. Rivestimento di tutte le pareti in pannelli piani di legno impiallacciato
6. Allarme antincendio
7. Pannello curvo di rivestimento della balconata agganciato alla passerella sospesa
8. Rilevamento temperature e umidità
9. Verniciatura nero matt di tutti i tubi di canalizzazione e delle griglie da effettuare prima dell'installazione dei pannelli sospesi
10. Struttura "layer gwb" con sistema dei ganci di sostegno dei pannelli sospesi, isolati acusticamente
11. Cielino "unistrut" con ganci di fissaggio isolati acusticamente, per la sospensione dei pannelli di legno, delle luci, dei condotti di aereazione e degli sprinklers
12. Verricelli motorizzati per alzare e abbassare i pannelli mobili e le luci
13. Conduttura sprinkler
14. Pannello in legno curvato sospeso
15. Tenda retraibile
16. Schermo retraibile
17. Microfono retraibile
18. Partizione gwb costituita da un telaio d'acciaio dotato di controventatura a separazione del plenum destinato ai condotti di areazione per consentire la ventilazione e l'isolamento acustico dei muri perimetrali, tramite il flusso d'aria attraverso le aperture praticate nelle pareti
19. Pannello in legno curvato sospeso, agganciato a trave scatolare movibile nascosta, finitura colore nero opaco
20. Foro praticato a filo della mezzeria del pannello
21. Pannelli di rivestimento in legno
22. Palco
23. Vestibolo
24. Porzione del pavimento galleggiante isolata acusticamente
25. Pavimentazione in legno
26. Palco movibile per estenderne la configurazione verso la platea
27. Sedute rimovibili per permettere la flessibilità della configurazione del palco
28. Elemento per l'incasso delle apparecchiature con rivestimento in acciaio, finitura in ottone satinato
29. Travi di supporto del palco
30. Pannelli di rivestimento montati dietro alle porte

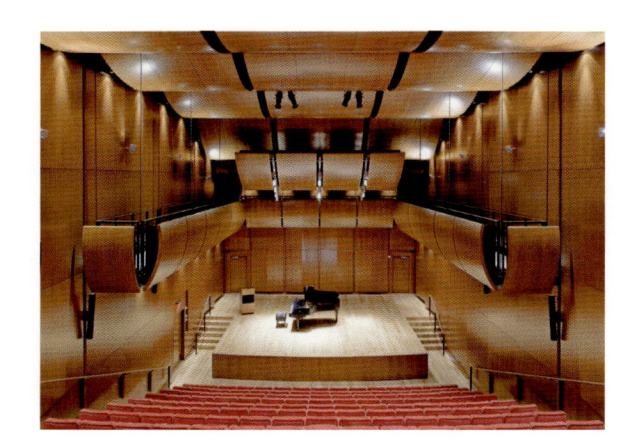

Renzo Piano Building Workshop

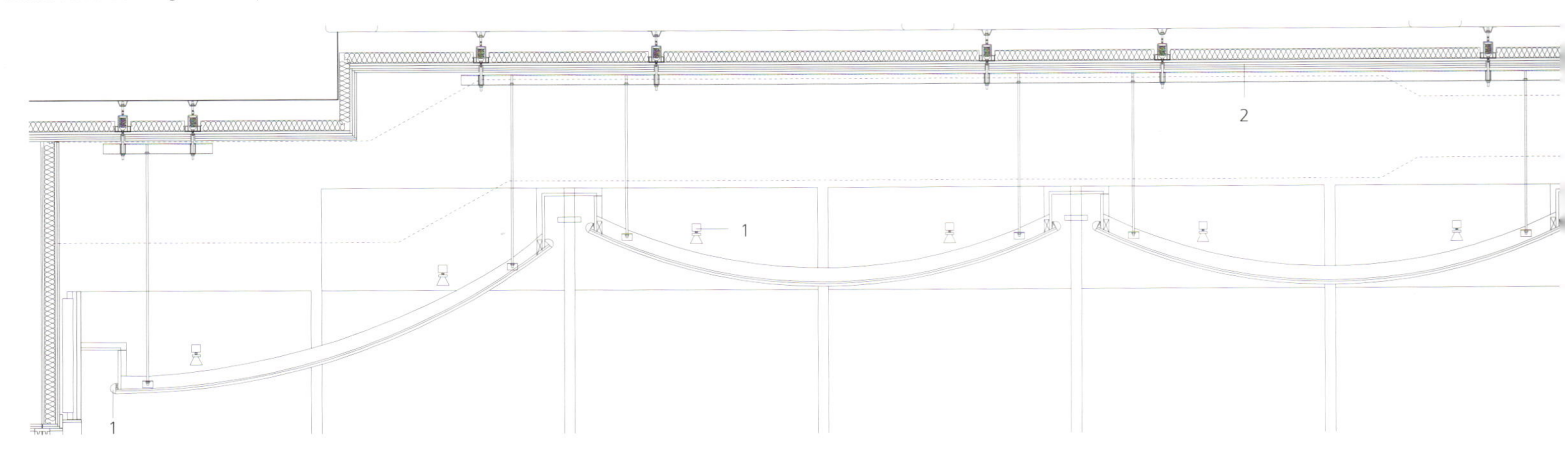

Morgan Library a New York (Stati Uniti)

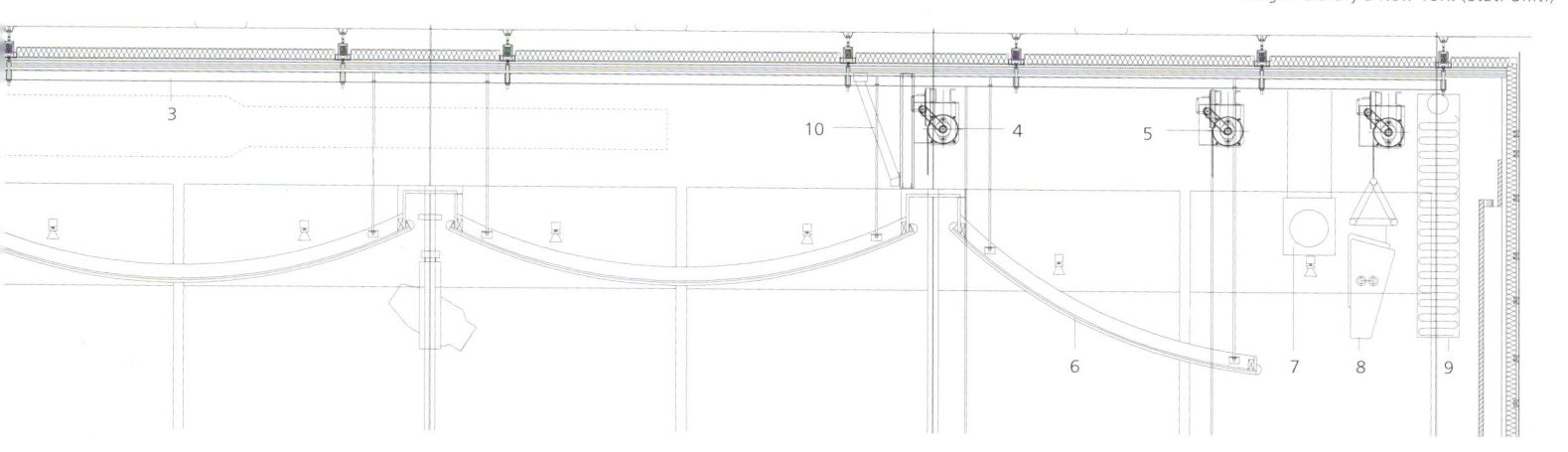

Sezione tecnologica di dettaglio dei pannelli sospesi fonoisolanti
Sezione verticale
Scala 1:50

1. Sorgente luminosa ad incasso
2. Struttura "layer gwb" con sistema dei ganci di sostegno dei pannelli sospesi, isolati acusticamente
3. Cielino "unistrut" con ganci di fissaggio isolati acusticamente, per la sospensione dei pannelli di legno, delle luci, dei condotti di aereazione e degli sprinklers
4. Conduttura sprinkler
5. Verricelli motorizzati per alzare e abbassare i pannelli mobili e le luci
6. Pannello in legno curvato sospeso
7. Schermo retraibile
8. Microfono retraibile
9. Tenda retraibile
10. Partizione gwb costituita da un telaio d'acciaio dotato di controventatura a separazione del plenum destinato ai condotti di areazione per consentire la ventilazione e l'isolamento acustico dei muri perimetrali, tramite il flusso d'aria attraverso le aperture praticate nelle pareti

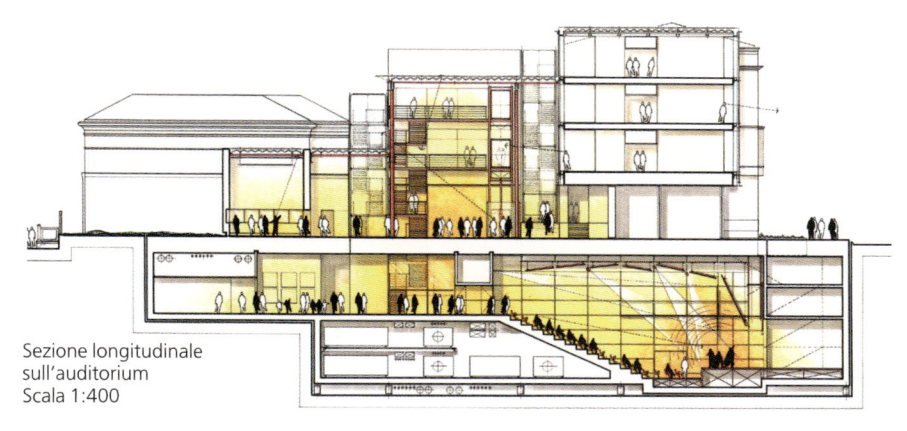

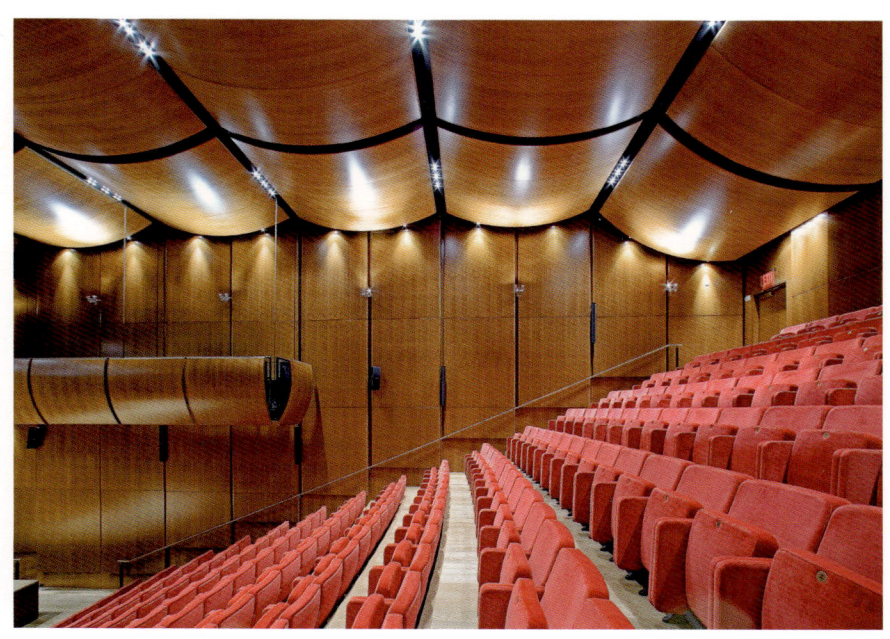

Sezione longitudinale sull'auditorium
Scala 1:400

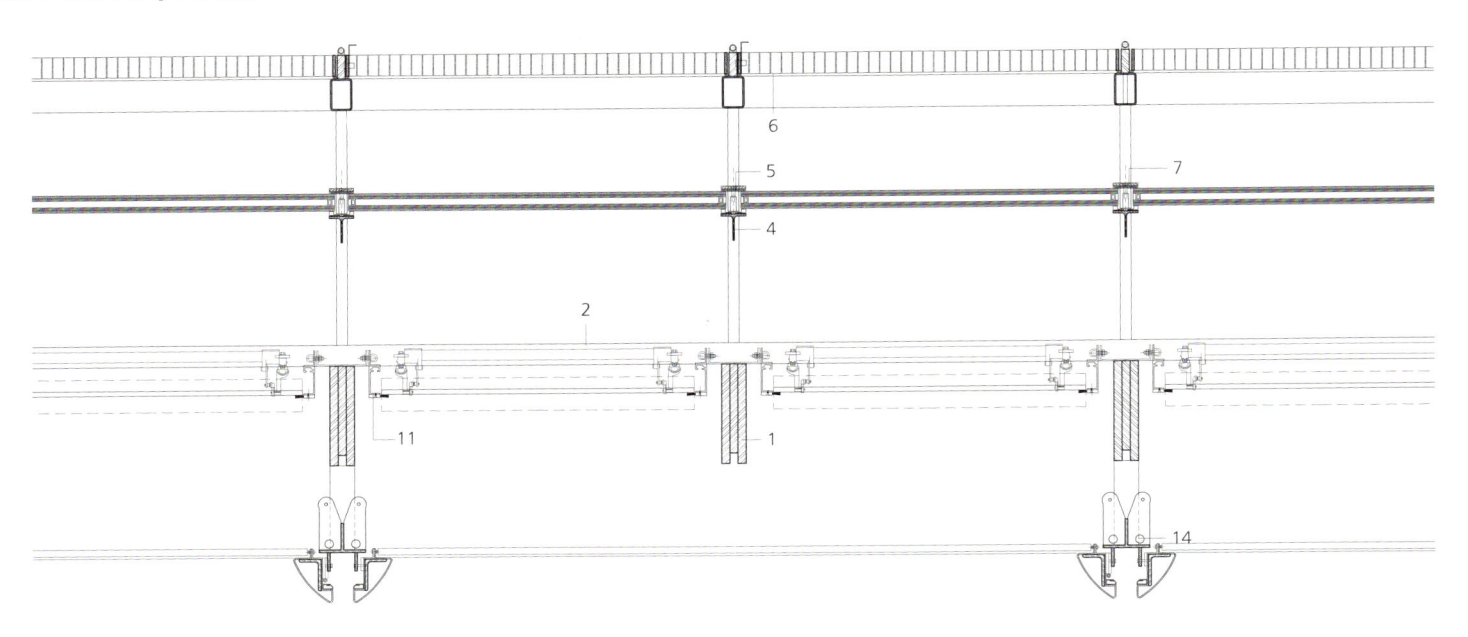

Renzo Piano Building Workshop

Sezioni tecnologiche del lucernario della sala di lettura della biblioteca
Scala 1:20

Sezione est - ovest longitudinale alle lamelle e trasversale nord - sud

1. Arcareccio costituito da tre piatti d'acciaio imbullonati
2. Struttura terziaria di sostegno del lucernario, dimensioni calcolate in funzione dell'unità di carico supportata da ogni segmento
3. Sistema di apertura basculante motorizzato, montato a cavallo della sottostruttura portante del lucernario, con lamelle d'acciaio incernierate
4. Profilato d'acciaio a T
5. Guarnizione in silicone
6. Sistema di schermatura solare
7. Piatto d'acciaio di chiusura
8. Vetri isolati termicamente
9. Schermi rivestiti in tessuto per la diffusione luminosa
10. Taglio termico
11. Profilo in alluminio estruso fissato sulla faccia esterna

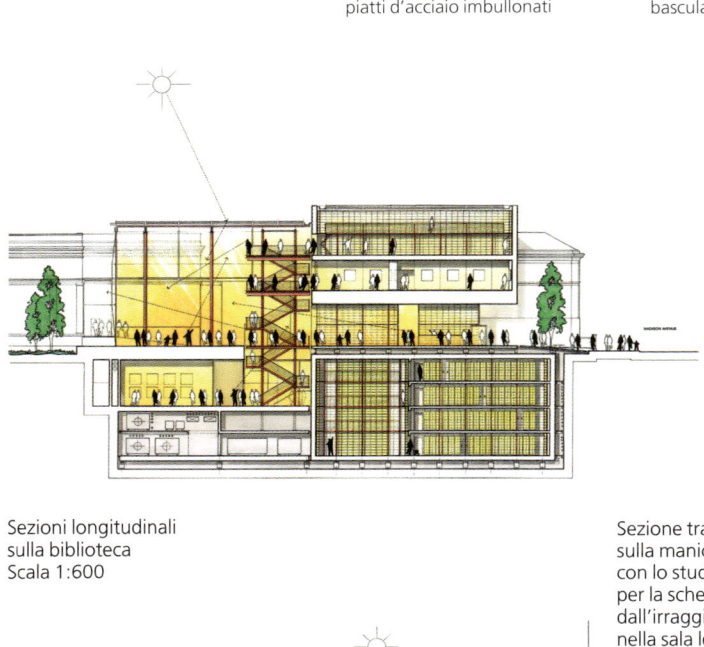

Sezioni longitudinali sulla biblioteca
Scala 1:600

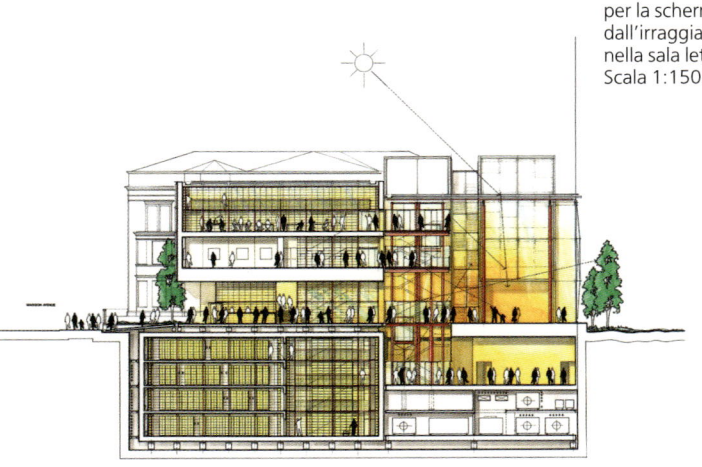

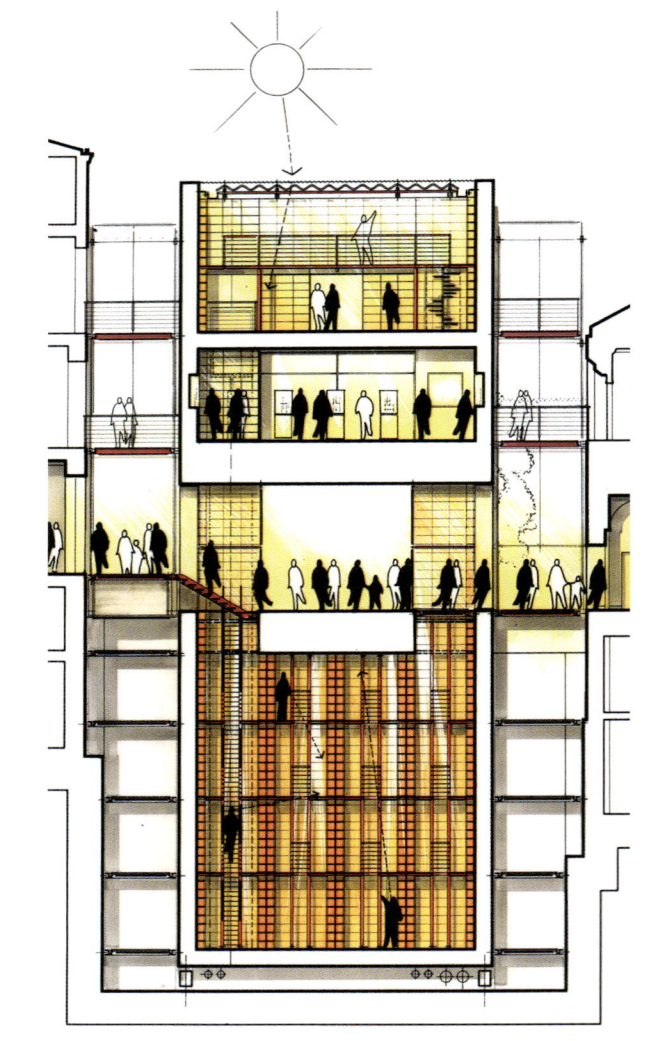

Sezione trasversale sulla manica della biblioteca con lo studio della soluzione per la schermatura dall'irraggiamento solare nella sala lettura
Scala 1:150

Morgan Library a New York (Stati Uniti)

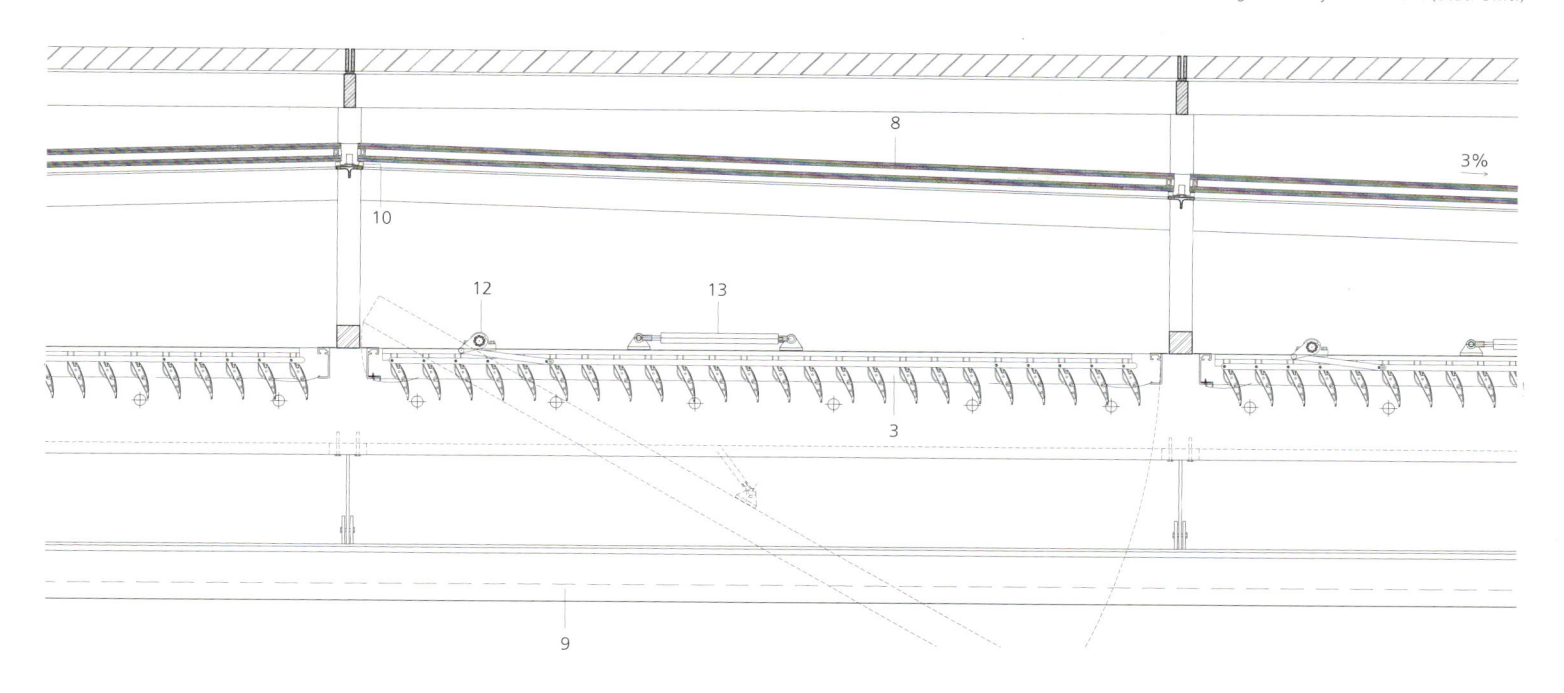

    dell'arcareccio d'acciaio, all'interno del serramento apribile, installato a 2 mm di distanza dalla trave per consentirne la rotazione
12. Albero di trasmissione continua per la trasmissione del movimento di rotazione delle lamelle; i pannelli di chiusura sono dotati di feritoia, con una tolleranza di 2 mm, per consentirne il movimento sopra al livello superiore degli arcarecci
13. Pistone a gas per il controllo del movimento verso il basso del pannello oscillante fornito di meccanismo di bloccaggio a telaio
14. Sistema di illuminazione

Renzo Piano Building Workshop

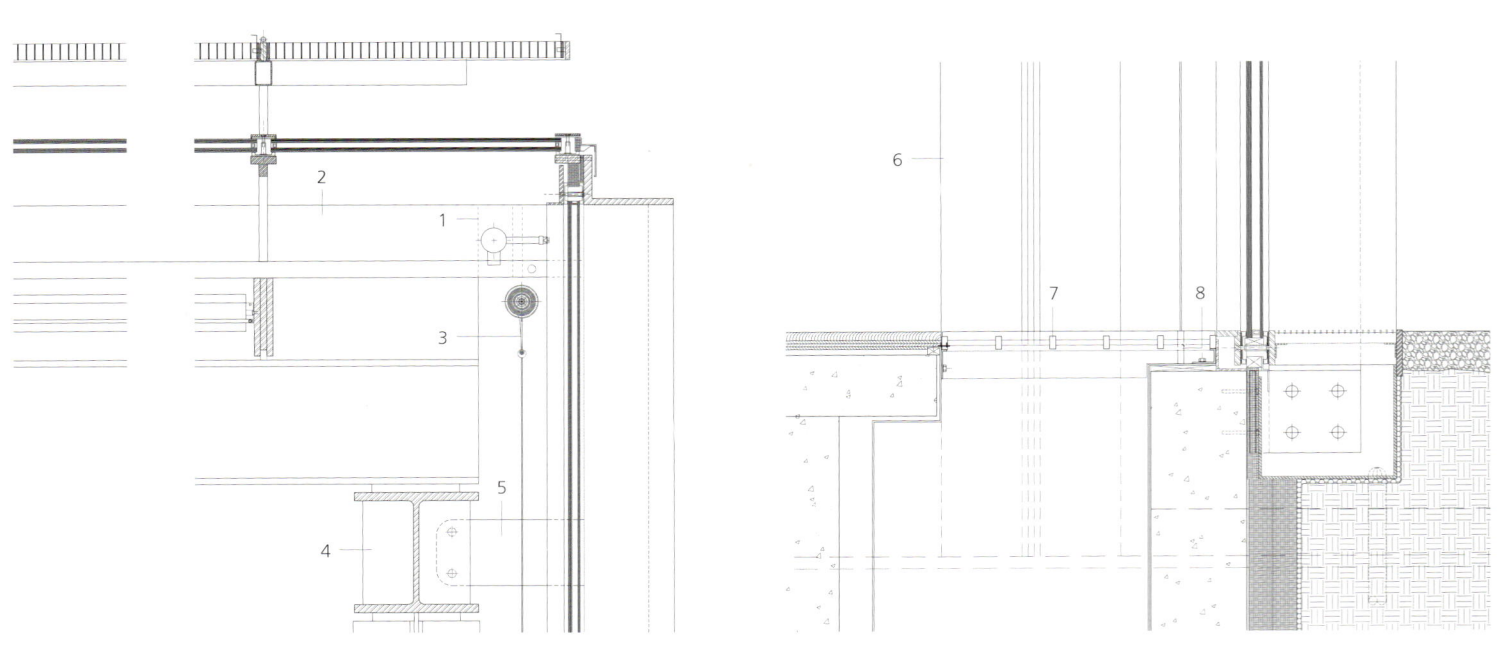

Morgan Library a New York (Stati Uniti)

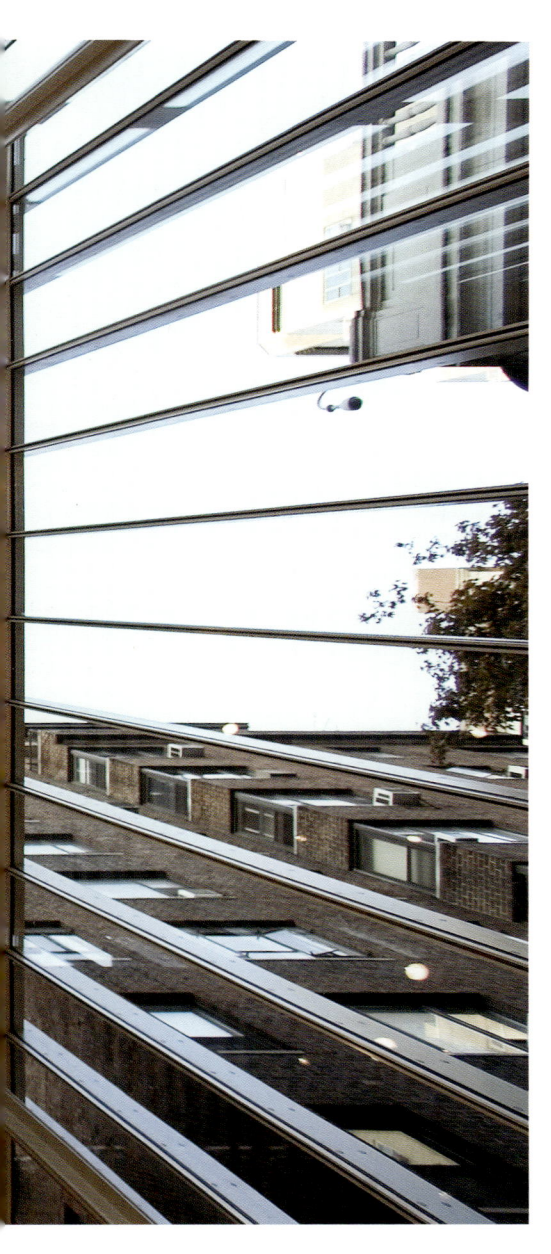

La "piazza di vetro"
Dettagli della facciata est,
parte superiore e attacco al pavimento
Sezioni verticali
Scala 1:20

1. Proiezione della grondaia
2. Faccia della conduttura sprinkler
3. Tenda avvolgibile motorizzata
4. Doppia piastra d'acciaio di rinforzo
5. Doppia piastra d'acciaio imbullonata
6. Pilastro cruciforme verniciato
7. Griglia di legno a filo pavimento
8. Guida d'acciaio della tenda
9. Gancio in acciaio inox di sicurezza, per consentire la manutenzione della facciata
10. Copertina in lamine di alluminio verniciato giuntate insieme, prevedere la sottostante guaina bituminosa
11. Lamina di alluminio di chiusura
12. Blocchi di c.a. rastremati alla cima a perimetro del tetto
13. Vite con rondella
14. Angolare d'acciaio a finitura del blocco di c.a.
15. Membrana impermeabilizzante
16. Strato adesivo
17. Strato isolante
18. Barriera al vapore continua
19. Illuminazione ad incasso
20. Mancorrente in legno fissato alla facciata
21. Tamponamento con lama tagliafuoco e strato isolante in lana di roccia

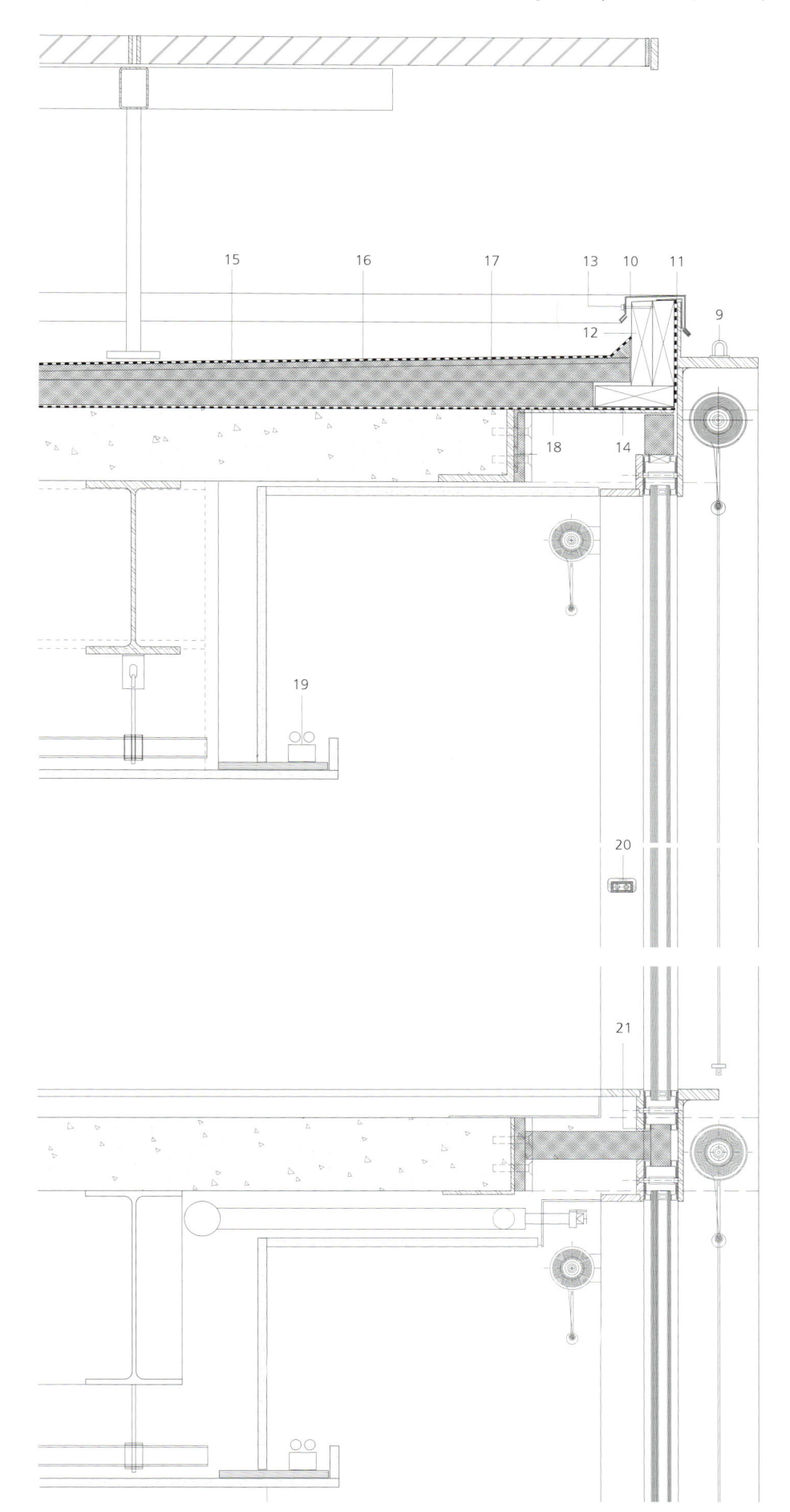

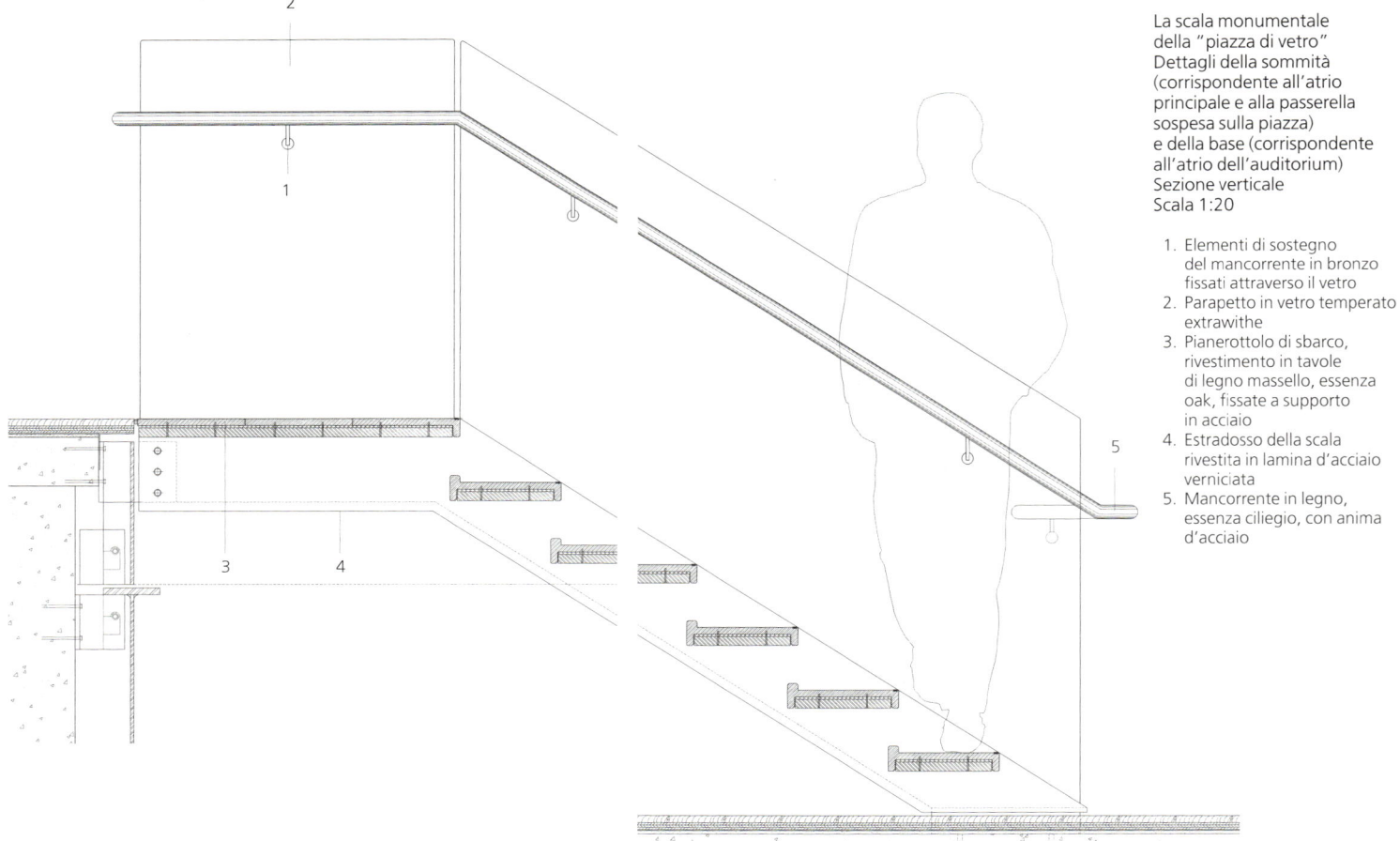

Renzo Piano Building Workshop

La scala monumentale della "piazza di vetro"
Dettagli della sommità (corrispondente all'atrio principale e alla passerella sospesa sulla piazza)
e della base (corrispondente all'atrio dell'auditorium)
Sezione verticale
Scala 1:20

1. Elementi di sostegno del mancorrente in bronzo fissati attraverso il vetro
2. Parapetto in vetro temperato extrawithe
3. Pianerottolo di sbarco, rivestimento in tavole di legno massello, essenza oak, fissate a supporto in acciaio
4. Estradosso della scala rivestita in lamina d'acciaio verniciata
5. Mancorrente in legno, essenza ciliegio, con anima d'acciaio

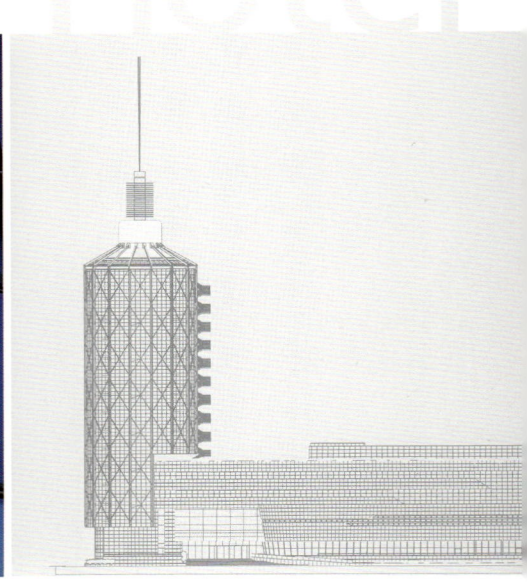

T Hotel a Cagliari

indirizzo:	via Dei Giudicati, 66	periodo di realizzazione:	2002-2005
città:	Cagliari	committente / proprietario:	MI.NO.TER. s.p.a.
progettista:	Studio Planarch (RM) - progetto architettonico originale, adeguamento progetto architettonico Studio Marco Piva - coordinamento generale, interior design	tipologia intervento:	nuova costruzione
		destinazione intervento:	ospitalità
consulenti:	Demetrio Artizzu - strutture	dimensioni:	superficie edificio 17.000 mq superficie lotto 11.000 mq volumetria complessiva 70.000 mc
		altre informazioni:	207 camere, T Bar, T Restaurant, T Bistrot, centro congressi, spa, fitness centre
		imprese esecutrici:	CUALBU s.r.l., Permasteelisa s.p.a. - facciata continua a cellule, Guardianluxguard - vetri Zadra Vetri - assemblaggio vetri, Floor gres ceramica s.p.a. - pavimentazioni e rivestimenti ceramici, Tabu - essenze, parquet, Ege - moquette Artemide s.p.a., Flos s.p.a., Fontana Arte s.p.a., Foscarini s.r.l., iGuzzini, Leucos s.p.a. - lampade, Cabas, Cassina s.p.a., Kartell, Poltrone Frau s.p.a. - sedute, Angelo Po - cucine, Campeggi - letti, Moroso - imbottiti, Lema - arredi camere e corridoi di piano, Zatti Arredamenti - arredi spazi comuni e centro congressi, Fantoni - acustica centro congressi, Domotix s.r.l. - scenografie, Sicis - mosaici

Studio Marco Piva

Marco Piva, architetto

via Maiocchi, 9
Milano

www.studiomarcopiva.com
info@studiomarcopiva.com

Lo Studio progetta alberghi, villaggi turistici, centri congressi, sale meeting, gallerie espositive, mostre tematiche e scenografie urbane.
Nel formulare moderne strutture ricettive, utilizza nuovi concetti distributivi e di design applicati agli elementi funzionali e di arredo, sempre nel rispetto dei budget di spesa, dei processi produttivi e delle normative vigenti.
L'attenzione alle esigenze dei viaggiatori, alle loro abitudini e ai loro comportamenti, costituisce il punto focale del lavoro di ricerca e progettazione, che si traduce in nuove concezioni spaziali, in ambienti affascinanti e scenografici.

Il T Hotel sorge all'interno del futuro polo culturale di Cagliari: il Parco della Musica, un'area verde con fontane e giardini, dominata dall'Albergo e dal Teatro Lirico, che sarà attrezzata con un anfiteatro all'aperto, uno spazio dedicato all'arte contemporanea e un laboratorio di scenografia teatrale. Il progetto per il T Hotel di Cagliari, riguarda una struttura 4 stelle superiore posizionata in una ampia piazza nel centro della città, Piazza Giovani XXIII, prospiciente il Teatro Lirico. L'architettura prevede quattro corpi di fabbrica, tre dei quali disposti a formare un triangolo e un quarto, la torre, nell'angolo più acuto dello stesso. Il progetto prevede la costruzione di una vasta copertura piana di tutta l'area compresa tra i fabbricati, in modo tale da creare una "piazza coperta" interna tramite una struttura in acciaio e vetro, che permette un collegamento visivo trasparente tra l'interno e gli edifici destinati alle camere che si affacciano sulla "piazza" e viceversa. La Torre, con la sua forma circolare e un'altezza di 64 metri per 15 piani è destinata a Suite Building e domina lo scenario paesaggistico dell'intorno. Il concept del progetto si sviluppa intorno a tre elementi propri della natura: acqua, pietra e luce che, opportunamente interpretati e veicolati, comunicano il "senso arcaico" del benessere. In particolare la pietra, utilizzata come rivestimento per pavimentazioni e pareti, produce un leggero disegno a rilievo, che vibra attraverso la luce. La scenografia degli interni, ispirata dalla stretta vicinanza con il Teatro Lirico, fa riferimento a tematiche teatrali e musicali, tramite effetti di luce, interventi cromatici, materiali e finiture. In particolar modo, gli arredi interni delle camere sono caratterizzati dai cromatismi dell'azzurro, del verde, del rosso e dell'arancio. I corpi architettonicamente più alti, come i suoni musicali più acuti, penetrano lo spazio con i colori dell'azzurro e del verde; i corpi architettonicamente più bassi, come i suoni più gravi, riempiono lo spazio con i colori del rosso e dell'arancio. Le camere, a seconda dell'ala in cui si trovano, presentano un colore dominante: la vitalità dell'arancio, l'energia del rosso, il relax del verde e la serenità del lilla. T Hotel è costituito, nel suo complesso, da 207 unità ricettive di diverso taglio che permettono così un'offerta di accoglienza molto articolata dove l'armonia si unisce alla funzionalità per offrire soluzioni abitative di grande impatto. La struttura dispone, inoltre, di ampi spazi per l'accoglienza, la ristorazione e il meeting, tra cui un Centro Congressi destinato a diventare un polo importante su cui graviterà non solo la congressistica dell'isola, ma anche quella proveniente dal continente e dall'estero. Il Centro Congressi è dotato di 7 sale modulari, tutte con illuminazione naturale e tecnologie audio e video all'avanguardia, per un totale di 700 posti, sale banchetti per cocktail e cene di gala, fino a 280 invitati e 200 mq di spazi dedicati ad area espositiva. Il T Hotel è dotato di una vastissima hall affacciata su Piazza Giovanni XXIII, incorniciata da giochi d'acqua e zone ribassate a più livelli, funge da collegamento tra l'esterno e l'interno e accoglie le diverse aree di ristorazione tra cui il T Restaurant, il T Bistrot, il Tea and Coffee Lounge e infine il T Bar all'aperto, un floating bar su "piattaforma galleggiante" e un water garden, con giochi d'acqua luminosi. Sotto la piazza antistante il T Hotel è ubicato un grande parcheggio sotterraneo con 200 posti auto. T Hotel si propone come nuovo standard dell'ospitalità urbana, un progetto multifunzionale e multisensoriale atto a rendere ugualmente perfetto il tempo del lavoro e il tempo del piacere.

Studio Marco Piva

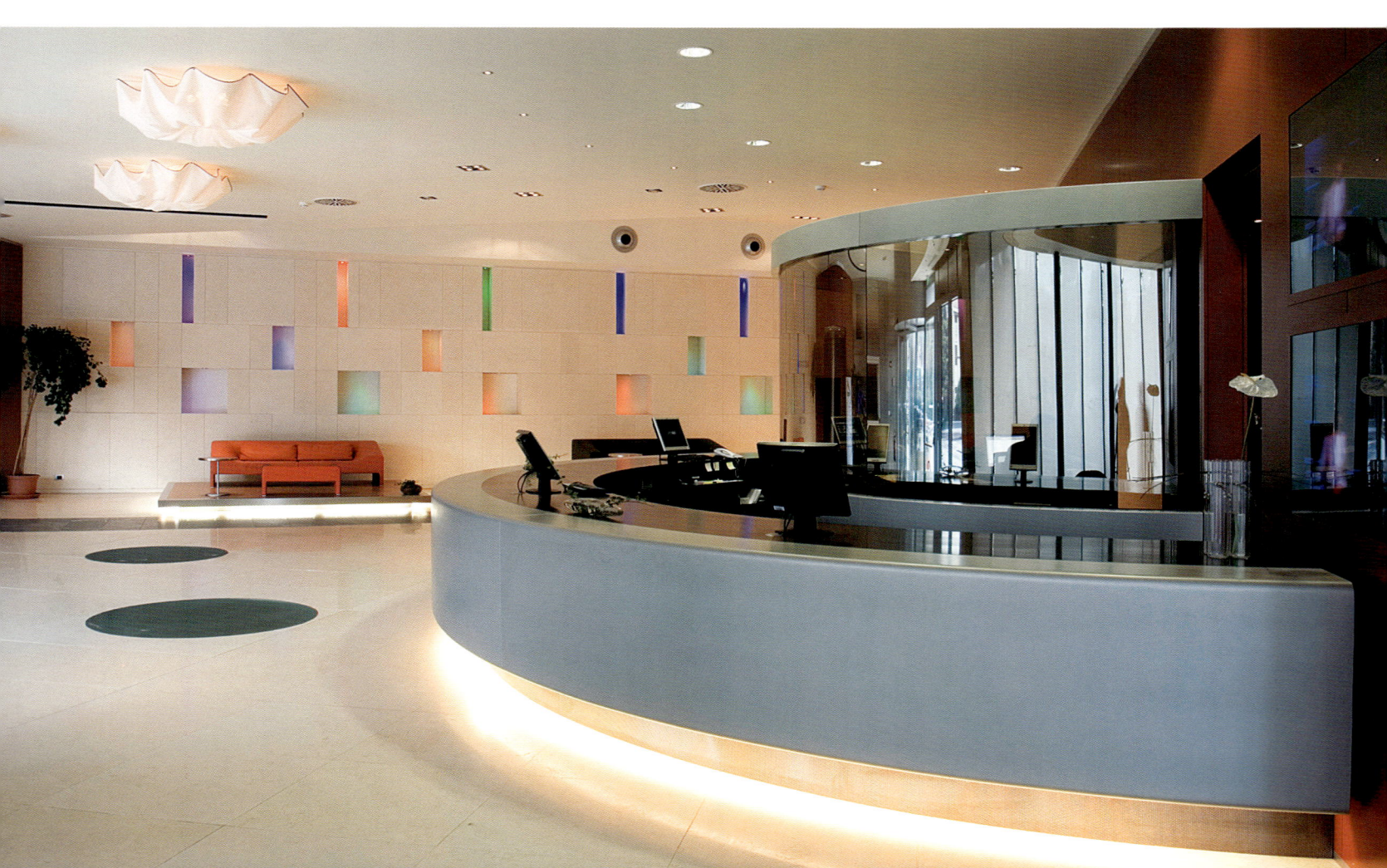

T Hotel a Cagliari

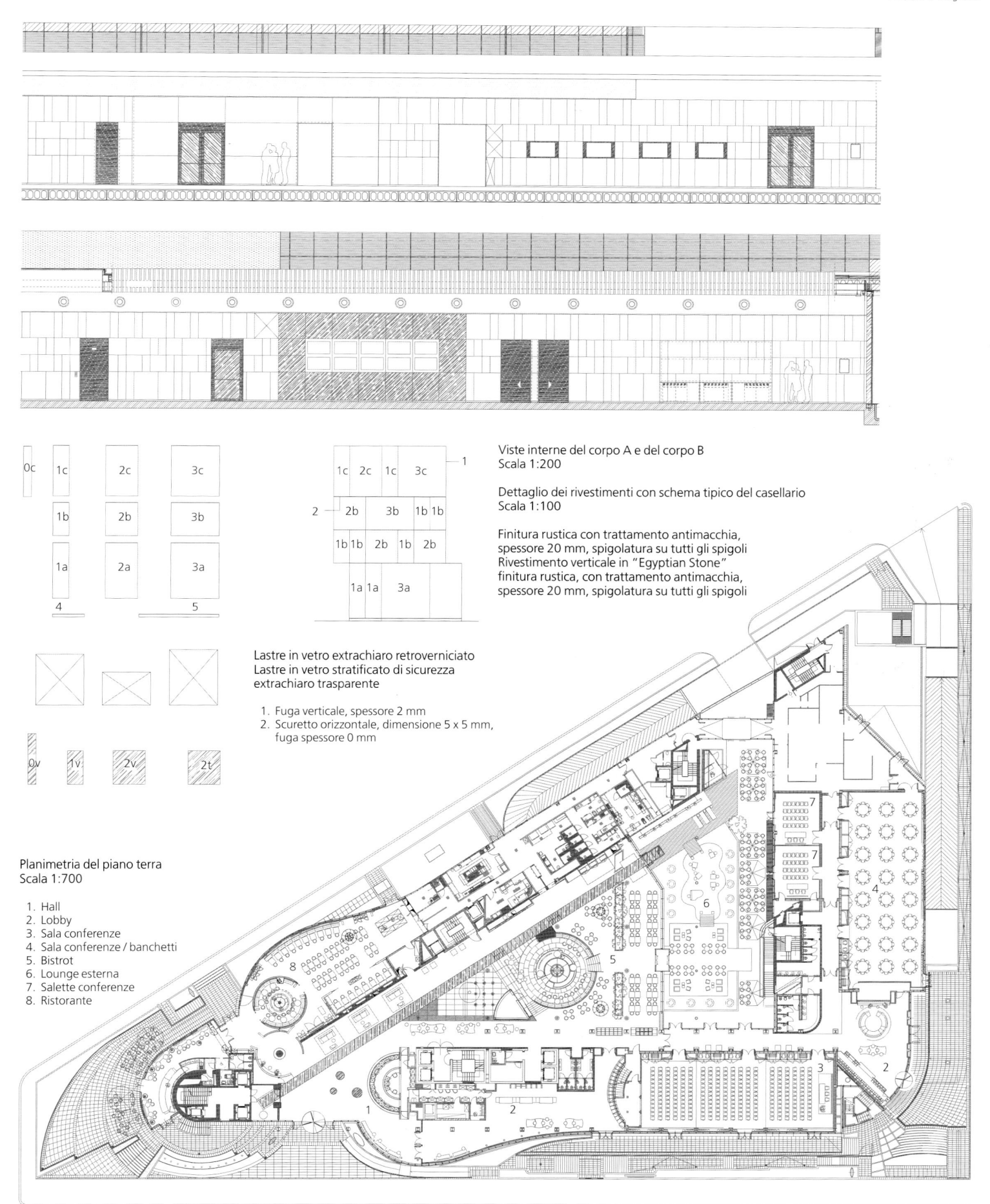

Viste interne del corpo A e del corpo B
Scala 1:200

Dettaglio dei rivestimenti con schema tipico del casellario
Scala 1:100

Finitura rustica con trattamento antimacchia,
spessore 20 mm, spigolatura su tutti gli spigoli
Rivestimento verticale in "Egyptian Stone"
finitura rustica, con trattamento antimacchia,
spessore 20 mm, spigolatura su tutti gli spigoli

Lastre in vetro extrachiaro retroverniciato
Lastre in vetro stratificato di sicurezza
extrachiaro trasparente

1. Fuga verticale, spessore 2 mm
2. Scuretto orizzontale, dimensione 5 x 5 mm,
   fuga spessore 0 mm

Planimetria del piano terra
Scala 1:700

1. Hall
2. Lobby
3. Sala conferenze
4. Sala conferenze / banchetti
5. Bistrot
6. Lounge esterna
7. Salette conferenze
8. Ristorante

Studio Marco Piva

Viste interne sulla sala ristorante
Scala 1:150

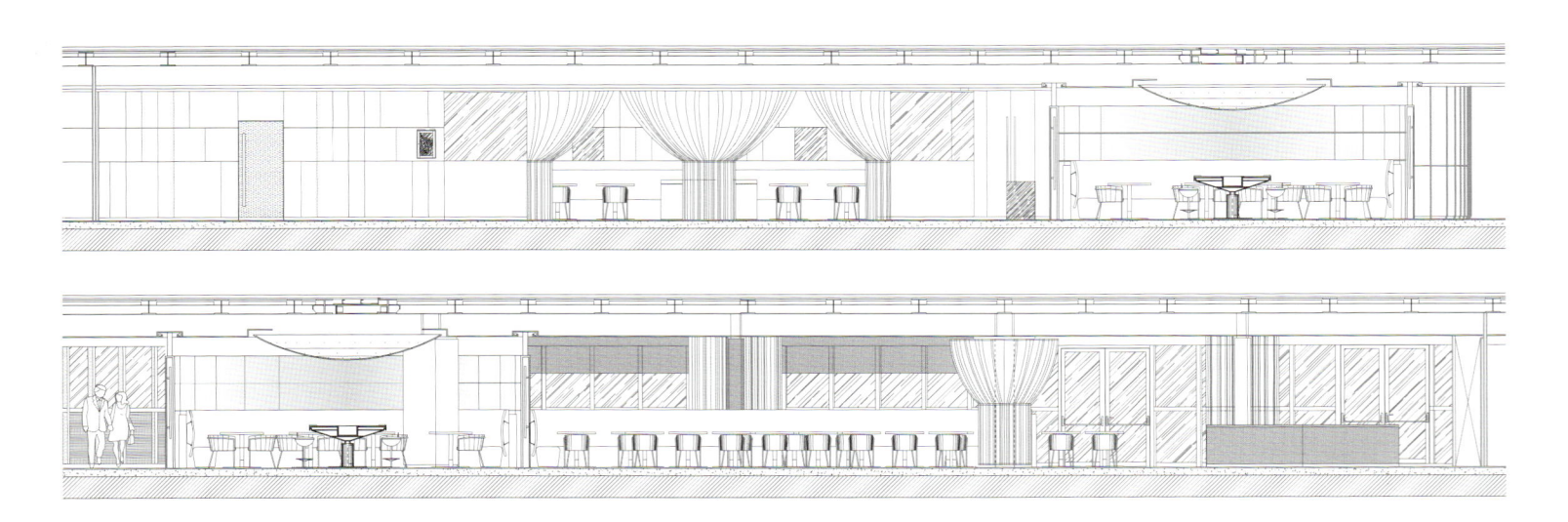

T Hotel a Cagliari

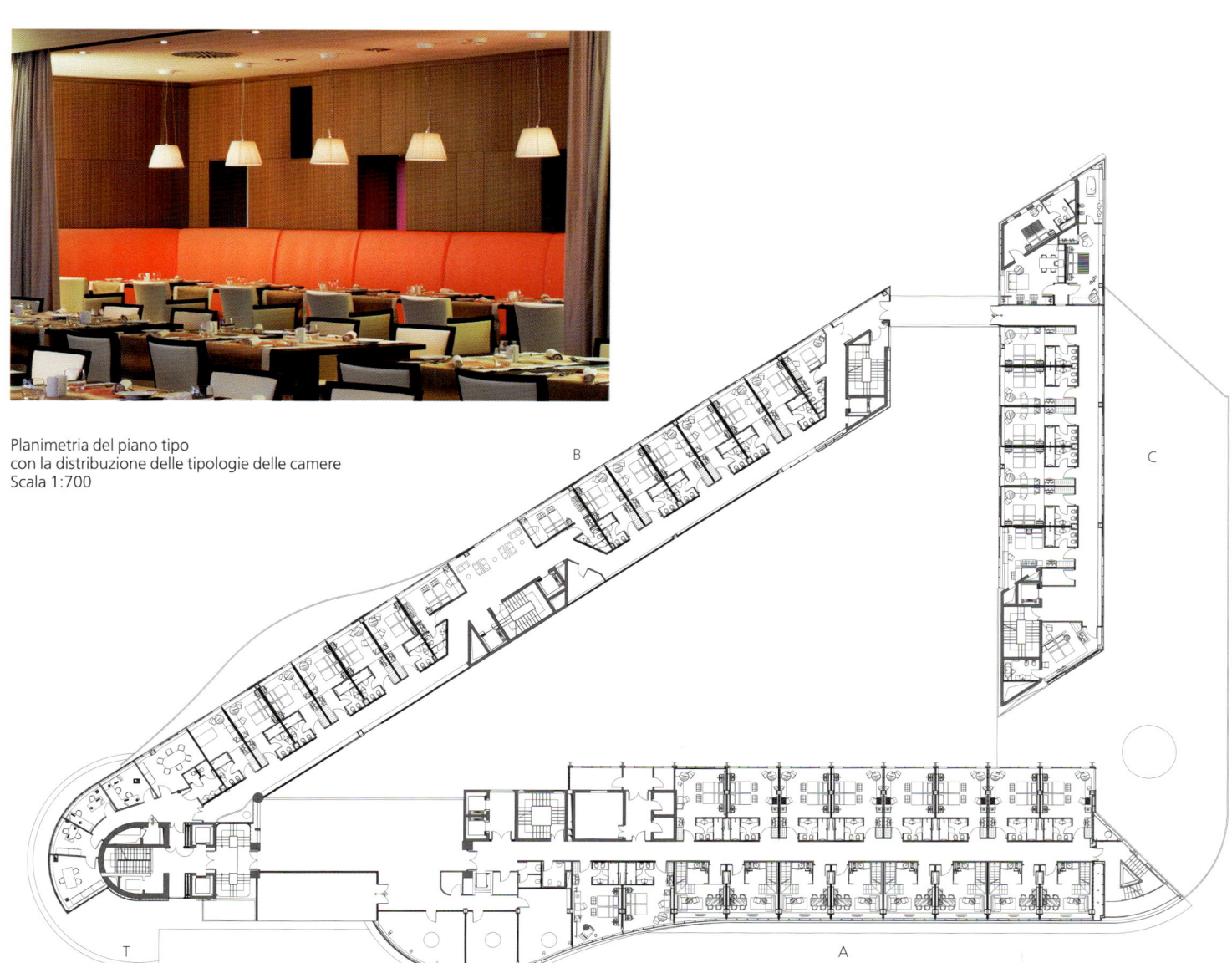

Planimetria del piano tipo
con la distribuzione delle tipologie delle camere
Scala 1:700

Studio Marco Piva

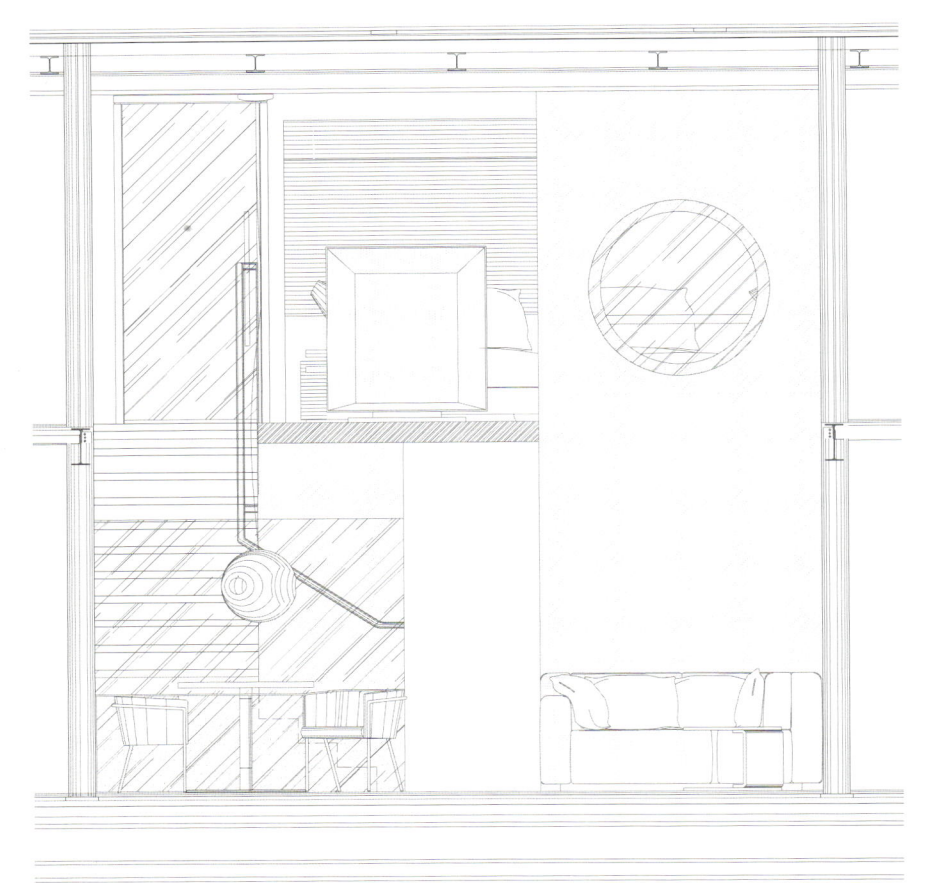

Tipologia di camera duplex
Sezione trasversale
Scala 1:50

Sezione longitudinale, pianta del primo livello e pianta del soppalco
Scala 1:100

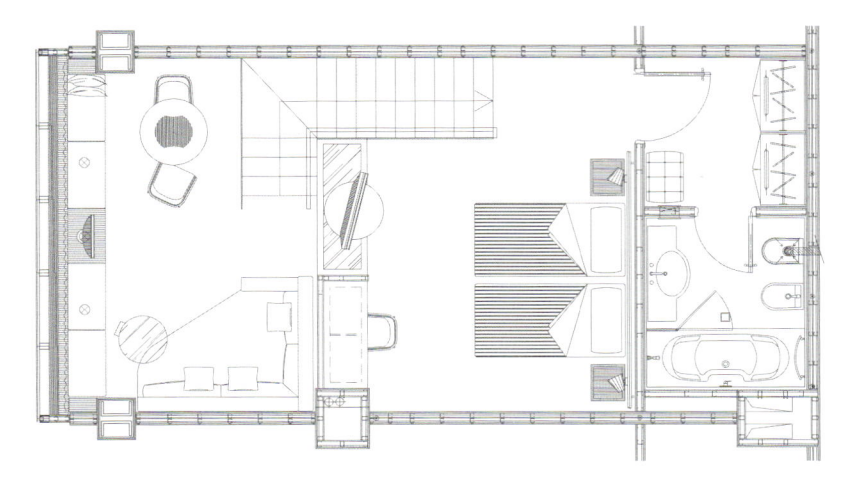

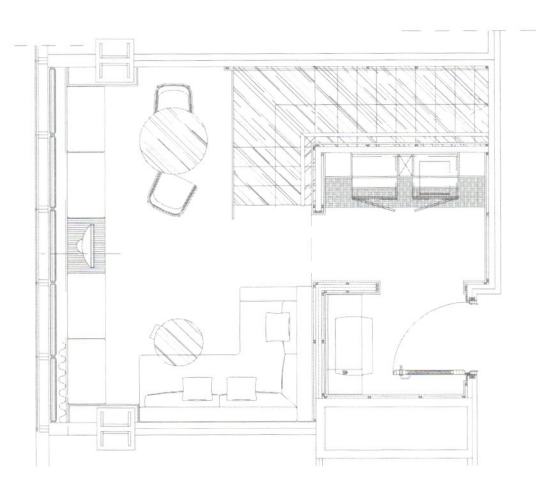

Studio Marco Piva

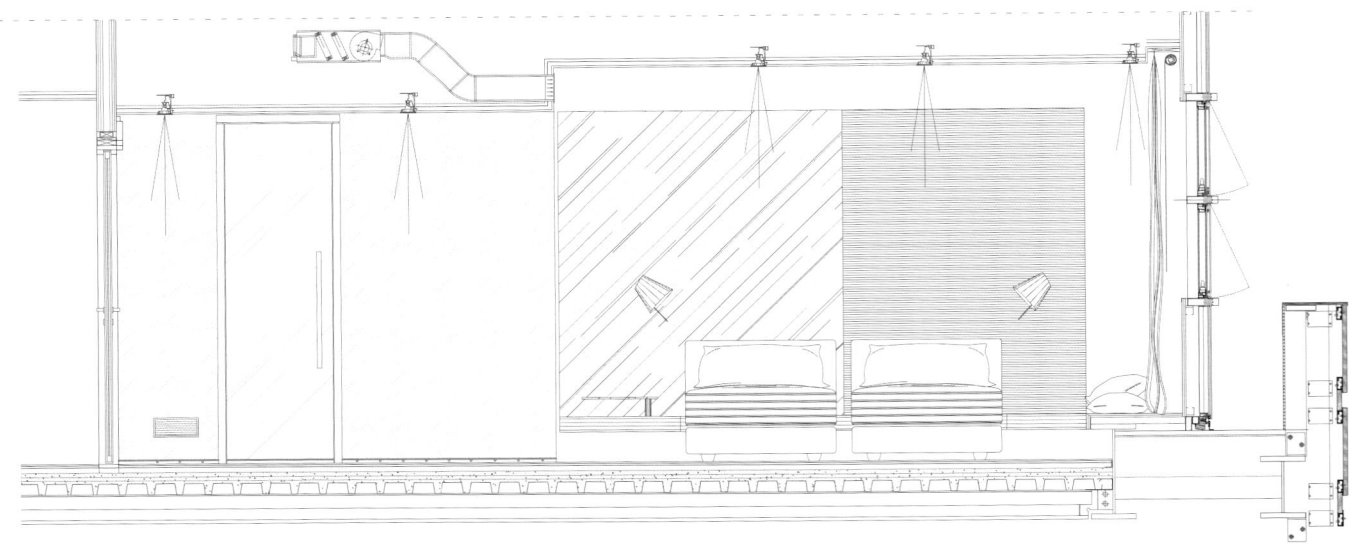

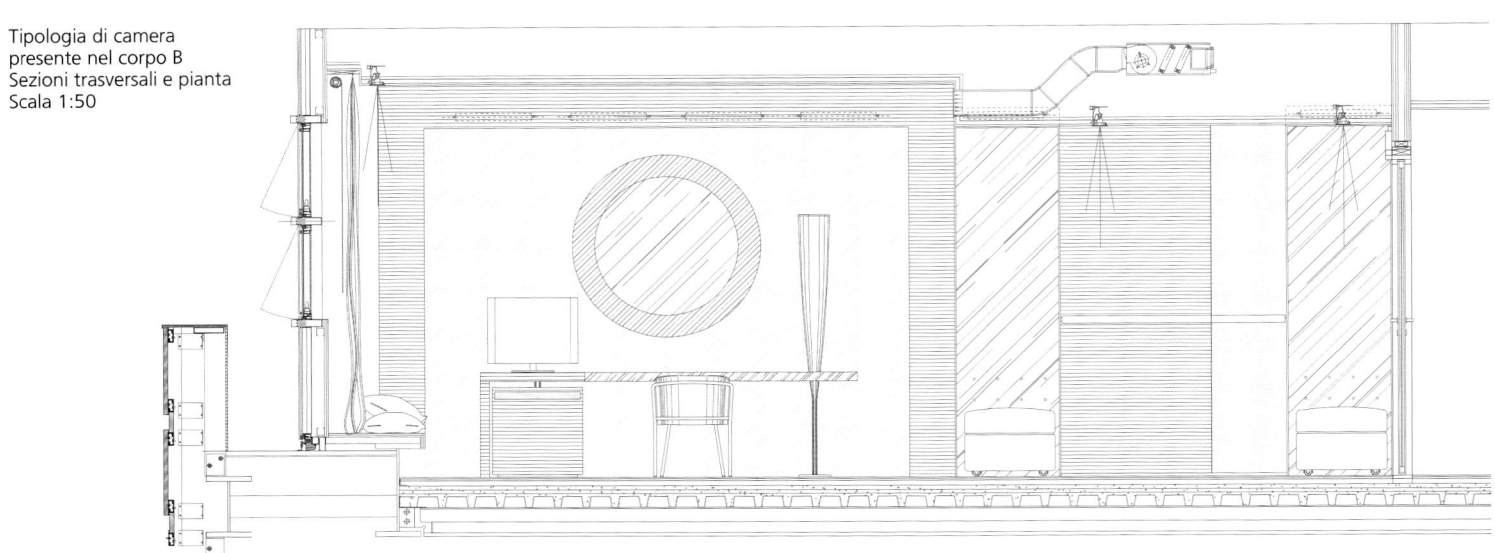

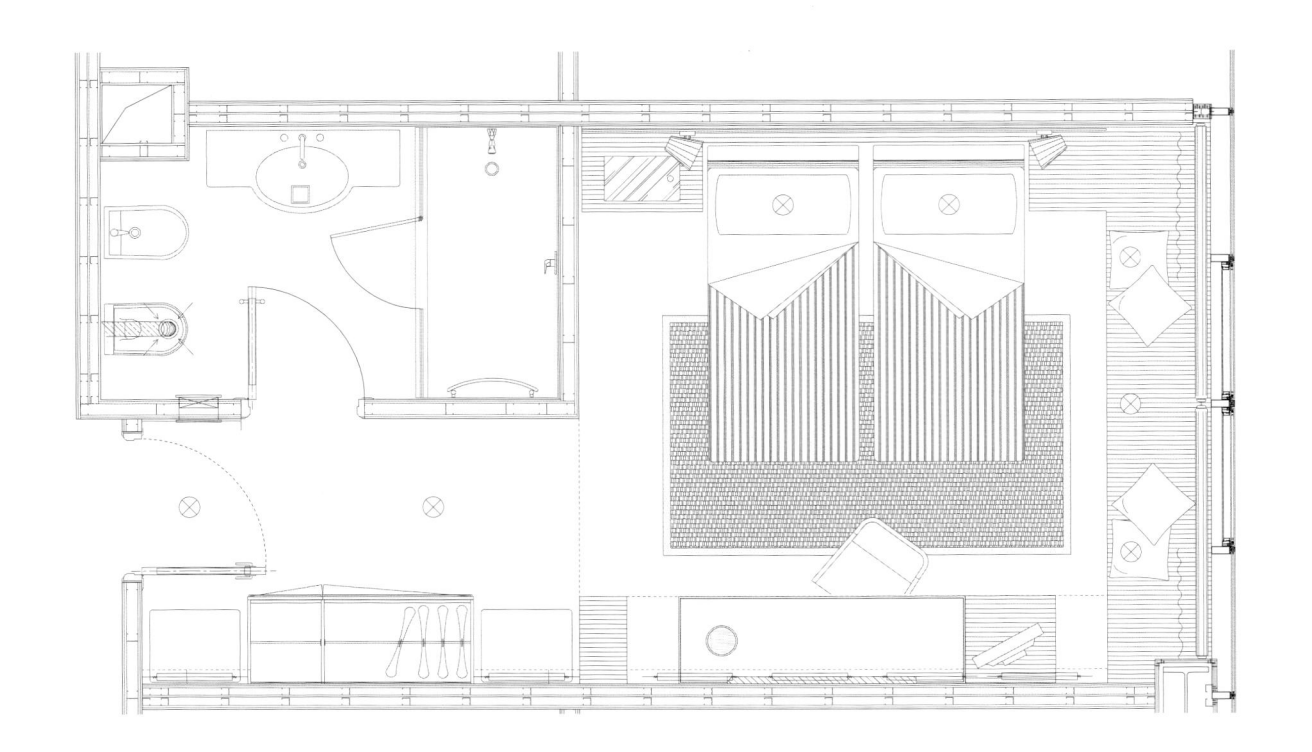

Tipologia di camera
presente nel corpo B
Sezioni trasversali e pianta
Scala 1:50

255

Studio Marco Piva

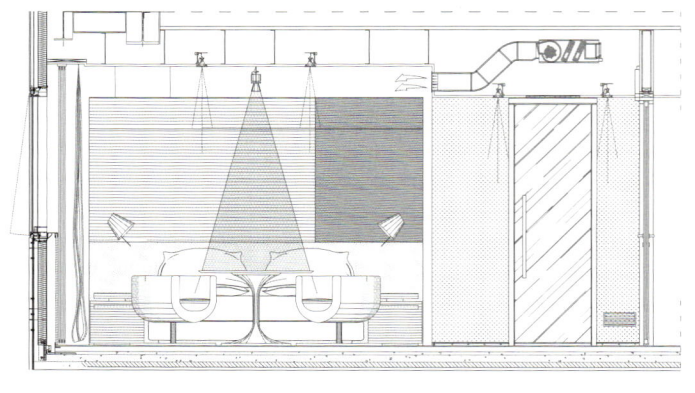

Tipologia
di camera
presente
nel corpo A
Sezione
longitudinale
e pianta
Scala 1:70

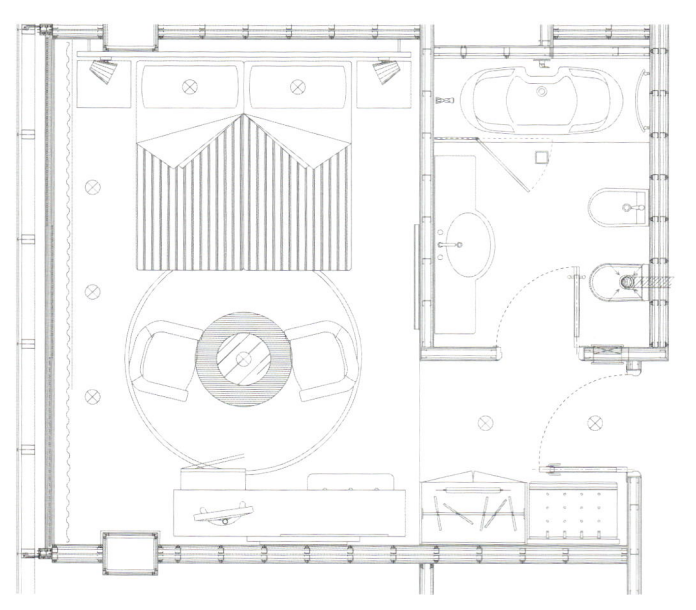

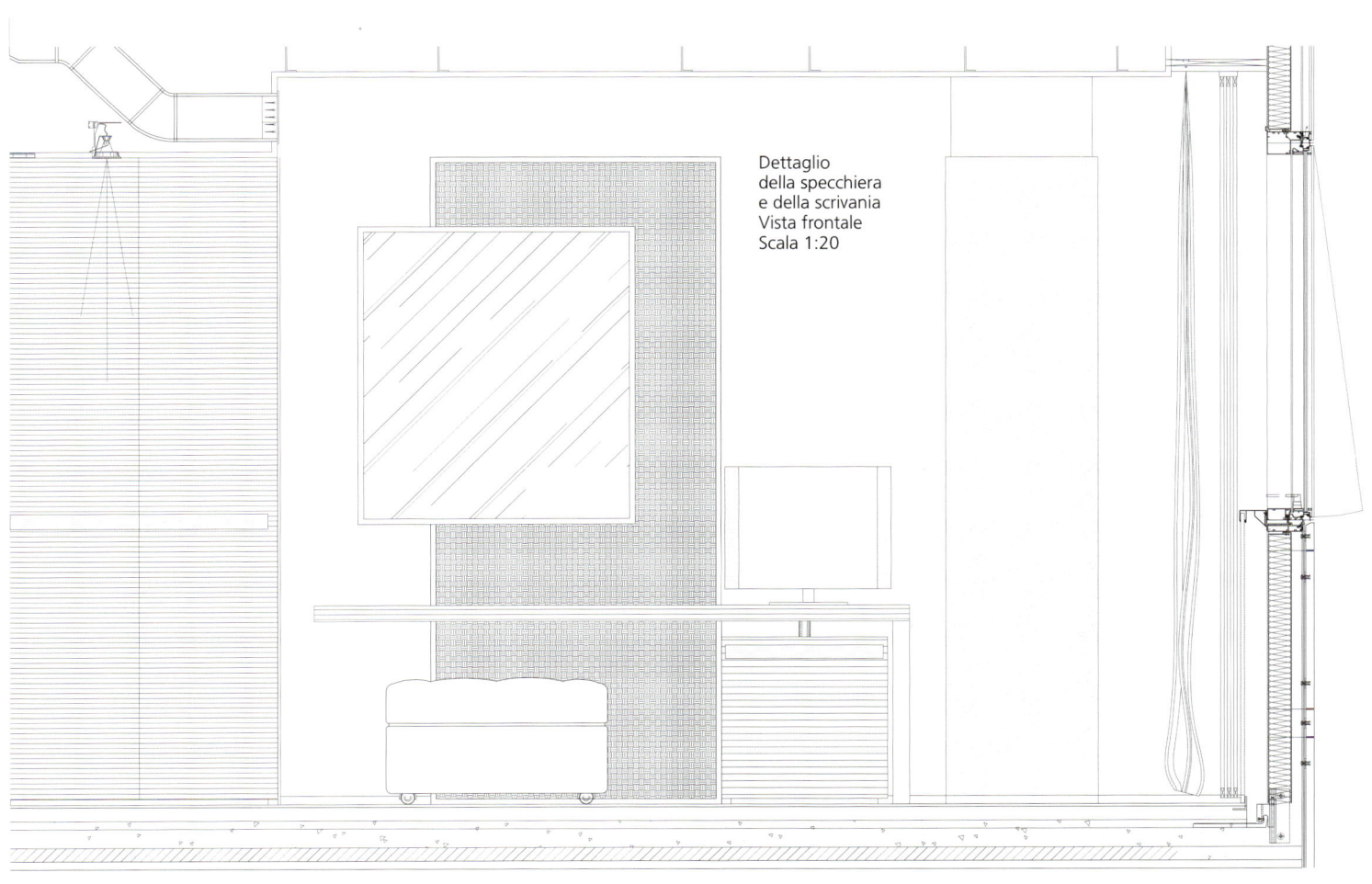

Dettaglio
della specchiera
e della scrivania
Vista frontale
Scala 1:20

Studio Marco Piva

Dettaglio del serramento
Sezione verticale
Scala 1:10

1. Soluzione tenda a rullo

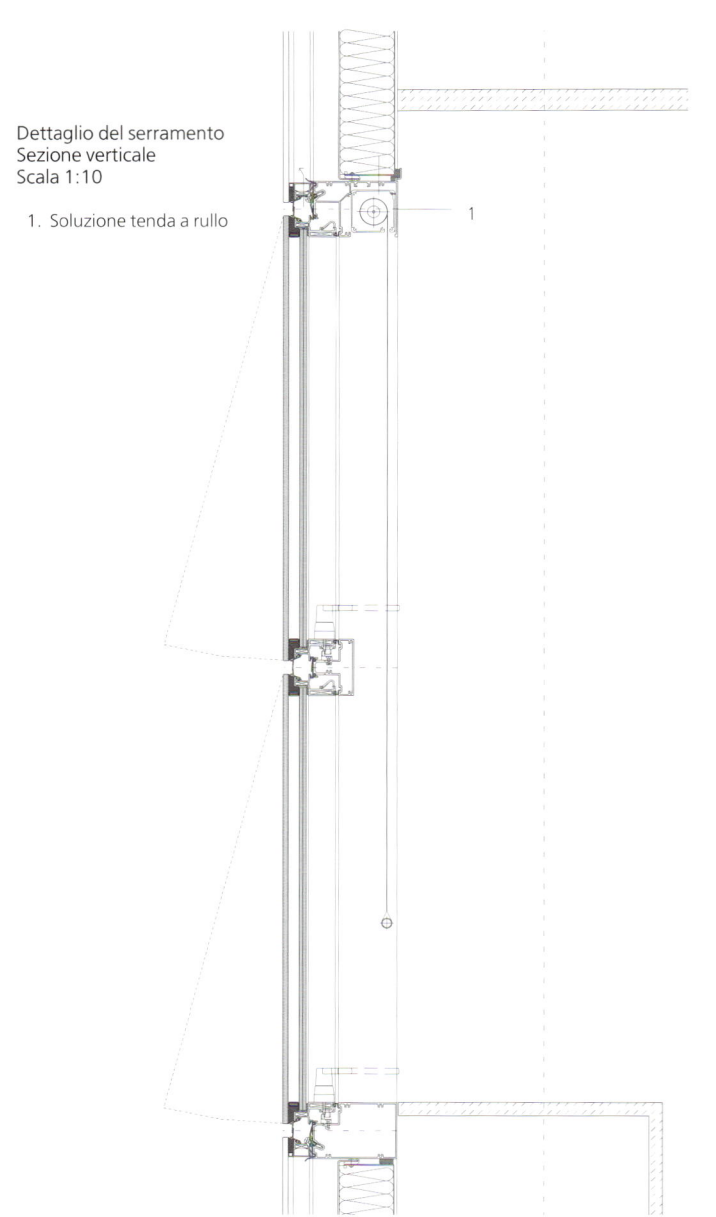

258

T Hotel a Cagliari

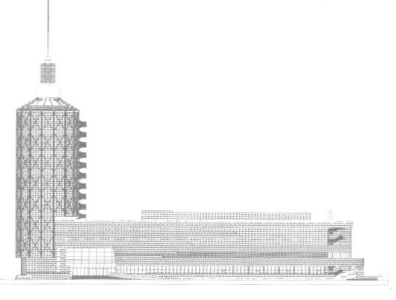

Prospetto sud
Scala 1:2500

Planimetria generale delle coperture
con la distribuzione delle tipologie
delle camere della torre
Scala 1:2500

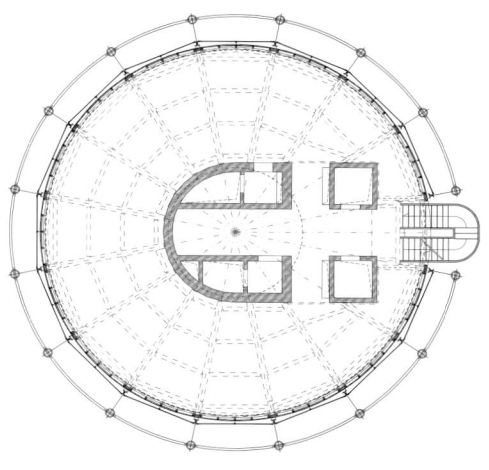

Schema della struttura in c.a. della torre
Sezione orizzontale
Scala 1:200

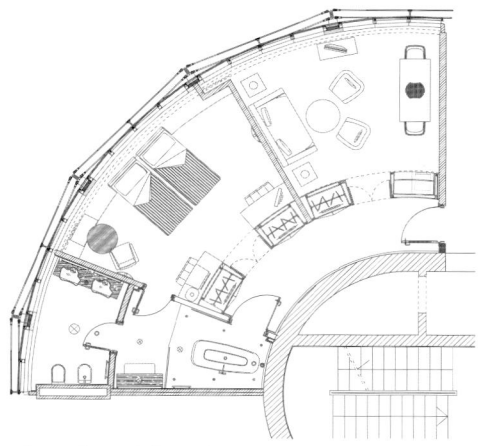

Pianta di una delle tipologie
di camere presenti nella torre
Scala 1:200

Tipologia delle camere della torre
Sezione verticale
Scala 1:25

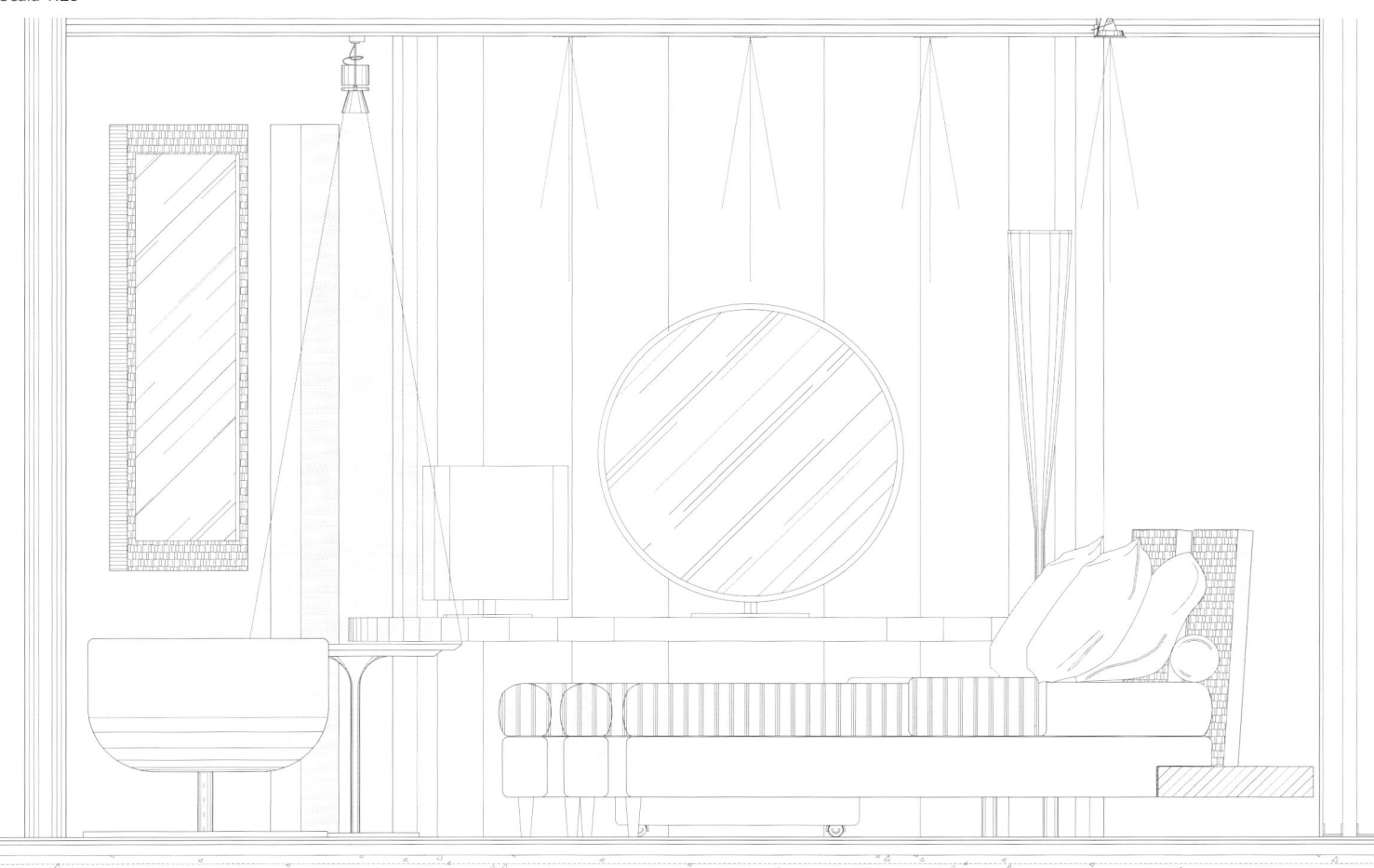

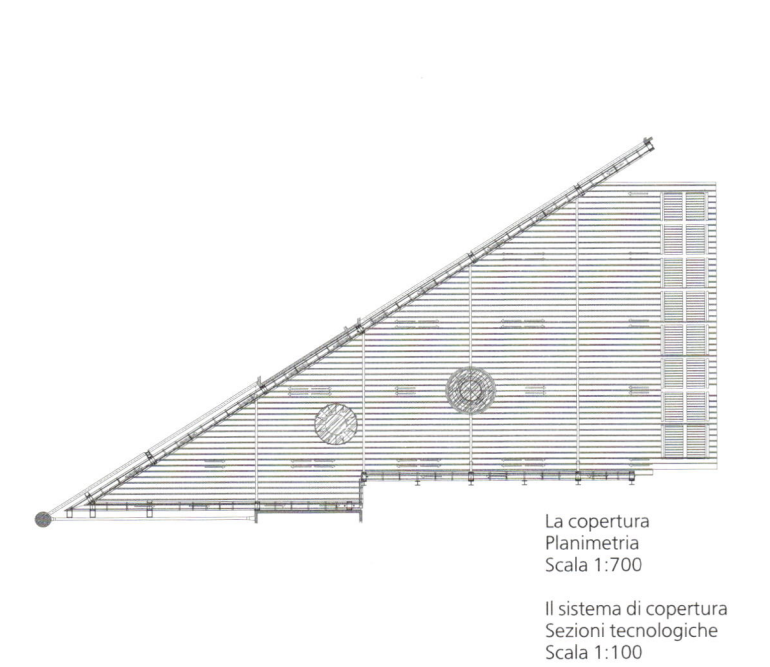

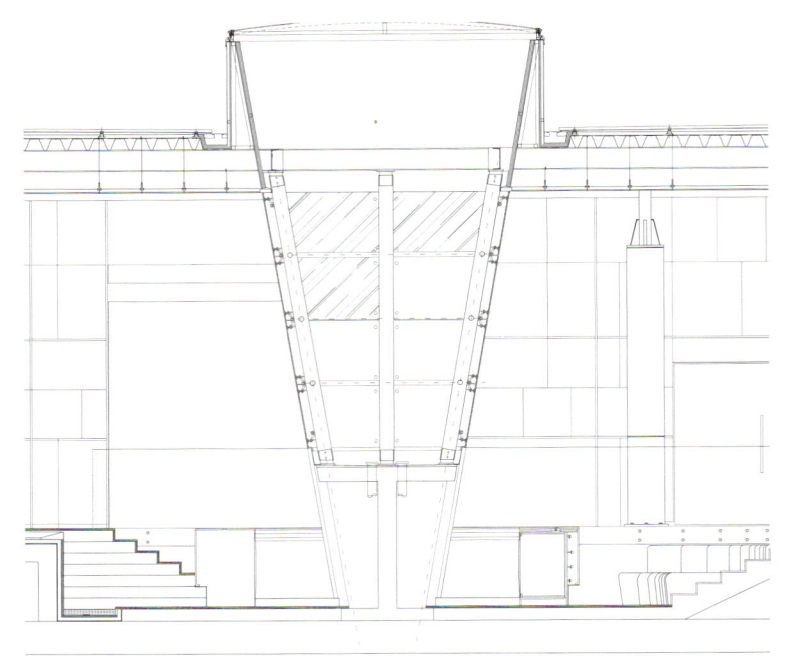

Studio Marco Piva

La copertura
Planimetria
Scala 1:700

Il sistema di copertura
Sezioni tecnologiche
Scala 1:100

T Hotel a Cagliari

Dettaglio della grondaia
Sezione verticale
Scala 1:30

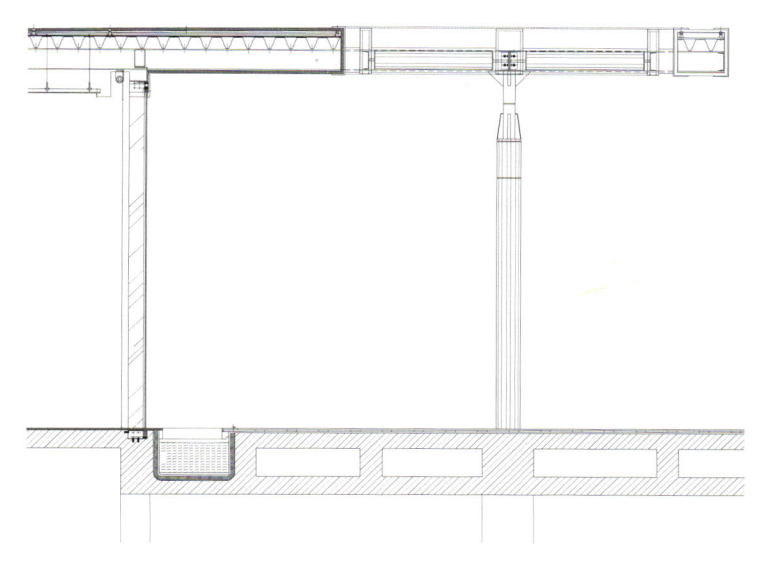

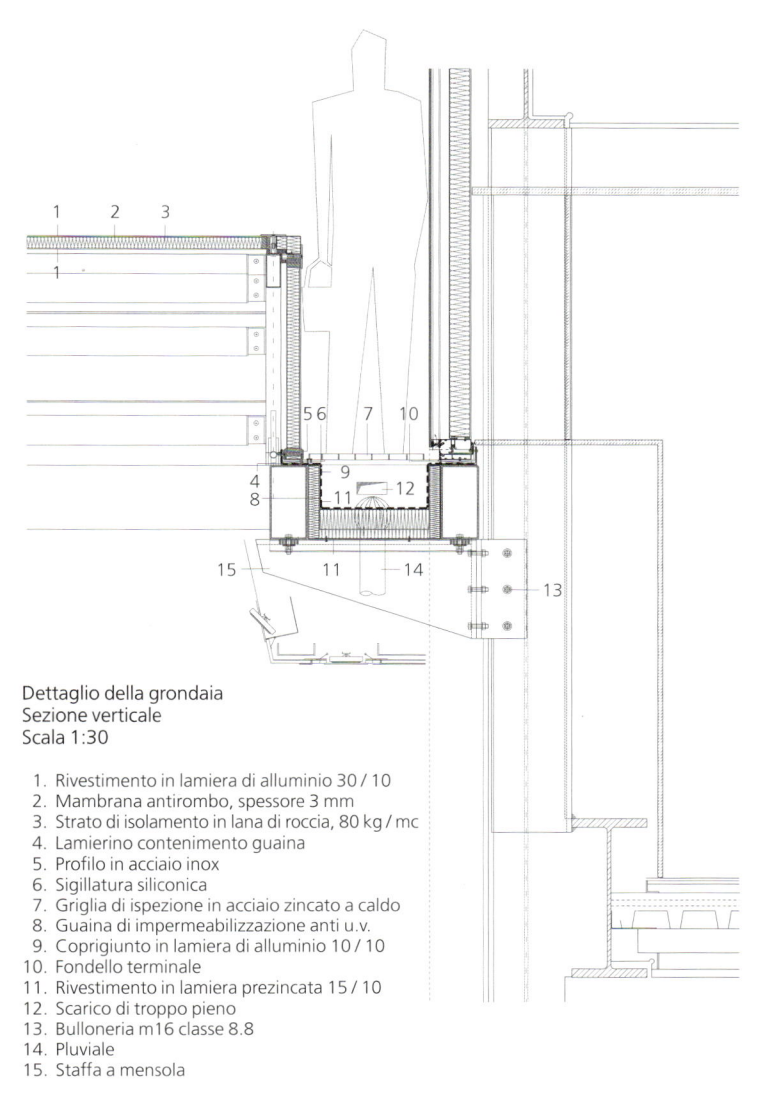

1. Rivestimento in lamiera di alluminio 30 / 10
2. Mambrana antirombo, spessore 3 mm
3. Strato di isolamento in lana di roccia, 80 kg / mc
4. Lamierino contenimento guaina
5. Profilo in acciaio inox
6. Sigillatura siliconica
7. Griglia di ispezione in acciaio zincato a caldo
8. Guaina di impermeabilizzazione anti u.v.
9. Coprigiunto in lamiera di alluminio 10 / 10
10. Fondello terminale
11. Rivestimento in lamiera prezincata 15 / 10
12. Scarico di troppo pieno
13. Bulloneria m16 classe 8.8
14. Pluviale
15. Staffa a mensola

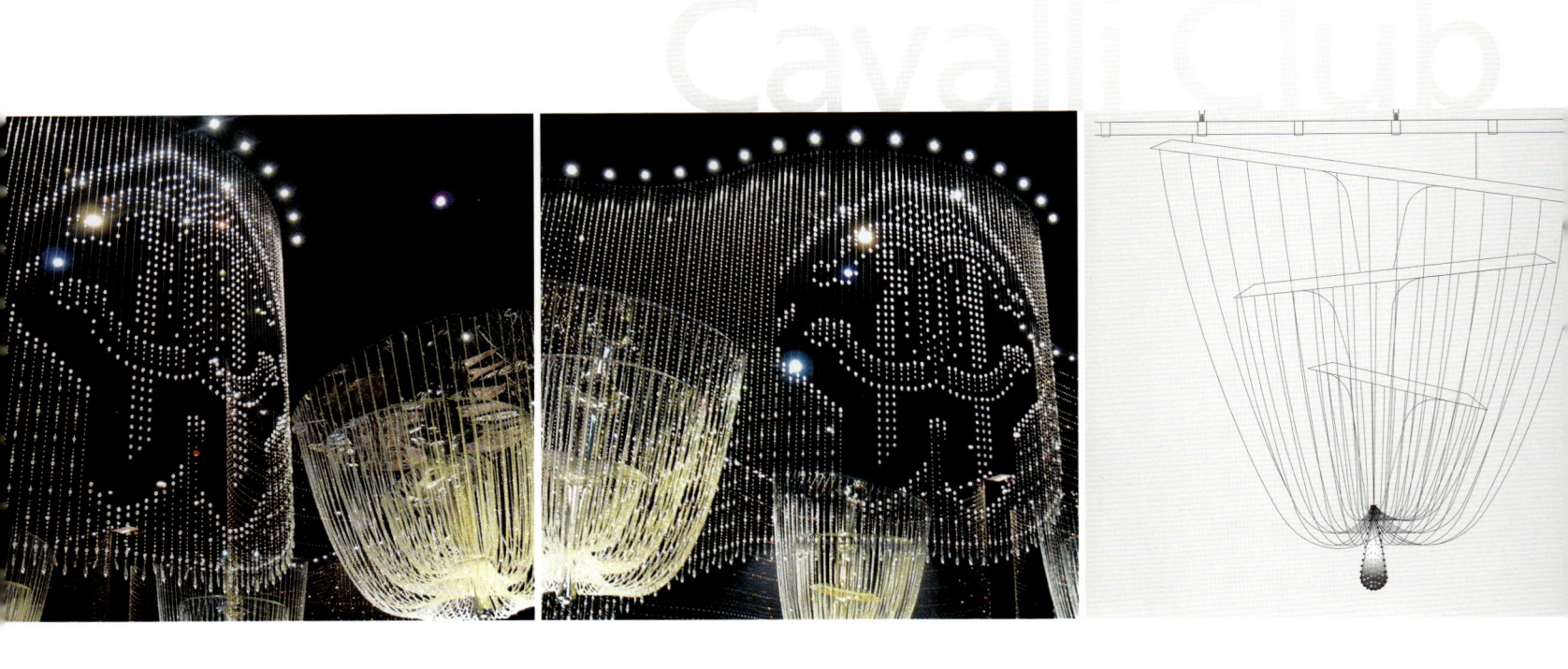

Cavalli Club a Dubai (Emirati Arabi Uniti)

indirizzo:	Fairmont Hotel	periodo di realizzazione:	2009
città:	Dubai (Emirati Arabi Uniti)	committente / proprietario:	Pragma Group / Roberto Cavalli
progettista:	Italo Rota Alessandro Pedretti, architetti	tipologia intervento:	ampliamento
collaboratori:	Andrea Maestri Luca Paris Davor Popovic	destinazione intervento:	tempo libero
		dimensioni:	2.300 mq

Studio Italo Rota & Partners

Italo Rota, architetto

via Fratelli Bronzetti, 20
Milano

www.studioitalorota.it
info@studioitalorota.it

I lavori dello Studio variano per soggetto, scala e tipologia e spaziano dal museo alla chiesa, dal casinò all'auditorio o all'intervento urbano, con un approccio globale che deriva dall'esperienza degli allestimenti, degli eventi e delle strutture temporanee. I progetti dello Studio Rota sono caratterizzati da una grande ricchezza di forme, colori e materiali. Un ruolo particolare è dato all'uso della luce e delle linee audaci che conferiscono multidimensionalità al progetto, rendono l'idea di penetrazione dello spazio e creano movimento, delineando interni estremamente artistici e vivaci. Tra le principali realizzazioni del 2008 si ricordano: il padiglione tematico "Ciudades de Agua" per Expo 2008 Zaragoza e il Cavalli Club a Firenze. Nel 2009 sono stati inaugurati il Tempio Indù di Lord Hanuman in India, il Cavalli Club a Dubai e il Boscolo Exedra Hotel a Milano. Il 2010 è cominciato con la progettazione del Chameleon Club a Dubai e del DimMi, punto informativo per la città di Milano.

Il Cavalli Club di Dubai si configura come un luogo di totale immersione entro uno spazio nero assoluto, nel quale emergono alcuni punti fissi che permettono l'orientamento nel locale. Innanzitutto la luce, che diventa protagonista indiscussa dell'ambiente: costituita da migliaia di cristalli Swarovski retroilluminati, essa produce una sorta di aurora boreale, che distrugge il senso di chiusura del locale verso l'alto. Gli spazi, così, aumentano di dimensione, ampliando il limite del costruito con una illusione che appare reale. La luce dunque, crea un appiglio al visitatore, ma subito diventa elemento di rottura dei riferimenti spaziali, in un gioco di ambiguità che crea spaesamento nello spettatore, ma che riesce ad affascinarlo e incuriosirlo.
Nel nero, nella luce e tra confini labili, è tuttavia possibile trovare rifugi di apparente quiete: come a fluttuare nello spazio, il sushi bar, la vip-lounge, la postazione del DJ si configurano come isole di sosta morbida, con linee sinuose che attirano i visitatori.
Non esistono dunque delle separazioni: la connotazione dei diversi ambienti avviene con un materiale impalpabile, eppure solidissimo, come la luce, e con demarcazioni puntuali entro oggetti "volanti". Lo spazio, quindi, acquista ancora più un senso di fluidità che ne sfuma i confini e permette un uso flessibile, lungo tutta la giornata, adattandosi alle numerose configurazioni funzionali richieste: dalla prima colazione, al pranzo, all'aperitivo, fino alla serata che si protrae sino a notte fonda con i ritmi incessanti della discoteca.
Il colore dominante del sottofondo, il nero delle pareti e del soffitto, viene contrastato dai materiali del pavimento e degli arredi: qui i vestiti dello stilista Cavalli paiono prendere vita e trasformarsi in oggetti funzionali. I divani, le sedute, i tavoli sono rivestiti con i tipici tessuti usati per i vestiti dello stilista fiorentino, costruendo un mondo animale che pare sorgere direttamente dal pavimento. Dalle lucide ceramiche nere, infatti, si dipartono zone dove il colore acquista predominanza: sono i tessuti leopardati e zebrati che si stendono a terra, come strani tappeti lucidi, grazie alla resina trasparente che li riveste.

Studio Italo Rota & Partners

Planimetrie del primo piano
e della hall al piano terra
Scala 1:280

1. Sofa wine bar
2. Wine bar
3. Ascensore
4. Tavolo di servizio
5. Deejay bar
6. Sushi bar
7. Ristorante
8. Vip lounge
9. Lounge bar
10. Bar
11. Servizio banchetto bar
12. Magazzino mobili
13. Galleria di servizio
14. Ingresso, pavimento in moquette
15. Nuova porta, finitura nera lucida
16. Nuovo muro, finitura nera lucida
17. Pavimento in acciaio specchiante
18. Corrimano in acciaio inox lucido, Ø 60 mm
19. Tenda di cristallo
20. Pavimento in resina nera brillante
21. Pavimento circolare in resina Bianca brillante, Ø 160 cm
22. Ripostiglio
23. Tavolo di servizio
24. Specchio
25. Display di vetro
26. Sistema di illuminazione a barrisol, altezza 250 cm, Ø 600 cm
27. Muro esistente, finitura nera lucida
28. Ascensore
29. Logo "Cavalli Club" in cristalli Swarovski retroilluminato

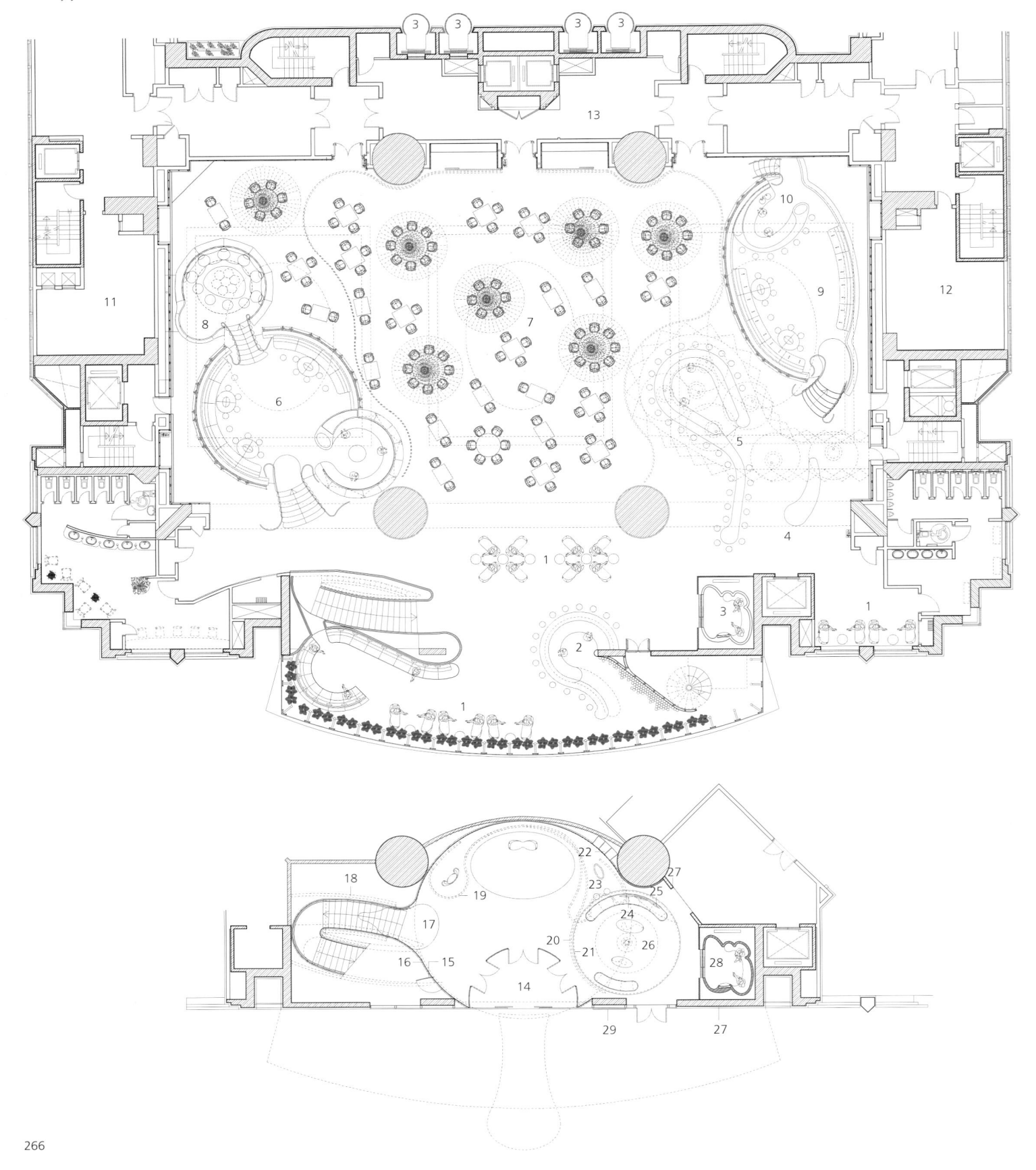

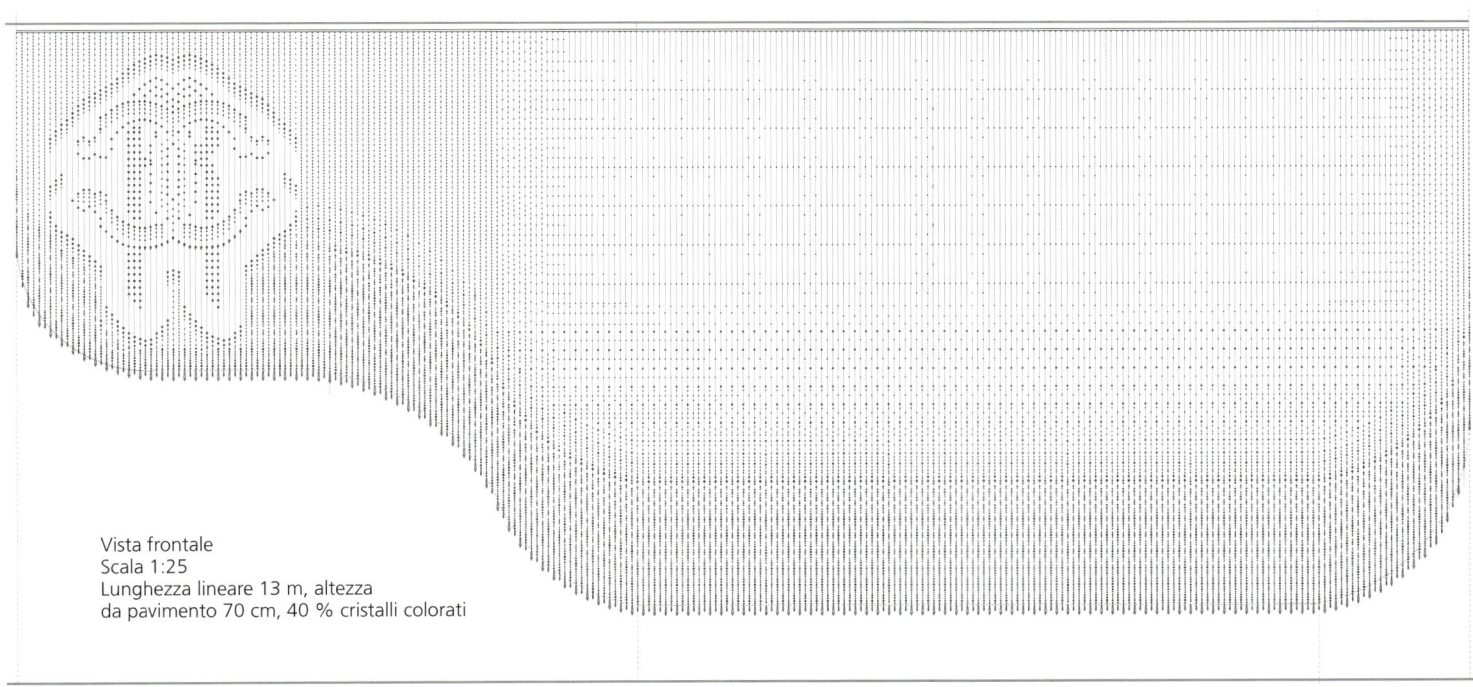

Vista frontale
Scala 1:25
Lunghezza lineare 13 m, altezza
da pavimento 70 cm, 40 % cristalli colorati

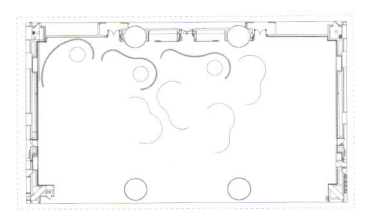

Tenda di cristalli Swarovski
Planimetria generale
Scala 1:400

Dettaglio dei cristalli (goccia 8611 / 100 x 20, goccia 8611 / 63 x 13,
diamante 5000 / 20, diamante 5000 / 16, diamante 5000 / 12,
diamante 5000 / 8 colore topazio chiaro 226, diamante 5500 / 18 x 12)
Scala 1:5

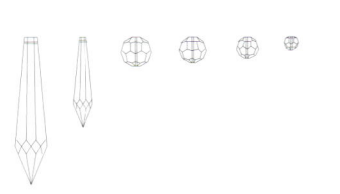

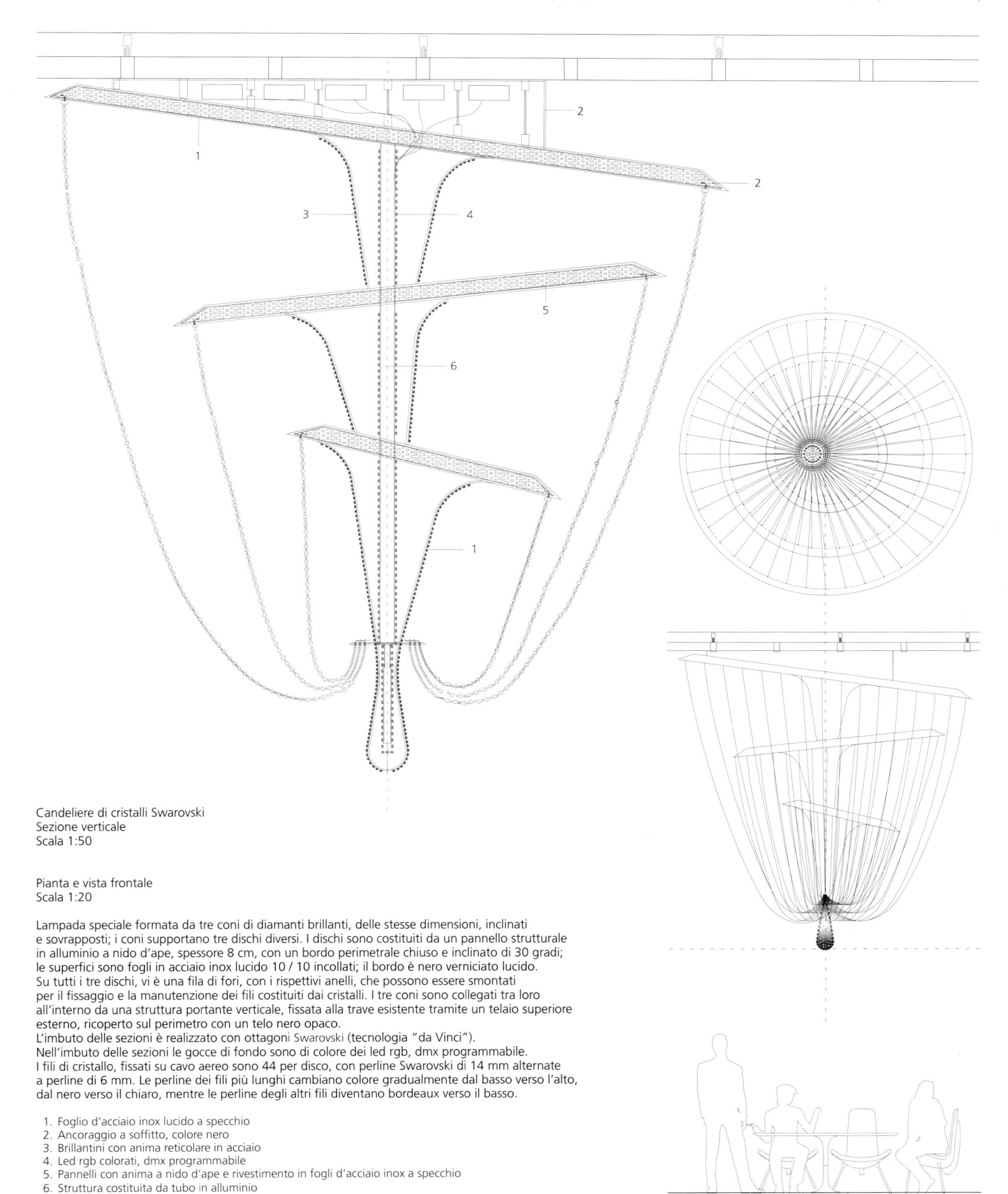

Cavalli Club a Dubai (Emirati Arabi Uniti)

Candeliere di cristalli Swarovski
Sezione verticale
Scala 1:50

Pianta e vista frontale
Scala 1:20

Lampada speciale formata da tre coni di diamanti brillanti, delle stesse dimensioni, inclinati
e sovrapposti; i coni supportano tre dischi diversi. I dischi sono costituiti da un pannello strutturale
in alluminio a nido d'ape, spessore 8 cm, con un bordo perimetrale chiuso e inclinato di 30 gradi;
le superfici sono fogli in acciaio inox lucido 10 / 10 incollati; il bordo è nero verniciato lucido.
Su tutti e tre dischi, vi è una fila di fori, con i rispettivi anelli, che possono essere smontati
per il fissaggio e la manutenzione dei fili costituiti dai cristalli. I tre coni sono collegati tra loro
all'interno da una struttura portante verticale, fissata alla trave esistente tramite un telaio superiore
esterno, ricoperto sul perimetro con un telo nero opaco.
L'imbuto delle sezioni è realizzato con ottagoni Swarovski (tecnologia "da Vinci").
Nell'imbuto delle sezioni le gocce di fondo sono di colore dei led rgb, dmx programmabile.
I fili di cristallo, fissati su cavo aereo sono 44 per disco, con perline Swarovski di 14 mm alternate
a perline di 6 mm. Le perline dei fili più lunghi cambiano colore gradualmente dal basso verso l'alto,
dal nero verso il chiaro, mentre le perline degli altri fili diventano bordeaux verso il basso.

1. Foglio d'acciaio inox lucido a specchio
2. Ancoraggio a soffitto, colore nero
3. Brillantini con anima reticolare in acciaio
4. Led rgb colorati, dmx programmabile
5. Pannelli con anima a nido d'ape e rivestimento in fogli d'acciaio inox a specchio
6. Struttura costituita da tubo in alluminio

269

Studio Italo Rota & Partners

Cono 1
Vista dall'alto

Cono 1
Vista frontale

Cono 2
Vista dall'alto

Cono 2
Vista dal basso

Cono 2
Vista frontale

Cono 3
Vista dall'alto

Cono 3
Vista dal basso

Cono 3
Vista frontale e sezione verticale

Pendente
Viste frontali

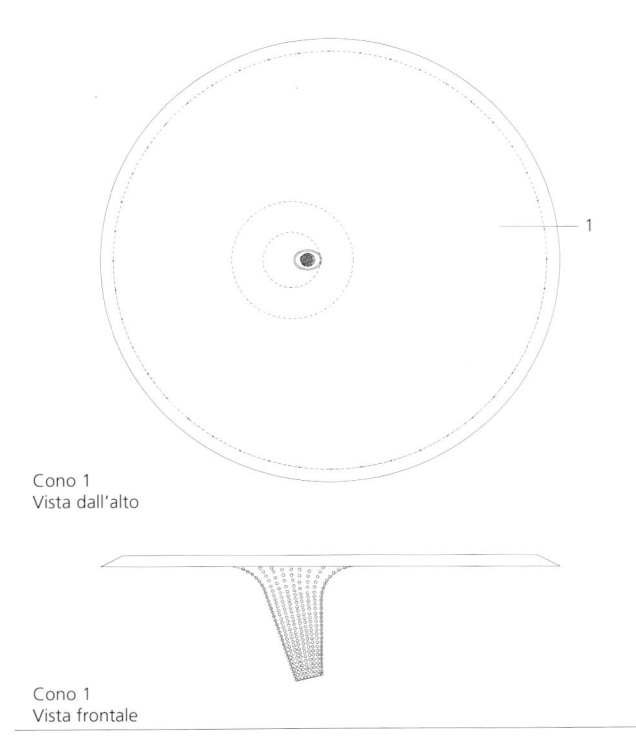

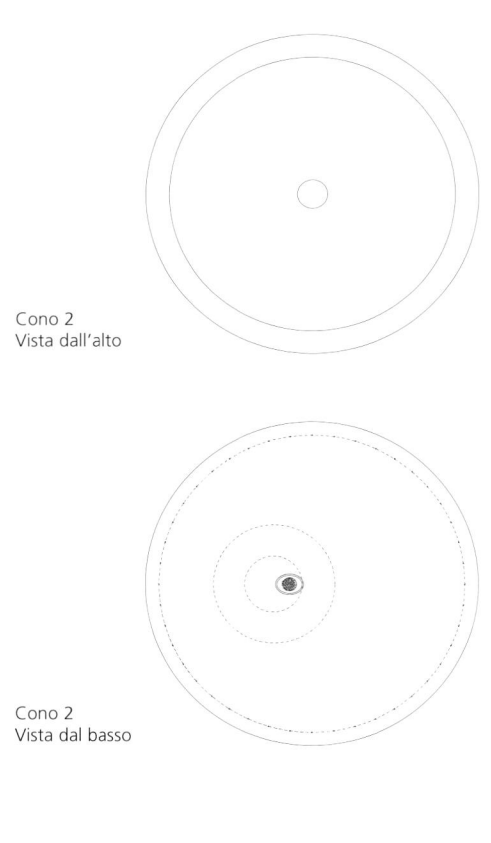

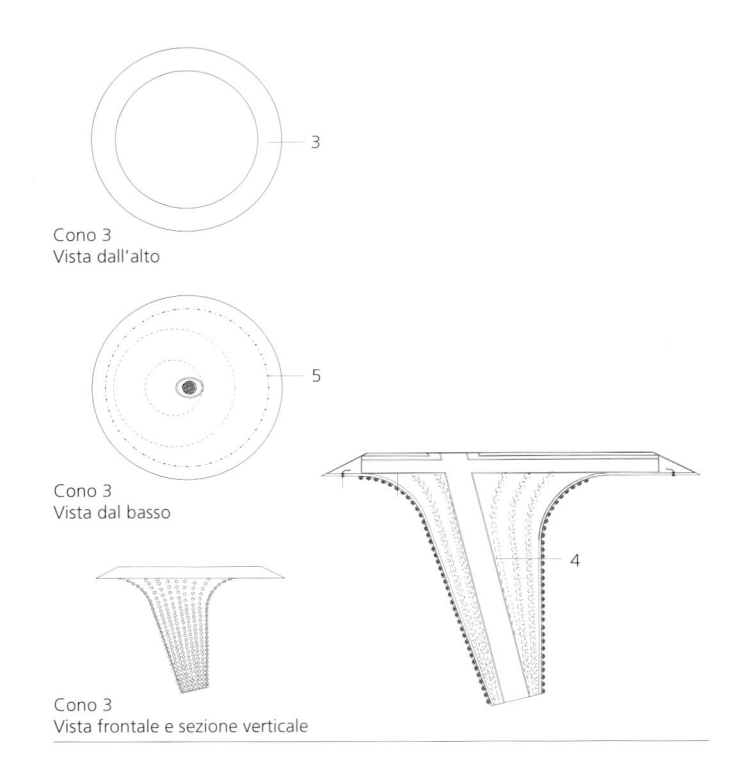

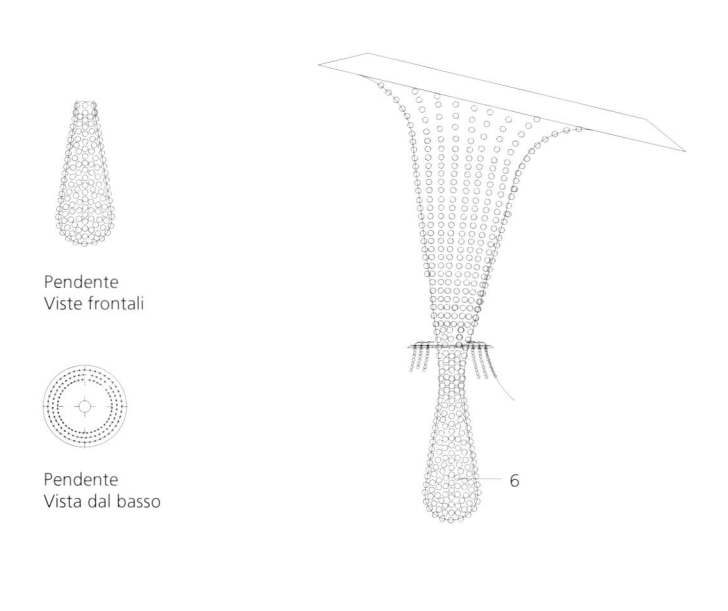

Pendente
Vista dal basso

Dettagli dei coni e del pendente di cristallo
Piante, viste frontali e sezioni verticali
Scala 1:20 e scala 1:10

1. Pannello strutturale in alluminio a nido d'ape rivestito da foglio d'acciaio inox lucido a specchio, spessore 8 cm
2. Cono con fili d'acciaio e cristalli Swarovski, con spettro ottagonale (tecnologia "da Vinci", con reticolo d'acciaio per effetto luminoso
3. Bordo perimetrale inclinato di 30 gradi, superficie in foglio in acciaio inox lucido 10 / 10 incollato, finitura colore nero verniciato lucido
4. Led colorati rgb, dmx programmabile
5. Punti di fissaggio dei fili dei cristalli
6. Pendente a goccia

Cavalli Club a Dubai (Emirati Arabi Uniti)

271

Studio Italo Rota & Partners

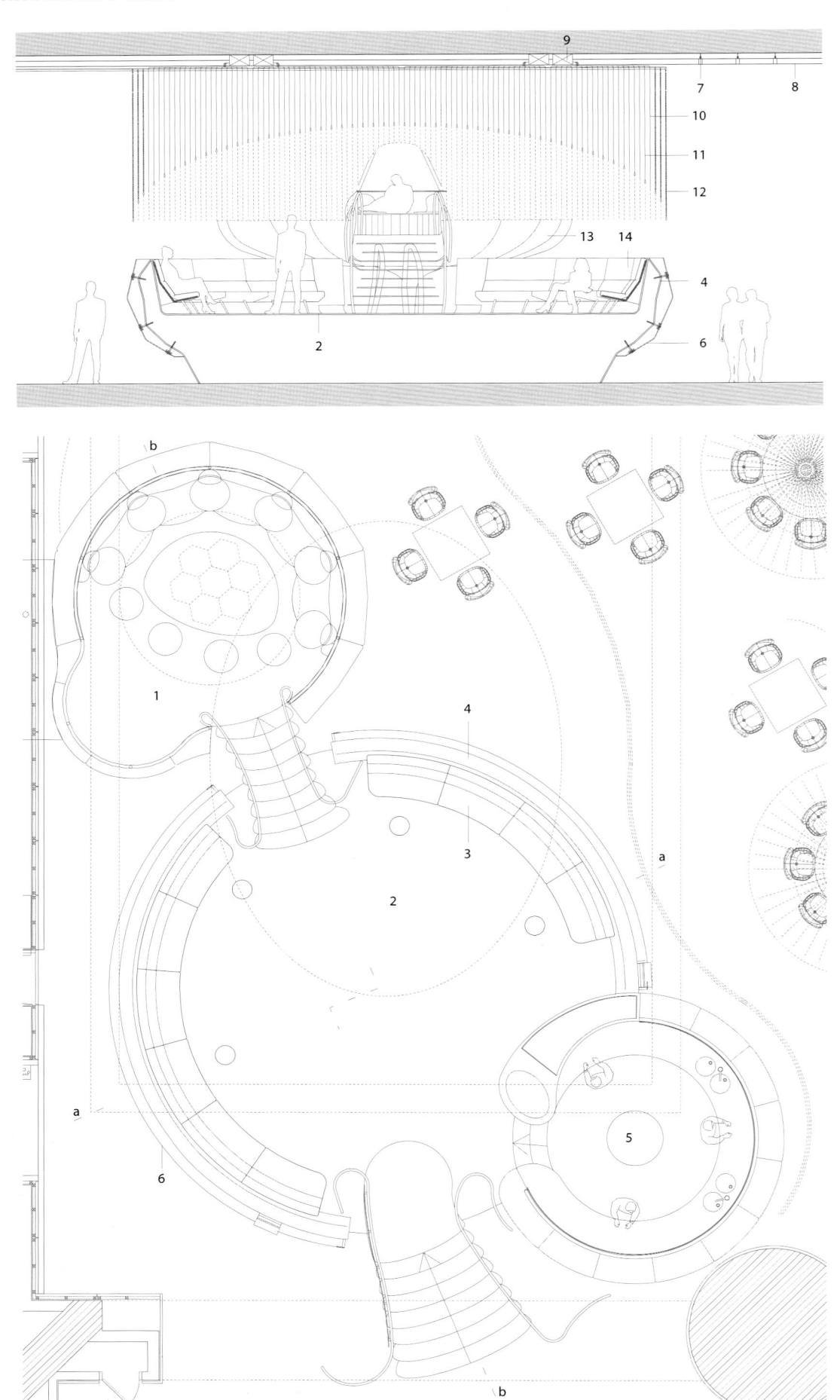

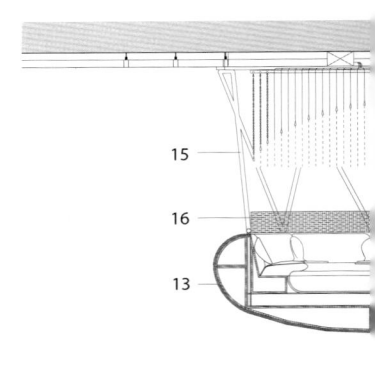

Sushi bar
Sezione aa, sezione bb e pianta
Scala 1:100

1. Vip lounge
2. Pavimento in resina nera brillante
3. Sedute rivestite in pelle
4. Struttura in gesso (vetroresina e legno)
5. Sushi bar
6. Rivestimento in vetro stratigrafato stampato colorato con pellicola pvb
7. Struttura in metallo di ancoraggio del cielino
8. Cielino in barrisol
9. Sorgente luminosa
10. Fibre ottiche con il cristallo in fondo
11. Fibre ottiche
12. Fibre con diamanti Swarovski
13. Coccon vip lounge rivestito in pelliccia sintetica
14. Rivestimento in pelle
15. Profilo circolare in acciaio inox a specchio, Ø 50 mm, fissato alla struttura principale
16. Griglia in acciaio inox a specchio
17. Profilo circolare in acciaio inox a specchio
18. Pannelli in plexiglass

Cavalli Club a Dubai (Emirati Arabi Uniti)

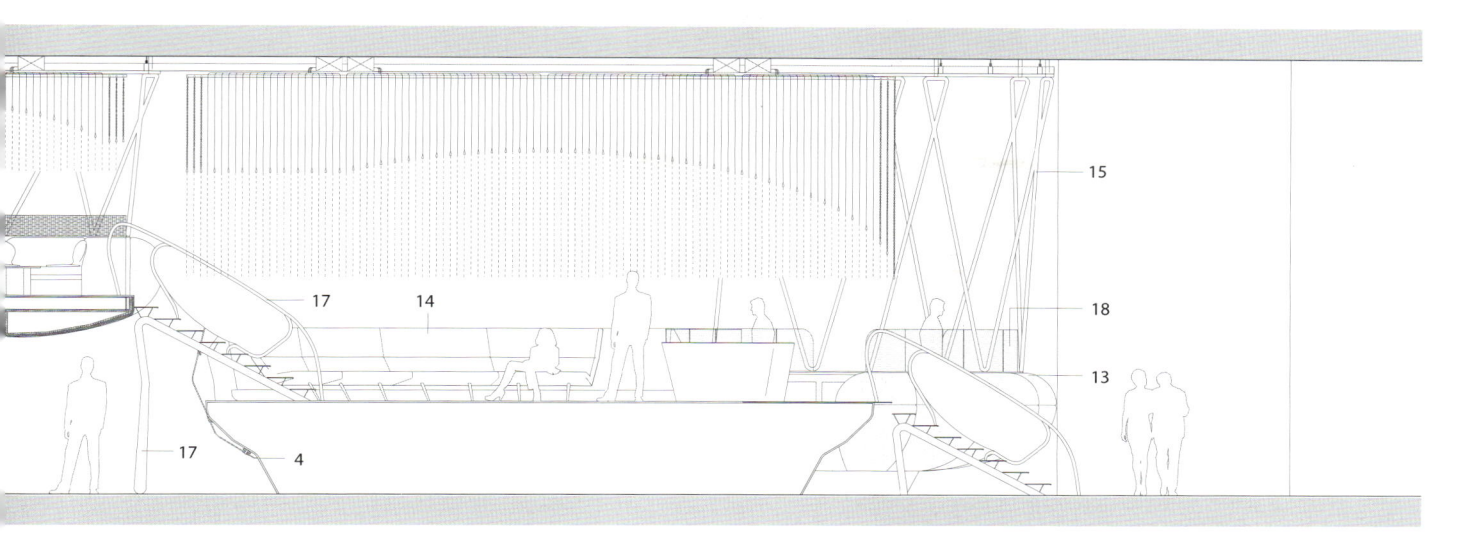

273

Studio Italo Rota & Partners

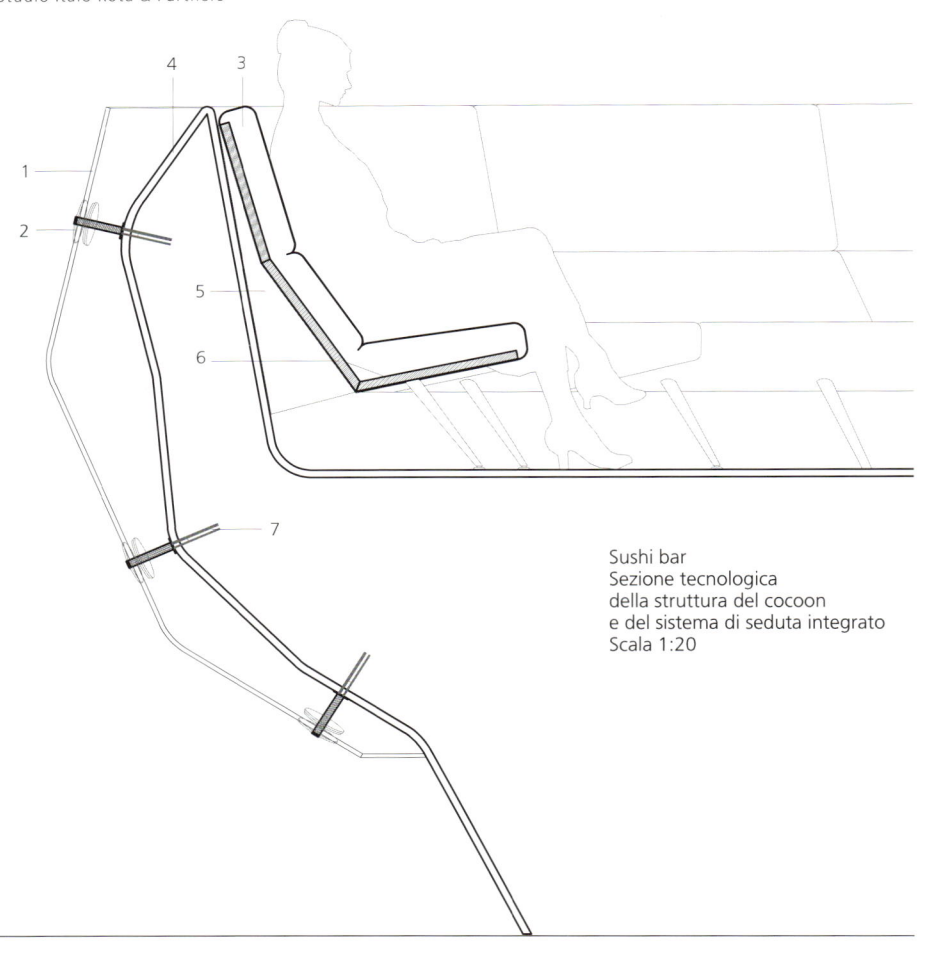

Sushi bar
Sezione tecnologica
della struttura del cocoon
e del sistema di seduta integrato
Scala 1:20

Vista frontale di insieme
Scala 1:50

1. Rivestimento in vetro
   serigrafato stampato
   colorato con pellicola pvb
2. Piastra in acciaio inox
   a specchio
3. Imbottito di rivestimento
   in pelle
4. Struttura in gesso
   (vetroresina e legno)
5. Struttura in acciaio
6. Pannelli in mdf
7. Collegamenti
   con la struttura principale
8. Led bianco 24 volt
   (osram dragonx)
9. Prisma in plexiglass,
   effetto luminoso a stella
10. Rondella in plexiglass
11. Cavi led collegati
    al trasformatore

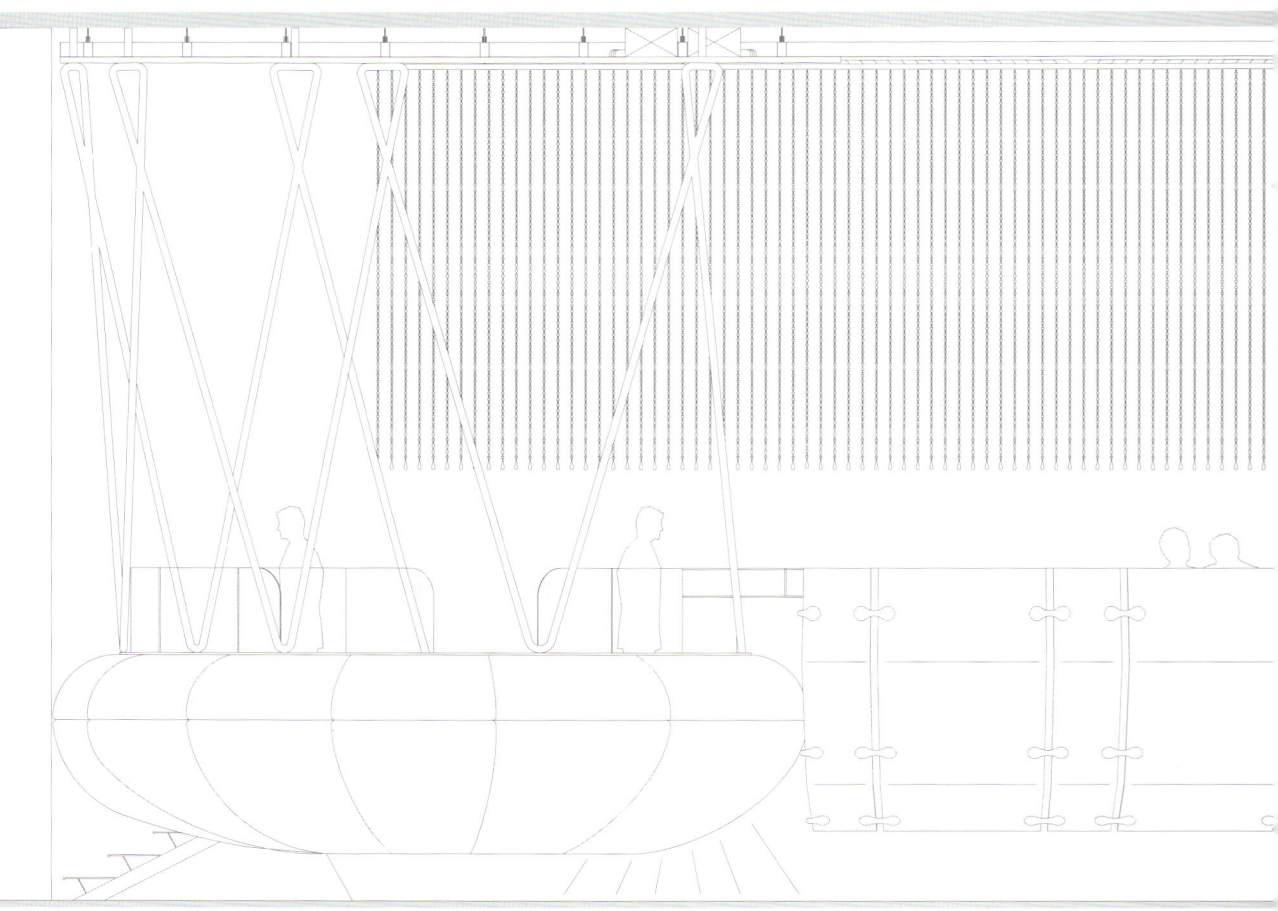

Cavalli Club a Dubai (Emirati Arabi Uniti)

Sezione aa

Sezione cc

Vista frontale

Sezione bb

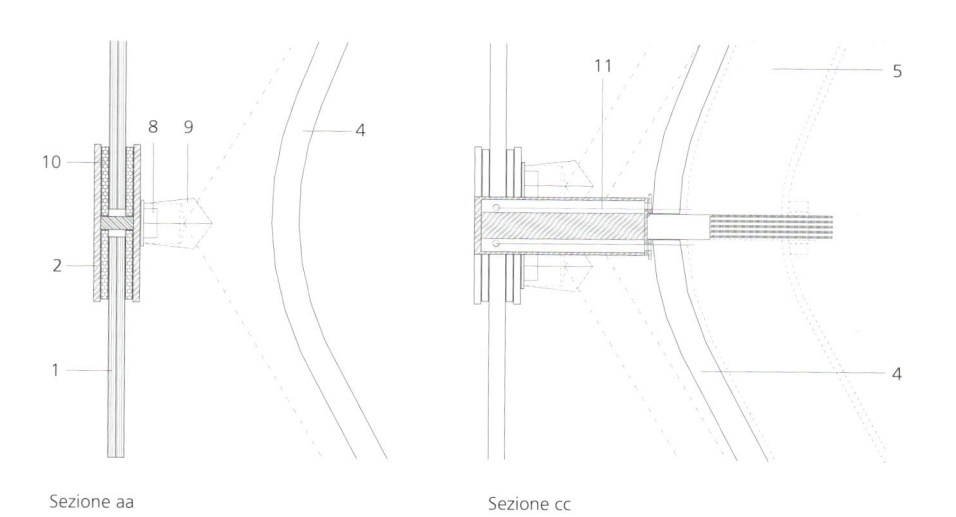

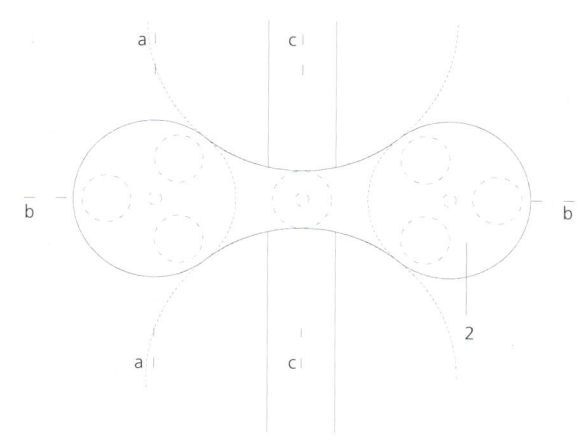

Dettagli degli ancoraggi dei pannelli di vetro e del sistema di retroilluminazione integrato
Scala 1:5

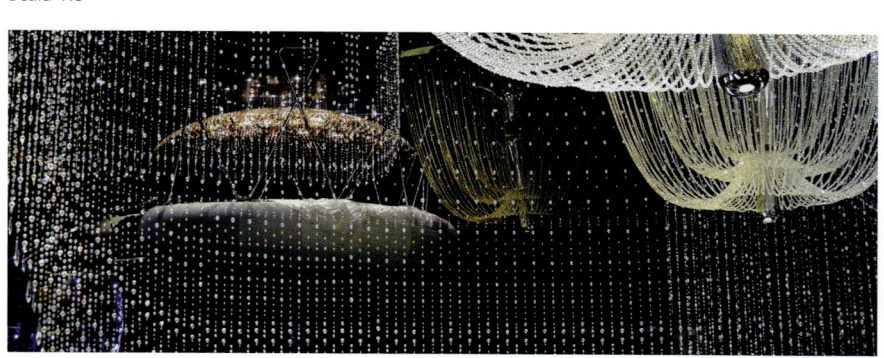

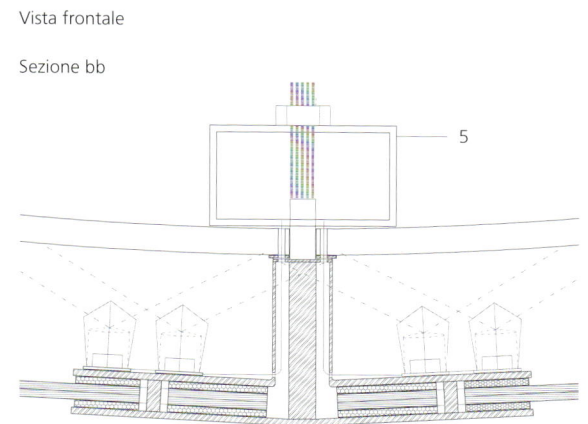

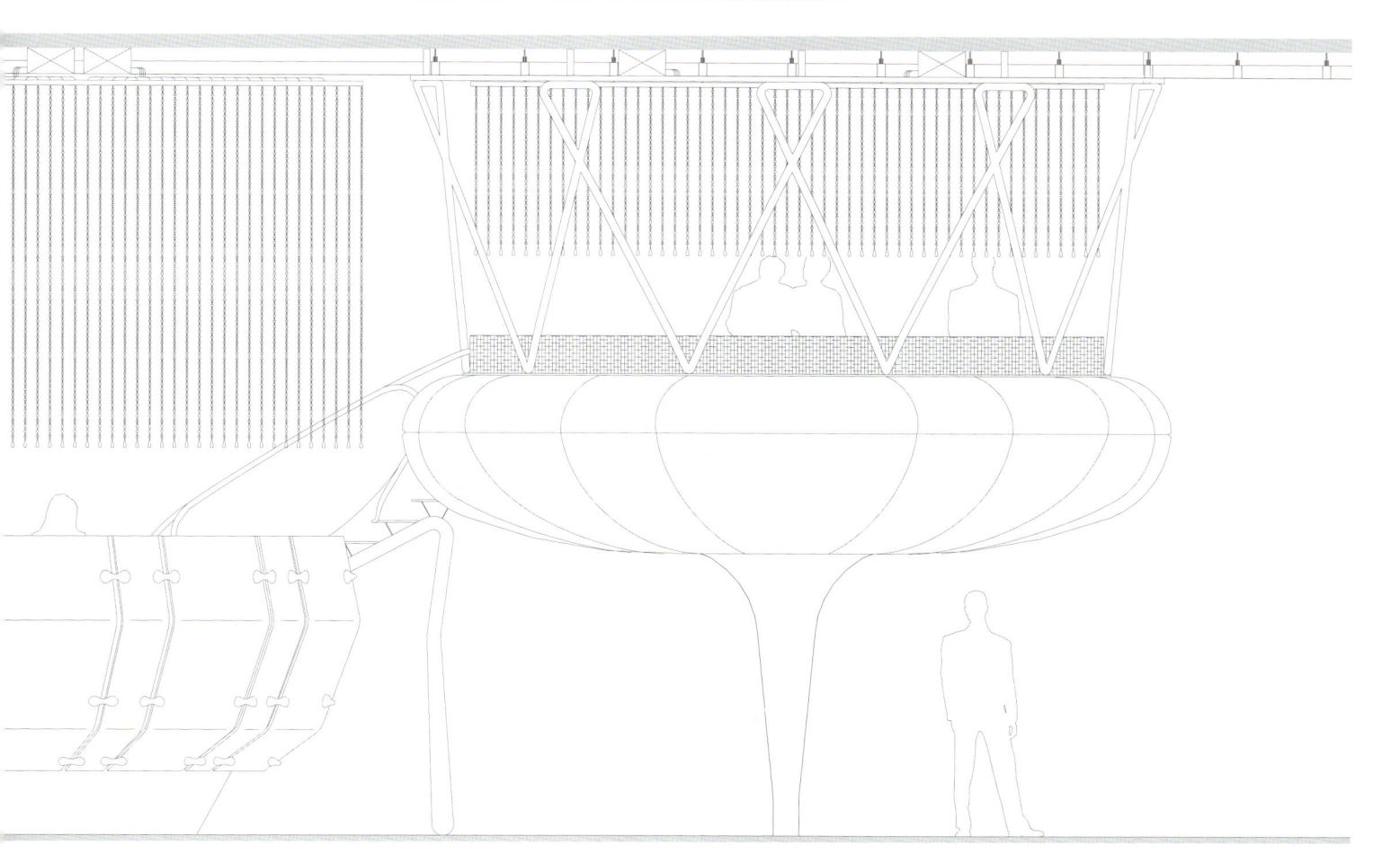

275

Studio Italo Rota & Partners

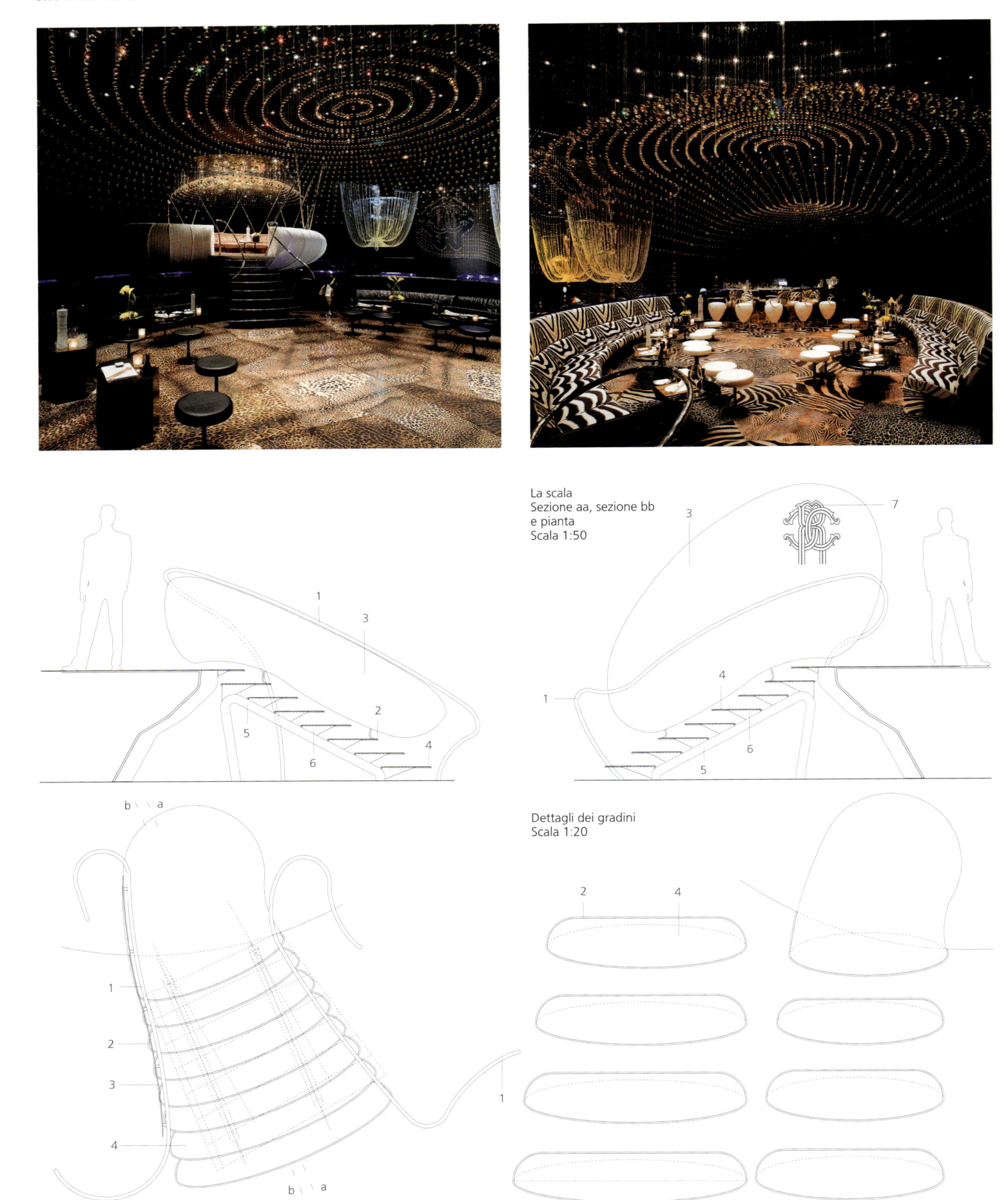

La scala
Sezione aa, sezione bb
e pianta
Scala 1:50

Dettagli dei gradini
Scala 1:20

Cavalli Club a Dubai (Emirati Arabi Uniti)

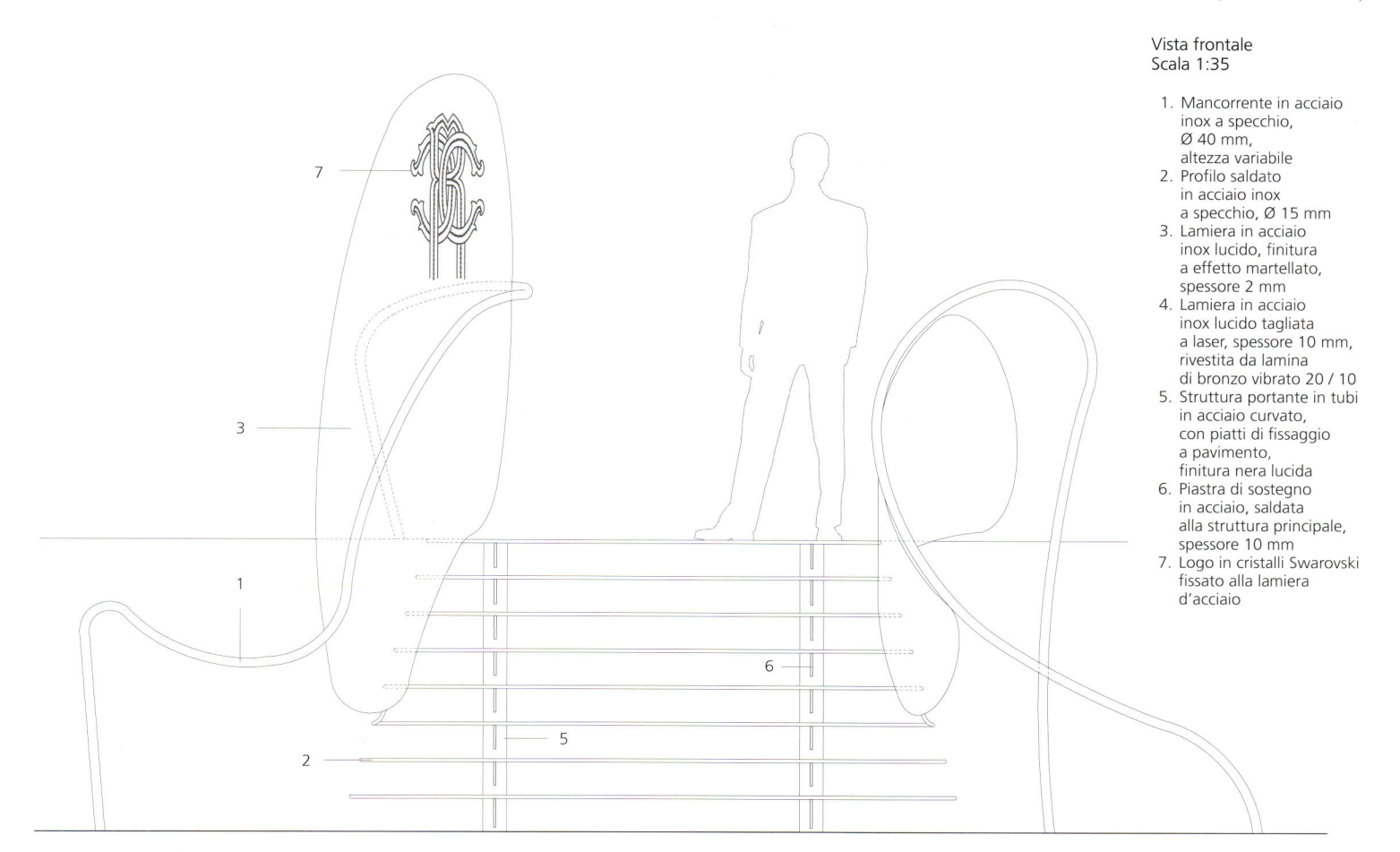

Vista frontale
Scala 1:35

1. Mancorrente in acciaio inox a specchio, Ø 40 mm, altezza variabile
2. Profilo saldato in acciaio inox a specchio, Ø 15 mm
3. Lamiera in acciaio inox lucido, finitura a effetto martellato, spessore 2 mm
4. Lamiera in acciaio inox lucido tagliata a laser, spessore 10 mm, rivestita da lamina di bronzo vibrato 20 / 10
5. Struttura portante in tubi in acciaio curvato, con piatti di fissaggio a pavimento, finitura nera lucida
6. Piastra di sostegno in acciaio, saldata alla struttura principale, spessore 10 mm
7. Logo in cristalli Swarovski fissato alla lamiera d'acciaio

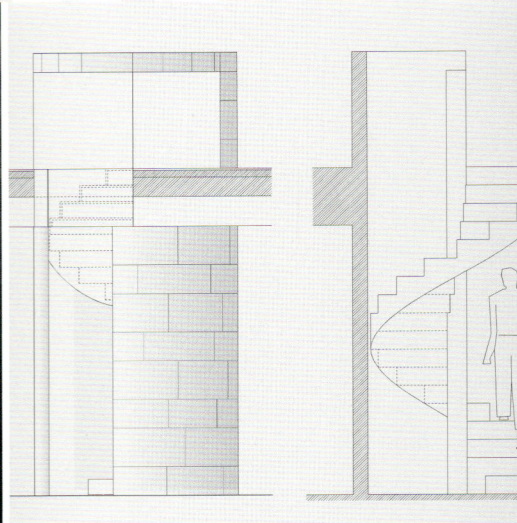

P Penthouse a Montecarlo (Principato di Monaco)

città:	Montecarlo (Principato di Monaco)	periodo di realizzazione:	2004 - 2006
progettista:	Claudio Silvestrin, architetto	committente / proprietario:	privato
consulenti:	Fabrizio Cellini - job architect	tipologia intervento:	design degli interni
	Claudio Silvestrin Architects e Viabizzuno - lighting design	destinazione intervento:	residenziale
		dimensioni:	superficie totale 600 mq (350 abitazione + 250 terrazzo)
		imprese esecutrici:	Monetec, Monaco - structural engineering Pastor, Monaco - building firm

– Montecarlo

Claudio Silvestrin Architects

Claudio Silvestrin, architetto

unit D, Bankstock Building
44 de Beauvoir crescent
London N1 5SB (United Kingdom)

via delle Erbe, 2
Milano

www.claudiosilvestrin.com
c.silvestrin@claudiosilvestrin.com

Nato nel 1954, Claudio Silvestrin è stato educato a Milano da A. G. Franzoni e ha proseguito gli studi alla "Architectural Association" di Londra. Nel 1989 fonda la Claudio Silvestrin Architects con uffici a Londra e dal 2006 a Milano. Integrità, chiarezza d'intenti e rigorosa attenzione al dettaglio sono le caratteristiche della sua architettura: austera ma non estrema, contemporanea e tuttavia senza tempo, calma ma non ascetica, forte ma non intimidatoria, elegante ma non ostentativa. La sua opera spazia da grandi progetti immobiliari a oggetti di uso quotidiano, interni domestici e commerciali, spazi espositivi, edifici per musei e resistenze private. Tra i suoi clienti: Giorgio Armani, Illycaffé, Anish Kapoor, Calvin Klein, Poltrona Frau, la "Fondazione Sandretto Re Rebaudengo" di Torino, per cui ha progettato il museo, il cantante e produttore Kanye West e Victoria Mirò per lo spazio della sua collezione. La biografia "Claudio Silvestrin", è scritta da Franco Bertoni.

All'interno di uno dei tanti condomini che segnano in verticale il caotico paesaggio monegasco, Claudio Silvestrin ha ricavato un nuovo spazio domestico di calma e serena bellezza, declinato per forme assolute, sviluppato su due livelli per abbinare alla casa un grande tetto praticabile, dove sono stati ricavati un giardino pensile e una terrazza panoramica. Tutto l'intervento tende a proiettare gli spazi verso l'esterno e a sfruttare l'altezza dell'edificio che li accoglie per godere della vista della costa e dell'orizzonte marino. Lo spazio abitabile segue un impianto scandito da due assi di riferimento tra loro perpendicolari. Quello longitudinale è sottolineato dall'ampio spazio della zona giorno che conquista l'intero fronte principale, allineando bar e living alle spalle di due pilastri esistenti, subito di fronte all'ingresso. Il lungo spazio aperto verso la terrazza è interrotto da un possente cilindro rivestito in conci di pietra chiara (limestone), che racchiude la scala a chiocciola collegata alla terrazza e al "giardino architettonico" in copertura. Il cilindro centrale, figura geometrica elementare di riferimento del progetto, scandisce e ridimensiona la zona giorno creando un riuscito legame tra gli spazi in sequenza, e, allo stesso tempo, introduce nella dimensione degli interni un volume primario in grado di disegnarne un nuovo deciso carattere. Insieme al cilindro, i materiali e gli arredi su disegno – tra cui un lungo tavolo di bronzo e le panche di legno dal forte spessore – concorrono a configurare l'atmosfera d'insieme, proiettata nella definizione di uno spazio compiuto, in cui il rigore del percorso compositivo si traduce in un ambiente permeato dal silenzio e dalla calma, che sembra voler sfuggire al ritmo della città. All'asse longitudinale costituito dalla zona giorno si affianca quello verticale che vi si innesta in modo perpendicolare alle spalle del cilindro, per creare una prospettiva conclusa dalla grande stanza da bagno direttamente aperta verso la camera da letto padronale. L'asse verticale si pone come elemento di connessione, più che semplice percorso distributivo, tra le due zone della casa, dove quella più privata – destinata al riposo e alla cura del corpo – diventa un unico ambiente in cui si sommano, intorno al grande ambiente bagno, la camera da letto e un'ampia cabina armadio. Questa si collega ad un secondo bagno, sempre di servizio alla camera padronale, affiancato a quello dedicato alla seconda camera da letto accessibile da una porta a tutt'altezza, come tutte quelle della casa, ricavata nel percorso prospettico.

Architettura, interior design, lighting e arredamento sono tutti a cura di Claudio Silvestrin Architects. Il risultato è un ambiente moderno, in cui però emergono memorie del passato e in cui il tempo e lo spazio si fondono in un unico flusso.

Claudio Silvestrin Architects

P Penthouse a Montecarlo (Principato di Monaco)

Dettaglio della muratura rivestita in pietra
Sezione verticale e schema assonometrico
Scala 1:20

1. Solaio esistente
2. Livellatura soffitto, finitura colore bianco opaco
3. Parete perimetrale esistente in muratura
4. Sistema di fissaggio della pietra con collanti o con sistemi in commercio
5. Rivestimento in pietra Saint Maximin, con giunti a secco, spessore 2 cm
6. Giunto di dilatazione inserito lungo i muri perimetrali portanti
7. Scuretto, altezza 7 mm
8. Pavimento in pietra, piastrelle dimensioni 105 x 105 cm, spessore 2 cm
9. Massetto in cls alleggerito
10. Sistema di riscaldamento a pavimento con panelli radianti
11. Taglio (finestra)
12. Finitura in marmorino bianco

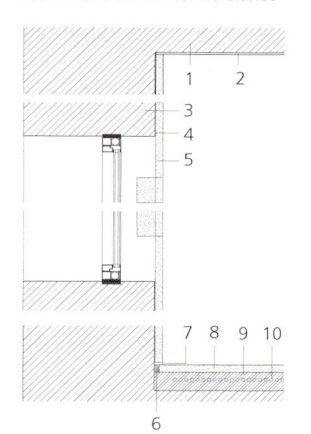

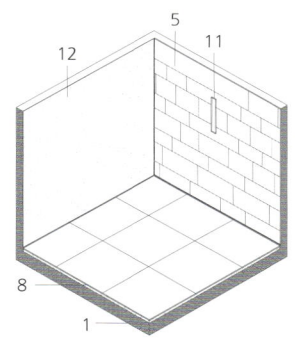

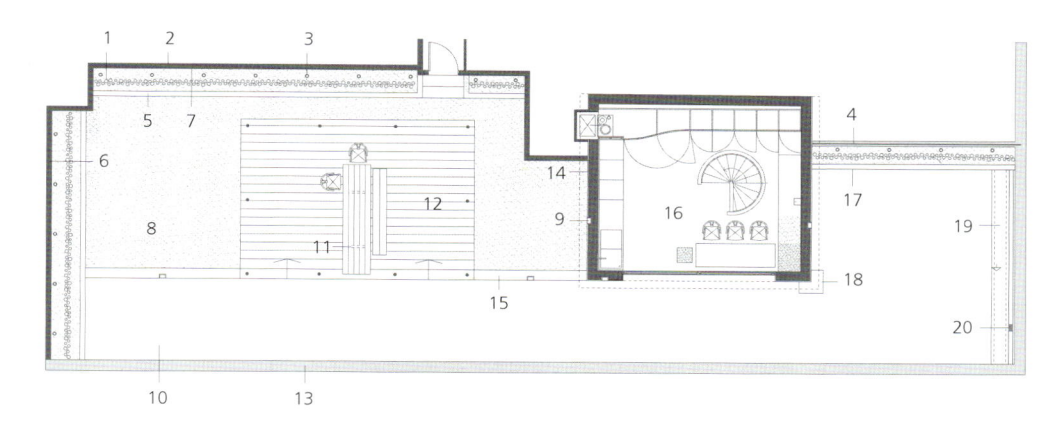

Planimetrie della terrazza
al ventesimo piano
e del diciannovesimo piano
Scala 1:150

1. Canne di bambù
2. Parete perimetrale, rivestimento in cedro
3. Illuminazione
4. Parete perimetrale rivestita in cedro
5. Muretto rivestito in legno
6. Vetro perimetrale esistente rivestito in cedro
7. Rivestimento in cedro
8. Manto erboso
9. Lampada incassata
10. Pavimento in travertino esistente
11. Fonte di luce inserita all'interno della gamba del tavolo
12. Pavimento in cedro
13. Parapetto esistente
14. Rivestimento in pietra saint maximin, spessore 7mm
15. Seduta in cedro, altezza 50 cm
16. Cucina
17. Muretto rivestito in pietra saint maximin, altezza 120 cm
18. Monolite in pietra Saint Maximin
19. Vasca d'acqua
20. Fonte d'acqua
21. Blocco solido di pietra
22. Rivestimento in pietra
23. Tv anta in ottone ossidato
24. Rivestimento in marmorino
25. Vetro sabbiato

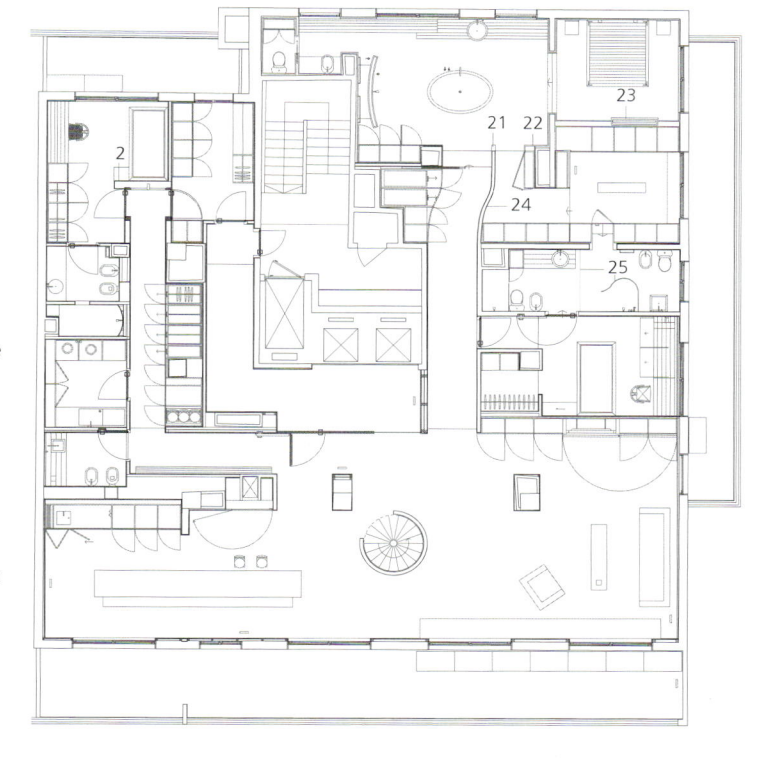

Claudio Silvestrin Architects

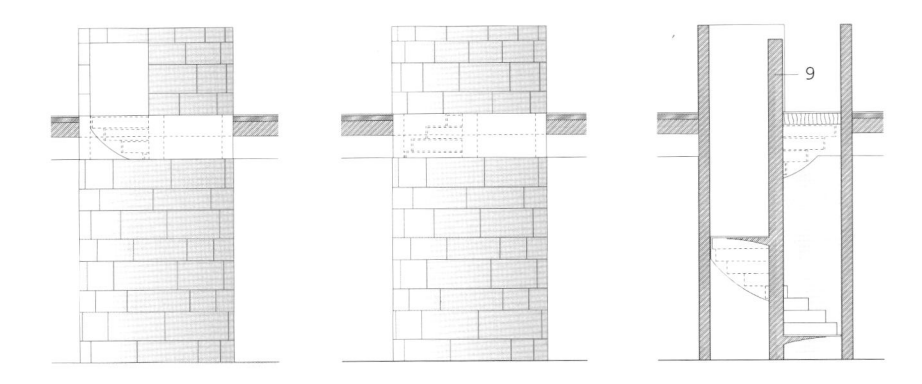

La scala
(n. 18 scalini, alzata, altezza 18,9 cm pedata,
lunghezza 19 cm in mezzeria)
Sezioni verticali
Scala 1:100

Nella pagina a fianco schemi assonometrici
Sezione verticale aa, sezione orizzontale
della muratura del cilindro e schemi assonometrici
Scala 1:20

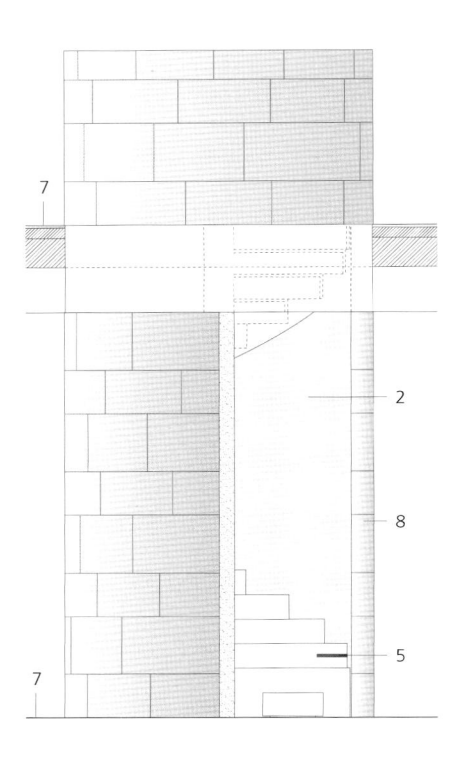

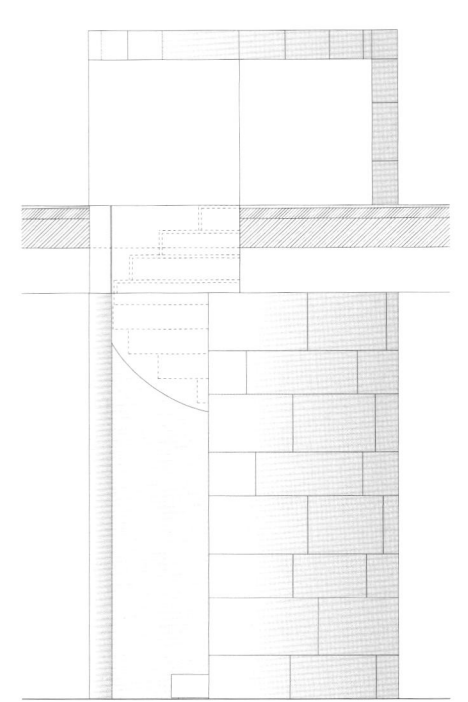

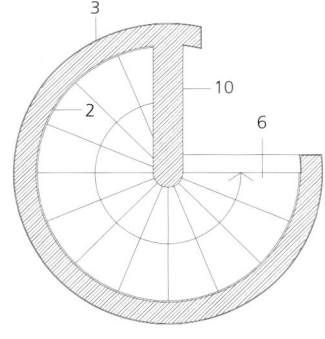

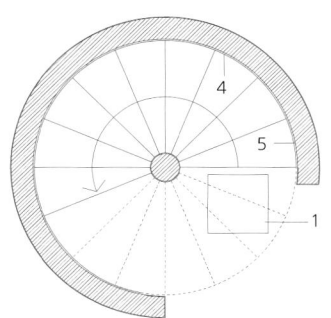

Sezioni verticali e piante del livello superiore
ed inferiore della scala
Scala 1:50

A destra dettagli del primo gradino
del pianerottolo di sbarco al livello superiore
Pianta, sezioni e schemi assonometrici
Scala 1:20

1. Blocco massello in cedro
2. Rivestimento in marmorino bianco
3. Rivestimento in pietra Saint Maximin incollata
   su un supporto in resina, spessore 7 mm
4. Gap costante verticale, spessore 3 mm
5. Raggio sull'alzata
6. Pedata in legno
7. Pavimento in pietra
8. Scuretto, altezza 1 cm
9. Pilastro portante scala in acciaio finito
   in marmorino
10. Balaustra finita in marmorino
11. Doppia lastra di cartongesso al fine
    di ottenere un gap costante di 1 cm
12. Polistirolo espanso
13. Involucro autoportante rivestito in marmorino
14. Elemento monolitico in pietra saint maximin,
    altezza 8 cm
15. Solaio
16. Pietra stuccata come se fosse un elemento solo
17. Gap costante, spessore 1 mm
18. Mancorrente, dimensione 25 x 25 mm

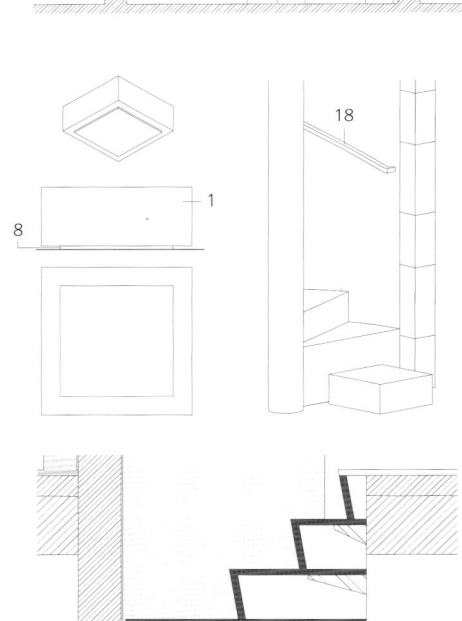

P Penthouse a Montecarlo (Principato di Monaco)

Sezione aa

Sezione orizzontale

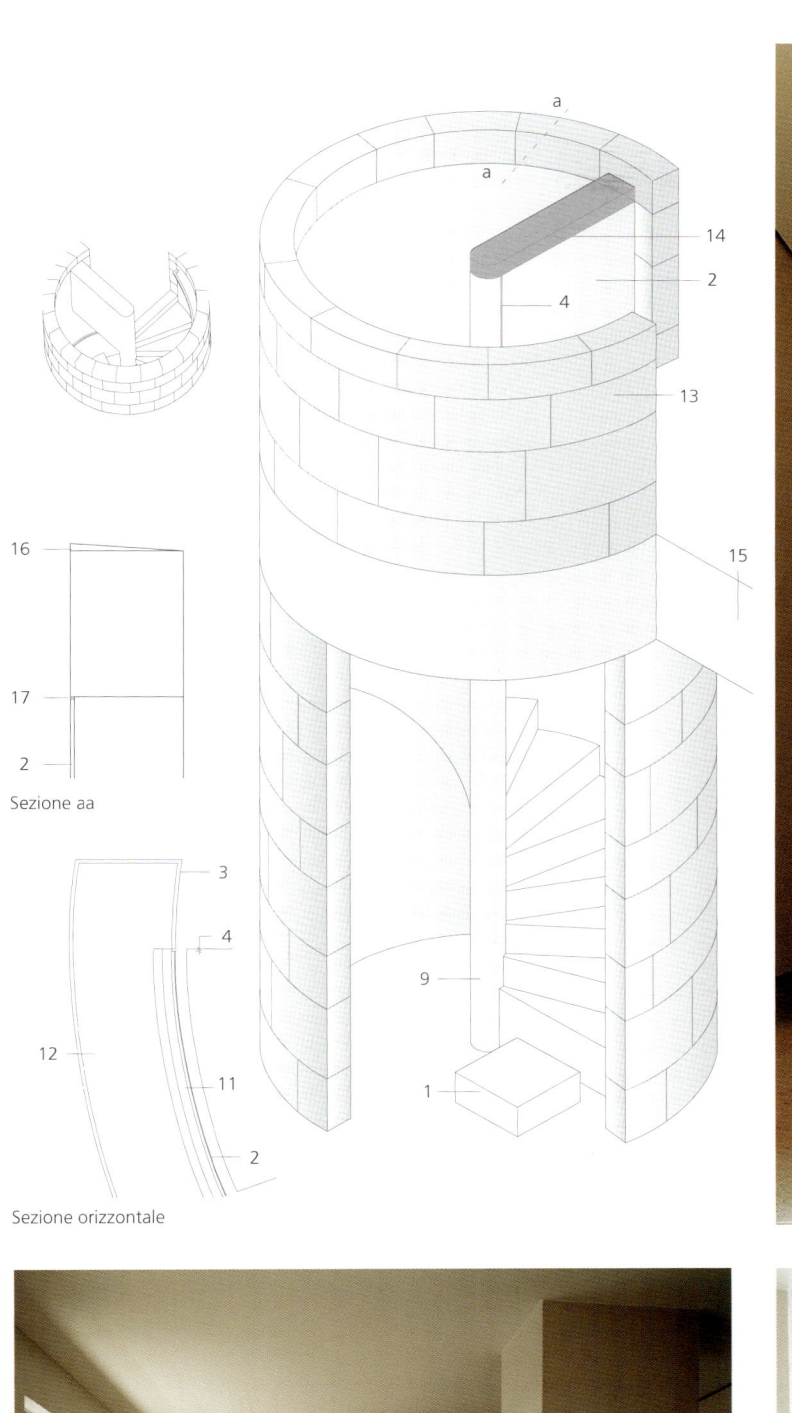

283

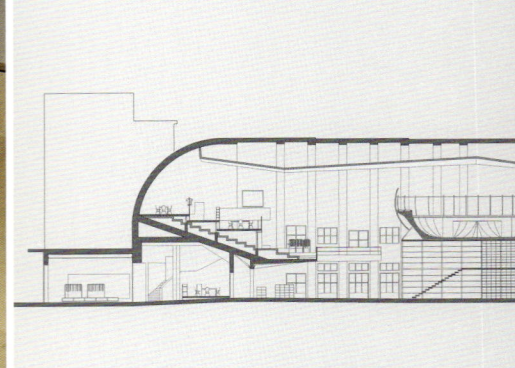

Bastard Store a Milano

indirizzo:	via Slataper, 19	periodo di realizzazione:	2007 - 2009
città:	Milano	committente / proprietario:	Comvert s.r.l.
progettista:	Lorenzo Bini	premi architettonici:	ArchDaily Building Award 2009, categoria "Interiors"
	Francesca Murialdo, architetti	tipologia intervento:	ristrutturazione
consulenti:	Atelier-LC - strutture	destinazione intervento:	commercio
		dimensioni:	superficie lorda 1.400 mq
			superficie ex-galleria 350 mq
			superficie Bowl 200 mq
			volume ex-platea 6.600 mc
		altre informazioni:	uffici amministrativi, reparto di progettazione, flagship store, deposito, skate-bowl

studiometrico

Lorenzo Bini
Francesca Murialdo, architetti

via Fontanesi, 4
Milano

mail@studiometrico.com
www.studiometrico.com

Nato nel 2004 a Milano dalla collaborazione di Lorenzo Bini e Francesca Murialdo, studiometrico è il luogo dove alcune persone concepiscono e sviluppano progetti e ricerche di architettura sullo spazio interno ed esterno di edifici esistenti o di nuova costruzione. Lo Studio lavora per committenti privati a Milano, in Italia ed all'Estero, progettando, trasformando e costruendo luoghi dove abitare, lavorare e viaggiare. Le radici di studiometrico sono a Milano mentre i suoi rami sono articolati su una rete internazionale di relazioni, luoghi e collaborazioni. I contenuti, i problemi ed i passaggi importanti dell'attività di studiometrico sono raccontati in un blog.

Comvert s.r.l., che produce e distribuisce abbigliamento per skateboarders e snowboarders con il marchio Bastard, ha affidato a studiometrico la ricerca e la ristrutturazione di un immobile adatto a diventare il proprio nuovo quartier generale, con uffici amministrativi, reparto di progettazione, flagship store, deposito e skate-bowl. Per il progetto è stato scelto l'ex Cinema Istria, realizzato dall'ingegner Mario Cavallé negli anni '40. La superficie complessiva è di 1.400 mq e il volume della vecchia platea di 6.600 mc, con una galleria di 350 mq. Il tetto dell'edificio è composto da vari archi in cemento armato. Un plafone di 800 mq è appeso all'intradosso della volta mediante orditure in ferro. Utilizzato dal suo ultimo proprietario come auto salone ed officina, l'ex Cinema Istria conserva il proprio carattere originario. Pur complicato da organizzare da un punto di vista spaziale e difficile da servire con le necessarie infrastrutture tecniche, il Cinema si è dimostrato adatto a realizzare luoghi in cui tutte le attività che compongono il mondo e la storia di Comvert si trovano in una comunicazione continua sia fisica che visiva. L'ingresso principale, un ambiente regolare di 70 mq, è stato trasformato nel primo Bastard-store, concepito non solo per vendere, ma soprattutto per conoscere le persone che condividono la storia e la cultura del marchio. Gli elementi d'arredo del negozio sono montati su ruote in modo da poter essere disposti liberamente. I banchi della cassa e gli espositori per l'abbigliamento sono stati realizzati assemblando pannelli tri-strato di larice avanzati dalla costruzione degli uffici, i camerini sono rivestiti con gli scarti in legno lamellare della Bastard Bowl. Lo spazio a mezzaluna del vecchio foyer, abbracciato da due scalinate curve che conducono alla galleria e collegato attraverso una serie di aperture al volume della vecchia platea, è un elemento ricorrente nei progetti di Mario Cavallé. Si tratta del baricentro del cinema perché collega tutti gli altri ambienti principali e funge da cerniera tra l'asse principale dell'edificio e quello, ruotato, di via Slataper. Il volume della vecchia platea è occupato dalle alte strutture di metallo verniciato nero, per il deposito dei prodotti; agganciata alle scaffalature, una ripida scala conduce alla Bowl. Gli uffici per la progettazione si trovano sulla superficie inclinata della galleria. La balconata, proiettata sul volume della platea, è, insieme alla Bowl, l'ambiente più spettacolare e rappresentativo. Il rivestimento, in pannelli tri-strato di larice, funziona come balaustra o scrivania per le postazioni di lavoro individuale. Le differenze di livelli garantiscono intimità ed esposizione al tempo stesso. La fascia inferiore della gradinata della galleria non è stata modificata. Si è deciso di mantenere invariati i livelli e di ripristinare il pavimento ed i corrimano originali sia per garantire l'accesso in quota dalle scale che collegano al vecchio foyer, sia per ottenere uno spazio libero, flessibile ed aperto. I gradoni inferiori sono utilizzati principalmente come showroom per i prodotti che vengono mostrati agli agenti che li vendono in più di 300 negozi in Italia ed all'estero. Lo showroom può essere utilizzato per incontri informali, proiezioni video, sfilate di moda o, più semplicemente, come zona chill-out. Sospesa a circa 6 metri d'altezza sulla struttura del magazzino, collocata di fronte alla galleria, troppo importante per non trovare un'ubicazione all'interno della nuova sede di una società fondata da skateboarders, Bastard Bowl è l'orgoglio, l'attrazione ed il "sogno che diventa realtà" per i soci, i dipendenti, gli amici ed i team-riders di Bastard. La scelta di collocare questo "catino" di 200 mq sopra il magazzino è nata dalla necessità di non consumare spazio e di stabilire una relazione visiva e spaziale con gli uffici della galleria. La struttura, realizzata in legno lamellare e putrelle in acciaio calandrate, non ha precedenti nel mondo.

Schemi assonometrici delle gradinate esistenti e della sovrastruttura dell'impalcato realizzata

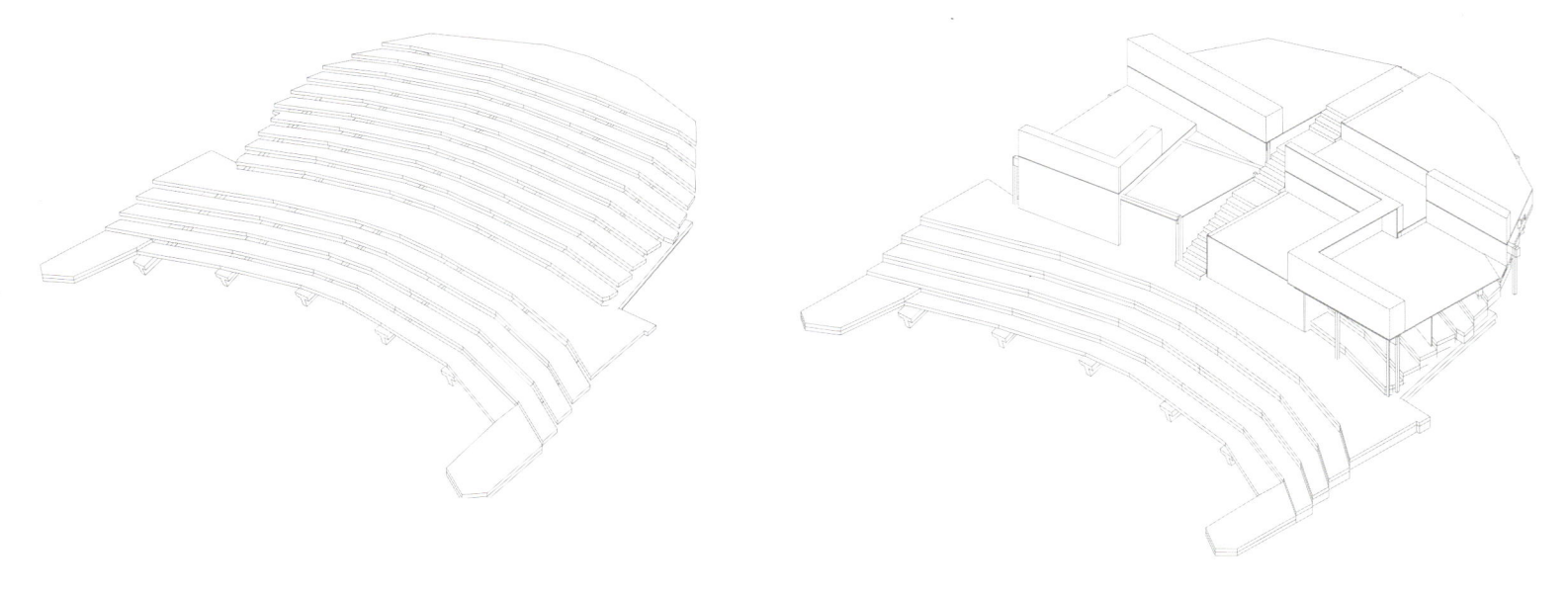

Bastard Store a Milano

design department
showroom
bastard bowl
store
administrative department
storage

Sezione aa, piante del secondo
e del primo livello
Scala 1:400

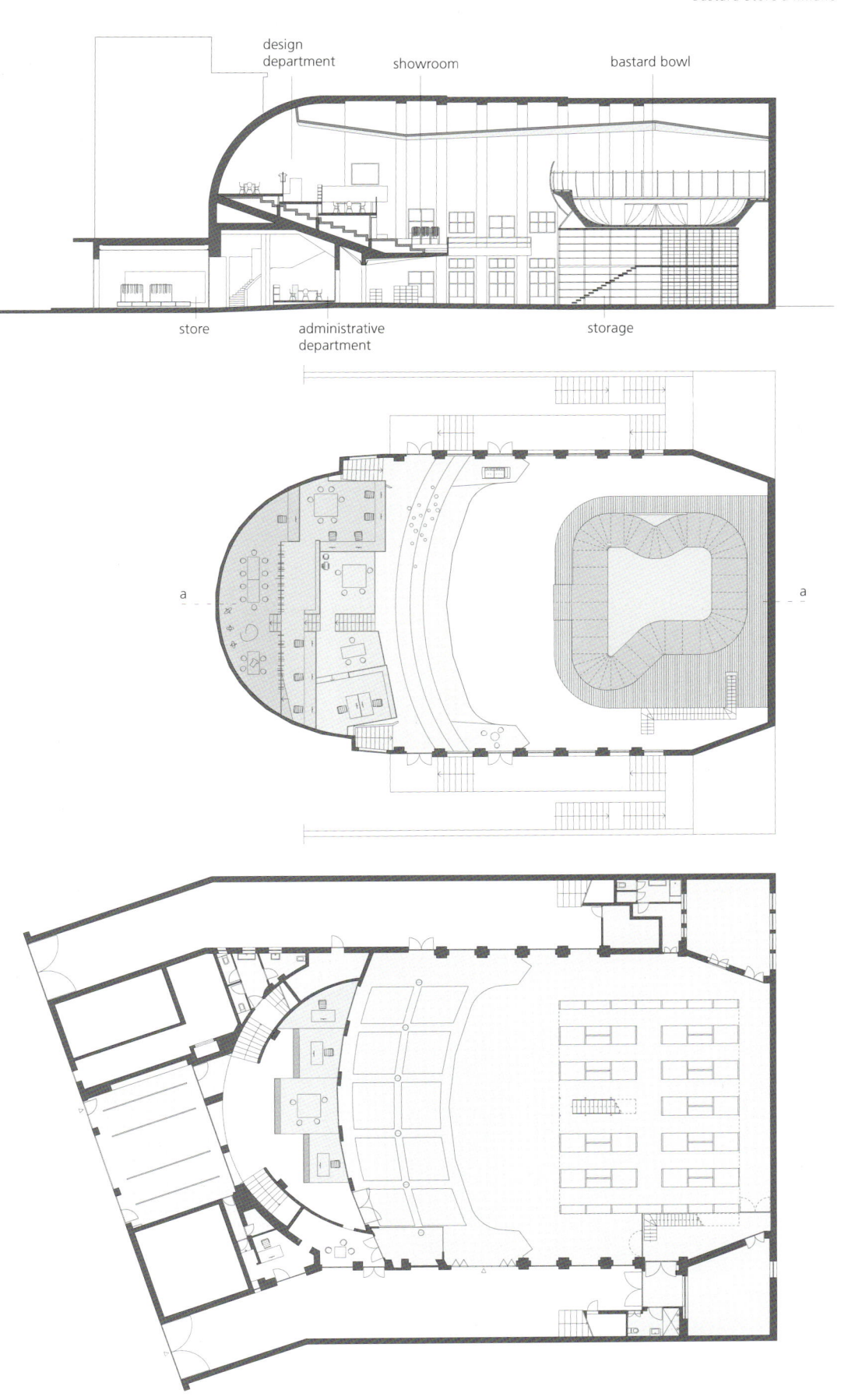

studiometrico

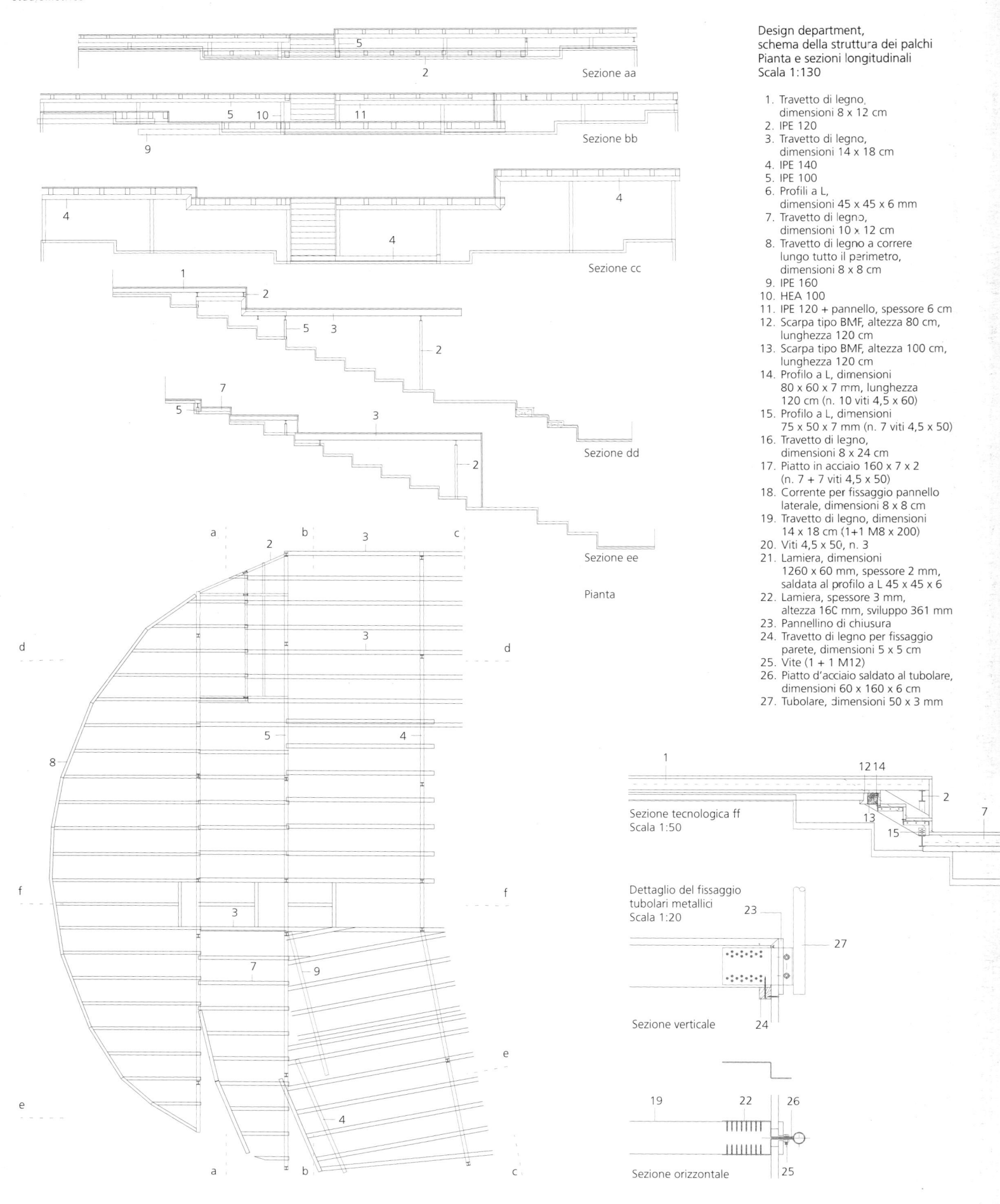

Sezione aa

Sezione bb

Sezione cc

Sezione dd

Sezione ee

Pianta

Sezione tecnologica ff
Scala 1:50

Dettaglio del fissaggio
tubolari metallici
Scala 1:20

Sezione verticale

Sezione orizzontale

Design department,
schema della struttura dei palchi
Pianta e sezioni longitudinali
Scala 1:130

1. Travetto di legno,
   dimensioni 8 x 12 cm
2. IPE 120
3. Travetto di legno,
   dimensioni 14 x 18 cm
4. IPE 140
5. IPE 100
6. Profili a L,
   dimensioni 45 x 45 x 6 mm
7. Travetto di legno,
   dimensioni 10 x 12 cm
8. Travetto di legno a correre
   lungo tutto il perimetro,
   dimensioni 8 x 8 cm
9. IPE 160
10. HEA 100
11. IPE 120 + pannello, spessore 6 cm
12. Scarpa tipo BMF, altezza 80 cm,
    lunghezza 120 cm
13. Scarpa tipo BMF, altezza 100 cm,
    lunghezza 120 cm
14. Profilo a L, dimensioni
    80 x 60 x 7 mm, lunghezza
    120 cm (n. 10 viti 4,5 x 60)
15. Profilo a L, dimensioni
    75 x 50 x 7 mm (n. 7 viti 4,5 x 50)
16. Travetto di legno,
    dimensioni 8 x 24 cm
17. Piatto in acciaio 160 x 7 x 2
    (n. 7 + 7 viti 4,5 x 50)
18. Corrente per fissaggio pannello
    laterale, dimensioni 8 x 8 cm
19. Travetto di legno, dimensioni
    14 x 18 cm (1+1 M8 x 200)
20. Viti 4,5 x 50, n. 3
21. Lamiera, dimensioni
    1260 x 60 mm, spessore 2 mm,
    saldata al profilo a L 45 x 45 x 6
22. Lamiera, spessore 3 mm,
    altezza 160 mm, sviluppo 361 mm
23. Pannellino di chiusura
24. Travetto di legno per fissaggio
    parete, dimensioni 5 x 5 cm
25. Vite (1 + 1 M12)
26. Piatto d'acciaio saldato al tubolare,
    dimensioni 60 x 160 x 6 cm
27. Tubolare, dimensioni 50 x 3 mm

Sezione gg

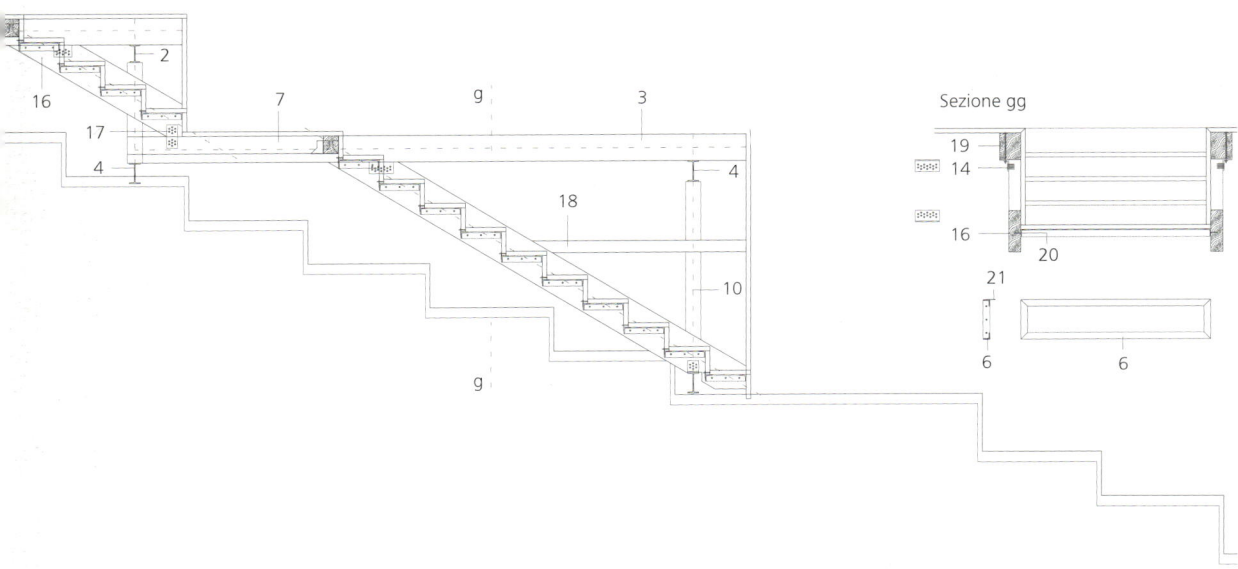

studiometrico

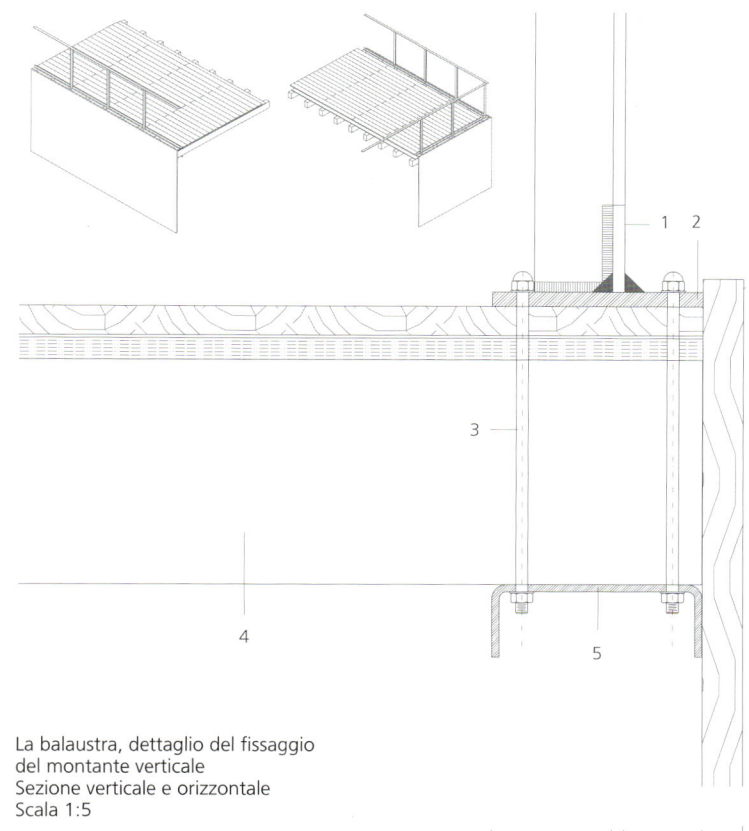

La balaustra, dettaglio del fissaggio
del montante verticale
Sezione verticale e orizzontale
Scala 1:5

Schemi assonometrici

1. Piatto d'acciaio, dimensioni 60 x 8 mm
2. Piatto d'acciaio, dimensioni 140 x 10 mm
3. Vite (1+1 M8)
4. Trave di legno, dimensioni 9,5 x 15,5 cm
5. Profilo a correre, dimensioni 140 x 50 x 5 mm
6. Dadi esagonali ciechi a calotta sferica
7. Profilo T 60

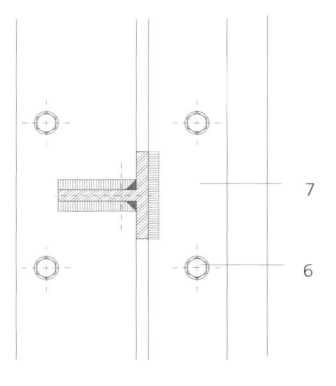

studiometrico

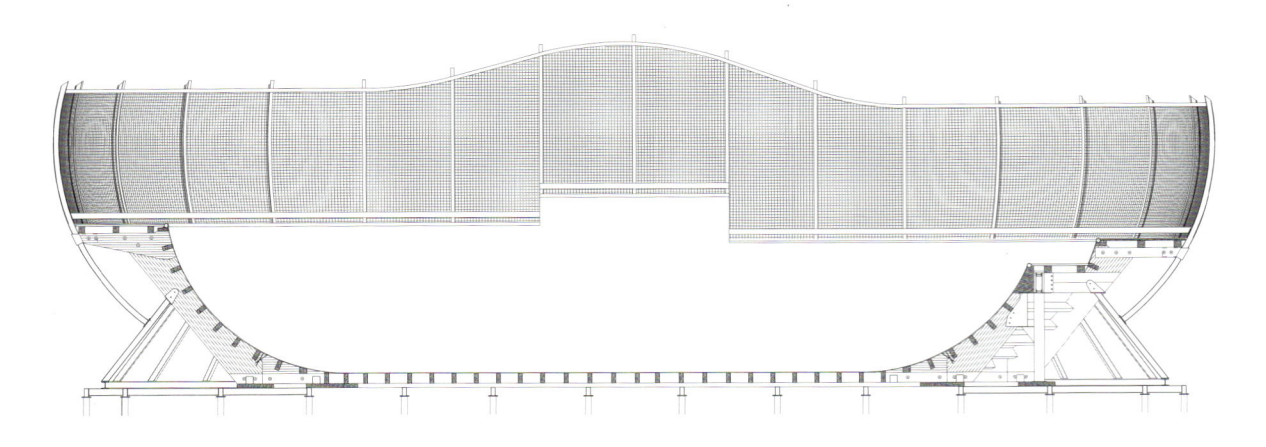

292

La skate bowl
Sezioni verticali e pianta
Scala 1:100

1. Cosciali alti
2. Profili angolari d'acciaio, ciascuno dimensioni 100 x 50 x 6 mm
3. Canalina
4. Profilo a L d'acciaio, dimensioni 100 x 8 mm
5. Piastra di ancoraggio al pilastro
6. Telaio portante della scala
7. Profilo HEA 100
8. Piastra di raccordo in acciaio

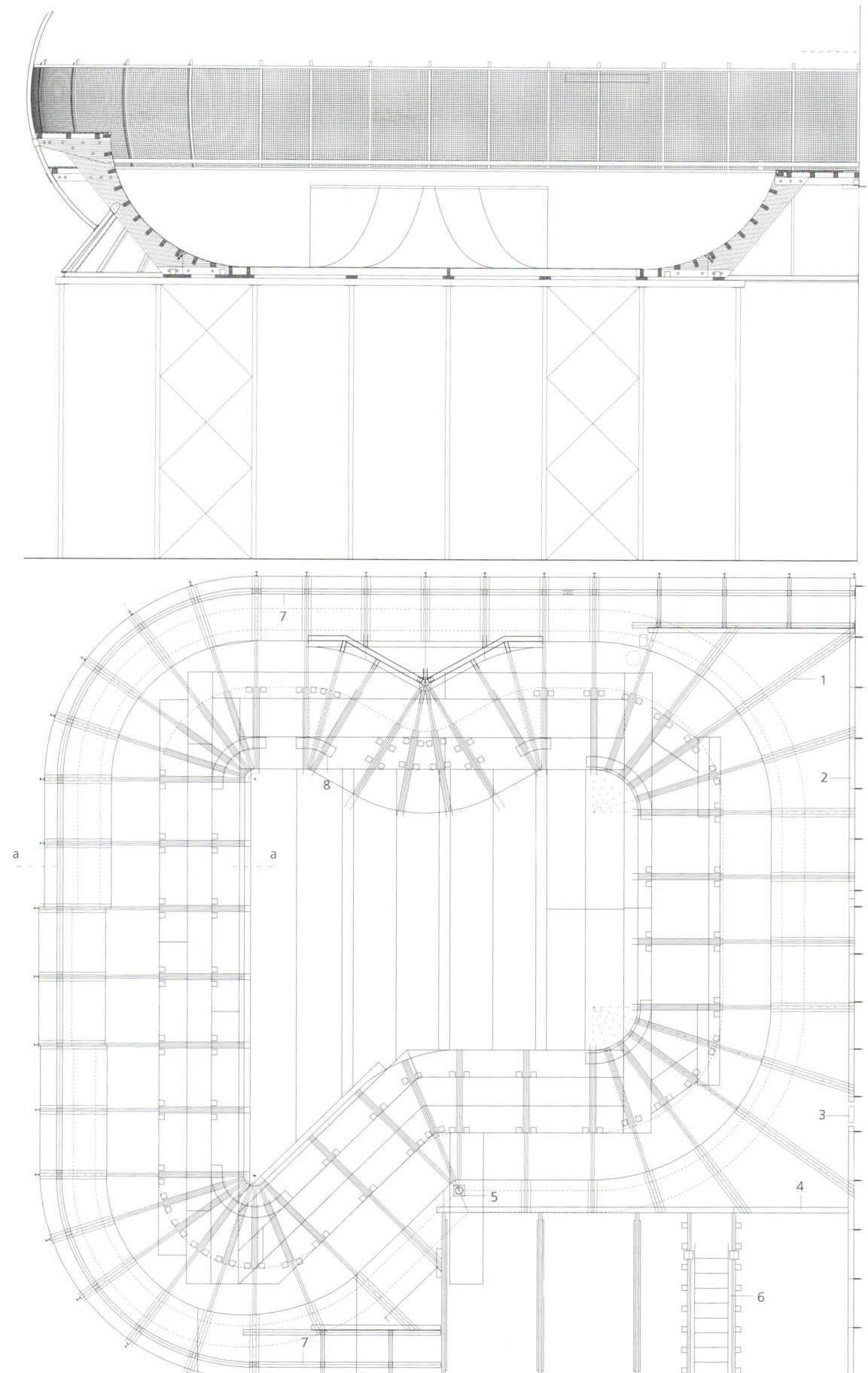

Bastard Store a Milano

294

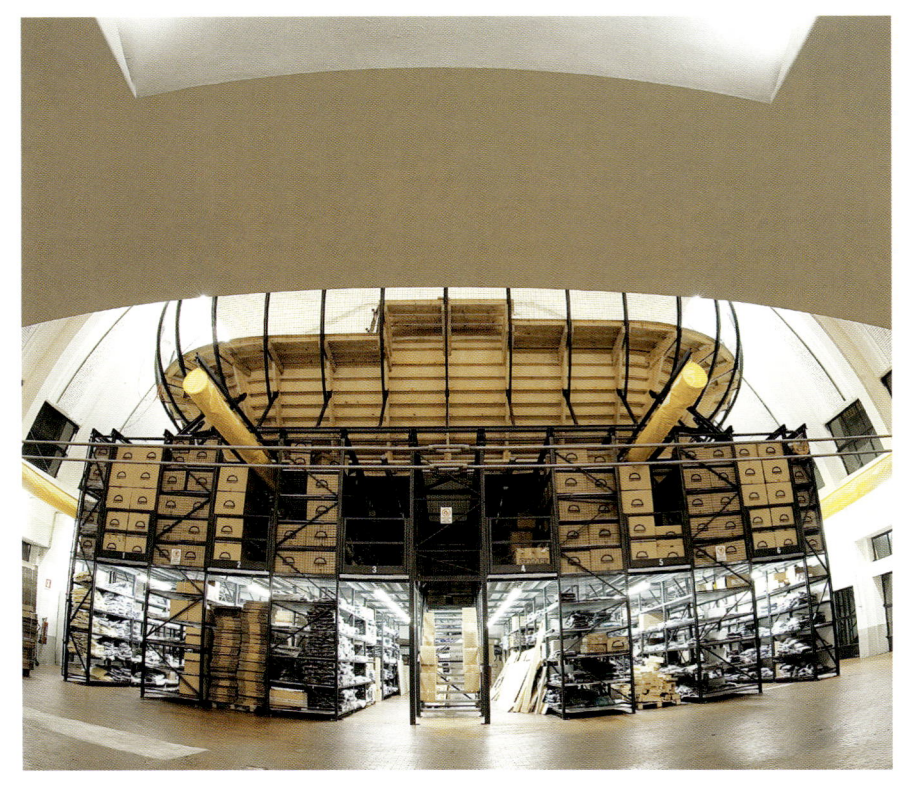

Bastard Store a Milano

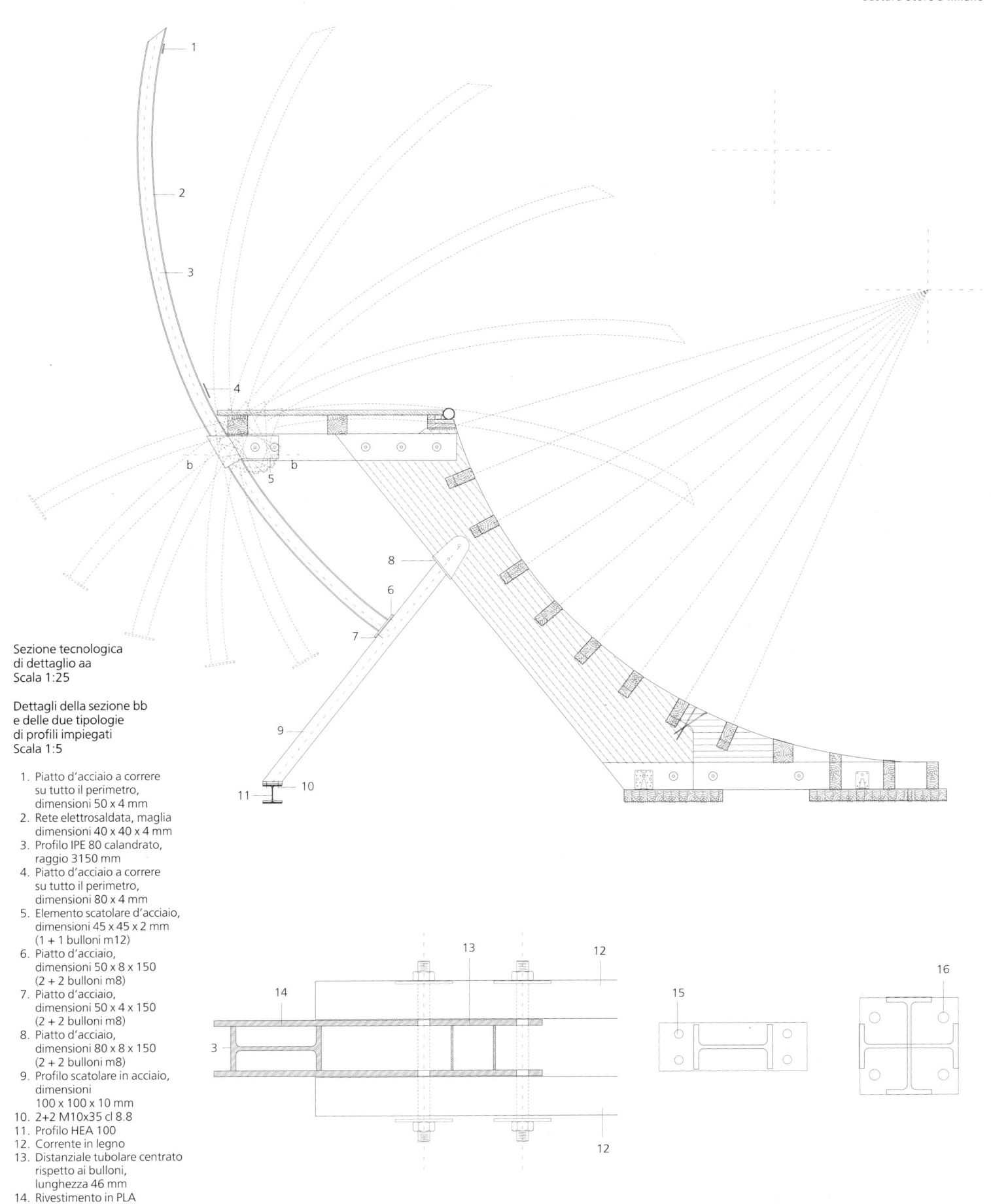

Sezione tecnologica
di dettaglio aa
Scala 1:25

Dettagli della sezione bb
e delle due tipologie
di profili impiegati
Scala 1:5

1. Piatto d'acciaio a correre
   su tutto il perimetro,
   dimensioni 50 x 4 mm
2. Rete elettrosaldata, maglia
   dimensioni 40 x 40 x 4 mm
3. Profilo IPE 80 calandrato,
   raggio 3150 mm
4. Piatto d'acciaio a correre
   su tutto il perimetro,
   dimensioni 80 x 4 mm
5. Elemento scatolare d'acciaio,
   dimensioni 45 x 45 x 2 mm
   (1 + 1 bulloni m12)
6. Piatto d'acciaio,
   dimensioni 50 x 8 x 150
   (2 + 2 bulloni m8)
7. Piatto d'acciaio,
   dimensioni 50 x 4 x 150
   (2 + 2 bulloni m8)
8. Piatto d'acciaio,
   dimensioni 80 x 8 x 150
   (2 + 2 bulloni m8)
9. Profilo scatolare in acciaio,
   dimensioni
   100 x 100 x 10 mm
10. 2+2 M10x35 cl 8.8
11. Profilo HEA 100
12. Corrente in legno
13. Distanziale tubolare
    rispetto ai bulloni,
    lunghezza 46 mm
14. Rivestimento in PLA
15. Fori, Ø 9 mm
16. Fori, Ø 11 mm

studiometrico

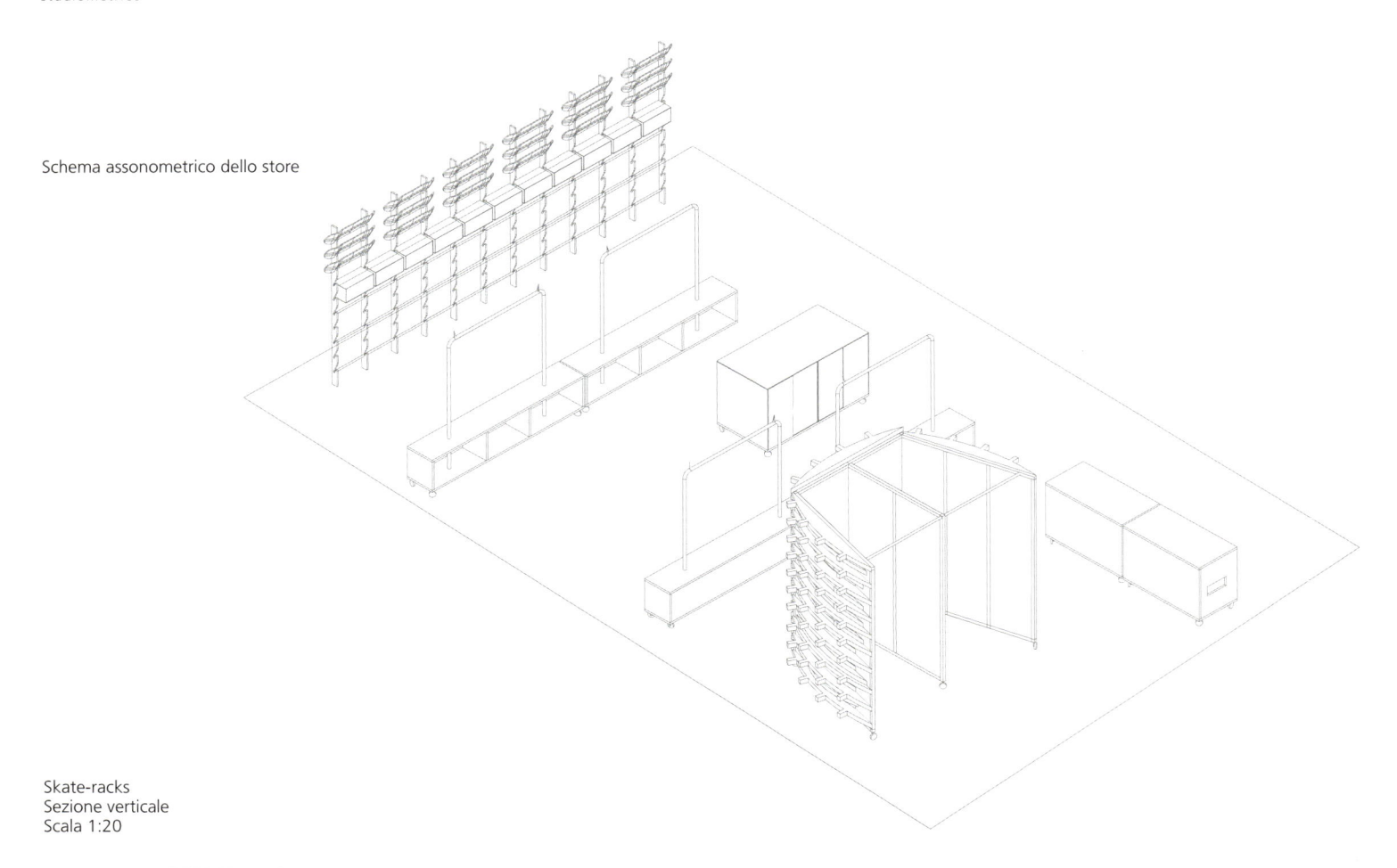

Schema assonometrico dello store

Skate-racks
Sezione verticale
Scala 1:20

Bastard Store a Milano

Schemi assonometrici dell'espositore,
della cassa e del camerino

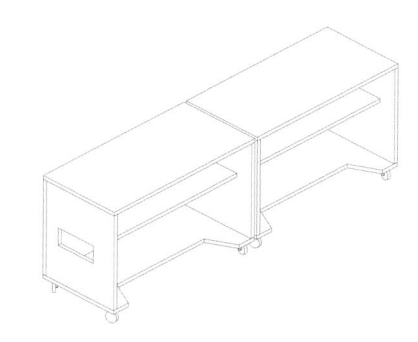

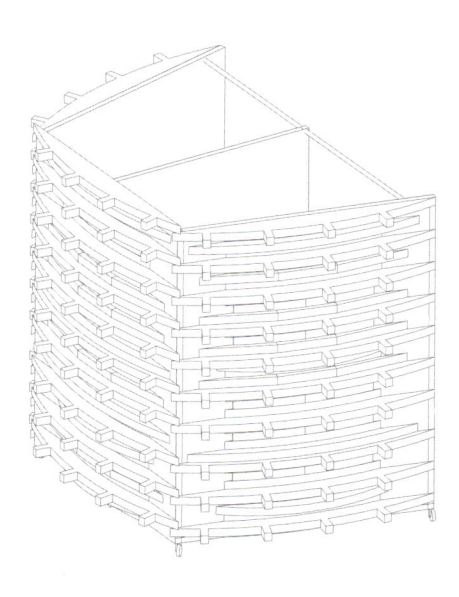

Admin department
Vista frontale
e sezione verticale
Scala 1:200

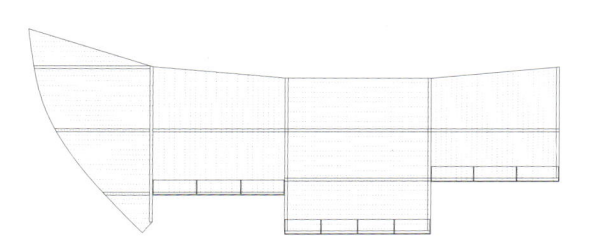

Missoni Hotel a Edimburgo, Scozia (Regno Unito)

indirizzo:	1 George IV Bridge
città:	Edimburgo, Scozia (Regno Unito)
progettista:	Matteo Thun, architetto
collaboratori:	Allan Murray Architects, Dino Georgiou & Partners
interior designers:	Uta Bahn, Manuela Bernasconi, Barbara Klopp, Sabrina Pinkes, Anna Worzewski
consulenti:	Michael Catoir - project manager
periodo di realizzazione:	2006 - 2009
committente / proprietario:	Rezidor Hotel Group
tipologia intervento:	design degli interni
destinazione intervento:	ospitalità
dimensioni:	8.630 mq
altre informazioni:	129 stanze, 7 suites, bar, ristorante, sala da ballo, sala conferenze
imprese esecutrici:	Markus Schober - parquet Trend Group s.p.a. - mosaici TJ Vestor / Missoni - moquette e tendaggi NCS Color System - finiture Artemide, Bestlite, FontanaArte s.p.a., Foscarini, Ingo Maurer, Moooi - illuminazione Artifort, B&B Italia, Cappellini, Cassina s.p.a., De Padova, Djob A/S, Maxalto, Mc Selvini, Zanotta - mobili Missoni - manufatti, vasellame, decorazioni

Matteo Thun & Partners

Matteo Thun, architetto
via Appiani, 9
Milano

www.matteothun.com
info@matteothun.com

Matteo Thun nasce a Bolzano nel 1952 e studia presso l'Accademia di Salisburgo sotto Oskar Kokoschka. Nel 1975 si laurea in Architettura a Firenze con Adolfo Natalini e nel 1978 si trasferisce a Milano, dove collabora con Ettore Sottsass. Nel 1981 è il cofondatore del Gruppo Memphis, il movimento di progettazione che opera negli anni Ottanta. L'anno successivo ottiene la cattedra di design del prodotto e della ceramica presso l'Accademia di Vienna per le Arti Applicate. Nel 1984 fonda lo Studio Matteo Thun, con sede a Milano, e dal 1990 al 1993 è Direttore Creativo della Swatch. Matteo Thun riceve il Premio ADI Compasso d'Oro per l'eccellenza nel design per ben tre volte. Il suo Side Hotel ad Amburgo viene nominato Hotel dell'Anno nel 2001, il Vigilius Mountain Resort, sul Monte San Vigilio, in Trentino Alto Adige, ottiene il Premio Wallpaper Design nel 2004 e l'Hotel Radisson SAS a Francoforte viene scelto come miglior hotel nell'ambito del Premio Worldwide Hospitality nel 2005.

Il Missoni Hotel di Edimburgo, curato dallo Studio Matteo Thun & Partners, è un lussuoso cinque stelle situato in posizione privilegiata, all'angolo tra il Ponte di George IV e il Royal Mille. Prima di occuparsi dell'Hotel, lo Studio ha curato per il marchio Missoni l'allestimento di una delle sue più prestigiose boutiques, quella situata in Madison Avenue a New York. In linea con la filosofia dei negozi monomarca sparsi in tutto il mondo, anche per il progetto dell'Hotel è stata impiegata immensa cura nella scelta dei tessuti e nell'accostamento di fantasie e colori. L'architettura si coniuga con il concetto di ospitalità e diventa una scienza sartoriale, capace di creare ambienti semplici e accoglienti, universali, perché esportabili con poche modifiche in diversi Paesi, ma anche unici per la selezione di toni cromatici, trame e luci. «Fashion, function form and service» è la formula magica applicata da Rosita Missoni, che ha seguito in prima persona il progetto. Sin dalla hall, l'Hotel esprime lo stile inequivocabile che contraddistingue Missoni Fashion e, soprattutto, Home, con le sue collezioni di interior decoration. Molti dettagli, dalla biancheria all'arredo, dai tendaggi ai tappeti, così come le tovaglie e i piatti del ristorante Cucina e del Bar fanno parte della Collezione Missoni Home. L'arredamento gioca su un'armonia di forme e colori che pervade gli spazi comuni, i saloni, i corridoi, le stanze, i bagni e persino i sorprendenti ascensori rivestiti a righe. La firma Missoni traspare nell'uso dei toni brillanti, che si alternano e vibrano in contrasto con il più austero binomio del bianco e nero. Ci sono poi alcuni tocchi di design come la sedia di Hans Wegner Wishbone, il tavolo di Charles Rennie Mackintosh, omaggio alla Scozia, la poltrona Donna di Gaetano Pesce. Tutto nell'Hotel trasmette i valori di accoglienza della famiglia italiana tradizionale. I vasi giganti in mosaico posti all'ingresso sono simboli di riconoscimento comuni anche agli altri alberghi del marchio Missoni in corso di realizzazione (Kuwait City, Cape Town, Oman, Brasile). Originariamente pensati da Rosita e Luca Missoni in quattro varianti di colore e due diverse dimensioni (250 e 300 cm), i vasi fuori scala ripropongono i tipici motivi, i grafismi e i colori della maison e sono realizzati in esclusiva per Missoni Home, assemblando tessere di vetro tagliate a mano. Rosita Missoni afferma però che «è nel bagno che si riconosce più che altrove la mano Missoni. È quello più colorato, insieme alla cucina, che è addirittura a pois». Nei bagni dell'Hotel è stato utilizzato il Corian di DuPont in una tonalità verde muschio. Il Corian, materiale versatile, resistente e setoso, nelle tonalità più pallide si presta ai giochi di luce; la sua superficie traslucente, se retroilluminata, esalta i grafismi, tipo il classico "zig zag" Missoni. L'estrema attenzione per i dettagli rende esclusiva l'ospitalità offerta al viaggiatore o all'uomo d'affari non solo per una questione di estetica ma anche di stile di vita. Il calore, la ricchezza cromatica e un'accurata illuminazione creano un'atmosfera suggestiva e unica.

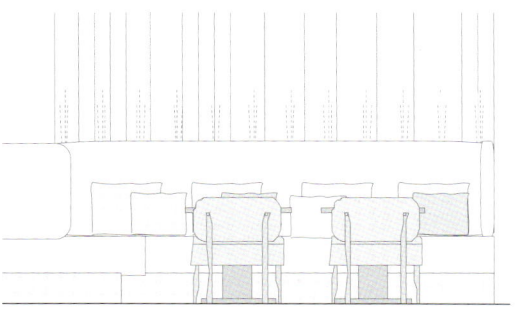

Sistema delle sedute
e banco bar
Viste frontali e sezione
Scala 1:50

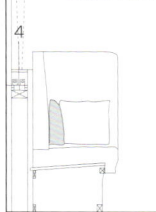

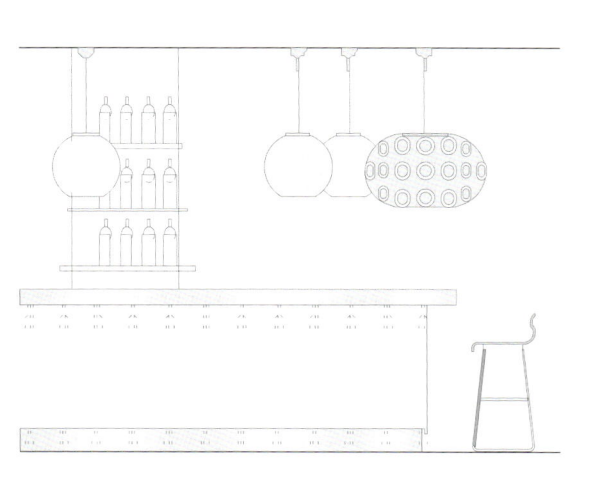

Dettaglio del bancone
e del sistema di retro
illuminazione
Sezione verticale
Scala 1:10

1. Sorgente luminosa
   principale a incasso
   nel vano inferiore
   al piano d'appoggio
2. Sorgente luminosa
   secondaria a incasso
3. Sorgente luminosa
   per illuminazione
   del retro bancone
4. Sorgente luminosa
   lineare a incasso dietro
   lo schienale della seduta

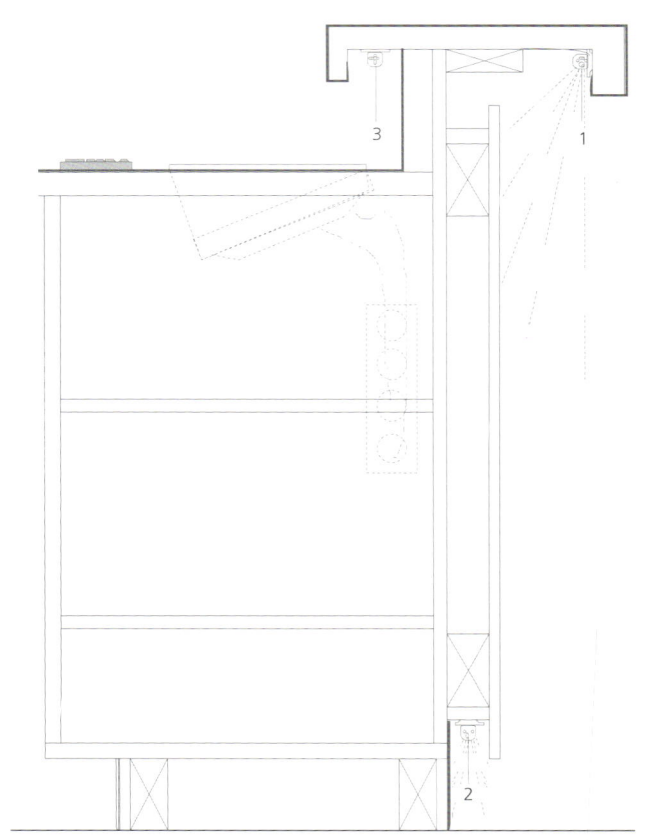

Missoni Hotel a Edimburgo, Scozia (Regno Unito)

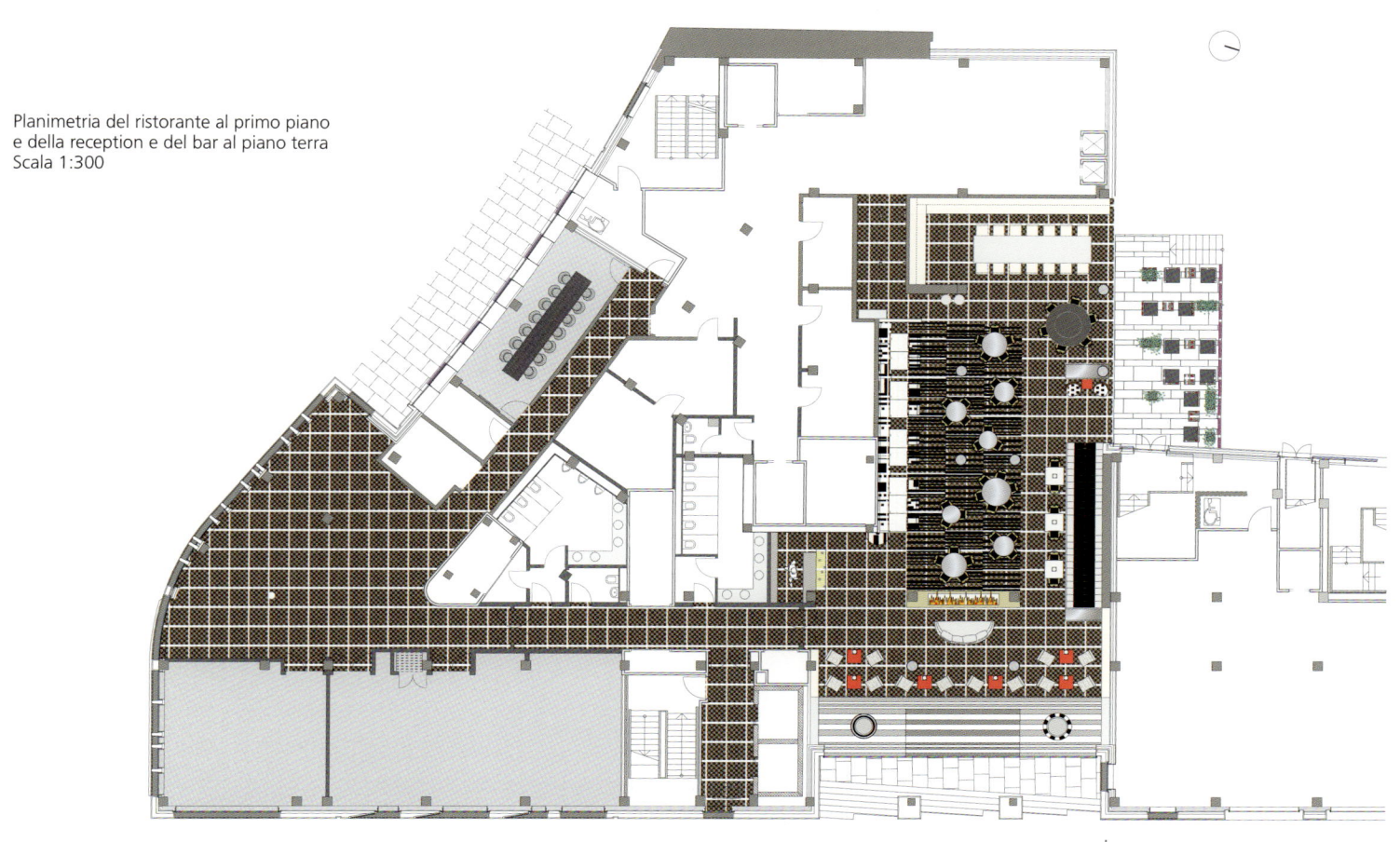

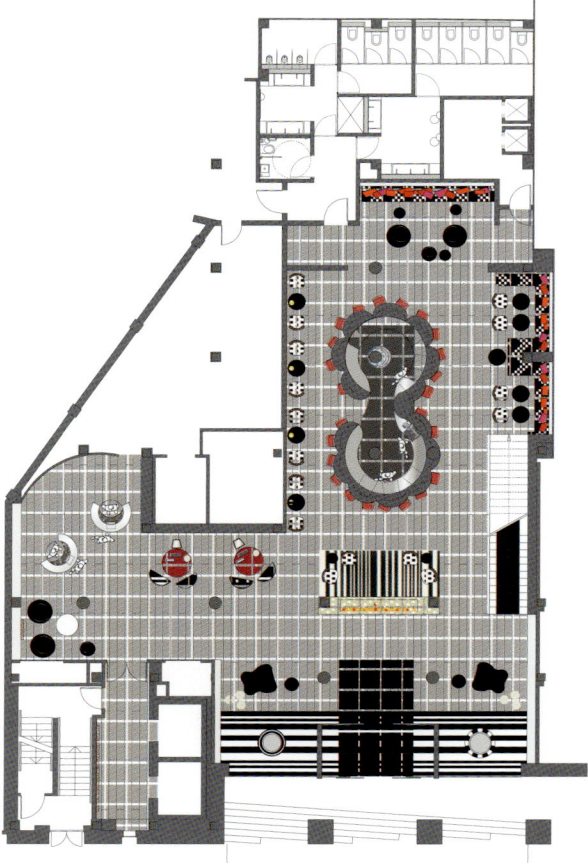

Planimetria del ristorante al primo piano
e della reception e del bar al piano terra
Scala 1:300

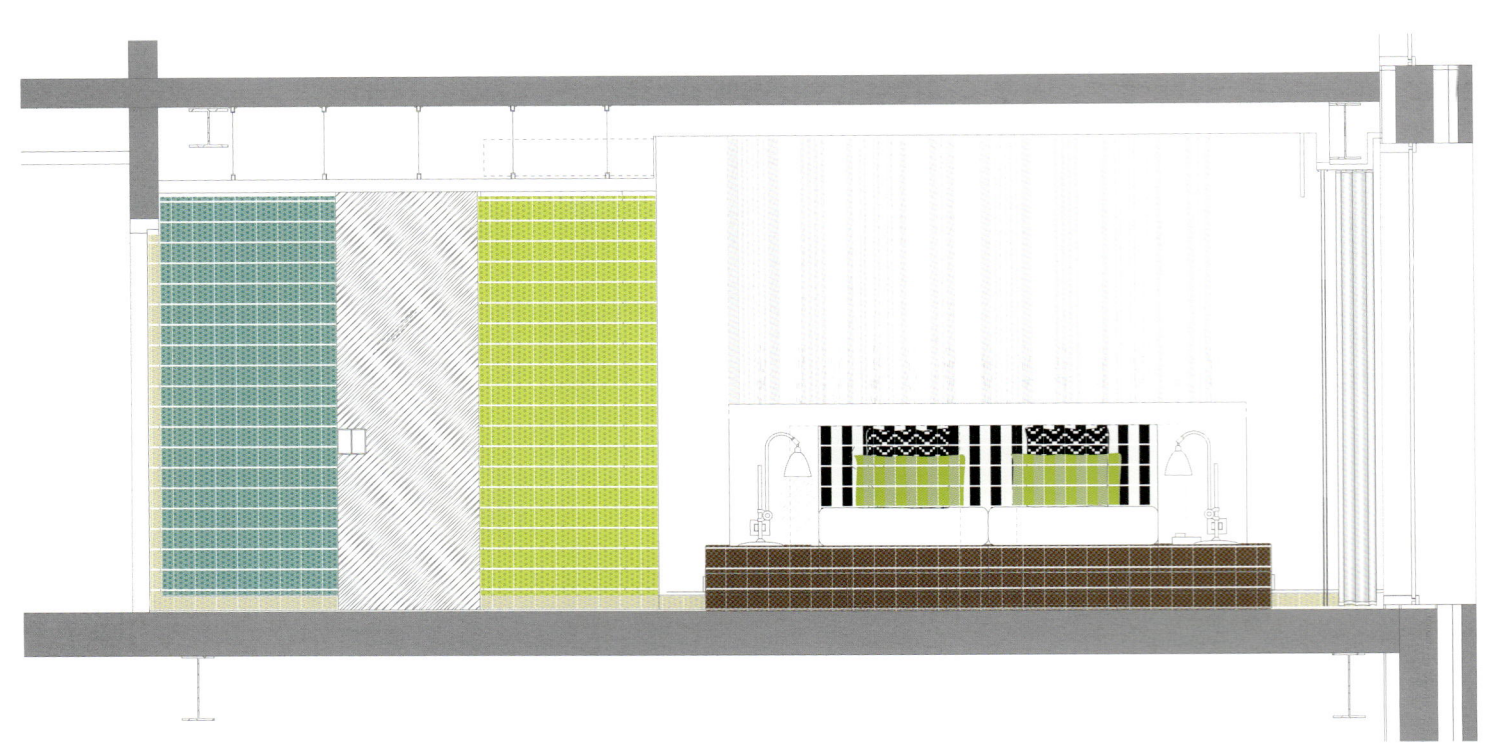

Camera tipo
Sezione longitudinale e pianta
Scala 1:40

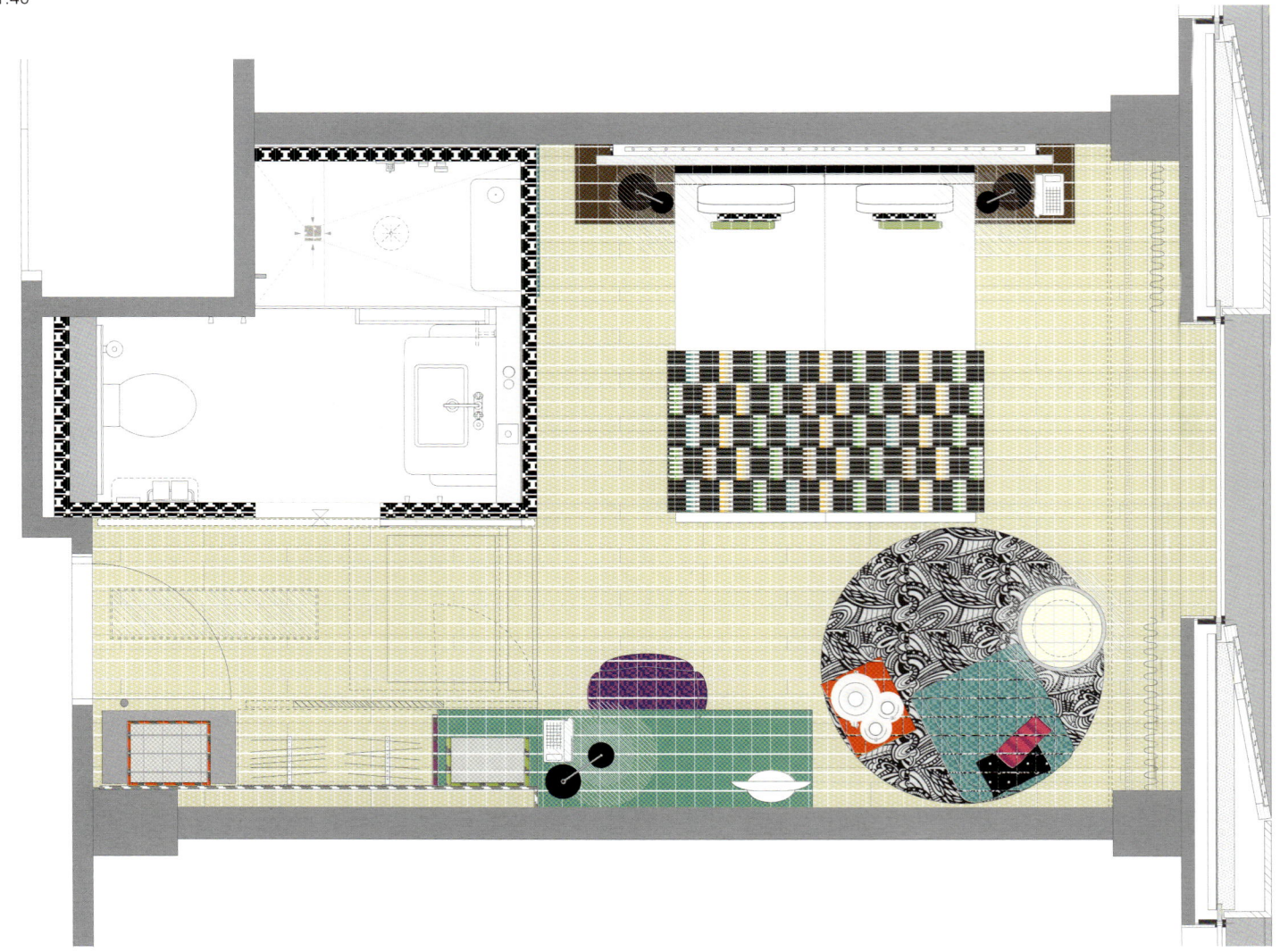

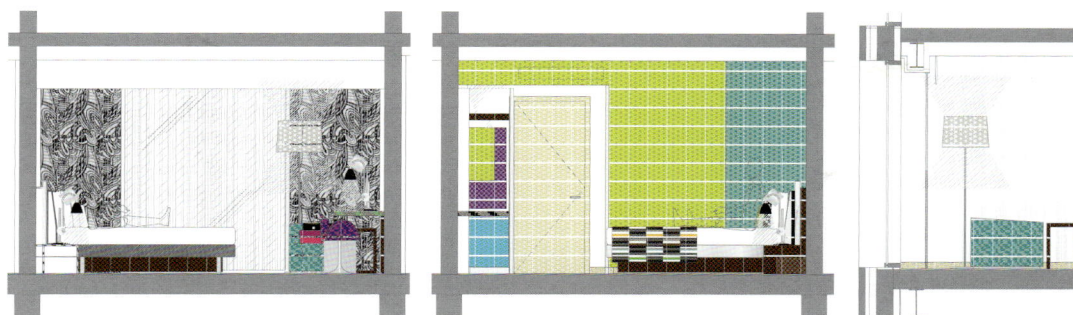

Missoni Hotel a Edimburgo, Scozia (Regno Unito)

Sezioni trasversali
Scala 1:80

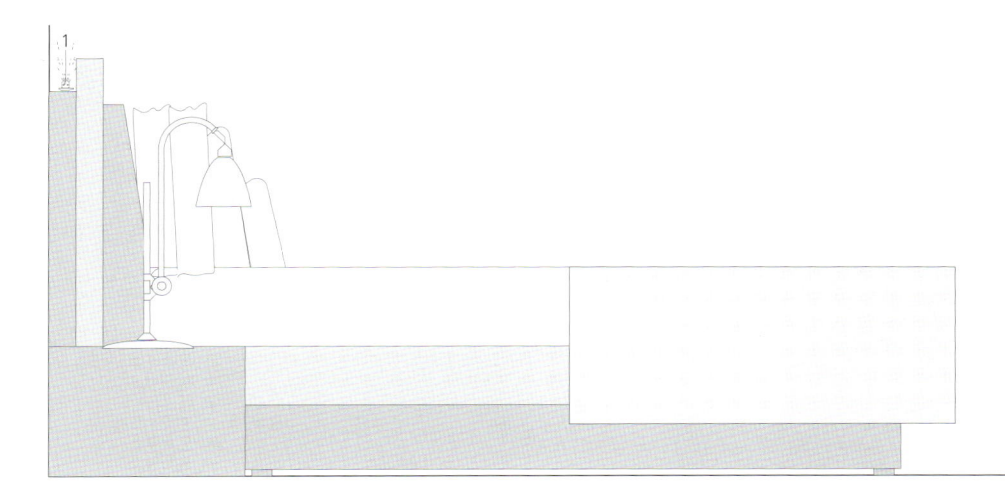

Dettaglio del letto e del sistema di retro illuminazione
Sezione longitudinale
Scala 1:20

1. Sorgente luminosa a scomparsa dietro la testiera

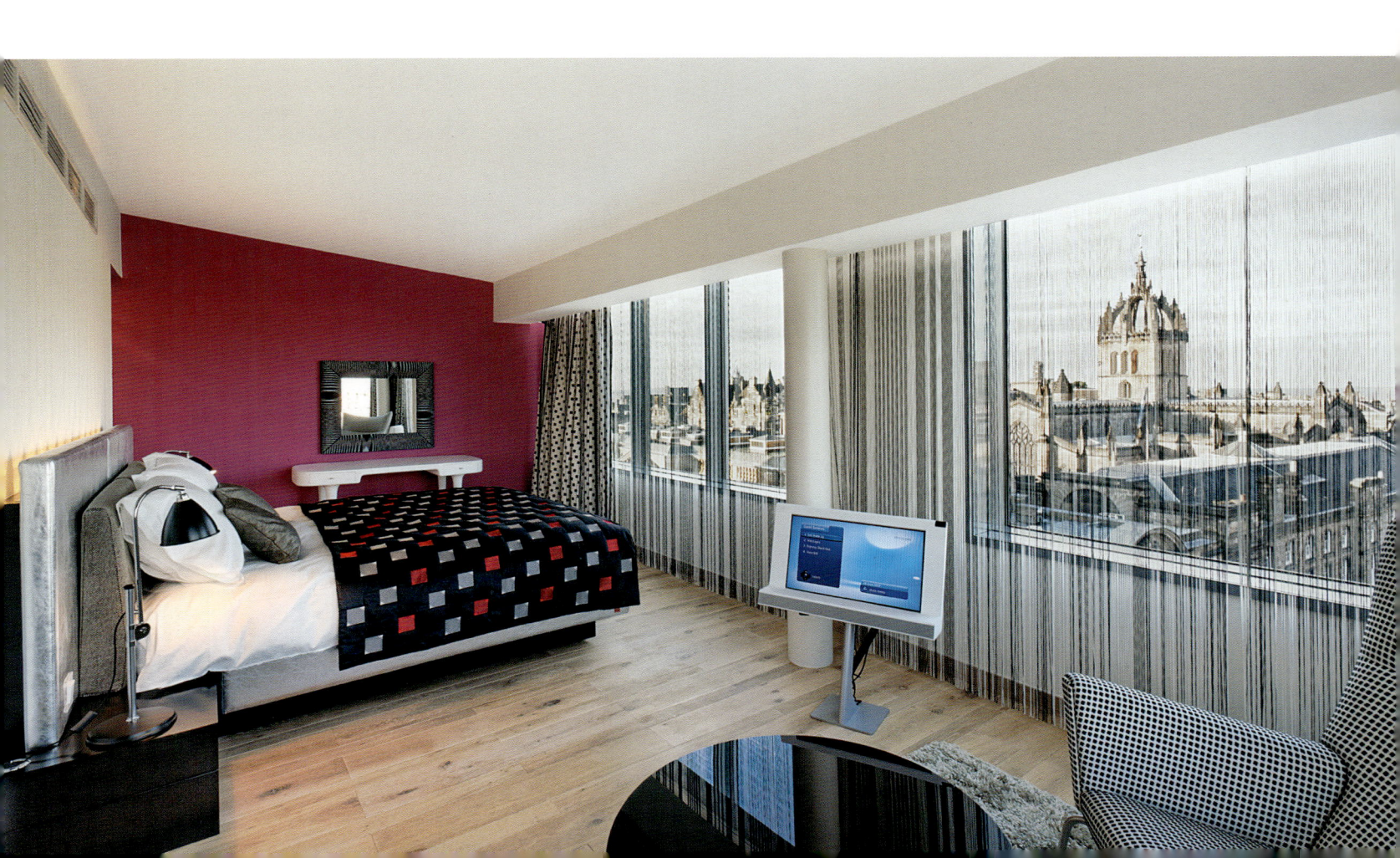

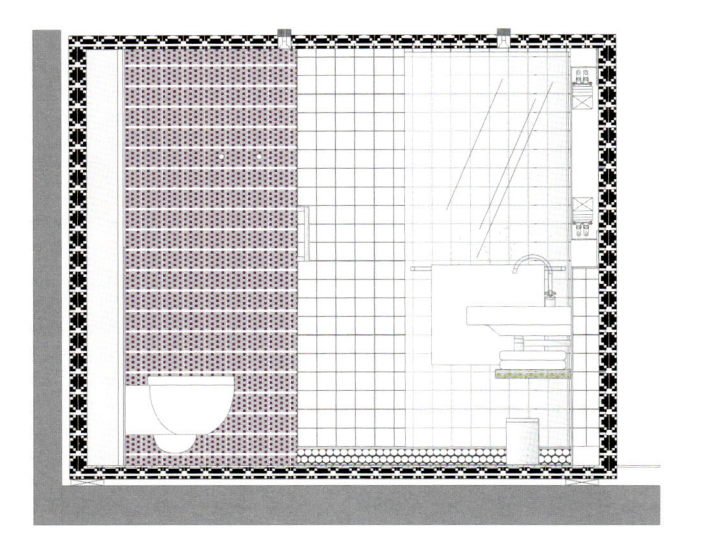

Bagno tipo
Pianta con il rivestimento in piastrelle, sezioni longitudinali
Scala 1:40

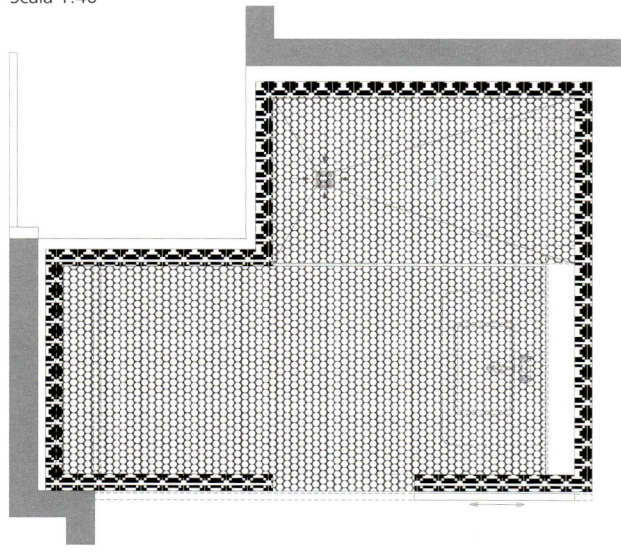

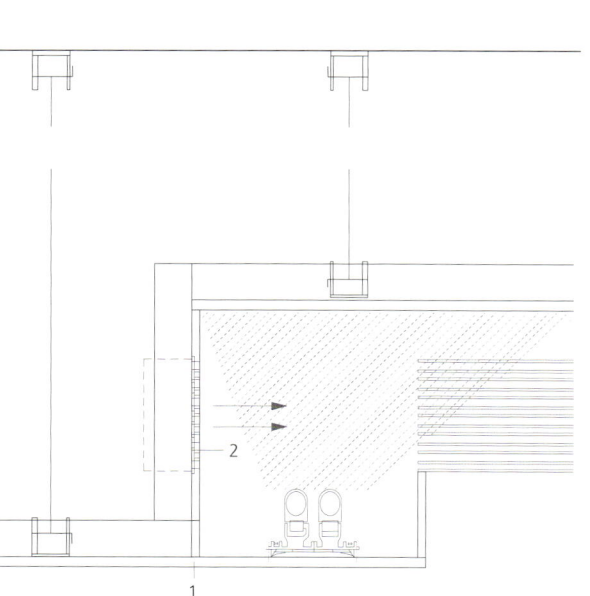

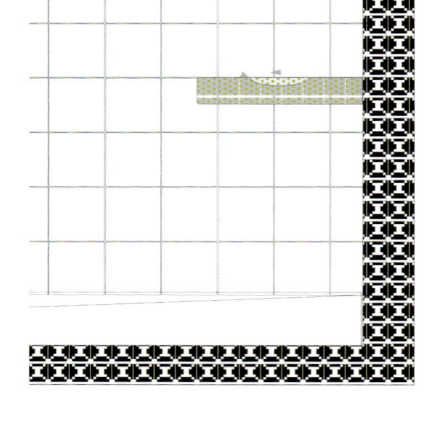

Dettaglio
del cielino sospeso
con retrolliminazione
ad incasso e griglia
di ventilazione
Sezioni verticali
Scala 1:10

1. Cielino sospeso
2. Griglia
   di ventilazione
3. Estrazione d'aria,
   gap 25 mm

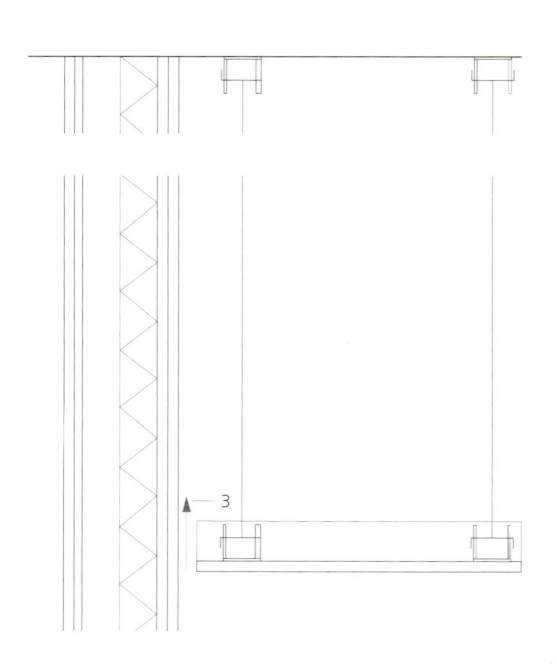

Missoni Hotel a Edimburgo, Scozia (Regno Unito)

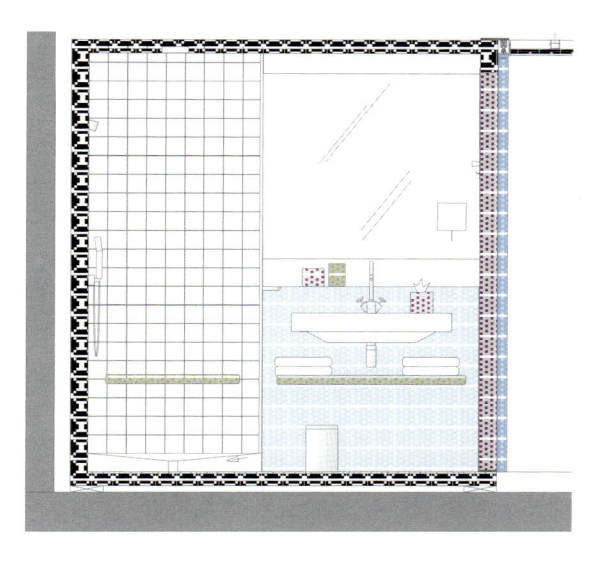

Sezioni trasversali
Scala 1:40

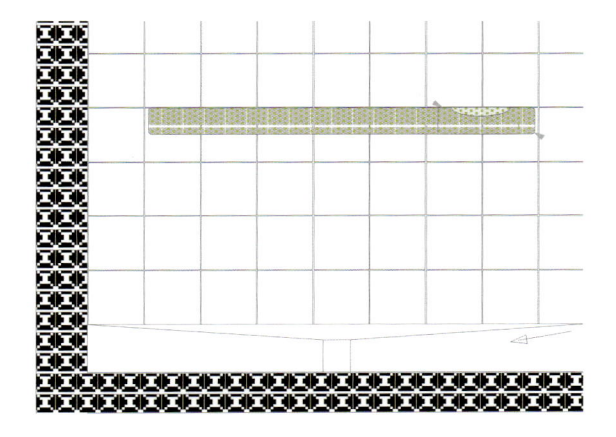

Dettaglio della panca nella doccia
Pianta, sezioni longitudinale e trasversale
Scala 1:15

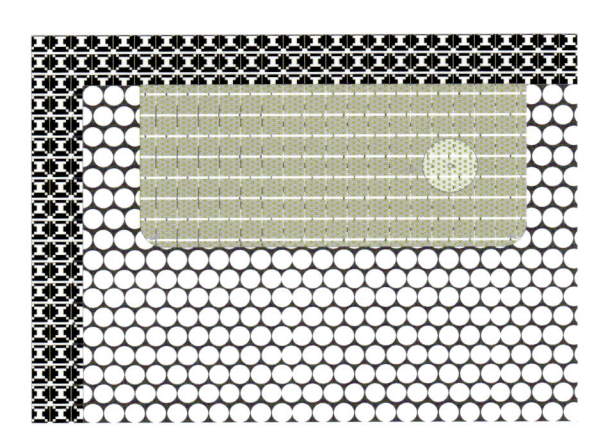

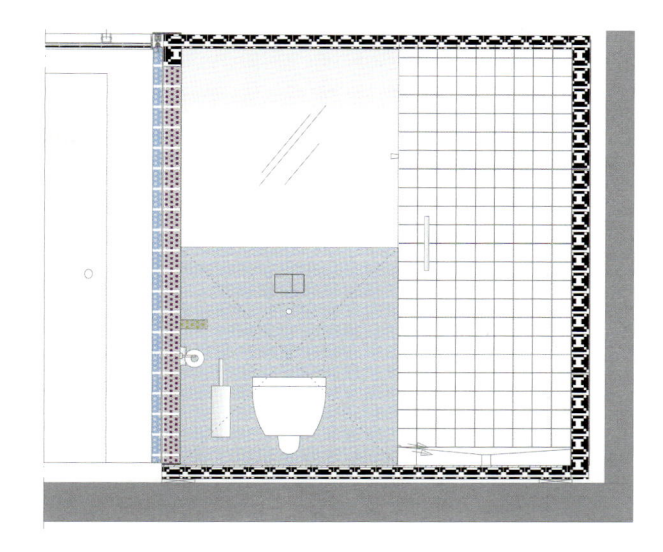

305

Toolbox a Torino

indirizzo:	via Agostino da Montefeltro, 2
città:	Torino
progettista:	Caterina Tiazzoldi, architetto
collaboratori:	Andrea Balzano, Giulia Bonavia, Tania Branquinho, Helene Cany, Chiara Caramassi, Lorenza Croce, Mauro Fassino, Monica Pianosi
consulenti:	Aurelio Balestra, Giulio Milanese - sviluppo concept
periodo di realizzazione:	2009 - 2010
committente / proprietario:	Toolbox s.r.l.
tipologia intervento:	ristrutturazione
destinazione intervento:	uffici / terziario
dimensioni:	1.200 mq
altre informazioni:	reception, area relax, sala stampanti, cucina, patio, sale riunioni, area coworking con 44 postazioni, area lobby
imprese esecutrici:	Arte Superfici - cubetti area lobby Climacontrol - condizionamenti Kgesso - cartongessi Expansione - gestione automatizzata Safem - serramenti Berto Prototipi - bolle del cubo-bar A&D Legno - manufatti in legno Francesco Laurenzano - manufatti in ferro Franco Cessario C.G.F. - impianto elettrico Giussani - pavimento nero Roberto Gerace, R.G. - vernice a mano IKEA - mobili e divani Valentina Montresor - grafica
costi di realizzazione:	450.000 euro

Caterina Tiazzoldi - Nuova Ordentra

Caterina Tiazzoldi, architetto

via Fratelli Calandra, 6
Torino

www.tiazzoldi.org
info@tiazzoldi.org

Caterina Tiazzoldi - Nuova Ordentra (Torino, New York), è uno Studio il cui profilo è caratterizzato da una forte interazione tra ricerca e pratica professionale.
Con la ricerca Adaptable Components, lo Studio investiga le trasformazioni dello spazio al variare di condizioni storiche, concettuali, materiche, economiche e culturali. Questa metodologia è stata declinata nel product design (Parametric Bookshelevs e Napping Pod), nelle istallazioni (Onion Pinch e Porcupine), negli spazi commerciali (Parametric Stalactites) e nei workplaces (Toolbox e Clinica Dentale Rossini).
Lo Studio ha ricevuto molti riconoscimenti internazionali (nomination Cooper Hewitt National Design Award, menzione d'onore Biticino Contech Award) ed è stato invitato a molti eventi: Torino World Design Capital, selezione di giovani talenti di Giulio Cappellini per il Temporary Museum for New Design, Experimenta Design Lisbona e Minimaousse presso il Museo Cité de l'Architecture et du Patrimoine a Parigi.

Toolbox è un incubatore professionale ottenuto dalla ristrutturazione di un edificio industriale di Torino situato nei pressi della ferrovia, già rimodellato negli anni Settanta. Il progetto è stato pensato per rispondere alle esigenze di una città in fase di profonda trasformazione, sempre meno legata al lavoro tradizionale, organizzato in aziende e uffici individuali, e sempre più caratterizzata dalla presenza di liberi professionisti in cerca di spazi condivisi e di una nuova socialità. In un'epoca in cui si può lavorare da qualsiasi luogo con un portatile e una connessione wi-fi, cosa si ricerca in uno spazio di lavoro? Come si può rispondere alle pluralità di esigenze di utenti che arrivano da contesti completamente diversi? Il concept progettuale di Toolbox unisce pluralità di utenti e coerenza di insieme, socievolezza e privacy, relax e concentrazione. Dal punto di vista funzionale, l'intervento è consistito nel creare un open space con 44 postazioni individuali insieme ad altri servizi e attività. L'obiettivo era di mantenere intatta e visibile la struttura originaria. La campata principale dell'edificio è stata suddivisa longitudinalmente con l'inserimento di una serie di "volumi filtro" usati come vani tecnici per contenere impianti ed armadiature. Sul lato rivolto verso il corridoio, si affacciano i volumi e le scatole contenenti i servizi comuni del centro: sale riunioni, locali stampanti, spazi d'incontro informali, cassette delle lettere, il patio e la cucina. All'atto progettuale, la coesistenza fra uniformità e pluralità si basa su un metodo combinatorio derivato dalla ricerca Adaptable Component. La varietà deriva dalla declinazione e dalla trasformazione di un'unica regola progettuale che enfatizza l'idea di molteplicità. Elementi voltimetricamente identici, come le scatole che si affacciano sul corridoio, sono stati resi tra loro riconoscibili attraverso la declinazione dei materiali usati (impiegando diverse tipologie di sughero, smalti, ecc.). Questo intervento ha permesso di migliorare le performance termiche e acustiche dei volumi e dello spazio nel suo complesso. L'intento è stato quello di trasmettere l'impressione di una convivenza armoniosa di vari mondi e riferimenti culturali. Il principio di declinazione e trasformazione di uno stesso elemento è stato perseguito anche differenziando il colore dei pavimenti in caucciù naturale delle sale riunioni, alternando il rivestimento fonoisolante dei piccoli pod cabine telefoniche, modulando diametri, colori e livelli di trasparenza delle bolle che costituiscono la texture esterna del cubo-bar. Il concetto di partenza è quindi stato quello di declinare pochissimi elementi in tante varianti, per rispondere alla pluralità delle esigenze degli utenti. Ad esempio, le pareti della zona di ingresso sono ottenute con 500 varianti di un unico cubetto bianco. Il disegno complessivo è stato ottenuto con un software parametrico che genera infinite configurazioni a partire da uno stesso modello digitale. Allo stesso modo le griglie del condizionamento sono state ottenute da un unico modello che ricalcola la dimensione e posizione delle forature sulla base dello scambio di aria richiesto in ogni ambiente. Lo stesso principio è stato applicato anche nella gestione degli spazi orientata verso una flessibilità sostenibile che si basa sulla varietà degli usi, ottenuta grazie all'uso combinatorio di poche funzioni (coworking, sale riunioni, cucina, patio, posteggi) da cui derivare un numero quasi illimitato di scenari. Un sistema di automazione centralizzato per il controllo di luci, accessi, servizi (utilizzo stampanti, telefoni) permette a ogni utente di soddisfare le sue specifiche esigenze. Grazie alle caratteristiche di versatilità e apertura, Toolbox è cresciuto come un organismo urbano che trae forza dalla complessità, dalla varietà e dalla mutevolezza della città contemporanea.

Caterina Tiazzoldi - Nuova Ordentra

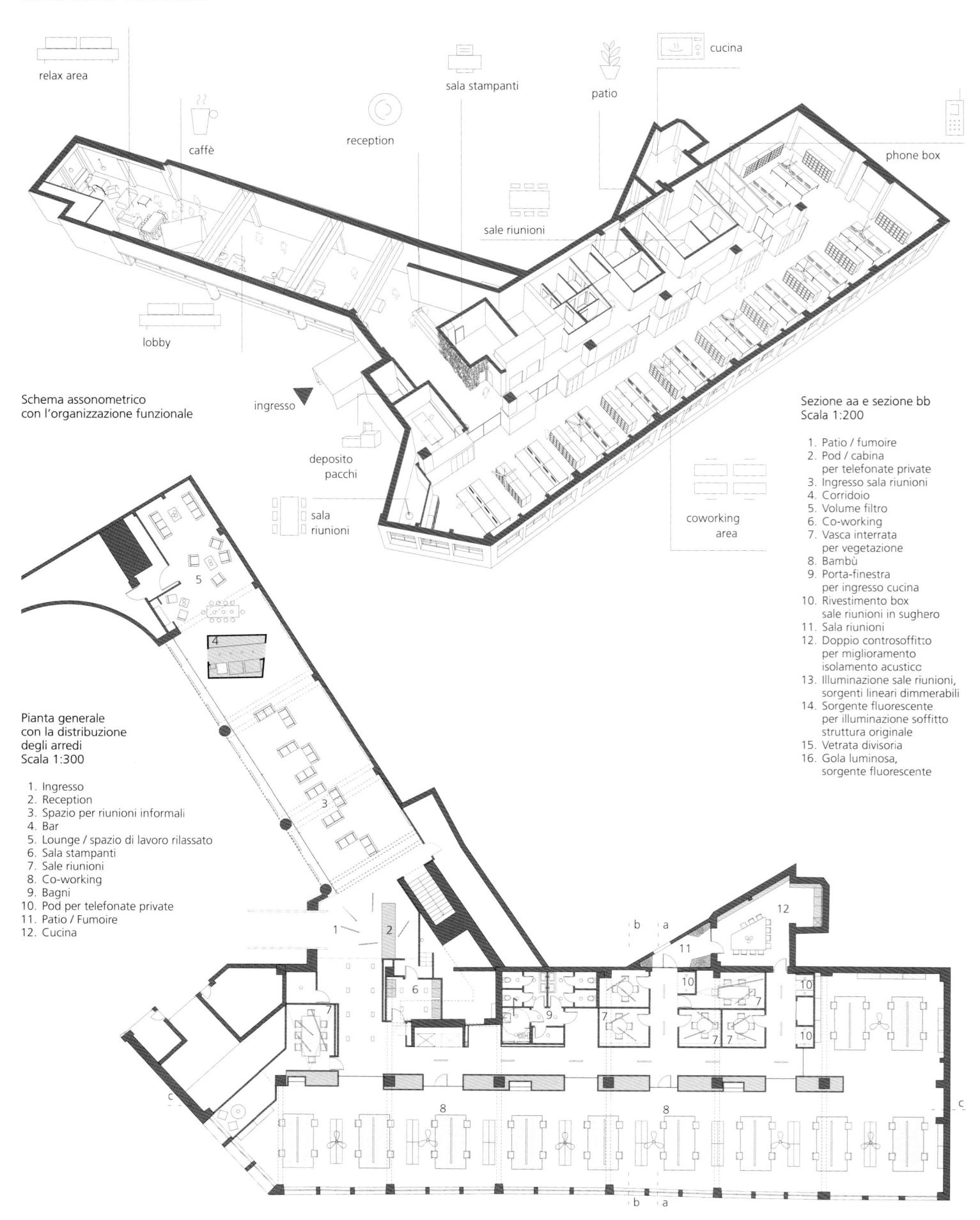

relax area

caffè

sala stampanti

patio

cucina

reception

sale riunioni

phone box

lobby

ingresso

deposito pacchi

sala riunioni

coworking area

Schema assonometrico
con l'organizzazione funzionale

Sezione aa e sezione bb
Scala 1:200

1. Patio / fumoire
2. Pod / cabina
   per telefonate private
3. Ingresso sala riunioni
4. Corridoio
5. Volume filtro
6. Co-working
7. Vasca interrata
   per vegetazione
8. Bambù
9. Porta-finestra
   per ingresso cucina
10. Rivestimento box
    sale riunioni in sughero
11. Sala riunioni
12. Doppio controsoffitto
    per miglioramento
    isolamento acustico
13. Illuminazione sale riunioni,
    sorgenti lineari dimmerabili
14. Sorgente fluorescente
    per illuminazione soffitto
    struttura originale
15. Vetrata divisoria
16. Gola luminosa,
    sorgente fluorescente

Pianta generale
con la distribuzione
degli arredi
Scala 1:300

1. Ingresso
2. Reception
3. Spazio per riunioni informali
4. Bar
5. Lounge / spazio di lavoro rilassato
6. Sala stampanti
7. Sale riunioni
8. Co-working
9. Bagni
10. Pod per telefonate private
11. Patio / Fumoire
12. Cucina

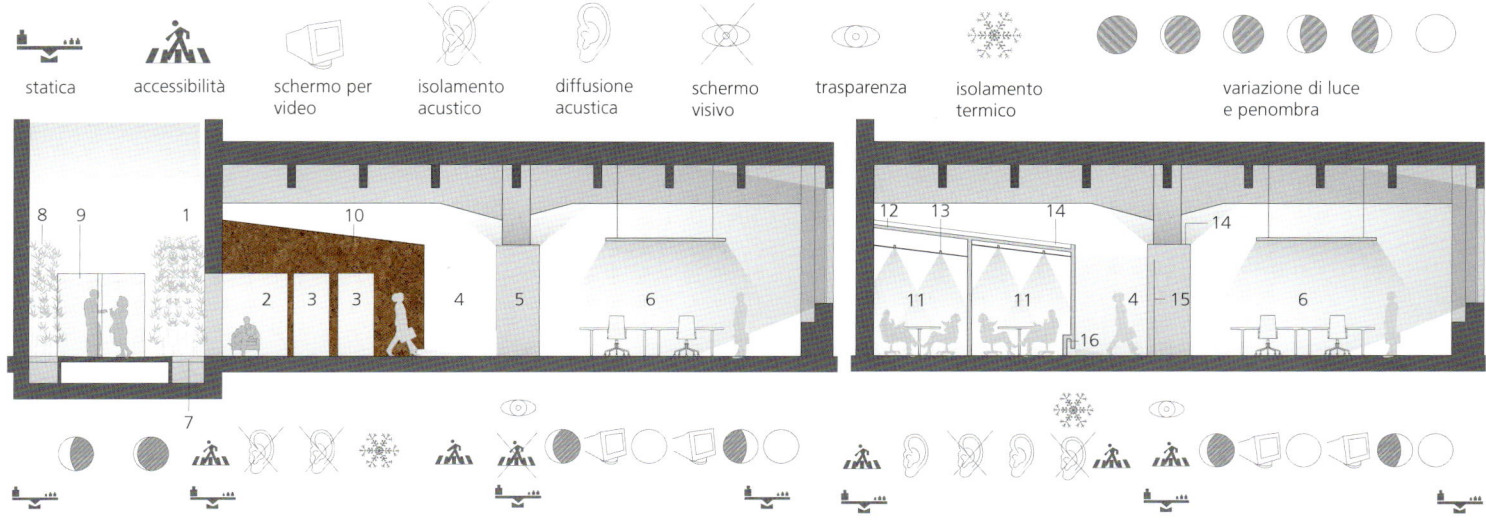

| statica | accessibilità | schermo per video | isolamento acustico | diffusione acustica | schermo visivo | trasparenza | isolamento termico | variazione di luce e penombra |

Caterina Tiazzoldi - Nuova Ordentra

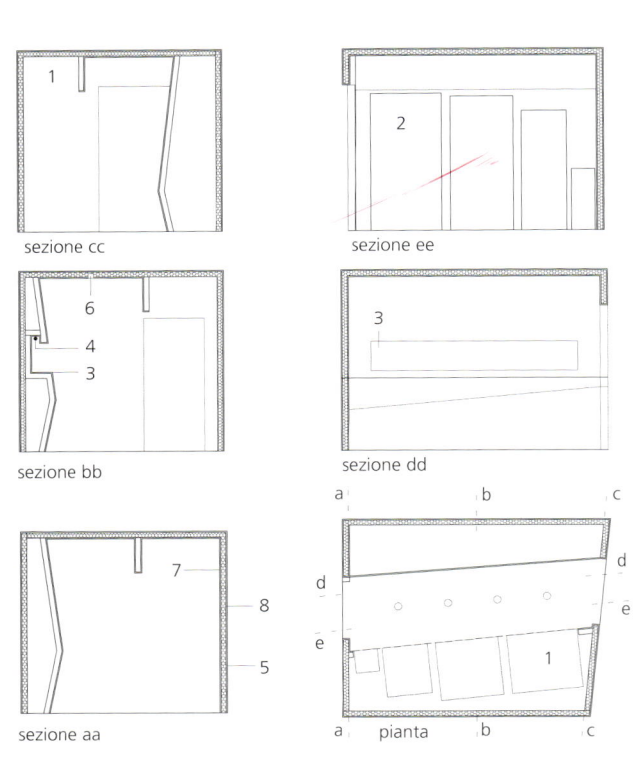

sezione cc
sezione bb
sezione aa
sezione ee
sezione dd
pianta

Schemi del cubetto
che ospita il bar
Scala 1:100

1. Incasso per macchinette bar
2. Macchinette distributrici bevande
3. Piano di appoggio finitura in smalto lucido
4. Sorgente fluorescente incassata
5. Finitura in smalto lucido
6. Faretti incassati
7. Lastra in cartongesso
8. Materassino fonoisolante in lana di roccia

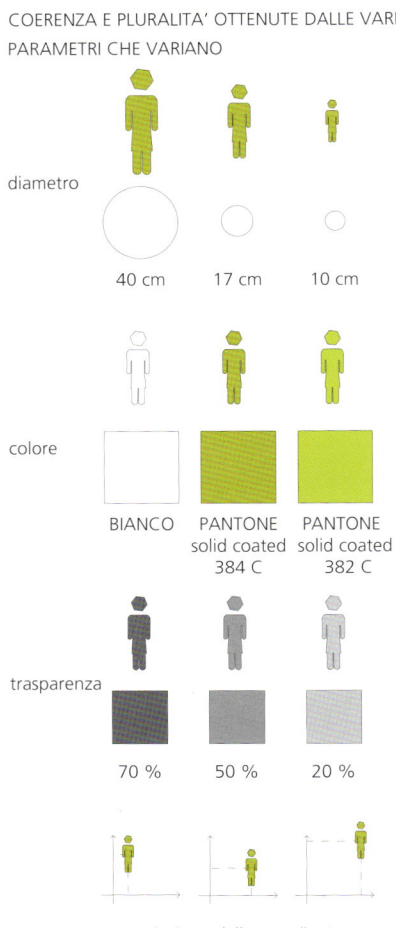

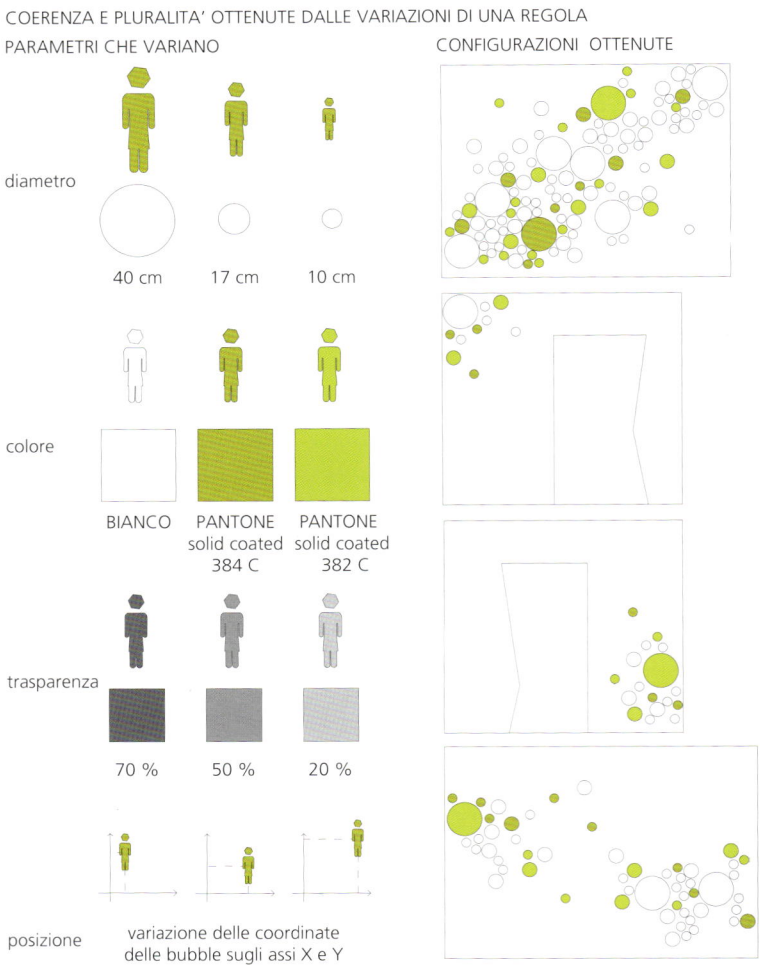

COERENZA E PLURALITA' OTTENUTE DALLE VARIAZIONI DI UNA REGOLA

PARAMETRI CHE VARIANO — CONFIGURAZIONI OTTENUTE

diametro: 40 cm, 17 cm, 10 cm

colore: BIANCO, PANTONE solid coated 384 C, PANTONE solid coated 382 C

trasparenza: 70 %, 50 %, 20 %

posizione: variazione delle coordinate delle bubble sugli assi X e Y

Toolbox a Torino

| tipo | componenti geometriche | scala Y | scala X | spessore | saturazione colore |

| luce naturale | isolamento termico | trasparenza | schermo visivo | diffusione acustica | isolamento acustico | schermo per video | accessibilità | statica |

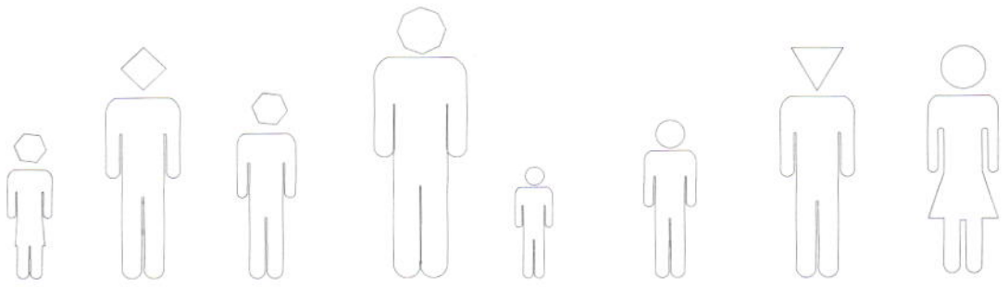

Bambù · Sughero · Caucciù · Piramidi fonoassorbenti · Piramidi fonoassorbenti

ADAPTABLE COMPONENTS

1. componente iniziale

2. frammentazione della componente sulla base di una serie di proprità spaziali

3. identificazione delle proprietà spaziali che caratterizzano la componente, altezza, larghezza, colore, porosità

4. Declinazione in infinite varianti della stessa componente

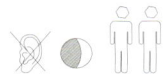

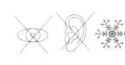

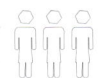

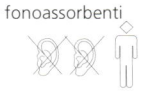

311

Caterina Tiazzoldi - Nuova Ordentra

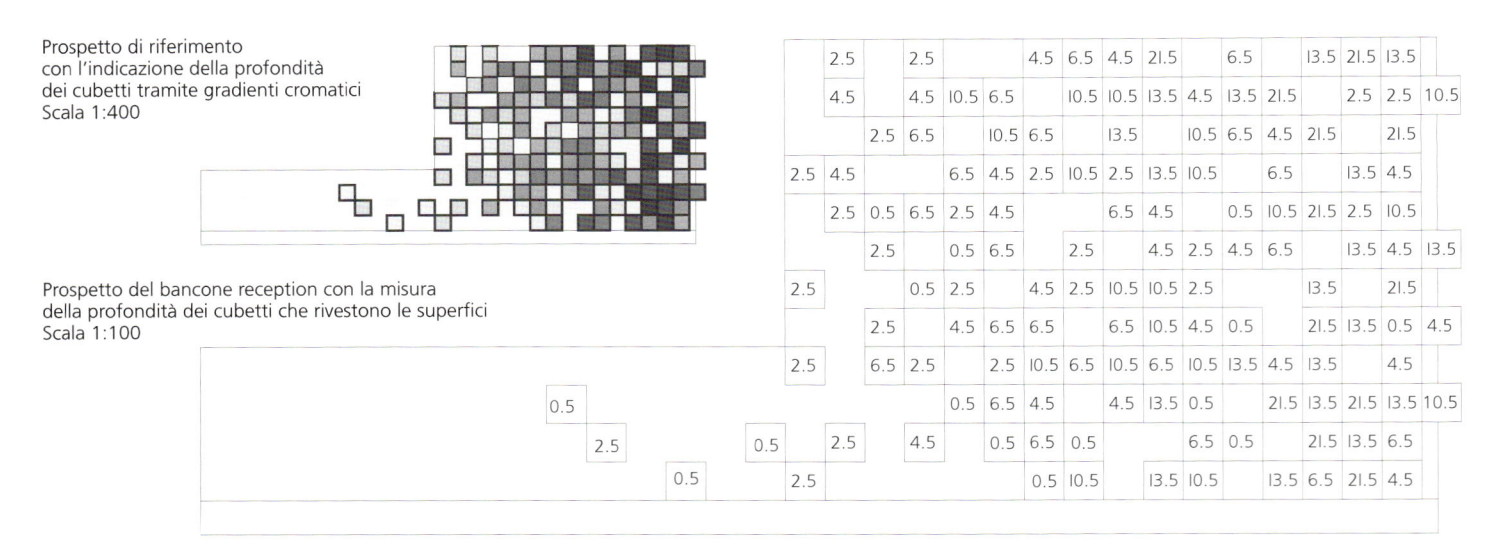

Prospetto di riferimento
con l'indicazione della profondità
dei cubetti tramite gradienti cromatici
Scala 1:400

Prospetto del bancone reception con la misura
della profondità dei cubetti che rivestono le superfici
Scala 1:100

Schemi della logica del sistema che gestisce
la variazione della profondità e dell'altezza dei cubetti

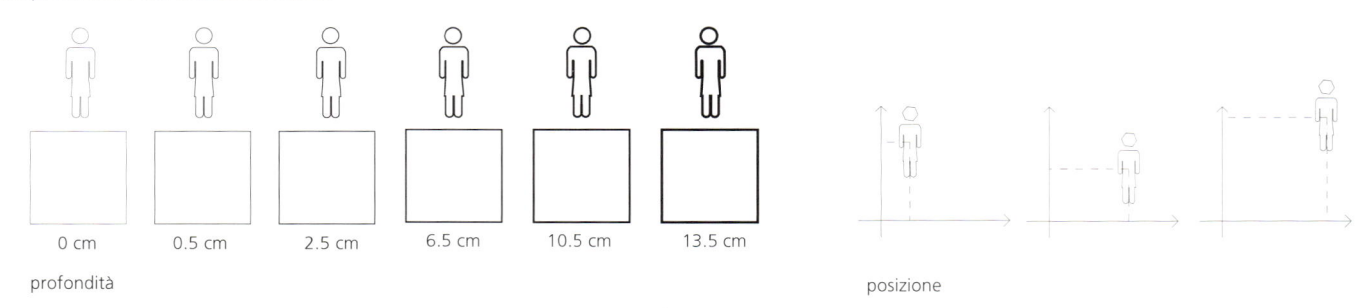

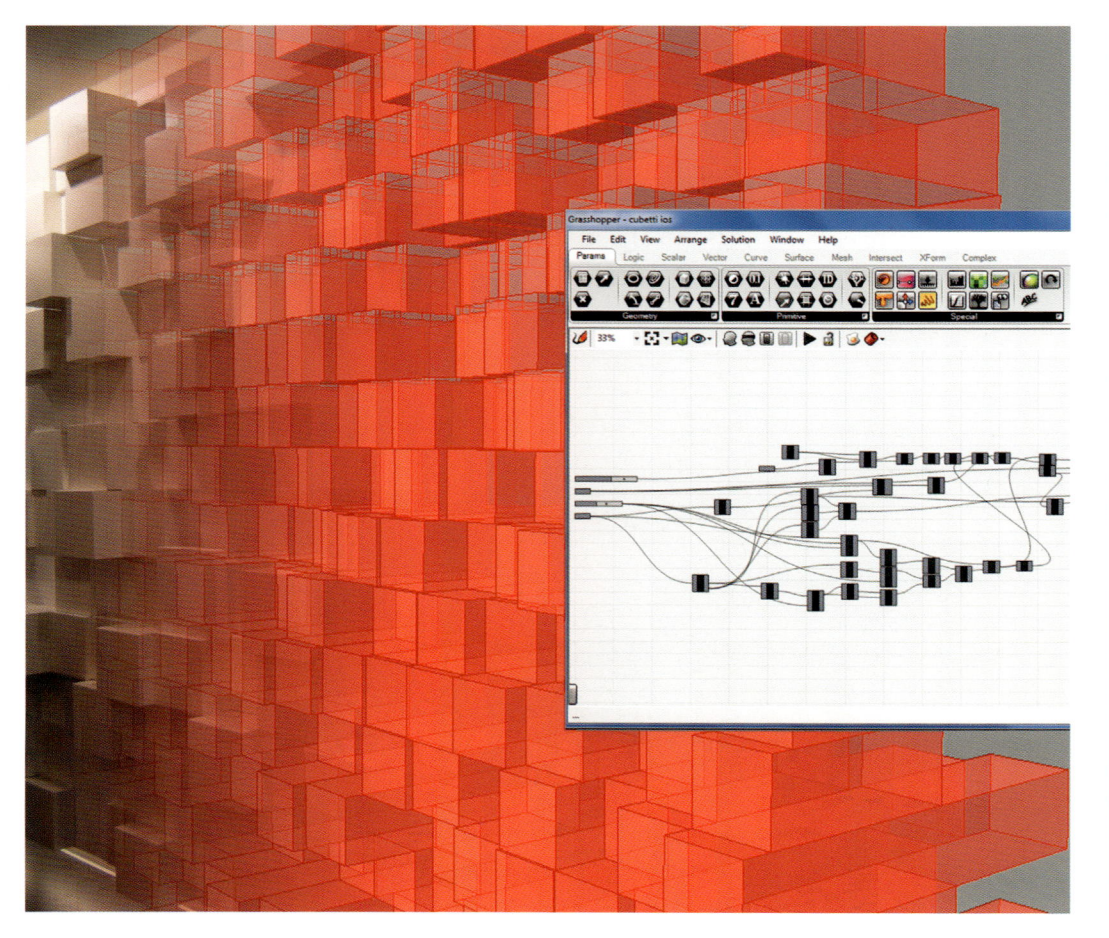

0 cm 0.5 cm 2.5 cm 6.5 cm 10.5 cm 13.5 cm

profondità

posizione

Sezione longitudinale sui cubi che ospitano le sale riunioni
Scala 1:500

Sezione tecnologica
sulle sale con i cubetti
che decorano la facciata
Scala 1:50

1. Neon lineari incassati
2. Sorgente fluorescente
3. Cubetti in polistirolo estruso finitura in resina colore bianco
4. Gola luminosa sorgente fluorescente
5. Faretti incassati
6. Sala riunioni
7. Centro stampa

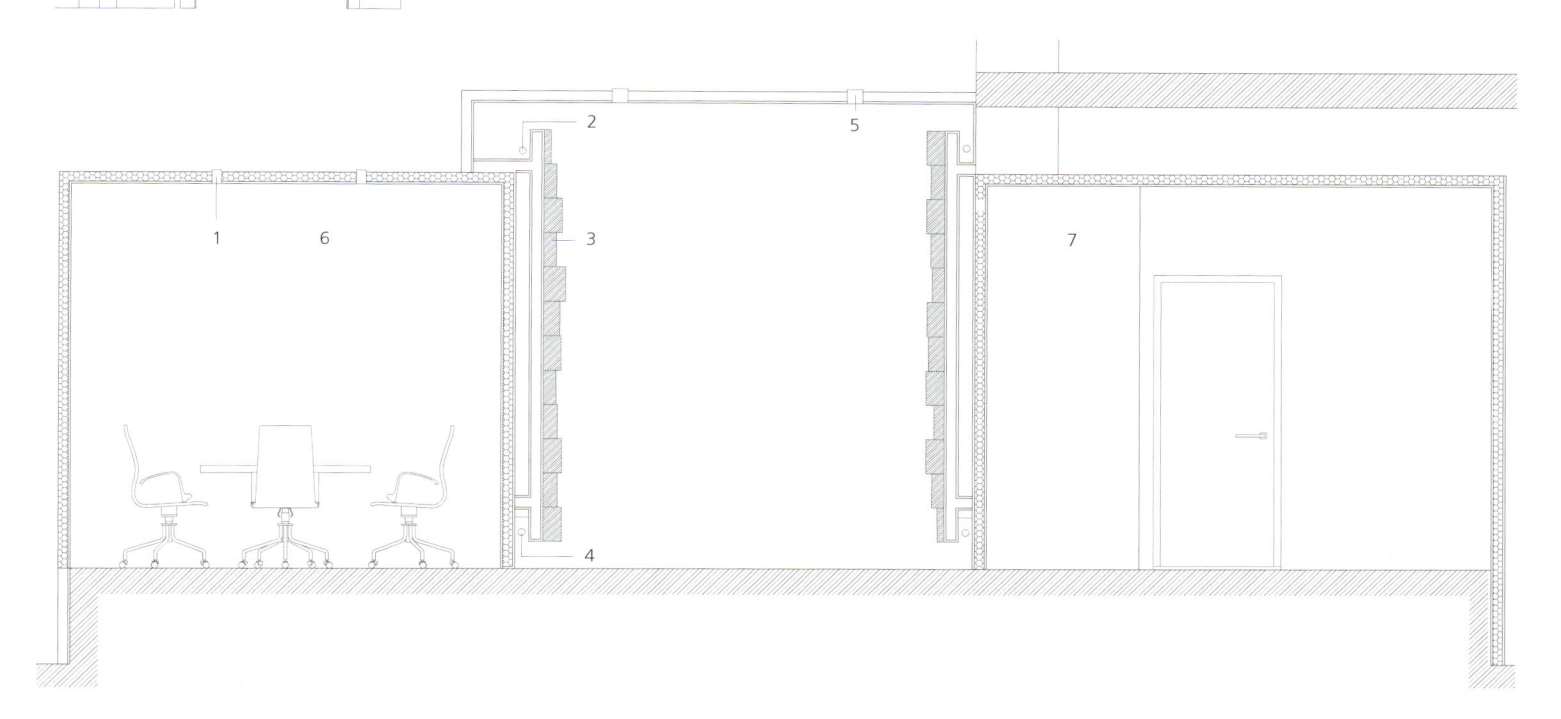

Caterina Tiazzoldi - Nuova Ordentra

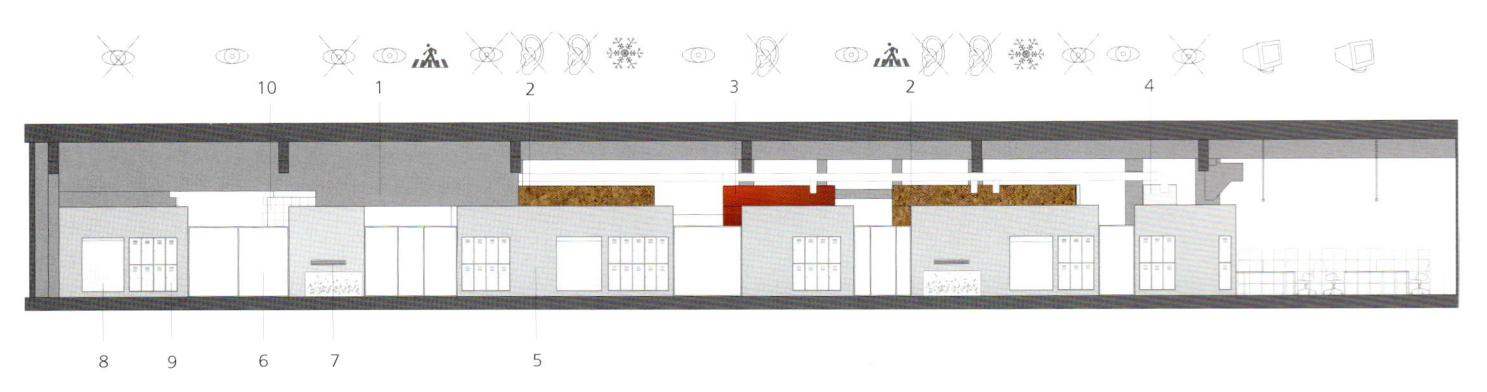

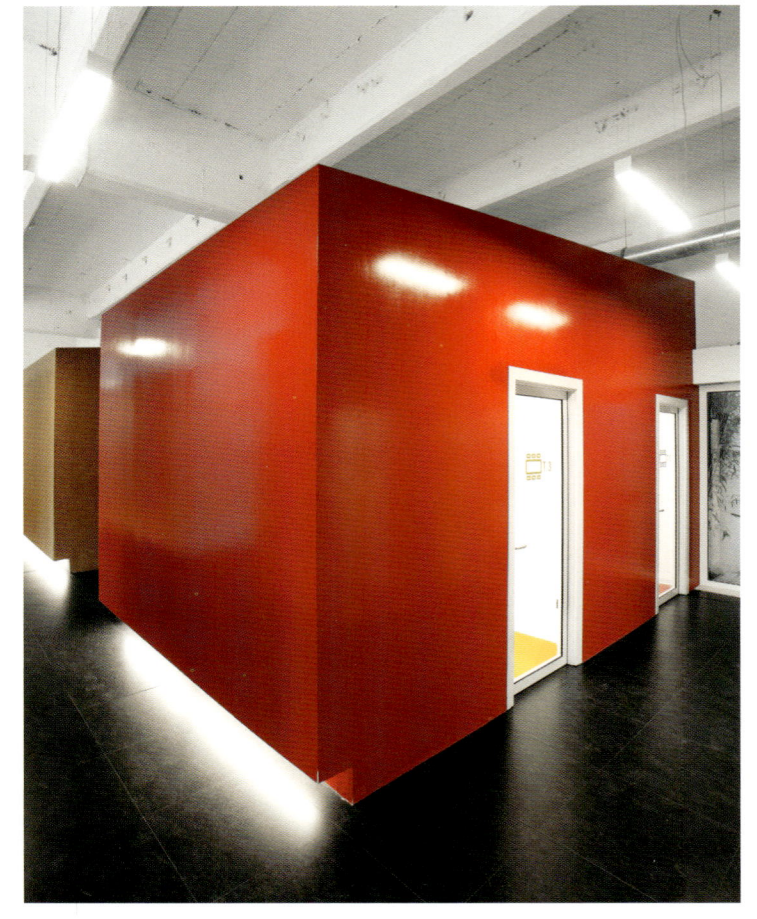

314

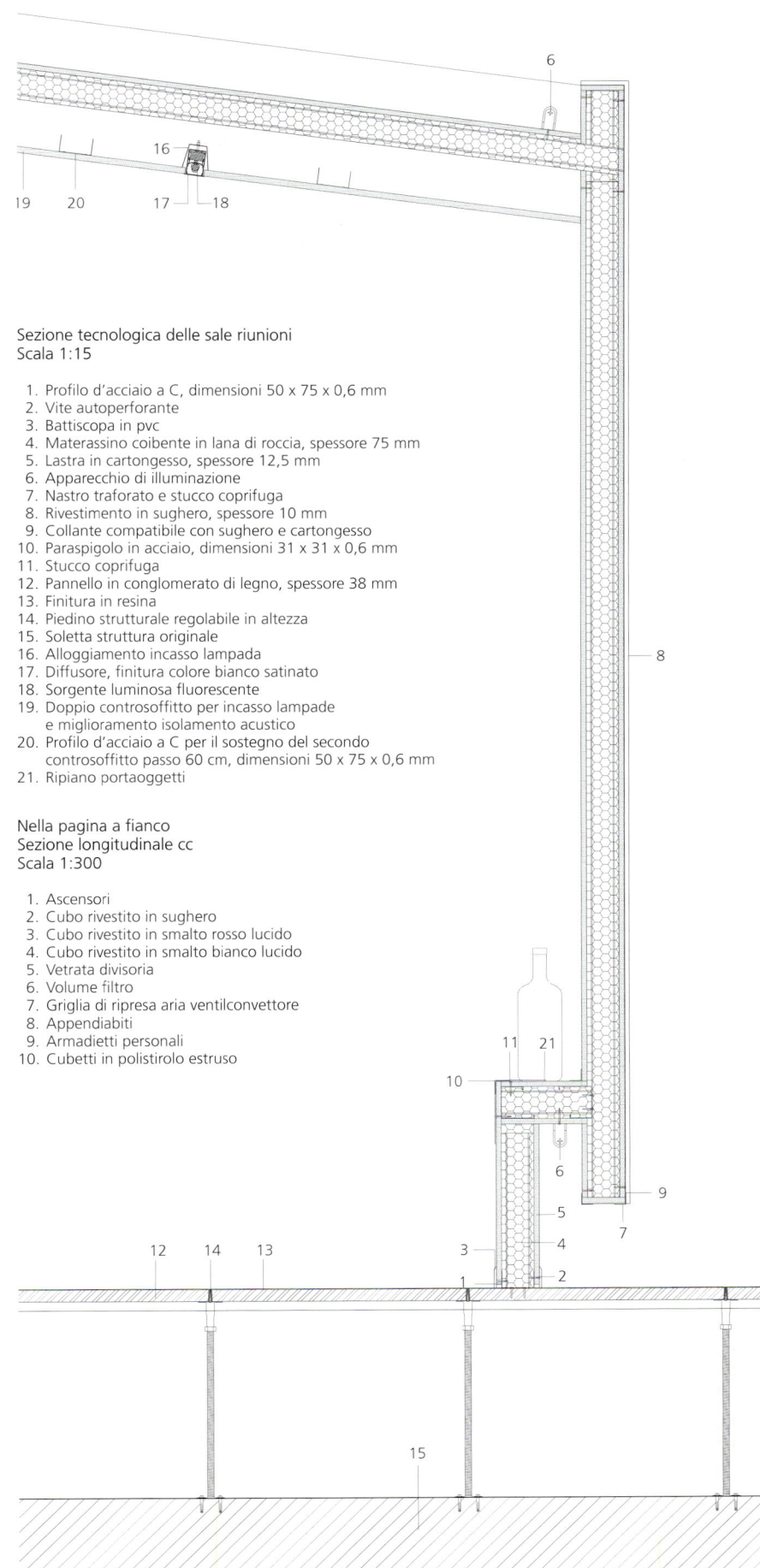

Sezione tecnologica delle sale riunioni
Scala 1:15

1. Profilo d'acciaio a C, dimensioni 50 x 75 x 0,6 mm
2. Vite autoperforante
3. Battiscopa in pvc
4. Materassino coibente in lana di roccia, spessore 75 mm
5. Lastra in cartongesso, spessore 12,5 mm
6. Apparecchio di illuminazione
7. Nastro traforato e stucco coprifuga
8. Rivestimento in sughero, spessore 10 mm
9. Collante compatibile con sughero e cartongesso
10. Paraspigolo in acciaio, dimensioni 31 x 31 x 0,6 mm
11. Stucco coprifuga
12. Pannello in conglomerato di legno, spessore 38 mm
13. Finitura in resina
14. Piedino strutturale regolabile in altezza
15. Soletta struttura originale
16. Alloggiamento incasso lampada
17. Diffusore, finitura colore bianco satinato
18. Sorgente luminosa fluorescente
19. Doppio controsoffitto per incasso lampade e miglioramento isolamento acustico
20. Profilo d'acciaio a C per il sostegno del secondo controsoffitto passo 60 cm, dimensioni 50 x 75 x 0,6 mm
21. Ripiano portaoggetti

Nella pagina a fianco
Sezione longitudinale cc
Scala 1:300

1. Ascensori
2. Cubo rivestito in sughero
3. Cubo rivestito in smalto rosso lucido
4. Cubo rivestito in smalto bianco lucido
5. Vetrata divisoria
6. Volume filtro
7. Griglia di ripresa aria ventilconvettore
8. Appendiabiti
9. Armadietti personali
10. Cubetti in polistirolo estruso

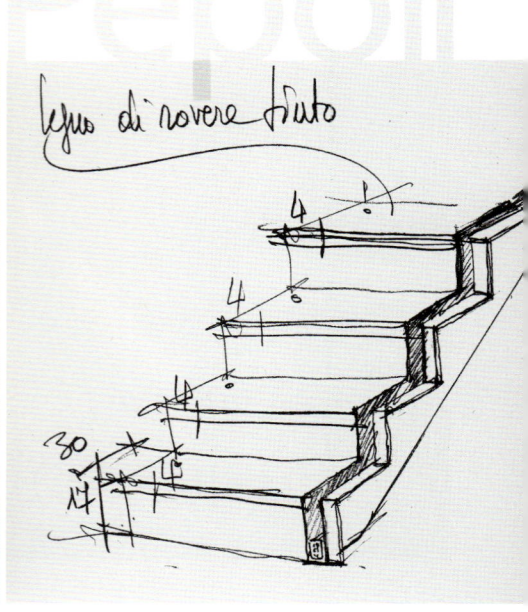

Palazzo Pepoli Vecchio a Bologna

indirizzo:	via Castiglione, 6		periodo di realizzazione:	2007 - 2008
città:	Bologna		committente / proprietario:	privato
progettista:	Andrea Trebbi, architetto		tipologia intervento:	ristrutturazione
collaboratori:	Rita Garuti, architetto		destinazione intervento:	residenziale
			dimensioni:	superficie utile 211 mq superficie lorda 274 mq
			imprese esecutrici:	Cogei s.p.a., Bologna

ANDREA TREBBI ARCHITETTO

Andrea Trebbi, architetto

via Francesco Orioli, 10
Bologna

www.andreatrebbi.it
architetture@andreatrebbi.it

Andrea Trebbi (Bologna, 1954) si laurea in Architettura a Firenze nel 1979. Tra il 1979 e il 1980 matura esperienze formative a Tokyo e a Los Angeles. Apre lo Studio a Bologna nel 1980.
Partecipa ai concorsi internazionali per: la ristrutturazione del complesso museale del Prado a Madrid, il Memorial Minamata in Giappone, il progetto "50 Chiese per Roma 2000", l'area Garibaldi-Repubblica a Milano, l'ampliamento della Biblioteca di Stato a Stoccolma, il nuovo stadio per il calcio di Siena.
Si aggiudica i concorsi per: la riqualificazione dell'area ex Accademia dell'Agricoltura a Bologna, la realizzazione dell'autoparcheggio sotto piazza Carducci a Bologna, il restauro del Palazzo Municipale a San Lazzaro di Savena, la ristrutturazione dello Starhotel Tuscany a Firenze, la pianificazione di un comparto territoriale a Minerbio.
Nel 2006 pubblica una selezione delle opere e dei progetti eseguiti in venticinque anni di carriera nella monografia "AndreaTrebbi, 1980 - 2005 architetture".

Palazzo Pepoli Vecchio appartiene al repertorio architettonico che comprende le testimonianze storiche più significative della città di Bologna: è collocato a un centinaio di metri da piazza Maggiore e a una cinquantina dalle Due Torri e dal Palazzo della Mercanzia e le sue origini risalgono ai primi decenni dopo il 1000. Il vincolo di tutela e la classificazione tipologica sono, pertanto, i timbri indelebili che lo certificano.
Al primo piano del Palazzo vi è l'unità residenziale che Andrea Trebbi ha rielaborato; ad essa si accede praticando uno dei due corpi scala attestati sulla Corte Principale.
Pur nella rigorosa salvaguardia delle parti catalogate, il progetto ha reinterpretato lo stato di rilievo degli interni; nell'attuale visita dell'opera, solo il riscontro delle generose ed anomale altezze, dei frequenti dislivelli dei piani, della tipologia dei serramenti, può informarci sulla rappresentatività del suo passato, perché l'indispensabile prestazione del consolidamento strutturale delle parti lignee con elementi metallici ha decretato la necessità di rivestire i soffitti, marginalizzando la percezione della relazione del luogo con la Storia.
Peraltro, la condizione di singolarità nucleare del committente ha indotto ad orientare la rielaborazione compositiva verso l'enfasi dello spazio diurno aperto, intersecato esclusivamente dalle quinte murarie principali, tanto che ora i 211 mq di superficie utile dell'unità residenziale si limitano a designare due stanze convenzionali e si prodigano piuttosto a favore delle destinazioni di rappresentanza, di servizio e delle discipline tecnologiche. Proprio una delle due stanze tramanda l'unico reperto ligneo recuperato, rappresentato da un soffitto ottocentesco a cassettoni, con disegni.
Costituiscono elementi connotativi dell'opera: la continuità della pavimentazione in legno di quercia tinto in sintonia con quel reperto, la costante partecipazione del cristallo trasparente privo di profili a protezione dei vuoti, l'uniforme caratterizzazione tipologica, la concentrazione dei varchi tecnologici nelle profonde sedi dei varchi-finestra, l'omogenea tonalità cromatica assegnata a tutte le superfici. In particolare, le lunghe tavole che compongono la pavimentazione si susseguono delimitate da profili di acciaio inox, assunti per comporre la tessitura ortogonale e per assorbire le diffuse anomalie degli squadri. Inoltre, in relazione alla prestazione di fodera dei piani orizzontali e verticali, i completamenti o le integrazioni delle superfici compatte con soluzioni a liste lignee, regolarmente alternate ai vuoti, occultano e assicurano la funzionalità della sofisticata dotazione domotica e impiantistica allestita.
Le espressioni di arredo di cucina, dei bagni, degli involucri incassati e dei componenti, esplicano il disegno elaborato dal progettista; nel bagno dedicato agli ospiti, il progetto dei sanitari rielabora l'approccio e rende la loro immagine affine a quella di un contenitore sospeso.

ANDREA TREBBI ARCHITETTO

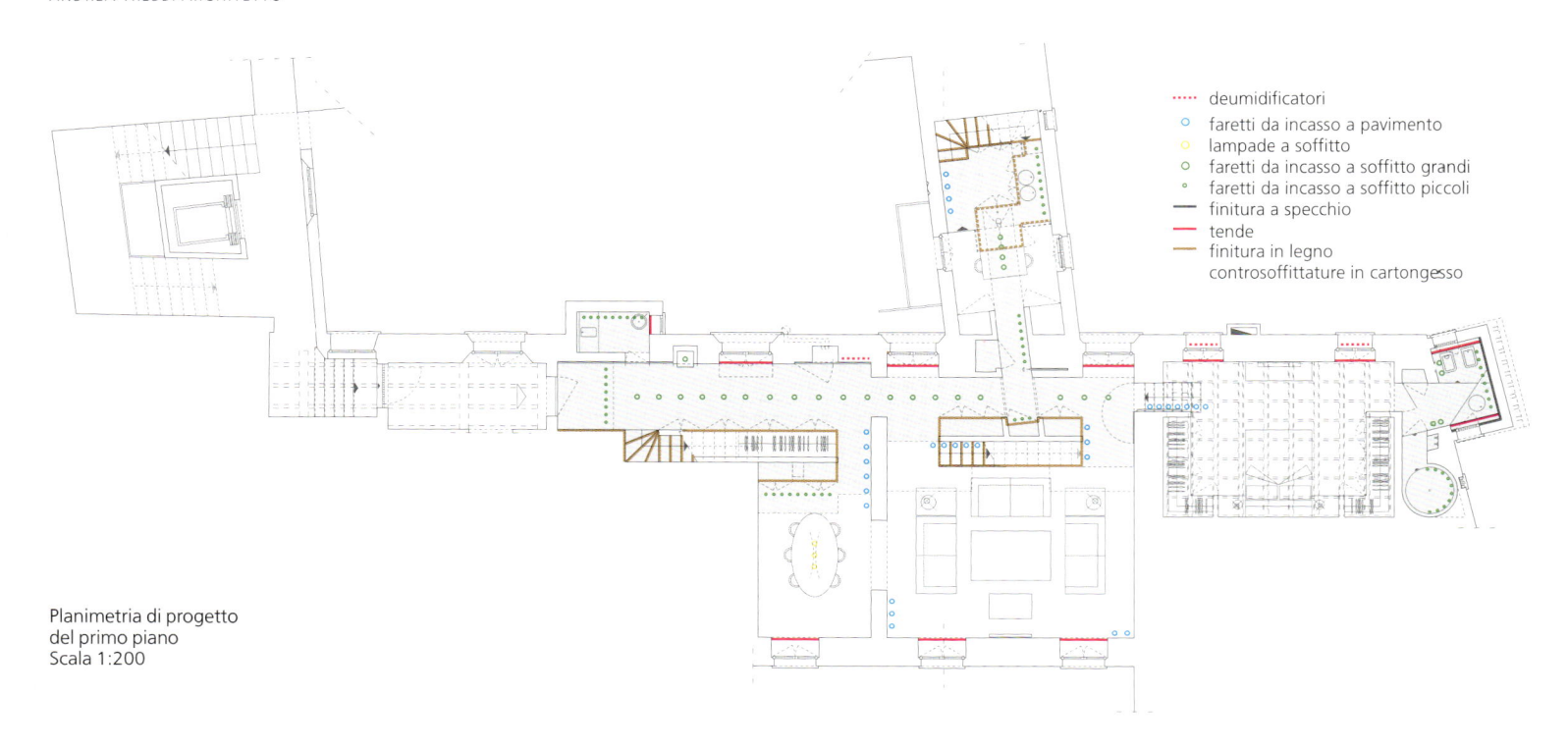

••••• deumidificatori
○ faretti da incasso a pavimento
○ lampade a soffitto
○ faretti da incasso a soffitto grandi
• faretti da incasso a soffitto piccoli
▬ finitura a specchio
▬ tende
▬ finitura in legno
controsoffittature in cartongesso

Planimetria di progetto
del primo piano
Scala 1:200

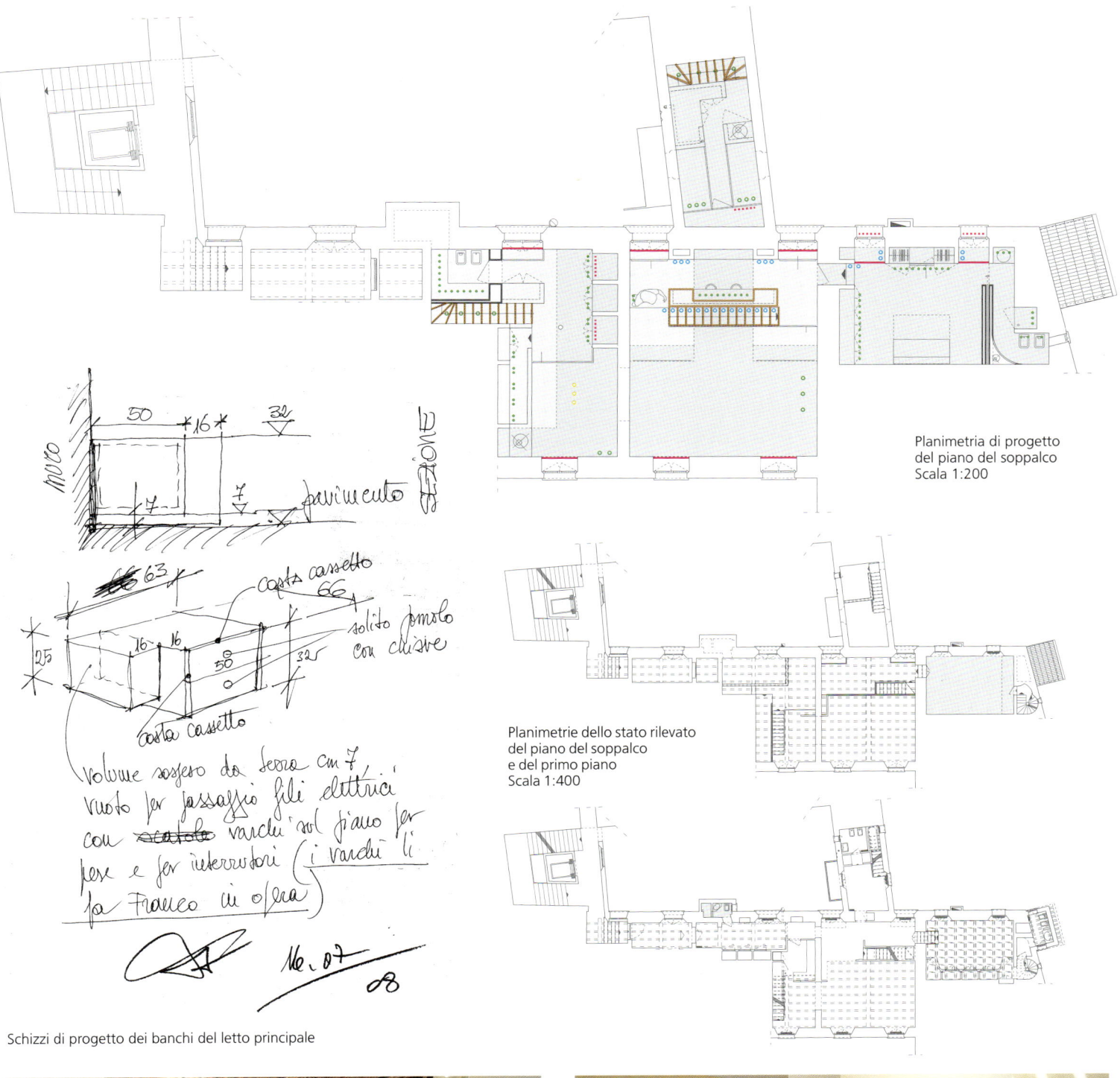

Palazzo Pepoli Vecchio a Bologna

Planimetria di progetto
del piano del soppalco
Scala 1:200

Planimetrie dello stato rilevato
del piano del soppalco
e del primo piano
Scala 1:400

Schizzi di progetto dei banchi del letto principale

Schizzo di progetto del rivestimento con pannelli ciechi e aperti. Il manufatto è composto da liste lignee laccate o tinte, a tutt'altezza, di sezione 25 x 25 mm, equidistanziate da vuoti di 15 mm. Gli spazi e le attrezzature tecnologiche retrostanti alle liste sono di colore nero; nei casi in cui i vuoti non sono passanti, lo schermo di tamponamento delle liste è costituito da lastre in md preverniciate con finitura in colore nero opaco. Le liste con vuoti aperti sono installate su telai in alluminio nero, mentre quelle applicate sullo schermo in md sono fissate con viti nella faccia retrostante dello schermo stesso.

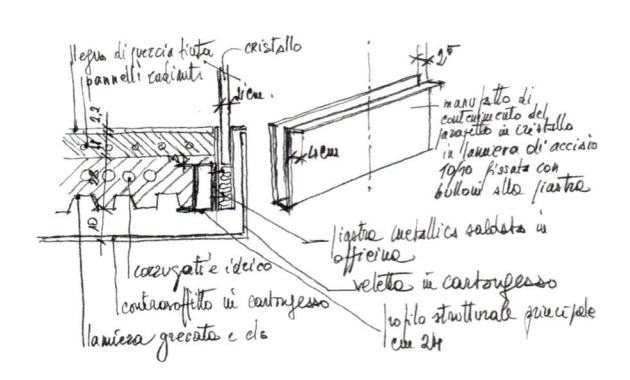

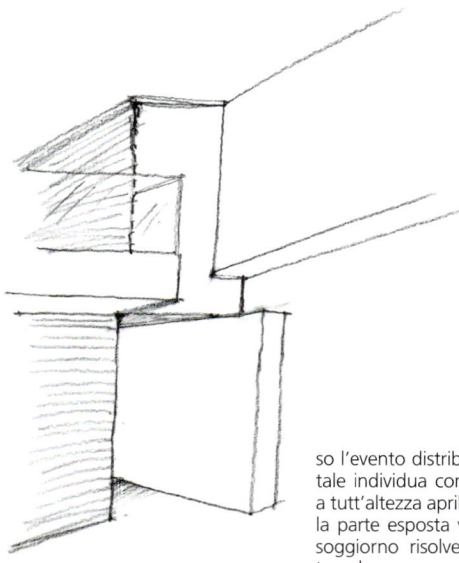

Vista dell'insieme delle quinte murarie e dei volumi che inquadrano lo spazio dall'area pranzo a quella di soggiorno. Il diaframma tra l'area di soggiorno e il connettivo che isola il comparto cucina-dispensa, è una quinta in laterizio rivestito che funge costruttivamente da elemento tutore della branca di scala di collegamento della stessa area di soggiorno con il soppalco. La parte esposta verso l'evento distributivo orizzontale individua contenitori lignei a tutt'altezza apribili a battente; la parte esposta verso l'area di soggiorno risolve il vuoto-sottoscala con manufatti estraibili, pure lignei, che proiettano ogni pedata sul piano orizzontale. La lamiera d'acciaio che compone la struttura della branca è ribadita nella sua delimitazione longitudinale esterna da un ulteriore assetto metallico, entro cui si inserisce il parapetto in lastra unica di cristallo trasparente a filo lucido; l'assetto è rivestito da un complemento ligneo fisso contro cui terminano in battuta i manufatti estraibili.

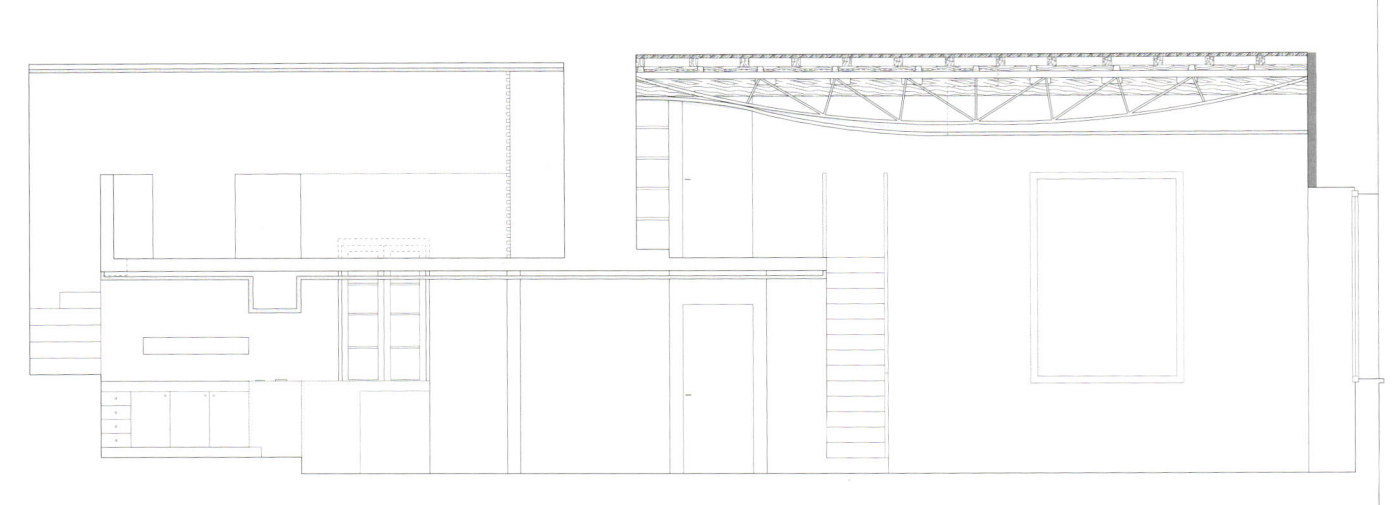

Sezione trasversale
Scala 1:70

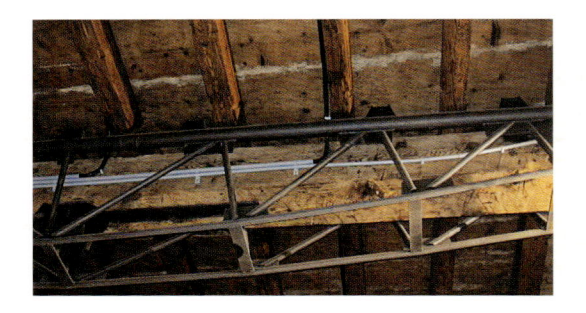

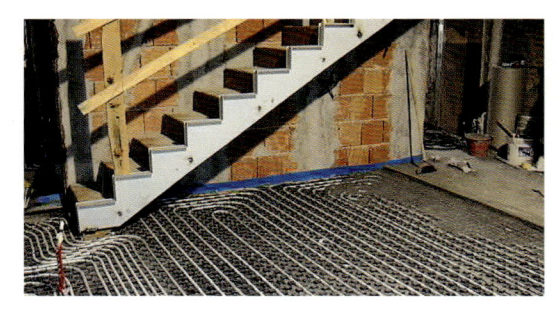

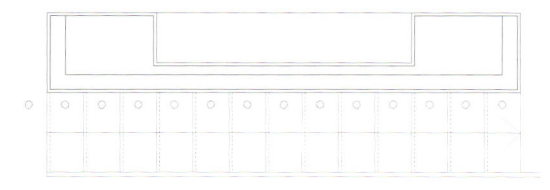

Viste di cantiere

Dettaglio della capriata reticolare in acciaio di rinforzo e consolidamento della trave lignea principale di sostegno del solaio dell'area di soggiorno

Dettaglio della struttura di acciaio della scala delimita dalla sede metallica di alloggiamento della lastra-parapetto in cristallo

Pianta della scala
Scala 1:70

Schizzo di progetto della scala lignea di collegamento dell'area di soggiorno con la biblioteca e del particolare del manufatto metallico di contenimento del parapetto in cristallo a filo lucido, spessore 20 mm. Le componenti lignee in legno tinto o in md laccato opaco hanno differenti spessori: le pedate sono di 3 cm, le alzate di 2 cm, le ante a battente di 2,5 cm e le ante estraibili di 4 cm. Pedate ed alzate sono applicate alla struttura in lamiera di acciaio della branca con collanti. L'illuminazione puntiforme segna passo a led è formata da corpi profondi 1 cm, incassati in ogni pedata.

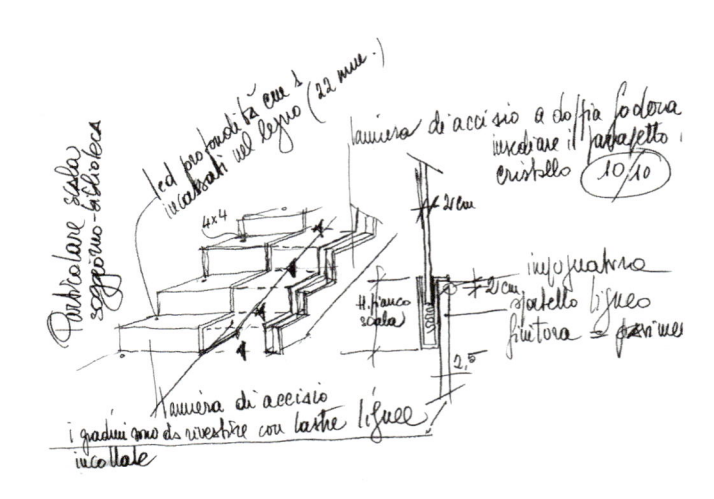

Villa sul tetto, Complesso Ex-Ceat a Torino

indirizzo:	corso Regio Parco, 13f		periodo di realizzazione:	2008 - 2009
città:	Torino		committente / proprietario:	privato
progettista:	UdA con Adelaide Testa		tipologia intervento:	ampliamento
collaboratori:	Shinobu Hashimoto, Mauro Camagna		destinazione intervento:	residenziale
			dimensioni:	superficie interna 150 mq superficie esterna 150 mq
			imprese esecutrici:	DE-GA s.p.a.

UdA

Valter Camagna
Massimiliano Camoletto
Andrea Marcante, architetti

via Valprato, 68
Torino

www.uda.it
uda@uda.it

UdA è stato fondato nel 1992 a Torino da Valter Camagna, Massimiliano Camoletto e Andrea Marcante. I progetti di UdA sono esempi di una architettura ultra sofisticata con una specifica attenzione alla percezione sensoriale, ai materiali, alla luce, alle superfici e alla complessità delle relazioni tra l'uomo e lo spazio che lo circonda. L'interesse per le contaminazioni con altre forme di espressione creativa, alla comunicazione visiva, lo spaziare dei lavori dall'interior design all'architettura, ha condotto UdA a concepire i propri progetti nell'ottica della trasformazione del concetto di "spazio cartesiano" nel suo omologo emotivo-sensoriale di "territorio" e "paesaggio". Questo filo conduttore ha stimolato lo studio a procedere lungo la strada di una architettura che ricomprenda emozione e ragione nello spirito di una rinnovata sensibilità dell'Uomo.

A Torino, l'isolato compreso tra corso Regio Parco, via Foggia, via Parma e via Pisa è stato fino agli anni Settanta sede della Ceat, azienda produttrice di pneumatici e cavi in gomma. Il complesso è in una posizione molto prossima al centro storico e le ville urbane, realizzate recentemente sul tetto piano dell'ex stabilimento godono di una vista unica sulla città, grazie alle grandi vetrate. Nella realizzazione della Villa sul tetto, lo Studio UdA applica la sua peculiare essenzialità calvinista che rimanda a luci diafane diffuse e pervasive, a contrasti netti, bianco e nero e a geometrie rigorose, che lasciano poco spazio all'indeterminato e all'incerto. Un'apparente scarsa indulgenza a una sensualità più palese, immediata nella relazione tra corpo e abitare trova espressione attraverso l'articolazione geometrica di una sequenza di contenitori. Prendendo spunto dalla sensibilità orientale per la "scatola", contenitore di oggetti d'uso domestico, nucleo originario e centripeto della casa orientale, tutti gli spazi sono ricavati da una sequenza e sovrapposizione di armadi, contenitori e boiserie; essi organizzano e contengono gli aspetti funzionali della vita, ricavandone bagni, stanze, cucina e altri locali in una successione labirintica e al tempo stesso chiara e rassicurante nel loro meccanicismo inesorabile. Il contenitore modellato e modificato, dalla superficie materica e lavorata, richiama e allude alla dimensione fisica del corpo umano ad una sensualità tutta riferita al contenere vita, umori, affetti. Tragica, dolce, sublime Vergine di Norimberga cui sono stati levati gli aculei nell'innocua rappresentazione della fortezza-castello domestico, in cui torniamo a crederci padroni delle nostre vite, in una perenne alternanza tra intima introversione e pubblica esposizione alla luce, alle relazioni, agli incontri, rappresentati dal grande soggiorno di ingresso completamente vetrato. Seguendo il gioco delle scatole cinesi, inserite l'una dentro l'altra, si può immaginare un quartiere che contiene un edificio, che contiene un appartamento, delle stanze, degli arredi e degli oggetti: in senso più metaforico una narrazione che ne contiene un'altra. Sicuramente un cambio di scala dalla più grande alla più piccola dove ciò che cambia è la dimensione ma non il valore e l'importanza delle diverse scatole. Narrazioni che procedono a volte seguendo il filo della coerenza, a volte contraddicendosi tra loro, volumi razionali ortogonali contrapposti a mobili i cui piani si inclinano, arredi curvi ed asimmetrici. Superfici metalliche intagliate al laser contrapposte a legni laccati a mano, colori grafici (bianco e nero) contrapposti al rosso ed all'ocra, in una continua alternanza di luce ed ombra, di finito ed imperfetto, dal basso e dall'alto, di gioco e serietà per dar corpo ad un racconto che contiene di passaggio in passaggio, di capitolo in capitolo rigore e incoerenza, calcolo ed improvvisazione, metodo e paradosso. Seguendo le parole del matematico francese Henri Poincaré: "Creatività è unire elementi esistenti con connessioni nuove che siano utili; è unire ordine e disordine".

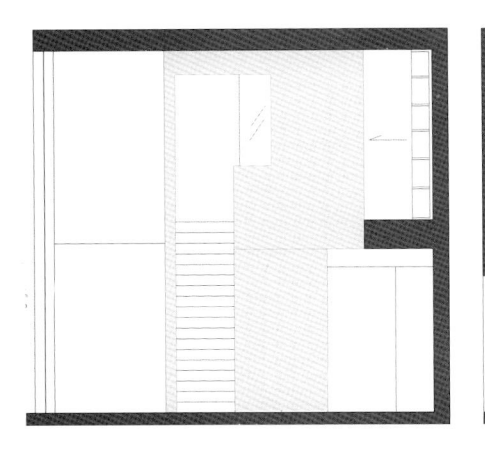

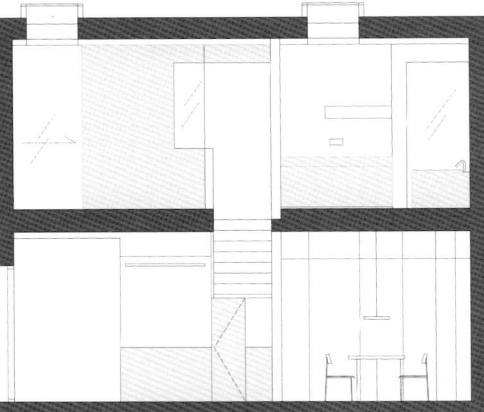

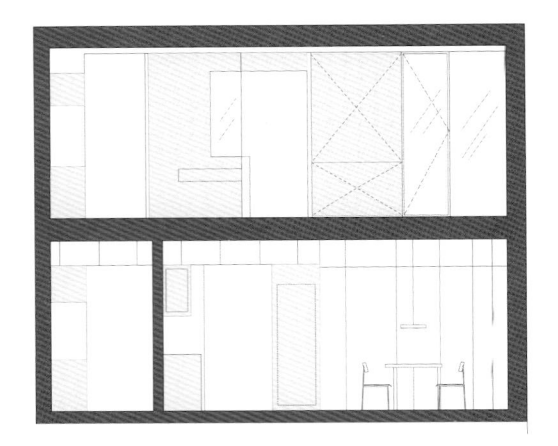

UdA

Sezioni trasversali aa, bb e cc
Scala 1:120

Piante del secondo e del primo livello
Scala 1:120

1. Ingresso
2. Salone
3. Sala da pranzo
4. Cucina
5. Terrazzo
6. Camera da letto matrimoniale
7. Libreria
8. Camera da letto singola
9. Guardaroba

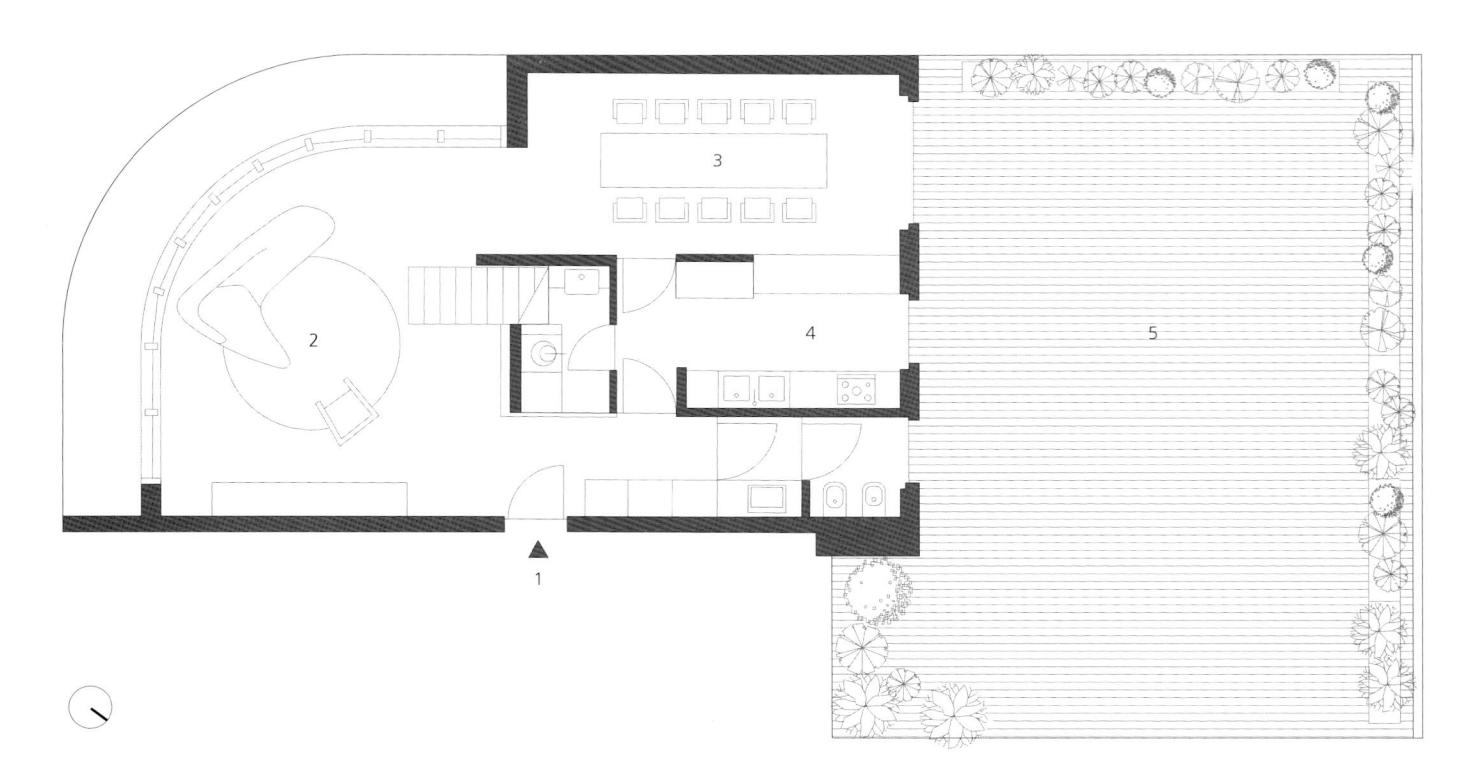

327

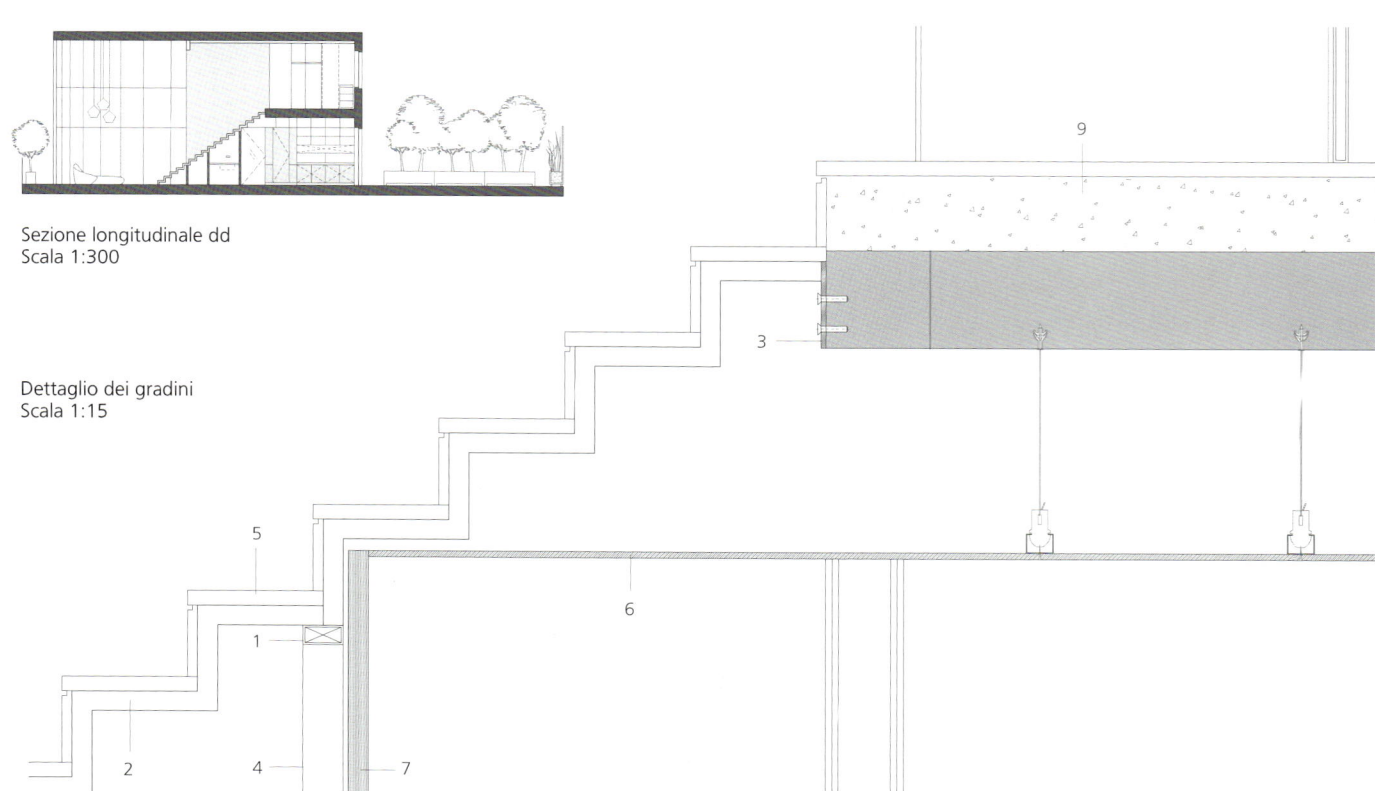

Sezione longitudinale dd
Scala 1:300

Dettaglio dei gradini
Scala 1:15

Villa sul tetto, Complesso Ex-Ceat a Torino

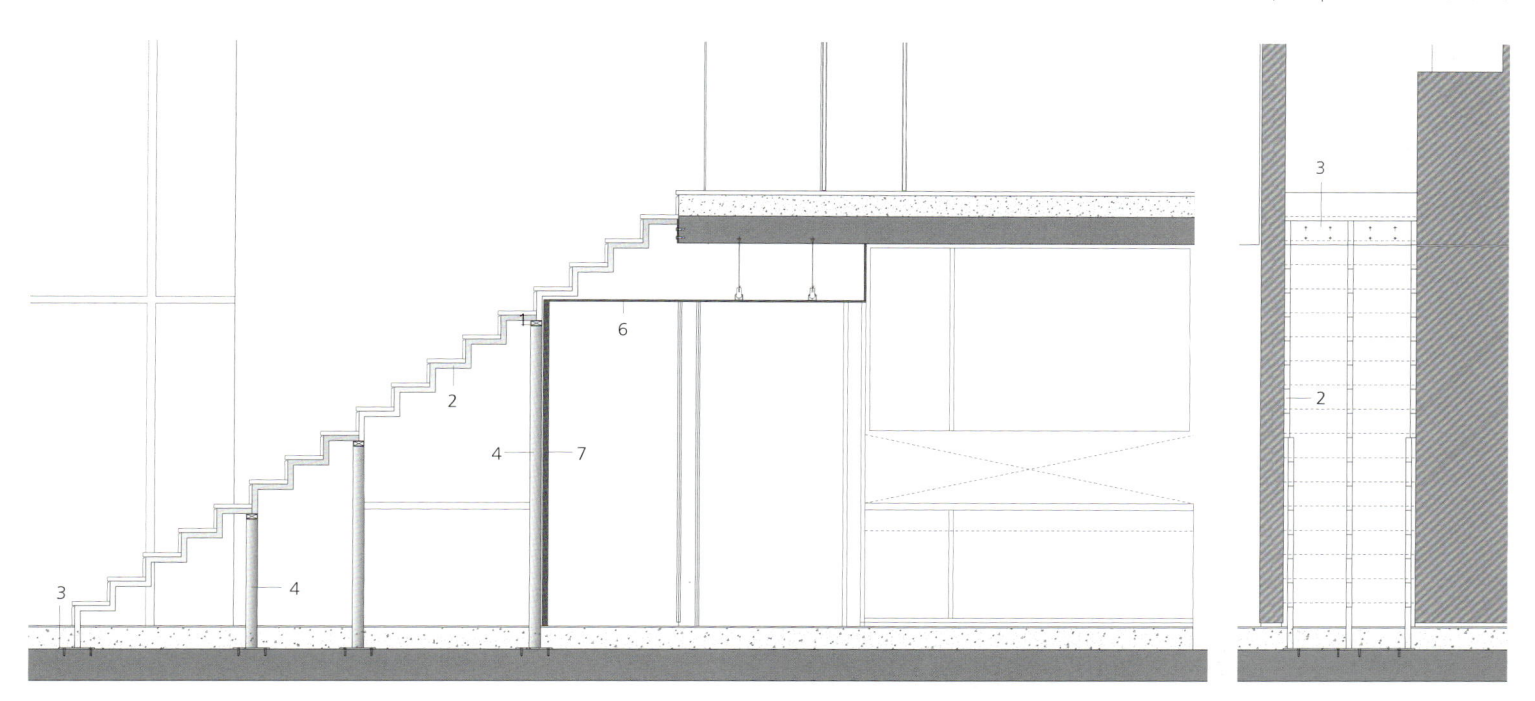

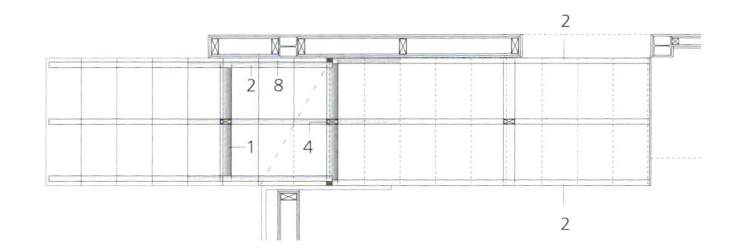

Scala
Sezione longitudinale,
vista frontale e pianta
Scala 1:20

1. Traverso scatolare d'acciaio,
   dimensioni 40 x 80 mm
2. Scatolare, dimensioni 40 x 40 mm
3. Piastra in ferro tassellata alla soletta
   e saldata ai tre scatolari, spessore 10 mm
4. Pilastrino tassellato al pavimento
   con piastra in ferro, spessore 1 cm,
   dimensioni 40 x 80 mm
5. Rivestimento in tavole di legno
6. Controsoffittatura in cartongesso
7. Parete divisoria in legno
8. Slittamento di 3 cm dello scatolare
9. Massetto in c.a.

329

UdA

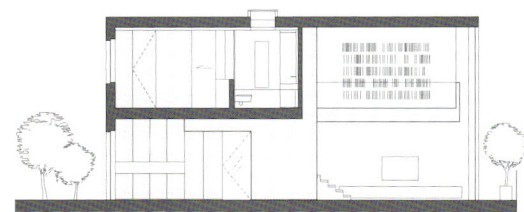

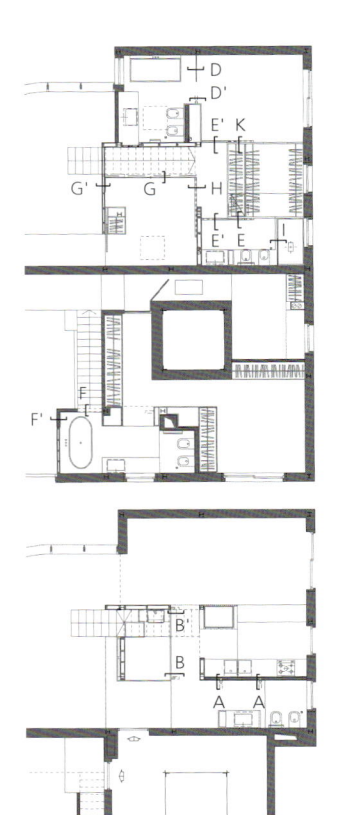

Planimetrie del secondo e del primo livello dell'appartamento e della vicina unità immobiliare con l'individuazione dei dettagli e sezione longitudinale ee
Scala 1:250

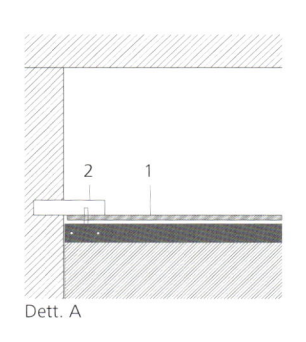

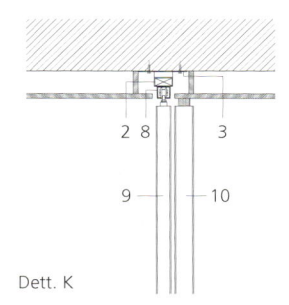

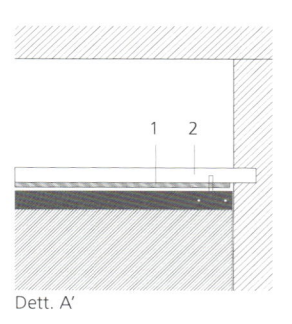

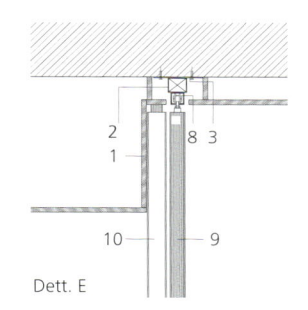

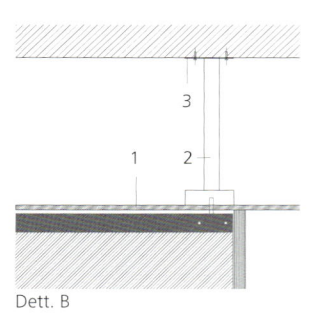

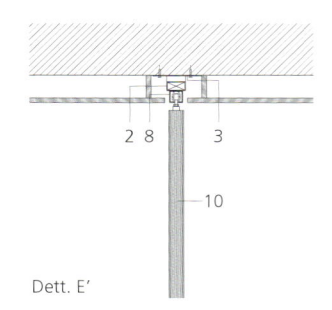

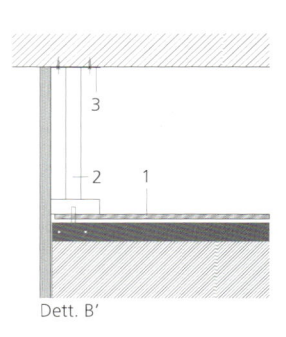

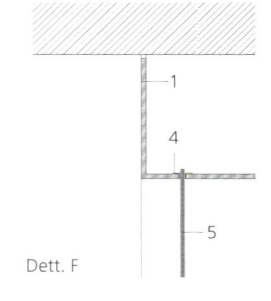

Dett. A

Dett. A'

Dett. B

Dett. B'

Dett. K

Dett. E

Dett. E'

Dett. F

Villa sul tetto, Complesso Ex-Ceat a Torino

Dettagli dei controsoffitti
Sezioni verticali
Scala 1:20

1. Cartongesso
2. Scatolare in ferro
3. Piastra in ferro tassellata alla soletta
4. Profilo a L in alluminio
5. Vetrata
6. Mab
7. Piano pavimento finito
8. Guida in alluminio per porte scorrevoli avvitata a scatolare
9. Porta scorrevole in legno
10. Pannello fisso in legno

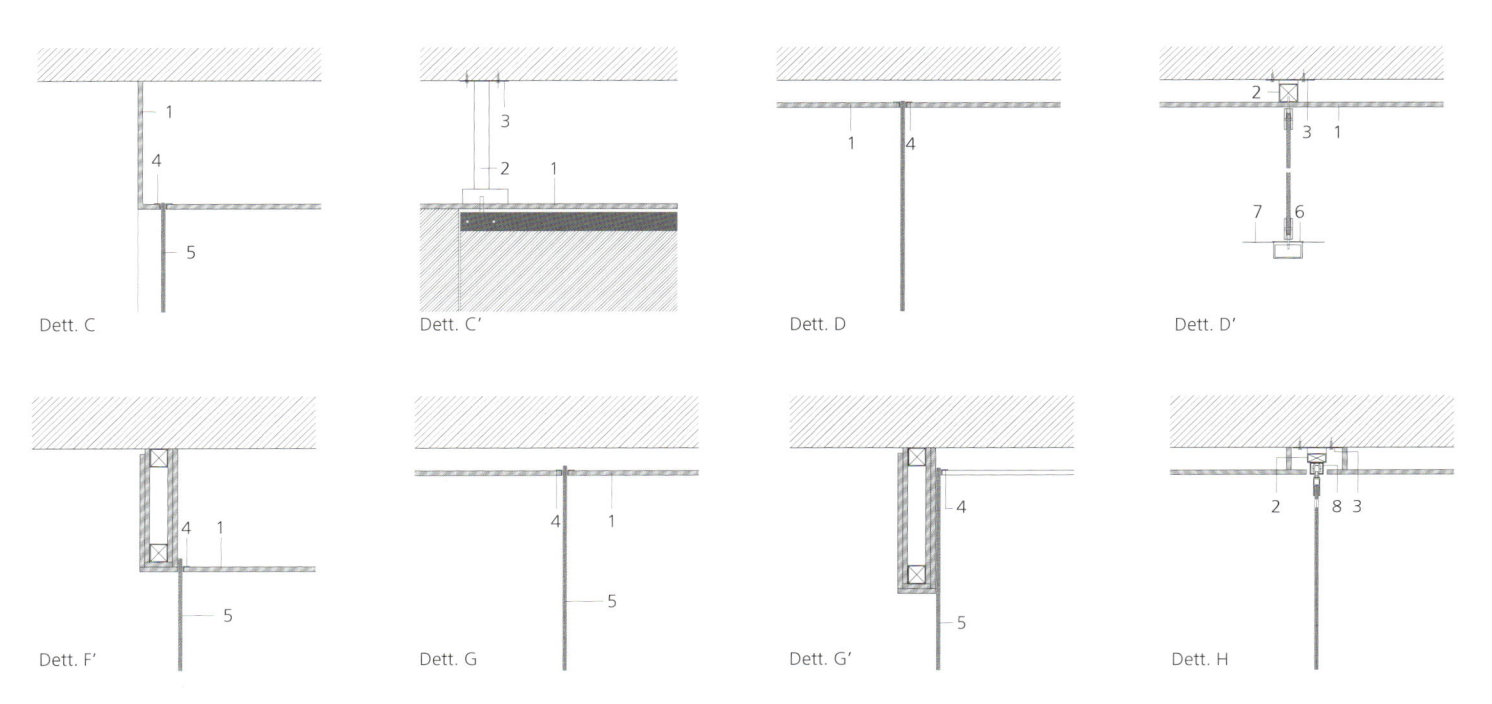

Dett. C

Dett. C'

Dett. D

Dett. D'

Dett. F'

Dett. G

Dett. G'

Dett. H

I progetti sul territorio

Indice dei progetti

RESIDENZIALE

Casa di Eva e Ophèlia
Messina
p. 12

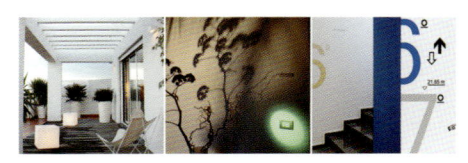

Siberian House
Roma
p. 34

Abitazione minima AtmoSpheres
Roma
p. 54

Loft Danieli a Mestre
Venezia
p. 152

Casa ANB a Barcellona
Spagna
p. 198

P Penthouse a Montecarlo
Principato di Monaco
p. 278

Palazzo Pepoli Vecchio
Bologna
p. 316

RESIDENZIALE

Villa sul tetto, Complesso Ex-Ceat
Torino
p. 324

RISTORAZIONE

Obikà Mozzarella Bar
Roma
p. 142

Ristorante della Casa del Jazz
Roma
p. 206

TEMPO LIBERO

Nightclub "A TU x TU"
Roma
p. 70

Cavalli Club a Dubai
Emirati Arabi Uniti
p. 262

Indice dei progetti

COMMERCIO

Hair Salon
Torino
p. 64

Armani / 5th Avenue a New York
Stati Uniti
p. 86

Libreria Laterza
Bari
p. 102

Ferrari Factory Store a Serravalle Scrivia
Alessandria
p. 126

Exhibits area - Show Room Max Mara
Milano
p. 192

Stuart Weitzman Shop
Roma
p. 218

Bastard Store
Milano
p. 284

UFFICI / TERZIARIO

Vetreria Airoldi a San Giorgio su Legnano
Milano
p. 42

Centro Formazione Cariparma
Piacenza
p. 76

Nuova Sede Centro Dati G.I.M.E.M.A
Roma
p. 176

Toolbox
Torino
p. 306

CULTURA

Restauro della Manica Lunga alla Fondazione Cini e Nuova Biblioteca di Storia dell'Arte
Venezia
p. 2

Morgan Library a New York
Stati Uniti
p. 232

Indice dei progetti

OSPITALITÀ

New Congress Center Hotel Rome Cavalieri, The Waldorf Astoria Collection
Roma
p. 114

Esperidi Park Hotel a Castelvetrano
Trapani
p. 132

Mamilla Hotel a Gerusalemme
Israele
p. 164

i-SUITE Hotel
Rimini
p. 184

T Hotel
Cagliari
p. 246

Missoni Hotel a Edimburgo
Scozia
p. 298

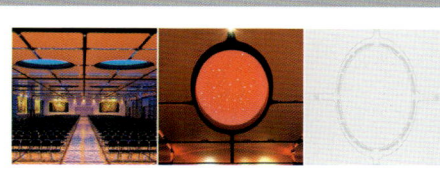

INDUSTRIALE

Abdi Ibrahim Research & Development Building a Istanbul
Turchia
p. 20

335

Studi e progettisti

aMDL
Michele De Lucchi
via Varese, 15 - Milano
www.amdl.it
www.archive.amdl.it
amdl@amdl.it
p. 3

Renato Arrigo
e Nathalie Morey
via Giuseppe La Farina, 171
Messina
www.renatoarrigo.com
info@renatoarrigo.com
p. 13

Dante O. Benini
& Partners Architects
Dante O. Benini
Luca Gonzo
via Achille Papa, 30 - Milano
www.dantebeniniarchitects.com
info@dantebeniniarchitects.com
p. 21

Filippo Bombace -
Oficina de Arquitectura
via Monte Tomatico, 1 - Roma
www.filippobombace.com
info@filippobombace.com
p. 35

Buratti + Battiston
Architects
Gabriele Buratti, Oscar
Buratti, Ivano Battiston
Via Benvenuto Cellini, 5
Busto Garolfo (MI)
www.burattibattiston.it
studio@burattibattiston.it
p. 43

COdESIGN + Giorgi
Anna Cornaro, Valerio
de Divitiis, Vincenzo Giorgi
via Guido Miglioli, 20 -
via della Magliana Nuova
(ex Vetreria Carboni) - Roma
www.co-design.biz
anna.cornaro@tin.it
p. 55

ELASTICOSPA - Stefano
Pujatti Architetti
Stefano Pujatti, Valeria
Brero, Corrado Curti
strada della Giardina, 10
Chieri (TO)
www.elasticospa.com
info@elasticospa.com
p. 65

Pamela Ferri - Zamuva.Lab
Pamela Ferri, Gianni
Asdrubali, Marco Vailati
via Galeazzo Alessi 61 - Roma
pamela.ferri@gmail.com
p. 71

Frigerio Design Group
Enrico Frigerio
via Goito, 6/6 - Genova
www.frigeriodesign.it
fdg@frigeriodesign.it
p. 77

Studio Fuksas
Massimiliano
e Doriana Fuksas
piazza del Monte di Pietà, 30
Roma
www.fuksas.it
press@fuksas.it
p. 87

GAP Architetti Associati
Federico Bilò, Alessandro
Ciarpella, Claudia Del Colle
Francesco Orofino
via della Marrana, 94 - Roma
www.gap-architettura.it
gap@gap-archtettura.it
p. 103

Giammetta
& Giammetta architects
Gianluigi e Marco
Giammetta
via Flaminia, 854/856 - Roma
www.giammetta.it
info@giammetta.it
p. 115

Iosa Ghini Associati
Massimo Iosa Ghini
via Castiglione, 6 - Bologna
www.iosaghini.it
info@iosaghini.it
p. 127

La Monaca Studio
di Progettazione
Orazio La Monaca
via M. Santangelo,
condominio Chiara
Castelvetrano (TP)
www.lamonacaarchitetto.it
info@lamonacaarchitetto.it
arch.lamonaca@libero.it
p. 133

Labics
Maria Claudia Clemente,
Francesco Isidori,
Marco Sardella
Via Dei Magazzini
Generali, 16 - Roma
info@labics.it
www.labics.it
p. 143

Lai Studio
Maurizio Lai
via Bistolfi, 49 - Milano
www.lai-studio.com
lai1@lai-studio.com
p. 153

Lissoni Associati
Piero Lissoni
via Goito, 9 - Milano
www.lissoniassociati.com
press@lissoniassociati.it
p. 165

MDAA Architetti Associati
Massimo d'Alessandro,
Marco Bevilacqua,
Maurizio Cagnoni,
Paolo Pannocchi,
via delle Mantellate, 18/b
Roma
www.mdaa.it
welcome@mdaa.it
p. 177

Simone Micheli
Architectural Hero
via Aretina, 197/r - Firenze
www.simonemicheli.com
simone@simonemicheli.com
p. 185

Migliore + Servetto
Architetti Associati
Ico Migliore
Mara Servetto
via Col Di Lana, 8 - Milano
www.miglioreservetto.com
studio@miglioreservetto.com
p. 193

Enrica Mosciaro - Fusina 6
Fusina, 6 ent. 1ª
Barcelona (Spagna)
www.fusina6.com
enrica@fusina6.com
p. 199

Susanna Nobili Architettura
via Salaria, 300/A - Roma
info@nobiliarchitetti.it
p. 207

Studio Fabio Novembre
via Perugino, 26 - Milano
www.novembre.it
info@novembre.it
p. 219

Renzo Piano Building Workshop
via P. Paolo Rubens, 29
Genova
34, rue des Archives
Parigi (Francia)
www.rpbw.com
italy@rpbw.com
p. 233

Studio Marco Piva
via Maiocchi, 9 - Milano
www.studiomarcopiva.com
info@studiomarcopiva.com
p. 247

Studio Italo Rota & Partners
via Fratelli Bronzetti, 20
Milano
www.studioitalorota.it
info@studioitalorota.it
p. 263

Claudio Silvestrin Architects
unit D, Bankstock building
44 de Beauvoir crescent
London N1 5SB
(United Kingdom)
via delle Erbe, 2 - Milano
www.claudiosilvestrin.com
c.silvestrin@claudiosilvestrin.com
p. 279

**studiometrico
Lorenzo Bini
Francesca Murialdo**
via Fontanesi, 4 - Milano
mail@studiometrico.com
www.studiometrico.com
p. 285

Matteo Thun & Partners s.r.l.
via Appiani, 9 - Milano
www.matteothun.com
info@matteothun.com
p. 299

Caterina Tiazzoldi - Nuova Ordentra
via Fratelli Calandra, 6
Torino
www.tiazzoldi.org
info@tiazzoldi.org
p. 307

ANDREA TREBBI ARCHITETTO
via Francesco Orioli, 10
Bologna
www.andreatrebbi.it
architetture@andreatrebbi.it
p. 317

**UdA
Valter Camagna,
Massimiliano Camoletto,
Andrea Marcante**
via Valprato, 68 - Torino
www.uda.it
uda@uda.it
p. 325

Fonti iconografiche

Nota: i numeri arabi si riferiscono alle pagine, i numeri romani alla collocazione (dall'alto e da sinistra) delle singole illustrazioni.

Il Curatore e l'Editore ringraziano tutti coloro che hanno concesso le loro foto e i diritti di riproduzione e hanno collaborato alla realizzazione di quest'opera. L'Editore è a disposizione di tutti i proprietari di diritti sulle immagini riprodotte, nel caso non si fosse riusciti a reperirli per chiedere debita autorizzazione.

2-11 Alessandra Chemollo; 12 , 14-15 Gabriele Maricchiolo, 16 (I, IV, V) Maria Teresa Furnari (II, III) Gabriele Maricchiolo, 17 Maria Teresa Furnari, 18-19 Gabriele Maricchiolo; 20, 22-33 Toni Nicolini, Emre Osmanoglu, Luca Gonzo, 21 Fredi Marcarini; 33-41 Luigi Filetici; 42-53 Marcello Mariana; 54-63 Luigi Filetici; 64-69 Marco Boella; 70 Ramak Fazel , 72 -75 (I) Ramy Leon Lorenco (II-III) Ramak Fazel ; 76-85 Enrico Cano; 86 (I) Ramon Pratt (II) Archivio Fuksas, 88 Ramon Pratt, 90 (I) Ramon Pratt (II) Archivio Fuksas, 91 Ramon Pratt, 93-94 Ramon Pratt, 96 (I) Archivio Fuksas (II) Ramon Pratt, 97-98 Ramon Pratt,99 (I) Archivio Fuksas (II) Ramon Pratt, 101 Ramon Pratt; 102-113 Filippo Vinardi; 114-125 Massimo Grassi; 126-131 Gianluca Grassano; 132 Lamberto Rubino, 134 (I) Lamberto Rubino (II) Riccardo e Roberto Stella, 135 Lamberto Rubino , 136 Nunzio Battaglia, 137-138 Lamberto Rubino, 139 Nunzio Battaglia, 140-141 Lamberto Rubino ; 142 (I, II) Luigi Filetici (III) Labics, 144-146 Luigi Filetici , 147 Labics, 148-151 Luigi Filetici; 152-163 Fabrizio Gini / Studio Lai; 164-175 Amit Geron – Lissoni Associati; 176 -183 Nico Marziali; 184 Jürgen Eheim, 185 Maurizio Marcato, 186-191 Jürgen Eheim; 192 (I) Migliore Servetto (II) Leo Torri, 194 Mattia Boero, 195 (I) Leo Torri (II) Mattia Boero, 196-197 Migliore Servetto; 198-205 Carolina Vargas, 206-217 Luigi Filetici - Susanna Nobili Architettura SNA; 218 Alberto Ferrero , 219 Settimio Benedusi , 219-231 Alberto Ferrero; 232 Michel Denancé, 233 Gianni Berengo Gardin, 234-245 Michel Denancé; 246-261 Francesco Bittichesu; 262-277 Italo Rota - courtesy Pragma Group - Roberto Cavalli; 278 Marina Bolla, 279 Malena Mazza, 280-283 Marina Bolla; 284-297 Giuliano Berarducci; 298-305 Beppe Raso; 306-315 Sebastiano Pellion di Persano e Helene Cany; 316-323 Diego Tabanelli; 324-331 Carola Ripamonti.